Raymond G. Stokes | Ralf Banken

Aus der Luft gewonnen

LINDE
Wissensbibliothek

Herausgegeben
von Ulrich Wengenroth

Raymond G. Stokes | Ralf Banken

Aus der Luft gewonnen

Die Entwicklung der
globalen Gaseindustrie
1880 bis 2012

Übersetzung aus dem Englischen von
Sven Koch, Friedrich Pflüger, Tanja Roos,
Andrea Stumpf und Gabriele Werbeck

Piper München Zürich

In Zusammenarbeit mit der
Gesellschaft für Unternehmensgeschichte e.V.
Frankfurt am Main

ISBN 978-3-492-05681-6

Gesamtherstellung: Kösel, Krugzell
Printed in Germany

www.piper.de

Inhalt

Vorbemerkung

Man stelle sich eine Branche vor, deren wichtigste Produkte aus Rohstoffen hergestellt werden, die nicht nur unerschöpflich, sondern auch kostenfrei sind. Der weitaus größte Teil dieser Produkte, unabhängig davon ob sie zur Herstellung von Gütern oder zur Bereitstellung von Dienstleistungen dienen und ebenfalls unabhängig davon, ob sie zufällig entdeckt oder absichtlich entwickelt wurden, hat dabei nicht einmal schädliche Auswirkungen auf die Umwelt. Und die Unternehmen, die diese Produkte herstellen und verkaufen, sind profitabel, langlebig und agieren dennoch nicht im Kalklicht der Öffentlichkeit.

Wir wissen alle, dass Dinge, die zu gut klingen, um wahr zu sein, es in der Regel auch nicht sind. In diesem Fall gibt es diese Industrie aber tatsächlich – und zwar schon seit dem Ende des 19. Jahrhunderts: die Industriegasindustrie. Diese ist in der Öffentlichkeit nur wenig bekannt und wird bis heute auch von der Wissenschaft meist vernachlässigt. Sie produziert und vertreibt eine Vielzahl unterschiedlicher Produkte, von denen viele schlichtweg Bestandteile der Luft sind, wie etwa Sauerstoff, Stickstoff, Neon, Argon und Krypton. Diese und weitere Produkte der Industriegasbranche (Kohlendioxid, Wasserstoff, Helium u.a.) liegen praktisch fast jedem Herstellungsprozess in der modernen Welt zugrunde und spielen – direkt oder indirekt – ebenfalls eine bedeutende Rolle in vielen Dienstleistungsbereichen. Dieses Buch erzählt zum ersten Mal die Entwicklungsgeschichte dieser »unsichtbaren Industrie« in allen ihren technologischen, kommerziellen, industriellen und internationalen Dimensionen, von den Anfängen der Branche bis in die heutige Zeit.[1]

Natürlich sind nicht alle, bisher noch nicht erzählten Geschichten es wert, erzählt zu werden. Diese jedoch ist es. Schon bevor die jüngsten Finanz- und Wirtschaftskrisen zu einem verstärkten Interesse an der Unternehmensgeschichte führten, versuchten Wissenschaftler in der Betriebswirtschaftslehre die Geheimnisse von Unternehmen zu ergründen, die über lange Zeiträume wirtschaftlich erfolgreich waren; Unternehmen, von denen es heißt, sie seien »built to last« (»für die Ewigkeit gebaut«)[2]. Eine Untersuchung der Geschichte der Industriegase ermöglicht es uns, das Konzept der Langlebigkeit von Unternehmen deutlich zu erweitern und gleichzeitig seine Grenzen zu testen. Da der Industriegasindustrie nur relativ wenige Unternehmen angehören, von denen die Mehrheit über einen wirklich langen Zeitraum Bestand hatte, bietet diese Branche eine gute Möglichkeit, das Kräftespiel zwischen Wettbewerb und Kooperation, zwischen organisatorischem Experimentieren und Konsolidieren und zwischen technologischer Entwicklung und Innovation in den wichtigsten Unternehmen dieses Industriezweiges für einen langen Zeitraum zu rekonstruieren.

Der Blick auf die Geschichte erlaubt uns gleichzeitig, die weit verbreitete Annahme, diese Unternehmen seien von Beginn an für die Ewigkeit gebaut worden, zu hinterfragen. Vielmehr haben wir es hier mit Unternehmen zu tun, die, indem sie auf Luft als ihr Kernprodukt bauten, ihre unternehmerische Langlebigkeit erst geschaffen haben. Darüber hinaus untersuchen wir eingehend die Dynamik einer Industrie, in der es einigen der für die Ewigkeit gebauten Unternehmen gelungen ist, ihre Langlebigkeit für mehr als ein Jahrhundert aufrecht zu erhalten, bevor sie dann plötzlich zu Beginn des 21. Jahrhunderts ihre eigenständige Existenz aufgaben.

David Landes ist mit seinem klassischen Werk *The Unbound Prometheus* wohl der prominenteste unter den vielen Wissenschaftlern, die von einer »Zweiten Industriellen Revolution« ausgehen, die am Ende des 19. Jahrhunderts begann.[3] Dieser allgemein anerkannten Interpretation zufolge unterschieden sich die in dieser Zeit neu entstandenen Industriesektoren von den Industriezweigen der »Ersten Industriellen Revolution«. Vor allem die organische Chemie und die Erzeugung und Anwendung von Strom unterschieden sich dabei durch ein grundlegendes und theoretisches Verständnis von Wissenschaft als wesentliche Voraussetzung für die technische Entwicklung und die Produktionsprozesse. Mit anderen Worten, Wissenschaft war in diesen Bereichen nicht einfach nur nützlich, sondern essenziell. Dies bedeutete, dass nicht nur wissenschaftliches Know-how nötig war, bevor die Produktion überhaupt beginnen konnte, sondern auch, dass das wissenschaftlich geschulte Personal eine zentrale Bedeutung in den Produktionsprozessen einnahm. Außerdem war eine konsequente Fortführung von Forschung und Entwicklung nötig, was engere Kontakte zu Universitäten einschloss. Aus diesem Grund gingen die meisten Unternehmen dieser Branchen nach kurzer Zeit dazu über, firmeneigene Forschungs- und Entwicklungsabteilungen einzurichten, in denen universitär ausgebildete Wissenschaftler und Ingenieure beschäftigt waren. Diese Entwicklung nahm in der deutschen Chemieindustrie ihren Anfang und breitete sich schnell auf andere Länder und andere Branchen aus.[4]

Obwohl sich bisher nur ein einziger Wirtschafts-, Unternehmens- und Technikhistoriker für das 19. und frühe 20. Jahrhundert – Vaclav Smil – ausführlicher mit der Industriegasbranche beschäftigt hat,[5] weist sie doch mehrere Merkmale der klassischen Industrien der Zweiten Industriellen Revolution auf. Das wissenschaftliche Verständnis – um nur eine Parallele zu nennen – ging auch hier der industriellen Entwicklung voraus, und zwar mehrmals für einen längeren Zeitraum. Gegen Ende des 18. Jahrhunderts gelang es Wissenschaftlern, die beiden Hauptbestandteile der Umgebungsluft, Sauerstoff (mit einem Volumenanteil von etwa 21 Prozent in der Atmosphäre) und Stickstoff (mit ca. 78 Prozent), zu isolieren und zu identifizieren. Obwohl der potenzielle Nutzen des Sauerstoffs für medizinische Behandlungen sehr bald erkannt wurde, dauerte es noch recht lange, bevor Mediziner und Wissenschaftler technisch in der Lage waren, ausgereifte und effektive Sauerstofftherapien zu entwickeln. Eine bedeutende Ausnahme stellte das atmosphärische Gasgemisch Stickstoffoxid (N_2O) dar, das etwa zur gleichen Zeit (Ende des 18. Jahrhunderts) wie Sauerstoff und Stickstoff identifiziert wurde. Das allgemein als Lachgas bekannte Stickstoffoxid fand schnell Verwendung: Zunächst diente es in Form einer Entspannungsdroge einer kleinen Zahl wohlhabender Menschen zum Zeitvertreib und erst deutlich später, zu Beginn der 1880er-Jahre, setzte man es dann als Anästhetikum ein.[6]

Mit anderen Worten: Es gab zunächst nur wenige kommerzielle Anwendungsgebiete für die verschiedenen Gase, obwohl der Bedarf an Sauerstoff für das »Kalklicht«, also für Beleuchtungszwecke in Theatern, seit der zweiten Hälfte des 19. Jahrhunderts anstieg. Ähnlich wie bei der Elektrizität jener Zeit ging es auch bei den Industriegasen nicht nur um eine Vertiefung der Kenntnisse und um die Ausweitung von Produktions- und Anwendungsmöglichkeiten, sondern es bestand zudem die Aufgabe, neue Anwendungsmöglichkeiten zu finden und so überhaupt erst einen Markt für das Produkt zu schaffen. Das Ziel war, auch dieses Produkt in großen Mengen zu produzieren, »verpacken und vertreiben zu können«[7]. Die Brüder Arthur und Leon Brin ließen sich im Jahr 1880 ein Verfahren zur Herstellung von Sauerstoff patentieren, das zum Ausgangspunkt für eines der ersten Unternehmen der Industriegasbranche wurde: die 1886 in England gegründete Brin's Oxygen Company. Zwanzig Jahre später änderte das Unternehmen seine Firmierung in British Oxygen Company (BOC) und gehörte schon im frühen 20. Jahrhundert zu den führenden Unternehmen der Branche; eine Position, die die BOC bis ins 21. Jahrhundert behauptete.

Das Brin-Verfahren war jedoch in seinem Leistungspotenzial viel zu begrenzt, um einen Durchbruch hin zu einer modernen, großtechnischen Produktion von Sauerstoff zu ermöglichen. Die maßgebenden Verfahren, die auf den damals neuesten wissenschaftlichen Erkenntnissen beruhten und bis heute grundlegend für die Industriegasherstellung sind, wurden dann am Ende des 19. und zu Beginn des 20. Jahrhunderts entwickelt und bestanden in der Verflüssigung von Luftbestandteilen. Carl von Linde war mit seinem 1895 patentierten Verfahren zur Luftverflüssigung und -trennung der Pionier auf diesem Gebiet.[8] Das Unternehmen, das dieses Herstellungsverfahren kommerziell nutzte und auch den Namen des deutschen Erfinders und Wissenschaftlers trägt, ist heute einer der größten Industriegasproduzenten der Welt. Schon kurze Zeit nach Lindes Durchbruch entwickelte der Franzose Georges Claude ein Konkurrenzverfahren zur Zerlegung von Luft in ihre Bestandteile. Auch er gründete ein Unternehmen – Air Liquide – zur kommerziellen Nutzung des Herstellungsprozesses, das ebenfalls zu den weltweit größten Industriegasproduzenten zählt. Sowohl Lindes als auch Claudes Verfahren wurden dabei von Ingenieuren entwickelt, die über eine fundierte wissenschaftliche Ausbildung verfügten. Beide Verfahren beruhten auf Kältetechnik- und Destillationsprozessen und stellten also »kryogene« Verfahren dar. Beide Verfahren konnten schon zu Beginn des 20. Jahrhunderts wirtschaftlich rentabel eingesetzt werden und kommen – wenn auch in abgewandelter Form (natürlich mit deutlichen, mehrstufigen Verbesserungen und mit wesentlich größeren Kapazitäten) – noch heute in den meisten Luftzerlegungsanlagen der Branche zum Einsatz.[9]

Doch selbst als um die Wende vom 19. zum 20. Jahrhundert Technologien mit weitaus größerem Produktionspotenzial als das des Brin-Verfahrens entwickelt wurden – und so eine moderne Industriegasindustrie entstand –, blieben die Absatzmärkte für die Produkte zunächst noch begrenzt. Bei der Suche nach effektiven Möglichkeiten, Sauerstoff und Acetylen zu mischen und dieses Gemisch in Geräten zur Anwendung zu bringen, die sich für Schneid- und Schweißarbeiten sowie ähnliche Prozesse nutzen ließen, gab es nur allmähliche technische Erfolge. Und es dauerte noch eine Weile, bis es zu einer umfassenden Verwendung von Schweißbrennern für autogenes Schweißen und den zugehörigen Schweißtechniken in einer Vielzahl von Schlüsselindustrien kam. Aufgrund dieser Anwendungen wurden die Produktion und der Verkauf von Industriegasen zwar noch kein großes Geschäft, doch es entstand zumindest eine gesunde und überlebensfähige Industrie. Die drei bisher genannten Unternehmen – BOC, Linde und Air Liquide – waren zu diesem Zeitpunkt noch vergleichsweise klein und obwohl die beiden letzteren bereits eine technologische Vorrangstellung einnahmen, waren sie bei Weitem nicht die einzigen in diesem neuen Industriezweig.

Im Verlauf der etwa 100 Jahre, die diesen bescheidenen Anfängen folgten, veränderten sich die Dinge jedoch grundlegend. War die Industriegasindustrie zunächst auf eng begrenzte, wenn auch lukrative Märkte für Theaterbeleuchtung und medizinische Gase beschränkt, so stellt sie heute Spezialgasmischungen für eine ungeheure Vielzahl von Anwendungen her. Ihre Produkte werden z. B. in der Erdölgewinnung und -verarbeitung, für die Produktion elektronischer Geräte, in der Metallbearbeitung und der Nahrungsmittelproduktion, für medizinische Zwecke sowie in der Stahlproduktion verwendet, um nur einige Anwendungsbereiche zu nennen. Bis heute sind viele Unternehmen in der Industriegasbranche tätig, aber 2007 besaßen vier Unternehmen, – jeweils zwei mit Sitz in den USA und Europa – 70 Prozent des Weltmarktes an Industriegasen. Einen noch größeren Anteil, nämlich fast 89 Prozent, hatten die vier Unternehmen am europäischen Markt.[10] Darüber hinaus zählen sie in den Ländern, in denen sie ansässig sind, zu den jeweils größten Unternehmen: Die beiden US-amerikanischen Unternehmen gehören z. B. zu den US *Fortune* 500.[11]

Wie konnte sich nun eine Industrie, die aus einer Gruppe kleiner Unternehmen entstanden war, in eine Industrie verwandeln, der heute einige der größten Unternehmen der Welt angehören? Anhand welcher Faktoren lässt sich ihre Internationalisierung erklären? Wie wurden Innovationen eingeleitet und umgesetzt? Welche Unternehmensstrategien verfolgten die Schlüsselfirmen der Branche und inwiefern änderten sich diese im Zeitverlauf? Dies sind die wesentlichen Fragen, mit denen wir uns in den folgenden Kapiteln beschäftigen werden. Bevor wir uns ihnen zuwenden, ist es jedoch wichtig, den Untersuchungsgegenstand, d. h. die Industriegasbranche und die dortigen Unternehmen zunächst einmal etwas genauer zu bestimmen.

Der aus der Umgebungsluft gewonnene Sauerstoff legte den unsichtbaren, aber lukrativen Grundstein, auf dem die Industriegasindustrie erbaut wurde. Und bis heute bilden der Sauerstoff und weitere Bestandteile der Luft – hierzu gehören Stickstoff, Argon, Xenon, Neon und Krypton – die Kernprodukte der Branche. Aus diesem Grund stellt die Luftgasproduktion mittels kryogener Luftzerleger noch immer das zentrale Verfahren für die Industriegasindustrie dar.

Im frühen 20. Jahrhundert erweiterten die Unternehmen der Branche ihre Produktpalette um weitere, nicht atmosphärische Gase. Den Anfang machte das Acetylen, dem irgendwann einelementige Gase, wie etwa Wasserstoff und Helium, aber auch Gasgemische, wie Kohlendioxid, Corgon (Kohlendioxid und Argon) und Varigon H2 (Wasserstoff und

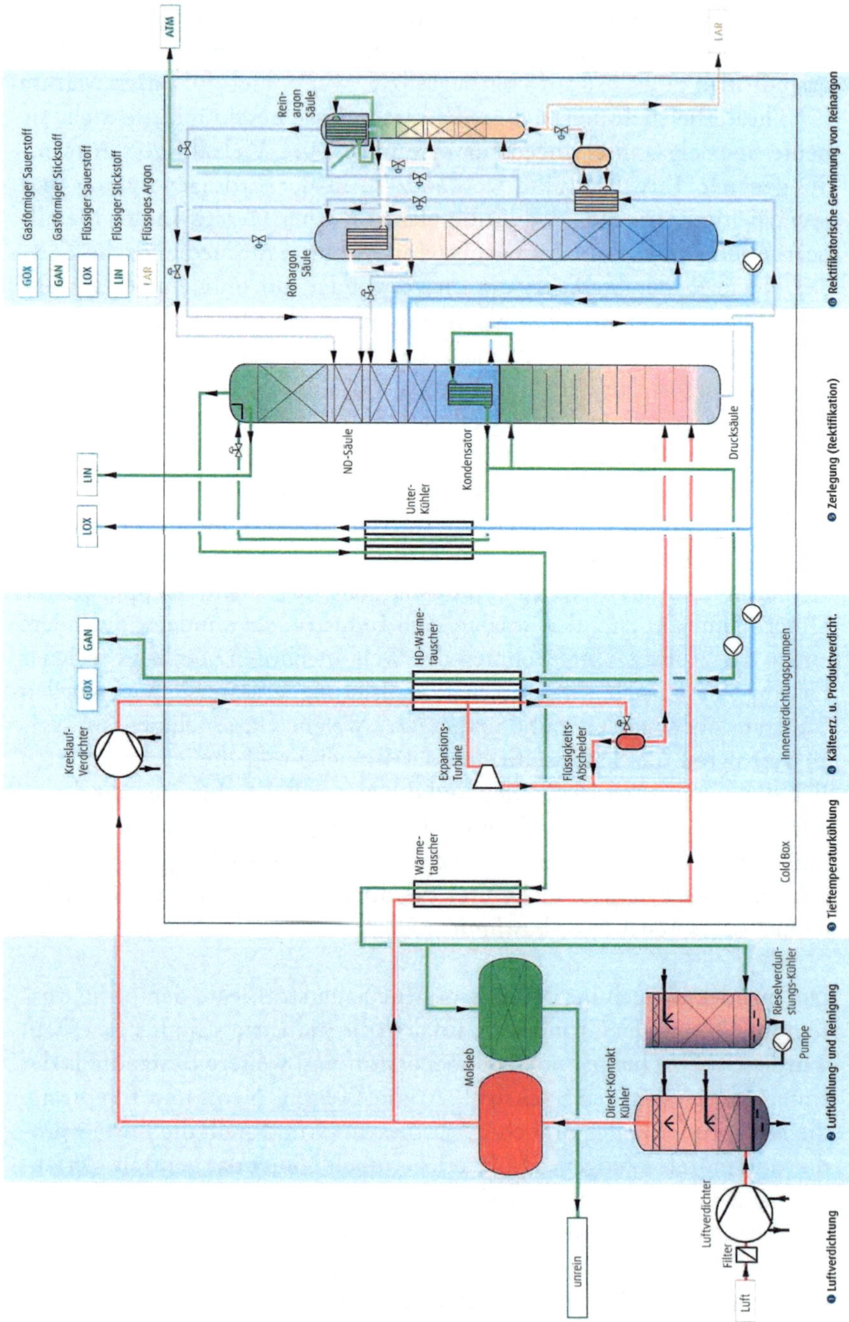

Abb. 1 Schematische Darstellung des Luftzerlegungsprozesses

Argon) folgten.[12] Allerdings gab und gibt es eine Reihe von technischen und anderen Gasen, die nie zur Industriegasindustrie zählten, so z. B. Dampf, Hochofen-Gase oder Erdgas. Dampf und Hochofengase unterscheiden sich von jenen Gasen, die in der Industriegasbranche hergestellt, verkauft und verwendet werden u. a. dadurch, dass die Nutzer sie wirtschaftlich und mit wenig Aufwand selbst herstellen können. Ein Spezialwissen, wie die Unternehmen der Industriegasbranche es für andere Gase besitzen, ist hierfür nicht notwendig. Für Erdgas werden demgegenüber Spezialkenntnisse für Abbau-, Bohr- und andere Prozesse benötigt, die in Industriegasunternehmen nicht vorhanden sind.

Allerdings reicht es nicht aus, die Industriegasbranche allein anhand ihrer Erzeugnisse, der Produkte, die sie vertreibt und anwendet, zu definieren, so wie dies für viele andere Industrien möglich ist. Einige Industriegasunternehmen, besonders die kleinen Vorgänger-Firmen, die als Reaktion auf den Boom im autogenen Schneiden und Schweißen in den 1920er- und 1930er-Jahren gegründet wurden, kauften z. B. alle ihre »Produkte« bei Betreibern von Luftzerlegungsanlagen, da ihnen selbst die finanziellen Mittel für eine solche Anlage fehlten. Ihr eigentliches Produkt war dann in diesem Fall nicht das Gas selbst, sondern oft eine Kombination aus Gasen, Logistikkapazitäten und dem nötigen Zubehör, wie etwa Gasflaschen.

Es gibt allerdings nicht nur Unternehmen in der Industriegasbranche, die keine Gase herstellen, sondern auch den umgekehrten Fall. Vor allem in den ersten beiden Dritteln des 20. Jahrhunderts stellten Unternehmen große Mengen atmosphärischer Industriegase her und gehörten dennoch nicht zur Industriegasindustrie. So waren etwa 1962 die fünf weltweit größten Sauerstoff-Hersteller nach der Höhe ihres Produktionsumfangs BASF (Westdeutschland), Sasol (Südafrika), Anic (Italien), American Cyanamid und DuPont (beide USA).[13] Unabhängig davon, dass diese Großkonzerne ihre Luftzerleger auch bei einem europäischen Produzenten (Linde, Air Liquide und das in Deutschland ansässige Unternehmen Messer waren hier die Hauptakteure) oder bei einem der amerikanischen Industriegasanlagenbauer (Air Products oder Union Carbide Corporation Linde Division, später Praxair) kauften, zählten sie dennoch nicht zur Industriegasbranche. Grund hierfür ist, dass sie die in ihren Luftzerlegungsanlagen produzierten Produkte selbst verwendeten und nicht auf den Märkten für Industriegase veräußerten. Dieses ist in kleinerem Rahmen bis heute der Fall, allerdings gehen immer mehr große Unternehmen seit den 1950er-Jahren dazu über, ihre benötigten Gasmengen bei den Industriegasunternehmen einzukaufen.

Festzuhalten bleibt daher, dass die Industriegasindustrie damals wie heute weniger durch das Produkt charakterisiert ist, das sie an ihre Kunden verkauft, vielmehr werden Industriegase gelegentlich auch von Unternehmen außerhalb der Branche produziert und von den Industriegasanbietern vermarktet. In jedem Fall unterscheiden sich die jeweiligen Gase einer Firma nicht von den Produkten der Konkurrenz: Sauerstoff einer bestimmten Reinheit bleibt letztlich Sauerstoff, unabhängig davon, wer ihn produziert hat. Das typische Industriegasunternehmen am Ende des 20. Jahrhunderts zeichnete sich letztlich vielmehr dadurch aus, dass es ausgewählte Produkte, logistisches Können und Dienstleistungen für den Kunden kombinierte. Der Bericht einer Unternehmensberatung aus dem Jahr 1968 geht sogar noch weiter; so hieß es hier, dass »an industrial gas company (insofar as it supplies gaseous products in cylinders) is really in the transport business.« (»ein Unternehmen der Industriegasbranche – sofern es gasförmige Produkte in Gasflaschen liefert – eigentlich ein Logistikunternehmen ist«).[14] Trotz der Entwicklung neuer Vertriebswege im Laufe des 20. Jahrhunderts (wie etwa Onsite-Anlagen, Pipelinenetze usw.) gehören die Unternehmen der Industriegasbranche deshalb auch heute noch unbestritten zu den stärksten Straßennutzern auf der ganzen Welt.

Ein wesentlicher Grund für diese starke Beanspruchung des Straßennetzes liegt in der ausgesprochen lokalen bzw. regionalen Natur der Produktions- und Distributionsprozesse, eine der Haupteigenschaften der Branche. Luft, das »Rohmaterial« für die Kernprodukte der Branche, steht praktisch überall zur Verfügung. Aber aufgrund des sehr hohen Eigengewichts der Gasflaschen im Verhältnis zu ihrem Inhalt, der Verdunstung und den im Vergleich zum Produktpreis hohen Transportkosten, ist der Transport atmosphärischer Gase, besonders von Sauerstoff, über mehr als 400 km wirtschaftlich nicht rentabel. In und vor den 1940er-Jahren war diese Entfernung aufgrund älterer Herstellungsverfahren für Gasflaschen und dem damals deutlich eingeschränkteren Flüssiggas-Transport sogar noch wesentlich geringer.

Andererseits waren Firmen in der Industriegasindustrie stets mehr als einfache Transportunternehmen und sind es noch immer. Selbst das kleinste Industriegasunternehmen besitzt große Erfahrung im Vertrieb dieser besonderen Produktpalette. Der Vertrieb der Gase erfordert eine besondere Expertise in der Handhabung, was besonders für Gasflaschen sowie den Transport und die Lagerung von Flüssiggasen mit ihren speziellen Sicherheitsvorkehrungen gilt. Darüber hinaus ist aber noch weiteres Spezialwissen nötig. Wenn ein Unternehmen beispielsweise eine oder mehrere Luftzerlegungsanlagen besitzt, wie dies für viele mittlere und große Unternehmen der Fall ist, dann muss es besonders auf seine

Kapital- und Energiekosten achten. 1982 schätzte der schwedische Gasproduzent AGA, der später von Linde übernommen wurde, dass sich die Kosten für eine Luftzerlegungsanlage im Durchschnitt folgendermaßen aufteilten: 50 Prozent Kapitalkosten, 10 Prozent Personalkosten und 40 Prozent Energiekosten.[15] Ein weiterer wichtiger Aspekt der Branche war, dass die erfolgreichsten Unternehmen sich gleichzeitig durch ein besonderes Innovationsstreben auszeichneten. Dieses erfolgte häufig durch eine enge Zusammenarbeit mit ihren größeren und kleineren Kunden, um mit ihnen Speziallösungen für besondere Herstellungs- und Anwendungsprobleme zu finden. Auch investierten die großen Industriegasanbieter in großem Umfang in Forschung und Entwicklung.

Schließlich ist es ein wesentliches Charakteristikum fast aller großen Firmen in der Industriegasindustrie, dass sie nicht nur Gase verkaufen und liefern, Luftzerlegungsanlagen betreiben und sich – in enger Zusammenarbeit mit ihren Kunden – um Innovationen bemühen. Anders als viele mittlere Industriegasunternehmen konstruieren und bauen die größten Unternehmen mit Hilfe ihres ausgeprägten Ingenieurfachwissens auch Luftzerlegungsanlagen und das benötigte Zubehör. Die Pioniere der modernen Industriegasindustrie, Carl von Linde und Georges Claude, waren vor allem Wissenschaftler sowie Ingenieure und die Unternehmen, die sie gründeten, waren zuallererst hoch spezialisierte Ingenieursfirmen. Erst nach und nach entwickelten sie Kompetenzen in der Lagerung, der Logistik und im Kundenservice, um die Produkte ihrer Anlagen, aber auch die Anlagen selbst verkaufen zu können. Air Products wiederum begann 1940 als Spezialanlagenbauer in den USA und wechselte dann Schritt für Schritt ins Geschäft mit Industriegasen. Die ersten Vorstöße in der internationalen Arena unternahm dieser Newcomer zu Beginn der 1950er-Jahre, zunächst in Großbritannien. Das Unternehmen wiederholte diesen Entwicklungsprozess, indem es im Anlagenbau eine Kooperation mit einem britischen Ingenieursunternehmen einging und danach mit dem Verkauf und Vertrieb von Industriegasen in Großbritannien auch im Gasgeschäft international expandierte.[16]

Das Spannungsverhältnis zwischen dem lokalen, regionalen und von geringen Produktionsmengen geprägten Diktat von Produktionstechnologie, Vertrieb und Kundenservice einerseits und dem Internationalisierungsdrang umfangreicher Kapitalinvestitionen und technologischer Kapazitäten auf der anderen Seite ist immer wieder Thema in den folgenden Kapiteln. Welche Faktoren bestimmten die lokale/regionale Dimension im Gegensatz zur internationalen Dimension und wie haben sich diese Faktoren mit der Zeit verändert? Wie bewältigten die Unternehmen dieses Spannungsverhältnis im Zeitverlauf? Im Rahmen unserer

Untersuchung beschäftigten wir uns auch mit der Bedeutung eines anderen Spannungsverhältnisses der Unternehmensstrategien, nämlich dem Bau der Produktionsanlagen in den führenden Industriegasunternehmen einerseits und der Erzeugung und dem Vertrieb der Gase andererseits. Der wissenschaftlich und technologisch anspruchsvolle Anlagenbau bildet dabei ein sehr zyklisches Geschäft und bietet zudem nur relativ geringe Profitmargen. Die Produktion und der Vertrieb von Gasen sind dagegen wissenschaftlich und ingenieurstechnisch weniger anspruchsvoll, weisen jedoch einen stabilen Absatz mit vergleichsweise guten Gewinnchancen auf. Es ist daher auch zu fragen, wie und warum es den größten Industriegasunternehmen gelungen ist, diese zwei scheinbar gegensätzlichen Unternehmungen unter einen Hut zu bekommen und wie sich das Verhältnis zwischen Anlagenbau und Gasgeschäft mit der Zeit verändert hat?

Das vorliegende Buch betrachtet also eine komplexe und ständig im Wandel begriffene Industrie über einen Zeitraum von mehr als einem Jahrhundert. Die Geschichte, die wir erzählen, handelt von einigen Hauptakteuren der Branche (und vielen kleineren), die im Laufe der Zeit verstärkt internationale Interessen verfolgten, aber gleichzeitig auch – unabhängig von ihrer Unternehmensgröße – gezwungen waren, auf lokaler und regionaler Ebene zu produzieren, häufig für und in enger Zusammenarbeit mit einzelnen, zum Teil sehr kleinen Kunden. Aufgrund der enormen Vielfalt und großen Komplexität der Verhältnisse in unserer Untersuchungsbranche waren daher einige Entscheidungen zu treffen und Beschränkungen vorzunehmen, die der Existenz begrenzter Zeit und anderer Ressourcen geschuldet sind. Eine erste Einschränkung betrifft die Darstellung der Unternehmen: Im Verlauf des Buches werden zahlreiche Industriegasunternehmen in speziellen Kontexten vorgestellt. Dennoch gilt unsere Aufmerksamkeit im Großen und Ganzen den Strategien und Aktivitäten der wichtigsten Akteure innerhalb der Branche. Hierzu gehören AGA, Air Liquide, BOC, Linde, Messer Griesheim, Union Carbide Linde Air Products/Linde Division (UCC, aus dem später der unabhängige Produzent Praxair wurde) und Air Reduction Company (Airco). Darüber hinaus spielt Air Products eine herausgehobene Rolle. Dem Unternehmen, das zu den wenigen Späteinsteigern der Branche gehört, kam eine sehr große Bedeutung in der Neuordnung der Märkte in Westeuropa zu. Auch das japanische Unternehmen Taiyo Nippon Sanso und seine Rolle auf dem japanischen – und später auch auf dem Weltmarkt – werden berücksichtigt. Das vorliegende Buch ist also mit anderen Worten die Entwicklungsgeschichte einer ganzen Industrie, allerdings mit einer starken Konzentration auf die marktbeherrschenden Unternehmen und deren Aktivitäten. Ein unvermeidbarer Nebeneffekt dieser Fokussierung ist, dass den kleinen und mittleren Unternehmen, die bis heute eine wichtige Rolle in dieser Industrie spielen, hier nur eine begrenzte Aufmerksamkeit geschenkt werden kann. Einige von ihnen, so etwa SOL spa (Italien) und Indiana Oxygen Company (USA), sind trotz alledem berücksichtigt. Die Konzentration auf größere Firmen bietet indes die Möglichkeit, das Wechselspiel aus Strategie, Innovation und Handeln der wichtigsten Akteure untereinander innerhalb dieser von Anfang an oligopolistisch strukturierten Industriebranche im Detail zu erforschen. Darüber hinaus ermöglicht sie eine genaue Untersuchung der Konsolidierungsprozesse (im Wesentlichen durch Firmenübernahmen) und der seit den 1970er-Jahren ständig steigenden Internationalisierung der Branche.

Eine zweite – zugunsten des logischen Zusammenhangs und der Stringenz des Buches vorgenommene – Auswahl ist die Konzentration auf die westeuropäischen und den US-amerikanischen Markt, wenngleich auch Japan, China und andere aufstrebende Industrienationen in den letzten Kapiteln einen zunehmend bedeutenderen Part in unserer Geschichte spielen. Wir haben uns dennoch für diese grundsätzliche Beschränkung entschieden, weil eine Konzentration auf die wesentlichen Entwicklungen innerhalb der gesamten Industriegasindustrie nötig ist. Es steht außer Frage, dass Westeuropa, die USA und Japan in den Jahrzehnten nach dem Zweiten Weltkrieg die bei weitem weltweit wichtigsten Märkte darstellten und dies bis zum heutigen Tag auch noch blieben. Jedoch haben sich diese Märkte in einigen wichtigen Bereichen unterschiedlich entwickelt: Durch die detaillierte Betrachtung dieser Entwicklungen lassen sich die Beziehungen zwischen der lokalen/regionalen und der internationalen Ebene gut nachvollziehen, auf denen die Gasunternehmen ihre jeweiligen Unternehmensstrategien etablierten.

Die Auswahl führt allerdings nicht nur dazu, dass die weniger stark industrialisierte Welt in unserer Untersuchung weitestgehend unberücksichtigt bleibt. Es bedeutet auch, dass wir einen Teilbereich des Industriegasmarktes der industrialisierten Welt, nämlich jenen, der kurz nach 1945 und bis etwa 1989 im sowjetisch dominierten Ostblock lag und der sich größtenteils unabhängig von den westlichen Märkten entwickelte, nicht sehr ausführlich behandeln. Der Versuch, weniger industrialisierte Nationen und die sowjetischen Blockstaaten in die Untersuchung mit einzubeziehen, hätte Sprachkenntnisse, Zeit für Recherche und Raum (in diesem Buch) erfordert, die uns nicht zur Verfügung standen. Trotzdem widmen wir in den letzten Kapiteln auch den neu entstandenen Märkten, besonders jenen in Zentral- und Osteuropa sowie in Fernost unsere Aufmerksamkeit. Die Entwicklung der Industriegasindustrie im sowjetisch geprägten Kommunismus wird ausführlicher im achten Kapitel am Fallbeispiel der DDR dargestellt – diese Ausführungen bilden so auch einen Gegenpol zur detaillierteren Betrachtung der deutlich wichtigeren Gasindustrie in Westdeutschland.

Die dritte Eingrenzung, die wir vorgenommen haben, um die im Zeitverlauf entstehenden Konkurrenz- und Kooperationskonstellationen zwischen den unterschiedlichen Hauptakteuren in der Branche genauer zu untersuchen, war ein detaillierterer Blick auf einige »umkämpfte Märkte«, besonders für die Zeit nach 1945. Einige dieser Märkte befanden sich in Europa, besonders in den Benelux-Staaten und Italien und vor allem in den 1960er- bis 1980er-Jahren. Die USA stellten von den ersten Anfängen der Industriegasindustrie bis in die 1980er-Jahre und darüber hinaus einen anderen dieser umkämpften Märkte dar. Andere bildeten sich in neu entstehenden Industrieregionen und umfassten vor allem nach 1989 Zentral- und Osteuropa sowie China. Die letzten Kapitel des Buches beschäftigen sich ausführlich mit den Wettbewerbsstrategien der Schlüsselunternehmen der Industriegasbranche in diesen neu entstehenden Märkten im Kontext eines mehr und mehr globalisierten Wettbewerbs.

Eine letzte Einschränkung betrifft die zahllosen Anwendungsmöglichkeiten für Industriegase, von denen nur eine verhältnismäßig kleine Auswahl berücksichtigt werden konnte. Die Produkte dieser Branche sind von essenzieller Bedeutung für die Herstellung von praktisch allen Konsum- und Investitionsgütern unserer heutigen Industriegesellschaft. Von der Produktion von Brillengestellen bis zur Reinhaltung von Reinräumen, von der Ölraffination bis zur clean coal-Technologie sind Industriegase entscheidende Bestandteile moderner Produktions- und Vertriebssysteme. Nur auf einige dieser Anwendungen wird genauer eingegangen, um die technologischen Entwicklungskooperationen zwischen den Gasunternehmen und ihren Kunden aufzuzeigen. Wenige Anwendungsmöglichkeiten werden schließlich detaillierter behandelt, weil sie eine zentrale Rolle in der Entwicklung der Industriegasindustrie und der sie konstituierenden Unternehmen spielten. Die Schneide- und Schweißtechniken werden beispielsweise ausführlich behandelt, da sie schon vom späten 19. Jahrhundert an eine sehr zentrale Rolle in der Produktpalette der Industriegasindustrie einnahmen und für ein ungeheures Wachstum der Branche in der Zwischenkriegszeit sorgten. Ebenso war die großtechnische Produktion von Sauerstoff in großen Onsite-Anlagen für die Stahlindustrie ein bedeutender Faktor für die Expansion der

Industrie nach dem Zweiten Weltkrieg, weshalb sie ausführlicher untersucht wird. Drei weitere wichtige Anwendungsgebiete für Industriegase in der Nachkriegszeit werden in den darauffolgenden Kapiteln eingehender in den Blick genommen: die Nahrungsmittelindustrie, die Elektronikindustrie und die Ölraffination.

Das Buch erzählt also die Geschichte einer bisher größtenteils vernachlässigten Schlüsselindustrie über einen langen Zeitraum. Es beleuchtet die Spannungen zwischen der lokalen/regionalen Dimension der Industrie und den Einflussfaktoren, die die Internationalisierung vorantrieben. Mit der Fokussierung des Buches auf die Konstruktion und Entwicklung dieser Industrie über einen langen Zeitraum können zudem die entstehenden Strategien der Schlüsselunternehmen; die Innovationen bei Produkten, Vertriebssystemen und in der Finanzierung; Ähnlichkeiten und Unterschiede in ihren wichtigsten Märkten und die bedeutendsten Anwendungsbereiche für die hergestellten Produkte und Dienstleistungen gut herausgearbeitet werden.

Zur besseren Präsentation dieses breiten Themenspektrums ist das Buch in zehn Kapitel und insgesamt vier Zeitabschnitte unterteilt. Der erste Teil umfasst die Kapitel 1 und 2 und behandelt die Entstehung der Industrie der atmosphärischen Gase aus der ersten Massenproduktion gasförmigen Sauerstoffs in England 1886. Der Absatzmarkt für Sauerstoff war zunächst sehr bescheiden und blieb es auch bis in die frühen Jahre des 20. Jahrhunderts. Trotzdem vollzogen sich bahnbrechende technologische Innovationen, die eine Produktion atmosphärischer Gase in noch größerem Umfang ermöglichten. Seit dem frühen 20. Jahrhundert konnte der Sauerstoff dann auch in immer höheren Reinheitsgraden produziert werden. Ohne das praktisch zeitgleiche Aufkommen des autogenen Schweißens und Schneidens wäre eine wirtschaftlich rentable Nutzung dieser Innovationen ausgeblieben. Letzten Endes erwies sich dieses Anwendungsgebiet als sehr bedeutend und recht einträglich für die beteiligten Unternehmen. Wir betrachten daher die sich daraus ergebende Verschmelzung zweier zuvor unabhängiger Industriezweige – für Sauerstoff und für Acetylen – zu einer neuen Gasindustrie als eine von vielen fundamentalen Umgestaltungen, die diese Branche in ihrer langen Geschichte erfahren sollte. Teil 1 schließt mit einer Untersuchung der Wettbewerbsprozesse und – noch bedeutender – der Kooperationsprozesse, die sich seit dem Beginn des Ersten Weltkriegs in der Branche vollzogen.

Bis 1914 konzentrierten sich die Unternehmen der im Entstehen begriffenen Industriegasindustrie sehr auf die Anwendungsmöglichkeiten im Schneiden und Schweißen. Außerdem hatten die großen Player einen *modus vivendi* gefunden, die großen, weltweiten Absatzmärkte weitestgehend geografisch aufzuteilen. Die einzelnen Gebiete blieben dabei jeweils einem bestimmten Unternehmen vorbehalten. Der zweite Teil des Buches – bestehend aus den Kapiteln 3 bis 5 – untersucht das Zusammenspiel einer extremen Konzentration der Gasproduktion auf einzelne Anwendungen und Absatzmärkte sowie einem durch mehrere Gentlemen's Agreements eingeschränkten Wettbewerb. Letzterer war dabei maßgeblich für das Gleichgewicht verantwortlich, das in den folgenden Jahrzehnten trotz extremer politischer und ökonomischer Umwälzungen überwiegend aufrecht erhalten werden konnte. In der Tat blieb die Marktstruktur der Branche zwischen 1914 und etwa 1960 nahezu unverändert.

Gleichzeitig veränderte – dies wird im dritten Kapitel dargelegt – seit Beginn der 1920er-Jahre der technologische Wandel die Industrie, insbesondere durch die Möglichkeit flüssige Gase zu erzeugen, zu lagern und kostengünstiger abzusetzen. Darüber hinaus zeichneten sich mit der Entstehung neuer Anwendungsbereiche für Industriegase – besonders in der Metallbearbeitung und der Chemieindustrie, aber auch in der Nahrungsmittelverarbeitung und anderen Bereichen – der Beginn tiefgreifender Umgestaltungen innerhalb der Branche ab. Diese Entwicklung wird in Kapitel 4 und besonders auch in Kapitel 5 dargestellt. Letzteres beschäftigt sich mit der beginnenden Neuerfindung der Branche in den 1950er-Jahren, vor allem in den USA.

Der dritte Teil konzentriert sich in den Kapiteln 6 bis 8 auf den anhaltenden Strukturwandel der Industriegasindustrie während der 1960er- und 1970er-Jahre. Kapitel 6 behandelt die Rolle amerikanischer Unternehmen – allen voran des »Newcomers« Air Products – im Internationalisierungsprozess der Branche. Ausgehend von einem ersten Stützpunkt in Großbritannien, drang Air Products, gefolgt von weiteren Unternehmen, in die anderen westeuropäischen Märkte vor und trug so maßgeblich zur Auflösung der Gentlemen's Agreements bei. Daraufhin drehten die westeuropäischen Unternehmen den Spieß um, traten in den US-amerikanischen Markt ein und führten wiederum dessen Umgestaltung herbei; diese Entwicklung wird in Kapitel 7 beschrieben. Kapitel 8 beleuchtet weitere Aspekte der Internationalisierung der Industriegasindustrie. Hierfür wird im Rahmen einer Fallstudie zur DDR die Entwicklung der Branche im (sowjetischen) Ostblock zwischen 1945 und 1989 dem Geschehen in Japan in eben diesem Zeitraum gegenübergestellt.

Der vierte Teil (Kapitel 9 und 10) umfasst den Zeitraum von 1980 bis 2006, der zum einen durch neue Anwendungsbereiche, Konzentrations- und Konsolidierungsbestrebungen gekennzeichnet war. Aufgrund der fortschreitenden Globalisierung durchlief die Industriegasindustrie zudem erneut einen Transformationsprozess und wurde nun in Umfang und Aktivität im tatsächlichen Wortsinn global. Neben der Betrachtung der nach wie vor dominierenden westeuropäischen und US-amerikanischen Märkte stehen hier auch die Herausbildung neuer Märkte in Zentral- und Osteuropa sowie in Fernost, aber auch die Entwicklung neuer Anwendungsbereiche für die Produkte der Industriegasindustrie im Vordergrund der Analyse.

Im abschließenden Kapitel werden schließlich die Ergebnisse des Buches zusammengefasst und einige übergeordnete Schlussfolgerungen über die Entwicklung unserer Untersuchungsbranche – aber auch anderer Industriezweige generell – sowie ihren Unternehmen über lange Zeiträume gezogen.

1 Vom Sauerstoff zur Industrie

Einleitung

Mitte des 19. Jahrhunderts wurden Industriegase noch nicht im industriellen Maßstab hergestellt. Der französische Erfinder Georges Claude, der die Entwicklung auf diesem Gebiet schon früh voranbrachte, erklärte allerdings 1903: »Die industrielle Verflüssigung von Luft ist nicht nur eine wissenschaftliche Revolution; sie ist vor allem eine wirtschaftliche und soziale Revolution.« Claudes Behauptung war zur Zeit, als er sie abfasste, sicherlich übertrieben und voreilig. Das blieb sie allerdings nicht lange, denn schon Ende des ersten Jahrzehnts des 20. Jahrhunderts bildete sie eine Tatsache. Insbesondere der Sauerstoff hatte inzwischen durch seine Rolle bei Schneid- und Schweißverfahren eine große Bedeutung für Unternehmen, Wirtschaft und Gesellschaft erlangt. Wie und warum sich dieser dramatische Wandel vollzogen hat ist Gegenstand dieses Kapitels. Die Anfänge des Industriezweigs liegen in der Sauerstoffgewinnung, die zunächst auf chemischem Weg erfolgte. Nach der Entwicklung der Gasverflüssigung und Rektifikation konnte Sauerstoff ebenso wie andere Gase, z.B. Stickstoff und Argon, in beträchtlichen Mengen und in vergleichsweise hoher Reinheit aus der Luft isoliert werden. Aufgrund dieser technischen und wirtschaftlichen Entwicklung der Sauerstoffgewinnung – insbesondere aber aufgrund des Acetylen-Schneidbrennens und -schweißens – erlangten Anfang des 20. Jahrhunderts neben Sauerstoff vermehrt auch andere Luftgase und Acetylen in der Industrie Bedeutung.

Sauerstoff: Von der Entdeckung zur industriellen Produktion

Ein Industriezweig kann sich entwickeln, wenn drei Voraussetzungen erfüllt sind: Man braucht ein Produkt, Kunden und Betriebe, die das Produkt herstellen (oder ggf. die Dienstleistung erbringen). Bei den Industriegasen war Mitte des 19. Jahrhunderts keine dieser Voraussetzungen erfüllt. Die Gase existierten natürlich – teils als Bestandteile der Luft, andere entstanden als Nebenprodukte beispielsweise beim Bierbrauen. Da sie aber nicht gezielt hergestellt und vermarktet wurden, gab es weder Kunden noch Produzenten. Das erste in größerem Umfang hergestellte und vertriebene Gas war Kohlendioxid (CO_2), aber wie wir in diesem Kapitel zeigen werden, zählten die CO_2-Produzenten und Händler lange nicht zum aufstrebenden Industriezweig der technischen Gase. Kohlendioxid gehörte aus verschiedenen Gründen nicht dazu – darin war man sich sowohl auf der CO_2-Seite als auch bei den Industriegasen einig. Das erste Produkt des neuen Industriezweigs war folglich der Sauerstoff, und für diesen mussten Herstellungsverfahren entwickelt werden. Wie in anderen wichtigen Bereichen der Zweiten Industriellen Revolution waren dazu zunächst einmal die wissenschaftlichen Grundlagen zu erarbeiten.

Der Sauerstoff wurde Ende des 18. Jahrhunderts entdeckt und benannt. Die Ehre, dies als Erster getan zu haben, wird meist dem Engländer John Priestley zugeschrieben, der die Ergebnisse seiner Experimente »On different kinds of air« (»Über verschiedene Arten von Luft«) im Jahr 1772 im Rahmen einer Reihe von Vorträgen vor der Royal Society in London präsentierte. In den folgenden Jahren lieferte er eine mehrbändige Abhandlung über dieses Thema, in denen er mehrere Bestandteile der Luft beschrieb, darunter auch die sogenannte dephlogestierte Luft, den wir nun als Sauerstoff oder Oxygenium bezeichnen. Dieser Name stammt von Antoine Lavoisier, der viele von Priestleys Beobachtungen über die Luft zusammenfasste und dabei 1783 die Phlogistontheorie verwarf, an der Priestley festgehalten hatte.[2] Nun da der Sauerstoff entdeckt war und einen Namen bekommen hatte, erdachten Wissenschaftler, Tüftler und künftige Unternehmer verschiedene Möglichkeiten, ihn herzustellen, aufzufangen, zu verpacken und zu verkaufen. Die Herstellung stellte Anfang des 19. Jahrhunderts keine besondere Schwierigkeit mehr dar; auf chemischem Weg war Sauerstoff schon vor der Entdeckung durch Priestley und Lavoisier erzeugt worden. Die schon 1489 im hessischen Sulzbach beschriebene Gewinnung durch Erhitzen von rotem Quecksilberoxid gilt als die erste Erwähnung eines solchen Verfahrens. Weitere, bis Mitte des 19. Jahrhunderts entwickelte, Produktionsmethoden waren jedoch entweder unwirtschaftlich oder erzeugten Sauerstoff in ungenügender Reinheit. Seit den 1860er-Jahren ließ sich das Gas »fast in Reinform … in kleinen Mengen durch Zersetzung des Chlorats der Pottasche (Kaliumchlorat $KClO_3$)« gewinnen »und in Gasbeuteln, die an die Blasebälge altertümlicher Schmiedefeuer erinnerten, vertreiben«. Für das neue Produkt gab es aber nur wenige Abnehmer, denn es wurde lediglich, in einem sauerstoffreichen Gemisch zusammen mit Wasserstoff, als Kalklicht (englisch: limelight) für die Beleuchtung, insbesondere im Theater eingesetzt. Erst 1886 begann die Sauerstoffproduktion in industriellem Maßstab mit der Gründung der britischen Brin's Oxygen Company mit dem Ziel der Vermarktung eines von den Brüdern Arthur und Leon Quentin Brin in Frankreich entwickelten Verfahrens.[4] Das Geschäft hatte noch sehr bescheidene Dimensionen.

Bezeichnenderweise beruhte die Entdeckung der Brin-Brüder auf einer Reihe theoretischer wie auch praktischer wissenschaftlicher Entwicklungen und wäre ohne deren Kenntnis nicht möglich gewesen. Über den von Jean Baptiste Boussingault 1851 entwickelten Pilotprozess hatten sie 1879 in Paris in einem Vortrag des französischen Wissenschaftlers erfahren. Dabei musste Bariumoxid (BaO) auf eine bestimmte Temperatur erhitzt werden, bei der es mit der Umgebungsluft zu Bariumdioxid (BaO_2) reagierte. Bei weiterem Erhitzen zerfiel das Bariumdioxid zu Bariumoxid und reinem Sauerstoff. Das Bariumoxid stand dann für einen erneuten Durchlauf der Reaktion zur Verfügung. Nach der Entdeckung bekam Boussingault, trotz jahrzehntelanger Bemühungen, die technische Umsetzung des Prozesses in einen wirtschaftlichen Maßstab nicht in den Griff. Die Brin-Brüder lösten dann immerhin genügend Probleme, um Investoren von den Aussichten zu überzeugen. Bevor wir weiter auf diese Kommerzialisierung eingehen, muss noch einmal betont werden, dass der technische Fortschritt in großem Maß (wenn auch nicht ausschließlich) auf wissenschaftlichen Theorien beruhte, die von wissenschaftlich ausgebildetem Personal erarbeitet wurden, obwohl die Brin-Brüder selbst nicht im Labor forschten.

Zum Zweiten muss hervorgehoben werden, dass das Brin-Verfahren seine Vorgänger zwar im Maßstab weit überstieg, dennoch war es aber nach wie vor ein *chemisches* Verfahren zur Gewinnung von Sauerstoff aus einer mehr oder weniger komplexen chemischen Verbindung. Das galt auch für die Gewinnung von Sauerstoff durch Elektrolyse von Wasser, die um 1890 entwickelt und zur Marktreife gebracht wurde. Beide Verfahren standen im Gegensatz zur später entwickelten physikalischen Abtrennung von Sauerstoff aus der Luft durch Verflüssigung, von der im Verlauf des Kapitels noch die Rede sein wird.

Handel mit Sauerstoff: Der Fall der Brin's Oxygen Company

Die Brin-Brüder bekamen im Zusammenhang mit ihrem Verfahren zur Sauerstoffgewinnung mehrere Patente zugesprochen und gründeten 1884 eine kleine Firma. Sie hatten zwar einige Probleme gelöst, mit denen Boussingault jahrzehntelang vergeblich gekämpft hatte, aber längst nicht alle und waren deshalb auf der Suche nach Partnern, die sie bei der Lösung der verbliebenen technischen Schwierigkeiten finanziell unterstützten. Wie bei vielen anderen Erfindungen war auch bei diesem vergleichsweise einfachen chemischen Verfahren noch eine deutliche Steigerung der Ausbeute und Wirtschaftlichkeit nötig. In diesem Fall waren für eine wirtschaftliche Produktion hohe Reaktionstemperaturen erforderlich, bei denen sich die Behälter mit dem Ausgangsmaterial Bariumoxid immer wieder verformten. Auch die optimale Anordnung der Reaktionsbehälter bildete ein Problem, das erst im Lauf einer Reihe von Versuchen mit verschiedenen Materialien gelöst werden konnte. Erst später konnte die Ausbeute durch einen Wechsel von horizontalen zu vertikalen Retorten noch einmal entscheidend gesteigert werden.[5]

Derartige Entwicklungen hin zu einer wirtschaftlichen Produktion erfordern in der Regel beträchtliche Mengen an Zeit und vor allem Geld. Da die Mittel der Brin-Brüder begrenzt waren, sahen sie sich nach Finanzpartnern um, um den Prozess zur Marktreife zu bringen. Dies gelang ihnen 1885 in England, als nach einer Vorführung des Verfahrens in London Henry Sharp an sie herantrat und ihnen anbot, mit dem Vermögen seiner Familie bei ihnen einzusteigen und ihre Patente zu kaufen; allerdings unter der Bedingung, dass das Unternehmen in England angesiedelt sein würde. Die Brin's Oxygen Company wurde 1886 in London aus der Taufe gehoben und begann im folgenden Jahr mit der Produktion.

Im Jahr 1887 betrug der Ausstoß an Sauerstoff bereits die bis dahin von einem einzelnen Betrieb niemals erreichte Menge von sechs Tonnen (etwa 4.000 Kubikmeter). In den beiden Folgejahren konnte das Verfahren nicht nur im Hinblick auf die bereits angesprochenen Probleme verbessert werden, die Produktion wurde auch immer effektiver und automatisiert. Dies erfolgte unter Leitung von Kenneth Sunderland Murray, dem Produktionsleiter der Fabrik in Westminster und späteren Direktor des Unternehmens. So konnte der Ausstoß 1889 im Vergleich zu 1887 auf 39 Tonnen (etwa 27.000 Kubikmeter) mehr als vervierfacht werden. Die Reinheit betrug für die damalige Zeit geradezu unerhörte 95 Prozent.

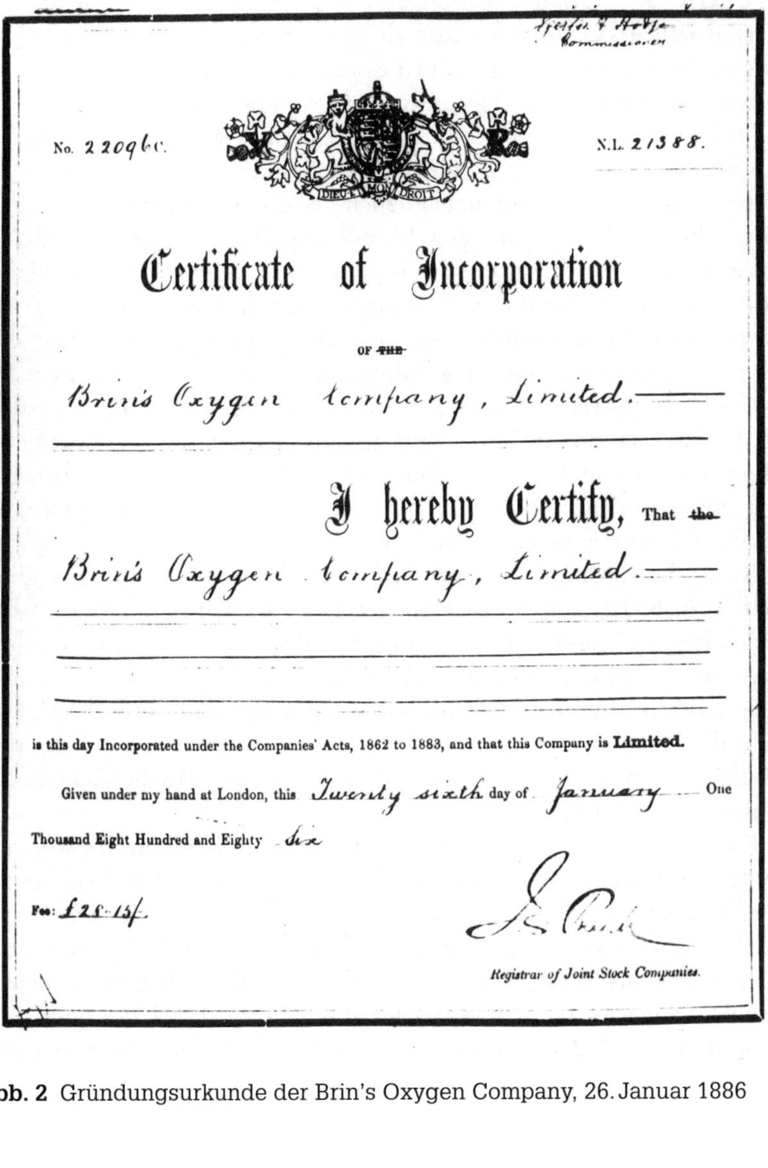

No. 22096

N.L. 21388.

Certificate of Incorporation

OF THE

Brin's Oxygen Company, Limited.

I hereby Certify, That the

Brin's Oxygen Company, Limited.

is this day Incorporated under the Companies' Acts, 1862 to 1883, and that this Company is Limited.

Given under my hand at London, this Twenty sixth day of January One Thousand Eight Hundred and Eighty Six

Fee: £25.15/-

Registrar of Joint Stock Companies.

Abb. 2 Gründungsurkunde der Brin's Oxygen Company, 26. Januar 1886

Ebenso wichtig wie die Verbesserung der Reinheit war, dass die Herstellungskosten dramatisch sanken – 1899 ließ sich Sauerstoff bis zu 20 Mal billiger produzieren als nur zwei Jahre zuvor.[6]

Durch die gesteigerte Produktion und die enorm verbesserte Qualität konnten der Kalklichtmarkt bedient und gleichzeitig neue Anwendungen für die Beleuchtung und Medizintechnik entwickelt werden. Das in

Theatern und Varietés verwendete Kalklicht war kostengünstig und wirkte natürlicher als andere künstliche Lichtquellen der damaligen Zeit; mit den sinkenden Kosten und besserer Verfügbarkeit stieg auch die Nachfrage. Bald fanden sich spezielle Anwendungen für die neue Lichttechnik, beispielsweise für Leuchttürme. Zum wichtigen Abnehmer für das Gas wurden im ausgehenden 19. Jahrhundert auch die beliebten Laterna Magica-Vorführungen, bei denen zur Untermalung von Vorträgen oder religiösen Versammlungen Bildmontagen und Fotografien auf einen Bildschirm oder an die Wand projiziert wurden. Die verbesserte Reinheit des zunächst im Bariumoxid-Verfahren und später durch Elektrolyse gewonnenen Gases erlaubte nun auch die längst erwartete, aber technisch lange nicht für möglich gehaltene Verwendung in der Medizin. Seit Ende des 19. Jahrhunderts kam ein Gemisch von Sauerstoff und Lachgas (N_2O) als Betäubungsmittel zum Einsatz und es wurden eine Reihe von Heilverfahren auf Basis von Sauerstoff entwickelt, teils mit durchaus erwiesener positiver Wirkung, teils (wie beim oxygenierten Wasser) mit sehr umstrittenem medizinischem Wert.[7]

Bis in die 1890er-Jahre bewirkten diese neuen Anwendungsmöglichkeiten für Sauerstoff jedoch keinen nennenswerten Anstieg der Nachfrage; für Brin's und andere Sauerstoffproduzenten blieb das »Kalklicht der einzige wirklich bedeutende Abnehmer für Sauerstoff«. Dieser Markt besaß offensichtlich nur ein geringes Wachstumspotenzial, weshalb die Umsätze mit Sauerstoff wie auch der beteiligten Firmen vom Umfang her recht bescheiden und ihre finanziellen Möglichkeiten stark eingeschränkt blieben.[8]

Die geringe Nachfrage nach Sauerstoff in den Jahren nach der Gründung der Brin's Oxygen Company war allerdings nicht das einzige Wachstumshemmnis für die Sauerstoffhersteller. Da der Transport und die Lagerung des Gases problematisch blieben, musste die Produktion in kleinen Anlagen nahe beim Kunden erfolgen. Brin's begegnete diesem Problem zunächst mit der Vergabe regional begrenzter Lizenzen für die Produktion und den Absatz von Sauerstoff. Zu den Lizenznehmern gehörten die 1887 gegründete Scotch and Irish Oxygen Company Ltd. in Glasgow und die Manchester Oxygen Company Ltd. Die Birmingham Oxygen Company Ltd. folgte 1890. Außerdem gründete Henry Sharp, der wichtigste Geldgeber von Brin's, 1889 die Continental Oxygen Company in Paris, um das Verfahren von hier aus in Frankreich, Deutschland und den Vereinigten Staaten zu etablieren und lizenzieren.[9] Aus diesen Beispielen lässt sich ablesen, wie sehr dieser Industriezweig in seinen Anfängen lokal gebunden und doch gleichzeitig entschieden international ausgerichtet war.

Die Standortentwicklung der Sauerstoffproduzenten wurde dabei maßgeblich durch den Vertrieb, insbesondere aber durch den technischen Fortschritt bei der Lagerung des Produkts bestimmt. Wie erwähnt gelangte das Gas anfangs in Beuteln oder gusseisernen Zylindern zum Kunden, was die transportierte Menge stark beschränkte, da das Gas selbst in den Metallbehältern nicht effektiv komprimiert werden konnte. Die nur wenig druckresistenten Eisenbehälter der Anfangsjahre waren im Gebrauch nicht ohne Risiko, ebenso wie die Metalltanks, in denen größere Theater den Sauerstoff bereithielten.

Fortschritte in der Behälterkonstruktion wurden dann in einem ganz anderen Industriebereich erzielt. Im Jahr 1885 erlangten Reinhard und Max Mannesmann ein Patent für die Herstellung nahtloser Stahlrohre und legten damit die Basis für den späteren Mannesmann-Konzern.[10] Bald gelang dem neuen Unternehmen auch die Herstellung von Röhren mit größerem Innendurchmesser und geringerer Wandstärke, wie sie für Stahlflaschen benötigt werden. Da inzwischen immer größere Mengen von, nach dem Brin-Verfahren erzeugtem, Sauerstoff nachgefragt wurden, stieg auch der Bedarf an Stahlflaschen, die einem höheren Druck standhielten und daher pro Flasche eine größere Gasmenge aufnehmen konnten. Folglich verkaufte die Brin's Oxygen Company wie andere

Abb. 3 Transport von komprimiertem gasförmigem Sauerstoff in Gasflaschen, ca. 1910

Unternehmen der Branche das Gas seit den 1890er-Jahren in druckresistenten Stahlflaschen. Diese sind seit dieser Zeit zwar in vielerlei Weise verändert und verbessert worden, spielen aber bis heute beim Transport und der Lagerung von Industriegasen eine bedeutende Rolle.

Die neuen Stahlflaschen lösten jedoch nicht alle Probleme beim Vertrieb und der Lagerung der Gase. Vielfach wurden bei Explosionen von Gasbehältern Menschen verletzt oder getötet, und diese Gefahr ist trotz zahlreicher Verbesserungen bei der Handhabung und Sicherheitstechnik der Flaschen und Ventile bis heute nicht gänzlich ausgeräumt. Ein weiteres Problem war die Wirtschaftlichkeit des Transports. Das Gewichtsverhältnis von Sauerstoff zum Stahlbehälter betrug auch im günstigsten Fall nur 1:9.[11] Somit konnte Sauerstoff unabhängig von der Effizienz seiner Gewinnung auch weiterhin nur lokal wirtschaftlich vermarktet werden, bis eine andere Vertriebsmöglichkeit gefunden wurde.

Von Geburt an getrennt: Andere Industriegase im ausgehenden 19. Jahrhundert

Etwa gleichzeitig mit der Einführung des Brin-Verfahrens zur Sauerstoffproduktion begann auch die Erzeugung und Vermarktung zweier anderer Gase in großem Maßstab – Kohlendioxid (CO_2) und Acetylen. Bevor wir mit der Geschichte des Sauerstoffs fortfahren, müssen diese aus zweierlei Gründen näher betrachtet werden. Zum einen haben beide Gase im Hinblick auf Vertrieb und Sicherheitsaspekte viel mit Sauerstoff gemein und auch im Zusammenhang mit der Gasverflüssigung lassen sich deutliche Parallelen ziehen. Zum anderen waren diese beiden Industriezweige bei aller Ähnlichkeit und trotz der Tatsache, dass alle drei seit Mitte des 20. Jahrhunderts einen wesentlichen Teil der Branche der Industriegase bildeten, zu Beginn völlig eigenständige Bereiche, in denen völlig unterschiedliche Unternehmen ganz verschiedene Märkte bedienten. Dennoch wuchsen die Acetylen- und die Sauerstoffindustrie bis zur ersten Dekade des 20. Jahrhunderts rasch zusammen. Beim Kohlendioxid sollte das noch etwas länger dauern. Betrachten wir aber zunächst jeden Fall für sich.

Kohlendioxid war das erste in größerem Umfang genutzte Gas, da es in der Natur in Mineralquellen in vergleichsweise reiner Form verfügbar war und auch bei der Gärung und Verbrennung als Nebenprodukt anfiel. So war es auch kein Zufall, dass es gerade dieses Gas war, das die Aufmerksamkeit von Joseph Priestley auf Gase lenkte. In einer Brauerei in

Leeds fand er heraus, dass es sich leicht in Wasser löste und diesem einen »leichten, angenehm säuerlichen Geschmack« gab. So entstand schon in der ersten Hälfte des 19. Jahrhunderts ein Markt für Mineralwasser und kohlensäurehaltige Erfrischungsgetränke und in der zweiten Jahrhunderthälfte kamen durch den Einsatz von Kohlendioxid, neben weniger bekannten Produkten, Weltmarken wie Selters, Apollinaris, Perrier, Coca Cola und Pepsi Cola auf. Gleichzeitig fanden sich für Kohlendioxid aufgrund seiner besonderen Eigenschaften weitere Verwendungen und Absatzmöglichkeiten: so unterband das Gas Verbrennungsvorgänge, eignete sich zum Kühlen und ließ sich leicht verflüssigen. Seit den letzten Jahrzehnten des 19. Jahrhunderts kam Kohlendioxid im industriellen Maßstab bei der Feuerbekämpfung, als Kühlmittel, bei der Stahlproduktion und der Synthese von Natriumkarbonat (nach dem Solvay-Verfahren) zum Einsatz. Die Verwendung in Getränken blieb allerdings am wichtigsten.[12]

Durch den vergleichsweise niedrigen Gefrierpunkt ließ sich Kohlendioxid bei Zimmertemperatur und relativ geringem Druck verflüssigen und verhältnismäßig leicht für einige Zeit im flüssigen Zustand halten. Deshalb wurde es als erstes Gas – noch vor Luft und anderen Gasen – in industriellem Maßstab verflüssigt. Die Verflüssigung war aus zweierlei Gründen attraktiv. Einerseits war Flüssiggas stark konzentriert und in einem Behälter gegebener Größe ließ sich eine größere Menge aufbewahren, was die Transportkosten deutlich senkte. Am Verwendungsort konnte es leicht wieder in den gasförmigen Zustand überführt werden, beispielsweise zur Herstellung von Erfrischungsgetränken oder zum Zapfen von Bier. Andererseits eröffneten die flüssigen Gase neue Anwendungen wie beispielsweise in der Stahlerzeugung, was die Nachfrage weiter steigerte.

Erstmals gelang die Verflüssigung von Kohlendioxid in industriellem Maßstab Wilhelm Raydt in Deutschland im Jahr 1878. Im folgenden Sommer erregte er großes Interesse für das neue Produkt, als er mit Hilfe eines großen Gasballons einen schweren Anker vom Grund des Kieler Hafenbeckens hob. Raydt verkaufte die Patente an das Chemieunternehmen Kunheim & Co., das 1883 die »Actien-Gesellschaft für Kohlensäureindustrie« ins Leben rief. Mit dem Auslaufen der Patente traten 1887 weitere Firmen in den Markt ein, sodass Anfang der 1920er-Jahre neben 30 Produzenten von »natürlichem« CO_2 (hauptsächlich aus Mineralwasserbrunnen) bereits 22 Hersteller von »künstlichem« CO_2 den rasch wachsenden deutschen Markt bedienten (siehe Tabelle 1.1).[13]

Amerikanische Interessenten mussten das Produkt aus Deutschland einführen, bis Jacob Bauer im Mittleren Westen ein Verfahren zur Her-

Tabelle 1.1 Produktion von Kohlendioxid im Deutschen Reich 1884–1918

Jahr	deutsche CO_2-Produktion (in Tonnen)
1884	122
1885	184
1886	240
1889	1.000
1891	3.000
1897	11.000
1899	15.000
1908	35.386
1909	34.498
1910	35.790
1911	41.473
1912	41.629
1917	37.300
1918	38.000

Quelle: Erich Kahl, *Die deutsche Kohlensäureindustrie vom Standpunkt der Standortslehre* (Tübingen: J. C. B. Mohr, 1921), S. 11

stellung, Lagerung und zum Vertrieb von flüssiger Kohlensäure entwickelte, aus der sich Kohlendioxid gewinnen ließ. Sein 1888 in Terre Haute im Bundesstaat Indiana gegründetes Unternehmen Liquid Carbonic kontrollierte schon bald den US-amerikanischen Markt und wurde schließlich zum größten CO_2-Produzenten der Welt.[14]

Die ab etwa 1890 verfügbaren nahtlos gefertigten Stahlflaschen fanden wie bei den Sauerstoffherstellern auch in der rasch expandierenden Kohlendioxidindustrie sofort Verwendung. Nach Ansicht von Erich Kahl, der den Aufschwung der Industrie Anfang der 1920er-Jahre untersuchte, war die Lösung des Problems der Verteilung für die Entwicklung des Industriezweigs entscheidend. Deutsche Firmen zählten zu den ersten, die Stahlflaschen für den Handel verwendeten. Ab 1889 lieferte auch Liquid Carbonic (und bald auch andere Marktteilnehmer in den USA und weiterer Industrienationen) Kohlendioxid in Stahlflaschen aus; die Vertreter konnten das Produkt nun vor Ort bei den Kunden vorführen und auch die Lagerung des Gases für den Ausschank von Getränken in

Bars und Restaurants war nun leichter möglich.[15] Bei Vertrieb und Lagerung in Stahlflaschen unterschieden sich Kohlendioxid und Sauerstoff allerdings in einem Bereich – dem der Sicherheit. Dies war ein Grund dafür, dass Stahlflaschen bei den CO_2-Herstellern früher und umfassender Verwendung fanden als bei den Sauerstoffproduzenten. Das Gewichtsverhältnis von Produkt zum Behälter bedeutete für beide Branchen jedoch die gleiche wirtschaftliche Herausforderung. Die in Deutschland verwendeten Stahlflaschen enthielten bis zu 10 kg Gas; die Flasche wog allerdings 23 kg, was einem Gewichtsverhältnis von 1:2,3 entspricht. Berücksichtigt man, dass der leere Behälter wieder zur Füllstation transportiert werden musste, dann verschlechtert sich das Verhältnis auf 1:5,6. Der Transport größerer Mengen über weite Strecken wurde erst möglich, als die Industrie gekühlte und isolierte Tankschiffe und Eisenbahnwaggons für flüssiges CO_2 entwickelte.[16]

Es zeigen sich also bei der Lösung technischer Fragen der Produktion, des Verkaufs, Vertriebs und der Lagerung deutliche Überschneidungen zwischen der CO_2- und der Sauerstoffindustrie. Obgleich es nahe liegt, dass die Kohlendioxidhersteller als Pioniere der Gasverflüssigung um Rat gefragt wurden, als man sich an die Verflüssigung von Luft wagte, war dies jedoch nicht der Fall, weil die Kohlendioxidhersteller und die Sauerstoffproduzenten wahrscheinlich der Ansicht waren, nicht derselben Industrie anzugehören. Dies entsprach den Tatsachen und sollte nach den 1880er-Jahren noch für viele Jahrzehnte so bleiben. In Großbritannien stellte die British Oxygen Company (BOC) noch in den 1950er-Jahren annähernd 100 Prozent des im Vereinigten Königreich verkauften Sauerstoffs her, produzierte aber kein CO_2. Den Markt für Kohlendioxid teilten sich dort mit der Distillers Company und den Imperial Chemical Industries zwei Unternehmen anderer Industriebranchen.[17]

Warum blieben diese beiden von den technischen Anforderungen eigentlich ähnlichen Industriezweige so deutlich voneinander getrennt? Vermutlich waren zwei Faktoren maßgeblich dafür verantwortlich. Zum einen kamen in der CO_2-Industrie Unternehmen wie Brennereien oder Bierbrauereien zusammen, die eigentlich einer anderen Branche angehörten, die sich aber mit einem Nebenprodukt, das sich leicht und ohne größere Investitionen und Know-how abtrennen, verpacken und verkaufen ließ, Zusatzverdienste verschafften. Beim Sauerstoff galten völlig andere Voraussetzungen, denn seine Gewinnung und Handhabe war von vornherein ungleich schwieriger und gefährlicher. Der zweite Grund war für die Trennung der beiden Branchen noch entscheidender. Bei der Verwendung der beiden Gase gab es keinerlei Überschneidungen; man verkaufte an völlig andere Kunden mit jeweils unterschiedlichen Bedürfnissen.

Wenn die Kohlendioxidbranche über Jahrzehnte von der Sauerstoffindustrie getrennt blieb, so galt das nicht in gleicher Weise für eine dritte Branche – die Herstellung von Acetylen. Seit der Entwicklung des Acetylenschweißens und Schneidbrennens Anfang des 20. Jahrhunderts bestand hier eine enge Verbindung zum Sauerstoff. In der Zeit davor hatten die frühen Acetylenhersteller jedoch ebenfalls getrennt vom CO_2- und Sauerstoff-Gewerbe operiert. Im Hinblick auf die zugrunde liegenden Faktoren für die Entwicklung der Branche der Industriegase mit ihren wichtigsten Akteuren bis zum Anfang des 20. Jahrhunderts lohnt es sich, diese ursprüngliche Trennung und ihre Überwindung etwas näher zu untersuchen. Es zeigen sich dabei eine Reihe von Gründen, dass Acetylen nicht der Auslöser für das Geschäft mit Industriegasen war, wie es Ebbe Almqvist als angesehener Chronist der Technikgeschichte der Industriegase dargelegt hat.[18]

Acetylen (C_2H_2, wissenschaftliche Bezeichnung: Ethin) wurde vom Chemiker Edmund Davy in Dublin erstmals 1836 beschrieben und 1862 von Friedrich Wöhler analysiert und benannt. Thomas Willson entwickelte in North Carolina 1892 ein Verfahren zur Herstellung von Kalziumcarbid, aus dem sich das Acetylengas gewinnen ließ. Willson erwirkte umgehend ein Patent und gründete 1894 die Electro Gas Company mit dem Ziel der Vermarktung des Verfahrens. Zunächst war die Nachfrage nach dem Gas gering, doch schon drei Jahre nach Erteilung des Patents setzte es sich als nützliche Licht-, Wärme- und Energiequelle durch. Willson verkaufte die Rechte an seinem Verfahren an die Acetylene, Light, Heat and Power Company in Niagara Falls, wo sich mit billigem Strom aus Wasserkraft Kalziumcarbid wirtschaftlich herstellen ließ. Dieses Unternehmen wurde 1898 zur Union Carbide Company umgewandelt, die künftig »den Carbidmarkt der Vereinigten Staaten bestimmte«[19].

Zu Beginn wurde Acetylen vor allem zur Beleuchtung verwendet. Dieser Handel florierte ab 1897 etwa 15 Jahre lang. In vielen Industriestaaten folgten Unternehmen dem Beispiel der Acetylene Light, Heat and Power Company und bedienten diesen Markt. Auch Adolf Messer hatte die Bedeutung von Willsons Entdeckung früh erkannt und baute 1898 in Höchst bei Frankfurt a. M. für die elterliche Gastwirtschaft eine Apparatur zur Gewinnung von Acetylen aus Kalziumcarbid, um das Gas zur Beleuchtung zu verwenden. Der 1878 geborene Messer studierte an der TU Darmstadt Maschinenbau, verfügte also genau wie Carl Linde und Georges Claude, von denen bald die Rede sein wird, über eine wissenschaftliche Ausbildung, die ihn an die Spitze des Anlagenbaus führen sollte.

Noch 1898 gründete er eine eigene Firma zur Herstellung seiner Geräte in Höchst und verlegte das Unternehmen im folgenden Jahr als Frankfurter Acetylen-Gas-Gesellschaft Messer & Cie. nach Frankfurt a. M. Hier widmete er sich zunächst der Verbesserung seiner Acetylenentwickler und Beleuchtungssysteme, insbesondere in Hinsicht auf deren sichere Handhabung.[20]

Mitte des ersten Jahrzehnts des 20. Jahrhunderts erlebte die Acetylenindustrie durch das Aufkommen von Gas- und elektrischer Beleuchtung eine Absatzkrise, die Messer und andere Produzenten von Acetylen und der damit verbundenen Apparaturen nach neuen Anwendungen Ausschau halten ließ. Messers Interesse galt dabei insbesondere den für die neuen Schweiß- und Schneidverfahren nötigen Geräten und Gasmischungen. Schon 1906 begann die noch immer junge Firma, die nun einfach Messer & Cie. hieß, mit der Produktion von Schweiß- und Schneidgeräten, einem Gebiet, das bis heute (im Rahmen der Messer Cutting Systems innerhalb der Messer Group GmbH) zu den Stärken des Unternehmens zählt. Natürlich war Messer auch an dem anderen, für das neue Schweißverfahren benötigten Gas, dem Sauerstoff, interessiert, weshalb das Unternehmen bereits 1910 Anlagen zur Luftverflüssigung und Fraktionierung herstellte. Messer trat also über das Acetylen in den Markt der Industriegase ein. Der finanzielle und logistische Aufwand für die Pro-

Abb. 4 Adolf Messer, ca. 1900

duktion, den Verkauf und die Auslieferung von Sauerstoff war aber so hoch, dass Messer mit seinem Schwerpunkt auf Anlagen und Geräten für Luftgase eine völlig andere Marktstrategie verfolgte als die beiden später in diesem Kapitel behandelten Unternehmen Linde und Air Liquide, die sowohl die Gase als auch die entsprechenden Produktionsanlagen verkauften. Im Gegensatz zu Linde und Air Liquide besaß Messer außerdem eine vergleichsweise schwache Position, was die Patente betraf. Anstatt sich im Heimatmarkt auf eine Auseinandersetzung mit Linde um die Rechte an Anlagen zur Luftverflüssigung und -zerlegung (air liquefaction and separation units, ASUs) einzulassen, konzentrierte er sich in den Jahren vor dem Ersten Weltkrieg darauf, solche Anlagen für ausländische Produzenten zu bauen und einzurichten.

Auch in Schweden herrschte ab Mitte der 1890er-Jahre eine rege Nachfrage nach Acetylen. Die bedeutendste Persönlichkeit war hier Gustav Dalén. Der 1869 geborene Dalén hatte als Bauer und Milchmann gearbeitet, bis ein bekannter Wissenschaftler aus Stockholm auf ein von Dalén erdachtes Gerät zur Bestimmung des Fettgehalts von Milch aufmerksam wurde und ihm zu einem Ingenieurstudium riet. Dalén schloss 1886 seine Ausbildung zum Ingenieur an der Technischen Hochschule Chalmers in Göteborg ab und studierte dann noch ein Jahr an der Eidgenössischen Technischen Hochschule Zürich. Somit ist auch er ein für die Zeit außergewöhnlich gut ausgebildeter Ingenieur, der wissenschaftlich fundierte Ideen und Konzepte in die Entwicklung komplexer Verfahren einbrachte. Nach dem Studium arbeitete Dalén vorübergehend in einer Turbinenfabrik, doch dann wandte er sich der Beleuchtung mit Acetylen zu. Mit einem anderen Chalmers-Absolventen gründete er Dalén & Celsing zum Bau und Betrieb eines Gaswerks für die Produktion von Acetylen aus Kalziumcarbid.[21]

Etwa zur selben Zeit errichtete 1899 ein anderer Schwede, Axel Nordvall, die Svenska Karbid & Acetylén AB in Göteborg mit dem Ziel, umliegende Kleinstädte mit Licht zu versorgen. Im Jahr 1904 stellte Nordvall das Unternehmen als Aktiebolaget Gas-Accumulator (AGA) neu auf und gewann Gustav Dalén von Dalén & Celsing, der Svenska Karbid zuvor bereits beraten hatte, als neuen Chefingenieur seines Unternehmens.

Ähnlich wie Messer konzentrierte sich das Unternehmen zunächst auf Beleuchtungslösungen für Eisenbahnen, Motorwagen, Pferdefuhrwerke und Gebäude, aber schon bald nach der Gründung der AGA ließ der Absatz in diesen Märkten stark nach, sodass dringend neue Anwendungen gefunden werden mussten. Die Einstellung des neuen Chefingenieurs sollte sich hierbei als Glücksgriff erweisen.

Abb. 5 Die Anfänge der Aktiebolaget Gas-Accumulator (AGA) in Saltsjö-Järla, 1904

Schon 1905 begann Dalén mit der Arbeit an einem Acetylen-Beleuchtungssystem, das den Anforderungen der schwedischen Lotsenbehörde für den Betrieb von Leuchttürmen und Bojen entsprach. Im selben Jahr entwickelte er eine Methode, die Acetylen einsparte und bei der sich die Flamme für die Anwendung in verschiedenen Bojentypen regulieren ließ – beides wichtige und sofort anwendbare Neuerungen. Über die folgenden elf Jahre steuerte Dalén nach den Wünschen der Behörde noch zahlreiche Erfindungen und Verbesserungen bei, darunter ein Sonnenventil, das die Beleuchtung des Leuchtturms abends entzündete und morgens löschte; einen Mixer, der besonders wenig Acetylen brauchte; eine automatische Nachführung für den Glühstrumpf der Lampe, die die Flamme dauerhaft fokussierte und nur noch eine jährliche Wartung erforderte sowie ein System zur Stabilisierung der Lampe an einer Boje. Das »AGA-System« für Leuchtfeuer war wirtschaftlich außerordentlich erfolgreich und blieb »bis zum Zweiten Weltkrieg eines der wirklich großartigen Produkte von AGA«.[22]

Obwohl das schwedische Unternehmen genau wie Messer seit 1906 auch auf den rasch wachsenden Märkten fürs Schweißen und Schneiden aktiv war, bewahrte sich die AGA im Gegensatz zum deutschen Konkurrenten bei der Acetylen-Beleuchtung eine lukrative Marktnische. Da die Kunden in diesem speziellen Segment auf der ganzen Welt verstreut waren, wurde die AGA früher als andere Unternehmen der Industriegasbranche international aktiv, mit besonderem und andauerndem Augenmerk auch auf Deutschland und Südamerika. Das zunehmende Engagement in der Schweiß- und Schneidetechnik führte dazu, dass sich das Unternehmen auch für die Sauerstoffproduktion in Schweden interessierte und 1914 am Hauptstandort auf der Insel Lidingö einen Luftzerleger errichtete. Damit trat die AGA in den Gasmarkt ein und stellte nicht nur die Anlagen zur Sauerstoffproduktion her, sondern auch den Sauerstoff selbst. Ebbe Almqvist meint allerdings: »Das Schweißen sollte für das Unternehmen bis in die 1920er-Jahre wirtschaftlich nur eine untergeordnete Rolle spielen. Bis dahin lag der Schwerpunkt auf der Herstellung und dem Verkauf von Beleuchtungseinrichtungen für Acetylen – mit dem Licht für Leuchttürme als Highlight.«[23] Das lange Festhalten am Acetylenlicht ist wenig überraschend, bedenkt man die Tatsache, dass Dalén 1912 den Physiknobelpreis erhielt, und zwar *»für seine Erfindung selbstwirkender Regulatoren, die in Kombination mit Gasakkumulatoren zur Beleuchtung von Leuchttürmen und Leuchtbojen verwendet werden«*[24].

Abb. 6 Ein frühes AGA-Firmenlogo zeigt das Hauptprodukt des Unternehmens: Beleuchtungssysteme für Leuchttürme, ca. 1910

Aus diesem kurzen Überblick über die Unternehmen Messer und AGA wird deutlich, dass der anfangs florierende Markt für die Beleuchtung mit Acetylen im ersten Jahrzehnt des 20. Jahrhunderts zusammenbrach und – Leuchttürme und andere maritime Anwendungen einmal ausgenommen – durch die vergleichsweise billige und sichere elektrische Beleuchtung abgelöst wurde. Ebenso wie Union Carbide überstanden beide Firmen die Krise, indem sie sich einem neuen und bald schon sehr bedeutsamen Markt zuwandten – dem Sauerstoff-Acetylen-Schweißbrennen, das die beiden Industriezweige zusammenführte.

Die Vereinigung der Sauerstoff- und Acetylenbranche, die zur Grundlage der neuen Industriegasbranche werden sollte, war erst möglich, als Erfinder aus anderen Industriezweigen neue Verwendungen für die Gase entwickelten. Henri Le Chatelier entdeckte 1895 in Frankreich, dass ein Gemisch aus Acetylen und Sauerstoff eine Flamme von bis zu 3.200 °C produzieren konnte, die höchste vom Menschen bis dahin erzeugte Temperatur. Sein Landsmann Claude Picard führte die Entwicklung weiter und stellte 1901 den ersten brauchbaren Schweißbrenner vor, der mit genau dieser Gasmischung funktionierte. Diese Entwicklung schuf für Sauerstoff zum ersten Mal einen wirklich großen Absatzmarkt und bildete außerdem die Voraussetzung für die Fusion der bis dahin voneinander unabhängigen Industriezweige für Luftgas und Acetylen.[25]

Durch die rasch wachsende Nachfrage nach Schweiß- und Schneidtechnik besannen sich die beiden Branchen auf ihre gemeinsamen Interessen, insbesondere weil sie bei der Lagerung und dem Vertrieb von Gasen mit denselben Problemen kämpften und, wie bei den Stahlflaschen, auch ähnliche Lösungen fanden. Acetylen war dabei in der Handhabung noch schwieriger als Sauerstoff und die entsprechenden Entwicklungen dauerten etwas länger. Wie Sauerstoff und Kohlendioxid konnte es nur in Druckbehältern wirtschaftlich vertrieben werden – mit den damit verbundenen Gefahren. Acetylen war aber nicht nur brennbar, wie Sauerstoff, sondern zusätzlich hochexplosiv, was zu einer Reihe viel beachteter Tragödien führte. Einen wichtigen Schritt zur Lösung dieses Problems gelang Georges Claude und Albert Hess im Jahr 1896. Angesichts der hohen Löslichkeit von CO_2 in Wasser suchten Claude und Hess nach einem passenden Lösungsmittel für Acetylen und fanden im Aceton die nötigen Eigenschaften. Wenn diese Acetylen-Dissous genannte Lösung in einem porösen Material verteilt wurde, dann war der Transport in Druckbehältern möglich, obwohl Explosionen weiter an der Tagesordnung blieben.[26] Während seiner Beschäftigung bei der AGA (die über die skandinavischen Rechte am Claude-Hess-Verfahren verfügte) fand Gustav Dalén am Ende des ersten Jahrzehnts des 20. Jahrhunderts auch hier Abhilfe, indem er »eine poröse chemische Substanz mit feinen Kapillaren entwickelte, welche die Probleme löste«.[27]

Etwa zur selben Zeit, als der französische Ingenieur und Erfinder Claude das Acetylen-Dissous-Verfahren einführte, widmeten sich Carl Linde und andere der Entwicklung und Patentierung der Luftverflüssigung, welche zusammen mit den später hinzugekommenen Gastrennungsverfahren die Grundvoraussetzung für den Eintritt der Luftgasbranche in die Schneid- und Schweißindustrie schuf. Claude und Hess entwickelten ihr Verfahren für Acetylen 1896 in einem ökonomisch sehr günstigen industriellen Umfeld. Linde und die anderen hatten dagegen Mitte der 1890er-Jahre mit einer sehr eingeschränkten Nachfrage nach Sauerstoff zu kämpfen. Wir erinnern uns, dass Kalklicht bis Anfang des 20. Jahrhunderts praktisch die einzige Verwendung für Sauerstoff war und der Markt für Theaterbeleuchtung kaum Wachstumspotenzial besaß. In diesem Fall wurde die Innovation also eindeutig nicht durch die Nachfrage ausgelöst, sondern stellte vielmehr das Resultat aus wissenschaftlicher Neugier dar. Im Fall von Linde kamen Kenntnisse in einer

Nachbardisziplin – der Kältetechnik – hinzu, die später die Basis für die Massenproduktion von hochreinem Sauerstoff bilden sollte, einer Kerndisziplin der Industriegasbranche, die Anfang des 20. Jahrhunderts gerade im Entstehen war.

Lindes Eismaschinen und die Entwicklung der Luftverflüssigung und Gastrennung

Carl Linde gilt landläufig als derjenige, der das erste Verfahren zur Verflüssigung von Luft in großen Mengen entwickelte. Nach ersten Versuchen Anfang der 1890er-Jahre in München gelang Linde 1895 die Verflüssigung von mehreren Litern Luft und er reichte die Erfindung zur Erteilung eines Patents ein. Er war jedoch nicht der Einzige, der ein derartiges Verfahren entwickelte: William Hampson und Charles Tripler verfolgten in Großbritannien bzw. den Vereinigten Staaten zur gleichen Zeit und unabhängig voneinander dasselbe Ziel wie Linde. Keines der drei Verfahren zur Luftverflüssigung ermöglichte jedoch die effektive Trennung der Luft in ihre Bestandteile; dies gelang erst einige Jahre später.

Beginnen wir mit Carl Linde, der zwar nicht auf direktem Weg zur Luftverflüssigung und Gastrennung gelangte, dabei aber einer gewissen Logik folgte. Seine Lebensgeschichte ist von ihm selbst und anderen oft und teils auch ausführlich geschildert worden,[28] sodass hier nur die für die Geschichte der Industriegase relevanten Umrisse skizziert werden müssen. Linde kam 1842 als Sohn eines evangelischen Pfarrers in Berndorf in Oberfranken zur Welt. Als einziger von vier Söhnen erlangte er das Abitur und begann 1861 (wie später auch Gustav Dalén) am Züricher Polytechnikum, der späteren ETH, ein Maschinenbaustudium, das er jedoch nicht abschloss, weil er wegen seiner Beteiligung an einem Studentenprotest von der Hochschule verwiesen wurde. Zwei Dinge sprachen in dieser Situation trotzdem für ihn. Zum einen besuchten damals nur wenige Menschen eine Universität und noch weniger erreichten einen Abschluss – hieraus erwuchs ihm also kein Nachteil. So waren in ganz Deutschland im Jahr 1875 nur 16.500 Studenten eingeschrieben,[29] und schon der Besuch einer Universität galt als große Leistung. Zum anderen wurde er von zwei seiner Züricher Professoren aufs Wärmste empfohlen, sodass er zunächst bei Borsig in Berlin und dann bei der Lokomotivenfabrik Krauss & Comp. in München als Ingenieur eingestellt wurde. München sollte nicht nur für Lindes Leben, sondern auch für die Entwicklung seines 1897 in Wiesbaden gegründeten Unternehmens noch eine bedeutende Rolle spielen.

Sein Leben änderte sich grundlegend, als er 1868 zum Professor an der neugegründeten Technischen Hochschule der bayerischen Hauptstadt ernannt wurde – eine Stellung als Beamter von hohem Ansehen und gutem Einkommen.[30]

Und obwohl er diese akademische Stelle nur elf Jahre innehatte, von denen er die meiste Zeit mit Forschung und Entwicklung verbrachte, was ihm eine Reihe von Patenten und schließlich ein beträchtliches Einkommen einbrachte, steht außer Frage, dass Linde seine akademische Tätigkeit und die Forschung frei von ökonomischen Zwängen (aber mit wirtschaftlichen Aussichten) als bedeutendsten Teil seiner Lebensleistung betrachtete.

Ende der 1860er- bis Anfang der 1870er-Jahre beschäftigte sich Linde insbesondere mit der Kühltechnik, einem vergleichsweise neuen Gebiet des Maschinenbaus, für das nicht nur technisches Wissen, sondern auch wissenschaftliche Kenntnisse erforderlich waren. Glücklicherweise teilten einige reiche Geschäftsleute dieses Interesse, darunter verschiedene Brauereibesitzer aus Süddeutschland und Österreich-Ungarn. So verfügte er ab 1871 über genügend Forschungsmittel und bei der Münchener Spaten-Brauerei über den nötigen Laborraum, um sich trotz seiner Professorenstelle immer intensiver der Entwicklung seiner Erfindungen zu widmen. Schon 1873 wurde ihm (gemeinsam mit seinem Förderer Gabriel Sedlmayr) ein Patent für seine »Eismaschine« zugesprochen, die

Abb. 7 Carl Linde als junger Professor, 1870er-Jahre

bereits ein Jahr später in der Spaten-Brauerei in Betrieb ging, obwohl sie vor allem wegen zahlreicher Lecks noch mit erheblichen Kinderkrankheiten zu kämpfen hatte. Linde ließ jedoch nicht locker, steckte sogar eigenes Geld in das Projekt, um seinen Mäzen Sedlmayr an Bord zu halten und entwarf einen neuen Kompressor, der nicht nur wirkungsvoller und sparsamer (und dichter) als der Vorgänger, sondern auch den Konkurrenzprodukten überlegen war. Linde erhielt dafür 1876 ein bayerisches Patent und 1877 eines für das Deutsche Reich zugesprochen; also noch im selben Jahr, in dem im kürzlich vereinigten Staat ein neues Patentgesetz verabschiedet worden war. Wie für Linde bis in die 1890er-Jahre üblich, stellte er die Maschine nicht selbst her, sondern vergab eine bis zum Ablauf des Patentschutzes (1891) gültige Lizenz zur Produktion an die Maschinenfabrik Augsburg (heute MAN), die 1876 ihre erste nach Lindes Entwurf gebaute Kühlmaschine an eine Brauerei in Triest auslieferte.[31] Die Lizenzerträge in Höhe von 15 Prozent der Verkaufserlöse gingen an ein aus Linde, Sedlmayr und Krauss bestehendes Konsortium, dem die Linde-Patente an dieser Maschine gehörten. Linde war damit aber noch nicht zufrieden, sondern entwarf sein System noch einmal von Grund auf neu. Dazu waren wieder Geld und Zeit nötig und abermals erhielt Linde beides im Tausch gegen geistiges Eigentum. Das Konsortium wurde sowohl an Mitgliedern als auch an Patentrechten erweitert. Zu Gabriel Sedlmayr, Krauss und Linde kamen Johann Sedlmayr und Heinrich Buz von der Maschinenfabrik Augsburg hinzu. Im Tausch gegen Anteile an Lindes Patenten für verschiedene Kühlverfahren leisteten alle Konsortiumsmitglieder finanzielle Unterstützung – mit Ausnahme von Linde, der etwa einen Anteil von einem Drittel am Konsortium behielt. Seiner bereits umfangreichen Liste fügte er immer neue Patente zu Fragen der Kühlung hinzu. Für die Maschinen, die darauf beruhten, herrschte enorme Nachfrage, insbesondere aus dem Braugewerbe, denn Lindes Maschinen erwiesen sich als zuverlässiger und effizienter als alles andere auf dem Markt. Allmählich jedoch machte sich die Doppelbelastung als Erfinder/Unternehmer und Universitätsprofessor bei Linde bemerkbar. Gegenüber Carl Lang, einem Aufsichtsratsmitglied zahlreicher rheinischer Brauereien, den er über die Mainzer Aktienbrauerei kennengelernt hatte, beklagte sich Linde 1878 über diesen schwierigen Balanceakt. Lang antwortete mit dem Angebot, Linde bei der Gründung eines eigenen Unternehmens finanziell behilflich zu sein. Die folgenden Verhandlungen zogen sich hin, aber im Dezember 1878 hatte Linde so viel Zuversicht in das Projekt, dass er es wagte, seine Stelle an der Technischen Hochschule in München zu kündigen; ein einschneidender Schritt, da er damit auch seinen Beamtenstatus verlor. 1879 wurde dann die Gesellschaft für Lindes Eismaschinen mit Firmensitz in Wiesbaden gegründet. Als Teil der Vereinbarungen wurden Patentrechte von den Konsortiumsmitgliedern zurückgekauft und in die neue Firma eingebracht. Außerdem zogen drei der alten Konsortiumsmitglieder in den Aufsichtsrat des neuen Unternehmens ein.[32]

Die Anfangsjahre von Lindes Eismaschinen sind schon an anderer Stelle eingehend geschildert worden, sodass wir uns hier auf drei wichtige Punkte beschränken können. Erstens war das neue Unternehmen erfolgreich. Zweitens stellte die Firma ursprünglich und im Gegensatz zu dem, was durch das Geschäft mit Gasen und Anlagen zur Gasproduktion aus ihm werden sollte, »keine eigenen Produkte her ... [sondern bot] vor allem Planungs- und Ingenieurleistungen an«.[32] Drittens erkannte Linde schon bald, dass die Aussichten auf interessante und lohnende technische Entwicklungen in der Kühltechnik mit jedem Jahr geringer wurden. Daher zog er sich 1890 aus dem Tagesgeschäft der Firma zurück. Er blieb zwar Aufsichtsratsvorsitzender, übersiedelte aber von Wiesbaden zurück nach Bayern, zuerst in sein Ferienhaus in Berchtesgaden und zwei Jahre später nach München. Statt mit Kühltechnik beschäftigte er sich nun mit dem Spezialgebiet der Tieftemperatur- oder Kryogentechnik und dem Ziel der Luftverflüssigung in großem Maßstab.[33]

Linde ging auch hier getreu seinem Leitgedanken vor, technische Entwicklung durch eine wissenschaftlich fundierte angewandte Forschung voranzutreiben, obwohl flüssige Luft damals noch kein eindeutiges Marktpotenzial besaß. Als Forschungsansatz diente Linde der Joule-Thomson-Effekt, der bereits 1852 von James Prescott Joule und William Thomson (der 1895 als Lord Kelvin ins britische Oberhaus einzog) entdeckt worden war. Das zugrunde liegende Prinzip, dass die Temperatur abnimmt, wenn komprimierte Luft »bei Zimmertemperatur durch ein Ventil oder eine enge Düse strömt«, lässt sich beim Gebrauch einer Spraydose beobachten.[34] Als sich Linde und andere daran machten, den Effekt für industrielle Anwendung nutzbar zu machen, war er lange bekannt und seit Jahrzehnten untersucht worden. Es handelte sich jedoch um eine aufwendige Entwicklung, da nicht nur die Grundlagen des Verfahrens, sondern auch technische Lösungen für eher banale Probleme erarbeitet werden mussten – beispielsweise die Konstruktion zuverlässiger Dichtungen zur Vermeidung von Leckagen.

Carl Linde beschäftigte sich mehrere Jahre lang mit diesen und anderen Fragen. Nach einer Krankheitsperiode und Versuchen mit Apparaturen, die nur ein paar Stunden lang arbeiteten, gelang ihm 1895 die Herstellung flüssiger Luft in bislang nicht für möglich gehaltenen Mengen. Die Vorrichtung war komplex, aber sehr effektiv. In einem ersten

Schritt wurde die Luft in einem herkömmlichen Kühlsystem vorgekühlt. Dann wurde das Gas in zwei Stufen komprimiert und in »einem Wärmetauscher mit Kühlschlange und drei konzentrischen Röhren für die Kühlung im Gegenstromprinzip« verflüssigt. Die Apparatur arbeitete bei einem für die damalige Zeit enormen Druck von 200 Atmosphären (200 bar).[35]

Linde war jedoch nicht der Einzige, der Luft im industriellen Maßstab verflüssigen wollte, und auch nicht der Einzige, dem es gelang. Etwa zu der Zeit, als er sein Patent für die Verflüssigung von Luft einreichte, fand William Hampson in England eine andere Methode, die ebenfalls auf dem Joule-Thomson-Effekt beruhte. Genau genommen reichte Hampson, ein Amateur mit begrenztem wissenschaftlichem und technischem Wissen, am 23. Mai 1895 ein vorläufiges Patent für seinen Luftverflüssiger ein, während Lindes (vollwertiges) Patent am 5. Juni registriert wurde.

In Hampsons Apparatur wurde die Luft auf 200 bar komprimiert und dann auf ein bar expandiert und durch einen Wärmetauscher geleitet. Er war mit Schikanen versehen und daher sehr viel kompakter als Lindes Vorrichtung, weshalb er daher auch »fast 40 Jahre lang in wissenschaftlichen Labors zum Einsatz kam«. Sie war allerdings weit weniger effizient als Lindes Verfahren und benötigte je Liter flüssiger Luft deutlich mehr Energie. Dennoch sicherte sich Brin's Oxygen Company 1896 rasch die Rechte an Hampsons Verfahren, allerdings nur für die Produktion von flüssiger Luft, nicht etwa flüssigem oder gasförmigem Sauerstoff. Diese stellte das englische Unternehmen noch bis 1906 über das Bariumoxid-Verfahren her, denn mit Lindes und Hampsons Verfahren von 1895 war die Verflüssigung von Luft zwar wirtschaftlich geworden, bis zu ihrer Trennung in die Bestandteile durch fraktionierte Destillation sollte aber noch etwas Zeit vergehen, wie wir gleich sehen werden.[36]

Neben Linde und Hampson trat 1897 der US-Amerikaner Charles Tripler mit einem weiteren Verfahren auf den Plan. Seine dampfbetriebene Apparatur für die Luftverflüssigung war die größte der Welt. Tripler, ebenfalls Amateur, warb in kurzer Zeit enorme Geldmengen für die Gründung eines Unternehmens ein, geriet aber nicht zuletzt wegen übertriebener und wissenschaftlich nicht untermauerter Versprechungen in Schwierigkeiten, weshalb er 1902 in Konkurs ging.[37] Das Erstaunliche in allen drei Fällen bleibt die Frage nach dem Eifer, mit dem diese Erfinder nach einem Verfahren suchten, da es sich bei dem Haupterzeugnis der Verfahren um »dieses etwas marktferne Produkt flüssige Luft« handelte, so die unnachahmliche Untertreibung eines ungenannten Korrespondenten des *The Times Supplement* von 1909.[38]

PATENT-URKUNDE

№ 88824

GESETZ v. 7. APRIL 1891

AUF GRUND DER ANGEHEFTETEN PATENTSCHRIFT IST DURCH BESCHLUSS DES KAISERLICHEN PATENTAMTES

an Carl Linde, Professor in München

EIN PATENT ERTHEILT WORDEN.

GEGENSTAND DES PATENTES IST:

Verfahren zur Verflüssigung atmosphärischer Luft oder anderer Gase.

ANFANG DES PATENTES: 5. Juni 1895.

DIE RECHTE UND PFLICHTEN DES PATENTINHABERS SIND DURCH DAS PATENTGESETZ VOM 7. APRIL 1891 (REICHS-GESETZBLATT FÜR 1891 SEITE 79) BESTIMMT.

ZU URKUND DER ERTHEILUNG DES PATENTES IST DIESE AUSFERTIGUNG ERFOLGT.

KAISERLICHES PATENTAMT.

Abb. 8 Carl Lindes Patent zur Luftverflüssigung, 1895

Es muss allerdings erwähnt werden, dass Linde und die anderen ein etwas anderes Ergebnis aus ihren Bemühungen erwarteten. Aus Experimenten von Lord Dewar war seit Langem bekannt, dass:

> der Stickstoff als der leichter flüchtige Bestandteil beim Verdampfen von flüssiger Luft sich rascher verflüchtigte als der Sauerstoff und sich die verbleibende Flüssigkeit folglich an letzterem Bestandteil anreicherte. Wie alle anderen Forscher ging auch Linde davon aus, dass einer marktfähigen Methode der Luftverflüssigung die wirtschaftliche Sauerstoffproduktion auf dem Fuß folgen musste.[39]

Dennoch sollte noch einmal betont werden, dass die Nachfrage nach Sauerstoff noch sehr gering war. Es stellte sich jedoch heraus, dass die Separation von Sauerstoff und Stickstoff um einiges schwieriger zu erreichen war, da der Trennungseffekt beim Verdampfen sehr viel geringer war als erwartet. An einem gewissen Punkt stoppte die Trennung ganz und die verbleibende flüssige Luft war zwar reich an Sauerstoff, aber ein Gehalt von 50–60 Prozent reichte bei weitem nicht an die Reinheit von bis zu 95 Prozent heran, die sich mit dem Bariumoxid-Prozess erreichen ließ. Wegen der sehr ähnlichen Siedepunkte von Sauerstoff und Stickstoff halfen auch die damals bekannten Destillationsverfahren nicht weiter. So lange es aber keine Möglichkeit gab, den Reinheitsgrad des durch Luftverflüssigung gewonnenen Sauerstoffs zu verbessern, lief alles auf eine Frage hinaus: Wer würde flüssige Luft kaufen, wenn sie nicht aus Sauerstoff von hohem Reinheitsgrad bestand? Und wenn sie nicht mit Sauerstoff aus dem Bariumoxid-Prozess konkurrieren konnte, wozu war sie dann zu gebrauchen?

Charles Tripler hatte eine mögliche Antwort gefunden. Die Verbrennungsmotoren der ersten Autos am Ende des 19. Jahrhunderts waren alles andere als ausgereift und nicht sehr zuverlässig. Ein Fahrzeug, bei dem flüssige Luft in Kombination mit einem Vergaser für Vortrieb sorgte, erschien durchaus attraktiv. Tripler fand auch Käufer für sein Produkt, die seine Meinung teilten, und wurde dabei sogar zum Vorreiter für den Transport flüssiger Luft in Eisenbahnwagen mit isolierten Tanks.[40]

Auch dieser Markt war allerdings sehr klein und auf Dauer nicht tragfähig, da die Verbrennungsmotoren schon kurz nach ihrer Markteinführung enorm verbessert wurden. Linde hingegen kam 1899 mit seiner »Linde-Luft« auf den Markt, einem sauerstoffreichem Gemisch für verschiedene Anwendungen in der chemischen Industrie und als Sprengstoff, das sich aber auch nur zögerlich verkaufte. Linde konnte immerhin einige Luftverflüssiger an Physiklabors verschiedener Universitäten verkaufen, aber auch dies war ein extrem eingeschränkter Markt. Im Bereich des Verkaufs von Anlagen gab es also etwas Hoffnung, doch die flüssige Luft selbst blieb ein »etwas marktfernes Produkt«.[41]

Nachdem sich ab Anfang des 20. Jahrhunderts mit den neuen Schneid- und Schweißverfahren ein neuer Markt für Sauerstoff etablierte, war allerdings klar, dass sich mit dem Produkt größere Gewinne erzielen lassen würden, könnte man durch Separation höhere Reinheitsgrade von Sauerstoff in industriellem Maßstab erzielen. Wieder sprang Linde in die Bresche. Auf dem neuen 1897 bezogenen Werksgelände der Abteilung für Luftverflüssigung von Lindes Eismaschinen in Höllriegelskreuth bei München experimentierten Linde und seine Mitarbeiter zunächst mit Verdampfern, wandten sich dann aber der Rektifikation zu, einer stark verfeinerten Methode der fraktionierten Destillation. Die Rektifikation war ein anerkanntes Verfahren und schon seit 1860 beispielsweise bei der Branntweindestillation in Gebrauch. Linde nahm die für die Lufttrennung nötigen Anpassungen vor: 1901 verbesserte er die Lufttrennung durch Verwendung von Glasperlen, 1903 führte er Siebplatten in seiner Fraktionierungskolonne ein. Seine Anlage schaffte inzwischen einen Ausstoß von 100 Kubikmeter Sauerstoff pro Stunde, und das zu einem konkurrenzfähigen Preis. Der Sauerstoffgehalt betrug 90 Prozent und das Produkt konnte in Druckflaschen abgefüllt und verkauft werden. So war es auch in der Metallurgie verwendbar: die erste wirtschaftlich wirklich attraktive Anwendung für flüssige Luft – insbesondere, als 1905 die Reinheit auf mehr als 99 Prozent gesteigert werden konnte. Damit wurde fraktionierter Sauerstoff zum Konkurrenten des Bariumverfahrens (und anderer weniger verbreiteter Methoden) und ersetzte es schon bald. Linde nahm sich als nächstes eine Fraktionierungskolonne zur Abtrennung von Stickstoff vor und produzierte ab 1905 aus flüssiger Luft marktfähigen Stickstoff mit einer Reinheit von 99,8 Prozent. Weitere Verbesserungen der Anlage führten 1910 mit zwei Fraktionierungskolonnen zur gleichzeitigen Abtrennung von Sauerstoff und Stickstoff.[42]

Das Claude-Verfahren und die Gründung von Air Liquide

Wie bereits erwähnt hatte Linde auf dem Gebiet der Luftverflüssigung auch Konkurrenten, aber mit Triplers Konkurs im Jahr 1902 blieb Brin's Oxygen, Lizenzinhaber für das Hampson-Verfahren, der einzige ernsthafte Mitbewerber. Linde hatte zur Verwertung seiner Patente für den Markt der klassischen Kühlung schon 1885 die Linde British Refrigeration Company Ltd. gegründet und betrieb von dieser Basis aus den Wettstreit mit dem Konkurrenten.[43] Es sollte aber nicht lange dauern, bis der französische Wissenschaftler Georges Claude für beide zu einem sehr viel ernst zu nehmenderen Gegner wurde. Claude waren auf dem Gebiet der Luftverflüssigung und Fraktionierung verschiedene Erfindungen gelungen, die er mit seinem eigenen Unternehmen zu vermarkten suchte.

Claude begegneten wir schon als Erfinder von Acetylen-Dissous, das den relativ sicheren Transport des explosiven Gases möglich machte. Als wissenschaftlich ausgebildeter Forscher war er Linde sehr viel ähnlicher als die anderen Pioniere der Luftverflüssigung. Auch er widmete sein Leben der Forschung und anwendungsbezogenen Entwicklung ohne den Zwang einer unmittelbaren Vermarktung.

Claude kam 1870 in Paris als Sohn eines Ingenieurs und Managers zur Welt, der in seiner Freizeit an eigenen Erfindungen bastelte. Sein Studium an der École de Physique et de Chimie in Paris schloss Claude 1889 als Ingenieur ab. Er arbeitete zunächst als Kontrolleur bei einer Kabelfabrik und trat dann als Ingenieur bei der Thomson-Houston Company ein. Wie sein Vater arbeitete er in seiner freien Zeit an eigenen Erfindungen und hielt die Augen nach interessanten Forschungsthemen offen. Von Lindes Patent für die Verflüssigung von Luft erfuhr er schon bald nach der Patenterteilung und war sofort von dem Prinzip der Gasverflüssigung eingenommen. Mit der finanziellen Unterstützung einer Gesellschaft, die sein Freund und langjähriger Geschäftspartner Paul Delorme leitete, beschäftigte er sich neben seiner regulären Arbeit seit 1899 intensiv mit dem Thema.[44]

An der Verflüssigung reizte ihn nicht nur, was Linde gelungen war, sondern vor allem das, was dieser aus unerklärlichen Gründen unterlassen hatte. »Warum lässt er die Luft durch ein einfaches Ventil entweichen?«, schrieb er. »Wenn diese Luft einen Kolben antreiben müsste, würde sie mehr Arbeit verrichten und damit mehr Kälte erzeugen.« Zum Teil wusste Claude selbst die Antwort auf seine eigene Frage. Linde hatte diesen Weg nicht gewählt, weil ein solcher Kolben geschmiert werden musste und die üblichen Schmiermittel bei den erforderlichen Temperaturen einfroren. Auch mit den Materialien, aus denen Dichtungen normalerweise bestanden, gab es Probleme. Daher suchte Claude systematisch nach besseren Schmiermitteln und stieß schließlich auf Petroläther. Er entdeckte außerdem, dass sich Känguruhaut bestens zur Abdichtung eignete und fand Wege, die Apparatur wirkungsvoller zu isolieren.

Im Mai 1902 hatte er schließlich Erfolg. Claudes Verfahren arbeitete bei bis zu –200 °C, aber bei einem Druck von nur 20 bar (verglichen mit 200 bar im Linde-Verfahren). Zudem war es effektiver, denn es erbrachte

Abb. 9 Georges Claude (links) und seine erste Luftverflüssigungsapparatur, 1902

0,75 Liter flüssige Luft je Kilowattstunde verglichen mit 0,70 beim Linde-Prozess.[45]

In seinem Überblick über die Kryogenik nannte Ralph G. Scurlock Claudes Erfindung »eine so gewaltige mechanische Revolution, dass sie als zweiter technologischer Durchbruch angesehen werden muss«.[46]

Im November desselben Jahres wurde ein Unternehmen zur Vermarktung des Verfahrens gegründet, die L'Air Liquide Société Anonyme pour l'Étude et l'Exploitation des Procédés Georges Claude, was im Alltagsgebrauch verständlicherweise zu Air Liquide verkürzt wurde. Schon 1903 nahm die erste Fertigungsanlage der Firma die Produktion auf, doch erst ab 1905 konnte das junge Unternehmen aus Geldmangel und aufgrund anderer Anfangsschwierigkeiten Sauerstoff in genügender Reinheit und größeren Mengen herstellen.[47] Ab diesem Zeitpunkt musste in diesem Geschäft neben Brin's Oxygen und Linde auch mit Air Liquide gerechnet werden. Durch Kapitalzufuhr und, ab 1906, reinvestierte Gewinne wuchs das französische Unternehmen alsbald beträchtlich.[48] Alle drei Unternehmen agierten praktisch von Anfang an auf internationaler, nationaler, regionaler und lokaler Ebene. Dies galt in gleicher Weise für die AGA und Messer.

Zusammenfassung

Das Jahrzehnt von 1895 bis 1905 war für die Entwicklung der modernen Gasverflüssigung und Fraktionierung richtungsweisend. Die technischen Errungenschaften dieser Periode legten zusammen mit dem wachsenden Bedarf an Sauerstoff und Acetylen die Basis für neue Industriezweige. Zu den beteiligten Firmen zählten Brin's Oxygen Company, Linde, Messer, die AGA, Air Liquide und die Union Carbide Company – wie wir gesehen haben, jede mit eigenen Stärken und Schwerpunkten, was ihre Produkte und Strategie betraf. In technischer Hinsicht waren fraglos Linde und Air Liquide bestimmend. Da beide von wissenschaftlich ausgebildeten Erfinder-Ingenieuren gegründet worden waren, hatten die Unternehmen viele Gemeinsamkeiten – einzig ihr Grundansatz unterschied sich bereits stark: Linde verkaufte zu Anfang vor allem Anlagen und Apparaturen, Air Liquide konzentrierte sich auf den Verkauf von Gasen.[49] Ohne Übertreibung lässt sich sagen: Bis in die 1990er-Jahre war Linde ein Anlagenbauer, der auch Gase verkaufte; Air Liquide war immer ein Lieferant von Gasen, der auch spezielle Anlagen für die Gasproduktion baute.

Allerdings verfügten beide von Anfang an über wichtiges Kapital in Form von Patenten und geistigem Eigentum. Um diese wurde unmittelbar nach dem Jahrzehnt einzigartiger erfinderischer Aktivität heftig gestritten, bis man sich einvernehmlich im Markt einrichtete. In den Jahren vor dem Ausbruch des Ersten Weltkriegs stieg die Produktion dann sprunghaft an und es erschienen ernst zu nehmende neue Wettbewerber in einer immer mehr internationalisierten Industrie.

2 Wettbewerb und Kooperation in einem Wachstumsmarkt bis 1914

Einleitung

Von 1886 bis etwa 1903 gab es nur ein einziges Verfahren zur Produktion von Sauerstoff in annehmbarer Reinheit und zu einem vernünftigen Preis – das von den Brin-Brüdern in Frankreich entwickelte und von der in Großbritannien ansässigen Brin's Oxygen Company vermarktete Bariumoxid-Verfahren. Mit diesem ließ sich Gas mit einem Gehalt von 90–95 Prozent Sauerstoff erzeugen, das für Kalklicht und verschiedene medizinische Zwecke Verwendung fand. In den Jahren vor der Erfindung des Schneidbrenners und Acetylenschweißens waren die Nachfrage nach Sauerstoff und das Wachstumspotenzial des Marktes gleichermaßen gering. Auch deshalb beklagte der Vorstandsvorsitzende anlässlich der Hauptversammlung des Unternehmens von 1896 den Mangel neuer Absatzmöglichkeiten für Sauerstoff und erst 1899, also 13 Jahre nach Firmengründung, konnte die Firma die erste Dividende ausschütten. Selbst diese Zahlung war dabei nur durch die Abschreibung etwa der Hälfte des ursprünglichen Firmenkapitals möglich.[1]

Doch schon in diesen Anfangsjahren von Brin's Oxygen wurden drei für die gesamte Geschichte der Industriegasindustrie gültige Gesetzmäßigkeiten deutlich. Zum Ersten zeigte sich stets das Bestreben, durch den Erwerb anderer Unternehmen zu wachsen. Dabei ging es durchaus nicht nur um Marktanteile; die Unternehmer der Gasbranche mussten auch die für Skaleneffekte relevanten Faktoren im Auge behalten – hohe Transport- und Vertriebskosten, Kapitalintensität und technische Weiterentwicklung. Der enorme Bedarf finanzieller und technischer Ressourcen, der eine starke Zentralisierung erforderte, stand in krassem Gegensatz zu der Notwendigkeit, dass die Produktion und der Vertrieb lokal in Nähe der Kunden erfolgen musste. Die zweite Gesetzmäßigkeit, eigentlich eine Konsequenz aus der ersten, war das Bestreben, Gelegenheiten für Wachstum nicht nur im nationalen Rahmen, sondern auf internationalen Märkten zu suchen. Die dritte – und für eine von Technik dominierte Branche nicht allzu überraschende Gesetzmäßigkeit – galt der Tatsache, dass das geistige Eigentum für die Erarbeitung und Umsetzung von Unternehmensstrategien von zentraler Bedeutung war.

In diesem Kapitel untersuchen wir diese ineinander greifenden Trends in drei Unterkapiteln. Zunächst beleuchten wir die ersten beiden Jahrzehnte der Unternehmensgeschichte der Brin's Oxygen Company. Am Ende dieses Zeitabschnitts befriedigte Brin's nicht nur die durch neue Anwendungen wie Schweißen und Schneiden explodierende Nachfrage, sondern wandte auch neue Verfahren zur Verflüssigung und Isolierung von Sauerstoff aus Luft an. Brin's Oxygen wurde 1906 umbenannt in British Oxygen Company (BOC), was ein wenig die Tatsache verdeckt, dass im nunmehr »britischen« Unternehmen mit den neuen Verflüssigungs- und Gastrennungsverfahren ein starker deutscher Einfluss Einzug gehalten hatte. Das folgende Unterkapitel handelt von Firmengründungen und Marktkonsolidierung sowie von der damit verbundenen Internationalisierung der Industrie im Hinblick auf neue Technologien und Märkte zwischen 1903 und 1914. Im letzten Unterkapitel beschäftigen wir uns dabei mit Auseinandersetzungen um geistiges Eigentum sowie die Lösung derartiger Konflikte und fassen all diese Entwicklungen vor 1914 in einem letzten Abschnitt kurz zusammen.

Von Brin's zu British

An der Tagesordnung der ersten Gesellschafterversammlung der Brin's Oxygen Company Ltd. in der City of London am 4. Februar 1886 um die Mittagszeit war im Großen und Ganzen nichts Außergewöhnliches. Man wählte Funktionsträger, bestimmte einen Chefbuchhalter und einen Rechtsanwalt, stellte Richtlinien für den Ablauf von Sitzungen und das Bezahlen von Rechnungen auf und genehmigte das Anmieten von Gelände für eine Fabrik. Ein Tagesordnungspunkt jedoch war ungewöhnlich: Der Firmenanwalt schlug den Direktoren die Annahme einer Übereinkunft vom 27. Januar 1886 zur Übertragung der Patente der Brin-Brüder für ihr Bariumoxid-Verfahren auf die neue Firma vor. Der Wert des geistigen Eigentums hätte nicht besser verdeutlicht werden können.[2] Diese Patente sollten die Basis des gesamten Produktionsbetriebs bilden, der vom Unternehmen in den folgenden Jahren in London aufgebaut wurde. Sie waren während der Anfangsjahre des Unternehmens

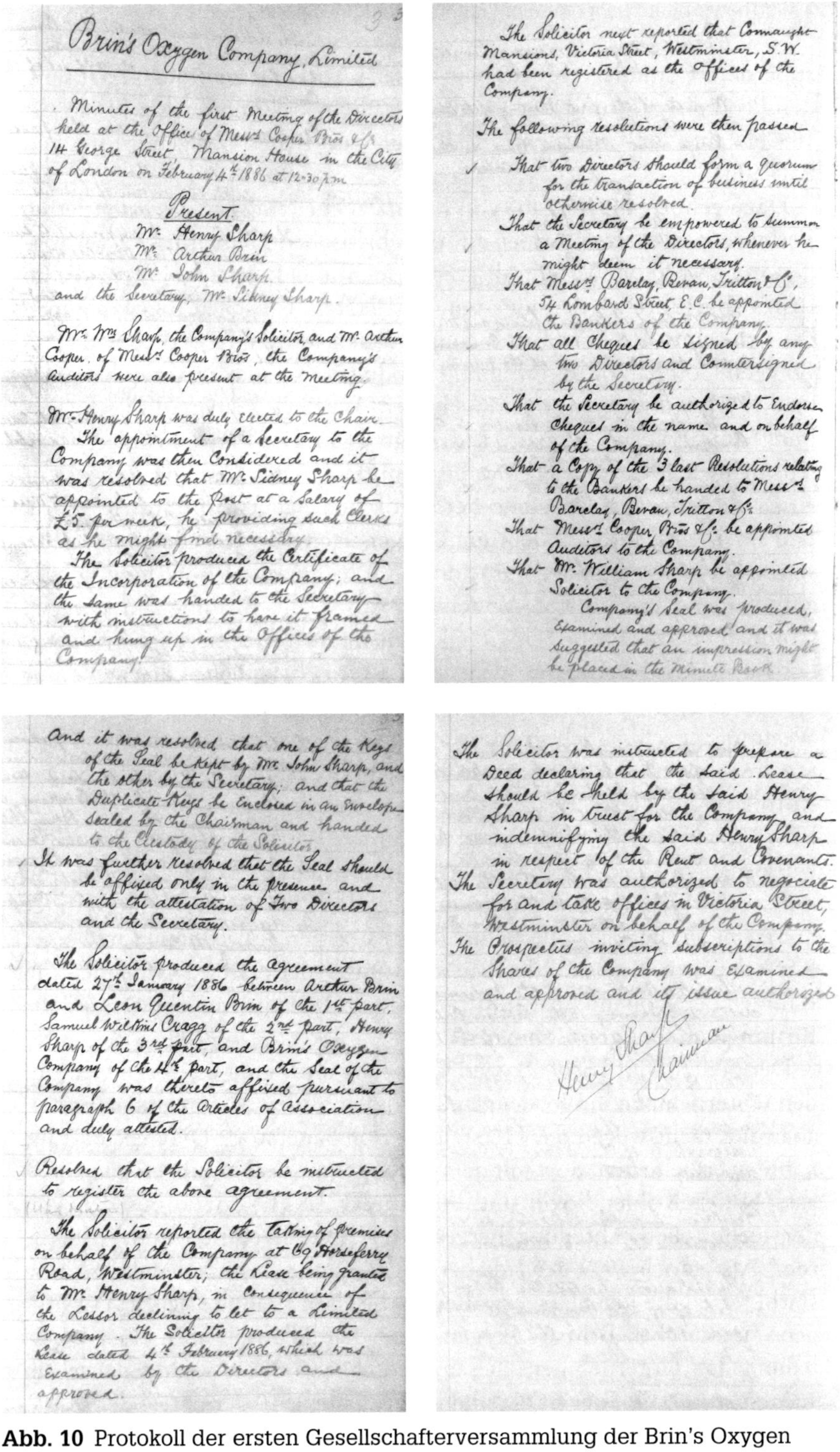

Brin's Oxygen Company, Limited

Minutes of the first Meeting of the Directors held at the Office of Messrs Cooper Bros & Co 14 George Street, Mansion House in the City of London on February 4th 1886 at 12-30 p.m.

Present.
Mr Henry Sharp
Mr Arthur Brin
Mr John Sharp
and the Secretary, Mr Sidney Sharp.

Mr Wm Sharp, the Company's Solicitor, and Mr Arthur Cooper of Messrs Cooper Bros, the Company's Auditors were also present at the meeting.

Mr Henry Sharp was duly elected to the Chair.
The appointment of a Secretary to the Company was then considered and it was resolved that Mr Sidney Sharp be appointed to the post at a Salary of £5 per week, he providing such Clerks as he might find necessary.
The Solicitor produced the Certificate of the Incorporation of the Company; and the same was handed to the Secretary with instructions to have it framed and hung up in the Offices of the Company.

The Solicitor next reported that Connaught Mansions, Victoria Street, Westminster, S.W. had been registered as the Offices of the Company.

The following resolutions were then passed

That two Directors should form a quorum for the transaction of business until otherwise resolved.
That the Secretary be empowered to summon a Meeting of the Directors, whenever he might deem it necessary.
That Messrs Barclay, Bevan, Tritton & Co, 54 Lombard Street, E.C. be appointed the Bankers of the Company.
That all Cheques be signed by any two Directors and countersigned by the Secretary.
That the Secretary be authorized to endorse Cheques in the name and on behalf of the Company.
That a Copy of the 3 last Resolutions relating to the Bankers be handed to Messrs Barclay, Bevan, Tritton & Co.
That Messrs Cooper Bros & Co be appointed Auditors to the Company.
That Mr William Sharp be appointed Solicitor to the Company.
Company's Seal was produced, examined and approved and it was suggested that an impression might be placed in the Minute Book.

And it was resolved that one of the Keys of the Seal be kept by Mr John Sharp, and the other by the Secretary; and that the Duplicate Keys be enclosed in an Envelope sealed by the Chairman and handed to the Custody of the Solicitor.
It was further resolved that the Seal should be affixed only in the presence and with the attestation of Two Directors and the Secretary.

The Solicitor produced the agreement dated 27th January 1886 between Arthur Brin and Leon Quentin Brin of the 1st part, Samuel Wilkins Cragg of the 2nd part, Henry Sharp of the 3rd part, and Brin's Oxygen Company of the 4th part, and the Seal of the Company was thereto affixed pursuant to paragraph 6 of the Articles of Association and duly attested.

Resolved that the Solicitor be instructed to register the above agreement.

The Solicitor reported the taking of premises on behalf of the Company at 69 Horseferry Road, Westminster; the Lease being granted to Mr Henry Sharp, in consequence of the Lessor declining to let to a Limited Company. The Solicitor produced the Lease dated 4th February 1886, which was examined by the Directors and approved.

The Solicitor was instructed to prepare a Deed declaring that the said Lease should be held by the said Henry Sharp in trust for the Company and indemnifying the said Henry Sharp in respect of the Rent and Covenants.
The Secretary was authorized to negociate for and take offices in Victoria Street, Westminster on behalf of the Company.
The Prospectus inviting subscriptions to the Shares of the Company was examined and approved and its issue authorized.

Henry Sharp
Chairman

Abb. 10 Protokoll der ersten Gesellschafterversammlung der Brin's Oxygen Company, 4. Februar 1886

außerdem Grundlage für die schrittweise Verbesserung des Verfahrens, der Produktivität und der Qualität. Zudem bestimmten sie bis in die 1890er-Jahre die Unternehmensstrategie von Brin's Oxygen im In- und Ausland.

Dazu gehörte die Vergabe von Lizenzen zur Nutzung des patentierten Verfahrens an andere Firmen auf dem britischen Heimatmarkt, verbunden mit fest vereinbarten Absatzregionen und Lizenzgebühren, die an Brin's abgeführt werden mussten.[3] Die ersten britischen Lizenznehmer, die sich schon 1887 mit Brin's einig wurden, waren die Scotch and Irish Oxygen Company Ltd. mit ihrem Produktionsstandort Rosehill in Polmadie, Glasgow,[4] sowie die Manchester Oxygen Company Ltd.; die Birmingham Oxygen Company Ltd. folgte 1890. Die Lizenznehmer waren teils nicht sehr erfolgreich, was bis zum Beginn des 20. Jahrhunderts zur Konsolidierung großer Teile der britischen Sauerstoffindustrie führte und noch einmal die Bedeutung des geistigen Eigentums unterstreicht, wenngleich weniger die Patente denn das technische Know-how sich als entscheidend erwies. Die Manchester sowie die Birmingham Oxygen Company hatten große Schwierigkeiten, da sie die technischen Probleme des Bariumoxid-Prozesses nicht in den Griff bekamen – Probleme, für die Kenneth Sutherland Murray am Hauptsitz von Brin's Oxygen in Westminster schließlich eine Lösung fand. Die beiden Unternehmen hätten die schwierige Anfangsphase vielleicht überstanden, wenn der Sauerstoffmarkt in dieser Phase profitabler gewesen wäre. Aber selbst bei Brin's Oxygen, wo man Sauerstoff immer wirtschaftlicher herstellte, hatte man mit den begrenzten Absatzmöglichkeiten zu kämpfen und musste den weniger effizient produzierenden Partnerunternehmen unter die Arme greifen. So übernahm Brin's Oxygen – verbunden mit einer Kapitalaufstockung und der Ausschüttung einer ersten Dividende – im Rahmen der großen Umstrukturierung von 1899 die Manchester und die Birmingham Oxygen Company.[5]

Der Scotch and Irish Oxygen Company Ltd. ging es, verglichen mit den Unternehmen in Nordengland und den Midlands, um einiges besser, aber dies nicht wegen der Herstellung von Sauerstoff. Die meisten Einnahmen erzielte man dort mit dem Verkauf von Verbindungen wie Lachgas (N_2O), Kohlendioxid und Ammoniak (NH_3) sowie mit den von der technischen Abteilung hergestellten Spezialventilen und Armaturen.[6] Als jedoch 1909 der Inhaber der in Glasgow angesiedelten Firma starb, traten die Nachlassverwalter an die alten Freunde bei Brin's Oxygen – inzwischen British Oxygen – mit dem Wunsch nach einer Übernahme des Unternehmens heran. Scotch and Irish wurde daher am 4. August 1909 Teil der BOC, und im Frühjahr 1910 berichtete der BOC-

Vorstand den Aktionären des Unternehmens mit großer Befriedigung: »Mit dieser Vereinbarung ist der Zusammenschluss der ursprünglichen Unternehmensteile von Brin's abgeschlossen.«[7] Dieser Schritt festigte zweifelsohne BOCs beherrschende Stellung im britischen Sauerstoffmarkt.

In der frühesten Anfangszeit des Unternehmens kamen die Patente der Brin's nicht nur in Großbritannien und Irland zur Anwendung. Henry Sharp, einer der Vorstände von Brin's und der wichtigste Geldgeber während der ersten Jahre, rief 1889 in Paris die Continental Oxygen Company ins Leben, um die Patente auch im Ausland nutzbar zu machen. Wenig später waren auf dem europäischen Festland drei Fabriken in Betrieb. Eine lag in Paris auf dem ehemaligen Betriebsgelände der Brin-Brüder, wo die alte Fabrik 1889 komplett renoviert worden war. Eine weitere nahm noch im selben Jahr in Berlin den Betrieb auf und eine dritte entstand bald darauf in Westfalen. Alle drei arbeiteten bis in die ersten Jahre nach der Jahrhundertwende erfolgreich. Mit der New York Oxygen Company, die Sauerstoff nach dem Bariumoxid-Verfahren herstellte und Wasserstoff für lokale Abnehmer komprimierte, gab es einen Versuch, mit dem patentierten Verfahren auf dem US-amerikanischen Markt Fuß zu fassen. Dieser scheiterte katastrophal, weil ein Lieferwagenfahrer vorübergehend die Aufsicht über die Wasserstoffverdichtungsanlage hatte und eine Explosion fast die gesamte Fabrik zerstörte, bei der auch der Fahrer getötet wurde.[8]

Diese internationalen Aktivitäten machten die Brin's Oxygen Company aber noch lange nicht zum multinationalen Unternehmen. Die Fabriken außerhalb des Vereinigten Königreichs waren zwar vertraglich und durch ihr Führungspersonal an London gebunden, befanden sich aber in fremdem Eigentum. Erst während der zweiten Dekade des 20. Jahrhunderts richtete BOC ausländische Tochterunternehmen ein. Doch schon während der 1890er-Jahre war Brin's unter den Sauerstoffproduzenten ein Unternehmen internationalen Formats – insbesondere durch sein geistiges Eigentum. Daher achtete man aufmerksam auf Neuentwicklungen, die diese Position gefährden konnten, weil die Uhr bis zum Auslaufen der Brin-Patente im Jahr 1905 bereits tickte.[9] Auch deshalb erwarb Brin's Oxygen 1896 die Rechte an William Hampsons Verfahren zur Luftverflüssigung – kaum ein Jahr nach dessen Entdeckung.[10]

Wie im vorigen Kapitel dargestellt, bedeutete die Luftverflüssigung per se zunächst keine wirkliche Gefahr für das Brin-Verfahren: Noch auf Jahre war durch Verflüssigung ein Sauerstoffgehalt von bestenfalls 60 Prozent zu erreichen, während das Bariumoxid-Verfahren eine Reinheit von bis zu 95 Prozent ermöglichte. Das alles änderte sich jedoch inner-

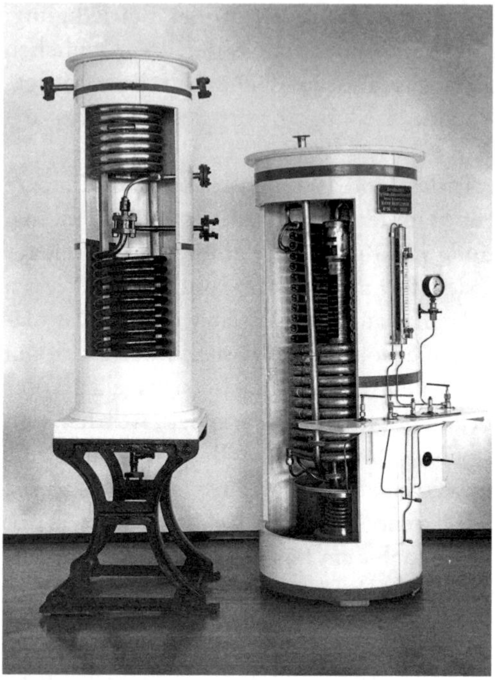

Abb. 11 Carl von Lindes erster Luftzerleger mit einer Produktionskapazität von 5 kg Sauerstoff in der Stunde, 1902

halb weniger Jahre. Schon 1901 entwickelte der 1897 geadelte[11] Carl von Linde ein Rektifikationsverfahren, mit dem sich Sauerstoff von weitaus größerer Reinheit aus den übrigen Luftgasen isolieren ließ.

Nach weiteren Verbesserungen konnte Sauerstoff bald in großen Mengen günstig und wirkungsvoll aus flüssiger Luft abgetrennt werden, während Georges Claude mit seinen Entdeckungen für niedrigere Energiekosten und eine noch effizientere Gastrennung sorgte. Lindes Ableger in Großbritannien, die Linde British Refrigeration Company Ltd., die 1885 für die Fabrikation und den Betrieb von Kühlanlagen – das Kerngeschäft des Unternehmens – in England gegründet worden war, erhielt das Recht für die Vermarktung von Lindes Luftverflüssigungsverfahren in England sowie das britische Patent 14111/02 von 1902 über Lindes Verfahren zur fraktionierten Destillation.[12]

Brin's Oxygen seinerseits sicherte sich angesichts des auslaufenden Patentschutzes für sein Bariumoxid-Verfahren 1905 die vollen Rechte an drei von Hampsons Patenten für die Luftverflüssigung und Gastrennung und beschuldigte Linde British Refrigeration umgehend der Patentverletzung, ohne jedoch ein Gerichtsverfahren anzustrengen. Es handelte sich dabei wohl um das übliche Ritual aus Drohungen und Gegendrohungen, das Unternehmen vor einer für beide Seiten nützlichen Einigung betreiben. In diesem Fall jedoch war die fraktionierte Destillation eine derart revolutionäre Neuerung und Lindes patentrechtliche Position so eindeutig, dass Brin's Oxygen 1906 ein Viertel seiner Stamm- und Vorzugsaktien plus eine Barzahlung an Carl von Linde abtrat und ihm einen Sitz im Unternehmensvorstand einräumte. Dafür erhielt Brin's Oxygen das Recht, die Linde-Patente im Vereinigten Königreich und einigen anderen Ländern des britischen Empires zu verwenden – was einmal mehr den Wert geistigen Eigentums für diesen noch immer jungen und aufstrebenden Industriezweig verdeutlicht.[13]

Als aus Brin's »British« wurde, bedeutete das ironischerweise, dass das Unternehmen zeitweise zum Teil auch deutsch wurde. Nicht nur saß Carl von Linde seit 1906 mit im Vorstand; die Sauerstoffproduktion von BOC erfolgte seit diesem Zeitpunkt größtenteils nach dem Linde-Verfahren (obwohl die BOC 1908/09 später auch Rechte an Claudes Patenten für Großbritannien und einige britische Territorien rund um die Welt erwarb). Trotzdem wurde 1906 nicht nur der Name britisch. So investierte man zum ersten Mal ernsthaft in ein landesweites Netz von Lufttrennungsanlagen (ASUs) und Verdichtungsstationen. Dazu wurden die alten Standorte in London, Manchester, Birmingham und Glasgow ausgebaut und neue Fabriken in Newcastle, Cardiff, Sheffield und Greenwich errichtet. Außerdem wurden erhebliche Mittel investiert, um die aufstrebenden Märkte für Wasserstoff und Stickstoff in England zu bedienen und die technischen Fähigkeiten beim Anlagenbau, der Schweißtechnik und anderen Geräten weiterzuentwickeln. Am alten Standort Westminster wurde die Sauerstoffproduktion 1914 zugunsten der technischen Abteilung ganz eingestellt. Der Bedarf an Sauerstoff in London wurde stattdessen größtenteils von der Produktionsanlage in Greenwich aus bedient. Mit den inzwischen erworbenen neuen Verfahren für Luftverflüssigung und -trennung erstellte die BOC ab 1911 auch Fabriken in Australien, Indien und Südafrika.[14]

Abb. 12 Briefkopf der British Oxygen Company, 1908

Diese aggressive Expansion wurde größtenteils aus finanziellen Reserven des Unternehmens bezahlt, aber 1912 gab der Vorstand Hypothekenpfandbriefe im Gesamtumfang von 50.000 Pfund aus, die bei den Investoren reißenden Absatz fanden. Nachdem die erste Ausschüttung an die Aktionäre erst 1899 erfolgt war, zahlte die BOC ab 1910 aus soliden Gewinnen und aufgrund der großen Nachfrage nach Industriegasen regelmäßig Dividenden von 10–12 Prozent.[15]

Bevor wir uns bei der Betrachtung des sich entwickelnden Markts für Industriegase zu Anfang des 20. Jahrhunderts anderen Unternehmen und Ländern zuwenden, sollte erwähnt werden, dass die Sauerstoffproduktion in Großbritannien und anderswo zwar hauptsächlich nach dem Bariumoxid- und später dem Linde-Claude-Verfahren erfolgte, doch bei Ausbruch des Ersten Weltkriegs durchaus konkurrierende Verfahren zur Verfügung standen. Im Vereinigten Königreich verfügten Wettbewerber von BOC über die entsprechenden Rechte, und einige Unternehmen arbeiteten nach einem von D. Latchinoff Ende der 1880er-Jahre entwickelten Elektrolyseverfahren (britisches Patent, 1888; deutsches Patent, 1998) zur Gewinnung von Sauerstoff und Wasserstoff. Wegen der hohen Energiekosten und der geringen Nachfrage des als Nebenprodukt anfallenden Wasserstoffs war diese Methode anfangs jedoch kaum verbreitet.

Gegen Ende des ersten Jahrzehnts des 20. Jahrhunderts entstand jedoch durch die industrielle Fettverarbeitung und das Härten von Ölen bei Firmen wie den Lever Brothers dann doch ein beträchtlicher Bedarf an Wasserstoff, was das Verfahren attraktiv machte. Hier war nun der Sauerstoff das Nebenprodukt der Wasserstoffproduktion und wurde von Firmen verkauft, die nach der Latchinoff-Methode produzierten. Die Knowles Oxygen Company war eine dieser Firmen, gegründet 1909 von A.E. Knowles, einem ehemaligen Manager der Birmingham Oxygen Company Ltd. Das Unternehmen besaß Fabriken in Wolverhampton und Bromborough, direkt neben einem Lever-Werk. Als 1914 ein Tochterunternehmen der Lever Brothers Knowles Oxygen übernahm, kaufte BOC die Fabrik in Wolverhampton sowie die Lizenzen für das Geschäft mit komprimiertem Sauerstoff in Bromborough. Zudem bezahlte man Lever Brothers 50.000 Pfund und gewährte dem Unternehmen zwei Sitze im BOC-Vorstand.[16] Die BOC verstärkte also ihre Kontrolle über die britische Sauerstoffindustrie, in diesem Fall durch den Aufkauf eines Konkurrenten, was nicht nur für die BOC, sondern auch für die ganze Branche der Industriegase typisch bleiben sollte. Am Fall Knowles wird auch deutlich, welchen Einfluss neue Verwendungen für Produkte auf die Wirtschaftlichkeit eines bestimmten Verfahrens hatten.

Es zeigt sich zudem, welche bedeutende Rolle Kunden wie Levers Brothers für das Geschäft und die Strategie der Industriegasfirmen spielten.

Firmengründungen, Konsolidierung und Internationalisierung

Als die BOC 1906 auf den Plan trat, verebbte in der Branche der Industriegase gerade eine besonders wilde und ergiebige Welle der Erfindungen und Entwicklungen. Innovationen gab es auch weiterhin – Linde nahm beispielsweise 1910 eine doppelte Fraktionierungskolonne in Betrieb, die aus Luft gleichzeitig Sauerstoff und Stickstoff von hoher Reinheit produzierte. Schon vor 1910 waren zudem die wichtigsten technischen Neuerungen bereits erfolgt und in Gebrauch. Genau in dem Moment, als die erste Innovationswelle zu Ende ging, erlebte die Industrie eine stark anziehende Nachfrage nach ihren Produkten. Besonders gefragt waren Sauerstoff, Acetylen und Ausrüstung zum Schweißen und Schneiden, aber auch Stickstoff für die chemische Industrie. Nachgefragt waren zunehmend auch Anlagen zur Lufttrennung sowie Verfahren zur Trennung von Spezialgasen wie Wassergas oder Synthesegas. Diese neu entstehenden Märkte führten in Industrieländern weltweit zu zahlreichen Firmengründungen, während die bestehenden Unternehmen verschiedene Anpassungen vornahmen, um das sich abzeichnende Wachstums- und Gewinnpotenzial optimal für sich auszunutzen.

Die Industriegasbranche in Großbritannien und anderswo erlebte vor dem Ersten Weltkrieg in einem Wechselspiel aus Konkurrenz, Einvernehmen, Konsolidierung und Amalgamierung ihre erste Phase der Globalisierung. Wir wollen dazu einige wichtige Länder und die dort ansässigen oder entstehenden Unternehmen näher betrachten. Beginnen wir mit Deutschland.

Zumindest im Nachhinein ist klar, dass Linde mit der von Carl von Linde 1901 entwickelten und auf dem Münchener Testgelände 1903 erfolgreich eingeführten Fraktionierungskolonne eine unangreifbare technische Führungsposition eingenommen hatte. Aus der Sicht der damaligen Unternehmensleitung war die Sachlage für ein ganzes Jahrzehnt weit weniger eindeutig. Daher verfolgte Linde einerseits eine vorsichtige Strategie des Einvernehmens mit anderen Unternehmen, betrieb aber gleichzeitig ein ehrgeiziges Programm des technischen Fortschritts und der Internationalisierung.

Mit der Einführung der fraktionierten Destillation war Linde zwar unangefochten zum technischen Vorreiter in Deutschland und weltweit geworden, agierte zunächst aber weiter vorsichtig, da andere Unternehmen längst über Vertriebsnetze für ihren durch andere Verfahren erzeugten Sauerstoff verfügten. So wurde Linde im September 1903 mit zwei etablierten Produzenten, der Sauerstoff-Fabrik in Berlin und der Kohlensäurefabrik C.G. Rommenhöller AG in Westfalen, zum Mitgründer der Vereinigten Sauerstoffwerke (VSW) in Berlin, die dem gemeinsamen Verkauf des Gases diente. Das Berliner Unternehmen gewann Sauerstoff nach den Bariumoxid-Verfahren (und zählte zu den von Continental Oxygen 1889 errichteten Werken), der westfälische Produzent wandte das Kastner-Bleiverfahren an. Wir sehen, dass andere nicht mehr zeitgemäße Produktionsmethoden trotz der sich abzeichnenden Überlegenheit des Linde-Claude-Verfahrens noch länger eine wichtige Rolle spielten, u.a. weil die Anwender älterer Verfahren über beträchtliche Aktivposten verfügten, die sie in Verhandlungen mit den Inhabern neuer Verfahren einbringen konnten.[17]

Das von der Pilotanlage zum vollwertigen Produktionsstandort ausgebaute Linde-Werk Höllriegelskreuth lieferte nach einiger Zeit praktisch den ganzen Sauerstoff für das Joint Venture, unter anderem weil Rommenhöller die eigene Produktion rasch einstellte. Um den Bedarf zu decken, errichtete man bald eine neue Fabrik in München, und 1904 wurde in Berlin eine Anlage gebaut, die nach dem Linde-Verfahren arbeitete und das Joint Venture versorgen sollte. Bis zum Ende der ersten Dekade des neuen Jahrhunderts kamen zu diesen drei Anlagen sieben weitere in anderen Teilen Deutschlands hinzu. Linde breitete sich aber auch in neue, ähnlich gelagerte Geschäftsbereiche aus und spielte dabei die eigene fortschrittlichere Technik aus. So war es durch Weiterentwicklung der Destillationstechnik möglich, im Jahr 1913 eine Fertigungsanlage im industriellen Maßstab für Argon in Betrieb zu nehmen. Für die chemische Industrie entwarf und baute man Anlagen zur Trennung von Synthesegas in einzelne Elemente und Verbindungen, die von den Chemiefirmen weiterverarbeitet wurden. So war es nur ein logischer Schluss, neben der Sauerstoffproduktion 1910 auch Acetylen in die Angebotspalette mit aufzunehmen.[18] Lindes ehrgeizige Expansion in neue Bereiche des Anlagenbaus und der Gasproduktion wurde allerdings durch eigene Vorsicht gebremst, als mit einer deutschen chemischen Firma und dem alten französischen Rivalen Air Liquide neue Wettbewerber ins Geschäft mit den Schweißgasen drängten.

Die deutsche chemische Firma, die ins Gasgeschäft eingestiegen war, war die Chemische Fabrik Griesheim Elektron in Frankfurt a.M., die sich auf die elektrolytische Herstellung von Ätznatron (Natriumhydroxid) und Chlor spezialisiert hatte. Das Frankfurter Unternehmen hatte aber noch andere Interessen und stellte neben Farben auch Grafitelektroden zum Schweißen und als Lichtbogenmaterial her. Wie bereits erwähnt, können bei der Elektrolyse Wasserstoff und Sauerstoff als Nebenprodukte entstehen. Es ist daher wenig überraschend, dass Griesheim nach Wegen suchte, diese Gase zu verwerten. Und angesichts der engen Beziehung des Unternehmens zur wachsenden Schweißindustrie konzentrierte sich die Suche nach solchen Absatzmöglichkeiten auf das Schweißen und Schneiden. Der bei Griesheim seit 1898 beschäftigte Ernst Wiss baute 1903 den Prototyp eines Wasserstoffbrenners, der zunächst ein Gemisch aus Luft und Wasserstoff verbrannte. Dieses wurde dann rasch durch eine Mischung aus Wasserstoff und Sauerstoff ersetzt, mit der sich höhere Temperaturen erzielen ließen. Ab 1906 verfolgte das Unternehmen diesen Ansatz mit dem Ziel, nicht nur Schweißgeräte und Schneidbrenner, sondern auch die dafür benötigten Gase gewinnbringend zu verkaufen. Wasserstoff stand firmenintern ausreichend zur Verfügung. Um aber auch Sauerstoff in genügender Menge anbieten zu können, suchte man außerhalb nach Unterstützung und unterzeichnete 1907 einen Vertrag mit Air Liquide zum Bau einer Separationsanlage nach dem Claude-Prinzip, die im folgenden Jahr in Betrieb ging. Schon 1913 produzierte und verkaufte die Chemische Fabrik Griesheim Elektron sage und schreibe 44 Prozent der deutschen Sauerstoffproduktion.[19]

Abb. 13 Werbeanzeige der Chemische Fabrik Griesheim-Elektron zu Autogenem Schneiden, um 1910

Lindes Antwort auf diesen von einem deutschen und einem französischen Unternehmen gemeinschaftlich ausgeführten Angriff auf seinen angestammten Markt sprach Bände. Aus Furcht vor dem Einfluss der deutschen chemischen Großkonzerne sowie kostspieligen und langwierigen Patentauseinandersetzungen willigte Linde 1908 ein, den deutschen Sauerstoffmarkt etwa zur Hälfte an das mit Air Liquide verbundene Griesheim abzutreten (einige kleinere Hersteller verfügten weiter über geringere Marktanteile). Ein Redner erklärte später anlässlich des 25. Jahrestages der Gründung der Sauerstoffwerke Berlin, Linde habe patentrechtlich zwar eine starke Position innegehabt, aber das Unternehmen »zog doch einen mageren Vergleich einem fetten Prozess vor und der Weg war auch der richtige«[20].

Zu den patentrechtlichen Gesichtspunkten in dieser Frage werden wir gleich zurückkehren. Es muss hier jedoch darauf hingewiesen werden, dass das 1908 zwischen den beiden größten Produzenten ausgehandelte Abkommen, in dem der deutsche Markt für Sauerstoff und Stickstoff etwa hälftig[21] aufgeteilt und Mindestpreise festgelegt wurden, mit nur geringfügigen Anpassungen bis in die 1960er-Jahre gültig blieb. Das heißt, es überdauerte zwei Weltkriege, die Integration der Griesheim Elektron in die I. G. Farbenindustrie AG sowie das Aufgehen von Griesheim in der Hoechst AG, einem von mehreren Nachfolgeunternehmen der I. G. Farben. Somit hatte Deutschland für einen großen Teil des 20. Jahrhunderts zwei Marktführer in der Industriegasbranche, im Gegensatz zu Frankreich und Großbritannien, wo der Markt einzig durch Air Liquide bzw. BOC beherrscht wurde.[22]

Dieser Mix eines Bestrebens nach Ausgleich einerseits sowie aggressiver Expansion und Einsatz überlegener technischer Fähigkeiten andererseits zeigt sich auch daran, wie Linde in den Jahren vor Ausbruch des Ersten Weltkriegs seine Internationalisierung betrieb. Als solides Unternehmen mit internationalen Ablegern im angestammten Bereich der Kühltechnik verfügte die Gesellschaft für Lindes Eismaschinen AG bereits über ein bewährtes Verfahren zur Internationalisierung seines neuen Geschäftszweigs. Wir haben dieses Muster bereits beim Eintritt in den britischen Markt kennengelernt, der mit der Entstehung der BOC schließlich zu einer Quasi-Fusion führte. Linde erkannte allerdings auch die besonders starke Verbindung zwischen der Gas- und der Schweißbranche und trat früh in ein weiteres Joint Venture ein. In der 1906 in Berlin gegründeten Internationalen Sauerstoffgesellschaft AG (ISG) wurden Carl von Lindes Rechte an der Luftverflüssigung und fraktionierten Destillation mit den bei der Pariser Societé d'Applications de l'Acétylène liegenden Patenten für das von Edmond Fouché erfundene autogene Schweißen zusammengeführt.[23] Die 1912 direkt in das Unternehmen Linde eingegliederte ISG vergab weltweit Lizenzen zum Bau von Anlagen – bis 1912 u.a. in Russland, Argentinien, Brasilien, China und Japan. Die ISG war auch an Joint Ventures in Europa und den USA beteiligt, wobei sie in der Regel im Austausch gegen Anteile am ausländischen Unternehmen das geistige Eigentum lieferte und Anlagen baute.[24] Die technischen Fähigkeiten wurden also gewissermaßen zur Auslandsinvestition. Der US-amerikanische Ableger der ISG, die 1907 gegründete Linde Air Products Company (LAP) spielte dabei eine wichtige Rolle in der Entwicklung der Branche und wir werden sie später in diesem Abschnitt näher untersuchen.

Bevor wir uns aber Nordamerika zuwenden, wollen wir die Geschichte der Industrie in Europa noch etwas weiter verfolgen, zunächst mit Blick auf Frankreich mit der einflussreichen Air Liquide. Die Air Liquide besaß die Claude-Patente – nicht nur zur Verflüssigung von Luft und die Rektifikation/Trennung, sondern auch für gelöstes Acetylen (Dissous). Durch diesen zweifachen Schatz geistigen Eigentums wurde Air Liquide zum ersten Industriegasunternehmen, das sowohl in der Sauerstoff- als auch der Acetylenherstellung und Vermarktung aktiv war – und als Einziges in beiden Bereichen von Beginn an. Außerdem stellte das Unternehmen im Zusammenhang mit seinem Gasgeschäft auch Anlagen und Ausrüstung her. Wie Linde betrieb man bei Air Liquide einen hohen technischen Aufwand, doch waren die Unternehmen schon vom Ansatz her grundverschieden. Ebbe Almqvist bemerkt dazu: »Air Liquide wollte vor allem Gas verkaufen, während Linde darauf abzielte, den Kunden Anlagen zu veräußern, verbunden mit einer Lizenz zur Gasherstellung und Vermarktung in einer genau abgegrenzten Region.« Alain Jemain, der eine Geschichte der ersten 100 Jahre von Air Liquide verfasst hat, erklärt dazu außerdem, unter dem ersten Vorstandsvorsitzenden Paul Delorme sei bei Air Liquide die Strategie entstanden, Konstruktionen ausschließlich für den Eigengebrauch und nicht für andere Unternehmen zu entwickeln – erst recht nicht für einen Konkurrenten. Ausnahmen gab es nur, wenn der Kunde Air Liquide für die erstellte Anlage und erteilten Lizenzen Unternehmensanteile überschrieb.[25]

Die unterschiedliche Vorgehensweise der beiden Vorreiter zeigte sich auch auf anderen Gebieten, insbesondere etwa in den Aktivitäten auf dem Heimatmarkt des Geschäftsgegners. Wie wir wissen schloss Air Liquide eine enge Partnerschaft mit den Chemischen Werken Griesheim, die der deutsch-französischen Allianz in Deutschland einen Marktanteil von annähernd 50 Prozent einbrachte. Linde seinerseits verkaufte zwei Anlagen nach Frankreich zur Vermarktung des Gases in verschiedenen

Regionen. Der eine Kunde war die Société Bardot in Paris mit dem Eigentümer Charles Bardot, dessen Nachname später vor allem durch seine Enkelin, die Filmschauspielerin Brigitte, international bekannt wurde. Das andere Unternehmen war Duffour, Igon et Cie. in Toulouse. Beide waren Konkurrenten von Air Liquide, aber nur innerhalb ihrer abgegrenzten Regionen, da Air Liquide am Markt von vornherein sehr viel aggressiver agierte. So hatte der französische Marktführer zwischen 1903 und 1914 elf Kapitalerhöhungen durchlaufen, um sein Expansionsprogramm im Heimatland zu finanzieren. Air Liquide baute nicht nur Fertigungsanlagen, sondern übernahm 1910 auch den Produzenten komprimierter Gase Compagnie Française de gaz comprimés und den Acetylenproduzenten und -händler Cie. de l'acétylène dissous.[26]

Noch ehrgeiziger als in Frankreich betrieb Air Liquide seine Expansion im Ausland – auch dies aufgrund der besonderen Sichtweise auf Anlagenbau und Eigentümerschaft einerseits und Gasverkauf und -vertrieb andererseits. So mischte sich Air Liquide von vornherein sehr viel stärker als Linde in die Geschäfte seiner ausländischen Tochterunternehmen ein (obwohl die Vorgehensweise des deutschen Unternehmens bisweilen in gewissem Gegensatz zum Verhalten von Carl von Linde persönlich stand). Überdies besaß Air Liquide sehr viel mehr ausländische Zweigstellen als Linde, die sich im Unterschied zu BOC längst nicht nur auf die Kolonien des Stammlandes erstreckten. So verfügte Air Liquide zu Beginn des Ersten Weltkriegs über Werke im benachbarten Belgien und Luxemburg sowie in Südeuropa (Italien, Spanien und Griechenland). Außerdem erstellte man sogar Anlagen zur Produktion und Vermarktung in Russland, Japan und Kanada. Und um den rasch zunehmenden Bedarf der Schiffswerften an Gasen und Ausrüstung zum Schneiden von Blechen und Stahlplatten zu befriedigen, errichtete Air Liquide noch vor 1914 weitere Anlagen im französischen Indochina, in Ägypten, Polen und Algerien.[27] Die Liste der Standorte lässt keinen Zweifel daran, dass Air Liquide sein internationales Engagement – im Gegensatz zu BOC – auch auf Länder außerhalb des französischen Einflussbereichs konzentrierte.

Einen potenziell sehr lukrativen Absatzmarkt ließ Air Liquide trotz all der Aktivität vor Kriegsbeginn unangetastet: die USA. Dies geschah nicht aus mangelndem Interesse, denn schon während der zweiten Hälfte der ersten Dekade des 20. Jahrhunderts hatte Air Liquide versucht, durch eine Art Kooperation mit Carl von Linde und seinem Unternehmen in den Vereinigten Staaten Fuß zu fassen. Diese Initiative wurde allerdings von Lindes amerikanischem Partner Charles Brush abgeblockt,[28] und auch andere Versuche blieben zunächst ohne Erfolg. Das Blatt schien sich endlich zu wenden, als der Vorstandsvorsitzende von Air Liquide, Paul Delorme, Ende 1913 in den USA mit dem Öl-Tycoon John D. Rockefeller zusammentraf und diesen von der Bedeutung der Claude-Patente für die Luftgasindustrie überzeugte. Rockefeller gab die Informationen an seinen Neffen Percy Rockefeller weiter, der gemeinsam mit drei anderen Investoren den jungen Ingenieur Herman van Fleet unterstützte, der in einem kleinen Labor in Camden im Bundesstaat New Jersey an der Entwicklung eines Verfahrens zur Verflüssigung von Sauerstoff arbeitete. Van Fleet hatte tatsächlich Erfolg, aber sein Verfahren hatte Schwächen; die Gruppe um Rockefeller handelte daher im ausgehenden Frühjahr 1914 eine Vereinbarung aus, die auf den Erwerb einer Lizenz für die Nutzung des Claude-Verfahrens in Amerika hinauslief. Die längst fällige glückliche Wendung in Air Liquides amerikanischen Bemühungen fiel dann aber zunächst einmal der Weltpolitik zum Opfer, denn die Ereignisse, die auf die Ermordung des österreichisch-ungarischen Erzherzogs Franz Ferdinand am 28. Juni 1914 folgten, brachten die Einrichtung des Joint Ventures zum Stillstand. Erst 1915 konnten Air Liquide und die von Rockefeller angeführte Gruppe das gemeinsame Unternehmen, die Air Reduction Company »nach den Gesetzen des Staates New York am 26. November« aus der Taufe heben. Das Unternehmen wurde später unter dem Namen Airco bekannt. Der Anteil von Air Liquide betrug 32 Prozent und am 11. Februar 1916 erfolgte in Philadelphia der Spatenstich für das erste Werk. Von Air Liquides anderen ausländischen Ablegern unterschied sich Airco mindestens in dreierlei Hinsicht. Erstens war ungewöhnlich, dass es sich um ein Joint Venture handelte. Zweitens musste Air Liquide die Beteiligung mit seinem geistigen Eigentum erkaufen, was eher der Vorgehensweise von Linde bei seinen internationalen Aktivitäten entsprach, beispielsweise bei der Zusammenarbeit mit der BOC. Und drittens zeigte Air Liquide aus einer Reihe von Gründen nie wirkliches Interesse an seinem amerikanischen Ableger; die Beteiligung verringerte sich dann auch im Laufe der Zeit. Nach dem Zweiten Weltkrieg veräußerte das französische Unternehmen schließlich seine restlichen Airco-Anteile.[29]

Die Rockefeller-Gruppe hatte sich beim Aufbau von Airco um die Patente von Air Liquide bemüht, weil Linde als der andere amerikanische Marktführer über ISG bei der Gründung von Linde Air Products (LAP) in Ohio bereits in den Vereinigten Staaten vertreten war. Die Beteiligung an diesem Tochterunternehmen folgte auf eine ganze Serie von Problemen für Carl von Linde. Das erste Hindernis stellte ein Patent von Charles Tripler aus dem Jahr 1893 zur Luftverflüssigung dar, das dazu führte, dass von Lindes eigener Patentantrag 1895 in den USA abgelehnt wurde. Glücklicherweise erwarb der Unternehmer und selbstständige Erfinder Charles Brush 1900 einen Linde-Luftverflüssiger für den Gebrauch in seinem privaten Labor und erfuhr so vom Patentstreit. Brush hatte seine Anteile an der Brush Electric Co. 1889 für drei Millionen Dollar an Thomson Houston verkauft, witterte ein Geschäft und bot an, die Anerkennung des umstrittenen Patents durchzufechten, für ein Drittel der Rechte an Lindes Patenten zur Luftverflüssigung und Trennung. Das Verfahren endete mit einer krachenden Niederlage für Tripler, dem die Unkenntnis über sein eigenes Verfahren und die übertriebenen Behauptungen hinsichtlich dessen Leistungsfähigkeit zum Verhängnis wurden.[30]

Nun genoss Linde den vollen Schutz des US-Patentrechts und konnte auf dieser Grundlage seine Erfindungen vermarkten. Allerdings trat sofort ein zweites Hindernis auf. Durch Triplers überzogene Behauptungen über Nutzen und Anwendung von flüssiger Luft und den Konkurs seines Unternehmens verhielten sich mögliche Investoren dieser Branche äußerst zögerlich. Von Linde war glücklicherweise nicht ausschließlich auf Brush angewiesen, denn durch seine Arbeit in der Kühlungsbranche konnte er unter anderem eine Verbindung zum Biermagnaten Adolphus Busch knüpfen. Trotzdem war es nicht einfach, die amerikanische Zweigstelle auf die Beine zu stellen, sodass Carl von Linde ab Mitte Dezember 1906 einen Monat lang in Cleveland im Bundesstaat Ohio blieb, um die Sache voranzutreiben. Auch nach von Lindes Rückkehr nach Deutschland im Januar 1907 blieb noch einiges zu klären, wobei er Brush freie Hand ließ. Im folgenden November war das Unternehmen mit Hauptquartier in Cleveland fertig eingerichtet, und das Werk in Buffalo, New York, begann mit der Produktion für den amerikanischen Markt.

Der Standort für die Produktion war mit Bedacht gewählt. Da die Tieftemperaturverflüssigung und Zerlegung von Luft enorme Energiemengen verschlang, war eine Minimierung der Energiekosten für die Unternehmen von entscheidender Bedeutung. Für LAP wurde dieses Problem durch die Wasserkraftwerke im nahen Niagara Falls gelöst; später wurde die Fertigung ins noch näher an den Fällen gelegene Tonnawanda im Staat New York, verlegt, wo Praxair, der Nachfolger von LAP, bis heute nicht nur eine große Produktionsanlage, sondern auch seinen Hauptstandort für Forschung und Entwicklung unterhält. Die Nähe zu den Kunden war ein weiterer Gesichtspunkt bei der Standortwahl, und an denen herrschte in den Industriegebieten des westlichen New York, des Nordostens von Ohio und des Westens von Pennsylvania zu Beginn des 20. Jahrhunderts kein Mangel.

Zwei andere Dinge jedoch bereiteten von Linde beim Aufbau seines amerikanischen Ablegers Sorgen. Die erste Sorge betraf das ewige Dilemma aller Geschäftsvorgänge: Vertrauen, das gerade im internationalen Bereich ein ganz besonders schwieriges Thema war. Aufgrund seiner Patente und seiner persönlichen Investitionen im neuen Unternehmen erhielt von Linde zwar einen Sitz im Vorstand, doch wollte er auch über die Produktion und den Vertrieb eine gewisse Kontrolle behalten. Nach altbewährter Methode wählte er den Sohn eines bewährten Mitarbeiters zum Vertrauten, in diesem Fall T. B. Lightfoot. Lightfoot senior hatte seit den 1880er-Jahren bei Linde British Refrigeration gearbeitet und von Linde seit 1906 bei den Vorstandssitzungen der BOC vertreten, wenn dieser, wie zumeist, nicht persönlich anwesend sein konnte.[31] Lightfoots Sohn Cecil erhielt die Verantwortung für die Fertigungsanlage in Buffalo und wurde zum Hauptgeschäftsführer von LAP ernannt.

Die zweite große Sorge bei der Gründung der amerikanischen Tochter betraf den Bau und die Ausrüstung des Werks, das insbesondere beim Schweißen und Schneiden einen Rundumservice bieten sollte. Folglich sollte nicht nur Sauerstoff, sondern auch Acetylen produziert werden, und zusätzlich die zum Schweißen und Schneiden nötige Ausrüstung. Die Vereinigten Staaten zählten zu dieser Zeit auf einigen Gebieten zwar zu den führenden Nationen der Welt, in anderen Bereichen herrschten aber gravierende Engpässe. Als die LAP nun den Betrieb aufnahm, musste nicht nur sämtliches Gerät für die Luftverflüssigung, -zerlegung und Gasverdichtung sowie alles Schweißgerät aus Deutschland geliefert werden, sondern auch noch 5.000 Druckgasflaschen für den Gasvertrieb, da derlei Gerät in den USA damals noch nicht hergestellt wurde.

Diese technische Rückständigkeit währte jedoch nicht lange, denn schon bald fand LAP einen Lieferanten für Druckgasflaschen von hoher Qualität in McKeesport, Pennsylvania. Wenig später produzierte man selbst Flaschenventile und Schweißgeräte, später auch Verflüssiger, Luftzerleger und Verdichtungsanlagen. Zu Anfang waren die Umsätze natürlich gering, da sich die Amerikaner erst mit dem Schneidbrennen und autogenen Schweißen vertraut machen mussten, aber dann nahmen die Geschäfte Fahrt auf. Schon 1910 wurde in East Chicago im Staat Indiana ein zweites Werk errichtet, und im folgenden Jahr zwei weitere. Im Jahr 1913 kamen vier Standorte hinzu und in den folgenden beiden Jahren noch einmal elf. Damit war LAP bei Ausbruch des Ersten Weltkriegs unangefochten der weltweit größte Produzent von Industriegasen.

Für dieses enorm starke Wachstum war allerdings immer wieder frisches Kapital nötig, was mit einem beträchtlichen Verlust der von Carl von Linde und seinem Unternehmen so mühsam erkämpften Kontrolle einherging. Durch die verschiedenen Kapitalaufstockungen war Carl von Linde nicht in der Lage, die Größe seines Anteils an der Linde Air Products aufrechtzuerhalten. Andere Investoren stiegen ein, darunter die Union Carbide Company, die sich aufgrund sinkender Nachfrage nach Kalziumcarbid und Acetylenlicht nach anderen Einnahmequellen umsah. Union Carbide erwarb 1911 die ersten Anteile an LAP und stockte den Aktienbesitz später weiter auf. Schon 1913 war von Lindes relativer Anteil am amerikanischen »Ableger« deutlich gesunken. Was ihm an Einflussmöglichkeiten geblieben war, ging vollends verloren, als Cecil Lightfoot 1914 nach einer Auseinandersetzung mit dem Vorstand entlassen wurde. Noch hielt von Linde zwei Drittel der Anteile an seinen von der LAP benutzten Patenten, doch ab 1917 standen auch die USA im Weltkrieg auf Seite der Alliierten, und von Linde verlor auch diese Rechte, ebenso wie den Markennamen Linde in den Vereinigten Staaten. So blieb es, bis der deutsche Konzern 1999 diese Rechte zurückerwarb.

Mit der schwedischen AGA war noch ein weiteres ausländisches Unternehmen bereits vor dem Ersten Weltkrieg in den USA aktiv. Wie wir wissen, war die AGA mit ihren Acetylen-Beleuchtungssystemen für Leuchttürme und Bojen seit Langem weltweit engagiert, aber die Gründung der American Gas Accumulator Corp. in New Jersey 1911 war die erste Auslandsinvestition des Unternehmens in der Industriegasbranche. Schon 1915 besaß die AGA außerhalb von Skandinavien Niederlassungen in sieben europäischen Ländern sowie in Brasilien. Damit sollte die AGA neben Air Liquide schließlich zu den am internationalsten aufgestellten Industriegasunternehmen aufsteigen, obwohl diese Entwicklung erst in den 1920er-Jahren ihre größte Dynamik erreichte. Im Gegensatz zu Air Liquide und vielen anderen Gasproduzenten blieb das schwedische Unternehmen jedoch auch außerhalb des Gasgeschäfts bis in die 1970er-Jahre in ungeheuer vielen verschiedenen technischen Bereichen aktiv.[32]

Das letzte wichtige Land, das vor dem Ersten Weltkrieg von der Welle der Internationalisierung der Industriegasbranche erfasst wurde, war Japan. Wie bereits erwähnt hatte Air Liquide 1910 ein japanisches Tochterunternehmen für die Produktion und den Vertrieb von Gasen eingerichtet; Linde und andere Unternehmen verkauften in Japan derweil Anlagen zur Luftverflüssigung und -zerlegung an andere Unternehmen. Nur kurz nach Air Liquides Eintritt in den japanischen Markt wurde noch im selben Jahr mit Nippon Sanso das erste heimische Industriegasunternehmen ins Leben gerufen – mit einem kuriosen Beginn: Zunächst importierte das Unternehmen Sauerstoff in Gasflaschen aus Deutschland. Der Transport von Gas in Flaschen selbst über kurze Strecken stellt die Wirtschaftlichkeit noch heute auf eine harte Probe und musste also damals extrem kostspielig gewesen sein. Gleichzeitig war es ein Zeichen dafür, dass der Bedarf der aufblühenden japanischen Industrie an Sauerstoff rapide stieg, insbesondere in der Rüstungsproduktion und im Transportwesen. Schon bald kauften die neuen japanischen Gasfirmen in der Schweiz, Großbritannien und Deutschland gebaute Luftzerleger, die nach dem Linde-Prinzip arbeiteten, um die benötigten Gase selbst herzustellen. Die erste völlig selbstständige Anlage zur Luftzerlegung, die ohne fremde Teile ausländischer Unternehmen in Japan gebaut wurde, entstand allerdings erst 1934.[33]

Geistiges Eigentum: Rechtsstreit und Zusammenarbeit

Was sich in der Industriegasbranche in den ersten anderthalb Dekaden des 20. Jahrhunderts an Firmengründungen, Neuausrichtungen bestehender Unternehmen, Fusionen und internationalen Aktivitäten abspielte, war wirklich erstaunlich. Das extreme Nischenprodukt Sauerstoff hatte sich wegen der neuen Schneid- und Schweißtechnik zu einem stabilen Wachstumsmarkt gemausert. Acetylenhersteller hatten sich zunächst einer starken Nachfrage für Beleuchtungszwecke erfreut, dann war dieser Markt zugunsten neuer und überlegener Beleuchtungsarten weggebrochen, um dann ebenfalls wegen der raschen Verbreitung des autogenen Schneidens und Schweißens neue Fahrt aufzunehmen. Unternehmen, die bislang entweder auf Sauerstoff oder auf Acetylen spezialisiert waren, weiteten ihr Portfolio in der Folge auf beide Gase aus.

Dennoch blieben Unterschiede zwischen beiden Gasen. Die Acetylenherstellung war Anfang des 20. Jahrhunderts eine relativ einfache Angelegenheit, das Gas selbst blieb für die Wissenschaft und Technik jedoch eine interessante Herausforderung, wie sich an zahllosen neuen Anwendungen in der chemischen Industrie ab Anfang der 1930er-Jahre ablesen lässt.[34] Sauerstoff dagegen war durch die von Linde und Claude entwickelte Luftverflüssigung und Gaszerlegung schon 1903 so etwas wie ein Hightech-Produkt, obwohl wir nicht vergessen dürfen, dass für einige Zeit konkurrierende Verfahren zum Einsatz kamen – manche technisch einfacher (wie das Bariumoxid-Verfahren), andere komplizierter (wie beispielsweise die Methode nach dem Deutschen Paul Heylandt,[35] der später bei der Entwicklung des Transports von Flüssiggas eine bedeutende Rolle spielen sollte). Auch bei anderen Luftgasen wie Stickstoff, Argon und Neon nahm die industrielle Herstellung in den Jahren vor Beginn des Ersten Weltkriegs enorm zu; ein Großteil dieser Zunahme ging auf Produktion nach dem Linde- und/oder Claude-Verfahren zurück. Vor diesem Hintergrund ist die Zunahme von Auseinandersetzungen um das geistige Eigentum zu Tieftemperaturverfahren nicht weiter verwunderlich – ein Problem, das sich durch die bald einsetzende und rasche internationale Expansion der beteiligten Unternehmen noch verstärkte.

Ein 1905–1906 ausgetragener Streit um die relativ schwachen Hampson-Patente im Besitz von Brin's Oxygen sowie Rechte im Besitz des britischen Ablegers von Linde konnte, wie bereits erwähnt, vergleichsweise rasch und leicht beigelegt werden. Die britischen und deutschen Unternehmen kamen darin überein, dass Lindes Entdeckung für die Entwicklung der neuen Industrie von immenser Bedeutung war und dass die britische Seite Linde dafür Kompensation schuldig war, in diesem Fall in Form von Anteilen, Barmitteln und einem Sitz im Vorstand für Carl von Linde. Aus Brin's wurde in diesem Zusammenhang die British Oxygen Company Ltd.; das Brinsche Bariumoxid-Verfahren wurde durch das Linde-Verfahren ersetzt und das Vertriebsnetz auf das ganze Vereinigte Königreich ausgeweitet. In verschiedenen anderen Ländern kamen ähnliche Scharmützel zwischen Linde und Claude auf, aber auch diese wurden rasch geklärt. Anders im Patentstreit zwischen der BOC und der britischen Air Liquide-Tochter British Liquid Air (BLA); wahrscheinlich weil Carl von Linde persönlich nicht direkt daran beteiligt war. Das 1907 vor dem Hohen Gerichtshof angestrengte Verfahren sollte auf Jahre das internationale Wachstum, die Entwicklung und vor allem die Stabilität der Industrie prägen.

Alles begann, als die BLA 1906 die Verwendung von Claudes Patent für die Verflüssigung (Britisches Patent 28.682 von 1903) zusammen mit einem Rektifikationsverfahren zur gleichzeitigen Produktion von hochreinem Sauerstoff und Stickstoff (Britisches Patent 25.435 von 1905) ankündigte. Die letztere Erfindung sollte sich im folgenden Rechtsstreit als Knackpunkt erweisen, da von Linde bereits 1902 eine Fraktionierungskolonne hatte patentieren lassen (Britisches Patent 14.111), obwohl seine Apparatur nur hochreinen Sauerstoff erzeugte. Die BOC, 1906 schon im Besitz der britischen Lizenz für Lindes Patent, warnte sofort vor möglichen rechtlichen Konsequenzen, sollte die BLA die Sauerstoffproduktion mittels fraktionierter Destillation aufnehmen. Die britische Air Liquide-Tochter indessen ließ sich nicht beirren. Beide Unternehmen gingen 1907 vor Gericht – BOC klagte auf Patentverletzung, BLA hingegen versuchte, BOC durch eine gerichtliche Anordnung an der Klageerhebung zu hindern. Air Liquide/BLA gewannen zwar die erste Runde, aber die BOC erreichte vor dem Berufungsgericht eine Umkehrung des erstinstanzlichen Urteils. Die Direktoren beim britischen Marktführer hielten die Sache 1908 für ausgestanden, aber sie hatten sich zu früh gefreut, denn die BLA versuchte, den Spruch des Berufungsgerichts von der höchsten Kammer des Landes aufheben zu lassen – der Showdown verlagerte sich also ins House of Lords.[36]

Der »hart umkämpfte und kostspielige Patentstreit« dauerte bis ins Frühjahr 1909. Die grundsätzliche Verschiedenheit der beiden Verfahren zur Luftverflüssigung stand außer Frage, da von Lindes Verfahren nach dem Joule-Thomson-Effekt funktionierte, während bei Claudes Methode physikalische Arbeit geleistet wurde. Die gerichtliche Auseinandersetzung – und letztlich auch das Urteil der Lords – konzentrierte sich daher auf die betreffenden Rektifikationsverfahren der beiden Erfinder. Lindes Fraktionierkolonne war 1902, und damit eindeutig früher, zum Patent angemeldet worden als Claudes 1905, und die BLA konnte daher keine Priorität beanspruchen. Die Anwälte stellten daher drei Behauptungen auf, von denen zwei Lindes Patent anzweifeln und die dritte Claudes untermauern sollten. Die erste besagte, dass die fraktionierte Destillation schon lange bekannt sei und bei der Branntweindestillation schon seit 1850 angewandt werde. Linde könne daher die Erfindung nicht für sich beanspruchen. Der zweiten Behauptung zufolge hätten eine Reihe von Erfindern wie Raoul Pictet in Frankreich, Hampson in England und Ernest LeSueur in Kanada die Rektifikation schon vor Linde zur Gastrennung verwendet; auch dies sollte Lindes Anspruch auf Priorität schwächen. Drittens behaupteten die Anwälte, Claudes Trennungsmethode stelle eine fundamentale Neuerung dar, da nur mit ihr hochreiner Sauerstoff und Stickstoff gleichzeitig erzeugt werden könne. Daher könne sie nicht als Verletzung von Lindes Patentrechten angesehen werden.[37]

Das Urteil wurde am 29. März 1909 in Anwesenheit von fünf Lordrichtern verkündet. Der Lord Chancellor, höchster Repräsentant der britischen Justiz, leitete die Sitzung ein mit einer Schilderung des Falles aus seiner Sicht und einer Bewertung der vorgelegten Beweise, darunter die Aussagen hochrangiger Experten. Die erste Behauptung der Klägerseite, die Rektifikation sei seit langem bekannt und Linde habe sie lediglich an die Gaszerlegung angepasst, fand er dabei nicht einmal der Erwähnung wert. Diese Auslassung war wenig überraschend, als im weiteren Verlauf ein anderer Lordrichter lakonisch bemerkte, diese erste Behauptung sei von der Rechtsvertretung von BLA »nicht besonders überzeugend vertreten worden«.[38] Obwohl in der Urteilsbegründung nicht ausdrücklich erwähnt, könnte die BLA diesen Punkt mit weniger Nachdruck verfolgt haben, da er das zweite Argument, andere Wissenschaftler hätten die Rektifikation bereits für die Gaszerlegung benutzt, eher entkräftete. Denn ganz gleich, wie bekannt die Rektifikation gewesen sein mag, musste sie für diese spezielle Anwendung mehr oder weniger umfassend angepasst werden.

Daher befasste sich der Lord Chancellor in seiner Einleitung vor allem mit der Frage der Priorität bei der Rektifikation von Luftgasen. Pictet und LeSueur hatten Zeichnungen angefertigt, die möglicherweise ein Rektifikationsverfahren ähnlich dem Lindeschen darstellten, aber beide blieben sehr vage und lieferten keine genaue Beschreibung. Hampson, bemerkte er, sei der Sache etwas näher gekommen und am Ende »beinahe über diese Erfindung gestolpert, mehr aber auch nicht«. Die Antwort des Lord Chancellor auf die Behauptung des leitenden Rechtsvertreters von BLA »dass [von] Lindes Patent von 1902 [aufgrund vorangegangener Erfindungen] ungültig ist«, hätte kaum deutlicher ausfallen können: »Das glaube ich nicht.«

Für British Liquid Air waren dies natürlich keine guten Neuigkeiten, aber es sollte noch das Beste sein, was man von den Lordrichtern an diesem Tag zu hören bekam. Der Lord Chancellor fuhr fort: »Der einzig erwähnenswerte Gesichtspunkt ist derjenige der Patentverletzung. Dieser Punkt der Klageschrift wird in aller Deutlichkeit niedergeschlagen. Er wies darauf hin, dass die Anwälte der Air Liquide-Tochter behauptet hatten, das Claude-Verfahren unterscheide sich in zwei wichtigen Punkten vom Linde-Verfahren. Der erste betraf die bei der Verflüssigung verrichtete Arbeit; beim zweiten ging es um die gleichzeitige Gewinnung von hochreinem Sauerstoff und Stickstoff. Im ersten Punkt schien der Richter mit der Klageseite darüber einzustimmen, dies sei »offensichtlich ein Zusatz, und sehr wahrscheinlich ein nützlicher Zusatz, zu einem Kühlungssystem«. Auch beim zweiten Punkt zeigte sich eine Übereinstimmung. Der Lord Chancellor räumte ein, dies sei »eine wertvolle Verbesserung« gegenüber dem Linde-Verfahren, bei welchem anders als bei Claude »der Stickstoff entweicht und verloren geht«. Diese Formulierung könnte die BLA vorübergehend beruhigt haben, aber das abschließende Urteil des Lord Chancellor war vernichtend: »Im Wesentlichen bin ich davon überzeugt, dass Claude [von] Lindes Kombination [von technischen Methoden] mit Zusätzen nutzt. Das ist Patentverletzung«. Daher werde die Klage abgewiesen und der Kläger habe die Kosten des Verfahrens zu tragen.[40]

Die folgenden drei Redner schlossen sich diesem Vorschlag umgehend an; der Earl of Halsbury tadelte BLA bei dieser Gelegenheit, nicht in die Anwendung des Verfahrens für die »tatsächliche Produktion« investiert zu haben, bevor man »einem wahrhaftigen Patentinhaber [durch den

Rechtsstreit] enorme Kosten« verursacht habe. »Ich kann mich des Eindrucks nicht erwehren«, fuhr er fort, »dass dieser Fall in einem hohen Maße das Übel veranschaulicht, von dem ich sprach«.[41]

Dann war es an Lord Gorell, dem Präsidenten des High Court of Justice, das Ausmaß der Verfehlung in diesem Fall etwas zu relativieren, obwohl auch seine Worte für die BLA keinen wirklichen Trost brachten. Am Ende einer im Vergleich zu den der Kollegen sehr viel ausführlicheren Betrachtung des Falls und der Beweislage zog Lord Gorell folgenden Schluss:

> Der Fall lässt sich folgendermaßen zusammenfassen: [von] Linde löste mit seiner Erfindung von 1902, einer Weiterentwicklung derjenigen von 1895, zum ersten Mal das Problem der mechanischen Abtrennung von Sauerstoff aus der Luft (einem Problem, um dessen Lösung sich auch andere bemühten) in einer Weise, welche die Gewinnung von praktisch reinem Sauerstoff aus Luft wirtschaftlich möglich machte, und Claude fügte dieser Erfindung eine Verbesserung hinzu.
>
> Meiner Meinung nach sollte die Klage abgewiesen werden, bei Übernahme der Gerichtskosten.[42]

Das Urteil fiel demnach einstimmig. Natürlich konnte die BLA weiterhin Claudes Verflüssigungsverfahren benutzen; dass es eine Verbesserung von Lindes fraktionierter Destillation darstellte, war gewürdigt und von einem Patent geschützt worden. Da man aber die fraktionierte Destillation oder Rektifikation selbst nicht anwenden konnte, ohne Lindes auf den britischen Inseln von der BOC gehaltenes Patent zu verletzen, konnte man keine Produkte aus flüssiger Luft für den britischen Markt herstellen, was die Geschäfte zum Erliegen bringen musste. Man musste also etwas unternehmen, und an Beispielen dafür herrschte nach den potenziellen und durchgefochtenen Patentstreitigkeiten zwischen Linde und Claude in anderen – meist europäischen – Ländern kein Mangel. Daher drängte der Air Liquide-Geschäftsführer Delorme im Jahr 1908 Claude, den Streit im persönlichen Kontakt mit Carl von Linde beizulegen, was auch geschah. Die Gespräche der beiden Erfinder führten Ende Juli 1908 zu einer vertraglichen Einigung der beiden Unternehmen, welche die Patente hielten, mit Geltung in Ländern auf dem europäischen Festland und einigen anderen Gebieten. Die beiden Technologieführer der neuen Industrie nutzten ihre Patente fortan gemeinsam und einigten sich auf die Bedingungen beim Verkauf von Anlagen. Sie teilten auch ihre geografischen Einflussgebiete auf, wobei die Vereinigten Staaten und das Vereinigte Königreich ausgeklammert blieben. Der Vorrang von Lindes

Patenten in den meisten Belangen wurde für bestimmte Bereiche festgeschrieben. Linde erhielt für die folgenden 15 Jahre (und damit die Laufzeit der betreffenden Patente, bei einer möglichen Verlängerung um fünf weitere Jahre) zwei Drittel des Markts in Ungarn, Rumänien, Skandinavien, der Schweiz und Südamerika zugesprochen, während Air Liquide das verbliebene Drittel des Markts in diesen Gebieten bedienen durfte. Wegen des bestehenden Vertrags mit den Chemischen Werken Griesheim Elektron und der nachfolgenden Vereinbarung zwischen Griesheim und Linde galt für Deutschland ein gesondertes Abkommen, das wegen bestehender Verträge zwischen Linde und den Vereinigten Sauerstoffwerken in Berlin erst am 1. Januar 1911 in Kraft trat.[43]

Auf den ersten Blick schien der ausgedehnte Patentstreit von 1909 um die beiden Verfahren in Großbritannien der für Resteuropa und Südamerika erzielten gütlichen Einigung zu widersprechen. Immerhin bedeutete der Richterspruch einen unmissverständlichen und überwältigenden Sieg für Linde und sein Unternehmen sowie die BOC, deren Vorstand den Aktionären 1909 mit großer Befriedigung berichtete, dass »dieses Ergebnis den Wert der Patente [von] Lindes für das Unternehmen enorm erhöht«.[44] Andererseits hielt die BLA noch immer einige Trümpfe in der Hand – hatten die Lordrichter doch mehrfach darauf hingewiesen, dass das Claudesche Rektifikationsverfahren die Ausbeute und Reinheit nicht nur für Sauerstoff, sondern auch für Stickstoff dramatisch verbesserte. Nun durfte zwar die BLA Claudes Rektifikation im Vereinigten Königreich nicht anwenden, da sie teilweise gegen Lindes früheres Patent verstieß, aber Lindes Patent seinerseits fehlten die von Claude angebrachten Verbesserungen. Folglich konnten beide Seiten bei einer Einigung nur gewinnen, was dann – in etwa nach dem Vorbild der Vereinbarung zwischen Air Liquide und Linde von 1908 für andere Länder und Regionen – auch geschah. Die BOC erhielt Zugriff auf die Claude-Patente für Großbritannien und das British Empire im Austausch gegen 5.000 Pfund in BOC-Anteilen und die Zusicherung, sich aus Air Liquides Kernmärkten herauszuhalten. Die BLA dagegen wurde nach der Übertragung der Claude-Patente für Großbritannien auf die BOC übertragen. Air Liquide erhielt überdies Zugriff auf die Märkte im zum britischen Einflussbereich gehörenden Kanada sowie Ägypten.[45]

Beide Seiten profitierten von der Einigung und der Vorstand von BOC berichtete seinen Anteilseignern 1910 mit »Befriedigung«:

> Nach dem erfolgreichen Abschluss des im Vorjahresbericht erwähnten langwierigen Rechtsstreits, wurden den Direktoren die britischen Patente der vorigen Prozessgegner zu beiderseitig fairen Bedingun-

> gen angeboten ... Die Claude-Patente, die nunmehr in den Besitz unseres Unternehmens gelangt sind, beinhalten mehrere nützliche Erweiterungen zum [von] Linde-Verfahren für die Herstellung von Sauerstoff und Stickstoff. Die neue Sauerstofffabrik, die unser Unternehmen derzeit in Glasgow errichtet, wird bereits über diese Erweiterungen verfügen. Für den Vorstand des Unternehmens ist es eine große Befriedigung, dass durch die Verbindung der Interessen und damit verbundenen Vereinbarungen nun freundschaftliche Geschäftsbeziehungen, die auch den Austausch nutzbringender Erfahrungen umfassen, zwischen unserem Unternehmen und allen anderen wichtigen Kräften auf dem Sauerstoffmarkt bestehen.[46]

Unter optimaler Ausnutzung beider Verfahren konnte bei der BOC und anderswo die Reinheit der Gase auf 99,5 Prozent gesteigert werden. Das britische Unternehmen beispielsweise betrieb bei Ausbruch des Ersten Weltkriegs 1914 Anlagen zur Gewinnung hochreiner Gase im ganzen Vereinigten Königreich und hatte auch in anderen Ländern des British Empire die Produktion aufgenommen.[47] Das Gentlemen's Agreement über die Aufteilung der Einflussbereiche wirkte überdies stabilisierend auf die Branche – oder vermittelte den Akteuren zumindest den Eindruck von Stabilität –, und prägte auch in der Zeit nach dem Ersten Weltkrieg bis in die 1950er-Jahre die weitere Entwicklung des Industriezweigs ganz wesentlich mit.

Zusammenfassung

Rückblickend erscheint die technische Überlegenheit der Luftverflüssigung und -zerlegung nach dem Linde-Claude-Verfahren offensichtlich und die wirtschaftliche Überlegenheit der Unternehmen, die es verwendeten, geradezu zwangsläufig. Es sollte jedoch nicht vergessen werden, dass dieser Triumph alles andere als vorauszusehen war, als Carl Linde 1895 seinen Patentantrag zur Luftverflüssigung einreichte, da noch kein wirklich nennenswerter Markt für Sauerstoff existierte. Selbst zu Beginn des 20. Jahrhunderts, als mit der Entwicklung des autogenen Schneidens und Schweißens die Nachfrage stieg, konnten durch Tieftemperatur-Rektifikation erst nach und nach Gase mit der erforderlichen Reinheit produziert werden. Bis 1903 war der nach dem Bariumoxid-Verfahren der Brin-Brüder hergestellte Sauerstoff dem nach dem Linde-Verfahren produzierten überlegen und blieb noch bis etwa 1906 ein ernst zu nehmendes Konkurrenzprodukt. Selbst andere Methoden zur Sauerstoffgewinnung wie die Elektrolyse blieben noch für erstaunlich lange Zeit im Wettbewerb.

So langsam der technische Wandel und, was noch wichtiger ist, seine Übersetzung in eine wirtschaftlich tragfeste Realität während der ersten 20 Jahre ab etwa 1885 erschien, so verblüffend rasch verlief die Umwandlung der Industrie in dieser Hinsicht zwischen 1906 und 1914. Die Reinheitsgrade, die über Jahre bei bestenfalls 95 Prozent gelegen hatten, stiegen zwischen 1905 und 1910 auf annähernd 100 Prozent, und das nicht nur für Sauerstoff, sondern auch für Stickstoff. Die kommerzielle Argonseparation aus Luft begann kurze Zeit später.

Ohne die starke Nachfrage nach Acetylen und Sauerstoff für die in anderen Industriezweigen verwendeten neuen Schweiß- und Schneidtechniken wäre dieser dramatische technische Fortschritt allerdings nutzlos gewesen. Der technische Wandel sowohl bei der Gasproduktion als auch bei den autogenen Verfahren und Geräten führte zu einer positiven Rückkopplung von fallenden Preisen und steigender Nachfrage bei gleichzeitig sinkenden Kosten. Auch in der chemischen Industrie wuchs der Bedarf an – insbesondere – Sauerstoff und anderen Luftgasen sowie speziellen Gastrennungsverfahren und -geräten. Weiterhin entwickelten sich beispielsweise in der Margarineherstellung und speziellen Schneid- und Schweißverfahren neue Märkte für Wasserstoff, für Helium und in sehr viel geringerem Umfang auch für andere Gase. Daher boten sich in dem noch jungen Industriezweig am Vorabend des Ersten Weltkriegs wirtschaftliche Perspektiven nicht nur für Neuankömmlinge und eingesessene Akteure aus anderen Branchen, die sich ausbreiten wollten, sondern auch für andere, bisweilen konkurrierende, technische Verfahren.

Vielfältige Märkte, Technologien und Erwartungen an die Zukunft der Branche mit ihren Märkten führten bisweilen zu sehr unterschiedlichen Organisationsformen und Strategien für die Unternehmen, die den Industriezweig bildeten – einen Industriezweig, der noch immer von einem starken Wandel geprägt war und sich in ständigem Umbruch befand. Daher lassen sich für die Zeit vor 1914 nur einige allgemeine Entwicklungen benennen. Die Rolle des technischen Vorreiters beispielsweise war um die Jahrhundertwende von Großbritannien (mit einem in Frankreich entwickelten Verfahren) auf Deutschland und Frankreich übergegangen, was in vielerlei Weise bis in die Gegenwart gilt. Auf dem Feld der Gasgewinnung ging damit ein Wandel von nicht-kryogenen (chemischen) zu kryogenen (physikalischen) Verfahren einher. Angesichts des offensichtlichen Bedarfs an Angeboten im Schweißen und Schneiden ließ sich die Tendenz beobachten, dass sich Sauerstoff- oder Acetylenhersteller ins jeweils andere Gebiet ausbreiteten. Vor dem Ersten Weltkrieg wurden zahlreiche kleine Firmen von etablierten Unternehmen aufgekauft, aus denen sich regionale und sogar nationale Netzwerke bildeten. Angesichts der Tatsache, dass führende Unternehmen neue Absatzmärkte suchten und auch Unternehmer in Industrie- und Schwellenländern im Ausland Fuß zu fassen versuchten, lässt sich durchaus sagen, dass die internationale Expansion das Bild bestimmte. Diese Internationalisierung führte allerdings mehrfach zu Auseinandersetzungen zwischen den Marktführern, die meist einvernehmlich durch gemeinsame Nutzung von Patenten und/oder räumliche Aufteilung der Märkte beigelegt wurden.

Erstaunlich ist dabei – trotz aller vor 1914 erkennbarer allgemeiner Trends – die Diversität der Unternehmen in der Industriegasbranche oder genauer gesagt, wie sehr sich die bereits dazuzurechnenden Unternehmen von den später hinzugekommenen unterschieden. Zu den Letzteren zählte beispielsweise Messer, das um 1914 im Kern noch ein Maschinenbauunternehmen war und sich vom Gasgeschäft fern hielt. Die schwedische AGA handelte zwar mit Gasen, begriff sich aber in erster Linie als Lieferant von Acetylen und Geräten für Acetylenbeleuchtung, und dies auch noch lange nachdem andere Unternehmen das Geschäft, teils erzwungenermaßen, aufgegeben hatten. Auch Union Carbide war noch immer vor allem eine Acetylenfirma, obwohl man die Zeichen der Zeit erkannt und daher noch vor Kriegsbeginn in Linde Air Products investiert hatte. Griesheim hatte mit Gasen zu tun, beschränkte sich aber weitgehend auf Wasserstoff, was zur Kooperation mit Air Liquide führte. Nippon Sanso war noch immer ein vergleichsweise kleines Unternehmen, was sich aber durch den Umbruch des japanischen Marktes rasch ändern sollte, da man schon von der Sauerstoffeinfuhr auf den Bau von Anlagen zur Gasproduktion im eigenen Land umstieg, wenngleich auch noch mit importierten Anlagenteilen.

Der älteste Sauerstoffproduzent BOC behielt seine beherrschende Stellung auf den britischen Inseln und im Britischen Empire und stellte auch selbst die dafür nötige Ausrüstung her. Die Herstellung und den Vertrieb von Acetylen überließ man allerdings noch bis weit in die Zeit zwischen den Weltkriegen anderen Unternehmen. Air Liquide und Linde ihrerseits waren in technischer Hinsicht unangefochten führend; beide bauten Anlagen und verkauften selbstproduziertes Gas. In ihren Geschäftsstrategien unterschieden sie sich jedoch grundlegend. Air Liquide war seit Anbeginn sowohl Sauerstoff- als auch Acetylenlieferant und hatte als erstes Unternehmen konsequent auf den wachsenden Bedarf dieser Gase für das neue autogene Schweißen und Schneiden reagiert. Der französische Pionier nahm auch frühzeitig die Herstellung von Stickstoff auf und baute Luftzerlegungsanlagen beinahe ausschließlich zum eigenen Gebrauch oder für Firmen, an denen man Beteiligungen hielt. In der Folge wurde Air Liquide sehr früh ein multinationaler Player. Linde hingegen konzentrierte sich auf seine technische Vorreiterrolle und verkaufte Anlagen an jeden, der sich zu räumlich begrenzter Vermarktung der Produkte verpflichtete. Auch Linde wurde zum internationalen Unternehmen, in manchen Fällen allerdings nur aufgrund von Carl von Lindes Anteilen an nicht-deutschen Tochterunternehmen. Gas gehörte zwar auch zu Lindes Produktpalette, aber in weit geringerem Umfang als bei Air Liquide.

Vor 1914 waren natürlich noch viele andere Firmen im Industriegasgeschäft tätig, aber die meisten waren sehr viel kleiner als die bislang erwähnten; sie arbeiteten oftmals auch nach anderen Verfahren als die großen Unternehmen. Es lässt sich schwerlich sagen, wie viele derartige Unternehmen existierten, aber ihre Zahl nahm dramatisch zu – einerseits als Folge des Ersten Weltkriegs, der das Geschäft mit den neuen Schweiß- und Schneidtechniken festigte, aber auch aufgrund technischer Neuerungen bei Produktion und Transport sowie der Entdeckung neuer Anwendungen für Gase während des Krieges und danach.

3
Strategie und Struktur: Vom Ersten Weltkrieg bis in die frühen 1930er-Jahre

Einleitung

Die Industriegasbranche erlebte vom Beginn des Ersten Weltkriegs bis zu den frühen 1930er-Jahren insbesondere im Bereich des autogenen Schweißens eine ausgeprägte Phase der Konsolidierung. Die führenden Unternehmen konnten dabei ihre Position festigen und den Markt zur Zufriedenheit aller weiter unter sich aufteilen. Gleichzeitig war es aber eine Periode grundlegender technischer Veränderungen bei Herstellung, Vertrieb und Lagerung sowie den Anwendungen. Viele dieser Veränderungen wirkten sich allerdings erst gegen Ende der Zwischenkriegszeit kurz vor dem Zweiten Weltkrieg und darüber hinaus aus. Zunächst wollen wir die Rolle der Branche im europaweiten Konflikt beleuchten, der im August 1914 begann.

Industriegase im Ersten Weltkrieg

Als in Europa der große Krieg ausbrach, war die Industriegasbranche eigentlich fest etabliert, was Produktions- und Vertriebstechnik, Unternehmen und Märkte betraf, aber im Grunde steckte sie noch immer in den Kinderschuhen. Im Krieg spielte die Industriegasbranche eine wichtige, wenn auch sehr viel bescheidenere Rolle als dies im Zweiten Weltkrieg der Fall sein sollte. In den Jahren des Ersten Weltkriegs festigten sich jedoch die Muster, die sich in den Vorkriegsjahren abgezeichnet hatten: Wachstum fand hauptsächlich auf zwei Märkten statt, dem Schweiß- und Schneidgeschäft einerseits und der Planung und dem Bau von Anlagen sowie der Entwicklung von Verfahren für die chemische Industrie andererseits. Das Engagement auf dem ersteren Markt bedeutete, dass die Industriegasbranche in beschränktem aber entscheidendem Umfang direkt zur Rüstungsproduktion beitrug. Gewichtiger, wenn auch indirekt, war der Beitrag im zweiten Fall durch die Entwicklung des Haber-Bosch-Verfahrens für die Stickstofffixierung und Ammoniaksynthese.

Betrachten wir zunächst den unmittelbaren Einfluss der Sauerstoffproduzenten. Insbesondere deutsche Firmen trugen zu den Kriegsanstrengungen bei, indem sie von ziviler Seite einen Ersatz für die herkömmlichen stickstoffbasierten Sprengstoffe lieferten. Während des Krieges ging der gesamte Ammoniak in die Munitionsproduktion für die Streitkräfte, und schon 1915 fehlte es an Sprengstoff für den Bergbau. Die Reichsregierung bewegte u. a. Linde und Messer, Werke für die Erzeugung von flüssigem Sauerstoff zu errichten. Mit einer brennbaren Substanz vermischt konnte dieser dann als Sprengstoff im Bergbau verwendet werden.[1]

Dabei handelte es sich allerdings um einen eng begrenzten Markt mit langfristig geringen Wachstumsaussichten und er betraf nur das vergleichsweise rohstoffarme, dafür aber technisch hoch entwickelte Deutschland. Wichtiger war, dass aufgrund des Krieges in Medizin, Wissenschaft und Technik anhaltendes Interesse für die Atemtherapie mit Sauerstoff sowie die Verwendung von Gasen als Narkotika[2] geweckt wurde. Ausgereift waren solche Behandlungsmethoden aber erst nach dem Krieg.

Der bei weitem wichtigste direkte Beitrag der Branche in allen am Krieg beteiligten Industrieländern war die Versorgung mit Gasen und Geräten zur Bearbeitung von Metall, also für das Schneiden, Biegen, Entgraten und Schweißen von Stahl und einigen Nichteisenmetallen. Die Schweißverfahren waren ziemlich neu und für den großindustriellen Einsatz noch nicht ausgereift, doch zeigten sich bereits technische Fortschritte. Während Werftbetriebe noch weit bis ins 20. Jahrhundert Schiffsrümpfe hauptsächlich aus vernieteten Stahlplatten bauten, ließ die britische Admiralität schon während des Krieges das Lichtbogenschweißen erproben. Bei Kriegsende waren diese Tests so weit fortgeschritten, dass das Lloyd's Register of Shipping die versuchsweise Verwendung dieser Technik beim Bau eines Schiffsrumpfs gestattete, was 1920 zum Bau der HMS *Fullagar,* dem ersten Schiff mit geschweißtem Rumpf, führte.

Schon während des Krieges gelangen Anthony Fokker in den Niederlanden zudem Neuerungen für die Verwendung von Schweißverbindungen beim Bau von Flugzeugrümpfen. Große Verbreitung hatten derlei Anwendungen aber weder während des Krieges noch in der Zeit unmit-

Abb. 14 HMS Fullagar, erstes Schiff mit vollständig geschweißtem Rumpf, 1920

telbar danach. Stattdessen entwickelte sich das Punktschweißen in der Gasindustrie zur unentbehrlichen Methode für Unterhalt und Reparaturen von Maschinen und Ausrüstung.[3]

Unterhalt und Reparatur spielten während des Krieges eine wichtige Rolle. Als sich beispielsweise Anfang 1917 der Kriegseintritt der USA abzeichnete, sabotierten Mitglieder der Mannschaften von mehr als 100 deutschen Passagier- und Handelsschiffen, die im New Yorker Hafen vor Anker lagen, die Maschinenkessel ihrer Schiffe. Wie beabsichtigt, wurden die Schiffe von der US-Regierung nach der Kriegserklärung gegen Deutschland im April 1917 als gegnerisches Eigentum beschlagnahmt. Nicht vorhergesehen hatten die Mannschaften, dass viele Schiffe mittels Schweißgerät schnell und dauerhaft wieder flott gemacht werden konnten und fortan als Truppentransporter im Dienst der US-Streitkräfte standen. Die Schnelligkeit, Qualität und Haltbarkeit der Reparaturen beseitigte einen Großteil der Zweifel an der Eignung der Schweißverfahren im Maschinenbau.[4]

Der amerikanische Vorfall mag das bekannteste und spektakulärste Beispiel für den Einsatz der neuen Schweißtechnik mit Acetylen und Sauerstoff sein, aber diese Bearbeitung von Metallen erlebte während des Krieges tatsächlich eine rasche Verbreitung. Die BOC fügte ihrer bereits beträchtlichen Anzahl von Anlagen neue Fabriken in Coventry und Wembley hinzu, während AGA die ersten Kriegsjahre zur Ausweitung der internationalen Aktivitäten nutzte. Somit verfügte das schwedische Unternehmen bereits Ende 1915 über Zweigstellen in sieben europäischen Ländern, den Vereinigten Staaten und Brasilien. Auch Air Liquide weitete seine bereits beträchtlichen internationalen Tätigkeiten aus, beispielsweise durch eine technische und finanzielle Beteiligung an der amerikanischen Air Reduction Company im Jahr 1915, während man gleichzeitig auf dem Heimatmarkt expandierte. In Deutschland hingegen brach wegen der Einberufung der Beschäftigten zum Militär die Produktion von Gasen und Anlagen bei Linde zunächst zusammen, um dann aber bald sprunghaft wieder anzusteigen, um den wachsenden Bedarf an Gasen und Schweißgeräten zu decken. Neben dem gesteigerten Ausstoß an Luftgasen lieferte Linde von 1914–1918 nicht weniger als 166 Luftzerlegungsanlagen zur Herstellung von Sauerstoff und/oder Stickstoff. Damit wurde der vom Unternehmen zwischen 1903 und Anfang 1914 gebaute Bestand von 150 Luftzerlegungsanlagen bei Kriegsbeginn in nur vier Jahren mehr als verdoppelt.[5] Praktisch alle diese neuen Anlagen waren für deutsche Kunden bestimmt, und die Nachfrage war so groß, dass sich Linde gezwungen sah, Lizenzen für sein Verfahren an Wettbewerber zu vergeben. Nach dem Krieg wurde das für den deutschen Technologieführer zum Problem. Außerdem war der deutsche Markt nicht der Einzige, auf dem die Zahl der Konkurrenten zunahm. Auch in Großbritannien kamen mehrere Firmen zu den wenigen bestehenden hinzu, was auch für den britischen Marktführer BOC in der Zeit zwischen den Kriegen zur Herausforderung wurde.[6]

Die wachsende Nachfrage während der Kriegsjahre war nicht nur durch den Krieg bedingt, sondern auch durch den allgemein steigenden Gasbedarf für Schneiden und Schweißen sowie andere Anwendungen, der sich auch ohne die Rüstungsproduktion ergeben hätte. So stieg der Sauerstoffbedarf in den Vereinigten Staaten in ähnlicher Weise schon vor dem offiziellen Kriegseintritt im April 1917. Linde Air Products (LAP) war, als der Krieg in Europa begann, schon auf dem besten Weg, zum weltgrößten Produzenten von Luftgasen zu werden, und der Ausstoß konnte während der Kriegsjahre weiter gesteigert werden. Ab 1916, also noch vor Eintritt der USA in den Krieg, produzierte und verkaufte auch die Air Reduction Company Gase auf der Grundlage der Claude-Patente. Außerdem tummelten sich kleinere Unternehmen am Markt, die nach anderen Methoden produzierten und regionale Märkte bedienten. Die im April 1915 gegründete Indiana Oxygen Company beispielsweise gewann Sauerstoff und Wasserstoff durch Elektrolyse aus Wassermolekülen.[7]

Eine ähnliche Entwicklung, wenn auch in kleinerem Maßstab als in den USA, vollzog sich in Japan, das zwar ebenfalls zur Seite der Alliierten gehörte, aber noch weniger als die Vereinigten Staaten an Kampfhandlungen beteiligt war. Nippon Sanso und Teikoku Sanso, der Ableger von Air Liquide, waren 1914 die einzigen existierenden Unternehmen, aber die steigende Nachfrage vor allem im zivilen Sektor lockte 1918 einen gewichtigen Mitbewerber an, Toyo Sanso. Im Jahr 1922 waren in Japan sage und schreibe 29 Luftgashersteller zu verzeichnen; diese betrieben 37 Luftzerlegungsanlagen, die, wie praktisch alle bis 1935 in Japan gebauten Luftzerleger, aus Europa importiert waren, obwohl Nippon Sanso einige Anlagen für den eigenen Bedarf baute, größtenteils mit importierter Technik und importierten Bauteilen.[8]

Die Lieferung von Sauerstoff (und Acetylen) für den Krieg und zivile Zwecke verschaffte den Unternehmen der Industriegasbranche zwischen 1914 und 1918 zwar ein solides Wachstum, das jedoch nicht überbewertet werden sollte, denn erst in der Nachkriegsära sollten Schneiden und Schweißen zu den wirklichen Wachstumsmotoren für die Gasindustrie werden. Wir werden gleich darauf zurückkommen, wollen aber zunächst die sehr viel bedeutendere indirekte Rolle der Industrie während des Krieges beleuchten. Hier sticht ihre Bedeutung auf die Entwicklung des Haber-Bosch-Verfahrens zur Ammoniaksynthese in industriellem Maßstab ganz besonders heraus. Diese Geschichte ist bekannt, soll aber hier noch einmal kurz umrissen werden, da die Rolle der Gasbranche dabei selbst in speziellen Untersuchungen ignoriert wurde.[9]

Üblicherweise beginnt die Geschichte mit einer Warnung. In seiner Rede als Präsident der British Association for the Advancement of Science wagte der Chemiker Sir William Crookes 1898 die düstere Prognose, dass die natürlichen Vorräte an gebundenem Stickstoff, der damals hauptsächlich in Form von Guano aus Chile eingeführt wurde, für die Produktion von Düngemitteln und damit die Ernährung der wachsenden Weltbevölkerung bald nicht mehr ausreichen würden. Ganz im Geist von Thomas Malthus' *An essay on the principle of population (dt. Titel: Das Bevölkerungsgesetz),* das genau ein Jahrhundert zuvor erschienen war, fuhr Crookes fort:

> Die Zahl der Münder wächst, die Nahrungsvorräte schwinden. Land ist nur in beschränktem Umfang verfügbar und der Anbau von Weizen auf diesem Land hängt von schwer beherrschbaren und launischen Naturphänomenen ab … Ich hoffe, dass ich einen Ausweg aus diesem ungeheueren Dilemma aufzeigen kann. Der Chemiker ist es, der die bedrohten Völker retten muss. Und im Labor kann der Hunger in Überfluss gewandelt werden … Die Fixierung des Luftstickstoffs ist eine der großen Entdeckungen, welche die Genialität der Chemiker erwartet.[10]

An dieses Problem machte sich auch der deutsche Chemiker Fritz Haber, damals Assistent für physikalische Chemie an der Technischen Hochschule Karlsruhe und bereits ausgestattet mit außergewöhnlich guten Verbindungen zu Regierungs- und Industriekreisen, die er während der ersten Jahrzehnte des 20. Jahrhunderts weiter vertiefte.[11] Haber entwickelte ein Verfahren und baute anschließend 1909 einen Versuchsreaktor zur Erzeugung von Ammoniak. Dessen Wirkungsweise lässt sich recht einfach erklären. Stickstoff und Wasserstoff wurden in Anwesenheit eines Katalysators unter hohem Druck und erhöhten Temperaturen zur Reaktion gebracht. Auf diese Weise wurde der Luftstickstoff chemisch als Ammoniak gebunden, aus dem sich Dünger und Sprengstoffe herstellen ließen.

Das Verfahren war ohne Frage aussichtsreich und lukrativ und wurde von der BASF AG, die schon damals zu den führenden Chemieunternehmen der Welt zählte, bald erworben. Unter Leitung von Carl Bosch wurde das Verfahren dann für die großindustrielle Produktion angepasst, was größere Schwierigkeiten bereitete als erwartet. Habers kleiner Reaktionsbehälter arbeitete beispielsweise mit einem seltenen und schwierig zu handhabenden Katalysator, für den erst ein passender Ersatz gefunden werden musste – was dem BASF-Chemiker Alwin Mittasch letztlich gelang. Daneben mussten die großen Reaktorbehälter bislang unbekannte Drucke aushalten, wozu eine enge Zusammenarbeit mit der deutschen Stahlindustrie erforderlich war. Ein besonders ernstes Problem war die Kontamination und Schwächung des Wandmaterials durch den aggressiven Wasserstoff. Bis 1913 bekam die BASF die Schwierigkeiten so weit in den Griff, dass man in einer relativ kleinen Anlage in Oppau die kommerzielle Produktion aufnehmen konnte. Der Bedarf im Krieg überstieg die Produktionskapazität der Fabrik in Oppau jedoch bei weitem, sodass die BASF 1916 bei Merseburg in Mitteldeutschland die sehr viel größeren Leuna-Werke errichtete. Ohne die künstliche Ammoniakherstellung in diesen Werken hätte Deutschland den Kampf dabei schon nach einigen Kriegsmonaten einstellen müssen, da der Nachschub an bergmännisch gewonnenem Salpeter aus Chile – bis dato die Quelle für gebundenen Stickstoff – durch die britische Seeblockade ins Stocken gekommen war. Deutschland war bei der Produktion von Dünger und Munition daher zwingend auf Nitrate aus künstlich gewonnenem Ammoniak angewiesen.[12]

Die Zusammenarbeit zwischen Chemie und Metallurgie bei diesem Vorhaben ist ein oft genanntes Beispiel für einen evolutionären Entwicklungsprozess, in dem nur die koordinierten Fortschritte mehrerer Industriezweige zu einer neuen Spitzentechnologie führten. Dies galt allerdings in gleicher Weise für den häufig nicht gewürdigten Beitrag der Industriegasbranche zum Haber-Bosch-Verfahren, obwohl allgemein bekannt ist, dass Stickstoff und Wasserstoff als Grundstoffe für die Ammoniakerzeugung benötigt werden. Die Herkunft der Ausgangsstoffe wird in der Forschungsliteratur bestenfalls angedeutet. Die noch immer junge Luftgasindustrie spielte jedoch eine entscheidende Rolle, denn der Stickstoff für das Haber-Bosch-Verfahren stammte praktisch ausnahmslos aus dem Lindeschen Luftzerlegungsprozess. Daher beauftragte die BASF Linde mit dem Entwurf und Bau der in Oppau und später in Leuna benötigten Luftzerleger.

Die in Kapitel 1 und 2 beschriebenen Durchbrüche bei der Luftverflüssigung waren daher eine grundsätzliche Voraussetzung für die Entdeckung des Verfahrens, wenngleich der Beitrag der Gasindustrie für die Ammoniakproduktion eher indirekter Natur war. Die Luftzerleger, die den Stickstoff für die Haber-Bosch-Anlagen lieferten, waren zwar von Linde entworfen und gebaut worden, Eigentümer und Betreiber war aber die BASF. Diese Vorgehensweise, das Gas in eigenen, aber von Spezialfirmen zugekauften, Anlagen herzustellen, sollte später gerade bei Großverbrauchern von Luftgasen die Regel werden. Erst in den 1940er-Jahren erlangten andere Konzepte wie das Onsite-Prinzip eine größere Verbreitung, bei denen die Industriegasproduzenten ihre Großkunden »über den Zaun« belieferten (siehe Kapitel 4 und 5). Dies hatte zur Folge, dass die Produktion von Luftgasen im 20. Jahrhundert zum großen Teil außerhalb der unmittelbaren Industriegasbranche erfolgte.

Für den Haber-Bosch-Prozess war außerdem Wasserstoff erforderlich, und auch hier lieferte die Industriegasbranche das entscheidende technische Know-how. In diesem Fall war die Verbindung zwischen der Luftgasindustrie und den Ammoniakherstellern allerdings noch weniger direkt und währte auch kürzer als es bei der Stickstoffproduktion der Fall war. Ursprünglich fiel der benötigte Wasserstoff als Nebenprodukt der Chloralkali-Elektrolyse an, aber die so verfügbaren Mengen reichten schon bald nicht mehr aus. Die BASF verlegte sich dann auf ein Tieftemperaturverfahren, das Carl von Linde gemeinsam mit den beiden Ingenieuren und Wissenschaftlern Adolf Frank und Heinrich Caro entwickelt hatte. Im Linde-Frank-Caro-Verfahren (LFC) wird der Wasserstoff aus Wassergas abgetrennt. Die BASF bestellte zu diesem Zweck 1912 bei Linde zwei große Fabrikanlagen – jede ausgelegt auf einen Ausstoß von 2.300 Kubikmeter Wasserstoff pro Stunde, dreimal mehr als die größte von Linde bis dahin erstellte Anlage. Die Anwendung des noch neuen LFC-Prozesses in einem industriellen Ausmaß verlief jedoch nicht ganz ohne Probleme und die Anlagen arbeiteten nicht immer zuverlässig, sodass die BASF auf ein anderes, intern entwickeltes Verfahren umschwenkte.[13]

Trotz der nur kurzen Kombination von LFC und Haber-Bosch-Verfahren müssen zwei Kernpunkte über Wasserstoff als Industriegas erwähnt werden. Zum einen war Wasserstoff schon vor der zweiten Dekade des 20. Jahrhunderts vielfach zur Anwendung gekommen, sehr spektakulär und letztlich verhängnisvoll beispielsweise in Luftschiffen, doch erst mit dem Haber-Bosch-Verfahren nahm die Verwendung im industriellen Maßstab wirklich ihren Anfang. Während des Ersten Weltkriegs wurde Wasserstoff bei der Herstellung von Margarine und anderen Fetten für die bereits vor dem Krieg entwickelte Härtung von Ölen durch Hydrierung eingesetzt. Derlei Verfahren erreichten nach 1918 noch größere Verbreitung. Zum Zweiten waren die Wasserstoff herstellenden und verarbeitenden Unternehmen in der Industriegasbranche bis dato noch nicht in Erscheinung getreten. Noch bis lange nach 1945 handelte es sich dabei meist um Chemiefirmen, die wichtige Anwendungen entwickelt hatten. Wie andere Gase auch – Kohlendioxid beispielsweise oder (in geringerem Umfang und für kürzere Dauer) Acetylen – wurde Wasserstoff erst nach, teilweise sehr lange nach, dem Ersten Weltkrieg Teil der Industriegasbranche. Dabei darf nicht vergessen werden, dass beim Wasserstoff eine enge Verbindung zwischen der Chemie- und der Industriegasbranche bestand. Immerhin kauften die Chemieunternehmen ihre Technologie für die Gastrennung von Spezialfirmen wie Linde oder Air Liquide ein. Folglich existierte zwischen diesen bedeutenden Gasfirmen und der Chemiebranche seit Beginn eine starke Beziehung, allerdings eher im Anlagenbau als bei der Lieferung der Gase.

Damit steht der direkte wie indirekte Einfluss der Gasfirmen auf den Krieg außer Frage. Umgekehrt wirkte sich aber der Krieg durchaus langfristig auf die Industrie aus – insbesondere auf ihre Struktur sowie die Muster von Wettbewerb und Zusammenarbeit. So verloren Carl von Linde und die Gesellschaft für Lindes Eismaschinen bei Kriegsbeginn ihre Anteile an der BOC, mit denen sich das britische Unternehmen 1906 die Verwendung der Linde-Patente erkauft hatte. Von Linde verlor sofort seinen Sitz im BOC-Vorstand, seine persönlichen 500 Anteile gingen an einen Treuhänder und wurden 1916 verkauft. Auch die 40.000 Anteile des Linde-Unternehmens wurden ersatzlos eingezogen.[14]

Noch schwerer wog für den deutschen Erfinder und sein Unternehmen jedoch, dass der Krieg seine Anwesenheit auf dem amerikanischen Markt bis lange nach dem Zweiten Weltkrieg unterbrach. Wie bereits in Kapitel 2 dargestellt, erlebte das von Carl von Linde 1907 mitgegründete

Unternehmen Linde Air Products ein rasches Wachstum und damit verbunden einen beinahe explosiven Anstieg der Kapitalausstattung. Dadurch war schon vor Ausbruch des Ersten Weltkriegs der Anteil, den Linde und sein Unternehmen am amerikanischen Ableger hielten, beinahe zur Bedeutungslosigkeit gesunken, obwohl man noch die Mehrheit an den Patentrechten hielt, mit denen Linde Air Products Luftzerleger und andere Ausrüstung herstellte. Mit dem Eintritt der USA 1917 auf alliierter Seite in den Krieg verlor man dann auch diese Patente sowie das Recht am Firmennamen Linde in den Vereinigten Staaten unwiederbringlich. Linde Air Products war mittlerweile zum größten Sauerstoffhersteller der Welt geworden. Deren Aktiva (einschließlich des Markennamens Linde in den USA) wurden 1917 von Union Carbide und der Carbon Company, einem Zusammenschluss von Linde Air Products, der National Carbon Company (die Kohlenstoff für verschiedene Verwendungen produzierte), der Union Carbide Company (Kalziumcarbid für die Herstellung von Acetylen), der Electro-Metallurgical Company (Eisen- und Nichteisenmetalle) und Prest-o-lite (ursprünglich im Vertrieb von Acetylen für Autoscheinwerfer tätig) erworben.[15]

Der Ausgang des Krieges wirkte sich nicht nur auf die deutsche Linde, sondern auch auf die britische BOC aus. Gemäß des 1919 unterzeichneten Versailler Vertrages verlor Deutschland seine Kriegs- und Handelsmarine und viele Schiffe wurden verschrottet. Das Abwracken zur Wiederverwertung der Metalle führte neben anderen Wachstumsmärkten zu einem sprunghaften Anstieg der Nachfrage nach Gasen und Geräten zum Schneidbrennen. BOC erhöhte daraufhin seine Präsenz in bestimmten Regionen des britischen Marktes und eröffnete zwischen 1919 und 1925 neue Werke in Liverpool, Hockley, Birmingham, Leeds, Bootle, Middlesborough, Southampton, Witham und Leith.

Der Bedarf an Sauerstoff und anderen Gasen wuchs jedoch so stark, dass neue Unternehmen zu BOC und anderen bestehenden Unternehmen hinzukamen. Ab Anfang der 1930er-Jahre zählten u.a. Hydrogen, Oxygen and Plant Ltd., Liquid Air Ltd., Alloa Shipbreaking Company und Oxhycarbon Ltd. zu BOCs neuen Konkurrenten. Oxhycarbon war ein nach dem Krieg neu gegründeter Ableger der deutschen Messer & Cie., die ihre Beteiligungen in Großbritannien ebenfalls durch den Krieg verloren hatte.[16]

Der Krieg steigerte ohne Frage die immer breitere Nachfrage nach Industriegasen für das Schneiden und Schweißen sowie andere Verwendungen und hatte damit unmittelbare Auswirkungen auf die einzelnen Unternehmen. Er war jedoch Anfang der 1920er-Jahre längst nicht der einzige Faktor, der die Entwicklung der Industrie beeinflusste. Immer

Abb. 15 BOC Vorführwagen mit Schweißzubehör zu Demonstrationszwecken, ca. 1930

mehr waren es »zivile« Anwendungen, die den Bedarf wachsen ließen und den Strukturwandel in der Zeit zwischen den Kriegen bestimmten.

Wachstum und Strukturwandel während der 1920er-Jahre

Wichtigste Auswirkung der stufenweisen technischen Weiterentwicklung während des Krieges und der unmittelbaren Nachkriegszeit sowie der aufgrund der Nachfrage gesteigerten Sauerstoffproduktion war eine Senkung der Produktionskosten und Preise. Der Bedarf stieg beträchtlich, insbesondere unmittelbar nach Kriegsende in Großbritannien – einerseits durch das Abwracken von Schiffen, andererseits durch neue Anwendungen in der Metallurgie im Vereinigten Königreich und anderswo. Da die Nachfrage überdies schneller stieg als die Preise fielen, ließen sich mit Sauerstoff und Acetylen die gleichen oder sogar größere Gewinne erzielen. Diese positive Dynamik hielt noch weit in die Zwischenkriegszeit an.[17]

Das steile Wachstum bei den mit Schneiden und Schweißen verbundenen Anwendungen hatte drei wichtige Auswirkungen. Erstens wurde schnell klar, dass die bislang fast vollständig voneinander getrennten Bereiche von Sauerstoff und Acetylen zusammengehörten. Einige Gasunternehmen hatten das bereits sehr früh erkannt, schon vor Ausbruch des Ersten Weltkriegs. Wie in Kapitel 2 berichtet, gehörten hier die deutsche Linde, die amerikanische Linde Air Products und die französische Air Liquide zu den Ersten, was vielleicht nicht allzu sehr überrascht, da sie in der neuen Branche ohnehin technisch führend waren. Der 1915 gegründete amerikanische Neuling in der Sauerstoffherstellung Air Reduction Company nahm dagegen erst Anfang der 1920er-Jahre auch die Produktion von Kalziumcarbid und Acetylen (sowie Kohlendioxid) auf.[18] Die British Oxygen Company ihrerseits blieb bis weit in die Nachkriegszeit ausschließlich im Sauerstoffgeschäft, knüpfte aber während der 1920er-Jahre immer engere Bindungen zum Acetylenhersteller Allen Liversidge Ltd., bis die beiden britischen Unternehmen 1930 schließlich fusionierten. Die finanziell stärkere BOC übernahm die Führung, Allen Liversidge erhielt allerdings einen Sitz im Vorstand der vergrößerten BOC.[19]

Auch Unternehmen mit Schwerpunkt in der Produktion von Acetylen sahen Chancen im Zusammengehen mit Sauerstoffherstellern. Wie bereits erwähnt, hatte die AGA schon vor dem Ersten Weltkrieg damit begonnen. Am spektakulärsten war jedoch die Bildung der Union Carbide and Carbon Corp. im Jahr 1917, welche Union Carbides riesiges Acetylengeschäft mit dem Marktführer beim Sauerstoff, der Linde Air Products, zusammenbrachte.

Die zweite Konsequenz des raschen Wachstums beim Schneiden und Schweißen war eine steigende Nachfrage nach Sauerstoff von höherer Reinheit. Wann immer der Sauerstoff bei Brennvorgängen genutzt wird, ist die Flamme umso heißer und wirkungsvoller, je reiner der eingesetzte Sauerstoff ist. Ideal wären also 100 Prozent. Werte von mehr als 99 Prozent zu erreichen, war aber technisch sehr schwierig, da der Sauerstoffgehalt von trockener, sauberer Luft ja nur 21 Prozent beträgt. Bei den frühen Verfahren zur Luftzerlegung konnte durch Entfernen des Stickstoffs (etwas mehr als 78 Prozent in trockener Luft) eine Reinheit des Sauerstoffs von knapp über 99 Prozent erzielt werden. Dabei konnte man zusätzlich auch den abgetrennten Stickstoff in Flaschen füllen und verkaufen. Der Bedarf an Stickstoff blieb jedoch für viele Jahre sehr eingeschränkt, einige spezielle Anwendungen wie die Ammoniakproduktion einmal ausgenommen. Hierfür produzierten die Chemieunternehmen den Stickstoff selbst, in Anlagen, die von Luftgasunternehmen erstellt worden waren. Aus diesem Grund ließ man zwischen den Weltkriegen in den meisten, von den Industriegasunternehmen betriebenen, Luftzerlegern den abgetrennten Stickstoff einfach entweichen.

Um einen Sauerstoffgehalt von mehr als 99 Prozent zu erhalten, mussten nach dem Stickstoff weitere Luftgase abgetrennt werden. Die Möglichkeiten waren hier allerdings sehr begrenzt. Entfernte man alle verbliebenen Gase außer Argon, dann waren maximal 99,066 Prozent zu erreichen. Nur durch Abscheidung des Argons konnte die Reinheit auf 99,5 Prozent oder mehr gebracht werden, was wegen der nur um 3 Grad Celsius unterschiedlichen Siedepunkte von Sauerstoff und Argon schwierig war. Dies war Linde mit der Einführung des kommerziellen Betriebs einer doppelten Fraktionierkolonne jedoch bereits 1913 gelungen, aber erst nach dem Ersten Weltkrieg wurde die Abtrennung von Argon Routine. Man gewann damit ein weiteres Produkt, das sich abfüllen und verkaufen ließ; noch wichtiger aber war die Herstellung von hochreinem Sauerstoff.[20] (siehe Abb. 16) Sehr bald schon gelang es, mit einem verbesserten Verfahren weitere, noch seltenere Luftgase abzutrennen, für die sich alsbald industrielle Anwendungen fanden.

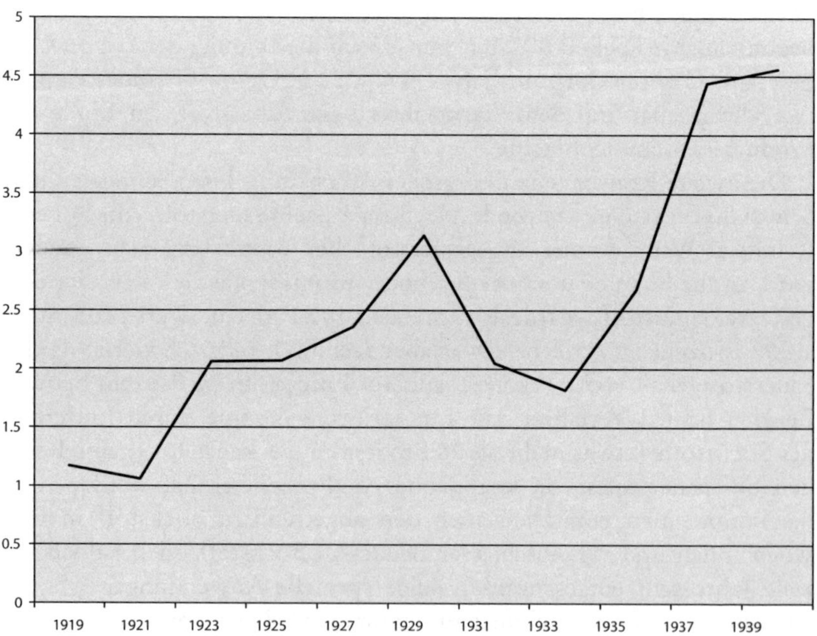

Abb. 16 Unternehmens-Produktion von 99,5-prozentigem Sauerstoff in den USA, 1919–1939 (in Milliarden Kubikfuß pro Jahr)

Bevor wir uns diesen neuen Produkten und Anwendungen widmen, sollten wir die dritte Auswirkung des rasch anwachsenden Sauerstoffbedarfs und der damit verbundenen Profite untersuchen – dem Auftritt neuer Unternehmen in der Branche. Diese war offensichtlich sehr attraktiv, und wer nur konnte, versuchte Fuß zu fassen. Viele dieser neuen Unternehmen bedienten zunächst lokale Märkte oder versorgten Großkunden wie Schiffswerften oder Stahlwerke bzw. belieferten, besonders in den Vereinigten Staaten, die Automobil- und Autoreparaturbranche. Zahlreiche dieser Firmen beschränkten sich allerdings auf den Vertrieb, ohne selbst Gase zu produzieren. Diese kauften sie von den Industriegasunternehmen, öfter jedoch von anderen Anbietern, die einen Luftzerleger erworben hatten und über Überkapazitäten verfügten. So produzierten Chemiefirmen bei der Ammoniaksynthese überschüssigen Sauerstoff, den sie bisweilen an Händler veräußerten.

Zwischen den Weltkriegen existierten in den Vereinigten Staaten Dutzende von Luftgasherstellern. Ihre genaue Zahl lässt sich nicht ermitteln, aber nach den Anfang der 1970er-Jahre erhobenen Gründungsdaten einiger Firmen und Zahlen zur Struktur der Industrie waren es sehr viele. Anhand dieser Daten ist für diesen Zeitraum in den USA außerdem von deutlich mehr als 1.000 unabhängigen Handelsunternehmen auszugehen. Die meisten davon wurden überdies Ende der 1920er- oder während der 1930er-Jahre gegründet.[21]

Die USA waren mit Abstand der größte Markt für Industriegase – dies nicht zuletzt durch die frühe Motorisierung und den damit verbundenen Bedarf an Sauerstoff und Acetylen für die vielen kleinen Reparaturwerkstätten. Aber auch in anderen Ländern traten in der Industriegasbranche mit den 1920er-Jahren viele kleine und mittlere Unternehmen neu in den Markt. Wir wollen dies anhand von zwei Beispielen verdeutlichen. So wurde beispielsweise im westfälischen Münster 1923 von Wilhelm Albers, einem ehemaligen Vertreter bei Messer, die Sauerstoffwerke AG für Produktion und Vertrieb von Acetylen und Sauerstoff gegründet. Auf Reisen und im Zusammenhang mit der französischen und belgischen Besatzung im Ruhrgebiet erkannte Albers im unmittelbaren Münsteraner Umland, aufgrund von Lieferverzögerungen aus dem besetzten Dortmund, Engpässe in der Versorgung mit Gasen für das Schneiden und Schweißen. Albers kaufte einen in Bremen stillgelegten Luftzerleger, ließ ihn nach Westfalen bringen und wieder aufbauen. Zwei Jahre nach der Gründung nahm man den Vertrieb von Ölen für die wachsende Zahl an Lastwagen sowie Pkws mit Verbrennungsmotor mit ins Programm und schon 1927 verfügte das Unternehmen zusätzlich über eine kleine Kette von Tankstellen.[22] Die Sauerstoffwerke AG, als Westfalen AG bis heute Familienunternehmen in der dritten Generation, war typisch für die Neugründungen in der jungen Branche der 1920er- und 1930er-Jahre in den Industrieländern. Sie war ein kleines, streng geführtes Unternehmen mit enger Bindung an einen regionalen Markt, was gute örtliche Kenntnisse erforderte. Drei Faktoren öffneten den Weg in die neue Industrie: Alberts Kenntnisse der Branche durch seine Beschäftigung bei Messer, die Notwendigkeit zu lokaler Herstellung und Vermarktung des Sauerstoffs wegen der hohen Transportkosten sowie relativ niedrigen Markteintrittsbarrieren, die sich durch die Gründung der neuen Firma jedoch für andere Neueinsteiger schlagartig erhöhten. Immerhin brauchte das Unternehmen wegen der wirtschaftlichen und politischen Situation keine Konkurrenz zu befürchten und musste keines der für die Herstellung und den Vertrieb der Gase nötigen Geräte selbst entwickeln. Verfügte man nur über einen Luftzerleger, ausreichend Stahlflaschen, eine kleine Flotte von Lieferwagen und einen kleinen Kundenstamm, besaßen Wettbewerber von außen in der Region praktisch keine Chance mehr. Allerdings fand in Deutschland während der 1920er-Jahre auf dem Sauerstoffmarkt ein ruinöser Preiskampf statt. Wie hier vielfach üblich, wurde das Problem dann durch Kooperation mit den Konkurrenten gelöst: Im Jahr 1928 trat die Münsteraner Sauerstoffwerke AG nach einem kurzen, aber heftigen Preiskampf einem von Linde und der I.G. Farben angeregten Verkaufskartell namens Vereinigte Sauerstoffwerke bei, das für stabile Preise sorgte.[23]

Selbst in weniger industrialisierten Ländern wie Italien erschienen in den 1920er-Jahren neue Unternehmen auf dem Markt für Industriegase. Wie auf anderen Märkten abseits der Pionierländer begann es in Italien mit einem einzigen Unternehmen, Locatelli, das 1905 in der Lombardei die Geschäfte aufnahm. Zunächst kaufte man 1905 und 1906 kleine Luftzerleger von Linde, aber die Ausnahmestellung auf dem italienischen Markt währte nicht lange. Schon 1909 bekam man Gesellschaft in Form von Air Liquides Tochterunternehmen, der Società Italiana Ossigeno (SIO), die nach eigenen Verfahren arbeitete. Mit dem französischen Technikpionier war damals auf allen internationalen Märkten zu rechnen. Die weitere Entwicklung verlief in Italien jedenfalls kaum anders als auf anderen vergleichbaren Märkten, wo ab Anfang der 1920er-Jahre eine Vielzahl neugegründeter Kleinunternehmen die Gelegenheit nutzte, Firmen und Werkstätten für die neuen Schneid- und Schweißtechniken auszustatten. Schon 1922 waren Rivoira, SLO, SBOA (die spätere SIAD) und SAPIO entstanden. Alle waren Familienunternehmen und hatten ihren Sitz in Norditalien. Später kam die in Livorno ansässige SIOL dazu, aus der 1927 die SOL wurde.[24] Jede dieser Firmen fand ihre –

zumeist regionale – Nische im Markt, ganz wie es der Sauerstoffwerke AG in Deutschland gelungen war. Auch hier waren örtliche Kenntnisse wichtig. Ein hohes Wachstumspotenzial der Branche sowie niedrige Eintrittshürden kamen hinzu. Nach der Aufteilung der Märkte besaß der Unternehmer bei einer festen Abnehmerschaft und einem etablierten Produktions- und Vertriebsnetz eine gesicherte Position. Die dazu nötigen Geräte, Luftzerleger, Vergaser, Gasflaschen und Lieferwagen waren rasch abgeschrieben und leisteten für lange Zeit Dienste. In der Folge wurde es für Neuankömmlinge bald enorm schwierig, in diese von Familienbetrieben dominierten Märkte einzudringen.

Das Auftreten vieler kleiner Unternehmen neben den großen Technologieführern ist im raschen Wachstum der Industriegasbranche in der Zeit zwischen den Weltkriegen und der wachsenden Verbreitung des autogenen Schneidens und Schweißens begründet. Eine wichtige Rolle spielte allerdings auch die gerade in der Anfangszeit sehr lokale Prägung der Industrie, wie die Beispiele aus Deutschland und Italien zeigen. Der entscheidende Faktor war hier die in den 1920er-Jahren zur Verfügung stehende Technik zu Lagerung, Vertrieb und Anwendung. Sauerstoff wurde während der ersten Dekade des 20. Jahrhunderts durch Verflüssigung hergestellt – vertrieben wurde er dagegen in Gasform in Stahlflaschen mit hohem Druck. Da der Sauerstoff aber maximal 10 Prozent des Gewichts der Flasche ausmachte, war der Transport über größere Entfernungen extrem unwirtschaftlich.[25] Das zum Schweißen und Schneiden benötigte Acetylen wurde in gleicher Weise vertrieben, was den lokalen Charakter der wichtigsten Gesichtspunkte der Branche noch einmal unterstreicht und für praktisch das gesamte 20. Jahrhundert Gültigkeit behielt.

Es war jedoch nicht nur die Vertriebstechnik, welche die lokale Bindung der Branche in den 1920er-Jahren bestimmte; auch die Speichersysteme trugen dazu bei. Vor Ort beim Kunden sorgten Stahlflaschen für eine (relativ) sichere Aufbewahrung der Gase bis zu ihrer Verwendung. Wurde mehr Gas gebraucht, dann lieferte man in Ermangelung anderer Lagermöglichkeiten einfach mehr Flaschen. Alles funktionierte lokal und in kleinem Maßstab. Selbst die Verwendung der Gase erfolgte in sehr kleinem Maßstab, lokal und individuell. Jeder Schweißer, ob in einer kleinen Autowerkstatt, auf einem (kleinen oder großen) Schrottplatz oder in einer großen Fabrik, arbeitete eher wie ein Handwerker für sich, nicht wie ein Fließbandarbeiter. Wer ihnen etwas verkaufen wollte, musste sich in dessen Umfeld gut auskennen.

Es gab also auf der einen Seite wenige große Unternehmen, die einige der großen nationalen Märkte dominierten, z. T. über ausländische Zweigstellen verfügten und ihre Technik international verkauften, doch andererseits bot das Wachstum der Branche auch vielen kleinen und mittleren Unternehmen – insbesondere Familienunternehmen – ausgezeichnete Geschäftsmöglichkeiten. Während die Herstellung einer Anlage für die Sauerstoffproduktion ein hohes Maß an technischen Fähigkeiten erforderte, war dies für die Bedienung der Anlage nicht der Fall. Viele kleine Firmen besaßen nicht einmal einen Luftzerleger, sondern kauften das Gas von den Betreibern einer Anlage. Verkauf, Vertrieb und Lagerung von Gasen für eine große Anzahl von Kunden erforderten praktisch keinerlei technische Fähigkeiten – hier waren mehr logistisches und organisatorisches Talent gefragt. Die höchste Hürde für den Eintritt ins Geschäft bildeten die nicht unerheblichen Kosten für Transportfahrzeuge und Gasflaschen. Waren diese Vorleistungen erst einmal erbracht, dann war anderen der Weg in den lokalen Markt verwehrt, da die Stahlflaschen viele Jahre lang benutzt werden konnten; sie waren länger im Einsatz als die für ihren Kauf nötigen Zahlungsraten. Daher waren lokale und regionale Monopole oder Oligopole in diesem Geschäft meist die Norm.

In der Zwischenkriegszeit wiesen aber nicht nur die kleineren Anbieter, sondern auch die großen Hersteller, die wir in den vorhergehenden Kapiteln kennengelernt haben, eine Weiterentwicklung auf. Zu ihnen gehörten Linde, Griesheim (welches ab 1925 zur riesigen I. G. Farbenindustrie AG gehörte), Air Liquide, Linde Air Products (als Teil der Union Carbide and Carbon Company), AGA, Air Reduction, BOC, Nippon Sanso und einige andere. Einige dieser Firmen waren international orientiert, vermieden aber genau wie die Kleinunternehmen einen offenen Wettbewerb auf »ihren« Märkten. Der deutsche Markt Mitte der 1920er-Jahre bildete hier bis zur Gründung des Verkaufskartells der Vereinigten Sauerstoffwerke (VSW) eine Ausnahme.[26] Gentlemen's Agreements, wie sie schon vor dem Krieg unter den größeren Unternehmen aufgekommen waren, wurden nach dem Ersten Weltkrieg tatsächlich zur Norm, ab Ende der 1920er-Jahre auch in Deutschland, was die räumliche Aufteilung der Märkte mit Monopolstellungen oder zumindest klarer Dominanz einzelner Marktteilnehmer zementierte.

So waren die Märkte auf den britischen Inseln und die des British Empire und (ab Dezember 1931) des Commonwealth fest in Hand der BOC; Gleiches galt für Air Liquide in Frankreich sowie den französischen Kolonien und Schutzgebieten. Deutschland und Amerika wichen von diesem Muster ab, wenngleich ab dem Ende der 1920er-Jahre auch hier eine feste geografische Abgrenzung der regionalen Märkte bestand.

Deutschland hatte durch die Versailler Verträge zwar seine Kolonien verloren, aber Linde und Griesheim besaßen im Mutterland jeder seine Einflusssphäre und alle verkauften ihre Gase im Schutz des VSW-Kartells. Eine derartige Aufteilung des Marktes ließen die amerikanischen Antitrustgesetze nicht zu. Andererseits war der Markt riesengroß, und die beiden »Großen«, Linde Air Products und Air Reduction, betrieben während der Zwischenkriegsjahre einen beträchtlichen Anteil des jeweiligen Geschäfts in »ihren« angestammten Regionen, in denen der jeweils andere nicht tätig wurde.

Obwohl Sauerstoff und Acetylen zum Schneiden und Schweißen (und die aufkommenden Schweiß- und Schneidautomaten) bei weitem das größte und wachstumsträchtigste Marktsegment darstellten, wurden in dieser Zeit neue und wichtige Anwendungen entwickelt. Einige waren sehr gewinnträchtig und sollten bald zu bedeutenden eigenständigen Teilsegmenten der Industrie werden, die auch vielversprechende Wachstumschancen für die Zukunft boten. Einige neue Anwendungen für Sauerstoff waren besonders vielversprechend.

Dazu gehörte neben der Verwendung von Lachgas in der Medizin vor allem die Nutzung von Sauerstoff für therapeutische Zwecke. Hierüber war schon lange diskutiert worden, aber durch den Ersten Weltkrieg mit seiner riesigen Anzahl an Kriegsversehrten erlangte die Forschung an Atemtherapien mit Sauerstoff und Lachgas als Narkosemittel einen starken Aufschwung. In der Nachkriegszeit wurde dieses Wissen vertieft und bei der Entwicklung von Apparaturen für die Anwendung der Gasmischungen machte man große Fortschritte.[27]

Besonderes Aufsehen erregte die Verwendung von Sauerstoff, der – von der BOC produziert und in Flaschen von Vickers-Armstrong abgefüllt – 1933 den ersten Flug über den Mount Everest ermöglichte, dank einer Sauerstoffversorgung für den Piloten.[28]

Sauerstoff wurde nun auch regelmäßig in der Metallurgie verwendet. Versuche mit sauerstoffreicher Luft bei der Stahlproduktion, die schon lange vor dem Ersten Weltkrieg begonnen hatten, wurden nun fortgesetzt. Die Ergebnisse erster Versuche mit Sauerstoff angereicherter Luft, die dem Stahl 1924 an der Gutehoffnungshütte Oberhausen AG in einem Thomaskonverter zugeführt wurde, waren vielversprechend. Dabei zeigte sich, dass die Umsetzung im Konverter direkt vom Sauerstoffgehalt des zugeführten Gases abhing, oder anders gesagt, je reiner der Sauerstoff, desto schneller verlief das »Windfrischen« des Stahls. Noch wichtiger war, dass durch die Verwendung sauerstoffreicher Luft der qualitätsmindernde Einfluss von Stickstoff auf den Stahl verringert wurde und dass auch phosphorarmes Roheisen verarbeitet werden konnte. In der Summe machte die Verwendung von sauerstoffreicher Luft das Thomas-Verfahren schneller, flexibler und ermöglichte die Produktion besserer Stahlqualitäten. Dabei musste der Sauerstoff nicht besonders rein sein, um Wirkung zu zeigen; bei den ersten Versuchen kam Gas mit 30 Prozent Sauerstoff zum Einsatz – nur eine marginale Steigerung gegenüber dem Gehalt von 21 Prozent in trockener Luft. Die vergleichsweise große Wirkung in der Stahlverhüttung schon bei relativ niedrigen Reinheitsgraden sollte später bei Mathias Fränkls »Regenerator-Technik« noch einmal zum Tragen kommen, von der in diesem Kapitel noch die Rede sein wird.

Die größte Hürde bei der Verwendung sauerstoffreicher Luft im Thomas-Verfahren war zunächst, dass kein Verfahren genügend Sauerstoff für die Massenproduktion von Stahl bereitstellen konnte. Hauptproblem war der Sauerstoffgehalt der Luft, der nur ein Viertel des Anteils von Stickstoff betrug. Wer dagegen statt des Sauerstoffs den Stickstoff verwertete, kam mit einer Anlage von einem Viertel der Größe aus. Für Stickstoff verarbeitende Chemieunternehmen genügte die damals genutzte Anlagentechnik völlig. Anlagen, die Sauerstoff in genügender Menge und Qualität für die Stahlverhüttung erzeugten, existierten nicht, obwohl die Eisen- und Stahlindustrie danach verlangte. In einem Bericht von 1924 über die Versuche in Oberhausen heißt es dazu:

> Gelingt es auf Grund eines neuen Verfahrens billigen Sauerstoff und diesen in großen Mengen herzustellen, so wird die Anwendung von Sauerstoff im Stahlwerksbetrieb außerordentliche Umwälzungen und Vorteile bringen. Sie wird dem Stahlwerker die Möglichkeit geben, durch die verringerte Blasezeit die Produktion zu erhöhen, qualitativ schlechteres, mattes und steifes Roheisen restlos zu verblasen und je nach Sauerstoffzusatz und dadurch bedingten Temperaturgewinn auch Roheisen mit niedrigem Phosphorgehalt zu verarbeiten.[29]

Im Bericht wird weiterhin vermerkt, dass ein Spezialkomitee des Bureau of Mines auch in Amerika zu dem Ergebnis kam, dass eine Methode zur kostengünstigen Produktion großer Sauerstoffmengen gefunden werden müsse.[30] In der Sowjetunion und Australien liefen zur gleichen Zeit ähnliche Versuche.

Vor dem flächenhaften Einsatz in Hüttenwerken war allerdings auch noch das Problem der effektiven Lagerung und Verteilung zu lösen. Bei den Versuchen der Gutehoffnungshütte in den 1920er-Jahren war Sauerstoff aus Gasflaschen verwendet worden, und zwar 160 Stück je Charge –

ein äußerst mühsames und unpraktisches Verfahren, das damals ohne Alternative war.[31] Die nötigen technischen Entwicklungen zur billigen Produktion und dem Massentransport ließen jedoch nicht mehr lange auf sich warten; beide Probleme wurden – nicht zuletzt aufgrund der Nachfrage aus dem Hüttenwesen – noch während der Zeit zwischen den Weltkriegen gelöst. Allerdings verbreiteten sie sich während der 1930er- und 1940er-Jahre nur langsam. Wir werden später im Kapitel zu diesen Neuerungen – dem Heylandt-Flüssigsauerstoff-Verfahren und dem Linde-Fränkl-Verfahren – zurückkehren.

Zwischen den Weltkriegen wurden allerdings nicht nur neue Anwendungen für Sauerstoff entwickelt – auch andere Gase fanden nun auf neue, oft verblüffende Weise Verwendung. Den zunehmenden Einsatz von Wasserstoff in der Nahrungsmittelverarbeitung und insbesondere zur Hydrierung von Fetten wurde bereits erwähnt. Diese gewann nach der Entwicklung der Verfahren Anfang des 20. Jahrhunderts rasch an Bedeutung, da die so gewonnene Margarine beim Backen eine billige Alternative zu Butter darstellte.[32] Wasserstoff kam auch in anderen chemischen Anwendungen wie dem Haber-Bosch-Verfahren zur Ammoniaksynthese zum Einsatz. Ein besonders eindrückliches Beispiel aus den 1920er-Jahren liefert auch das wasserstoffverbrauchende Bergius-Verfahren zur Gewinnung von synthetischem Benzin aus Kohle, das seit 1927 von der I. G. Farben in Deutschland kommerziell betrieben wurde und in abgewandelter Form auch bei der Raffinierung von Erdöl angewandt wurde.[33]

Auch für andere Luftbestandteile, die sich durch die Fortschritte bei der Luftzerlegung in verwertbaren Mengen gewinnen ließen, gab es inzwischen verschiedene Verwendungsmöglichkeiten. Argon beispielsweise, das nur wenig mehr als 0,9 Prozent an trockener Luft ausmacht, konnte zwar schon vor 1914 vom häufigeren Sauerstoff und Stickstoff abgetrennt werden, aber erst nach dem Ersten Weltkrieg wurde es in größeren Mengen gewonnen, verpackt und angewandt – beim Lichtbogenschweißen kam es nun vermehrt als Schutzgas zum Einsatz. Aufgrund der steigenden Nachfrage hatte Linde Air Products in den Vereinigten Staaten schon 1916 die industrielle Produktion dieses Edelgases aufgenommen. Die Air Reduction Company folgte 1923, um die Nachfrage im Schweißgewerbe zu befriedigen. Es entwickelte sich aber auch ein Markt für Gasmischungen, die in Glühlampen zum Einsatz kamen, nachdem entdeckt worden war, dass sich durch eine Füllung aus 85 Prozent Stickstoff und 15 Prozent Argon die Lebensdauer des Glühfadens entscheidend verlängern ließ.[34]

Auch das Edelgas Helium wurde beim Lichtbogenschweißen als

Schutzgas verwendet; ein enormer Anstieg der Nachfrage ergab sich jedoch bereits im Ersten Weltkrieg. Helium wurde zunächst in Großbritannien, später in den USA, vom Militär als Ersatz für den hochexplosiven Wasserstoff in Zeppelinen und Luftschiffen eingesetzt. Das Gas zählt zwar zu den häufigsten Elementen des Universums, ist aber in der Luft nur in verschwindend kleinen Mengen enthalten, was die Gewinnung schwierig und unwirtschaftlich macht. Schon ab 1903 war allerdings bekannt, dass Erdgasvorkommen in Kansas, Oklahoma, Texas, New Mexico und anderen Bundesstaaten der USA beträchtliche Mengen an Helium enthielten und ab 1917 war klar, dass es sich am besten durch kyrogene Verfahren abtrennen ließ. Als Teil der Kriegsanstrengungen nach dem Kriegseintritt der USA 1917 erhielten Linde Air Products, die junge Air Reduction Company sowie die Jeffries-Norton Corporation den Auftrag zum Bau einer Pilotanlage für die Produktion von Helium, das noch im Krieg nach Frankreich verschickt werden sollte. LAP wurde zudem 1921 ausgewählt, eine Industrieanlage in Fort Worth, Texas, zu errichten. Die bekannten Gasreserven waren zwar schon 1928 ausgeschöpft, aber in den folgenden Jahren gingen aufgrund neuer heliumhaltiger Erdgasfunde neue Werke in Texas, Kansas und Colorado in Betrieb. Interessanterweise arbeiteten alle diese Anlagen unter der Aufsicht der US-Regierung und wurden später dem Bureau of Mines unterstellt. Noch erstaunlicher allerdings: »Diese drei waren beim Beginn des Zweiten Weltkriegs die einzigen großen Anlagen zur Heliumgewinnung weltweit.«[35] Bis in die 1960er-Jahre konnten westeuropäische Firmen keine nennenswerten Mengen an Helium gewinnen und kauften praktisch ihren gesamten Bedarf in den Vereinigten Staaten. Alternativ mussten sie sich in Zeiten politischer oder wirtschaftlicher Krisen auf die mühsame Herstellung relativ kleiner Mengen mit speziellen Verfahren verlegen.

Die geläufigste Verwendung eines Edelgases in der Zwischenkriegszeit war der Einsatz von Neon zur Beleuchtung und hier besonders in der Werbung. Georges Claude hatte sich schon 1908 auf diesem Gebiet hervorgetan. Er entwickelte nicht nur ein Verfahren zur Abtrennung von Neon und anderen seltenen Gasen aus der Luft, sondern machte große Fortschritte bei der Konstruktion von Gasentladungsröhren zur Verwendung von Neon, Argon, Helium, Krypton und Xenon für Beleuchtungszwecke. Der erste kommerzielle Hersteller von Neon war 1913 allerdings Griesheim und schon Ende des Jahrzehnts gab es zahlreiche Nachahmer, die es möglich machten, dass Neonröhren das Bild der Städte grundlegend veränderten – zuerst in Europa und während der 1920er-Jahre auch in Amerika.[36]

Auch für Kohlendioxid fand sich in den 1920er-Jahren neue Verwendung. Herstellung und Vertrieb des Gases erfolgten zwar noch immer abseits der aufkeimenden Industriegasbranche, es gab aber auch erste Überschneidungen, besonders bei der Beziehung von BOC mit Sparklets Ltd., einem Hersteller der beliebten Siphons zum Aufsprudeln von Getränken. Auch Airco expandierte ins Geschäft mit Kohlendioxid. Mit Ausnahme der US-amerikanischen Liquid Carbonic wurde das CO_2-Geschäft zunächst meist von kleineren Unternehmen betrieben, denn die verwendeten Verfahren waren vergleichsweise einfach und relativ ungefährlich. Auch konnte das Gas in verschiedener Weise gewonnen werden – auch als Nebenprodukt der Destillation von Whiskey und anderen alkoholischen Getränken. Die Luftgasunternehmen beschränkten ihre Geschäftsbeziehungen mit den Kohlendioxidproduzenten meist auf den Verkauf von Luftzerlegern und Sauerstoff, und zwar unter der Bedingung, dass letzterer nicht an Dritte weiterverkauft wurde. Als jedoch in den USA 1924 für die Lagerung und den gekühlten Transport von Nahrungsmitteln Verfahren zur Herstellung von »Trockeneis«, also CO_2 in fester Form, entwickelt wurden, wuchs auch das Interesse größerer Unternehmen am Kohlendioxid. Bereits 1935 war die US-Jahresproduktion an Trockeneis von Null auf 120.000 Tonnen angewachsen. In Europa lief die Herstellung und Verwendung von Trockeneis Anfang der 1930er-Jahre an und verzeichnete bis zum Beginn des Zweiten Weltkriegs ein starkes Wachstum.[37] Wirkliches Interesse zeigten die wichtigen Unternehmen der Industriegasbranche allerdings erst nach dem Zweiten Weltkrieg, als sich neue Schweißverfahren mit Kohlendioxid auf dem Markt durchsetzten.

Technischer Fortschritt und der Wandel der Industriegasbranche in der Zwischenkriegszeit

Zwischen den Weltkriegen war die Industriegasbranche nicht nur durch neue und erweiterte Anwendungen für Industriegase, sondern auch durch bahnbrechende technische Neuerungen für ihre Herstellung, Lagerung und Verteilung geprägt. Besonders die von zwei deutschen Erfindern während der 1920er- und 1930er-Jahre erdachten Innovationen waren hier von herausragender Bedeutung. Bereits vor dem Ausbruch des Zweiten Weltkriegs zeichnete sich deren Einfluss in der Gaseindustrie und deren Anwendungen in Hüttenwesen und Chemie ab, um sich dann während des Krieges weiter zu steigern.

Die erste Reihe von Entwicklungen gelang Paulus Heylandt (1884–1947), einem Autodidakten und selbstständigen deutschen Erfinder, der seit Anfang des 20. Jahrhunderts in verschiedenen Funktionen in der Industriegasbranche tätig war. So hatte er eine Anlage zur Luftzerlegung ersonnen, die eine echte Alternative zu den Verfahren von Linde und Claude darstellte. Auch bei der Gestaltung und Herstellung von Behältern zur Aufbewahrung kleiner Gasmengen über lange Zeiträume sind ihm Pionierleistungen zu verdanken; hier zeigten sich schon früh Möglichkeiten zur Einsparung von Gewicht und Raum für den Transport flüssiger Gase (siehe Abb. 17).[38] Heylandt verkaufte und verwertete seine Erfindungen über seine in Berlin ansässige Gesellschaft für Industriegasverwertung m.b.H.

Heylandt war gut vertraut mit den ungelösten Problemen des Gasgeschäfts nach dem Ersten Weltkrieg – der fehlenden Möglichkeit für Massentransporte und -speicherung und damit verbunden den horrenden Transportkosten gasförmigen Sauerstoffs in Stahlflaschen. Als Lösung bot sich Flüssigsauerstoff an, über den er eine Menge wusste. Die Frage war nicht, wie man das Gas verflüssigte, da der größte Teil des Sauerstoffs in den 1920er-Jahren aus verflüssigter Luft destilliert wurde. Das Problem war vielmehr, seine flüssige Form über längere Zeiträume und Strecken aufrecht zu erhalten, was damals bei einem Siedepunkt von

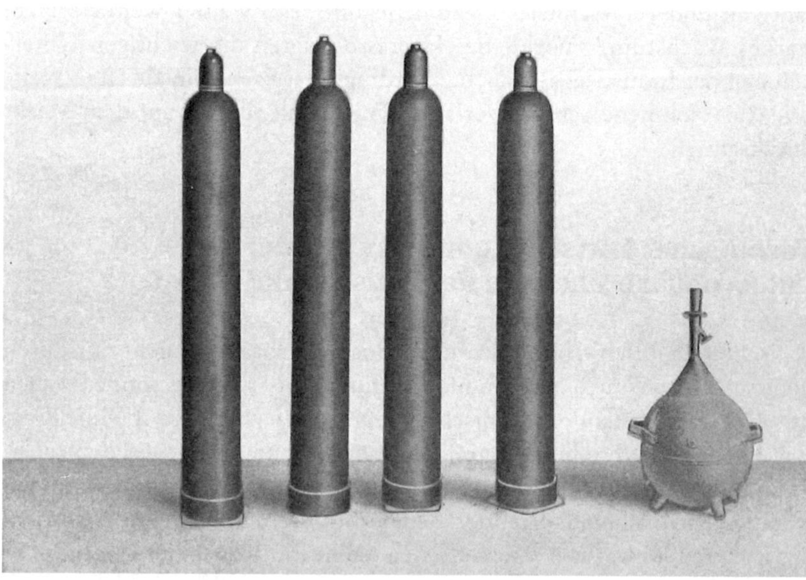

Abb. 17 Heylandts Behälter für Flüssiggas.
Die von Heylandt vor dem Ersten Weltkrieg entworfenen und bis etwa 1930 weiterentwickelten Behälter für Flüssigsauerstoff (ganz rechts) fassten dieselbe Sauerstoffmenge wie die vier Stahlflaschen auf der linken Seite

minus 184 °C technisch eine große Herausforderung darstellte! Für die Brancheninsider war klar, dass eine derartige Erfindung sich als überaus lukrativ erweisen würde.

Auch deshalb beschäftigte sich Heylandt schon in den letzten Kriegsjahren mit dem Problem, aber bis Mitte der 1920er-Jahre – seine Firma war inzwischen von Linde übernommen worden – hatte er keinen Erfolg. Am Ende des Jahrzehnts hatte Heylandt aber ein System entwickelt, das die Industriegasbranche revolutionieren sollte. Hierfür hielt er alle Patente, auch die für die Untersysteme, in eigenem Besitz. Zum Heylandt-System gehörten 1930 nicht nur die Produktionsanlage, sondern auch Gasbehälter neuer Bauart, große isolierte Gastanks, die auf Lastwagen oder Eisenbahnwagen montiert werden konnten, große isolierte Lagerbehälter und dazu Vergaser, mit denen die Flüssigkeit am Verwendungsort wieder in nutzbares Gas umgewandelt werden konnte.

Die augenscheinlichen Vorteile dieses Systems zeigt Abb. 18. Der Speichertank links oben in der Abbildung fasste die gleich Menge Sauerstoff in flüssiger Form wie die Gasflaschen auf der rechten Seite. Der Eisenbahnwaggon mit dem Flüssiggastank in der Mitte links zeigt die Einsparung verglichen mit der Zahl an Waggons, die zum Transport der Gasflaschen nötig sind. (Die Gasflaschen wurden übrigens liegend transportiert, was damals wegen der runden Böden der Flaschen anders gar nicht möglich war.) Mit dem Heylandt-System war das Problem des Massentransports und der Lagerung mit einem Mal gelöst. Bei konsequenter Anwendung konnten die Transportkosten um bis zu 90 Prozent gesenkt werden; allerdings war – verglichen mit der herkömmlichen Verflüssigung und Rektifikation – ungefähr die dreifache Energiemenge nötig, um den Sauerstoff nach seiner Separation im flüssigen Zustand zu halten.[39] Das neue Produkt erhielt daher auch bald einen neuen Namen, Flüssigsauerstoff, liquid oxygen oder LOX.

Wie die meisten integrierten Systeme verbreitete sich auch das von Heylandt nur langsam. Die Anschaffungskosten für die komplette Ausrüstung waren enorm; außerdem mussten noch viele Kinderkrankheiten beseitigt werden, bis das System zuverlässig, effizient und leicht zu handhaben war. Eine von Heylandts Firma zusammengestellte Liste von Flüssigsauerstoffanlagen (inkl. Flüssigluft-, Luftzerlegungs- und Flüssigstickstoffanlagen) zeigt, dass zunächst sehr kleine Anlagen an eine sehr internationale Kundschaft geliefert wurden, kamen doch die ersten Interessenten beispielsweise aus Java und der Sowjetunion. Die meisten Anlagen gingen jedoch zu Beginn in die klassischen Industrieländer wie Großbritannien und die USA sowie Deutschland. Die Verkäufe nach Großbritannien gingen bis etwa 1931/32 an andere Unternehmen als die

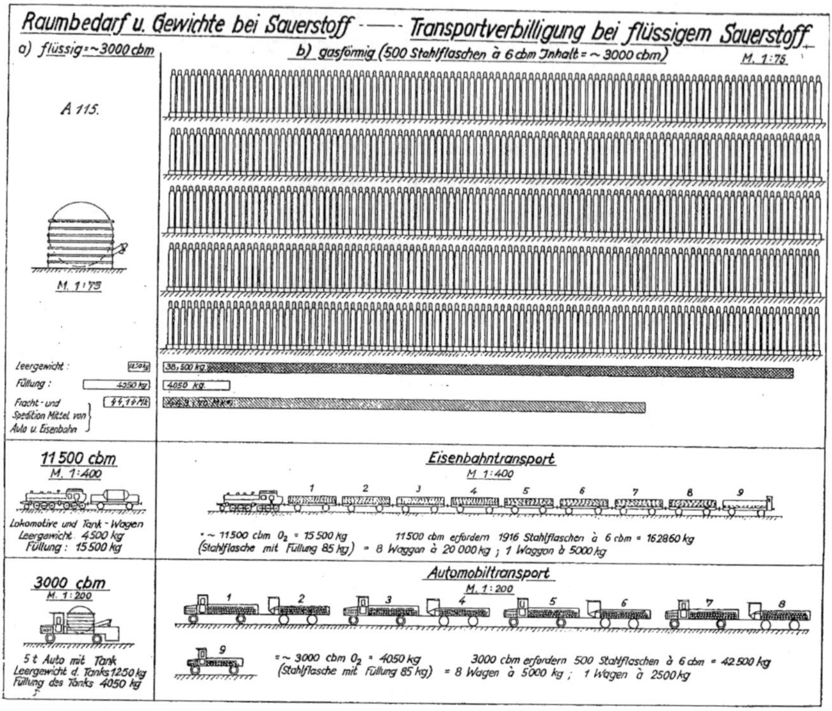

Abb. 18 Transport und Einsparung von Raum durch das Heylandt-System, etwa 1930

BOC, worauf wir gleich näher eingehen werden. Manche Anlagen produzierten zu Anfang nur einen Liter LOX pro Stunde und wurden wahrscheinlich allein für experimentelle Zwecke eingesetzt. Kapazitäten von 20–50 Liter/Stunde, in einigen Fällen auch 100 Liter/Stunde waren die Regel. Eine auffällige Ausnahme bilden Bestellungen für zwei Stickstoffanlagen aus Japan, die eine Kapazität von 500 bzw. 300 Liter/Stunde aufwiesen und ein Viertel des Ausstoßes auch als LOX produzieren konnten. Möglicherweise folgte ihre Anschaffung der Einführung des Haber-Bosch-Verfahrens im Japan der Zwischenkriegszeit.[40] Ab Anfang der 1930er-Jahre wurden regelmäßig auch größere Anlagen geordert; die Mehrzahl der Nachfrage konzentrierte sich allerdings weiterhin auf relativ bescheidene Kapazitäten. Sehr große Anlagen, wie die nach Japan gelieferten, gingen zumeist in die UdSSR, die Vereinigten Staaten und nach Großbritannien. Einige der größten Anlagen erwarb dort die Metal Industries Ltd. (vormals Alloa Shipbreaking Company).[41]

Linde und Metal Industries hatten ohne Frage das größte Interesse daran, das Heylandt-LOX-System zur Produktion, Verteilung, Lagerung und Wiedervergasung als Ganzes weiterzuentwickeln und anzuwenden, aber sie waren nicht die Einzigen. Linde Air Products (LAP) in den USA hatte früher als Firmen in kleineren und dichter mit Kunden besiedelten Märkten mit den logistischen und wirtschaftlichen Problemen des Gasflaschenvertriebs zu kämpfen. Daher hatte LAP 1927 die US-Rechte für das Heylandt-System erworben, und zwei Jahre später überwachte Paulus Heylandt persönlich die Inbetriebnahme der ersten Flüssigsauerstoffanlage der LAP. Erste Lieferungen von Flüssigsauerstoff erfolgten etwa 1931.[42]

Der Import der Heylandt-Technik aus Deutschland läßt auf eine fortgesetzte technische Abhängigkeit der Vereinigten Staaten von europäischer Technik schließen; andererseits erhielt LAP so den nötigen Anschub zur Entwicklung eigener technischer Fähigkeiten. Die Lastwagen mit den isolierten Transportbehältern waren auf die kürzeren europäischen Entfernungen ausgelegt; über die in den Vereinigten Staaten üblichen Distanzen waren beim Transport deutlich höhere Verluste durch Verdampfen des Flüssiggases zu verzeichnen. Außerdem stellte sich in der Praxis bei LAP heraus, dass die von Heylandt hergestellten Lagerbehälter, die mit Vergasern zur Umwandlung des LOX in verwendbare Gase ausgestattet waren, häufig brachen, da sie aus gewöhnlichem Stahl bestanden. LAPs Forschungsleiter Leo Dana startete daher ein Entwicklungsprogramm zur Lösung dieses und anderer Probleme, das das amerikanische Unternehmen technisch weniger abhängig von den europäischen Firmen machte. Während der 1930er-Jahre wurden diese Ziele durch Innovationen beim Isoliermaterial, dem Aufbau der isolierten Eisenbahnwaggons und neuen LOX-Pumpen nach und nach erreicht.[43]

Die Einführung der Heylandt-Technik in Großbritannien führte dort wieder zu einer verstärkten Konsolidierung des Sauerstoffmarktes. Der ursprüngliche Marktführer BOC erkannte erst spät das Potenzial des neuen Systems, was auch auf seine Geschäftsauffassung zurückzuführen ist: Wie beim Kapitel 2 beschriebenen Erwerb der Lizenzen für die Luftzerlegung von Linde und später von Claude, zeigte sich die BOC als Unternehmen mit einer eher wirtschaftlichen als einer technischen Orientierung. Daher gingen die ersten LOX-Anlagen von Heylandt in Großbritannien nicht an die BOC, sondern an sehr viel kleinere Unternehmen – in diesem Fall Simonis & Co. sowie Liquid Air & Rescue Syndicate Ltd. Die beiden kleinen Firmen erwarben die ersten 13 LOX-Anlagen, die Heylandt überhaupt verkaufte. Zu den beiden kam bald ein drittes Unternehmen mit einer eigenen LOX-Anlage von Heylandt hinzu, die Alloa Shipbreaking Company, die Anfang der 1920er-Jahre gemäß den Statuten der Versailler Verträge eigens zum Abwracken der deutschen Marine gegründet worden war. Nachdem die Liquid Air & Rescue Syndicate Ltd. unter dem neuen Namen Liquid Air Ltd. weitere LOX-Anlagen kaufte, die nun mit sehr viel höherer Produktionsleistung angeboten wurden, erwarb die Alloa Shipbreaking unter ihrem neuen Firmennamen Metal Industries nicht nur sehr viel größere Anlagen für Flüssigsauerstoff, sondern die gesamten Rechte am Heylandt-System für das Vereinigte Königreich. Die LOX-Geschäfte wurden ab 1931 in direkter Konkurrenz zur BOC über den Ableger Oxygen Industries abgewickelt. Etwa um dieselbe Zeit begann auch die BOC mit der Produktion kleiner LOX-Mengen. Obgleich die Oxygen Industries damals noch keine besonders großen Umsätze mit LOX machte, hatte sie aber ein großes Wachstumspotenzial und drohte der BOC mit einem Patentverfahren. Bevor es so weit kam, konnten sich die beiden Unternehmen allerdings einigen.

Im Jahr 1933 übernahm die BOC dann die Oxygen Industries von Metal Industries, doch war allen Beteiligten eigentlich klar, dass das übernommene Unternehmen Seniorpartner der Fusion war. So wechselten nicht einer, sondern gleich drei geschäftsführende Direktoren der Metal Industries, J. Donald Pollock, S.J.L. Hardie und R.W. McCrone, unmittelbar nach dem Zusammenschluss in den Vorstand der BOC. Überdies wurde Pollock 1934 Nachfolger von Kenneth Sutherland Murray als Chef der BOC, und auch Hardie übte im Vorstand der BOC großen Einfluss aus. Derartige Konsolidierungen anstelle von direkter Konfrontation waren nun die offensichtliche Firmenstrategie der BOC, die schon 1930, nur drei Jahre vor der Übernahme von Oxygen Industries, durch die Fusion mit Allen Liversidge ins Geschäft mit Acetylen expandiert war. Dazu passt, dass Allen Liversidge Vorsitzender des Direktoriums der BOC wurde, als Pollock den Vorstandsvorsitz übernahm.[44]

Auch die neben dem Flüssiggastransport zweite umwälzende technische Neuerung der Industriegasbranche zwischen den Weltkriegen war einem unabhängigen deutschen Erfinder zu verdanken, Mathias Fränkl (1877–1947).

Wie bei Heylandt erfolgte die Weiterentwicklung seiner Ideen in Zusammenarbeit mit Linde, obwohl in Fränkls Fall Carl von Linde persönlich in die Entwicklung des Verfahrens zur kostengünstigen Sauerstoffproduktion in großen Mengen, dem Linde-Fränkl-Verfahren, eingriff. Und wie das Heylandt-System, entfaltete auch das Linde-Fränkl-Verfahren erst nach dem Zweiten Weltkrieg seine ganze Wirkung auf die Industriegase- und Stahlindustrien. Anders als das Heylandt-System

Abb. 19 Mathias Fränkl (1877–1947)

wurde es jedoch im NS-Deutschland der 1930er- und 1940er-Jahre von Beginn an in großem Stil für die Kriegsvorbereitungen und später die Kriegsführung eingesetzt.

Fränkls Lebenslauf ist nicht vollständig bekannt und über seine Ausbildung wissen wir nichts. Er erscheint auf der Bühne, als er nach einer Karriere in der Metall- und Röhrenfabrikation 1923 in seine oberbayerische Heimat zurückkehrt und die Maschinenfabrik Augsburg-Plattling AG (MAPAG) gründet. Seine Herkunft war für die Entwicklung seiner Ideen in zweierlei Hinsicht wichtig. Zum einen suchte er nach Wegen, wie sich die Stahlproduktion durch Sauerstoff verbessern ließ. Zum anderen brachte ihn seine Erfahrung in der Metallurgie auf neue Ideen für die Sauerstoffproduktion. Sein erstes Patent von 1925 galt dem Einsatz von Sauerstoff bei der Stahlgewinnung und zielte darauf ab, größere Mengen von Schrott verwenden zu können. Die Rechte wurden vom österreichischen Ableger der schwedischen AGA in Wien gekauft, wo das Verfahren für die industrielle Anwendung weiterentwickelt wurde.[45]

Ungefähr zur selben Zeit nahm Fränkl die Versuche mit sogenannten

Regeneratoren (die in Gießereien eigentlich für einen anderen Zweck eingesetzt wurden) für die Produktion von Sauerstoff auf. Fränkls Regeneratoren für die Sauerstoffherstellung bestanden zunächst aus zwei großen zylindrischen Behältern, die mit Metallstreifen oder Steinen gefüllt waren und als Wärmetauscher funktionierten. Die Füllung ermöglichte dabei einen ständigen Wärmeaustausch in bislang nicht bekannten Dimensionen; ein mit Metallstreifen gefüllter Behälter von einem Kubikmeter Größe verfügte über 1.000–2.000 m^2 Fläche zum Austausch von Wärme. Die beiden Regeneratoren arbeiteten dabei im Tandem – einer kühlte Gas, das von oben nach unten strömte, der andere kühlte Gas von unten nach oben, bevor der Gasstrom umgekehrt wurde. Dies sollte die Herstellungskosten sauerstoffreicher Luft in großem Maßstab für die Eisen- und Stahlproduktion durch einen niedrigeren Energiebedarf erheblich absenken. Mitte der 1920er-Jahre wurde eine erste Versuchsanlage erstellt, der ab 1927 größere Tests in der Maximilianshütte in Sulzbach-Rosenberg folgten. Die Apparatur konnte dabei Luft mit einem Sauerstoffgehalt von 45 Prozent erzeugen.[46]

Für eine höhere Reinheit und Zuverlässigkeit der Anlage waren zwei technische Entwicklungen nötig. Zunächst musste der Wärmeaustausch effizienter erfolgen; in der Kryogentechnik war eine Effizienz von 98 Prozent nötig, während die Regeneratoren der Gießereien nur etwa 80–85 Prozent erlaubten. Ein höherer Wirkungsgrad wurde Ende der 1920er-Jahre durch grundlegende Verbesserungen beim Material für die Wärmetauscher sowie durch einen optimierten Aufbau der Regeneratoren und Nebenaggregate erzielt. Der andere nötige Verfahrensteil, die Rektifikation, lag bereits vor und so forderte Fränkl 1930 für seine Testanlage von Linde zwei große doppelte Rektifikationssäulen an. Schon 1928 hatte Fränkl einige seiner Patente zur Kryogentechnik an Linde verkauft – eine Vereinbarung, die im Dezember 1929 dahingehend überarbeitet wurde, dass auch Air Liquide eingeschlossen wurde.[47]

Nun waren alle wichtigen technischen Komponenten installiert und Fränkl konnte 1930 seine Pilotanlage für das »Linde-Fränkl-Verfahren« in Betrieb nehmen. Sie erzeugte 260 Kubikmeter Sauerstoff von 90 Prozent Reinheit in der Stunde, was natürlich das Interesse von Unternehmen wie der amerikanischen LAP weckte. Zunächst jedoch wagte man bei der Gutehoffnungshütte, wo man sich mit den ersten Versuchen mit sauerstoffreicher Luft um die Stahlverhüttung verdient gemacht hatte, den ersten Schritt und erprobte die neue Technik in großem Maßstab. Mit einer gemeinschaftlich von Fränkl (MAPAG), Linde, Air Liquide und der AGA gebauten Luftzerlegungsanlage und Zusatzanlagen stieß die Anlage bei geringen Kosten pro Stunde erstaunliche 4.400 Kubikmeter Sauerstoff von 98 Prozent Reinheit aus. Das Verfahren war damit ein ungeheurer Erfolg. Es sollte zwar noch bis 1933 dauern, bis der neuen Anlage alle Schwierigkeiten ausgetrieben waren, aber nun war klar, dass ein noch Mitte der 1920er-Jahre für unmöglich gehaltener Traum – die Verwendung von hochreinem Sauerstoff zu verträglichen Kosten in der Stahlverhüttung – Wirklichkeit geworden war.[48]

Hinsichtlich der Entwicklung des Linde-Fränkl-Verfahrens bis 1933 sind noch einige Punkte anzumerken. Zuerst einmal waren es weder die etablierten Gashersteller noch die Anlagenbauer, die die Entwicklung vorantrieben, sondern die potenziellen Gaskunden unter Beteiligung eines Außenstehenden – Fränkl – der lange Zeit im Umfeld der potenziellen Kunden verbracht hatte. Zweitens war für die Experimente wichtig, dass die Gase in der Metallurgie, verglichen mit der Verwendung beim Schneiden und Schweißen, weniger rein sein mussten. Somit konnte man sich erst einmal auf einen hohen Ausstoß an sauerstoffreicher Luft konzentrieren, ohne sich allzu viele Gedanken über den Reinheitsgrad machen zu müssen. Im Lauf der Zeit konnte durch Verbesserung des Verfahrens aber dennoch ein Sauerstoffgehalt von 99,5 Prozent erreicht werden: derartige Werte wurden per Massenproduktion aber erst nach Ende des Zweiten Weltkriegs erreicht.[49]

Wie das Heylandt-System wurde auch das Linde-Fränkl-Verfahren nach und nach eingeführt. Dies lag neben den Kinderkrankheiten der neuen Technik an den beträchtlichen Investitionsvolumina, die dafür zunächst zu Buche schlugen. Vom Heylandt-System unterschied es sich aber in einem entscheidenden Punkt: eine schrittweise Einführung bei Unternehmen und Forschungseinrichtungen wie bei Heylandts kleinen LOX-Anlagen gab es bei Linde-Fränkl nicht. Das Verfahren wurde anfangs ausschließlich in Deutschland angewandt, und das von Beginn an nur in großen Anlagen. Dies lässt sich mit der Machtübernahme der Nationalsozialisten 1933 in Deutschland und dem daraus folgenden Systemwandel zur Wirtschaftsautarkie erklären.[50]

Zusammenfassung

Während der zwei Jahrzehnte nach Ende des Ersten Weltkriegs zeichneten sich die Konturen der Industriegasbranche allmählich ab. Aufgrund der großen Wachstumsmärkte auf verschiedenen Gebieten, insbesondere im Bereich Schneiden und Schweißen, expandierten die bestehenden Unternehmen, und neue Firmen konnten im Markt Fuß fassen. Gleichzeitig waren die Märkte der Industriegasbranche von 1914 bis zum Ausbruch des Zweiten Weltkriegs wie in anderen Wirtschaftsbereichen stark segmentiert. Innerhalb nationaler Grenzen oder Einflussbereiche (wie dem Britischen Empire) waren dies Jahre des Wettbewerbs und einer gewissen Konsolidierung, aber international gab es kaum Konkurrenz zwischen den Unternehmen. Mit zunehmender Dauer wurden neben Sauerstoff, Acetylen und Stickstoff auch für andere Gase neue Anwendungen entwickelt, doch das größte Wachstumspotenzial zeigten die neuen Anwendungen für die Traditionsprodukte. Dies galt besonders für dic Verwendung von Sauerstoff bei der Stahlverhüttung.

Anfang der 1930er-Jahre wurde durch technische Neuerungen ein Einsatz hochreinen Sauerstoffs in großem Maßstab zur Stahlgewinnung möglich. Andere Erfindungen revolutionierten den Vertrieb und die Lagerung von Sauerstoff und anderen Gasen. Beide Neuerungen zeigten wirtschaftlich zunächst wenig, militärisch aber umso größere Wirkung. Die Vorbereitungen für den Zweiten Weltkrieg und sein Verlauf revolutionierten die Industriegasbranche in ähnlicher Weise, wie die Industrie ihrerseits die Kriegsführung und die Sicherung der Kriegsproduktion veränderte. Bis dahin war die Branche jedoch mit der gravierendsten Konjunkturkrise des 20. Jahrhunderts konfrontiert, der Weltwirtschaftskrise.

4 Die Weltwirtschaftskrise, der Zweite Weltkrieg und die Industriegasbranche

Einleitung

Bis in die 1920er-Jahre hatte die Industriegasbranche sich weitgehend etabliert und ihre Entwicklung war in der Zwischenkriegszeit von ständig wachsenden Umsätzen, neuen Anwendungen und einer ganzen Reihe vielversprechender technischer Fortschritte gekennzeichnet. Bereits Ende der 1920er-Jahre kam es allerdings zu enormen wirtschaftlichen und politischen Umbrüchen, die das Wachstum der Branche zumindest kurzfristig abschnürten. Die Weltwirtschaftskrise und noch mehr der Zweite Weltkrieg brachten für die Industriegasunternehmen jedoch nicht nur Probleme, sondern auch Möglichkeiten mit sich. Seit den 1930er-Jahren belieferte die Branche nicht nur Unternehmen, in denen Gase für Schweiß- und Schneidverfahren gebraucht wurden, sondern auch für technologisch neue Produktionen von synthetischem Benzin und Kautschuk, Kunstfasern, Thermoplasten (wie Polyethylen) und schließlich Raketentechnik und Atomkraft.

Ohne Übertreibung lässt sich sagen, dass es diese Technologien, die man gemeinhin mit dem Zweiten Weltkrieg verbindet und die dessen Verlauf beeinflusst haben, ohne die speziellen Ingenieurs-, Produktions- und Distributionskenntnisse der Gasunternehmen nicht gegeben hätte. Die Unentbehrlichkeit dieser Industrie für die Kampfhandlungen aller Kriegsteilnehmer wirkte wiederum zurück auf die Industrie und die Zulieferer, was auch allmählich zu Änderungen hinsichtlich ihrer Größe, Ausrichtung und Herangehensweise führte und einen Strukturwandel der Branche in den Nachkriegsjahren zur Folge hatte.

In diesem Kapitel geht es zunächst um den Zustand der Branche zu Anfang der 1930er-Jahre, als die Firmen – insbesondere in den drei Kernländern Großbritannien, USA und Deutschland – mit der Weltwirtschaftskrise zu kämpfen hatten. Danach wenden wir uns der Entwicklung in den Folgejahren zu, als auf verschiedenen Ebenen Kriegsvorbereitungen getroffen wurden. Im folgenden Abschnitt geht es schließlich um die wechselseitige Beeinflussung von Krieg und Industriegasbranche bis 1945, worauf einige Schlussbemerkungen folgen.

Die Folgen der Weltwirtschaftskrise für die Industriegasunternehmen

Gunnar Eggendorfer, ehemaliger Linde-Vorstand, machte uns im Herbst 2008, als wir gerade mit Recherchen zu diesem Band angefangen hatten, darauf aufmerksam, dass die Gasindustrie kaum konjunkturellen Schwankungen unterworfen sei, da Gase nicht nur in Zeiten wirtschaftlicher Expansion gebraucht werden, sondern auch in denen des wirtschaftlichen Abschwungs, da in diesen Zeiten die Nachfrage für die Instandsetzung und Demontage von Fabriken und Gebäuden steigen würde.[1] Diese Feststellung ist zwar richtig, allerdings kommt die großvolumige Nachfrage nach Industriegasen vor allem aus dem produzierenden Gewerbe. Von einer Rezession, die stets mit einer sinkenden Produktion verbunden ist, sind auch die Firmen betroffen, die die Fertigungs-, Schwer- und Chemische Industrie beliefern. Genau das passierte jedenfalls in den 1930er-Jahren (und natürlich auch nach 2008). Die BOC beispielsweise, deren Umsätze und Gewinne 1930 sprunghaft anstiegen, gab den Anteilseignern in den beiden folgenden Jahren »enttäuschende Geschäftszahlen« bekannt, als Großbritannien und andere Länder in die Krise rutschten. Linde erging es kaum besser, nachdem die Umsätze von 45 Millionen Reichsmark (RM) in den Jahren 1929 und 1930, den beiden stärksten Zwischenkriegsjahren, auf 19 Millionen RM in den Jahren 1932 und 1933 deutlich zurückgingen. Auch Air Liquide war nicht viel besser dran: Die Umsätze der französischen Firma sanken zwischen 1930 und 1933 um 50 Prozent.[2]

Nichtsdestoweniger erwirtschafteten alle drei Unternehmen trotz der stark sinkenden Nachfrage halbwegs gute Profite. Umsatz und Profitabilität der britischen und deutschen Firmen stiegen nach Überwindung der Krise binnen kurzem rasch wieder an, und die BOC erlebte schon 1933 einen Aufschwung, was vor allem an den wirksamen Konsolidierungs- und Rationalisierungsstrategien lag, zu denen wir gleich kommen werden. In Lindes Bilanz wird ein ähnlicher Aufschwung erst ein Jahr später sichtbar, aber schon im Juli 1932 kehrte die deutsche Firma zur 48-Stunden-Woche zurück, nachdem die Arbeiter während der Weltwirtschaftskrise auf eine 26-Stunden-Woche gesetzt worden waren. Die Rückkehr zur 48-Stunden-Woche für die Arbeiter hatte vor allem mit einem Großauftrag des Chemiegiganten I. G. Farben zu tun, der eine erste große Linde-Fränkl-Luftzerlegungsanlage für seine Fabrik in Leuna orderte.

Anders als BOC und Linde erholte sich Air Liquide sehr viel später und der Absatz blieb bis Ende 1935 auf dem Niveau von 1933, bevor er langsam wieder zu steigen begann. Erst 1937/38 übertrafen die Umsätze der französischen Firma diejenigen von 1930.[3] Auch in den USA erholte sich die Wirtschaft nach der schweren Rezession nur langsam, wenn auch etwas schneller als in Frankreich. Mitte der 1930er-Jahre hatten sich die Sauerstoffumsätze schon merklich verbessert, obwohl sie 1935 noch weit hinter denen von 1929 lagen.[4]

Die relativ langsame Konsolidierung von Air Liquide ist letztlich auf die besonderen Auswirkungen der Weltwirtschaftskrise in Frankreich zurückzuführen, wobei das führende französische Unternehmen – so wie alle Gasunternehmen weltweit – auch während der schweren Depression schwarze Zahlen schrieb. Hierfür und für die Tatsache, dass BOC, Linde und andere Gasunternehmen während des Abschwungs nicht nur profitabel blieben, sondern sich früher als Unternehmen anderer Branchen wieder zu erholen begannen, gibt es mehrere Gründe. Zunächst einmal blieb der Verkauf von Sauerstoff und Acetylen ein sehr lukratives Geschäft und die Gewinnmargen blieben selbst bei zurückgehenden

Abb. 20 Erste großtechnische Linde-Fränkl Luftzerlegeranlage, Leuna, 1937

Umsätzen hoch. Zweitens – und damit verbunden – hatte jedes dieser Großunternehmen, wie schon in vorherigen Kapiteln zur Sprache kam, ein Monopol für die Versorgung sämtlicher Anwendungsbereiche in seinem geografischen Versorgungsgebiet. Linde teilte sich zwar den deutschen Markt für Sauerstoff und andere Gase mit dem Griesheimer Werk der I. G. Farben, beide aber verkauften ihre Produkte über einen einzigen Anbieter, die Vereinigten Sauerstoffwerke Berlin. Die BOC und Air Liquide kontrollierten den jeweiligen heimischen Markt und daneben noch riesige Kolonialmärkte. Und selbst in den USA stammten 80 Prozent des Sauerstoffs von zwei Firmen, Linde Air Products (das zu Union Carbide gehörte) und Air Reduction Company. Ein Artikel aus *Fortune*, der die jüngere Geschichte des US-Sauerstoffsektors bis 1946 zum Gegenstand hat, weist darauf hin, dass die beiden Unternehmen so hohe Preise erzielten, weil sie ihren Absatzmarkt geografisch aufgeteilt hatten und in einer Art friedlicher Koexistenz eines »ruhigen Zweifamilienhaus[es]« existierten,[5] wie es in dem Artikel heißt, weshalb die Profite nahezu über die ganzen 1930er-Jahre trotz der sich nur langsam erholenden Gasumsätze stabil blieben.

Die Industriegasfirmen führten nicht nur zu Hause eine friedliche Koexistenz, die auch unter widrigen Umständen für Profitabilität sorgte. Auch international verhielten sie und nichtamerikanische Gasfirmen sich »freundlich« gegenüber ihren Mitbewerbern, weil sie Kartelle bildeten, Patente teilten und davon Abstand nahmen, in die Märkte der jeweils anderen einzudringen. In einem Dokument, das Linde 1947 für Vertreter des amerikanischen Militärs ausarbeitete, wurden beispielsweise nicht weniger als 20 »Kartelle, Syndikate und ähnliche Zusammenschlüsse« genannt, an denen die Firma zwischen dem 1. Januar 1938 und Mitte 1945 beteiligt gewesen war und von denen nur zwei ausschließlich Deutschland betrafen. Ausdruck fanden diese freundschaftlichen Bande auch nach dem Tod von Carl von Linde im November 1943. Im Januar verfasste der Vorstandsvorsitzende von Linde Air Products ein persönliches Beileidsschreiben an Carl von Lindes Sohn Friedrich und legte eine Erklärung des Firmenvorstands bei, in dem er den bedeutenden Erfinder und seinen Beitrag für die Gasindustrie pries.[6]

Ein weiterer Faktor für die über den Abschwung hinweg andauernde Stärke der Branche bestand darin, dass einige Firmen die Krise nutzten, um Konsolidierungs- und Rationalisierungsmaßnahmen umzusetzen. Die BOC verfolgte sie am nachdrücklichsten, was zu der schnellen wirtschaftlichen Erholung des Unternehmens beitrug. Das britische Unternehmen tat sich 1930 mit dem Acetylenhersteller Allen-Liversidge zusammen und 1933 mit Oxygen Industries, dem britischen Pionier auf dem Gebiet des Flüssigsauerstoffs (beziehungsweise Liquid Oxygen oder LOX). Dadurch wurden nicht nur die britischen Sauerstoff-, Schweißtechnik- und LOX-Märkte vereinigt, da die gestärkte BOC so auch auf anderen Märkten größeren Einfluss erhielt. Durch die Fusion mit Allen-Liversidge gewann BOC eine südafrikanische Niederlassung hinzu, die man in African Oxygen and Acetylene (Pty) Ltd. umbenannte. Darüber hinaus diente die African Oxygen BOC seit den 1930er-Jahren als Ausgangspunkt für die Expansion in andere Teile dieses Kontinents.[7]

Die deutsche Linde wiederum profitierte von ihrer weltweiten Technologieführerschaft in Anlagenplanung und -bau nicht nur vor und nach, sondern auch während der Weltwirtschaftskrise. Ein Beispiel dafür bildet der schon erwähnte Auftrag der I.G. Farben aus dem Jahr 1931 für eine leistungsstarke Linde-Fränkl-Sauerstoffanlage. Linde konnte jedoch auch eine Reihe von Anlagen im Ausland absetzen; hier sind vor allem Aufträge für die Sowjetunion, Japan und Italien zu nennen, die allesamt weniger von der Weltwirtschaftskrise als die USA, Großbritannien und Deutschland betroffen waren.[8]

Warum die Industriegasbranche die Weltwirtschaftskrise besser überstand als andere, lässt sich darüber hinaus aus der Tatsache erklären, dass nicht nur die Märkte für ihre Produkte wuchsen, sondern auch immer neue Anwendungen entwickelt wurden. Auch wenn die Produktion rückläufig war, ging sie doch weiter und Schweiß- und Schneidtechniken wurden für die Produktionsabläufe anderer Industriezweige immer wichtiger. Während des Abschwungs gewannen z.B. Autogenanwendungen bei der Wartung und Instandhaltung nochmals erheblich an Bedeutung. Auch in der Chemie- und Ölindustrie kamen Gase immer mehr zur Anwendung, z.B. bei der Methanol- und Motorölsynthese sowie der Ölraffinerie, die neben der Ammoniaksynthese zu den größten Verbrauchern von Industriegasen, insbesondere Wasserstoff, Sauerstoff und Stickstoff, avancierten.[9]

In den 1930er-Jahren entstanden weitere wichtige Märkte. So setzte sich die medizinische Verwendung von Sauerstoff und Lachgas durch, und große Firmen wie BOC statteten Krankenhäuser nicht nur mit therapeutischen Gasen, sondern auch mit der zugehörigen Apparatur aus.

Auch die schwedische AGA stieg in den 1930er-Jahren in den Markt für medizinische Gase ein. Im Februar 1940 erwarb die amerikanische Airco zudem die Ohio Chemical and Manufacturing Company in Cleveland, um Zugang zu deren Fachwissen und Märkten für Medizintechnik zu erhalten. Kohlendioxid, das bislang vor allem für die Karbonation von Getränken verwendet wurde und wegen seines niedrigen technolo-

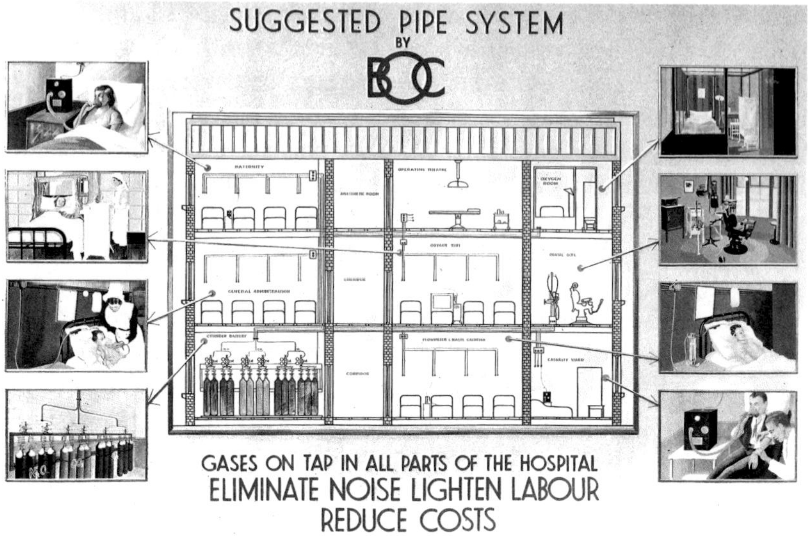

Abb. 21 Die zentrale Gasversorgung eines Krankenhauses, Großbritannien, ca. 1945–1950

gischen Niveaus für die Luftgashersteller von geringem Interesse war, gewann an Bedeutung, als in den Jahren der Weltwirtschaftskrise Verfahren zum Einkühlen des Gases entwickelt wurden. »Trockeneis« erschloss der Gasindustrie neue Märkte, unter anderem bei der Verarbeitung von verderblicher Ware, insbesondere Nahrungsmitteln.[10]

Zusammenfassend kann man sagen, dass die großen Gasunternehmen die Weltwirtschaftskrise vergleichsweise gut überstanden. Dies bedeutet nicht, dass sie überhaupt nicht in Mitleidenschaft gezogen wurden, wie man selbst im Fall von BOC, Linde und Air Liquide sehen kann. Einigen kleineren Firmen erging es allerdings um einiges schlechter und viele mussten in Folge des schweren und anhaltenden wirtschaftlichen Abschwungs Konkurs anmelden. Dazu gehörte die amerikanische Firma Gas Industries, die damals zu den innovativsten Unternehmen zählte und dennoch etwa 1940 Konkurs anmeldete. Der Niedergang der Gas Industries bot allerdings einem Branchenneuling eine wichtige technologische Grundlage, nämlich der im selben Jahr gegründeten Air Products, die rasch das geistige Eigentum von Gas Industries vom Konkursverwalter aufkaufte (unter anderem Patente und bestimmte Zeichnungen).[11]

Die schwierigen ersten Jahre überlebte Air Products jedoch nicht, weil es geschickte Käufe von geistigem Eigentum tätigte oder der zivile Sektor sich allmählich erholte. Der Newcomer und auch die anderen Hauptakteure der Branche verdankten ihre Erholung in den USA und andernorts weniger dem zivilen Sektor. Sie war vielmehr auf den schnellen und massiven Anstieg der Rüstungsproduktion Ende der 1930er-Jahre zurückzuführen, der sich dann beschleunigte. Zuallererst und in besonderem Ausmaß galt das für Unternehmen auf dem Gebiet der späteren Achsenmächte, insbesondere Deutschland und Japan, aber auch die Unternehmen in den Ländern der späteren Alliierten profitierten von der massiven Rüstungskonjunktur.

Kriegsvorbereitung

Nach wie vor wird in der Forschung darüber debattiert, welchem Land wie viel Verantwortung für den Ausbruch des Ersten Weltkriegs anzulasten ist. Wer aber den Zweiten Weltkrieg begonnen hat, steht dagegen außer Frage. Deutschland, Japan und Italien waren aus verschiedenen Gründen höchst unzufrieden mit den Friedensverträgen nach dem Ersten Weltkrieg und gerieten in der Zwischenkriegszeit in unterschiedlich starke wirtschaftliche und gesellschaftliche Krisen; ihre in den 1930er-Jahren zunehmend aggressive Politik mündete geradezu zwangsläufig in einen bewaffneten Konflikt. Für diese »Abenteuerpolitik« und erst recht den Krieg mussten Vorbereitungen getroffen werden, und so war man sich bewusst, dass die drohenden Kampfhandlungen nicht nur eine Stärkung der traditionellen Rüstungsindustrie nötig machten, sondern auch die Nutzung neuerer Industrien und Technologien wie die Luftfahrttechnik sowie die erst Ende der 1920er-Jahre aufgekommene Benzinsynthese. Spätestens Mitte der 1930er-Jahre, im Falle Japans sogar schon früher, begannen die drei Achsenmächte damit, entsprechende Maßnahmen zu treffen, zu denen auch Autarkiebestrebungen in der Nahrungsmittelproduktion und anderen Bereichen gehörten.

In den alten wie in den neuen Rüstungs- und Fertigungsindustrien, die für die wirtschaftliche Unabhängigkeit sorgen sollten, wurden Industriegase mittelbar oder unmittelbar gebraucht. So gab es in der Stahlherstellung einen steigenden Bedarf an Sauerstoff, während in der Rüstungsindustrie massiv Argon eingesetzt wurde, insbesondere bei speziellen Schweißverfahren. Aber auch Stickstoff wurde extrem nachgefragt, vor allem für das Haber-Bosch-Verfahren. Anfang 1939 schrieb *The Economist*, dass bei dem weltweiten Verbrauch von Stickstoff »in den Jahren 1937–38 […] eine Zunahme von 47 Prozent gegenüber 1929–30 zu verzeichnen war. Die Autarkiebestrebungen vieler Länder ließen den Stickstoffverbrauch in der Landwirtschaft zusätzlich steigen. Es kann daher kaum verwundern, dass in den Jahren 1936/37 und 1937/38 vor allem in

Deutschland, Italien und Japan der höchste Anstieg zu verzeichnen war; die USA und China zeigen für diesen Zeitraum dagegen sogar sinkende Zahlen.«[12]

Der Artikel brachte allerdings nicht zur Sprache, dass die massive Zunahme des Stickstoffverbrauchs in Deutschland, Italien und Japan aus der erhöhten Munitionsproduktion herrührte: Die Herstellung gebundenen Stickstoffs – unter anderem durch das Haber-Bosch-Verfahren – diente der traditionellen »Schwerter- und Pflugscharen-Industrie«, in der Stickstoffverbindungen für die Rüstungsproduktion und die Landwirtschaft gebraucht wurden. Die Synthese stickstoffbasierter Düngemittel und Munition erforderte zudem auch einen enormen Ausbau bei der Herstellung der Stickstoff- und Wasserstoffgase.

Selbst diese wenigen Beispiele zeigen, dass die Produktion und Distribution von Industriegasen in diesen drei Ländern schnell an Bedeutung zunahm, auch wenn hervorgehoben werden sollte, dass dies recht unkomplizierte Felder waren, die mit wenigen unerheblichen Ausnahmen heimische Firmen nicht nur in Deutschland, sondern auch in Italien und Japan ausführen konnten. Zu Konstruktion und Bau der Produktionsanlagen für Industriegase und den damit verbundenen Apparaturen waren Italien und Japan dagegen nicht imstande. Das erforderte ein sehr viel größeres technisches Fachwissen. Japanische Firmen wie Nippon Sanso hatten in der Zwischenkriegszeit Schritte unternommen, eigene Luftzerleger herzustellen, aber weder sie noch ihre italienischen Kollegen konnten die zum Teil hoch spezialisierten und großen Anlagen für die modernen Munitionshersteller bauen.

In diesem Bereich gab es weltweit nur eine Handvoll potenzielle Anlagenbauer, zu denen Linde Air Products aus den USA gehörten, Air Liquide aus Frankreich, die britische BOC sowie die beiden deutschen Schwergewichte im Anlagenbau Messer und Linde. Linde war dank seiner Reputation und Leistungsfähigkeit der bei weitem beliebteste Anlagenbauer in der japanischen und italienischen wie der deutschen Industrie. Das Unternehmen hatte auch gezeigt, dass es Anlagen zu Gastransport und -zerlegung für Chemiebetriebe herstellen konnte. Anfang der 1930er-Jahre spezialisierte sich die Firma des Weiteren auf die Produktion neuer »Tonnage«-Luftzerleger, die in der massenhaften chemischen Synthese und Metallurgie gebraucht wurden. Daher galt Linde nicht nur in Deutschland, Japan und Italien als führend auf technischem Gebiet. Richard Linde, der dem Vorstand angehörte, betonte später, dass Linde während der 1930er-Jahre »besonders für große Anlagen […] fast ein Monopol besass [sic]«.[13] Dazu verfügte die Firma über enormes Fachwissen auf dem Gebiet des Flüssigstickstoffs. Dank ihrer Berliner Tochter Heylandt-Gesellschaft für Apparatebau nahm Linde darüber hinaus eine zentrale Rolle bei der Herstellung und Lieferung von Anlagen und Equipment für diesen damals noch relativ jungen Zweig der Gasindustrie ein.[14] Die Untersuchung, welchen Anteil die Industriegasbranche bei den Kriegsvorbereitungen in den späteren Achsenmächten spielte, konzentriert sich deshalb auf Deutschland und insbesondere auf die Gesellschaft für Lindes Eismaschinen.

Die Historiker sind sich uneins, wann genau die Vorbereitungen für »Hitlers Krieg« nach der nationalsozialistischen Machtübernahme im Januar 1933 begonnen wurden. Nach Richard Overy konzentrierte sich der Staat mit seinen Ausgaben anfänglich in erster Linie auf Arbeitsbeschaffungsmaßnahmen im Bau- und Verkehrswesen und nicht so sehr auf die Wiederaufrüstung. Andere Wirtschaftshistoriker wie Adam Tooze und Jonas Scherner sind der Meinung, dass die Wiederaufrüstung von Anfang an eine zentrale Rolle spielte. Diese widersprüchlichen Sichtweisen sind zum Teil unterschiedlichen Kategorisierungen und Interpretationen geschuldet. Gehörte die Unterzeichnung des Feder-Bosch-Abkommens oder »Benzin-Vertrags« im Dezember 1933, mit dem der deutsche Staat der I.G. Farben Mindestpreise und einen Markt für ihr lahmendes Benzinsyntheseprojekt garantierte, schon zu den Kriegsvorbereitungen oder gab es dafür andere Motive und Einflüsse? War der Bau eines Autobahnnetzes Teil eines zivilen oder militärischen Infrastrukturprogramms? Solche Fragen betreffen auch die im Jahr 1934 ministeriell verordnete Pflichtgemeinschaft zur Braunkohlen-Benzin AG (BRABAG), die Deutschlands Produktion synthetischen Treibstoffs merklich erhöhen sollte, und den Druck, den die Regierung spätestens seit 1935 auf die I.G. Farben ausübte, damit sie ein Verfahren zur Herstellung eines Kautschukersatzes entwickelte.[15]

Es besteht tatsächlich große Unklarheit darüber, wie man solche und andere Vorhaben dieser Zeit bewerten soll, weil nicht nur Stickstoff, sondern auch viele andere Produkte und Dienstleistungen sich sowohl militärisch als auch zivil nutzen ließen, obwohl die nationalsozialistische Ideologie den Schluss nahelegt, dass die Regierungsvertreter mit ihren Autarkiebestrebungen vornehmlich Ersteres im Sinn hatten. Bei aller Unklarheit im Allgemeinen herrscht doch die einhellige Meinung, dass die Einsetzung des »Vierjahresplans« unter Leitung von Hermann Göring zusammen mit anderen politischen und wirtschaftlichen Entwicklungen im Jahr 1936 eindeutige Hinweise darauf sind, dass Deutschland sich planvoll auf den Krieg vorbereitete. Der Vierjahresplan zielte auf Autarkie als Voraussetzung für den kommenden Krieg und war von entscheidender Bedeutung für die damit verbundene und unter zunehmendem Druck betriebene Wiederaufrüstung.[16] Die Firma Linde leistete dazu vor und nach 1936 einen zentralen Beitrag. Linde und das Griesheimer Werk der I.G. Farben produzierten Luftgas und andere Gase für den industriellen Einsatz, unter anderem für die Stahl- und die Automobilproduktion sowie den Schiffsbau. Darüber hinaus verkauften sie den hergestellten Sauerstoff über die gemeinsame Vertriebstochter, die Vereinigten Sauerstoffwerke. Zusätzlich zu den Gasen konstruierte und baute Linde zahlreiche Luft- und Gaszerlegungsanlagen für die deutsche Industrie. Diese Anlagen können in drei Kategorien unterteilt werden:

- »normale« Luftzerleger, also Anlagen, die die herkömmliche Tieftemperaturzerlegungs- und Rektifikationsverfahren für die Produktion von Sauerstoff und Stickstoff und seit 1936 auch von beidem nutzten
- verschiedene Typen von Gaszerlegern zum Beispiel zur Gewinnung von Helium aus Rohgasmischungen oder zur Reinigung und/oder Verflüssigung von Heliumgas; zur Verarbeitung von Koksofen- und anderen Gasen zu Wasserstoff-/Sauerstoffgemischen für die Ammoniaksynthese oder Wasserstoff für andere Synthesevorgänge; zur Gewinnung von Ethanol, Butan, Propan, Pentan und Äthylen aus Rohgasgemischen
- und schließlich die Tonnage-Luftzerlegungsanlagen, die mithilfe des Linde-Fränkl-Verfahrens riesige Mengen Sauerstoff, Stickstoff oder beide Gase erzeugten.

Eine eingehendere Betrachtung dieser drei Kategorien ist deshalb interessant, weil die Produktionsformen nicht nur Aufschluss über die Bedeutung der Industriegasbranche im nationalsozialistischen Deutschland geben können, sondern auch sichtbar machen, in welcher Weise insbesondere Linde auch die überseeischen Kriegsvorbereitungen unterstützte.

Linde produzierte während der Friedenszeiten des »Dritten Reichs«[17] nicht weniger als 118 »normale« Luftzerlegungsanlagen, von denen mehr als die Hälfte, nämlich 63, in deutschen Betrieben zur Verwendung kamen. Darüber hinaus stieg 1933–1938 der Anteil der in Deutschland eingesetzten Luftzerleger Jahr für Jahr deutlich an: 1933 und 1934 wurden solche Anlagen überwiegend für den Einsatz in anderen Ländern gebaut und auch 1935 und 1936 überwogen noch die Aufträge aus dem Ausland. 1937 und besonders 1938 machten dagegen die von deutschen Firmen beauftragten Luftzerleger den Löwenanteil der Produktion aus.

Besonders gegen Ende der Friedenszeit wurden viele von ihnen an Standorten gebaut, wo sie Syntheseanlagen der I.G. Farben, BRABAG und anderer Unternehmen direkt beliefern konnten. Seit 1936 konnten zudem eine Reihe von ihnen sowohl Sauerstoff als auch Stickstoff in großer Reinheit herstellen, während andere mit Säulen zur Abtrennung großer Mengen Krypton ausgestattet waren.[18]

Unter den Linde-Anlagen, die zwischen 1933 und 1938 vornehmlich in Deutschland zum Einsatz kamen, gehörte eine größere Zahl der zweiten Kategorie als der ersten an. 53 dieser insgesamt 86 Gaszerleger wurden innerhalb des »Dritten Reichs« errichtet. Wie bei den normalen Luftzerlegern wuchs gegen Ende dieses Zeitraums der Anteil der in Deutschland eingesetzten Gaszerleger im Vergleich zu denen, die exportiert wurden. Der Grund war, dass für die großen Syntheseprojekte mehr Gaszerlegungsanlagen als normale Luftzerleger benötigt wurden. Insbesondere Wasserstoff wurde besonders nach 1934 für die Synthese von Benzin und Kautschukersatz in großen Mengen benötigt. Ein Hauptabnehmer waren die BRABAG-Werke und gegen Ende der 1930er-Jahre kamen noch andere Kohleverflüssigungsanlagen hinzu. Aber auch die BUNA-Werke der I.G. Farben in Schkopau (errichtet 1937) und in Hüls (1938) hatten zur Produktion von Kautschukersatz einen großen Bedarf. Daneben produzierte Linde Anlagen zur Gewinnung von Propan, Butan, Ethan und Pentan aus Abgasen von deutschen Kohleverflüssigungsanlagen.[19]

Letztlich waren es aber die Anlagen der dritten Kategorie, also Lindes Tonnage-Luftzerleger nach dem Linde-Fränkl-Verfahren, die in der deutschen Industrie während der Friedenszeit im Nationalsozialismus in erster Linie neu zum Einsatz kamen. Sie standen auch in einem engeren Zusammenhang mit den Autarkiebestrebungen und der Wiederaufrüstung als die Anlagen der beiden anderen Kategorien. Das ist vielleicht nicht weiter verwunderlich, denkt man an den anfänglich hohen Investitionsaufwand für diese relativ neue Technologie, denn »normale« Investitionshemmnisse gelten weniger, wenn es um die Landesverteidigung geht, insbesondere wenn ein Krieg bevorsteht oder schon geführt wird.[20] Jedenfalls waren die Anlagen nicht nur kostspielig, sondern auch komplex, weshalb die Zahl der zwischen 1933 und 1938 von Linde hergestellten Tonnage-Anlagen weitaus kleiner als die der anderen Kategorien war. Insgesamt wurden in dem Zeitraum nur 33 von ihnen produziert, von denen man bis auf sechs alle auf deutschem Boden errichtete. Praktisch alle deutschen Linde-Fränkl-Anlagen aus diesen Jahren wurden an Betriebsstätten der BRABAG, I.G. Farben und anderen Erzeugungsbetrieben für synthetisches Benzin aufgestellt.[21]

Als wenn die Beteiligung an den deutschen Autarkiebestrebungen und

Kriegsvorbereitungen nicht ausgereicht hätte, um die Produktionskapazitäten von Linde zwischen 1933 und 1938 auszulasten, erhielt die Firma zu dieser Zeit auch vermehrt Aufträge aus dem Ausland. Trotz der massiven Zunahme inländischer Aufträge machten sie 1937 50 Prozent des Firmenumsatzes aus. Besonders Japan, aber in einem gewissen Umfang auch Italien (von 1937 an zunehmend) waren wichtige Exportziele für Linde-Anlagen und -Apparaturen. Selbst aus der Sowjetunion und aus Großbritannien (was vielleicht überraschend ist) kam eine beträchtliche Zahl von Aufträgen. Allerdings gab es mehrere signifikante Unterschiede zwischen den Aufträgen der jeweiligen Länder; deren genauere Aufschlüsselung kann auch als Barometer für das Ausmaß der Kriegsvorbereitungen in den 1930er-Jahren und die Verschiebung der politischen Allianzen dienen.[22] Dies zeigt ein kurzer Überblick über die Käufe nach Anlagenkategorie.

Japan war in den Jahren 1933 bis 1937 einer der größten überseeischen Abnehmer »normaler« Luftzerleger. Insgesamt erwarb das ostasiatische Land in dieser Zeit acht Linde-Stickstoffanlagen für Fabriken, die Kunstdünger und Munition für Autarkie- bzw. Kriegszwecke herstellten. Dazu kaufte die Hamburger Firma Illies & Co 1937 eine kleine Sauerstoffanlage für die Mandschurei, ein Hauptziel der japanischen Expansionspolitik, in dem Teile der Industrie und des Militärs die Bildung einer hoch technisierten Gesellschaft planten.[23] Diese Bestrebungen (und die Geduld der Deutschen) stießen jedoch an Grenzen, als Japan 1938 seine Aufträge wegen Devisenmangels nicht mehr bezahlen konnte.

Im Vergleich zur japanischen fiel die italienische Nachfrage anfangs bescheidener aus, stieg im Laufe der Zeit aber, während jene abnahm. Aus Italien kamen damals, genauer in den Jahren 1937 und 1938, nur vier Aufträge für »normale« Luftzerleger. Bezeichnenderweise wurden sie allesamt kurz nach Unterzeichnung des Freundschaftsvertrags der späteren Achsenmächte 1936 vergeben. Drei der vier Anlagen konnten große Mengen von Stickstoff und Sauerstoff produzieren, ein Anlagentyp, der erst seit 1936 verfügbar war und sonst exklusiv für deutsche Unternehmen gebaut wurde. Die Sowjetunion erwarb 1936 eine Stickstoffanlage und auch in Scunthorpe in Großbritannien wurde 1937 eine errichtet.[24]

Auch bei den Anlagen der zweiten Kategorie, den Gaszerlegern, war Japan 1933 bis 1938 der wichtigste ausländische Abnehmer. Die Aufträge zu den insgesamt zwölf Gaszerlegern kamen von Mitsubishi und/oder Isomura, mit denen Linde 1940 eine Lizenzvereinbarung traf.[25] Mit diesen Anlagen ließ sich aus Rohgasen, die bei anderen Herstellungsprozessen anfielen, ein Wasserstoff-Stickstoff-Gemisch erzeugen. Sieben der zwölf Aufträge, darunter eine Anlage für die Mandschurei, ergingen

1936. Der zweitwichtigste ausländische Auftraggeber für Lindes Gaszerlegungsanlagen war Italien; diese Aufträge erfolgten alle im Jahr 1937. Von den italienischen Anlagen waren drei Wasserstoff-Stickstoff-Anlagen, zwei Benzol- und eine Ethanolanlage. Die UdSSR wiederum erwarb 1935 fünf solcher Anlagen, eine für Helium, die anderen für die Abtrennung von Ethanol. Großbritannien bestellte erneut nur eine Anlage, die abermals in Scunthorpe errichtet wurde. Es war allerdings eine sehr große Anlage zur Abtrennung von Wasserstoff-Stickstoff-Gemischen von Koksgasen.[26]

Besonders interessant ist ein kurzer Überblick über die überseeischen Bestimmungsorte der Hightech-Linde-Fränkl-Sauerstoffanlagen. Als Eckpfeiler der deutschen Autarkiebestrebungen und Wiederaufrüstung war die Inlandsnachfrage nach ihnen besonders groß, daher kann man davon ausgehen, dass Lieferungen ins Ausland vielsagende wirtschaftliche und politische Ausnahmen waren und auch dort den Kriegsvorbereitungen dienten. Wie schon erwähnt, wurden nur sechs der in den Jahren 1933 bis 1939 errichteten 33 Tonnage-Anlagen außerhalb Deutschlands gebaut. Eine von ihnen ging 1936 wenig überaschend nach Japan, während Italien in den »Friedenszeiten« der 1930er-Jahre keine erhielt, was dagegen durchaus erstaunt. Das viel kleinere faschistische Ungarn wurde für wichtig genug erachtet, um 1936 eine Anlange in Empfang zu nehmen, die speziell dazu diente, Krypton aus der Luft zu gewinnen. Zwei der übrigen vier Anlagen aus diesem Jahr gingen in die Sowjetunion, was nun tatsächlich verwunderlich ist, weil Deutschland, Italien und Japan 1936 ein Bündnis eingingen und der Hitler-Stalin-Pakt zu diesem Zeitpunkt noch in weiter Ferne lag. Wahrscheinlich basierten diese Aufträge auf älteren Verträgen und wurden einfach nur später geliefert.

Am überraschendsten aber und sicherlich der Hauptgrund, warum im Jahr 1937 die britischen Aufträge an zweitoberster Stelle in Lindes Auslandsauftragsbüchern standen, waren Verträge über den Bau von zwei der begehrten Linde-Fränkl-Tonnage-Anlagen, die die Bamag-Meguin AG, ein deutscher Maschinenbauer, nach Irvine in Schottland liefern sollte.[27] Das ist tatsächlich rätselhaft. Damals gab es in Irvine schließlich nur zwei mögliche Abnehmer für die Erzeugnisse solcher Anlagen. Einer war eine Werft des dortigen Schiffsbauunternehmens, der andere eine Chemiefabrik von ICI. Da Werften nur relativ kleine Mengen von Sauerstoff zum Schweißen, Schneiden und Flämmen benötigten, für die ein kleiner Luftzerleger reichte, kann man davon ausgehen, dass die Tonnage-Anlagen für die ICI-Fabrik bestimmt waren, mit der man die Munitionsproduktion versorgen konnte.[28] Dass Bamag-Meguin die Anlagen für die ICI erwarb, ist wohl auf die deutschen Devisenbeschränkungen zurückzuführen, mag aber auch der Verschleierung von Kriegsvorbereitungen gedient haben, mit denen auch Großbritannien im Geheimen begonnen hatte.

Wie dem auch sei, die Lieferungen für den Inlands- und Auslandsmarkt wirkten sich stark auf die Belegschaft und den Umsatz von Linde aus. Im Herbst 1938 betrug die durchschnittliche Arbeitswoche im Linde-Werk in Höllriegelskreuth, wo die Anlagen gebaut wurden, 52 Stunden und der Aufsichtsrat der Firma wurde daran erinnert, dass sie »seit langer Zeit« auf diesem hohen Stand verharrten. Der Umsatz wiederum übertraf 1936 den bislang höchsten aus dem Jahr 1930 von 45 Millionen RM. 1938 fielen die Zahlen um ein ganzes Drittel höher aus und stiegen auf 60 Millionen RM.[29] Im Lauf des Jahres 1939 wuchs Lindes Umsatz nach wie vor beträchtlich und erreichte 76 Millionen RM, auch wenn in diese Summe natürlich schon die Verkäufe aus mehreren Kriegsmonaten einflossen. Der Auslandsmarkt war dagegen seit längerem stark rückläufig, wie der Vorstand Richard Linde im Herbst 1938 berichtete. Er erklärte, dass die Auslandsaufträge, die lange etwa die Hälfte in den Auftragsbüchern der Firma ausgemacht hatten, im Jahre 1938 auf sechs Prozent gesunken waren, und sagte dazu:

> Der Grund ist hauptsächlich der Ausfall von Aufträgen aus Russland und besonders aus Japan, welch [sic] letzteres Land durch seine Devisenschwierigkeiten keine Bestellungen in Deutschland mehr machen kann.

Er verwies aber auch darauf, dass die japanische Industrie sehr gerne weitere Aufträge vergeben würde, wenn das Land dazu in der Lage wäre.[30] Obwohl sich der Bericht nicht dazu äußerte, war auch die italienische Nachfrage 1938 mit einem einzigen Auftrag fürs Erste praktisch zum Erliegen gekommen; dass aus Großbritannien gar kein Auftrag mehr eingegangen war, verwundert angesichts der wachsenden politischen Spannungen dagegen weniger.[31]

Wir werden gleich darauf zu sprechen kommen, wie die BOC auf die steigende Kriegsgefahr reagierte, insbesondere dadurch, dass man die weitere Kalziumkarbidversorgung sicherstellte. Doch zunächst wollen wir die Darstellung der Geschehnisse in Deutschland zum Abschluss bringen. Ein eingehender Bericht über die Verwicklung Lindes in die Politik des »Dritten Reichs« während der Friedensjahre liegt bereits vor.[32] Einige wichtige Punkte sollen hier dennoch zusätzlich aufgeführt werden, nicht zuletzt weil sie eine große Bedeutung für die weitere Entwicklung der Branche besaßen. Seit der Machtübernahme im Jahr 1933 verfolgten die Nationalsozialisten ihre besonders gegen die Juden gerichtete Rassenpolitik. Sie verschärfte sich im Laufe der Zeit, und bis zu den Novemberpogromen 1938 hatte die Gesetzgebung und ihre Durchsetzung wahrhaft drakonische Züge für die jüdische Bevölkerung angenommen.[33]

Bis 1937 hatte die antijüdische Gesetzgebung das Wirtschaftsleben im Grunde nur indirekt beeinträchtigt, aber dann ergingen Erlasse, die den Zugang »jüdischer« Unternehmen zu Devisen und Rohstoffen beschnitten, sodass viele dieser Firmen gezwungen waren, ihre Vermögenswerte an »deutsche« Eigentümer zu veräußern, oft zu einem zu niedrigen Preis. Seit dem ersten Halbjahr 1938 wurde die Definition dessen, was ein »jüdisches« Unternehmen ist, dann noch einmal sehr viel enger gefasst. So reichte von Sommer 1938 an ein jüdisches Aufsichtsratsmitglied, um Unternehmen den Status eines »arischen Unternehmens« zu entziehen, ohne den keine Devisen und Rohstoffe mehr zu erhalten waren und keine Regierungsaufträge erteilt wurden.[34] Wie vielleicht zu erwarten, fügten sich praktisch alle Firmen in Deutschland – die größeren ausnahmslos – den Forderungen der Regierung oder nahmen sie sogar vorweg, was auch für die Tochtergesellschaften ausländischer Unternehmen auf deutschem Boden galt.[35] Ende 1938 gab es in Deutschland so gut wie kein »nichtarisches« Unternehmen mehr.

Wie die meisten Unternehmen hatte die Firma Linde 1938 den Nachweis erbracht, ein »arisches Unternehmen« zu sein, damit es weiterhin im »Dritten Reich« Geschäfte tätigen konnte, genauso wie die I. G. Farben, die Muttergesellschaft von Griesheim als der andere große deutsche Gasproduzent.[36] Keine der beiden Firmen scheint Vorteile aus der Zwangslage jüdischer Unternehmer gezogen und »jüdisches« Firmeneigentum in Deutschland zu Schleuderpreisen erworben zu haben, wie es andere Unternehmen wie die Degussa durchaus taten.[37] Beide Firmen nutzten Kontakte oder ausländische Tochtergesellschaften, um hoch qualifizierte und geschätzte Angestellte in Sicherheit zu bringen. Bei Linde war dies der Fall bei Paul M. Schuftan, ein hervorragender Chemiker und Erfinder, der Anfang der 1930er-Jahre einen wichtigen Posten bei der Beaufsichtigung des Baus von Linde-Anlagen in verschiedenen Ländern innehatte, unter anderem in den USA, der Sowjetunion und Japan.

Da er nach den nationalsozialistischen Rassegesetzen als Jude galt, wurde Schuftan 1936 von seinem Arbeitgeber nach England geschickt, wo er – vermutlich wegen des dortigen Geschäftseinbruchs – als einziger Linde-Vertreter in Großbritannien tätig war.

Innerhalb von zwei Jahren kam Linde mit BOC zu einem Gentlemen's Agreement und lieh ihre Angestellten zunächst für fünf Jahre an das bri-

Herrn Dr.Paul Schuftan.

31.März 1938.

P/g.

Lösung des Dienstvertrages.

Im Anschluss an unsere Besprechungen mit der British Oxygen Company Limited erklären wir uns damit einverstanden, dass Sie in deren Dienste übertreten. Zu diesem Zweck sind wir bereit, Sie zum 1.Mai 1938 aus unserem Vertrag vom 14.4.1936 zu entlassen. Wir setzen dabei voraus, dass Sie auch in den Diensten der BOC unsere Interessen nach besten Kräften wahren und uns gegebenenfalls auch, soweit Ihnen das Ihre Bindung gegenüber der BOC erlaubt, weiter mit Rat und Tat zur Seite stehen werden.

Von den Bestimmungen unseres bisherigen Vertrages bleibt in Kraft unsere Verpflichtung nach 3d), Ihnen einen Betrag von RM.2.ooo.- (zweitausend) pro Jahr als Vergütung für Ihre bisherigen Dienstleistungen, insbesondere für die verschiedenen Patente, die aus Ihren Arbeiten hervorgegangen sind, zu zahlen. Damit sind alle Ihre Ansprüche bis zum heutigen Tage abgegolten, auch die bzgl.

-2-

Abb. 22 Schreiben von Friedrich Linde an Paul M. Schuftan zur Übertragung von Schuftans Arbeitsverhältnis auf die BOC, 1938

-2- Herrn Dr.P.Schuftan, 31.3.38.

der Kälte-Einengungs-Verfahren. Der Betrag soll zunächst auf die Dauer von fünf Jahren bezahlt werden. Wir behalten uns vor, uns nach Ablauf dieser Frist mit Ihnen in Verbindung zu setzen, um zu prüfen, ob unter Berücksichtigung des Wertes, den die auf Ihre Tätigkeit zurückgehenden Patente dann für uns haben werden, Zahlungen für eine weitere Periode angemessen erscheinen.

Ferner soll die Karenzpflicht nach Ziffer 8) des Vertrages bis zum 30. ~~Januar~~ Juni 1941 in Kraft bleiben, für den Fall, dass Sie innerhalb dieser Zeit aus den Diensten der BOC austreten sollten. In einem solchen Fall haben wir Ihnen unverzüglich mitzuteilen, ob wir auf der Einhaltung der Karenzpflicht bestehen; verzichten wir darauf, so entfällt auch unsere Verpflichtung zur Zahlung der Karenz- ~~gehaltes~~ Entschädigung. Einen praktischen Wert messen wir der Karenzverpflichtung nicht bei, denn wir halten es für äusserst unwahrscheinlich, dass das Dienstverhältnis zwischen der BOC und Ihnen vorzeitig gelöst werden wird. Wir halten es aber trotzdem für richtig, die Karenz-Verpflichtung solange weiterlaufen zu lassen, als sie gelten würde, wenn Sie unseren Vertrag zum nächsten Termin kündigen würden und nehmen an, dass Ihrerseits hiergegen keine Bedenken bestehen.

Mit freundlicher Begrüssung,

gez. F. L.

tische Unternehmen aus, aber Schuftan blieb schließlich bis ans Ende seines Berufslebens bei der BOC. Ein Auszug aus einem Brief von April 1938 eines BOC-Geschäftsführers namens Dunbar an Linde zu dieser Frage zeigt, dass die Beziehungen zwischen den Firmen selbst zu der Zeit der wachsenden Spannungen zwischen den beiden Ländern ausgesprochen herzlich waren:

> Es ist unser Bestreben, dass wir während der Dauer von Dr. Schuftans Vertrag mit uns, unter gebührender Berücksichtigung aller Umstände, nichts unternehmen, was Ihren Interessen abträglich sein könnte. Selbstverständlich liegt es nicht in unserer Absicht, technisches Wissen und Kenntnisse, die er während seiner Beschäftigung in Ihrem Unternehmen gesammelt hat, zu nutzen, wenn es Ihnen zum Schaden gereicht. Im Gegenteil hoffen wir, dass die Beschäftigung von Dr. Schuftan durch uns die Aussichten auf Geschäfte mit dem britischen Empire für Ihr Unternehmen vergrößert.[38]

Zwei andere bekannte jüdische Linde-Mitarbeiter wurden nach den Novemberpogromen im Konzentrationslager Dachau interniert, konnten aber nach persönlicher Intervention durch das Vorstandsmitglied Richard Linde wie Schuftan Deutschland verlassen und Stellen im Ausland antreten. Anfang 1939 stieß Phillip Borchardt, der Leiter der Montageabteilung, zu Schuftan bei der BOC, während ungefähr zur gleichen Zeit Franz Pöllitzer, der Lindes chemisches Labor geleitet hatte, von Air Liquide in Frankreich angestellt wurde. Schuftan und Borchardt überlebten beide und leisteten während des Kriegs und danach für ihren neuen Arbeitgeber und ihre neue Heimat einen wichtigen Beitrag. Pöllitzers Schicksal dagegen war tragisch. Nach dem Einmarsch deutscher Truppen in Frankreich wurde er 1940 verhaftet. Pöllitzer, der eine wichtige Rolle bei den Verhandlungen zu Paul Schuftans Wechsel zu BOC gespielt hatte, wurde ins Konzentrationslager Auschwitz verschleppt und 1942 ermordet.[39]

Als Schuftan 1936 in Großbritannien zu arbeiten begann, fand er sich in einem völlig anderen wirtschaftlichen und politischen Umfeld wieder als demjenigen, das er in Deutschland verlassen hatte. Im Vergleich zum »Dritten Reich« setzten die britischen Kriegsvorbereitungen sehr viel langsamer und in geringerem Umfang ein. Aber Mitte der 1930er-Jahre kam es zu zwei entscheidenden Entwicklungen in der britischen Industriegasbranche, die anfangs zwar nicht unmittelbar den Kriegsvorbereitungen dienten, aber für den nahenden Konflikt von großer Bedeutung waren. Die erste betraf die aggressive Expansion der Gasproduktionskapazität, insbesondere durch die Entwicklung der LOX-Produktion und Distributionssysteme. Die zweite betraf die Erweiterung der Kapazitäten im Anlagenbau für Luftzerleger.

Beide Entwicklungen ergaben sich unmittelbar aus der Fusion von BOC und Oxygen Industries im Jahr 1933. J. Donald Pollock war im Zuge der Fusion von Metal Industries, dem Mutterkonzern von Oxygen Industries, in den Vorstand von BOC gewechselt und beerbte im Jahr darauf Kenneth Sutherland Murray auf dem Posten des BOC-Vorstandsvorsitzenden. Pollock, der wie Murray Schotte und einer der drei »Emigranten« von Oxygen Industries im BOC-Vorstand war, leitete eine »vollständige Überprüfung der bisherigen Geschäftspolitik« ein. Zwei Faktoren waren für deren Ergebnis entscheidend: die rasche Zunahme des Sauerstoffverbrauchs in sämtlichen metallproduzierenden und -verarbeitenden Branchen sowie die Entwicklungen in der Gasindustrie auf dem europäischen Kontinent und hier vor allem in Deutschland. Besonders der Trend zu größeren Anlagen, speziell für Flüssigsauerstoff, ließ den BOC-Vorstand aufhorchen. Auf Grundlage dieser Prüfung entschied sich BOC Ende 1934,

> ein Programm zum Bau großer neuer Werke zur Herstellung von großen Flüssigsauerstoffmengen an strategischen Orten im ganzen Land einzuleiten, welche die unzähligen kleinen Gasanlagen ersetzen sollen, da diese nicht imstande gewesen wären, die neue Nachfrage zu befriedigen und inzwischen weitgehend überflüssig sind.[40]

Es sollte in dem Zusammenhang hervorgehoben werden, dass es diese »neue Nachfrage« noch gar nicht gab. Die BOC plante also große Investitionen in die Kapazitätserweiterung unter der Annahme, dass sich die Nachfrage von der britischen verarbeitenden Industrie erholen und wieder ansteigen würde – ein bemerkenswertes Beispiel für eine aggressive antizyklische Investition.

Für diese Expansion musste das Unternehmen auch massiv in neue Kapazitäten des Anlagenbaus investieren, für die es das englische Edmonton als Standort auserkor. Die 1935 bis 1936 errichteten Werke waren »mit den neuesten Spezialanlagen und -werkzeugen zur Herstellung von Sauerstoff-Produktions- und Verdichteranlagen ausgestattet, zu denen auch die neuen großen LOX-Anlagen gehören«. Edmonton produzierte auch Schweiß- und Schneidausrüstung, Armaturen und sogar mobile Sauerstoffanlagen für die Streitkräfte, besonders für Air Ministry, aber auch die Admiralty und das War Office.[41]

Diese beiden unternehmerischen Initiativen gingen mit strategischen Geschäftsentscheidungen einher, die zunächst nichts mit den Kriegsvorbereitungen zu tun hatten. Als der Kriegsbeginn sich immer mehr abzeichnete, wurde ihre Umsetzung allerdings vorangetrieben. In der Folge wurde die Sauerstoffproduktionskapazität von BOC von 24 Millionen Kubikmeter im Jahr 1932 auf 63 Millionen bis Juli 1939 jährlich ausgeweitet und mehr als verdoppelt. Dagegen lag der Sauerstoffabsatz von BOC im ganzen Jahr 1939 bei insgesamt nur 30 Millionen Kubikmeter. Bis zu diesem Zeitpunkt hinkte der Absatz also noch merklich hinter der Kapazität her, aber mit nahendem Kriegsausbruch schloss sich dieser Unterschied schnell. Der Anstieg des LOX-Absatzes war besonders erstaunlich. 1932 verkaufte BOC nur 200.000 Kubikmeter Flüssigsauerstoff, eine Zahl, die bis 1939 auf 10 Millionen Kubikmeter anstieg. Bei Kriegsausbruch machte Flüssigsauerstoff mehr als ein Drittel des BOC-Sauerstoffabsatzes aus, was sich in den Kriegsjahren fortsetzen sollte.[42]

Anders als die Investitionen in die Erweiterung der LOX- und Anlagenbaukapazität war eine dritte wichtige Initiative des britischen Marktführers in den 1930er-Jahren von Anfang an mit dem heraufziehenden Krieg verbunden, nämlich die Beschaffung von Produktionskapazitäten für Kalziumkarbid in Norwegen und dessen Lagerung. Während der ersten großen Nachfrage von Acetylen insbesondere für Beleuchtungszwecke im späten 19. Jahrhundert wurde Kalziumkarbid noch in Großbritannien produziert. Aber es zeigte sich bald, dass die Produktion ohne billige Energie, wie sie die Wasserkraft lieferte, viel zu teuer war. Allen-Liversidge und andere britische Acetylenhersteller (BOC stieg erst ins Geschäft ein, als die Firma 1930 mit Allen-Liversidge fusionierte) importierten daher Kalziumkarbid vom europäischen Kontinent. 1936 beschloss die Führung von BOC etwas deswegen zu unternehmen, nachdem die Schweißtechnik immer wichtiger wurde und man sich »wegen der Folgen sorgte, sollte die sich verfinsternde Lage in Europa zu einer weiteren und schrecklicheren Kraftprobe führen«.[43]

Dank des positiven Ergebnisses einer Untersuchung über das technische Potenzial und die Wirtschaftlichkeit einer Wasserkraftanlage im schottischen Hochland zum Betrieb einer benachbarten Kalziumkarbid-Fabrik stellte die Firma einen Finanzierungsplan auf. Finanzierung, Eigentum und Betrieb des Werks sollten zwar in privater Hand liegen, aber es fehlte noch eine staatliche Genehmigung. Der Caledonian Power Bill wurde 1936 ordnungsgemäß dem Parlament vorgelegt, aber abgelehnt. Als er Anfang 1937 ein zweites Mal abgelehnt wurde, berichtete der *Catholic Herald*, dass 47 der 58 schottischen Parlamentsmitglieder für den Vorschlag gestimmt hatten und dass daher über das »Schicksal [des Caledonian Power Bill] von den englischen und walisischen Mitgliedern entschieden wurde, die nichts oder nur wenig über die Angelegenheit wussten«. Die Zeitung behauptete, dass die nichtschottischen Parlamentsmitglieder ablehnend abgestimmt hätten, weil sie der Überzeugung wären, »dass eine realistische Möglichkeit bestand, das vorgeschlagene Kalziumkarbid-Werk in einem der Notstandsgebiete südlich von Tweed zu errichten«. Das Stadtratsmitglied Donald Cameron aus Fort William unweit des vorgeschlagenen schottischen Standorts formulierte es ganz unumwunden: »Schlimmer sind uns die Sachsen seit den fast vergangen geglaubten Zeiten unseres Konflikts nicht in den Rücken gefallen. Das werden wir im Gedächtnis behalten, nicht verbittert, aber mit einem Gefühl größter Ungerechtigkeit«.[44]

Die Firma ließ jedoch von ihrem Vorhaben nicht ab und reichte den Entwurf für die schottischen Anlagen 1938 ein drittes Mal ein. Wie bei vielen Debatten über die industrielle Entwicklung des schottischen Hochlands verlief ein tiefer Graben zwischen denjenigen, die diese für ein unverzichtbares Mittel im Kampf gegen Armut und Abwanderung hielten, und denjenigen, die sie als einen zerstörerischen Eingriff in die »natürliche« Schönheit der Landschaft ansahen, wobei ein Teil der Gegner Einheimische waren und nicht aus dem Süden Großbritanniens stammten, wie Stadtrat Cameron behauptete.[45] Allerdings gab es zweifellos auch Leute aus England und Wales, die die Hoffnung hatten, dass das Kalziumkarbidwerk in Port Talbot, Südwales, errichtet wurde. Jedenfalls setzten sich im Frühjahr 1938 die Gegner in der Abstimmung durch. Wer allerdings auf eine Ankurbelung der walisischen Wirtschaft gehofft hatte, wurde bald enttäuscht. Auf eine brieflich eingereichte Frage antwortete im Juli 1938 der Minister für Co-ordination of Defence [sic] Sir Thomas Inskip:

> Die Entscheidung des Parlaments [gegen den schottischen Standort von Jahresbeginn] betrachtete die British Oxygen Company nicht ohne Grund als Schaffung einer neuen Situation, und man erklärte mir, dass man sich nach gründlicher Prüfung dieser Situation und besonders der gegenwärtigen wirtschaftlichen Möglichkeiten einer Kalziumkarbid-Produktion nicht veranlasst sehe, für den Entwurf auf Port Talbot auszuweichen.[46]

Möglicherweise erfolgte die Weigerung von der BOC-Geschäftsführung, die Anlage in Südwales zu bauen, aufgrund der Verärgerung über die wiederholte Ablehnung ihrer Schottlandpläne; die unveröffentlichte Geschichte zum 50-jährigen Bestehen des Unternehmens aus dem Jahr 1946 liefert dafür jedenfalls einige Hinweise.[47] Wahrscheinlicher erscheint jedoch, dass die Entscheidung geschäftlichen Erwägungen folgte. Politische Faktoren wogen zwar schwer – wie die Beteiligung des Verteidigungsministers bei den Diskussionen zeigt –, aber das Gewicht lag nach wie vor auf wirtschaftlichen Erwägungen. Und die waren eindeutig: Das Projekt erforderte sehr viel billigeren Strom als in Port Talbot verfügbar und die Planungen waren schon recht weit gediehen. Als Anfang März 1937 die zweite Lesung des Caledonian Power Bill kurz vor der Ablehnung stand, beauftragte der BOC-Vorstand den stellvertretenden Vorstandsvorsitzenden und die Geschäftsführer, zwei Drittel der Aktien des norwegischen A/S Odda Smeltsverk mit einem Agio von 50 Prozent zu kaufen, eine Acetylenanlage, die in unmittelbarer Nähe eines kostengünstigen Wasserkraftwerks stand. Für den Kauf wurden zwei Bedingungen gestellt: Erstens mussten die anderen großen Aktienbesitzer zustimmen, die Aktien BOC zum selben Preis abzutreten, und zweitens musste die norwegische Regierung dem Verkauf vorbehaltlos zustimmen. Schon im August 1937 wurde den Bedingungen zugestimmt, und die BOC erwarb so gut wie alle Anteile an Odda. Noch vor der erfolglosen dritten Lesung des Caledonian Power Bill Anfang 1938 hatte sich die BOC auf diesem Weg also eine kostengünstige Versorgung mit Kalziumkarbid gesichert. Die Firma begann sogleich ein groß angelegtes Lagerungsprogramm in Großbritannien. Als die deutschen Truppen im April 1940 Norwegen überrannten und das Land bis Kriegsende besetzten, hatte sich die BOC in Großbritannien genug Vorräte verschafft, um die Firma und das Land über Monate hinweg versorgen zu können, es stand ausreichend Kalziumkarbid zur Verfügung, bis weiteres Kalziumkarbid aus Kanada eintraf.[48]

Im Herbst 1939 befanden sich so gut wie alle Länder, in denen die führenden Unternehmen der internationalen Industriegasbranche ihren Sitz hatten, im Krieg. Einzige Ausnahme waren die AGA in Schweden, das während des Krieges seine Neutralität wahrte, sowie die Air Reduction Company (Airco) und die Union Carbide's Linde Air Products (LAP) aus den USA, die allerdings nicht mehr lange neutral bleiben sollten. Trotz der offiziellen Neutralität Schwedens war die AGA über ihre internationale Präsenz an den Kriegsvorbereitungen in Deutschland und Österreich beteiligt.

Anders als die AGA waren amerikanische Gasunternehmen während der 1930er-Jahre ausschließlich auf dem heimischen Markt aktiv, es bestanden aber wichtige Verbindungen zu europäischen Produzenten. So erwarb Linde Air Products 1931 vier Flüssigsauerstoffanlagen von der deutschen Linde, die allerdings die letzten Ankäufe waren, die die amerikanische Firma bei ihrer deutschen Namensschwester tätigte.[49] Airco war technologisch und über Anteile mit der französischen Air Liquide verbunden, die wiederum an der Gründung der amerikanischen Firma im Jahr 1915 beteiligt gewesen war.

Noch langsamer als in Großbritannien kamen die Vorbereitungen für den nahenden Krieg in Amerika in Gang. Die meisten Veränderungen in der US-Industriegasbranche während der 1930er-Jahre standen wenig überraschend nicht in unmittelbarem Zusammenhang mit den Kriegsvorbereitungen, aber wie im Fall Großbritanniens und BOCs nahmen sie angesichts des bevorstehenden Kriegseintritts der USA an Tempo zu; viele Entwicklungen aus den 1930er-Jahren erwiesen sich darüber hinaus als äußerst nützlich, als dann die US-Rüstung startete. So schlug während der 1930er-Jahre Linde Air Products, das die amerikanischen Rechte am Heylandt-Flüssigsauerstoffverfahren und den damit verbundenen Distributions- und Lageranlagen hielt, denselben Weg wie BOC ein und legte ein ehrgeiziges Investitionsprogramm für LOX auf. Auch diese Maßnahmen waren antizyklisch, denn wie die britische Produktion brauchte die amerikanische Wirtschaft lange, um sich von der Weltwirtschaftskrise zu erholen. Als dann aber 1940 die Nachfrage nach Gasen sprunghaft anstieg, betrieb LAP schon 70 Sauerstoff- und 53 Acetylenanlagen. Zu den Sauerstoffanlagen gehörte die erste Flüssigsauerstoff-Großanlage in Duquesne, Pennsylvania. Zu dieser LO-500-Anlage kam 1941 eine zweite in East Chicago, die »der größte Sauerstoffproduzent in der LINDE-[Air Products]-Familie wurde«. Für den Anlagenbau und zur Entwicklung weiterer Anwendungen plante LAP zudem in Tonnawanda im Staat New York ein großes Werk und ein Forschungs- und Entwicklungslabor. 1937 begann dessen Bau, der im folgenden Jahr vollendet wurde.[50] Die Parallelen zu BOCs Vorgehen zwei Jahre zuvor in Edmonton sind unübersehbar. Die Werke in Tonnawanda und Edmonton waren unabdingbar für BOC beziehungsweise LAP und ihren gewagten antizyklischen Schwenk hin zur modernen LOX-Technik. Wie BOC eroberte sich LAP dadurch eine Technologieführerschaft in der Branche und behielt sie in den folgenden Jahrzehnten bei.

Auch die Firma Airco, die zusammen mit LAP Ende der 1930er-Jahre etwa 80 Prozent des US-Sauerstoffmarkts kontrollierte, wandte sich in den 1930er- und frühen 1940er-Jahren neuen Technologien zu, aber ihre Strategie zielte eher auf Diversifizierung.

Neben der bereits erwähnten Trockeneisproduktion stieg Airco mit dem Kauf von Ohio Chemical and Manufacturing Co. auch in den wachsenden Markt für medizinische Gase und Apparate ein, der sehr lukrativ zu werden versprach. 1941 diversifizierte das Unternehmen noch weiter und baute in Louisville, Kentucky, eine acetylenbasierte Chemiefabrik.[51]

Abb. 23 Sauerstoffbefüllstation der Air Reduction Company in den 1940er-Jahren

Als sich 1940 und 1941 die Kriegsvorbereitungen auch in den USA beschleunigten, konnten die LAP und Airco, die beiden Schwergewichte der dortigen Gasindustrie, plötzlich kaum noch den Bedarf der boomenden Rüstungsindustrie mit Gasen und Equipment versorgen. Für beide Firmen bedeuteten die Kriegsvorbereitungen das Ende der Rezession und des langsamen Wachstums der vergangenen zehn Jahre. Zudem wurden Innovationen im Anwendungsbereich angestoßen, die während der Kriegsjahre für die Industrie kennzeichnend wurden. Russell Meredith, ein Ingenieur von Northrop Aircraft, entwickelte 1940 beispielsweise eine neue Schweißtechnik mithilfe von Helium und Argon, um ein ganz aus Magnesium bestehendes Flugzeug zu schweißen; er ließ das Verfahren im Oktober 1941 patentieren, das als WIG- oder Wolfram-Inert-Gasschweißen bekannt wurde. LAP erwarb eine Lizenz und vermarktete es unter dem Handelsnamen Heliarc.[52] Das ist ein gutes Beispiel für Innovationen in der Gasindustrie, die von Seiten der Anwender, vor allem aus der Branche der Metallverarbeitung, stammten.

Trotz der großen Bedeutung von LAP und Airco für die Kriegsvorbereitungen zeigten beide kein großes Interesse, als das Militär Mitte 1941 einen Hersteller zur Konstruktion eines mobilen Sauerstoffgenerators für die Zwecke der US Air Force suchte. Diese Chance ließen sich andere Unternehmen nicht entgehen und insbesondere die 1940 gegründete

Firma Air Products profitierte vom Desinteresse der großen Player. In der ersten Zeit garantierten allein die amerikanischen Rüstungsaufträge das Überleben des jungen Unternehmens. Da Air Products eines der wenigen, wenn auch enorm wichtigen Beispiele für die Bedeutung der Kriegsvorbereitungen auf ein Gasunternehmen der Alliierten ist, soll hier kurz die Geschichte der Entstehung und die ersten Schritte von Air Products ausführlicher umrissen werden, bevor wir uns der Entwicklung der Branche während des Krieges zuwenden.[53]

Air Products wurde 1940 in Detroit gegründet. Das Unternehmen entstand jedoch keineswegs aus dem Nichts, sondern wurde von sehr erfahrenen Branchenvertretern ins Leben gerufen.

Der Gründer Leonard Parker Pool hatte von 1929 bis 1936 im Vertrieb von Burdett Oxygen Co. gearbeitet, bevor er nach Burdetts Übernahme durch die Compressed Industrial Gases kündigte und sich auf die 1936 von ihm gegründete Acetylene Gas and Supply Company konzentrierte. Sein wichtigster Partner Carl Anderson hatte mehrere Jahre für die Gas Industries, eine kleine innovative Gastechnikfirma, gearbeitet. Dabei hatte Anderson auch Erfahrungen auf dem internationalen Markt gesammelt, als er beispielsweise den Verkauf von Patentrechten und Knowhow der amerikanischen Firma auf dem britischen Markt mitorganisierte, Käufer war die britische Saturn Industrial Gases, die 1926 gegründet worden war. Anderson war eine Zeit lang nach Großbritannien entsandt

Abb. 24 Leonard Parker Pool (1906–1975), gründete 1940 das Unternehmen Air Products Inc.

worden und spielte mit dem Gedanken, das Angebot, Geschäftsführer bei Saturn zu werden, anzunehmen. Schließlich aber kehrte er in die USA zurück, wo er die Firma, die er zurückgelassen hatte, in einiger Unordnung vorfand. Bald nachdem Anderson zu Pools neuer Firma gewechselt war, ging Gas Industries dann auch pleite.[54]

Wesentliche Ideen für die neue Firma entwickelte Pool in seiner Zeit bei Burdett, wo er ein neues Vertriebskonzept, wie wir es heute nennen würden, für das Gasgeschäft erarbeitete. Pool überlegte, dass eine auf den Bau von Luftzerlegern spezialisierte Firma eine Anlage am Standort eines großen Kunden, beispielsweise einer Stahlhütte oder einer Chemiefabrik, selbst betreiben und diese zugleich in eigenen Besitz halten könnte. Der Kunde könnte seinen Bedarf zu einem relativ günstigen Preis vom Anlagenbetreiber kaufen, allerdings mit einer vertraglich vereinbarten Abnahme der Gase zu einem fest vereinbarten Preis; heute nennt man eine derartige Vereinbarung einen Take-or-Pay-Vertrag. Mittels dieser vertraglichen Vereinbarungen sollte eine konstante Grundlast für die Kapazität der Anlage und eine Amortisierung der Investition sichergestellt werden. Die über den Bedarf des Großkunden hinausgehende Produktion könnte in Flaschen, Tanklastern oder Kesselwaggons auf dem Handelsmarkt an kleinere Kunden in der Umgebung zu Preisen verkauft werden, die konkurrenzfähig waren und dennoch höher als diejenigen, die man dem Großkunden berechnete. Die Kombination garantierter Großverkäufe und kleiner Verkäufe nach Marktlage und hohen Preisen sicherte der kapitalintensiven Luftzerlegungsanlage eine hohe Profitabilität und zugleich auch eine effektive Kapazitätsausnutzung. Anders gesagt, Pool und seine Firma wollten die Kuh nicht verkaufen, sondern behalten und nur die Milch profitabel veräußern. Pool ergänzte im Grunde also das bestehende Konzept der Onsite-Produktion für die Industriegasbranche um zwei Faktoren: zum einen blieb das Eigentum an der Anlage bei der Industriegasfirma statt bei dem Großkunden und zum anderen konnte die Industriegasfirma die überschüssige Produktion der Anlage an kleinere Kunden in der Nähe verkaufen.[55]

Air Products wurde gegründet, um genau diese Ideen umzusetzen, auch wenn es einige Zeit dauerte, bis es so weit war. Das erste Problem bestand darin, die nötigen technischen Kapazitäten zu entwickeln. Dieses Problem löste sich jedoch, als Pool Frank Pavlis einstellte, einen jungen Ingenieur, der rasch Spezialkenntnisse in der Gasproduktionstechnik erwarb. Ein zweites und drittes Problem war allerdings entscheidender: Die neue Firma fand nur herzlich wenig Kunden und es fehlte ihr auch Kapital, um den Bau ihrer ersten »Kuh« zu finanzieren, ohne die es nun mal keine »Milch« gab.

In der Zwischenzeit blieb dem auf wackligen Beinen stehendem Jungunternehmen nichts anderes übrig, als jeden möglichen Auftrag anzunehmen. Drei Dinge halfen der Firma über diese schwierige Zeit: einige kleinere Aufträge, Kapitalspritzen von Pool, seiner Frau und anderen sowie die Begeisterung und Überzeugung der jungen Belegschaft. Anfang 1941 konnten sie genügend Kapitel zusammenkratzen, um dem Konkursverwalter von Gas Industries, Andersons ehemaligem Arbeitgeber, Patente und technische Zeichnungen abzukaufen. Die Patente waren größtenteils abgelaufen, doch die Zeichnungen verschafften Air Products fertige und sehr brauchbare Entwürfe. Besonders ein Satz Zeichnungen für den Bau mobiler Sauerstoffanlagen aus dem Jahr 1933 weckte die Neugier des Vertriebsspezialisten Pool. Gemeinsam mit ihren Ehefrauen reisten er sowie Anderson ein paar Monate später zum Stützpunkt der US Air Force in Dayton, Ohio, und nach einigem Hin und Her schlossen sie im Juni 1941 mit der US Air Force einen Entwicklungsvertrag ab. Er kam keine Sekunde zu früh: Die junge Firma bewegte sich noch immer am Rande des Bankrotts, daran hatte sich seit der Gründung im Jahr zuvor nichts geändert. Insofern hatten die Kriegsvorbereitungen entscheidenden Anteil daran, dass Air Products in seiner Anfangszeit weitermachen konnte, und der Krieg führte dazu, dass die Firma erste bescheidene Gewinne verzeichnete.[56] Aber auch die anderen Unternehmen der Branche beeinflusste der Krieg so wie diese ebenfalls Einfluss auf den Kriegsverlauf nahmen.

Gase und Kriegswirtschaft

Die Industriegasfirmen waren jeweils auf unterschiedliche Weise an den Kriegsanstrengungen beteiligt, nicht zuletzt durch die Entwicklung neuer Anwendungen, aber auch weil sie einer Reihe neuer, zum Teil wegweisender Technologien den Boden bereiteten. Der wichtigste Beitrag aber fiel in die Sparte, in der sie traditionell ihre Stärken hatten: Schneiden, Schweißen und Flämmen (mittels des Brennputzens oder Brennflämmens ließen sich schnell oberflächliche Fehlstellen auf Brammen und Blechen entfernen[57]). Angesichts enormer Produktionszuwächse bei Fahrzeugen, Flugzeugen und anderem Kriegsgerät, das großenteils in höchster Qualität geliefert werden musste, ist es wenig überraschend, dass die Sauerstoff- und Acetylenherstellung – neben anderen, spezielleren Gasen wie Argon – sprunghaft anstieg. Das galt für alle Gasunternehmen in den großen kriegführenden Ländern (eine Ausnahme bildet die französische Air Liquide, auf die wir gleich zu sprechen kommen), aber wir wollen anhand von BOC, von der wir die meisten Daten besitzen, die typischen Zuwächse zeigen.

1931 betrug der Umsatz an Industriesauerstoff bei der britischen Firma knapp neun Millionen Kubikmeter. Dieser verdreifachte sich nahezu bis zum Ende des Jahrzehnts, was an der allmählichen wirtschaftlichen Erholung lag, vor allem aber an den Kriegsvorbereitungen. 1939 betrug der Umsatz dieses Gases zum ersten Mal die 30 Millionen Kubikmeter und nahm rasch weiter zu, als der Krieg sich verschärfte, sodass er 1942 bei knapp 60 Millionen Kubikmeter lag. 1944 erreichten die Industriesauerstoffumsätze von BOC ihren Spitzenwert bei 74 Millionen Kubikmeter, bevor sie 1945 auf 67 Millionen absanken (der Krieg in Europa endete im Mai 1945). Im selben Zeitraum erlebte BOC darüber hinaus einen dramatischen Zuwachs beim Absatz gelösten Acetylens. 1931 lag der Acetylenabsatz bei gerade einmal 1,2 Millionen Kubikmeter, stieg dann aber 1939 auf 3,6 Millionen Kubikmeter. 1942 übertraf er das erste Mal die 5,6 Millionen Kubikmeter und erreichte 1944 seine kriegsbedingte Spitze mit 9 Millionen Kubikmeter, bevor er 1945 wieder auf 7,5 Millionen zurückfiel.[58] Praktisch der gesamte Zuwachs ist auf die erhöhte Nachfrage für Schneiden und Schweißen und die neue Nachfrage für das Flämmen zurückzuführen.

Dieses explosionsartige Wachstum des Industriesauerstoff- und -acetylenabsatzes lässt sich während des Krieges nicht nur für die BOC verfolgen, sondern auch bei den anderen großen Gasproduzenten. Die einzige Ausnahme bildete die französische Air Liquide. Unmittelbar vor dem Krieg hatte sich Air Liquide allerdings auch langsamer als andere große Gasunternehmen von der Weltwirtschaftskrise erholt. Als 1939 Frankreich und Großbritannien Deutschland den Krieg erklärten, schnellten auch bei Air Liquide Produktion und Umsatz von Industriesauerstoff und -acetylen in die Höhe, doch der deutsche Sieg über Frankreich im Juni 1940 und die folgende Teilung und Teilbesetzung des Landes bis zum Sommer 1944 ließen den französische Marktführer eine völlig andere Entwicklung als seine internationale Konkurrenz nehmen. So wurde die Firmenzentrale auf dem Quai d'Orsay von den deutschen Besatzern requiriert, und viele Arbeiter von Air Liquide wurden für die Arbeit bei Linde in Deutschland zwangsverpflichtet. Darüber hinaus verlor Air Liquide einige Sauerstoff- und Acetylenwerke im Elsass und in Lothringen an Linde, als die Départements in der zweiten Hälfte des Jahres 1940 de facto vom »Dritten Reich« annektiert wurden. Letztlich wurde Air Liquide zu einem Zulieferer von Linde, da das deutsche Unternehmen Schwierigkeiten hatte, alle Kriegsaufträge im Anlagenbau zu erfüllen, insbesondere bei großen Luftzerlegern. Air Liquide beliefererte während der Besatzungszeit weiterhin auch die französische Rüstungsindustrie, aber die politische Teilung und andere Umstände führten dazu, dass die Sauerstoffproduktion zwischen 1939 und 1945 um fast 50 Prozent und die Acetylenproduktion um ein Viertel sank. Trotzdem blieben die Umsätze der französischen Firma lebhaft und stiegen sogar von sechs Millionen französischen Franc im Jahr 1940 auf 1,1 Milliarden Franc im Jahr 1945.[59] Wieder zeigt sich, dass im Gasgeschäft Produktionsrückgänge nicht unbedingt zu einem Sinken des Umsatzes (oder auch der Profitabilität) führen.

Die Diskrepanz zwischen dem starken Rückgang in der Gasproduktion und dem steilen Umsatzanstieg bei Air Liquide lässt sich zweifellos auf den nach wie vor großen Produktionsumfang bei Anlagen zur Gasherstellung zurückführen, die vor allem an die deutsche Linde verkauft wurden, und nicht auf die Gasproduktion per se. Einige Historiker haben die Vermutung geäußert, dass die finanzielle Stabilität des Unternehmens auch an der tatkräftigen Kollaboration mit den deutschen Besatzern gelegen haben könnte, was allerdings übertrieben erscheint. Es besteht jedoch kein Zweifel, dass Georges Claude, dessen Erfindungen den Grundstein für die Firma Anfang der 1920er-Jahre legten, tatsächlich vergleichsweise schnell mit den Deutschen kollaborierte, was die in einem Gerichtsverfahren nach dem Krieg vorgelegten Beweise zeigten, die zu seiner Inhaftierung und dem Ausschluss aus der Académie Française führten. Allerdings hatte Claude sich damals schon längst aus dem Alltagsgeschäft seiner Firma zurückgezogen. Auch wenn also nicht von der Hand zu weisen ist, dass Air Liquide mit den deutschen Besatzern kooperierte, gibt es kaum Hinweise darauf, dass sie das mit größerer Begeisterung als andere Unternehmen im besetzten Frankreich tat.[60]

Wie dem auch sei, im Krieg war Air Liquide jedenfalls eine große Ausnahme unter den Gasfirmen. Bei den wichtigsten Wettbewerbern waren massive Zuwächse bei Produktion und Umsatz von Gasen zu verzeichnen, die eine beträchtliche Anstoßwirkung hatten. Zum einen kam der Bestand an Gasflaschen, mit denen Kunden herkömmlicherweise beliefert wurden, schon bald an Grenzen. Das galt besonders für Sauerstoff, dessen Volumenproduktion weit höher als die von Acetylen ausfiel. So erreichten den Aufsichtsrat von Linde schon Mitte September 1942 erste Berichte über Engpässe bei Gasflaschen. Die BOC wiederum kämpfte mit ähnlichen Schwierigkeiten und versuchte der Flaschenknappheit durch die Beschaffung aus dem Ausland beizukommen. Im November 1940 kaufte die Firma nicht weniger als 10.000 5,5-Kubikmeter-Leichtstahlflaschen in den USA. Wichtiger aber als die Befriedigung des Flaschenbedarfs war die beschleunigte Einführung der noch immer relativ neuen LOX-Lager- und Distributionstechnik. Das galt für alle Wettbewerber, aber auch in diesem Fall haben wir die besten Daten für die BOC. Das Verhältnis zwischen dem Industriesauerstoffumsatz in Flaschen und dem LOX-Umsatz lag bei der BOC zu Kriegsbeginn bei etwa 2:1. 1942 waren die LOX-Umsätze nicht nur gleich hoch, sondern lagen sogar schon ein wenig höher als der Absatz per Flasche. Folge war, dass die ältere Lager- und Distributionstechnik noch weiter zurückfiel. Gasflaschen waren nach wie vor ein wichtiger Bestandteil der Produktions-, Lagerungs- und Distributionspalette, aber die mengenmäßige Auslieferung in Flaschen reichte nie mehr an die von LOX heran. Dasselbe galt für die anderen Hauptproduzenten, die im Laufe des Krieges auch immer mehr auf die LOX-Techniken setzten.[61]

Aus zwei Gründen ist der zunehmende Einsatz von LOX in seiner Bedeutung nicht zu unterschätzen. Wie es in dem 1944 verfassten Entwurf zur Geschichte von BOC in den Kriegsjahren heißt: »Man kann ohne Übertreibung behaupten, dass die Gasflaschenhersteller die enorme Nachfrage während der Kriegsjahre nicht hätten befriedigen können, wenn das Flüssigsauerstoff-Verfahren nicht entwickelt worden wäre.« Zweitens sanken die Transportkosten durch den Einsatz der neuen LOX-Distributionssysteme erheblich, was für die Leistungsfähigkeit und Einsparungen während des Krieges und danach von großer Bedeutung war.[62]

Auch der Anlagenbau, traditionell eine Stärke der Gasindustrie, war ein wichtiger Teil der Kriegsanstrengungen bei allen wichtigen am Krieg beteiligten Ländern (und bis zu einem gewissen Grad auch im besetzten Frankreich, wie wir gesehen haben). Um die enorme Kriegsnachfrage nach Sauerstoff zu befriedigen, mussten natürlich die Kapazitäten erhöht werden, was nur durch die vermehrte Produktion von Luftzerlegern und der verschiedenen Komponenten des LOX-Verfahrens zu bewerkstelligen war. Luftzerleger wurden in steigender Zahl und Kapazität von den Kriegsteilnehmern auch zur Herstellung von Stickstoff gebraucht, der nicht nur für die Munitions-, sondern auch für die Düngemittelproduktion essenziell war. Beide Anwendungen konkurrierten daher miteinander und es war nicht ganz leicht, ein Gleichgewicht zu finden. Im Krieg nahm beispielsweise der militärische Einsatz von Stickstoff in Deutschland um 500 Prozent zu, was trotz der enormen Zunahme der Gesamtproduktion zu einem 60-prozentigen Rückgang der Stickstoffverwendung für Düngemittel führte.[63] Die Folgen für die Nahrungsmittelproduktion waren dramatisch.

Stickstoffdünger und Munition stammten natürlich in erster Linie von Chemie- und nicht von Gasunternehmen. Aber Gasunternehmen lieferten die Anlagen zur Gewinnung von Stickstoff aus anderen Luftkomponenten, mit dem sich die Endprodukte für die Landwirtschaft und das Militär herstellen ließen. Linde zum Beispiel lieferte nicht weniger als zwölf Luftzerleger für die Stickstoffproduktion an die Dynamit Nobel Troisdorf, die diese 1939 in einem Auftrag bestellt hatte. Während des Krieges gab es viele kleinere Aufträge dieser Art, insbesondere nachdem die Regierung Linde 1942 angewiesen hatte, sich vermehrt der Herstellung von Großanlagen zuzuwenden. 90 Prozent aller Verträge, die Linde in diesem Jahr erhielt, dienten deshalb vor allem der Erfüllung des deutschen Ölplans.[64] Darüber hinaus war Linde damit beschäftigt, Gaszerlegungsanlagen zu bauen, traditionell eines ihrer Kerngeschäfte. Bis 1942 lief die entsprechende Produktion auf Hochtouren. Aber auch die Firmen anderer Länder waren aufgerufen, solche Anlagen in großer Zahl herzustellen bzw. neue Gaszerlegungsapparaturen und -verfahren zu entwickeln, mit denen sich die Stoffe kurzfristig produzieren ließen. 1942 schloss beispielsweise die BOC ein Projekt erfolgreich ab, in dem es um die Gewinnung von Äthylen aus Koksofengas ging. Ironischerweise leitete Paul Schuftan dieses Projekt, der von Linde bei BOC »abgestellt« worden war, nachdem die Nazis ihn vor Kriegsbeginn als »Juden« identifiziert hatten.[65]

Gasfirmen trugen auch zu den Kriegsanstrengungen bei, indem sie andere, speziellere Gase produzierten. Besonders im Vergleich zu Sauerstoff und Acetylen fielen die Produktionsmengen meist recht klein aus, dennoch waren sie aber von Bedeutung. Stickstoff zum Beispiel war, wie wir gesehen haben, für die Herstellung von Düngemitteln und Munition zwingend nötig, wobei er fast ausschließlich von Chemiefabriken und nicht von Gasfirmen produziert wurde. Letztere stellten allerdings auch für andere Zwecke Stickstoff her, unter anderem zur Gummikonservierung, als Isoliergas oder bei der Nahrungsmittelkonservierung. Mit dem hochqualitativen Stickstoff und Wasserstoff der Gasfirmen konnten Radioröhren und Fallschirmseide hergestellt werden, während Wasserstoffgase für verschiedene Fertigungsprozesse und für militärische Belange eingesetzt wurden, unter anderem in Sperrballons. Die USA hatten genau wie das alliierte Kanada durch ihre natürlichen, heliumreichen Gasreserven Zugang zu größeren Mengen Helium als jeder andere Kriegsteilnehmer und setzten das Gas für Ballons und Luftschiffe bei der U-Boot-Aufklärung ein, aber auch für andere Zwecke, wie etwa für Luftgemische zum Tauchen.[66] Auch Edelgase wie Argon und Krypton spielten in allen kriegsführenden Ländern eine nicht unbedeutende, wenn auch eingeschränkte Rolle in der Kriegsproduktion, unter anderem für das Schneiden und Schweißen. Bezeichnend ist, welchen Einfluss der Krieg auf die internationale Kooperation der Firmen hatte. Die BOC hatte beispielsweise im Mai 1938 mit Linde, I. G. Farben (Griesheim) und Air Liquide ein Edelgasabkommen unterzeichnet, das bis Ende Dezember 1940 galt. Bei Kriegsausbruch wurden jedoch alle Edelgasabkommen mit Deutschland aufgekündigt. Die britische Firma beschloss Mitte Januar 1942 allerdings ausdrücklich, dass »die Nutzungsgebühren gemäß dem Abkommen weiterhin auf einem eigenen Konto gutgeschrieben werden sollten, damit sie bei Kriegsende wenn nötig zur Überprüfung der Geschäfte verfügbar sind«.[67]

Die wichtigsten Kriegsbeiträge der Industriegasbranche erwuchsen also aus ihren traditionellen Stärken: der Herstellung von Gasen für Schneiden und Schweißen; der Herstellung von Anlagen für die Produktion und Zerlegung von Gas; sowie in einem geringeren Maße der Herstellung anderer Gase. Aber die Branche entwickelte auch neue wichtige Anwendungen, vornehmlich für Sauerstoff. Wir haben schon spezielle Schweißgeräte und -gase für Metalllegierungen erwähnt, die wesentlich für die Herstellung von Flugzeugrümpfen und -motoren, Prüfständen, Montagegestellen, Werkzeugen, Bomben und Radargeräten sowie anderen Hightech-Rüstungsteilen aus Metall waren. Daneben entwickelte man neue Verfahren zum Flämmen und Brennschneiden von nicht rostendem Stahl, was bislang unmöglich gewesen war.[68]

Auch für zahlreiche andere Anwendungen wurden während des Krieges vermehrt Gase produziert und viele neue Anwendungen entwickelt. Wie schon erwähnt fingen Industriegasunternehmen während der 1930er-Jahre an, in großem Maßstab medizinische Gase herzustellen. Kurz vor Kriegsausbruch stieg die Nachfrage und blieb den ganzen Krieg über hoch. Auch in dieser Hinsicht ist die Datenlage für die BOC am besten, die 1938, also bald nachdem die Firma sich diesem Bereich zugewandt hatte, damit begann, die Absatzzahlen für medizinischen Sauerstoff gesondert zu verbuchen. Der Absatz medizinischen Sauerstoffs belief sich in diesem Jahr auf knapp 115.000 Kubikmeter und erreichte 1939 sowie 1940 schon 350.000 Kubikmeter resp. 425.000 Millionen Kubikmeter, wobei die Zahlen mit einer gewissen Vorsicht zu genießen sind, da sie auch den Sauerstoff für die Luftfahrt enthalten (zu dem wir gleich kommen); erst ab 1941 wurden sie separat betrachtet. 1941 und 1942 stieg der Absatz von medizinischem Sauerstoff auf 230.000 Kubikmeter, was darauf hinweist, dass die früheren Zahlen durch die Summierung des Sauerstoffs für die Air Force leicht verzerrt sind. 1943 stieg der Absatz von medizinischem Sauerstoff jedenfalls auf 310.000 Kubikmeter und erreichte 1944 und 1945 wieder ganze 425.000 Kubikmeter. Darin kündigte sich ein weiteres Wachstum in diesem Bereich in der Nachkriegszeit an.[69] Sauerstofftherapien, die während des Krieges entwickelt worden waren, bildeten die Grundlage für weitere Entwicklungen nach 1945.[70] Die Umsatzzunahme bei medizinischem Sauerstoff sah in den Unternehmen aller Kriegsteilnehmer ähnlich aus.

Der Verbrauch medizinischen Sauerstoffs stieg in der zweiten Kriegshälfte beträchtlich, aber die Fortschritte in der Luftfahrttechnik führten zusammen mit einer enormen Zunahme der Zahl von Flugzeugen zu einer sprunghaft angestiegenen Nachfrage von »high flying oxygen«, wie BOC ihn damals nannte. Der bahnbrechende erste Flug über den Mount Everest im April 1933 wäre ohne den Flaschensauerstoff nicht denkbar gewesen, und gegen Ende des Jahrzehnts gehörte der Sauerstoffvorrat zur Ausrüstung der Luftstreitkräfte unabdingbar dazu (und später auch der Passagierflüge), da er bei Flügen über 10.000 Fuß für die Flugzeugbesatzungen lebenswichtig war. Auch dazu haben wir die besten Daten für BOC, auch wenn sie erst für die Jahre 1941 bis 1945 von denen von medizinischem Sauerstoff gesondert vorliegen. Allerdings kann man wohl davon ausgehen, dass BOC 1939 etwa 230.000 Kubikmeter Sauerstoff an die Luftfahrt absetzte und 1940 etwa 310.000. Danach schnellten sie in die Höhe, wie Tabelle 4.1 zeigt.[71]

An diesen Zahlen sind zwei Dinge bemerkenswert. Zunächst einmal die jährlichen großen Zuwächse, insbesondere nachdem 1943 und 1944 immer mehr Luftangriffe auf Deutschland geflogen wurden und als nicht nur die Royal Air Force, sondern auch die in Großbritannien stationierten Flugzeuge der US Air Force beträchtliche Mengen Sauerstoff brauchten. Der zweite Punkt betrifft die schnelle Einführung der Produktions-, Distributions- und Lagertechniken von Flüssigsauerstoff. Wie schon erwähnt, übertrafen bei BOC 1942 die Industriesauerstoffumsätze in Form von LOX leicht diejenigen des Flaschensauerstoffs. Dagegen spielte LOX beim Sauerstoff für die Luftfahrt keine Rolle, bis er 1943 auf einen Schlag 18 Prozent der gesamten Umsätze in diesem Bereich ausmachte. 1944 und 1945 stieg der Anteil von LOX in diesem Bereich exponentiell

Tabelle 4.1 Umsätze von »high flying oxygen« der Firma BOC, 1941–1945 (in Tausend Kubikmeter)

	1941	1942	1943	1944	1945
Flasche	765	1.475	2.500	3.300	1.000
Flüssig			500	5.500	4.000
Gesamt	765	1.475	3.000	8.800	5.000

Quelle: Tabelle zusammengestellt aus Material für die Anhörungen der British Monopolies and Restrictive Practices Commission 1954 (7. April 1954), in BOCW, Box 482, eigene Übersetzung

an und lag bei 63 beziehungsweise 80 Prozent des Jahresumsatzes. Innerhalb kürzester Zeit ersetzte LOX damit praktisch die traditionellen Gasflaschen für das »high-flying oxygen«.[72]

Die BOC war darin keine Ausnahme. In Deutschland beispielsweise erfuhr der Aufsichtsrat von Linde Mitte September 1940, dass die Firma vom Reichsluftfahrtministerium Aufträge für vier 200-Kubikmeter/Stunde-LOX-Anlagen erhalten hatte. Das Tochterunternehmen Heylandt, das sich auf die LOX-Technik spezialisiert hatte, wurde zwischen 1939 und 1945 »ein reiner Rüstungsbetrieb«, der »alle drei Wehrmachtsteile mit Anlagen und Apparaturen zur Erzeugung und Verteilung von Sauerstoff und Stickstoff belieferte«.[73] Außerdem lieferte im Krieg auch Air Liquide LOX an verschiedene Kunden in Vichy-Frankreich und in den besetzten Landesteilen, unter anderem an die deutsche Luftwaffe.[74]

Für diese und andere Firmen öffnete sich durch den Sauerstoff für die Luftfahrt ein neuer Markt, insbesondere beim Flüssigsauerstoff, der eine weitere wichtige und lukrative Umsatzquelle darstellte. Besonders für eine Firma war die Produktion von Flugsauerstoff und vor allem von Produktionsanlagen für deren Produktion überlebenswichtig. Die erst 1940 gegründete Air Products stand vor der Pleite, als die Japaner im Dezember 1941 Pearl Harbor angriffen, und gab dann im Fiskaljahr 1942 ihren ersten (wenn auch recht bescheidenen) Gewinn bekannt. Dieser Sprung von einem verlustreichen zu einem profitablen Unternehmen ging allein auf die Produktion kriegsrelevanter Güter zurück. Einer der ersten Großaufträge für Air Products war der Bau einer Sauerstoffanlage im Marinehafen von Portsmouth, Virginia, im November 1941. Das Überleben der Firma wurde im Krieg noch stärker durch die Nachfrage nach mobilen Sauerstoffgeneratoren gesichert, die die weit von der Heimat stationierten Luftstreitkräfte der US Army und Navy sowie schließlich auch die der anderen Alliierten versorgen sollten.

Air Products produzierte kostengünstige, effiziente Generatoren, die sie fristgerecht und innerhalb des Budgetrahmens lieferte und sich so gegen die Konkurrenz etablierter Unternehmen wie Independent Engineering (die ineffiziente und manchmal gefährliche Anlagen lieferte) und Superior Air Products (die Schwierigkeiten hatte, überhaupt zu liefern) behauptete. Schnell erwarb sich die junge Firma einen guten Ruf für eine hohe technische Qualität und kostengünstige Produkte. Dieser beschränkte sich nicht allein auf das Mutterland, da die mobilen Sauerstoffgeneratoren von Air Products überall eingesetzt wurden, wo amerikanische oder – dank des amerikanischen Lend-Lease-Programms – andere Truppen der Alliierten stationiert waren und kämpften. Als die Sowjetunion im Herbst 1944 über das Lend-Lease-Programm Generatoren

Abb. 25 Produktion mobiler und stationärer Sauerstoffgeneratoren im Air Products Werk in Chattanooga, USA, in den 1940er-Jahren

orderte, forderte sie ausdrücklich diejenigen von Air Products und keine von Indepedent Engineering sowie Superior Air Products, die die Sowjets zuvor erhalten hatten. Mittlerweile hatte die Firma schon deutlich expandiert, was 1944 ihren von der Regierung geförderten Umzug von Detroit auf ein größeres Gelände in Chattanooga, Tennessee, erforderlich machte.[75]

Der Zweite Weltkrieg bedeutete für die Industriegasbranche und für Fertigungsunternehmen anderer Branchen beträchtliche Innovationsschübe und Umsatzzuwächse, dennoch stammte der größte Teil der eingesetzten Technik aus der Vorkriegszeit. Die Historiker stimmen allgemein darin überein, dass während des Krieges drei »macro-inventions« gemacht wurden: Düsenflugzeuge, Atomkraft (die mit dem Abwurf der ersten Atombomben im August ihren schrecklichen Höhepunkt fand) und ballistische Raketen mit Flüssigtreibstoff.[76] All diese drei neuen Technologien waren eng mit der Industriegasbranche verbunden. So konnten die speziellen Legierungen der Flugzeugrümpfe, Triebwerke und anderer Düsenflugzeugbauteile nur mit Gasgemischen geschnitten und geschweißt werden; zum Teil wurden diese wiederum mit den anderen Technologien zur Produktion und Verarbeitung der neuen Legierungen erst entwickelt. Die US-Industrie lieferte darüber hinaus Helium für Massenspektrometer, die für den Erfolg des Manhattan Project und damit den Bau der ersten Atomwaffen von entscheidender Bedeutung waren.[77]

Bei der dritten dieser Technologien, nämlich der Entwicklung und dem Einsatz von Flüssigtreibstoffraketen, standen die Gasunternehmen sogar im Zentrum der Entwicklungen, da der verwendete Treibstoff nichts anderes als eine Mischung aus Flüssigsauerstoff (als Oxidationsmittel) und Ethanol war. Hauptschauplatz dieser Entwicklung war Kriegsdeutschland, das die resultierenden V2-Raketen vor allem gegen belgische und britische Ziele einsetzte. Das V2-Programm (bekannt auch als A4-Programm) wurde bereits ausführlich beschrieben,[78] hier soll daher nur auf die entscheidende, wenn auch weitgehend vernachlässigte Rolle von Linde, Griesheim und AGA eingegangen werden. Heylandt, der deutsche Gas- und Gasanlagen-Gigant, lieferte nicht weniger als 60 »komplette Anlage[n] zur Erzeugung von je 540 kg/h Flüssig-Sauerstoff«, wobei zu Kriegsende zehn weitere Anlagen in verschiedenen Stadien der Fertigstellung in Linde-Fabriken standen.[79] Auch die I. G. Farben war an dem Programm beteiligt, mit vier LOX-Anlagen jedoch in bescheidenerem Umfang.[80] Später stieß auch die AGA im neutralen Schweden dazu und baute eine V2-Flüssigtreibstoff-Produktionsanlage an ihrem Hauptstandort Lindingö in der Nähe von Stockholm.[81]

AGAs Beteiligung an der Kriegsproduktion war aber nicht auf das Raketenprogramm und den schwedischen Standort beschränkt. Genauso wenig war das Unternehmen nur für eine Seite aktiv – seit den 1920er- bis in die 1960er-Jahre war AGA das am stärkste globalisierte Industriegasunternehmen und besaß Werke sowohl auf dem Boden der jeweiligen Kriegsgegner als auch der neutralen Staaten. Durch die Betriebe der AGA in »Großdeutschland« und in den von den Deutschen besetzten Teilen Europas war sie ebenso wie die deutsche Linde und die I. G. Farben Griesheim unmittelbar in den Krieg und die nationalsozialistischen Kriegsverbrechen verwickelt.

Die AGA besaß schon lange Interessen in Deutschland und Mitteleuropa und lieferte insbesondere aus den dortigen Tochterunternehmen große Mengen Acetylen. Diese machten mehr als ein Viertel ihrer gesamten Gasumsätze aus.[82] Insofern kam den Tochterunternehmen nicht nur eine wichtige Funktion bei den Kriegsvorbereitungen zu, sie hatten auch im Krieg entscheidende Bedeutung. Darüber hinaus war es die AGA und nicht etwa Linde oder Griesheim, die im sogenannten Generalgouvernement Luftzerleger und andere Anlagen baute, welche die schwedische Firma in direkte Verbindung und Komplizenschaft mit der äußerst gewalttätigen Besetzung dieser Teile Polens durch die Deutschen brachte.[83]

Linde, Griesheim und der Maschinenbauer Messer waren alle in die schlimmsten Verbrechen des »Dritten Reichs«, auch in den von Deutschland besetzten Gebieten Europas verwickelt. Lindes und Griesheims Joint Venture Vereinigte Sauerstoffwerke für den Verkauf von Sauerstoff erreichte beispielsweise 1941 »die größte Ausdehnung, da sie auch in den ›besetzten Gebieten‹ den Gasmarkt organisierte«. Alle drei Firmen setzten in ihren Fabriken Zwangsarbeiter ein, und Linde lieferte der berüchtigten I.G. Farben-Fabrik in Auschwitz Sauerstoffanlagen.[84] Auch die AGA beschäftigte – wie alle in Deutschland und in den von den Deutschen besetzten Gebieten tätigen Firmen – Zwangsarbeiter.

Spätestens 1943 wendete sich das Blatt für die Achsenmächte, und so gut wie alle gasproduzierenden Fabriken wurden durch Luftangriffe schwer beschädigt oder zerstört. Am stärksten waren die von anderen Unternehmen, insbesondere der I.G. Farben, betriebenen Linde-Anlagen betroffen, nicht zuletzt weil die alliierte Bombardierung der deutschen Synthetikbenzin-Industrie auch die Produktions- und Transportanlagen für Gas stark in Mitleidenschaft zog. Wie ein Bericht des United States Strategic Bombing Survey erklärte:

> Die Anlagen zur Produktion und Reinigung von Gas [Wasserstoff, Stickstoff und Karbonmonoxid] sind groß und komplex. Es sind Leichtbauten, die unter geringem Druck arbeiten und riesige Flächen vereinnahmen. Wegen ihrer Größe und mangelnden baulichen Stabilität bieten solche Anlagen ausgezeichnete Bombenziele; darüber hinaus reißt ihre Zerstörung die gesamte Produktionskette auseinander.[85]

Beschädigt oder zerstört waren aber nicht nur die Anlagen und Apparaturen, welche die Gasfirmen für andere Unternehmen hergestellt hatten; auch sie selbst waren betroffen, nicht zuletzt weil die Industriegebiete mit den Produktionsstätten der Großkunden, wo ein großer Teil der eigenen Anlagen standen, ebenfalls von den Alliierten bombardiert wurden. Ein Bericht über Lindes Sauerstoff- und Acetylenfabriken von Ende Dezember 1944 beispielsweise führte schwere Schäden an Fabriken in ganz Deutschland auf und erklärte ohne jede Ironie: »Dass unter diesen Umständen die Produktion der Werke nicht auf der gleichen Höhe gehalten werden konnte, ist nicht zu verwundern.«[86] Bevor sich die Lage bessern konnte, musste sie sich erst verschlimmern, und Ende des Frühjahrs 1945 kam die Produktion in Deutschland insgesamt, also auch die von Gas, zum Erliegen. Mittlerweile kontrollierten die Alliierten praktisch das ganze Land und arbeiteten schon Pläne aus, wie sich dessen Gesellschaft, Industrie und Wirtschaft reformieren ließ, während gleichzeitig die während des Krieges erreichten wissenschaftlichen und technologischen Errungenschaften Deutschlands auf den Prüfstand kamen. Es war vielleicht eine Art höhere Gerechtigkeit, dass ein Sachverständigenteam der Alliierten, das Linde besuchte, von Paul Schuftan geleitet wurde.[87]

Zusammenfassung

Die Industriegasbranche hat den Verlauf des Ersten Weltkriegs beeinflusst, aber sie war wohl kaum von entscheidender Bedeutung. Im Gegensatz dazu spielte sie im Zweiten Weltkrieg eine bedeutende Rolle, was damit zu tun hatte, dass sie für die Chemie- und Stahlproduktion sowie in der metallverarbeitenden Industrie unverzichtbar war. Ohne Industriegase wäre die Rüstungs- und Munitionsproduktion unmöglich gewesen, und ohne Innovationen bei der Verflüssigung, Distribution und Lagerung von Sauerstoff hätten Rüstungsgüter auch nicht in so großem Umfang hergestellt werden können. Der Flüssigsauerstoff schuf darüber hinaus eine Grundlage für die Expansion in neuere Märkte, insbesondere »high-flying oxygen«, aber auch Raketentreibstoff. Weitere Anwendungen waren mit dem Aufkommen neuer Technologien zu Kriegsende verbunden, die dann in der Nachkriegszeit eine wichtige Rolle spielten, unter anderem die Atomkraft und neue Verfahren in der chemischen Produktion. Das führte zu einschneidenden Veränderungen in der Gasbranche vor allem in den USA, was angesichts der desolaten Lage in allen anderen wichtigen gasproduzierenden Ländern nicht weiter überrascht. In den ersten 15 Jahren nach Ende des Zweiten Weltkriegs kam es deshalb gerade in den USA in der Gasbranche zu ganz neuen Entwicklungen in der Anwendung und Technologie, was im nächsten Kapitel näher thematisiert wird.

5
Die Umstrukturierung der Branche in den 1950er-Jahren

Einleitung

Im Zweiten Weltkrieg besaß die Industriegasbranche nach wie vor den größten Einfluss in den Bereichen, in denen seit jeher ihre Stärken lagen – dies war einerseits weiterhin die Schweiß- und Schneidtechnik und andererseits, wenn auch mittelbarer, die Herstellung der verschiedensten Chemikalien. Gleichzeitig ließ der Krieg, vor allem infolge der Entwicklung neuer Technologien, aber auch einige neue und vielversprechende Märkte ins Blickfeld der Unternehmen rücken. In mitunter rasantem Tempo wuchsen in der Nachkriegszeit Zahl und Bedeutung neuer Anwendungen. Zusammen mit dem beträchtlichen Wachstum in den traditionelleren Bereichen boten diese Entwicklungen den Unternehmen enorme Geschäftsmöglichkeiten. Sie stellten sie allerdings auch vor technische, finanzielle und organisatorische Herausforderungen, die durch Veränderungen der gesetzlichen und regulatorischen Rahmenbedingungen in Westeuropa noch verschärft wurden. Das hatte zur Folge, dass die großen Anbieter begannen, wesentliche Elemente der seit Langem bestehenden internationalen Marktstrukturen der Branche in Frage zu stellen. Mitte der 1950er-Jahre fingen daher viele der Führungskräfte und Ingenieure in großen Gaskonzernen an, neue Unternehmensstrategien zu entwickeln, um weiter auf den Märkten bestehen zu können.

Dies war jedoch ein langsamer Prozess und selbst Ende des Jahrzehnts konnte noch längst nicht von einem allgemeinen Umdenken in der Branche die Rede sein. Aus diesem Grund befassen wir uns zu Beginn dieses Kapitels zunächst mit dem Wiederaufbau der Marktstrukturen der Vorkriegszeit und den Kontinuitäten in der Organisation und den Geschäftsmethoden der einzelnen Firmen. Anschließend wenden wir uns den Veränderungen in den 1950er-Jahren und ihren Auswirkungen auf bestehende Strukturen und Abläufe zu. Das Hauptaugenmerk – auch im dritten Abschnitt – liegt hierbei auf den USA, und insbesondere Air Products (AP), und richtet sich auf die Frage, wie die Unternehmen auf die neuen Herausforderungen reagierten. Viele wichtige Neuerungen kamen nämlich aus Amerika und wurden ursprünglich von Air Products eingeführt, wenngleich es auch in Westeuropa Innovationen gab. Das Kapitel schließt mit einer kurzen Zusammenfassung.

Wiederaufbau

Obwohl alle wichtigen Akteure der internationalen Gasbranche mehr oder weniger stark durch den Zweiten Weltkrieg in Mitleidenschaft gezogen waren, bekamen die in den besiegten Ländern Deutschland und Japan heimischen Unternehmen die Kriegsfolgen zweifellos am härtesten zu spüren. Zwar waren sie wie ihre Konkurrenten in Frankreich, Großbritannien und den USA den technischen, logistischen und produktionsbedingten Herausforderungen der Kriegszeit mit einer Reihe neuer Anwendungen sowie der raschen Verbreitung der vor 1939 entwickelten Lager- und Distributionsverfahren begegnet. Im Gegensatz zu Air Liquide, BOC und den großen amerikanischen Gaskonzernen standen jedoch viele deutsche und japanische Gasehersteller vor dem Problem, dass nicht nur ihre Werke und Anlagen erheblich zerstört worden waren, sondern auch diejenigen ihrer Abnehmer. Zudem: Selbst wenn die Produktionsanlagen unversehrt geblieben waren, standen sie infolge der Kriegsfolgen still, insbesondere in Deutschland. Schließlich hatten sich deutsche und japanische Firmen noch den Plänen der Alliierten zu stellen, die die dortigen Industriestrukturen durch Dekartellisierung und andere Maßnahmen neu ordnen wollten.

Allerdings gab es zwischen Deutschland und Japan erhebliche Unterschiede, die in erster Linie den Entwicklungsstand der Branche betrafen. Nippon Sanso, Japans ältestes und größtes Industriegasunternehmen, war erst seit 1934 in der Lage, Luftzerlegungsanlagen zu bauen, blieb aber auch nach 1945 weiterhin stark von der Linde-Technik abhängig. Auch Teikoku K.K., die 1910 gegründete japanische Tochter von Air Liquide, hatte ein Jahr nach ihrer Verstaatlichung im Jahr 1939 mit dem Bau von Luftzerlegern begonnen, denen aber natürlich die Technik und das geistige Eigentum der französischen Mutter zugrunde lagen.[1] Im Gegensatz dazu war Linde einer der weltweit führenden Produzenten von Anlagen zur Herstellung und Zerlegung von Gasen. Zudem nahm das deutsche Unternehmen auch bei der Entwicklung von Tonnage-

Anlagen nach dem Linde-Fränkl-Verfahren sowie – über das Tochterunternehmen Heylandt – bei der Herstellung, Lagerung und Distribution von Flüssigsauerstoff eine Vorreiterrolle ein (siehe Kapitel 3 und 4). Auch Messer konnte im Anlagenbau auf eine lange Geschichte zurückblicken und verfügte außerdem über besondere Stärken in der Planung und Fertigung von Maschinen und Ausrüstung für das Schweißen. Darüber hinaus stellten Linde und die I. G.-Farben-Tochter Griesheim Gase her – die sie über die gemeinsame Tochter Vereinigte Sauerstoffwerke (VSW) vertrieben –, und das in einer Größenordnung, wie man sie bis zu diesem Zeitpunkt in Japan nicht kannte. Hinsichtlich des Ausmaßes an Zerstörungen gab es ebenfalls Unterschiede. Beim Abwurf der Atombombe auf Nagasaki am 9. August 1945 war ein großer im Besitz von Teikoku K. K. befindlicher Luftzerleger zerstört worden. Davon abgesehen waren die japanischen Gasunternehmen jedoch glimpflich davongekommen.[2] Die Schäden, die die japanische Industrie im Allgemeinen erlitt, hielten sich auch deshalb in Grenzen, weil die Bomber der Alliierten Japan erst relativ spät angeflogen hatten und systematische Luftangriffe erst ab November 1944 stattfanden.[3]

In Deutschland hingegen erlitten die Gaserzeuger bei den Bombardierungen schwere Schäden, nicht zuletzt deshalb, weil sich ihre Produktionsstandorte in der Nähe vorrangiger Ziele der Großindustrie im Ruhrgebiet und im Rhein-Main-Gebiet rund um Frankfurt a. M. befanden. Auch einige der von Linde und Griesheim betriebenen Luftzerleger waren davon betroffen, und im Juli 1944 wurde das Hauptwerk von Linde in Höllriegelskreuth bei München bombardiert.[4] Obwohl die deutsche Industrie insgesamt durch die Luftangriffe erstaunlicherweise nur begrenzt Schaden nahm,[5] wurden viele der großen Luft- und Gaszerleger an den Standorten der Synthetikbenzin-Hersteller zerstört, die ab September 1944 eines der Hauptangriffziele der Allierten waren.[6] Die meisten davon hatte Linde gebaut. Ihre Zerstörung bedeutete einerseits noch geringere Produktionskapazitäten, eröffneten andererseits Linde und den anderen Anlagenbauern dadurch aber auch bedeutende wirtschaftliche Möglichkeiten im Wiederaufbau.

Ein weiterer Unterschied zwischen den deutschen Gasunternehmen, insbesondere Linde, und den japanischen in der unmittelbaren Nachkriegszeit bestand also darin, dass Erstere wesentlich höhere Verluste an Eigentum und Märkten verkraften mussten. Zwar verzeichneten japanische Gasunternehmen durchaus Verluste, unter anderem in der Mandschurei und Ostchina, aber sie fielen doch wesentlich geringer aus. Grund hierfür war, dass die japanischen Unternehmen in der technischen Entwicklung weit zurücklagen und infolge der geringen Industrialisierung der benachbarten Länder nur begrenzt in die Industriegasmärkte Südostasiens außerhalb Japans (wiederum mit Ausnahme der Mandschurei) investiert hatten. Linde und Griesheim dagegen verloren Produktionsstätten in der sowjetischen Besatzungszone, der späteren Deutschen Demokratischen Republik während Griesheim und die deutsche AGA-Tochter wiederum Verluste in den ehemaligen von Deutschland besetzten Gebieten in Mittel- und Osteuropa hinnehmen mussten.[7] Alle Unternehmen büßten neben der DDR zudem auch die Märkte der anderen mittel- und osteuropäischen Gebiete ein, die Teil des Sowjetblocks wurden, sowie wichtige Beteiligungen im westlichen Ausland. Die 25-prozentige Beteiligung von Linde an der spanischen Abelló S.A. wurde 1948 beispielsweise vom spanischen Staat übernommen, und es dauerte zehn Jahre, bis das Unternehmen seinen Aktienanteil zurückerwerben konnte.[8] Es war dabei kein Zufall, dass die Verluste an Eigentum und Märkten sich in den meisten Fällen als Vorteil für Air Liquide erwiesen, Lindes europäischen Hauptkonkurrrenten im Bereich Anlagenbau und Gase.

In Anbetracht der technischen Überlegenheit von Linde und der relativen Rückständigkeit Japans ist es nicht weiter verwunderlich, dass die alliierten Teams aus Wissenschaftlern und Ingenieuren sich in der Nachkriegszeit sehr viel mehr für die deutschen Unternehmen als für die japanischen Anbieter interessierten.[9] In drei veröffentlichten Untersuchungsberichten stand die Massenproduktion von Luftgasen im Mittelpunkt, wobei sich zwei davon auf das Linde-Fränkl-Verfahren konzentrierten. Es gab zwei Berichte zu Linde selbst und in einigen weiteren wurden einzelne Aspekte der deutschen Gasbranche genauer analysiert. Im Gegensatz dazu erschien kein einziger Bericht über die japanische Industriegasbranche.[10] Bis heute wird in wissenschaftlichen Kreisen über die Auswirkungen der beschlagnahmten »intellektuellen Reparationsleistungen« der besiegten Achsenmächte debattiert. Es ist natürlich klar, dass einerseits ein technologisch hoch entwickeltes Unternehmen wie Linde im Grunde gezwungen wurde, einen Teil seines geistigen Eigentums an die von den Alliierten gesandten Ingenieure und Wissenschaftler abzutreten, die in der überwiegenden Mehrzahl Führungspositionen bei den amerikanischen und/oder britischen Konkurrenten innehatten und nach ihrer Rückkehr ins zivile Leben einiges von dem neu erworbenen Wissen in ihre Unternehmen mitnahmen. Andererseits ging es bei diesen Missionen aber auch darum, zwischen deutschen Unternehmen und den Vertretern amerikanischer und britischer Firmen Kontakte zu knüpfen oder zu erneuern, die die Grundlage für eine spätere technische und wirtschaftliche Zusammenarbeit bildeten. Gefördert wurden die Bemühungen zu einer solchen Zusammenarbeit auch dadurch, dass die Abgesandten der Alliierten zwar praktisch ungehinderten Zugang zu Unterlagen und Plänen hatten, aber keinen Zugriff auf all das implizite und praktische Wissen und Know-how deutscher Ingenieure, das erforderlich war, um die Technologien effizient einzusetzen. Infolgedessen mussten sie die Beziehung zu ihren deutschen Kollegen pflegen, um in den vollen Genuss »intellektueller Reparationsleistungen« zu gelangen.[11]

Von den Dekartellisierungsplänen der alliierten Besatzungspolitik, d.h. der Zerschlagung der deutschen Kartelle und Konzerne, waren hingegen die größeren Gasunternehmen beider besiegten und besetzten Länder stärker betroffen. Nach Ansicht der Alliierten – allen voran der Amerikaner – war die ungeheure Konzentration wirtschaftlicher Macht einer der Hauptgründe für die von Deutschland und Japan ausgehenden Feindseligkeiten in den 1930er-Jahren gewesen: Daher bildete die Beschneidung dieser Macht noch vor Beginn der Besatzung eines ihrer vorrangigen Ziele. Für die Amerikaner, die letztendlich den größten Einfluss auf die Besatzungspolitik in Westdeutschland hatten, entsprach dieses Vorhaben ihrer traditionellen Antikartellpolitik und unterschied sich deutlich von linksorientierten und speziell sowjetischen Vorstellungen eines Staatsmonopolkapitalismus.[12] Folglich wurden in beiden Ländern Behörden für die Entflechtung und Auflösung von Kartellen eingerichtet, die in der amerikanischen Besatzungszone Deutschlands und in Japan – wo die amerikanische Militärregierung unter General Douglas MacArthur praktisch über uneingeschränkte politische Entscheidungsfreiheit verfügte – besonders aktiv waren. Die Unternehmen hatten diesen Behörden ihre früheren Kartellbindungen offenzulegen – Linde tat dies beispielsweise 1947[13] – und diese Kartelle gegebenenfalls aufzulösen. Auch die Vereinigten Sauerstoffwerke bekamen die Folgen dieser Maßnahme zu spüren. Zusammen mit zahlreichen anderen Gemeinschaftsunternehmen wurden sie abgewickelt, und zwar in einem solchen Tempo, dass im Sommer 1945 »zunächst ein Chaos in der Gaseversorgung [entstand], das sich in den einzelnen Besatzungszonen verschieden auswirkte«. Den früheren Besitzern der VSW blieb nichts anderes übrig, als den Vertrieb ihrer Produkte selbst zu übernehmen.[14] Wie es scheint, ermöglichte die Zerschlagung des Gemeinschaftsunternehmens einem dritten Konkurrenten, Messer, den Markteintritt in der späteren Bundesrepublik. Bis zu diesem Zeitpunkt hatten sich die Aktivitäten von Messer auf den Bau von Luftzerlegern nebst zugehörigem Equipment und Schweißausrüstung beschränkt.

Damit nicht genug, verfügten die Besatzer – erneut angeführt von den Amerikanern –, dass einige besonders große Unternehmen in sehr viel kleinere Firmen aufgespaltet wurden. Die Industriegasanbieter beider

Länder waren im Allgemeinen zu klein, um davon betroffen zu sein, aber der Umstand, dass die I. G. Farbenindustrie ganz oben auf der »Hitliste« der Amerikaner zur »Entflechtung« stand, war für die Branche in Deutschland insofern von Bedeutung, als die Tochter der I. G. Farben in Griesheim erhebliche Mengen an Luft- und anderen Gasen produzierte. Die Geschichte der Zerschlagung der I. G. Farben wurde schon mehrfach ausführlich behandelt, weshalb wir hier nicht näher darauf eingehen. Es reicht zu wissen, dass in den sechs Jahren nach Kriegsende etliche Pläne zur Auflösung des Konzerns vorgelegt wurden, von denen einige ziemlich radikal waren. Letztlich führten jedoch verschiedene Faktoren – vor allem der Kalte Krieg und die Notwendigkeit einer funktionierenden Wirtschaft in der BRD auf der einen Seite, aber auch der Ausgang eines Streits in den amerikanischen Besatzungsbehörden über die Kartellpolitik –, dazu, dass die I. G. Farben in drei große und mehrere kleinere Nachfolgefirmen aufgespaltet wurde. Im Zuge dessen wurde Griesheim von den Farbwerken Hoechst als einem der großen I. G.-Farben-Nachfolger als Tochter übernommen.[15]

Angesichts all dieser Veränderungen ist es erstaunlich, dass die Gasmärkte beider Länder größtenteils wieder zu ihren Strukturen aus der Vorkriegszeit zurückkehrten, nachdem sich der durch die Maßnahmen der Besatzungsbehörden aufgewirbelte Staub gelegt hatte. In Japan blieb Nippon Sanso nationaler Marktführer, gefolgt von der Air-Liquide-Tochter Teikoku. Wie in der Vergangenheit belieferten die beiden Unternehmen ganz Japan mit Gasen und übertrafen in ihrer Größe alle anderen Anbieter. Die wichtigsten, Toyo Sanso, Daido Sanso, Osaka Sanso und Taiyo Sanso, belieferten nur jeweils ein oder zwei regionale Märkte mit Luftgasen.[16] In Westdeutschland teilten Linde und die Hoechst-Tochter Griesheim weiterhin den Löwenanteil des Markts wie zuvor unter sich auf. Darüber hinaus besaßen Linde und die AGA-Tochter Hanseatische Acetylen-Gasindustrie weiterhin die größten Anteile am westdeutschen Acetylenmarkt, obwohl auch andere Anbieter wie die Industriegas GmbH & Co. KG (IGA) eine größere Rolle spielten.[17]

Wenn schon die Gasunternehmen in Deutschland und Japan Anfang der 1950er-Jahre mehr oder weniger wieder zur Tagesordnung zurückkehrten, so überrascht es kaum, dass die Märkte der Siegermächte und in den neutralen Staaten noch weniger gestört wurden. Am extremsten war hier wohl Großbritannien, da die BOC die Märkte für Sauerstoff und Acetylen als den beiden wichtigsten Industriegasen jener Zeit mit einem Anteil von jeweils 98,5 Prozent wie in den 1930er-Jahren weiterhin monopolisierte. Der verschwindend kleine Rest des britischen Marktes wurde von einem einzigen Anbieter bedient, der Saturn Industrial Gases Ltd.

mit Sitz in Nordostengland.[18] Wegen ihres gewaltigen Marktanteils wurde die BOC gemeinhin als »Ministry of Oxygen«[19] bezeichnet. Neben seinem Industriegasgeschäft in Großbritannien und dem Commonwealth baute das Unternehmen auch Schweißanlagen und Luftzerleger. Im Anlagenbau, speziell bei Tonnage-Anlagen, war die BOC allerdings auf die Zusammenarbeit mit Air Liquide und noch stärker auf Linde angewiesen. Deshalb gingen die Briten 1954 auch ein Joint Venture mit Linde ein: Die beiden Unternehmen gründeten die British Oxygen Linde Ltd. (BOL) zum Bau großer Luftzerleger für die Stahlindustrie, um die wachsende Nachfrage im Einflussbereich des britischen Unternehmens, nämlich in Großbritannien und dem Commonwealth, zu bedienen.[20]

Obgleich Schweden während des Zweiten Weltkriegs offiziell neutral geblieben war, hatte der nationale Marktführer AGA, wie bereits ausgeführt, ungeachtet dessen die Kriegsanstrengungen Deutschlands durch seine deutsche Tochter und Lieferungen von Flüssigsauerstoff für das deutsche V2-Programm kräftig unterstützt. Dennoch konnte die AGA nach Kriegsende ihre beherrschende Marktstellung in ganz Skandinavien unbeschadet halten. Genauer gesagt kontrollierte die AGA in den 1950er-Jahren etwa 90 Prozent des skandinavischen Marktes.[21] Darüber hinaus hatte der schwedische Gasanbieter, neben der französischen Air Liquide, von allen großen Akteuren in der Branche die Internationalisierung am weitesten vorangetrieben. Dabei baute AGA selbst weder Luftzerleger noch sonstige Anlagen, sondern kaufte sie von anderen Unternehmen, vorzugsweise von Linde.[22]

Was die Beherrschung des heimischen Markts betraf, hinkte Air Liquide in Frankreich den Briten und Skandinaviern vielleicht etwas hinterher, aber mit einem Marktanteil von 80 Prozent Ende der 1950er- und Anfang der 1960er-Jahre hatte das Unternehmen trotzdem eine sehr starke Position.[23] Vergleichbar mit der BOC im Commonwealth nahm Air Liquide außerdem kurz nach Kriegsende die Versorgung ehemaliger und noch existierender französischer Kolonialmärkte wieder auf. Allerdings unterschied sich ihre Stellung in den 1950er-Jahren von der des britischen Unternehmens in dreierlei Hinsicht. Erstens konnte Air Liquide – wie die AGA – auf eine lange Tradition internationaler Aktivitäten außerhalb der unmittelbaren Einflusssphäre Frankreichs zurückblicken, die es kurz nach Kriegsende fortsetzte. Dazu gehörte beispielsweise 1949 die Wiederinbesitznahme der 1939 verstaatlichten japanischen Tochter Teikoku Sanso[24] sowie die Rückgewinnung der Vorrangstellung auf den Gasmärkten in Italien, Spanien und Belgien. Allerdings musste Air Liquide 1945 auf Druck der französischen Regierung ihre Beteiligung an Airco in den USA abstoßen, weil mit dem Erlös ein Teil der französischen Kriegsschulden bezahlt wurde.[25] Erst 1968 gelang es dem französischen Unternehmen wieder, auf dem amerikanischen Markt Fuß zu fassen (siehe Kapitel 7). Zweitens war Air Liquide zusammen mit Linde im Bereich Anlagenbau technisch führend und konnte diese Anfang des 20. Jahrhunderts errungene Position nach Kriegsende rasch wieder einnehmen. Und drittens hatte der Ruf von Air Liquide aufgrund der Zusammenarbeit des Firmengründers Georges Claude mit den deutschen Besatzern in seinem Heimatland schweren Schaden genommen, auch wenn die Geschäftsleitung – nicht ganz zu Unrecht – zu ihrer Verteidigung argumentierte, dass Claude schon lange nichts mehr mit der Führung des Unternehmens zu tun gehabt hatte.[26]

Großbritannien, Skandinavien und Frankreich waren neben Deutschland und Japan allerdings nicht die einzigen Länder, in denen der Markt von ein oder zwei Gasanbietern beherrscht wurde. Selbst in den USA, dem Antikartell-Land schlechthin, wurde der Markt in der unmittelbaren Nachkriegszeit von zwei Akteuren beherrscht, der von der Union Carbide Corporation (UCC) übernommenen Linde Air Products und der Air Reduction Company. Ende der 1940er-Jahre hielten sie zu ungefähr gleichen Teilen 80 Prozent des amerikanischen Industriegasmarkts.[27] UCC mischte außerdem im Anlagenbau ganz vorne mit und hatte in den 1930er- und 1940er-Jahren auf diesem Sektor und in der Produktion, Lagerung und Distribution von Flüssigsauerstoff beachtliche Stärken entwickelt.

Allerdings unterschied sich der amerikanische Markt von allen bisher genannten Märkten in zwei wesentlichen Punkten. Erstens war er durch eine große Anzahl mehr oder weniger einflussreicher regionaler Akteure gekennzeichnet, insbesondere bei der Distribution von Gasen. Zweitens hatten die beiden Branchenführer bereits in den frühen 1950er-Jahren in einigen wichtigen Geschäftsbereichen – vor allem beim Bau von Tonnage-Anlagen und bei der Versorgung von Großabnehmern – Konkurrenz durch den »Newcomer«, Air Products, bekommen. Wir werden an anderer Stelle in diesem Kapitel sowie in Kapitel 6 noch ausführlicher darauf eingehen, wie Air Products die Branche durcheinanderbrachte.

Zuvor muss aber noch ein letzter und sehr wichtiger Punkt angesprochen werden, der die Marktstrukturen der internationalen Gasbranche in den 1950er-Jahren betrifft: Wie in der Zeit vor dem Krieg waren die meisten nationalen Märkte – und alle großen Märkte – weiterhin klar aufgeteilt und gegen Konkurrenz von außen abgeschottet. Die Märkte in den größeren Ländern wurden nahezu vollständig von ein oder zwei nationalen Champions beherrscht; das galt auch für die USA, wo Air Products gerade erst damit begonnen hatte, die bestehende Ordnung zu

Abb. 26 Werbeanzeige der Union Carbide Corporation, 1943

stören. In denjenigen Ländern, in denen es zwei Marktführer gab, konkurrierten die beiden in den meisten Fällen nicht direkt miteinander, sondern teilten sich den Markt nach geografischen Kriterien und/oder Produkten auf und ließen dabei nur wenig Platz für eine Anzahl kleinerer Akteure in einzelnen Regionen. Doch auch viele kleinere nationale Märkte, beispielsweise in Spanien, wurden von ein oder zwei Anbietern kontrolliert, von denen immer einer oder auch beide dem herrschenden kontinentaleuropäischen Triumvirat Air Liquide, AGA und Linde angehörte. Eine Ausnahme bildete die Schweiz, wo der Markt von drei Anbietern kontrolliert wurde, doch handelte es sich dabei um genau diese drei Unternehmen. Mit anderen Worten: Die aus der Zeit vor 1914 stammenden Gentlemen's Agreements der Branche, die durch den Ersten Weltkrieg ausgesetzt und in den 1920er-Jahren erneuert worden waren, waren zwar abermals durch den Zweiten Weltkrieg außer Kraft gesetzt worden, um dann in den 1950er-Jahren zu ähnlichen Bedingungen ein zweites Mal wiederbelebt zu werden. Gleichzeitig kündigten sich allerdings gewaltige Veränderungen an, die diese seit langem bestehenden Strukturen nachhaltig erschüttern sollten.

Impulse für Veränderungen

Die Geschäftsleitungen der großen westeuropäischen und amerikanischen Industriegasunternehmen waren zweifellos erleichtert, als es nach den heftigen Erschütterungen infolge der Weltwirtschaftskrise und des Zweiten Weltkriegs in den 1950er-Jahren so aussah, als könnte man zur Normalität und planbaren Verhältnissen zurückkehren. Allerdings war das Umfeld, in dem sie und ihre Unternehmen agierten, in einem Wandel begriffen, der den Weg für eine grundlegende Neugestaltung der Branche bereitete. Er hatte verschiedene Dimensionen, am wichtigsten waren jedoch diese drei: gesetzliche Veränderungen, technische Veränderungen in gasverbrauchenden Industriezweigen und, als Folge dieser ersten beiden, Veränderungen bei der Nachfrage, die nicht allein quantitativer, sondern auch qualitativer Art waren.

Beginnen wir mit den gesetzlichen und regulatorischen Veränderungen, die in erster Linie die Länder Westeuropas und Japan betrafen. In der Nachkriegszeit übten die USA in ihren Einflussbereichen große politische und wirtschaftliche Macht aus, und das nicht nur im besetzten Deutschland und in Japan. Mithilfe verschiedener Instrumente, unter anderem dem Bretton-Woods-System, dem Marshallplan, der daraus hervorgehenden Organisation für europäische wirtschaftliche Zusammenarbeit, dem Allgemeinen Zoll- und Handelsabkommen, der NATO und anderen, die weniger klar bestimmbar waren, versuchten die USA den Wiederaufbau voranzutreiben und den freien Handel zu fördern. Unter anderem deshalb verlangten sie von den westeuropäischen Ländern und Japan, die bis dahin bestehenden Kartelle und Monopole, die den freien Warenverkehr behinderten, aufzulösen.

Wie bereits gezeigt, setzte der Abbau derartiger Restriktionen besonders früh in den Ländern ein, in denen die USA die größte Macht ausübten, mit anderen Worten im besetzten Deutschland und in Japan. Der amerikanische Einfluss machte sich auch bei den Wettbewerbsgesetzen und den damit verbundenen regulatorischen Rahmen und Behörden bemerkbar, die in den 1950er-Jahren in diesen beiden Ländern aber auch in anderen nichtbesetzten Ländern wie Großbritannien und Frankreich eingerichtet wurden (selbst noch nach Ende der Besatzungszeit), wenngleich Umsetzung und Durchführung der Wettbewerbspolitik in den einzelnen Ländern erheblich variierten. In Frankreich beispielsweise war in den 1950er- und 1960er-Jahren der »Wettbewerb schwach entwickelt« und es hinkte in dieser Hinsicht auch später noch hinter den anderen westeuropäischen Ländern her. Daneben unternahm man in Westeuropa – aber auch auf supranationaler Ebene – Anstrengungen zum Entwurf einer Wettbewerbspolitik. Deutlich zum Ausdruck kam das in der Schumann-Erklärung vom 9. Mai 1950, mit der der Grundstein für die Europäische Gemeinschaft für Kohle und Stahl (EGKS, auch Montanunion genannt) gelegt wurde. Dies entbehrte nicht einer gewissen Ironie, wenn man bedenkt, dass die EGKS auf eine Art Superkartell hinauslief. Wie dem auch sei, die Wettbewerbsbestimmungen waren jedenfalls ein wesentlicher Bestandteil der Institutionen und Strategien der Europäischen Wirtschaftsgemeinschaft, die im Anschluss daran 1957 gegründet wurde.[28] Nun bedeutete das alles keinesfalls, dass die Westeuropäer und die Japaner in der Folge zu fanatischen Entflechtern wurden, und in diesen Ländern existierten zweifellos auch weiterhin nichtamerikanische Formen des Kapitalismus.[29] Es steht jedoch außer Frage, dass einige der Spielregeln in den 1950er-Jahren neu geschrieben wurden, was Auswirkungen auf alle Unternehmen und Märkte hatte, einschließlich derer, die in Verbindung mit der Industriegasbranche standen.

Die Folgen dieser Neugestaltung des gesetzlichen und regulatorischen Rahmens für die westeuropäische Industriegasbranche schlugen sich zuerst und am stärksten in Großbritannien nieder. Dort verabschiedete das Parlament 1948 ein Kartellgesetz, den Monopolies and Restrictive Practices (Enquiry and Control) Act, das den Wettbewerb auf dem britischen Heimatmarkt fördern sollte. Die Monopolkommission wurde mit Befugnissen ausgestattet, die es ihr erlaubten, Untersuchungen durchzuführen und Empfehlungen zur Umstrukturierung in den Branchen auszusprechen, in denen eine Wettbewerbsbehinderung vorherrschte. Für eine ihrer großen Untersuchungen wählte die Kommission den Bereich der Industriegase aus und veröffentlichte 1956 einen ausführlichen Bericht, aus dem klar hervorging, dass die BOC praktisch eine Monopolstellung einnahm. Er enthielt außerdem einige Empfehlungen, wie man dagegen vorgehen sollte.[30] Daraufhin einigte sich die BOC innerhalb von zwei Jahren nach Veröffentlichung des Berichts mit dem Board of Trade auf eine Reihe von Maßnahmen, die so lange in Kraft bleiben sollten, bis sich auf dem britischen Industriegasmarkt ein gewisser Wettbewerb etabliert hatte. Wir werden in Kapitel 6 ausführlicher darauf zurückkommen, aber festzuhalten ist, dass die der BOC auferlegten Einschränkungen wesentlich dazu beitrugen, dass der amerikanische Anbieter Air Products die marktbeherrschende Stellung des britischen Unternehmens in den 1960er-Jahren erfolgreich angreifen konnte.

Die zweite große Veränderung im Wettbewerbsumfeld der Industriegasbranche in den 1950er-Jahren betraf technische Neuerungen in gasverbrauchenden Industriezweigen. Wie in den vorangegangenen Kapiteln gezeigt, spielte man in der Stahlerzeugung schon länger mit der Idee, zum Zweck der Effizienzsteigerung Sauerstoff in Hochöfen einzusetzen. Erst in den 1950er-Jahren stieg jedoch infolge der fortschreitenden Verbreitung des Linz-Donawitz-(LD-) oder Sauerstoffblasverfahrens, ursprünglich 1949 von VOEST entwickelt, die Nachfrage mit einem Mal rasant an.

Dass westeuropäische (und anschließend auch japanische) Stahlerzeuger dieses Verfahren früher als ihre amerikanischen Kollegen einsetzten, war vor allem auf einen Unterschied bei den Kostenstrukturen zurückzuführen. In Europa und Japan waren in den 1950er-Jahren Rohstoffe und Energie die beiden wichtigsten Kostenfaktoren, während in der amerikanischen Stahlindustrie die Arbeitskosten eine wesentlich größere Rolle spielten. Das LD-Verfahren hatte daher eine größere Bedeutung für erstere Kostenarten. Dennoch konnten die Vereinigten Staaten in den späten 1950er- und frühen 1960er-Jahren »einigermaßen Schritt halten mit der weltweiten Entwicklung in der Oxygenstahlerzeugung«.[31]

Von entscheidender Bedeutung ist hier das exponentielle Wachstum der Stahlerzeugung nach dem LD-Verfahren, insbesondere in den frühen

Abb. 27 Werbung von Knapsack-Griesheim zur Verwendung von Sauerstoff in der Stahlproduktion, 1950er-Jahre

Tabelle 5.1 Jährliche Produktion von Rohstahl mit dem LD-Verfahren: USA, EGKS, UdSSR, Österreich, 1955–1964 (Angaben in 1.000 Nettotonnen)

Jahr	USA a)	EGKS b)	UdSSR c)	Österreich c)
1955	307	–	–	742
1956	506	–	–	935
1957	612	–	–	1.325
1958	1.323	684	1.300	1.282
1959	1.864	1.089	2.080	1.424
1960	3.346	1.757	2.745	1.955
1961	3.967	2.615	2.863	2.000
1962	5.563	3.840	2.920	2.020
1963	8.544	6.030	3.000	2.036
1964	15.442	11.470	3.580	2.160
1965	22.879	18.150	k. A.	k. A.

Anm.: Der erste LD-Konverter in Großbritannien wurde 1960 in Betrieb genommen (siehe c) unten

a) Annual Statistical Report, 1960, 1965, American Iron and Steel Institute, New York
b) Iron and Steel: Statistical Yearbook, Statistisches Amt der Europäischen Gemeinschaften, Brüssel 1961
c) Statistical Handbook 1964, British Iron and Steel Federation, London

Quelle: Alan K. McAdams, »Big steel, invention, and innovation, reconsidered«, in The Quarterly Journal of Economics 81, Nr. 3 (August 1967), S. 463, eigene Übersetzung. Die Angaben für die EGKS erscheinen hinsichtlich der Größenordnungen plausibel, aber zumindest für das Jahr 1957, als die ersten LD-Konverter in der BRD eingesetzt wurden, sind sie nicht ganz korrekt. Vgl. Hubert Presslinger, »50 Jahre LD-Verfahren – Ein Blick in die 40er und 50er Jahre«, in Stahl und Eisen 123, Nr. 2 (2003) S. 103–104

1960er-Jahren (vgl. Tabelle 5.1). Es erforderte seinerseits ein exponentielles Wachstum der Sauerstofferzeugung, sodass die Stahlindustrie in vielen Ländern zum Hauptabnehmer für Sauerstoff wurde, was wiederum den Gasunternehmen allergrößte Mühe machte, die gestiegene Nachfrage zu decken. Dazu später mehr.

Zwar gehörten die westeuropäischen Stahlunternehmen zu den Pionieren in der extensiven Nutzung von Sauerstoff bei der Stahlerzeugung, aber viele der entscheidenden Innovationen in anderen gasverbrauchenden Branchen fanden während der 1950er-Jahre in den USA statt,[32] was nicht zuletzt daran lag, dass die USA als Erste eine Massenkonsumgesellschaft hervorbrachten. Eine der in dieser Hinsicht wichtigsten Entwicklungen war der ungeheure Produktionsanstieg bei synthetischen Fasern und Thermoplasten, der durch die früh einsetzende Verwendung petrochemischer Rohstoffe ermöglicht wurde (die wiederum in engem Zusammenhang mit der Vorreiterrolle der USA in der Massenmotorisierung stand). Infolgedessen stieg die Nachfrage seitens der amerikanischen Chemieindustrie, die bereits vor 1945 einer der Hauptabnehmer für Industriegase gewesen war, in den Jahrzehnten nach Ende des Zweiten Weltkriegs kontinuierlich an. Sie produzierte in großem Maßstab für den Massenkonsum, beispielsweise für die Verpackungs- und Bekleidungsindustrie. Die westeuropäischen Chemieunternehmen folgten diesem Beispiel, wenn auch mit einer Verzögerung von bis zu zehn Jahren, ab etwa Anfang der 1960er-Jahre, was vor allem daran lag, dass in Europa die Massenmotorisierung und andere Formen des Massenkonsums später einsetzten.[33] Obwohl die Gasunternehmen eher die Konsumgüterhersteller als den Endkunden belieferten, war der Anstieg der Produktion demnach in erheblichem Umfang auf einen wachsenden Konsum zurückzuführen.

Was die Chemieindustrie betraf, kamen zahlreiche Impulse für technische Veränderungen von den Kunden der Industriegasanbieter. Ganz ähnlich wie im Fall der Stahlindustrie gewannen Gasunternehmen in der Folge zunehmend an Bedeutung, vor allem weil sie in der Lage waren, immer größere Mengen der benötigten Gase zu liefern. Bei drei anderen Branchen waren die Gasunternehmen jedoch sehr viel unmittelbarer an der Entwicklung technischer Anwendungen beteiligt: dies waren die Luftfahrt, die Nahrungsmittelindustrie und die Elektronikindustrie, von denen die letzten beiden wiederum eng mit dem Aufkommen des Massenkonsums verbunden waren. Erneut waren amerikanische Firmen an der Vorfront der Entwicklung. Was die Luftfahrt angeht, verwundert das in Anbetracht der großen Nachfrage seitens des US-Militärs und des Ende der 1950er-Jahre gestarteten NASA-Raumfahrtprogramms nicht. Vor allem Air Products lieferte riesige Mengen an Flüssigsauerstoff, und später auch Flüssigwasserstoff, zum Antrieb ballistischer Raketen.[34]

In der Nahrungsmittelindustrie wiederum wurden in den 1950er-Jahren in den USA – und später überall – immer häufiger Stickstoff und andere Gase zur besseren Konservierung und Flüssigstickstoff zum Schockfrosten eingesetzt.[35] Auch hier lässt sich der Einfluss der frühen Massenkonsumgesellschaft auf die Nachfrage nach Gasen beobachten: Die Verbraucher, die zuerst in Amerika und später auch in anderen Ländern große Gefrierkombinationen für ihre Haushalte erwarben, kauften auch Tiefkühlkost und andere Produkte, zu deren Herstellung

Gase eingesetzt wurden, speziell für hochwertigen Fisch und Meeresfrüchte.

Die neu entstehende Elektronikindustrie, die teilweise auf den neuen Konsumbedürfnissen basierte, benötigte beträchtliche Mengen an Stickstoff und außerdem Spezialgasgemische mit einem besonders hohen Reinheitsgrad der einzelnen Gase zur Produktion und Verarbeitung von Halbleitern und zur Herstellung einer staublosen Fertigung in Reinsträumen. Bei all diesen Entwicklungen waren die USA, die in der Nachkriegszeit mit Nachdruck nicht nur den Massenkonsum, sondern, besonders im militärischen Bereich, auch Innovationen vorantrieben, ganz vorne.[36] Doch auch japanische Halbleiterhersteller waren mit Hilfe von Lizenzen amerikanischer Firmen von Anfang an dabei. Japanische Gasunternehmen pflegten wiederum eine enge Zusammenarbeit mit der jungen Elektronikbranche, um ihre Leistungsfähigkeit in diesem Sektor zu verbessern. Hierauf werden wir in Kapitel 8 zurückkommen. Hier soll zunächst nur festgehalten werden, dass die USA bei der Entwicklung

Abb. 28 Gefrierstraße zum Schockgefrieren von Lebensmitteln mit tiefkalten Gasen, 1970er-Jahre

dieser Industriezweige in den 1950er-Jahren zwar wegweisend waren, aber dass auch aus anderen Branchen wichtige technische Neuerungen kamen. Im Gegensatz zur Metallurgie und bis zu einem gewissen Grad auch zur chemischen Industrie, wo die Gasverbraucher die Innovationen vorantrieben, entwickelten die Gasanbieter hier zusammen mit den Verbrauchern neue Anwendungen, die die Nachfrage nach Sauerstoff und Stickstoff extrem steigen ließen.[37]

Die dritte große Veränderung, die die Gasbranche in den 1950er-Jahren erfuhr, stand in Zusammenhang mit diesen technischen Innovationen in gasverbrauchenden Industriezweigen und äußerte sich in einem quantitativen und qualitativen Wandel der Bedarfsstrukturen. Ohne Zweifel stieg in den 1950er-Jahren in allen Industriestaaten der Verbrauch an Luft- und anderen Gasen, allerdings lassen sich kaum Statistiken über die weltweite Produktion und/oder den Verbrauch in diesem Jahrzehnt finden, ein weiterer Hinweis darauf, dass zu diesem Zeitpunkt tatsächlich noch kein Weltmarkt für Gase existierte oder dass sich die Entscheidungsträger der Branche eines solchen Marktes zumindest noch nicht bewusst waren. Die vorhandenen Statistiken beziehen sich im Allgemeinen auf einzelne Länder oder Unternehmen. In den USA beispielsweise lag die Sauerstoffproduktion 1946 bei 283 Millionen Kubikmeter, etwa die gleiche Menge wie 1941 und die Hälfte der knapp 566 Millionen Kubikmeter zu Kriegszeiten. Bis 1955 stieg die Produktion auf fast 850 Millionen Kubikmeter an, eine Verdreifachung in weniger als zehn Jahren. Und bis zum Ende des Jahrzehnts stieg die Produktion unaufhörlich weiter, zum Teil infolge der extensiven Nutzung von Sauerstoff bei der Stahlerzeugung. Daher erreichte sie 1960 knapp 1,7 Milliarden Kubikmeter.[38] Dieses enorme Wachstum war für die Gasunternehmen natürlich Chance und Herausforderung zugleich. Walter Ruckdeschel, Vorstandsmitglied von Linde, berichtete seinem Aufsichtsrat im Januar 1957 beispielsweise: »Wir hören von Linde Air Products, daß sie in den nächsten zwei Jahren so viele neue O_2-Anlagen bauen werden, daß dadurch die O_2-Kapazität der USA verdoppelt wird.«[39]

Die Erfahrungen, die man in Ruckdeschels Unternehmen und in Deutschland machte, spiegelten tatsächlich in mehrfacher Hinsicht die der Linde Air Products und des ausgedehnteren Marktes in den USA wider. Die Nachfrage auf dem westdeutschen Sauerstoffmarkt, so berichtete Ruckdeschel in der gleichen Sitzung, sei »in den letzten Jahren stark angestiegen«, und zwar in einem Maß, dass »die Kapazität unserer Sauerstoffwerke [...] hinter dieser Entwicklung zurückgeblieben« war und das Unternehmen zur Erfüllung seiner Verträge Sauerstoff von Griesheim und einer Griesheim-Tochter kaufen musste, obwohl die Linde-

Werke ihre Kapazitäten zwischen 1950 und Ende 1956 verdoppelt hatten. Ruckdeschel plädierte deshalb für umfassende Baumaßnahmen um sicherzustellen, dass das Unternehmen in der Lage war, seine Kunden mit einer Kapazitätsreserve von 15 bis 20 Prozent aus den eigenen Luftzerlegern zu beliefern.[40]

Es liegen auch Zahlen für BOC vor, allerdings nur bis 1954. Dennoch liefern sie einen Hinweis auf ähnliche Tendenzen in Großbritannien, die nicht zuletzt auf der dortigen Fastmonopolstellung des Unternehmens als Sauerstofflieferant beruhten. Die Gesamtproduktion von BOC an Industriesauerstoff stieg von knapp 80 Millionen Kubikmeter im Jahr 1946 auf 105 Millionen im Jahr 1950 und 147 Millionen im Jahr 1954.[41] Eine vergleichbare Entwicklung ist in den USA festzustellen, wo einige Jahre später entsprechend der vermehrten Anwendung des Sauerstoffblasverfahrens in der Stahlerzeugung auch die Nachfrage nach Sauerstoff rapide anstieg (siehe Tabelle 5.1). Die 1950er-Jahre waren ein Jahrzehnt, in dem die Nachfrage nach Gasen, vor allem in den USA, aber in zunehmendem Maße auch in anderen hoch industrialisierten Ländern, geradezu explodierte. Für die Industriegasanbieter, die in der Lage waren, diese wachsende Nachfrage zu befriedigen, waren es zehn sehr gute Jahre.

Die quantitativen Veränderungen waren eng verknüpft mit qualitativen Veränderungen, durch die sich die Wettbewerbsparameter in der Branche verschoben. Zum einen begannen manche Abnehmer – insbesondere in der Stahlerzeugung, der Chemieindustrie und der Erdölraffination – in derartigen Mengen Luftgase zu verbrauchen, dass es wirtschaftlich sinnvoll erschien, zur Versorgung einer Fabrik oder Anlage einen Luftzerleger vor Ort direkt neben dem Werk des Verbrauchers zu errichten. In sämtlichen Industrieländern boomte der Bau von Tonnage-Anlagen und eröffnete den Gasunternehmen mit den entsprechenden Kapazitäten ganz neue und vereinfachte Möglichkeiten, nicht nur regional und national, sondern auch international tätig zu werden. Die British Oxygen Linde Ltd., das 1954 gegründete Joint Venture von BOC und Linde, haben wir bereits erwähnt. BOL war nicht zuletzt auch eine Reaktion auf den Eintritt von Air Products in den britischen Anlagenbaumarkt. Air Products schloss sich 1951 mit dem britischen Unternehmen Butterley zusammen, einem Mischkonzern, der auf der Suche nach Investitionsmöglichkeiten für die Entschädigungszahlungen war, die er für die Verstaatlichung seiner Kohlenbergwerke von der Regierung erhalten hatte. 1954 sicherten sich die beiden Unternehmen gegen den Konkurrenten BOC den Auftrag zum Bau einer Onsite-Anlage mit einer Kapazität von 200 Tonnen Reinsauerstoff pro Tag für das Stahlwerk von Stewarts & Lloyds in Corby.[42] 1957 wurde ein weiterer Vertrag über eine

Tonnage-Anlage für das ICI-Chemiewerk in Billingham unterzeichnet.[43] Zu diesem Zeitpunkt hatten Air Products und Butterley ein Joint Venture gegründet, Air Products Ltd. (APL), an dem der amerikanische Partner wegen der Technologie, die er in die Partnerschaft einbrachte, 51 Prozent der Anteile hielt. Aufgrund von Problemen mit beiden Anlagen geriet das Joint Venture allerdings schon bald in Schwierigkeiten und zu guter Letzt übernahm APL es ganz in eigenen Besitz. Auch Linde war Ende der 1950er- und Anfang der 1960er-Jahre damit beschäftigt, durch Vertriebsniederlassungen und Tochtergesellschaften im Ausland die Internationalisierung des Anlagenbaus voranzutreiben. Wiederanschließend an die Zeit vor 1939 hatte das Unternehmen seit Anfang der 1950er-Jahre Anlagen ins Ausland verkauft – und tatsächlich machten die Auslandsaufträge bereits 1951 mehr als drei Viertel des gesamten Auftragsvolumens aus.[44] Ende des Jahrzehnts ging man dann noch einen Schritt weiter und investierte in Firmen in Italien, Frankreich und Spanien direkt. Darüber hinaus versuchte Linde, durch Joint Ventures ihre Stellung auf dem lukrativen amerikanischen Anlagenbaumarkt zu festigen, zunächst durch Verhandlungen mit der First Mississippi Corporation und dann mit W.R. Grace & Co. Die Verhandlungen verliefen jedoch ergebnislos, weshalb Linde 1962 in New York eine 100-prozentige Tochtergesellschaft, die Low Temperature Processes Corporation (Lotepro) für den Anlagenverkauf auf dem amerikanischen Markt gründete.[45] Mit der Internationalisierung des Anlagenbaus wurde zudem eine wichtige Grundlage für die Internationalisierung des Gasgeschäfts geschaffen. Insbesondere Air Products nutzte seinen Anlagenbau in Großbritannien und anderen Ländern, um seine strategischen Möglichkeiten auszuweiten; darauf werden wir in Kapitel 6 zurückkommen.

Der Boom bei Onsite-Luftzerlegern war in den 1950er-Jahren jedoch nicht die einzige bedeutsame qualitative Veränderung auf den Gasmärkten der Industrieländer. Auch die Nachfrage nach Spezialgasen änderte sich grundlegend. Sauerstoff und Acetylen nahmen in der Produktpalette der meisten großen Gasanbieter auch weiterhin einen wichtigen Platz ein, wobei aufgrund der Nachfrage aus der Stahlindustrie das stärkste Wachstum bei der Produktion und beim Absatz von Sauerstoff zu verzeichnen war. Was jedoch noch mehr zählte, war die Tatsache, dass für viele der neuen Verfahren große Mengen Stickstoff gebraucht wurden und sich in den Industrieländern damit bei den Luftgasen eine allmähliche Verschiebung in der Rangliste der am meisten verkauften Gase abzeichnete. Diese Tendenz verstärkte sich in den folgenden Jahrzehnten, und zu Beginn der 1980er-Jahre lag der Verbrauch von Stickstoff in den industrialisierten Ländern doppelt so hoch wie der von

Sauerstoff.[46] Hinzu kam, dass für andere neue Verfahren erhebliche Mengen an Argon und sonstigen Edelgasen nötig wurden.[47]

Diese Tendenzen spielten außerdem eine wichtige Rolle bei der Veränderung der Wettbewerbsparameter in der Gasbranche, weil in trockener Luft der Anteil von Sauerstoff etwa 21 Prozent und der von Stickstoff etwa 78 Prozent beträgt. Ein Luftzerleger, der Kunden ausschließlich mit Sauerstoff belieferte, entsorgte den anfallenden Stickstoff zum größten Teil in die Atmosphäre. Durch die wachsende Nachfrage nach Stickstoff konnten die Kapazitäten eines Luftzerlegers durch die Vermarktung des Stickstoffs nun besser genutzt werden. Darüber hinaus erlaubte die Massenproduktion von Luftgasen die Rückgewinnung größerer Mengen Argons (Anteil an trockener Luft knapp ein Prozent) sowie von Neon, Krypton und Xenon (jeweils in Spuren enthalten), für die man alle sehr viel höhere Preise als für die »gewöhnlichen« Luftgase erzielte. Das wiederum hatte Auswirkungen auf die Wirtschaftlichkeit der Distribution, weil die Anbieter die Edelgase deshalb geografisch jeweils in einem sehr viel größeren Gebiet absetzen konnten.

Alles in allem verlangten diese Entwicklungen in den 1950er-Jahren von den Entscheidungsträgern der Gasunternehmen ein Umdenken bezüglich der möglichst effizienten Versorgungsstrukturen für ihre Abnehmer. Gleichzeitig boten sie Raum für neue Expansionsstrategien – geografisch und in der Produktpalette –, für Innovationen bei der Herstellung, Lagerung und Distribution von Gasen sowie für neue Ansätze in der Finanzierung, der Kundenbetreuung und vielen anderen Geschäftsbereichen. Auch diese Entwicklungen setzten mit allen damit verbundenen Hoffnungen und Möglichkeiten zuerst in den konsum- und fortschrittsorientierten USA ein. Dem Newcomer Air Products kam dabei eine besondere Vorreiterrolle zu.

Die Auswirkungen der neuen Produktions- und Distributionsstrukturen auf Wettbewerb und Unternehmensstrategien in den 1950er-Jahren

Wie in Kapitel 4 angesprochen, wollte Leonard Pool 1940 mit der Gründung von Air Products in Detroit eine neue Idee umsetzen. Bereits zu diesem Zeitpunkt kamen in der Stahl- und Chemieindustrie Großabnehmer für Luftgase auf und Pool erkannte darin – wie etliche andere – einen wachsenden Markt für den Bau von großen Luftzerlegern für Großkunden. Diese Anlagen wurden zusätzlich nach dem »Huckepack-Prinzip« gemeinsam mit einem Verflüssigungsapparat erbaut, um den

Vertrieb von Gasen in einem größeren Umkreis zu ermöglichen. Neu an seiner Idee war jedoch, dass sein Unternehmen die Onsite-Anlage nicht nur errichten, sondern sie auch in seinem Besitz behielt und an Stelle des Gasabnehmers betrieb. Außerdem verpflichtete sich der Hauptkunde vertraglich, eine bestimmte Menge Gas zu einem festen Preis abzunehmen, wodurch die Grundlast der Anlage und ihre Fixkosten gesichert waren. Die darüber hinaus gehende Produktion konnte Air Products an kleinere Kunden zu höheren Preisen in der Umgebung absetzen. Als Ergebnis erhielt man so eine effiziente Kapazitätsauslastung, die gesicherte Deckung der Grundkosten und eine hohe Rentabilität.[48]

Es war eine verwegene und völlig neue Idee, aber zunächst einmal baute das junge Unternehmen seine Kapazitäten als Anlagenbauer weiter aus, bevor Pool und seine Mitarbeiter den ersten Großabnehmer fanden und für sich gewannen bzw., was genauso wichtig war, die nötigen finanziellen Mittel zum Bau des Luftzerlegers und der zugehörigen Anlagen auftrieben. Wie sich zeigte, war die erste Aufgabe – der Ausbau von Maschinenbaukapazitäten – sehr viel leichter und schneller zu bewältigen als die beiden anderen. Dabei kam ihnen auch der Kriegseintritt der USA zu Hilfe. Auf Grundlage der Pläne, die Air Products vom Insolvenzverwalter des bankrotten Anlagenbauers Gas Industries erworben hatte, konnten sie in hervorragender Qualität mobile Anlagen zur Erzeugung von Sauerstoff für hoch fliegende Flugzeuge konstruieren und liefern. Diese Anlagen wurden bald überall auf der Welt eingesetzt, nicht nur von der US Air Force und der Navy, sondern im Rahmen des Lend-Lease-Programms auch von den Verbündeten der USA.[49]

Der Krieg sicherte das anfängliche Überleben von Air Products und ermöglichte es dem Unternehmen, seine Anlagenbaukapazitäten auszubauen, doch sein Ende brachte kurzfristig auch heftige Umsatzeinbrüche. Das Militär erteilte keine Aufträge mehr und das Lend-Lease-Programm lief aus. Infolgedessen rutschte Air Products geradezu unausweichlich in eine finanzielle Krise: Der Umsatz fiel von etwa 5 Million US-Dollar im Jahr 1945 auf eine Million 1946 und 800.000 1947. In diesem Jahr musste das Unternehmen zum ersten Mal seit 1941 einen Gesamtverlust verbuchen.[50] Es war nicht ganz klar, wie es aus dieser Krise einen Ausweg finden sollte. Wie bereits erwähnt, kontrollierte die Linde Air Products zusammen mit der Air Reduction Company ungefähr 80 Prozent des amerikanischen Gasmarkts, wobei die beiden Unternehmen jeweils bestimmte Gebiete kontrollierten. Andere regionale Märkte wurden auf ähnliche Weise von mittelständischen Firmen beherrscht. Ein weiteres Problem, das durch die Marktdominanz einzelner Firmen noch verschärft wurde, stellte die Finanzierung des Baus von

Luftzerlegern und der dazugehörigen logistischen Infrastruktur zur Versorgung von traditionellen Kleinabnehmern dar.

Als die Umsätze schlagartig zurückgingen, hatte die Geschäftsleitung von Air Products allerdings bereits einige wichtige Gegenmaßnahmen ergriffen. Im Herbst 1945 gelang dem Unternehmen der Abschluss eines Leasingvertrages über drei relativ kleine konventionelle Sauerstoffgeneratoren mit der Weirton Steel Company, einer Tochter der National Steel Corporation, die damit Experimente zur Verwendung von Sauerstoff bei der Stahlerzeugung durchführen wollte.[51]

Das war zunächst nur ein kleiner Schritt, aber er zeitigte bald große Folgen. Im Frühjahr 1946 begann Air Products, nach einem geeigneten Standort für sein Hauptwerk Ausschau zu halten. Seit 1944 hatten sich die Produktionsstätten in einem von der Regierung finanzierten Werk in Chattanooga befunden. Air Products hätte die Möglichkeit gehabt, die Anlage für 250.000 US-Dollar zu kaufen, entschied sich jedoch dagegen, da ein solcher Kauf praktisch das gesamte Betriebskapital verschlungen hätte und es dort außerdem Probleme mit Arbeitskräften gab. Vor allem aber lag das Werk in Chattanooga fernab jedes größeren Industriegebiets, und eine solche Ballung war Voraussetzung für das Gelingen von Pools Onsite-Strategie. Nachdem sich die Geschäftsleitung von Air Products mehrere Grundstücke angesehen hatte, beschloss sie, Gebäude und Grund in Allentown, Pennsylvania, einer stark industrialisierten Region, zu erwerben. Die Umsatz- und Gewinneinbußen in den Jahren 1946 und 1947 hatten insofern auch mit dem Umzug von Tennessee nach Pennsyl-

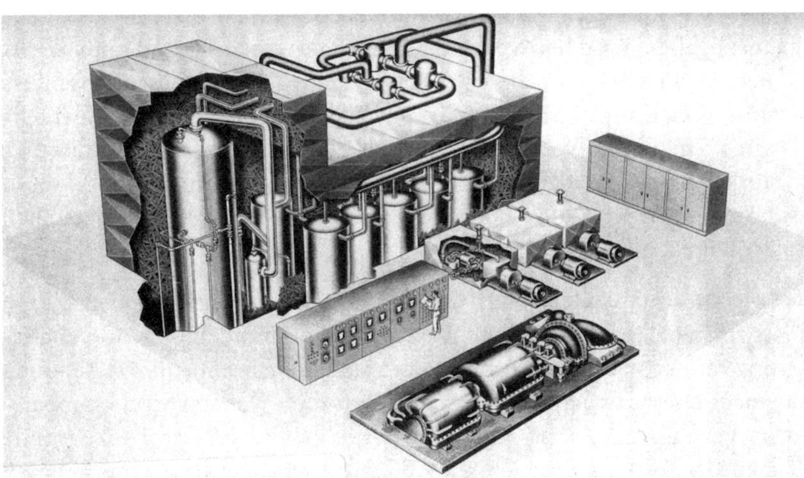

Abb. 29 Air Products Tonnage-Anlage auf dem Gelände der Weirton Steel Company, West Virginia, Mitte der 1940er-Jahre

vania zu tun, der sich durch einen Eisenbahnstreik im Sommer 1946 verzögerte. Zwischen Juni und Herbst 1946 stand die Produktion des Unternehmens still.[52] Dafür besaß der neue Standort jedoch ein wesentlich größeres Wachstumspotenzial.

Als im Herbst 1946 die Produktion an dem neuen Unternehmensstandort wiederaufgenommen wurde, gab es noch einen weiteren Grund für einen optimistischen Blick in die Zukunft, da man in Allentown zum ersten Mal Pools neues Konzept mit Erfolg umsetzte. In Anbetracht der hohen Preise, die den Stahlwerken vom Duopol UCC und Air Reduction diktiert wurden, zeigten die Stahlkonzerne ein großes Interesse, als Air Products in Aussicht stellte, Sauerstoff zu niedrigeren Preisen zu liefern. Zunächst war es allerdings alles andere als einfach, den Stahlunternehmen diese Idee zu verkaufen: einerseits wegen der personellen Verflechtungen der Chefetagen zwischen den Stahlriesen und den großen Sauerstoffproduzenten, andererseits, weil es Widerstände gegen das unerprobte Konzept gab. Wie sich Carl Anderson, einer der ersten Angestellten von Air Products, im Januar 1976 erinnerte: »Jeder merkte damals bei der Ankündigung von Air Products auf, aber jeder wartete darauf, dass es der andere zuerst ausprobierte.« Als es Mitte 1946 finanziell eng für Air Products wurde, erklärte sich die Belegschaft

> mit einer Lohnkürzung einverstanden und Leonard [Pool] und ein paar andere konzentrierten sich darauf, eine riesige Anlage an die Weirton Steel Company zu verkaufen. Es gab sechs Mitbewerber [einschließlich UCC und Airco] für diesen Auftrag. Jedes Unternehmen, das im Begriff steht, 4 Millionen US-Dollar für eine neue Idee auszugeben, wird hart verhandeln, bevor es einen Vertrag unterzeichnet. Air Products war besonders viel daran gelegen, diesen Abschluss unter Dach und Fach zu bringen, weil Weirton bei der Stahlerzeugung ein neues Verfahren anwandte, was alle großen Stahlwerke aufmerksam verfolgten. Wenn Air Products die Ausrüstung liefern konnte, bedeutete das einen unschätzbaren Prestigegewinn bei allen großen Stahlwerken.[53]

Es folgten umfangreiche Verhandlungen, währenddessen sich Air Products finanziell gerade so über Wasser halten konnte und die Geschäftsleitung immer nervöser wurde; doch gelangte man im Juli 1947 endlich zu einem überaus wichtigen Abschluss, als die »Weirton Steel Company einen Vertrag mit Air Products über die größte sauerstofferzeugende Anlage der Welt unterzeichnete«.[54] Natürlich war das Unternehmen damit noch nicht über den Berg, aber es hatte einen aufsehenerregenden Auftrag an Land gezogen und konnte sein innovatives Konzept der

Onsite-Produktion umsetzen, d.h. eine gewaltige Luftzerlegungsanlage bauen, die ein hochmodernes Stahlwerk mit Sauerstoff versorgte. Auf diese Weise konnte Air Products seine Grundkosten decken und war gleichzeitig in der Lage, Industriekunden in der näheren Umgebung mit Gasen zu beliefern und damit eine Bresche in die bislang uneinnehmbaren Festungen der örtlichen Erzeuger zu schlagen. Flankiert wurde das alles durch einen weiteren innovativen Ansatz, nämlich ein hohes Niveau beim Kundenservice. Die Pläne schienen aufzugehen und Air Products war im Begriff, die amerikanische Gasbranche aufzumischen und einen noch nie da gewesenen Wettbewerb auszulösen. Dazu machte es sich die veränderten technischen Anforderungen seitens der Großabnehmer zunutze, um den Sprung auf neue Märkte zu wagen, ohne zuvor ein Distributionsnetz mit zahlreichen Niederlassungen und der nötigen Ausstattung (Gasflaschen, LKW etc.) aufzubauen, wie es in der Vergangenheit für die Eroberung neuer regionaler Märkte üblich und nötig gewesen war.

Allerdings hing all das von einer weiteren Neuerung ab, die Air Products einführte, da es sich zu diesem Zeitpunkt noch um ein kleines und finanziell angeschlagenes Unternehmen handelte. Wie sollte es auf eigene Rechnung auf dem Gelände der Weirton-Stahlwerke eine gigantische, kapitalintensive Luftzerlegungsanlage finanzieren? Die Antwort auf diese Frage beinhaltete einen Schritt, der ebenso verwegen war wie Pools Onsite-Konzept. Mit einer Vertragsklausel, die später zur Norm zwischen Großabnehmern und Gasanbietern werden sollte, verpflichtete sich Weirton Steel, aus der von Air Products »auf der anderen Seite des Gartenzauns« betriebenen Anlage eine bestimmte Menge Sauerstoff zu einem festgelegten Preis »zu beziehen oder zu bezahlen« – ein sogenannter Take-or-Pay-Vertrag. Außerdem wurde eine Laufzeit von zwölf Jahren vereinbart, was bei Verträgen über große Luftzerleger später zur Faustregel wurde. Air Products nutzte diesen Vertrag als Sicherheit für einen Bankkredit, der den größten Teil der Baukosten deckte. Die Take-or-Pay-Verpflichtung und die lange Laufzeit des Vertrags waren zusammen mit Weirtons Ruf als solides und seriöses Unternehmen gute Argumente für die Banken, den Kredit zu gewähren. Mit den Einnahmen aus dem Vertrag konnte über einen Zeitraum von einigen Jahren der Kredit getilgt werden (im Allgemeinen lange vor Ende der Laufzeit), während Air Products gleichzeitig einen kleinen Gewinn erwirtschaftete. Jeder zusätzliche Umsatz bedeutete für das Gasunternehmen zusätzlichen Profit, und Air Products kam so noch vor Auslaufen des Vertrags in den alleinigen Besitz des Luftzerlegers. Mit diesem innovativen Modell einschließlich der Fremdfinanzierung der kapitalintensiven Projekte leistete

Air Products Pionierarbeit in der Stahlindustrie. Bald schon wurde dieses Konzept auch für den Bau von Luftzerlegern für Chemie- und Elektronikunternehmen übernommen sowie beim Abschluss von Regierungsverträgen angewandt, beispielsweise für die Lieferungen von Industriegasen für die Raketen- und Raumfahrtprogramme der Amerikaner, die Mitte der 1950er-Jahre einsetzten.[55]

Diese Vorgehensweise ermöglichte es dem kapitalschwachen Unternehmen Air Products, Pools Traum, die Kuh zu behalten und die Milch zu verkaufen, wahr werden zu lassen. Gase konnten jetzt zu wesentlich niedrigeren Preisen angeboten werden, als sie die finanziell um einiges besser ausgestattete Linde Air Products verlangte, die ihre Kunden noch eine Zeitlang mit einer eigenen Flotte an Eisenbahnwaggons belieferte, in der ein erhebliches Kapital gebunden war. Wie sich Dexter Baker, der in den frühen 1950er-Jahren als Vertriebsingenieur bei Air Products anfing und für den Verkauf von Luftzerlegern an die Chemieindustrie zuständig war, 2008 in einem Interview erinnerte, hielt UCC an dieser Praxis »so lange [fest], dass Air Products Fuß fassen und sich einen hervorragenden Ruf als Anbieter von Sauerstoff und Sauerstoffanlagen aufbauen konnte. [...] Hätte Carbide schneller reagiert, wären wir wahrscheinlich nie aus den Startlöchern gekommen«[56]. Dank der Verwirklichung des Onsite-Konzepts von Pool überlebte Air Products nicht nur, sondern wuchs und gedieh. Schließlich waren selbst in den ersten Jahren der Vertragslaufzeit Gewinne garantiert und sobald der Kredit getilgt war, stiegen sie beträchtlich an. Am Ende der Laufzeit produzierte der abbezahlte Onsite-Luftzerleger noch immer Gas und der Vertrag mit dem Abnehmer konnte um einige Jahre verlängert werden, wobei als Lockmittel dem Kunden sehr niedrige Preise zugestanden wurden und trotzdem das Gasunternehmen weiterhin satte Gewinne erzielte. Ein anderer leitender Angestellter aus der Gasbranche bezeichnete diese Praxis, eine Vertragsverlängerung abschließen zu können durch eine Unterbietung der Preise jedes potenziellen Konkurrenten – der einen neuen Luftzerleger hätte bauen müssen – als ein »Teilen unserer Abschreibungen« mit dem Großkunden.[57] Mit anderen Worten, die Innovationen von Air Products ermöglichten es dem Unternehmen nicht nur, beträchtliche Marktanteile zu erringen, sondern auch, sie zu behalten.

Wenig erstaunlich folgten andere amerikanische Firmen dem Beispiel von Air Products und änderten ihre Strategien entsprechend. Zu guter Letzt geschah dasselbe auch in Europa. Beispielsweise baute Linde 1958 eine solche Onsite-Anlage im Rahmen eines Vertrags mit Phoenix-Rheinrohr-Thyssen, der die Abnahme von drei Viertel der Sauerstoffproduktion des Luftzerlegers garantierte, wobei Linde eine beträchtliche

Menge Flüssiggas »mit niedrigem Gestehungspreis« verblieb, die wiederum »die Stellung der Fa. Linde auf dem Gasemarkt im Ruhrgebiet [wesentlich verstärkte]«.[58] All das führte dazu, dass sich die Industriegasbranche in den USA und anderen Ländern in den 1950er-Jahren grundlegend veränderte. Hierzu trugen auch weitere Innovationen bei, die von einer Reihe von Firmen in den USA und in Europa entwickelt wurden. So gingen, wie bereits erwähnt, amerikanische Firmen dazu über, in Zusammenarbeit mit ihren Kunden neue Anwendungen zu entwickeln. Dies war, verglichen mit der bis dahin üblichen Vorgehensweise, dem Kunden lediglich die erforderlichen Gase für von ihm entwickelte Verfahren zu liefern, eine völlig neue Absatzstrategie. Air Products beispielsweise arbeitete bei der Entwicklung neuer Anwendungen für Stickstoff und Flüssigstickstoff eng mit Nahrungsmittelherstellern zusammen. Die amerikanischen Firmen beschäftigten sich in den 1950er-Jahren außerdem in zunehmendem Maße mit der Weiterentwicklung und dem Ausbau von Transportsystemen für Flüssiggas, deren Planung in die 1930er-Jahre zurückreichte.

Die Neuerungen in der Branche beschränkten sich also keineswegs auf die USA. Wie bereits erwähnt, stieg in den 1950er-Jahren Linde, aber auch Air Liquide und die BOC (über ihr Joint Venture BOL) in großem Umfang in den Bau und Betrieb von Onsite-Anlagen ein. In Verbindung damit übernahmen die Firmen auch den Bau von Tonnage-Anlagen. Wie die amerikanischen Firmen befassten sie und andere Unternehmen sich darüber hinaus mit der großflächigen Verwendung und Verbreitung von Flüssiggastechnologien.

Wichtiger noch war jedoch, dass die westeuropäischen Gasunternehmen eine Vorreiterrolle bei der Entwicklung eines weiteren neuen Systems zur Belieferung von Großabnehmern einnahmen, das bedeutende strategische Auswirkungen hatte, nämlich Rohrleitungsnetze. Rohrleitungen wurden bereits seit dem späten 19. Jahrhundert zum Transport von Rohöl und raffinierten Erdölprodukten und später auch von Erdgas eingesetzt.[59] Es gab einige frühe Versuche mit Rohrleitungen in der Industriegasindustrie, beispielsweise kurz vor dem Ersten Weltkrieg durch Air Liquide und Mitte der 1920er-Jahre in Italien.[60] Zum wirtschaftlich rentablen Transport von Industriegasen in großen Mengen scheinen sie jedoch zum ersten Mal 1940 im Ruhrgebiet eingesetzt worden zu sein, als man zwischen Hüls und Scholven eine zwölf Kilometer lange Pipeline für den Transport von Wasserstoffgas und Kohlenwasserstoffen zu einander ergänzenden chemischen Produktionsstätten für synthetischen Kautschuk und synthetische Treibstoffe verlegte. Nach dem Krieg wurde das Netz wiederaufgebaut und dann rasch erweitert, sodass bis Anfang der 1990er-Jahre insgesamt ein Pipelinenetz von 210 Kilometer 17 Fabriken im Ruhrgebiet miteinander verband.[61]

Außerdem erweiterte man das System um die Distribution von Luftgasen. Die erste Sauerstoffpipeline in Westdeutschland wurde 1956 in Betrieb genommen und versorgte von einem einzigen, von der Hoechst-Tochter Knapsack Griesheim betriebenen Luftzerleger aus zwei Stahlwerke.[62] Aber erst durch ein neuartiges Konzept, das Air Liquide ab den späten 1950er-Jahren beim Bau seiner Pipelines umsetzte, wurden die Rohrleitungsnetze zu einem äußerst wirkungsvollen Wettbewerbsinstrument (siehe Abbildung 30).[63] Dabei wurden einzelne Rohrleitungen zu zwei oder drei Kunden durch ein ausgeklügeltes Netz ersetzt, mit dem sich eine große Anzahl von Großabnehmern in den Industrieballungsgebieten Lothringens und Nordfrankreichs – sowie später auch in den Benelux-Staaten – versorgen ließ. Zwar war der Bau von Rohrleitungen mit immens hohen Kosten verbunden, aber dafür boten sie die Vorteile einer gesicherten Versorgung und besseren Kapazitätsausnutzung einer geringeren Anzahl von großen Luftzerlegern, weshalb sie bei Kostenkalkulationen und die Wirtschaftlichkeit der Branche allgemein eine immer wichtigere Rolle spielten. Sobald eine Rohrleitung verlegt war, war es der Konkurrenz praktisch unmöglich, auf einen bestimmten regionalen Markt vorzudringen, da die Distributions- und Produktionskosten des Netzbetriebes nur unter Inkaufnahme riesiger und langjähriger Verluste

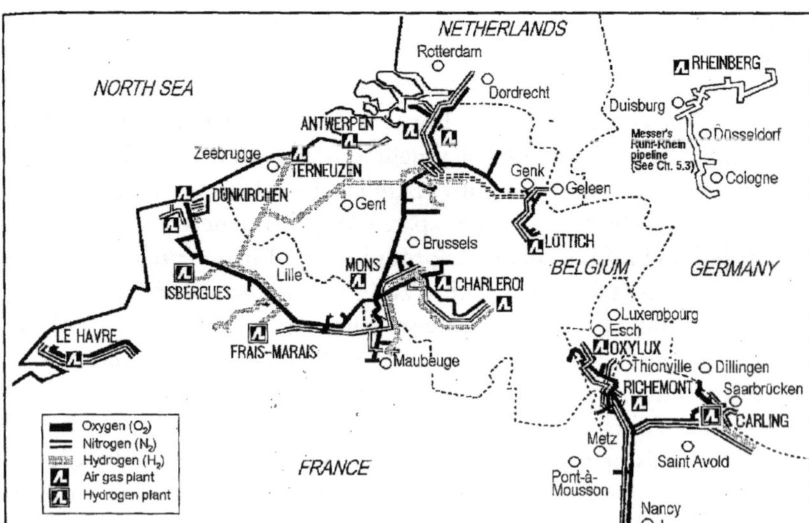

Abb. 30 Die »Grand-Masse«-Pipeline von Air Liquide und die Rhein-Ruhr-Pipeline von Messer Griesheim, etwa 1994

unterboten werden konnten; eine Entwicklung, auf die wir in Kapitel 6 ausführlicher zurückkommen.

Zusammenfassung

In den 1950er-Jahren führten ein veränderter gesetzlicher und regulatorischer Rahmen sowie der wirtschaftliche und technische Wandel in teils neuen, teils seit längerem bestehenden Branchen zu grundlegenden Veränderungen im operativen Umfeld der Gasunternehmen. Zuerst und am stärksten machten sich diese Veränderungen in den USA bemerkbar, wo sich bereits eine Konsumgesellschaft etabliert hatte und neue Spitzentechnologien entstanden, zu deren Entwicklung die Militärausgaben und das Raumfahrtprogramm einen erheblichen Beitrag leisteten. Eine wichtige Vorreiterrolle nahm hier der Branchenneuling Air Products aufgrund einer Reihe von Innovationen ein, mit deren Hilfe sich das Unternehmen diesen Veränderungen schnell anpassen und davon profitieren konnte. Dabei räumte das junge Unternehmen mit lange bestehenden Praktiken in der US-Gasbranche auf. Air Products war jedoch weder das einzige amerikanische Unternehmen, das in diesem Jahrzehnt Neuerungen einführte, noch beschränkten sich diese Neuerungen auf amerikanische Firmen. Die neuen Methoden, die Air Products bei der Versorgung von Abnehmern, Vertragsabschlüssen und der Finanzierung von Projekten anwandte, um auf dem heimischen bisher unter den bestehenden Anbietern aufgeteilten Markt Fuß zu fassen, gehörten zu den bemerkenswertesten Entwicklungen dieses Jahrzehnts. Ohne jeden Zweifel war es für die Gasbranche eine der wichtigsten Entwicklungen seit dem Ersten Weltkrieg: Zum ersten Mal seit Jahrzehnten betrat ein Neuling die Bühne und schaffte es, sich mit ebenso mutigen wie kreativen Strategien innerhalb kurzer Zeit einen beträchtlichen Marktanteil zu sichern.

Dennoch hielten die meisten Firmen trotz der massiven Veränderungen in der Gasbranche, die in den 1950er-Jahren in den Industrieländern stattfanden, an den bewährten Praktiken fest. Dies betraf auch die Fortführung der traditionellen Gentlemen's Agreements zwischen den alteingesessenen Gasproduzenten, mit deren Hilfe die Märkte geografisch aufgeteilt wurden und der Wettbewerb vermindert wurde, was ein hohes Preisniveau garantierte. Selbst in den USA war das der Fall, ungeachtet der Tatsache, dass es Air Products mit einigem Erfolg gelang, die Stellung der Marktführer anzufechten. Damit gaben sich Leonard Pool und seine Mitarbeiter jedoch nicht zufrieden und begannen deshalb schon bald, durch eine Internationalisierung weiterhin ein hohes Wachstum für das

Unternehmen zu generieren. 1957 wurde der damals 29-jährige Dexter Baker deshalb nach Großbritannien geschickt, um die Leitung von Air Products Limited zu übernehmen, der ersten Tochter des amerikanischen Unternehmens in Übersee. Ziel war es, die Fastmonopolstellung der BOC dort anzugreifen, und dieser Schritt war mit weitreichenden Folgen verbunden, wie wir im nächsten Kapitel sehen werden.

6 Die Internationalisierung der Branche in den 1960er- und 1970er-Jahren

Einleitung

Wie gezeigt, unterschieden sich die westeuropäischen Märkte für Industriegase nach dem Zweiten Weltkrieg strukturell kaum von jenen der Vorkriegszeit. In fast allen Ländern, insbesondere aber in den größeren, beherrschten ein oder zwei Unternehmen Produktion und Distribution, wobei der Anteil der Marktführer von etwa 40 Prozent (Linde, Knapsack Griesheim) bis zu deutlich über 75 Prozent (British Oxygen Company, Air Liquide, AGA) variierte.

Bis in die 1950er-Jahre änderte sich an diesen Strukturen nur wenig, und selbst am Ende des Jahrzehnts war vieles noch beim Alten. Die nationalen Champions beherrschten ihre Heimatmärkte nicht zuletzt wegen der erheblichen Investitionen, die in den Aufbau ihrer Distributionsnetze und regionalen Produktionsstätten geflossen waren. Zusätzlich gefördert wurde diese Dominanz durch grenzüberschreitende Unternehmensabsprachen mit dem Ziel, sich auf den jeweiligen Heimatmärkten keinerlei Konkurrenz zu machen. Diese Gentlemen's Agreements galten – mit Einschränkungen – selbst für Märkte wie Italien oder Belgien, in denen nicht nur mittelständische einheimische Industriegasproduzenten, sondern auch die Tochtergesellschaften der Marktführer aus größeren Ländern aktiv waren, etwa Linde und Air Liquide.

Doch trotz scheinbar stabiler Marktstrukturen änderten sich die Rahmenbedingungen für die westeuropäischen Industriegasunternehmen bereits in den 1950er-Jahren deutlich. Neue Gesetze gegen Wettbewerbsbeschränkungen, technische Veränderungen bei der Herstellung und Distribution sowie die stark steigende Nachfrage nach Sauerstoff, Stickstoff und Edelgasen untergruben langsam aber sicher die Gentlemen's

Agreements und machten die bislang abgeschotteten nationalen Märkte für Neueinsteiger aus dem Ausland attraktiv.

Die Furcht der westeuropäischen Marktführer vor neuen Wettbewerbern, die »nationale Marktordnungen und Ländergrenzen nicht beachten«,[1] erwies sich mit dem Markteintritt der amerikanischen Air Products Ende der 1950er-Jahre in Großbritannien und ab 1964 in Belgien und Westdeutschland als begründet. Danach fühlte sich kein großer westeuropäischer Anbieter mehr an die Absprachen gebunden und alle Firmenleitungen fingen an, den Einstieg in bislang nicht erschlossene Auslandsmärkte zu planen.

Der Markteintritt von Air Products in Westeuropa und die Folgen für die dortige Industriegasbranche sind das Thema dieses Kapitels. Dabei stehen die Marktentwicklungen in Großbritannien und Westdeutschland bis Ende der 1970er-Jahre im Vordergrund. Mit Blick auf den britischen Markt gilt das besondere Augenmerk den innovativen Distributions- und Finanzierungsmethoden von Air Products sowie der Reaktion der BOC, die in den 1960er-Jahren die erfolgreichen Methoden des amerikanischen Konkurrenten übernahm. Dagegen beleuchtet das deutsche Fallbeispiel in erster Linie die strategischen Überlegungen und Abwehrmaßnahmen der deutschen Hersteller – speziell die Errichtung von Pipelines zur Versorgung von Großverbrauchern in der Stahlindustrie. Danach wird das Vordringen der großen Gashersteller auf die hart umkämpften belgischen und niederländischen Märkte behandelt. Abschließend folgt ein kurzer Überblick über Strategien und Vorgehen der Konzerne auf den übrigen westeuropäischen Märkten.

Die amerikanische Herausforderung: Air Products Inc. und die britische Industriegasbranche 1957–1970

Wie in Kapitel 5 gezeigt, hatte die British Oxygen Company (BOC) in den 1950er-Jahren einen außergewöhnlich hohen Marktanteil – selbst im Vergleich zu den anderen, ebenfalls auf nur wenige Unternehmen konzentrierten westeuropäischen Märkten. Im Grunde hatte die BOC eine – praktisch völlig ungefährdete – Monopolstellung inne: 1954 hatte das Unternehmen bei Sauerstoff und Acetylen sogar einen Marktanteil von 98,5 Prozent. Die BOC baute auch Luftzerleger, hatte aber Schwierigkeiten bei der Fertigstellung neuer Großanlagen, die den steigenden Bedarf der Stahlindustrie bedienen sollten. Dies war einer der Gründe, warum BOC 1954 ein Joint Venture mit Linde einging. British Oxygen Linde Ltd. (BOL) sollte den Briten den Zugang zu deutscher Technik eröffnen, doch es gab noch ein weiteres Motiv: BOC wollte damit auch der Bedrohung durch einen neuen Wettbewerber entgegenwirken, dem amerikanischen Industrieausrüster Air Products, der Anfang der 1950er-Jahre zusammen mit der Firma Butterley im Anlagenbau in Großbritannien tätig geworden war.[2] Obwohl das erste Joint Venture mit Butterley, das schließlich als Air Products Limited (APL) firmierte, wegen nicht zufriedenstellender Luftzerleger in einen Fehlschlag mündete, wollte sich das US-Unternehmen weiterhin auf dem vielversprechend erscheinenden britischen Markt etablieren. Air Products entschied, sich von Butterley zu trennen und die britische Tochter alleine weiterzuführen. Die nicht funktionierenden Anlagen wurden neu gebaut, und nach kurzer Zeit konnten weitere kleine und große Aufträge gewonnen werden.[3] Zudem dehnte das Unternehmen seine Geschäftstätigkeit über den Bau von Produktionsanlagen hinaus aus und trat als direkter Konkurrent zu BOC in den britischen Markt für Industriegase ein.

Es war jedoch keine Konkurrenz unter gleichen Voraussetzungen. 1957 wies die Mutter von APL, Air Products, bei einem Gesamtumsatz von etwa 33 Millionen US-Dollar einen Ertrag von etwa 2 Millionen US-Dollar aus. Der Ertrag der BOC im selben Jahr belief sich dagegen auf nahezu 12 Millionen US-Dollar (zu damaligen Wechselkursen) – er war also sechs Mal so hoch wie jener der Amerikaner – und der BOC-Umsatz lag bei knapp über 120 Millionen US-Dollar, mithin fast vier Mal höher als der des Herausforderers auf dem britischen Markt. Mit anderen Worten: Die BOC war nicht nur wesentlich größer, sondern finanziell auch viel potenter als Air Products.[4] Die noch schwächelnde britische Tochter wurde von Dexter Baker geleitet, der 1957 mit gerade mal 29 Jahren nach Großbritannien gekommen war. Als Vertriebsingenieur bei Air Products hatte Baker zuvor in den USA Erfahrung mit dem Leasing von Großanlagen für die Chemieindustrie gesammelt und konnte in Großbritannien rasch erste Aufträge einfahren, etwa über eine Stickstoffanlage mit einer Kapazität von 150 Tonnen pro Tag für die Esso-Raffinerie in Fawley bei Southampton.[5] Zudem erhielt er die Zuschläge zur Versorgung von drei Stahlunternehmen in Wales und den Midlands mit mittelgroßen Anlagen und einer Laufzeit von 15 Jahren. Und dank des bewährten Huckepack-Prinzips von Air Products konnte mit Hilfe dieser Onsite-Anlagen, die alle in Besitz von APL waren, auch das Umfeld mit flüssigen Industriegasen versorgt werden. Nach diesen ersten Erfolgen bis 1962 plante Baker die rasche weitere Expansion, um in den nächsten zwei Jahren den gesamten britischen Markt abzudecken und BOC einen signifikanten Marktanteil abzunehmen.[6] So eröffnete APL 1964 Produktionsanlagen in Southampton zur Versorgung des Südens; in

Cardiff, Ebbw Vale und Shotton (Chester) für den Westen; in Stoke-on-Trent für die Midlands und in Sunderland und Thornaby-on-Tees für den englischen Norden. Und bereits Anfang August 1963, also noch ehe die Expansion abgeschlossen war, hatte sich APL auf dem britischen Markt für Stickstoff (16,9 Prozent Anteil) und Wasserstoff (14,2 Prozent Anteil) gut etabliert, auch wenn die Fortschritte bei anderen Industriegasen weniger deutlich waren (zum Beispiel 0,95 Prozent bei flüssigem Sauerstoff; 2,75 Prozent bei Kohlendioxid; 1,45 Prozent bei Acetylen und 3,5 Prozent bei Argon).[7]

Für APL war der Zeitpunkt zum Eintritt in den britischen Markt günstig. Ein Grund dafür war, dass BOC wegen der Auflagen seitens der britischen Monopolkommission, die 1956 einen ausführlichen Bericht über die Marktstellung von BOC bei Industriegasen veröffentlicht hatte, in gewissem Maße die Hände gebunden waren.[8] Um die Bedenken der Wettbewerbshüter zu zerstreuen, traf BOC 1958 eine Vereinbarung mit dem Board of Trade, das dem Unternehmen einige Beschränkungen auferlegte. Zum Beispiel durfte BOC auf lokaler Ebene keinen Preiskampf beginnen, solange es keine Wettbewerber mit bedeutenden Marktanteilen gab. Bis dahin musste es allen Kunden denselben Preis bieten und durfte (mit Ausnahme von Großabnehmern) keine Lieferverträge mit einer längeren Laufzeit als einem Jahr abschließen.[9] Zudem musste die BOC ihre Preise offenlegen, was APL einen erheblichen Vorteil verschaffte, zumal APL selbst nicht dazu verpflichtet war. Zuletzt durfte BOC keinen seiner Wettbewerber übernehmen, von denen es ohnehin nur zwei gab, APL und Saturn Industrial Gases Ltd. Auch diese Beschränkung galt nicht für das US-Unternehmen, das seinerseits nicht zögerte, Saturn für 500.000 Pfund zu kaufen und so mit einem Schlag seine Position in Nordostengland zu festigen.[10] Als Folge der rasch wachsenden Wettbewerbsfähigkeit von APL wurde BOC jedoch schon 1962 von vielen Beschränkungen entbunden. Danach musste der britische Marktführer seine Inlandspreise nicht mehr offenlegen und konnte auch mit kleinen Kunden wieder Lieferverträge über mehr als ein Jahr abschließen.[11]

Obwohl diese Wettbewerbsbeschränkungen APL den Markteintritt erleichtert hatten, gab es weitere – und wichtigere – Gründe für den Erfolg des amerikanischen Herausforderers. So hatte die BOC wegen eines Streiks in den späten 1950er-Jahren und wegen eines Mangels an Gasflaschen, der zeitweise die Versorgung kleiner Kunden beeinträchtigte, einen schlechten Ruf – was der Bericht der Monopolkommission auch erwähnte. Doch erklären die Schwächen der BOC allein nicht den Erfolg von APL auf dem britischen Markt. Das amerikanische Unternehmen besaß auch eine beträchtliche Innovationskraft. Neben neuen, bahnbrechenden Formen der Kreditfinanzierung konzentrierte sich APL viel stärker als die BOC auf das lukrative und wachsende Stickstoffgeschäft.[12] Da APL dank seines US-Hintergrunds zudem über bessere Anwendungstechnologien verfügte, konnte es bei seinen britischen Kunden die Verwendung von Flüssigstickstoff zum Frosten und Kühlen propagieren. Deswegen erreichte APL in relativ kurzer Zeit einen Marktanteil von gut 40 Prozent in diesem Sektor.[13] Dieser Erfolg führte zu einem Teufelskreis: Bei den Umsätzen war das Verhältnis von Sauerstoff zu Stickstoff bei APL wesentlich besser als bei BOC, was den Amerikanern eine bessere Auslastung ihrer Onsite-Anlagen bescherte. Dies wiederum führte zu Vorteilen bei den Festkosten, weshalb APL in der Folge seine Erträge sichern und zugleich günstigere Preise bieten konnte.[14]

Innovationen bei Logistik und Vertrieb trugen ebenfalls zum Erfolg von APL bei. So setzte APL zur Versorgung der Kunden nicht nur Tanklaster und große Flüssiggasspeicher ein, sondern auch Gasflaschenbündel. Dadurch konnte APL mit weniger Personal Flaschen auf- und entladen und zugleich den Liefervorgang beschleunigen. Darüber hinaus baute APL stark auf die Lieferung von verflüssigten Gasen statt auf gasförmige Produkte, weil erstere stärker verdichtet waren und vor Ort leicht in von APL bereitgestellten Speichern gelagert werden konnten; damit sank auch die Zahl der periodischen Lieferungen an die Kunden. Hervorzuheben ist, dass all dies zu einer Strategie gehörte, die sich primär an Großabnehmer richtete und kleinere Kunden weitgehend aussparte. Diese Konzentration auf Großkunden erlaubte es APL, die noch immer beschränkten finanziellen und personellen Möglichkeiten zu nutzen, um lukrative – und meist langfristige – Aufträge zu gewinnen.[15]

In der Nähe eigener Onsite-Anlagen warb APL dabei aggressiv um größere Kunden und bemühte sich zugleich intensiv um die bestehenden, unter anderem durch günstige Preise.[16] Der Grund für diese große Aktivität lag darin, dass Kunden, die ein bestimmtes Industriegas bezogen, häufig noch weitere Gase bestellten und schließlich auch ihren gesamten Bedarf bei APL deckten. Der Herausforderer tat aber noch mehr: Er bemühte sich außerdem, einen besseren Service als die BOC zu bieten, indem er Aufträge etwa noch am selben Tag ausführte.

All diese Faktoren hatten zur Folge, dass APL seit Mitte der 1960er-Jahre den Löwenanteil seiner Investitionen aus dem Cashflow finanzieren konnte, was auch eine Marktanalyse von BOC zeigt (siehe Tabelle 6.1).

Insgesamt trugen also sowohl die Schwächen von BOC als auch die Stärken von APL dazu bei, dass das amerikanische Unternehmen erfolgreich in den britischen Markt eintreten konnte. Ein weiterer sehr wichti-

Tabelle 6.1 Die Finanzierung des Wachstums der Air Products Ltd., 1959–1978 (in Mio. Pfund, aktuelle Preise)

	7-Jahres-Periode, Summe 1959–1965[a)]	7-Jahres-Periode, Summe 1966–1972[a)]	5-Jahres-Periode bis September 1978, Bericht der UK Prices Commission 1972–1978
Cashflow aus betrieblicher Tätigkeit	2,0[b)]	14,8[b)]	48[c)]
Nettozunahme von Verbindlichkeiten und (neues) Eigenkapital	7,4	1,6	ca. null

[a)] = keine Dividenden in der Periode; [b)] = Abschreibungen plus Gewinnrückstellungen; [c)] = enthält Investitionen von 25 Mio. £, Anstieg des Working Capital von 6 Mio. £, Steuern von 10 Mio. £ und Dividenden in der Höhe von 8 Mio. £

Quelle: BOC, »Air Products and Chemicals Incorporated – A Review«, 1979, S. 4, in BOCW, Box 20

ger Grund für diesen Erfolg waren aber auch die überaus günstigen wirtschaftlichen und industriellen Rahmenbedingungen jener Zeit, insbesondere die rasant steigende Nachfrage nach allen Arten von Industriegasen in den 1960er-Jahren, die die BOC ohnehin kaum allein hätte befriedigen können. Vor diesem Hintergrund ist es bezeichnend, dass APL seine Geschäftstätigkeit vor allem auf solchen Feldern ausweitete, auf denen BOC nicht aktiv war, oder auf neuen, erst von den Amerikanern mitentwickelten Geschäftsbereichen. Im traditionellen Sauerstoff- und Acetylengeschäft konnte APL daher nur kleinere Marktanteile erobern. So lag der APL-Anteil am Sauerstoffmarkt bei lediglich 15 Prozent. Beim Stickstoff dagegen lag der Anteil, wie erwähnt, bei 40 Prozent, und APL kontrollierte auch mehr als ein Drittel des lukrativen britischen Argonmarktes; beim Wasserstoff kam APL sogar auf sagenhafte 60 Prozent.[17] Demnach hatte das amerikanische Unternehmen 1968 in den meisten Bereichen des britischen Marktes für Industriegase eine beachtliche und profitable Stellung erreicht.

Nach den großen Erfolgen Mitte der 1960er-Jahre fiel es APL in den folgenden Jahren viel schwerer, der BOC weitere Marktanteile abzujagen. Das lag hauptsächlich daran, dass sich BOC als Reaktion auf die

Anfangserfolge des Herausforderers strategisch neu ausrichtete. Spätestens seit 1957 hatte der britische Marktführer dessen Aktivitäten genau beobachtet[18], wobei man die Erfolgsaussichten von APL allerdings fahrlässig unterschätzte, wie man bei BOC später selbst einräumte:

> Wir hatten zum Teil eine Monopolstellung inne. Damit arbeiteten wir fast schon wie ein staatliches Unternehmen. Und wir hatten die entsprechende Einstellung; konnten zu unseren Kunden »Vogel friss oder stirb« sagen, und manchmal taten wir's auch … Alles in allem wurden wir eher respektiert als gemocht.[19]

Dass die BOC den neuen Wettbewerber unterschätzte, beruhte zum Teil – durchaus verständlich – darauf, dass der Herausforderer mit seinen Anlagenbauprojekten in Corby und Billingham zuvor kläglich gescheitert war. Tatsächlich verlieh der Vorsprung im Onsite-Sauerstoffgeschäft mit der Stahlindustrie dem Überlegenheitsgefühl der BOC zusätzlich Auftrieb: Bis 1960 hatte BOC schon mehr als ein halbes Dutzend solcher Anlagen in Betrieb genommen und der Bau und Betrieb weiterer war vertraglich vereinbart.[20] Bei der BOC glaubte man nicht nur, dass man APL technisch und wirtschaftlich voraus war, sondern auch, dass das in den USA erfolgreiche Huckepack-Prinzip der Muttergesellschaft nicht auf Großbritannien übertragen werden konnte. Und wie wir gesehen haben, traf das in einem gewissen Maß auch zu, da die Amerikaner nicht sehr gut ins Großkundengeschäft der BOC mit der Stahlindustrie eindringen konnten.[21]

Das Management von BOC übersah anfangs jedoch gleich mehrere Dinge. Zum einen suchte sich APL Alternativen außerhalb der Stahlbranche, etwa in den Bereichen Erdölraffinierung und Chemieproduktion, wo sich Leonard Pools Onsite-Konzept sehr wohl mit Erfolg auch in einem britischen Umfeld anwenden ließ. Die BOC beging überdies den fundamentalen Fehler zu glauben, dass das eigene, ausgedehnte Distributionsnetz Schutz vor den Angriffen eines Wettbewerbers böte. Tatsächlich war APL aber auch ohne ein solches Netz konkurrenzfähig, indem man sich ausschließlich auf die großen Industriezentren beschränkte und nur Großkunden belieferte.[22] Darüber hinaus begriffen die BOC-Manager anfangs nicht, welche Innovationen APL bei Vertrieb und Lieferung einführte (größere Tankwagen, Flüssiggastransport, Gasspeicher vor Ort bei den Kunden, Gasflaschenbündel etc.). Dies sowie der höhere Stickstoffanteil bei den Umsätzen und die Konzentration auf große Abnehmer führten bei APL zu einer wesentlich günstigeren Kostenstruktur als bei BOC.[23]

Begünstigt wurde der Markteintritt des amerikanischen Herausforderers auch dadurch, dass das BOC-Management mehrere neue Märkte mit großem Potenzial – etwa Stickstoff – zunächst nicht identifizierte und vernachlässigte.[24] Ein Grund dafür könnte sein, dass das Mutterunternehmen von APL auf diesen Märkten bereits in den USA eine führende Rolle spielte. Doch die BOC war auch auf die Entwicklungen in seinem Tonnage-Geschäft mit Sauerstoff fixiert, was nicht nur großen Kapitalbedarf, sondern auch einen erheblichen Personalaufwand bedeutete und so Investitionen in das Stickstoffgeschäft mit seinen steigenden Umsätzen verhinderte.[25]

Trotz vieler dieser anfänglichen Fehleinschätzungen entwickelte die BOC in relativ kurzer Zeit eine erfolgreiche Strategie, um den Herausforderer abzuwehren – nicht zuletzt dadurch, dass sie viele der Innovationen und Serviceleistungen von APL übernahm.[26] Das Auftauchen von APL als ernst zu nehmendem Wettbewerber führte Mitte der 1960er-Jahre außerdem zu organisatorischen und operativen Veränderungen bei der BOC. Mit Hilfe von Werbung und Öffentlichkeitsarbeit machte sich der britische Marktführer daran, sein Image als unflexibler, unfreundlicher und teurer Monopolist abzustreifen.[27] Noch wichtiger aber war, dass BOC die Finanzierungsmethoden von APL nachahmte und begann, den Bau weiterer Anlagen über Kredite zu finanzieren.[28] Dies führte dazu, dass Mitte der 1960er-Jahre im Rahmen der BOC-Gesamtstrategie ein umfangreiches Investitionsprogramm aufgelegt wurde, um das eigene Gasegeschäft weiter zu entwickeln. »Plan 70« genannt, zielte das Programm durch den Bau zahlreicher neuer Fabriken, die Erweiterung bestehender Onsite-Anlagen und die fortgesetzte Modernisierung des Distributionssystems, auf eine erhebliche Ausweitung der Kapazitäten.[29] Weil aber die Zinslast wegen der Unternehmensschulden hoch und die Gewinnmargen wegen der neuen Konkurrenz niedrig waren, blieb die finanzielle Belastung der BOC noch bis Ende der 1960er-Jahre angespannt.[30] Allerdings hatte man bis 1968 das »Trauma des Wettbewerbs« bewältigt, und es ist ein Beleg für den Wertewandel im Unternehmen, dass sich das BOC-Management ab diesem Zeitpunkt weniger an Marktanteilen orientierte, sondern seine Tätigkeit mehr an der Profitabilität des Unternehmens ausrichtete.[31]

»Wenn das Angebot von einer Monopol- oder Duopolsituation geprägt ist, freuen sich manche Kunden über ein neues Gesicht.«[32] Die Expansion von Air Products nach Kontinentaleuropa und das Ende der Gentlemen's Agreements

1964, noch ehe Air Products seine Position auf dem britischen Markt für Industriegase gefestigt hatte, überzeugte Dexter Baker seine Chefs in Allentown, Pennsylvania, ihm die Expansion nach Kontinentaleuropa zu genehmigen. Über APL gab Baker ein Angebot für den Bau einer Onsite-Anlage für ein Stahlwerk in Sidmar nahe Gent (Belgien) ab. Mit dem Zuschlag wurde das neue Unternehmen Air Products SA gegründet, das die Anlage gemeinsam mit der in Belgien ansässigen Société Générale betreiben sollte. In dem Joint Venture übernahm Air Products mit einem Anteil von 60 Prozent die Betriebsführung und machte sich sogleich daran, mithilfe des Huckepack-Prinzips und anderer Methoden, die sich bereits auf den Britischen Inseln als erfolgreich erwiesen hatten, den belgischen und niederländischen Markt zu erobern.[33] Kurz nach dem Vertragsabschluss für Sidmar setzte Baker seinen Expansionskurs fort und richtete den Blick nach Deutschland. Auch dort war Air Products bald erfolgreich und konnte mit der Rheinstahl Hüttenwerk AG den Bau und Betrieb einer Onsite-Anlage für deren Stahlwerk in Hattingen vereinbaren. Nur kurze Zeit später errichtete man hierfür die Air Products GmbH in Düsseldorf.[34]

Nach den Markteintritten in Großbritannien und den Benelux-Staaten trug der Vorstoß von Air Products nach Deutschland maßgeblich dazu bei, dass die lange bestehenden Gentlemen's Agreements in der Industriegasbranche obsolet wurden. Doch was das Unternehmen beim Markteintritt und der Konsolidierung seiner Position in Westdeutschland erlebte, unterschied sich stark von den Erfahrungen in Großbritannien. Zum einen unterschied sich der deutsche Markt strukturell und praktisch deutlich vom britischen. Außerdem hatten die deutschen Unternehmen die Herausforderung, die APL für BOC darstellte, beobachtet und wussten, wie sie sich gegen den Angriff schützen konnten. Zudem waren die deutschen Unternehmen auch deswegen besser auf den amerikanischen Herausforderer vorbereitet als BOC, weil sie mit den Amerikanern bereits seit den 1950er-Jahren im Anlagenbau konkurriert hatten.[35] Deswegen, aber auch wegen einiger Besonderheiten der damaligen industriellen Entwicklung Westdeutschlands – insbesondere die frühe, nahezu flächendeckende Umstellung auf Sauerstoffblasverfahren zur Stahlerzeugung –, entwickelten die deutschen Unternehmen rasch neue

Strategien, um Marktanteile zu gewinnen und/oder zu sichern; dies erreichten sie vor allem durch den Bau und Betrieb von Rohrleitungsnetzen, die die Branche zum Teil grundlegend veränderten. Aus diesem Grund lohnt eine genauere Betrachtung der Situation in Deutschland, deren Entwicklung schon eineinhalb Jahrzehnte früher begann, bevor Air Products als Hersteller und Distributor von Industriegasen in Deutschland auftrat.

Der Markt für Industriegase und der Anlagenbau in Westdeutschland vor dem Auftreten von Air Products

Anders als in Großbritannien und Frankreich gab es in der Bundesrepublik trotz zahlreicher Kooperationsvereinbarungen noch einen Wettbewerb zwischen Linde und der Hoechst-Tochter Knapsack Griesheim auf dem Gebiet der Gase und zwischen Linde und Messer beim Bau von Luftzerlegern und Schweißausrüstung. Dieser wurde jedoch weniger über den Preis, sondern über die ständige Verbesserung von Anlagentechnik und Distributionsmethoden ausgetragen. Obwohl die beiden größten Gasanbieter, Linde und Knapsack Griesheim, den westdeutschen Markt seit den 1920er-Jahren räumlich unter sich aufgeteilt hatten (siehe Abbildung 31), gab es noch mehrere andere Anbieter. Zu diesen meist kleinen regionalen, aber eng mit Großunternehmen kooperierenden Herstellern zählten neben Messer, das sich damals noch immer auf Anlagenbau und Schweißtechnik konzentrierte, Hüls, Tyczka, Bayer und die Degussa, sodass es regional durchaus – wenngleich nicht allzu großen – Wettbewerb gab.[36]

Obwohl die deutschen Branchenführer im Sauerstoffgeschäft zusammen auf einen Anteil von 80 Prozent kamen, hielt jeder für sich nur etwa 40 Prozent. Damit war der einzelne Anteil am Heimatmarkt wesentlich geringer als derjenige von BOC, die in Großbritannien praktisch eine Monopolstellung innehatte. Und sogar insgesamt entsprach der Anteil der beiden deutschen Marktführer nicht dem der BOC auf dem britischen Markt. In einem weiteren Punkt unterschied sich der Heimatmarkt der deutschen Gasehersteller vom britischen der BOC. So dominierte BOC in den 1950er-Jahren nicht nur das Geschäft mit Sauerstoff, sondern auch das mit Acetylen. Im deutschen Acetylengeschäft dagegen hielten wieder zwei nahezu gleich starke Wettbewerber zusammen einen Marktanteil von etwa 80 Prozent. Diesmal waren es jedoch nicht wie beim Sauerstoff Linde und Knapsack Griesheim: das deutsche Acetylengeschäft teilten sich Linde und die AGA-Tochter Hanseatische Azetylen Gasindustrie (vgl. Tabelle 6.2).

In den späten 1950er- und frühen 1960er-Jahren unterschied sich der

Abb. 31 Verteilung der Interessensphären von Air Liquide in Westdeutschland in den 1960er-Jahren

deutsche Gasmarkt vom britischen auch darin, dass hier der Markteintritt kapitalkräftiger und technisch versierter Anbieter aus dem Ausland eine viel wahrscheinlichere Gefahr darstellte. So fürchteten Linde, Knapsack Griesheim und Messer damals den Markteintritt von Air Liquide mehr als den von Air Products, zumal man wusste, dass das französische Unternehmen ernsthaft darüber nachdachte.[37] Außerdem gab es Befürchtungen, dass der amerikanische Marktführer UCC in

Tabelle 6.2 Der Acetylenmarkt in der Bundesrepublik Deutschland um 1967

Unternehmen	Mio. kg/Jahr	Marktanteil in %
Hanseatische Azetylen Gasindustrie (AGA)	12,1	35,5
Linde	14,3	42,0
Industriegas GmbH & Co KG (IGA)	5,6	16,5
Andere	2,0	6,0
Gesamt	34,0	100

Quelle: Schreiben von AGA an das Stanford Research Institute Melo Park California vom 10. April 1967 in AGAD, Akte E5 JB36

Deutschland tätig werden könnte. Beispielsweise warnte ein interner Bericht des Linde-Vorstands Walter Ruckdeschel, dass die Ruhreisenkonzerne mit Hilfe von UCC eine zentrale Sauerstoff-Verbundversorgung planten.[38]

Der in den 1950er-Jahren erwartete Einstieg von Air Liquide und UCC in den deutschen Markt fand letztlich nicht statt. Dennoch standen die deutschen Unternehmen bereits damals auf einem anderen Sektor, dem Markt für Luftzerleger und verwandte Anlagen, unter erheblichem Wettbewerbsdruck – und das nicht nur in Deutschland, sondern weltweit. Wie bei den Luftgasen konkurrierten hier primär deutsche Anbieter miteinander. Bei Luftzerlegern und Komponenten war Messer Hauptkonkurrent von Linde, obwohl Linde seit 1953 eine stille Beteiligung an dem finanzschwächeren Konkurrenten aus Frankfurt a.M. hielt und damit auch den Wettbewerb zwischen ihnen erheblich entschärft hatte.[39] Stärker war die Konkurrenz für Linde bei der Schweißtechnik, da hier nicht nur Messer, sondern auch Knapsack Griesheim und andere Anbieter über größere Marktanteile verfügten.

Auf den Exportmärkten mussten Linde, Messer und andere deutsche Anlagenbauer und Anbieter von Industriegasen auch gegen eine scharfe ausländische Konkurrenz bestehen. Durch diesen hohen Wettbewerbsdruck waren sie – anders als die BOC – auf die Herausforderung durch Air Products erheblich besser vorbereitet. Denn die Deutschen lieferten Anlagen und Ausrüstungsgegenstände in die ganze Welt, während sich BOC fast ausschließlich auf Großbritannien und das Commonwealth beschränkte, wo man nahezu konkurrenzlos war. Der erfolgreiche Export deutscher Luft- und Gaszerlegungsanlagen trug aber auch viel zum technischen Vorsprung der deutschen Unternehmen bei, und vor allem Linde war durch den hohen technischen Standard in der Lage, nicht nur den führenden amerikanischen Anbietern, sondern auch der französischen Air Liquide auf Augenhöhe zu begegnen.

In Europa war der Wettbewerb mit Air Liquide im Anlagenbau schon in den 1950er-Jahren sehr intensiv. Genau wie Knapsack Griesheim und Messer fürchtete Linde deshalb, dass Air Liquide die starke Nachfrage nach großen Luftzerlegern in der Bundesrepublik nutzen könnte und nicht nur Anlagen liefern, sondern auch ins Gasegeschäft einsteigen würde, selbst wenn damit die bestehenden Gebietsabsprachen verletzt würden. Ende der 1950er-Jahre war das Misstrauen auf allen Seiten so groß, dass Air Liquide trotz mehrerer Einigungsversuche gegenüber der Deutschen Bank feststellte, dass die bislang guten Beziehungen zu deutschen Unternehmen sich eingetrübt hätten und eine »Entfremdung« eingetreten sei.[40]

Teilweise erklären sich die zunehmenden Spannungen auch durch das allmähliche Eindringen von Air Liquide in den deutschen Markt. Die Franzosen gründeten 1955 die Gesellschaft für Industrielle Fertigungen der Chemie und Physik (Galco) mit dem Ziel, Sauerstoffanlagen und Schweißtechnik in Westdeutschland zu verkaufen. Als die Galco 1965 in Deutsche L'Air Liquide Edelgas GmbH umfirmierte, erweiterte die Gesellschaft auch ihre Produktpalette und bot in Westdeutschland nun zusätzlich Edelgase, insbesondere Argon an.[41]

Weil deutsche Unternehmen schon in der zweiten Hälfte der 1950er-Jahre den Markteintritt ausländischer Konkurrenten in ihren Heimatmarkt vorhersahen, beobachteten sie auch den Vorstoß von Air Products auf den britischen Markt sehr genau. Anders als BOC erkannten die deutschen Marktführer Linde und Knapsack Griesheim jedoch, dass ihre weitverzweigten und kapitalintensiven Vertriebs- und Distributionsnetze mit der Stahlflasche als tragende Säule sie nicht mehr vor ausländischer Konkurrenz schützen würden. Zum einen ließ sich durch den Flüssigtransport von Sauerstoff und Stickstoff auch das Gebiet ausdehnen, das von einem Luftzerleger mit Gewinn versorgt werden konnte. Zum anderen wussten Linde und Knapsack ebenfalls seit den frühen 1950er-Jahren, dass Innovationen wie Onsite-Anlagen und das amerikanische Huckepack-Prinzip die Markteintrittsbarrieren für kapitalstarke Unternehmen enorm gesenkt hatten.

Aufgrund dieser Erkenntnisse boten Linde wie Knapsack schon 1952 größeren Abnehmern an, Sauerstoff durch langfristige Lieferverträge zu günstigen Preisen zu beziehen, statt eigene Luftzerleger zu kaufen. Mehrere Stahlhersteller im Ruhrgebiet entschieden sich für diese Option,[42] u.a. auch, weil der Bedarf an Sauerstoff in den 1950er-Jahren rapide zunahm, z.B. für Schneid- und Hobelmaschinen oder für das Flämmen.[43] Diese Entwicklung hatte teilweise mit der deutschen Industriekultur zu tun, die im Folgenden in einem kurzen Exkurs dargestellt werden soll, weil sie weitreichende Folgen für die weitere Entwicklung der Gasindustrie in Deutschland hatte.

Einige Besonderheiten der westdeutschen Industriekultur und die steigende Nachfrage nach Sauerstoff nach dem Zweiten Weltkrieg

In den ersten eineinhalb Jahrzehnten nach dem Zweiten Weltkrieg zeichnete sich die deutsche Industriekultur durch drei hervorstechende Merkmale aus, die auch die Entwicklung des Marktes für Industriegase mitprägten. Das erste war die Konzentration der Schwerindustrie in einer verhältnismäßig kleinen Region, dem Ruhrgebiet. Das zweite, dieser Konzentration eng verbundene Merkmal, war das schon lange etablierte Konzept der »Verbundwirtschaft«, eines engen industriellen Zusammenschlusses benachbarter Firmen und Fabriken durch die Abstimmung von Materialflüssen, Energie und Produkten. Das dritte Merkmal hat mit der relativ frühen Nutzung der sauerstoffbasierten Verfahren für die Stahlproduktion durch die deutsche Schwerindustrie zu tun, die auch zur schnellen Übernahme des 1949 vom österreichischen VOEST-Konzern entwickelten Linz-Donawitz-Verfahrens (LD) und seiner Verbreitung bis zum Ende der 1950er-Jahren führten. Das Zusammenspiel dieser drei Merkmale erzeugte eine Dynamik, die die wirtschaftlichen und technischen Beziehungen zwischen den Gasherstellern und ihren Kunden maßgeblich prägte.

Die Folgerungen, die sich aus den beiden ersten Besonderheiten ergeben, liegen auf der Hand, sodass sich das Hauptaugenmerk hier auf die dritte richten kann, die weite Verbreitung einer sauerstoffbasierten Stahlerzeugung in Westdeutschland. Bereits in den 1930er-Jahren wurde in der deutschen Stahlindustrie die in die Thomaskonverter eingeblasene Luft mit Sauerstoff angereichert, da sich so das Frischen erheblich verkürzen ließ. Zudem konnte man so nicht nur Zeit einsparen, sondern auch die Stahlqualität verbessern.[44] Seit Ende der 1940er-Jahre verbreitete sich diese Praxis, was nicht zuletzt durch die Sauerstoffgroßanlagen nach Linde-Fränkl möglich war, die das Gas in großen Mengen und sehr günstig herstellen konnten. Mit den fallenden Preisen schnellte der Sauerstoffverbrauch der deutschen Stahlindustrie nach oben: von rund 800.000 Kubikmeter pro Monat im Jahr 1950 auf 20 Millionen Kubikmeter pro Monat 1955.[45] Insbesondere nach 1957, als sich das LD-Verfahren im Ruhrgebiet durchsetzte und nicht nur immer mehr, sondern auch immer größere LD-Konverter eingesetzt wurden, schoss der Sauerstoffbedarf dann erst recht in die Höhe. So wurde die Stahlindustrie innerhalb weniger Jahre zum größten Abnehmer des Gases.[46]

Der Sauerstoffbedarf in der westdeutschen Stahlindustrie stieg sogar so weit, dass die Versorgung auf den traditionellen Distributionswegen per Stahlflasche oder Kesselwagen ökonomisch nicht mehr möglich war. Die Lösung war der Bau von sogenannten Onsite-Anlagen, großen Luftzerlegern direkt bei den LD-Stahlwerken.[47] Diese Anlagen wurden natürlich von Gasunternehmen wie Linde erbaut, die über jahrezehntelange Erfahrung verfügten. Angesichts des ungeheuren Produktions- und Nachfrageniveaus stellte sich jedoch rasch die Frage: Wer sollte sie besitzen und betreiben? Drei Geschäftsmodelle standen zur Wahl. Erstens entschieden sich manche Stahlhersteller dafür, den Bau von Luftzerlegern in Auftrag zu geben, um sie anschließend in Eigenregie zu betreiben. So schlossen Thyssen und Phönix-Rheinrohr gemeinsam mit Linde einen Vertrag über den Bau einer dann von den Stahlkochern selbst geführten Anlage. Sie taten das, um die Abhängigkeit von einem Industriegashersteller zu vermeiden. Außerdem hatten sie errechnet, dass die »Internalisierung« der Gasherstellung die für sie betriebswirtschaftlich günstigste Lösung darstellte.[48]

Das zweite Modell sah vor, dass ein Stahlunternehmen den Luftzerleger in Auftrag gab, der ihr dann auch gehörte; die Betriebsführung wurde jedoch einer erfahrenen Firma aus der Gasbranche überlassen. Dabei gab es zwei Varianten: Einerseits gab es beispielsweise die erste (sehr kleine) Anlage für den LD-Betrieb im Gussstahlwerk Witten, die nur 2.000 Kubikmeter Sauerstoff pro Stunde erzeugen konnte. Dieser Luftzerleger befand sich nach Fertigstellung zwar im Besitz der Stahlfirma, wurde dann aber an den Anlagenbauer – in diesem Fall Linde – vermietet, und Linde führte den Betrieb.[49] Andererseits ließen sich sowohl die Mannesmann AG als auch Krupp Luftzerleger von Linde errichten, übergaben den Betrieb dann aber jeweils nicht an Linde, sondern vermieteten sie langfristig an den zweitgrößten westdeutschen Hersteller von Industriegasen, Knapsack Griesheim.[50]

Das dritte Geschäftsmodell schließlich sah vor, dass das Gasunternehmen die Luftzerleger nicht nur baute und betrieb, sondern auch Besitzer der auf dem Gelände des Stahlwerks befindlichen Anlage war. Dies entsprach im Wesentlichen dem ursprünglich in den USA von Air Products eingeführten Huckepack-Prinzip. Obwohl das Gasunternehmen dafür zunächst viel Kapital einsetzen musste, waren die Kosten für die Anlage und das Risiko durch den langfristigen, sicheren Vertrag mit dem Hauptabnehmer der Gase gedeckt. Das allein machte das Modell für die Gashersteller jedoch noch nicht besonders attraktiv. Stattdessen hing der wichtigste Anreiz mit den Möglichkeiten zusammen, die sich den Gasfirmen boten, wenn der Bedarf des Stahlwerks gedeckt war. Schließlich übertraf die Sauerstoffproduktion einer Großanlage in einem Stahlwerk dessen Bedarf, sodass der Betreiber des Luftzerlegers die Überschussproduktion preiswert an nahe Abnehmer abgeben konnte. Auch andere Gase, die vom Stahlunternehmen nicht benötigt wurden (meist erhebliche Mengen an Stickstoff sowie Argon), ließen sich vom Betreiber zur Steigerung von Umsatz und Gewinn nutzen. Der Erfolg dieses Geschäftsmodells hing nicht nur stark von der effektiven Kapazitätsauslastung der teuren Betriebsmittel ab, sondern auch von zwei weiteren Faktoren. Erstens führte die steigende Nachfrage nach diesen Gasen in den 1950er-Jahren und danach zu konstant hohen Preisen. Und zweitens konstruierten die Anlagenbauer immer effizientere Luftzerleger mit steigender Produktionskapazität. Daher waren bis 1963 schon mehrere neue Onsite-Anlagen im Ruhrgebiet errichtet worden.[51]

Für die wichtigsten westdeutschen Anlagenbauer Linde und Messer sowie für die führenden Gashersteller Linde und Knapsack Griesheim war die stetig wachsende Nachfrage nach Gasen und Ausrüstung zweifellos eine sehr attraktive kommerzielle Chance – insbesondere die im dritten Geschäftsmodell enthaltenen Möglichkeiten. Doch sie barg auch eine große Gefahr. Denn Onsite-Anlagen konnten, gerade wenn sie nach dem dritten Modell realisiert wurden, ausländischen Firmen nicht nur den Einstieg in den deutschen Anlagenbau, sondern auch in den Markt für Industriegase ermöglichen. Die westdeutschen Firmen der Branche erkannten dies sogleich und entwickelten alternative Wettbewerbsstrategien. In Anlehnung an die Strategien der französischen Air Liquide und in Übereinstimmung mit der altehrwürdigen Tradition der »Verbundwirtschaft« entwickelten Linde und Knapsack Griesheim seit Mitte der 1950er-Jahre Pläne, um nicht nur Onsite-Anlagen zu bauen, sondern auch um Großkunden in einem fest umrissenen Gebiet von einem einzigen großen Luftzerleger per Rohrleitung zu versorgen. Die Rohrleitungen verschlangen ebenfalls sehr große Investitionssummen und machten einen langen Atem nötig; zudem führte ihr Bau zwangsläufig zu einem vielschichtigen Dialog zwischen den Gasherstellern und den Großabnehmern. Diesem wenden wir uns nun zu.

Rohrleitungen für Industriegase in Westdeutschland: Konkurrenz und Kooperation

1956 ging die erste Rohrleitung im Dortmunder Raum in Betrieb und versorgte Stahlwerke von Hoesch und der Dortmund-Hörder Hütten-Union mit Sauerstoff von einem von Knapsack Griesheim betriebenen Luftzerleger. Bald darauf wurden auch im Duisburger Raum erste Leitungen verlegt. Um 1960 herum wurden die einzelnen, etwas voneinander abgeschnittenen Vorhaben dann zu detaillierten Netzausbauplänen. Von diesem Zeitpunkt an orientierte man sich für das geplante deutsche Leitungsnetz für Industriegase an der 1957 von Air Liquide entwickelten Strategie, mit einigen wenigen großen Luftzerlegern per Rohrleitung kostengünstig mehrere industrielle Sauerstoff-Großverbraucher in Lothringen und Nordfrankreich zu versorgen.[52]

Der Rohrleitungsbau war teuer. Doch die hohen anfänglichen Investitionskosten amortisierten sich in wenigen Jahren, weil einerseits die Kapitalkosten in anderen Bereichen niedrig waren – ein Verbundnetz zur Sauerstoffversorgung bedeutete beispielsweise, dass weniger Luftzerleger gebaut werden mussten – und andererseits die Luftzerleger besser ausgelastet wurden. Ein weiterer entscheidender Vorteil des Sauerstoffverbundes lag in der im Vergleich zu einzelnen Onsite-Anlagen größeren Versorgungssicherheit, da die Leitungen immer von mehreren Großanlagen gespeist wurden und darüber hinaus an Flüssigsauerstoffspeicher angeschlossen waren. Damit war beim Ausfall einer Anlage die Notversorgung ohne nennenswerte Zusatzkosten gewährleistet. Diese Vorteile führten zu ganz anderen ökonomischen Entscheidungen als zuvor. So war es 1974 wesentlich billiger, wenn genügende Kapazität vorhanden war, 10.000 Kubikmeter Sauerstoff pro Stunde per Rohrleitung an einen 35 Kilometer entfernten Großkunden zu liefern, als auf dessen Werksgelände einen Luftzerleger zu installieren.[53]

Der Aufbau eines westdeutschen Rohrleitungsnetzes für Industriegase begann am 1. Januar 1961, als Linde und Knapsack Griesheim ein Gemeinschaftsunternehmen gründeten, die Hüttensauerstoff GmbH (Hüsa). Aufgabe der Gesellschaft mit Sitz in Düsseldorf waren der Bau und Betrieb eines Leitungsnetzes für Sauerstoff im Ruhrgebiet sowie Finanzierung und Betrieb der damit verbundenen großen Luftzerleger.[54] Die Hüsa war insofern bemerkenswert, als der Markt für Industriegase im Ruhrgebiet die ausschließliche Domäne von Knapsack Griesheim war. Doch offenbar erzwangen finanzielle und andere Herausforderungen, die sich in den 1960er-Jahren in Westdeutschland bemerkbar machten, tiefgreifende Änderungen und ließen die bisherigen Konkurrenten auf dem westdeutschen Markt für Industriegase zu Partnern werden.

Damit konnten sie die großen finanziellen Belastungen gemeinsam besser schultern. Schließlich bedeutete der Bau eines solchen Leitungsnetzes mit Luftzerlegern auch ein Hindernis für potenzielle ausländische Wettbewerber, die in den lukrativen Markt eindringen wollten.

Einige Ruhrkonzerne – insbesondere Thyssen und Phönix-Rheinrohr – beargwöhnten die Zusammenarbeit von Linde und Knapsack Griesheim jedoch und fürchteten, sie könnten von den Gasherstellern abhängig und so »erpressbar« werden.[55] Deshalb beschlossen die Stahlkonzerne, in ein eigenes Leitungsnetz und Luftzerleger zu investieren und alles selbst zu betreiben.[56] Ein Vorstandsmitglied der Phönix-Rheinrohr, Hermann Th. Brandi, organisierte ab 1962 in den Fachverbänden der Eisenindustrie auch den allgemeinen Widerstand der Ruhrkonzerne gegen die umfassenden Netzpläne der Hüsa und schon bald berieten Vertreter der Stahlunternehmen an der Ruhr über den Aufbau eines gemeinsamen Sauerstoffnetzes aller Stahlhütten.[57] Darüber verhandelten beide Konzerne aber zugleich auch mit Linde, Knapsack Griesheim und der Hüsa über eine Kooperation, um die Gasanbieter so zu Zugeständnissen zu bewegen.[58] Aufgrund des Konjunktureinbruchs in der Stahlindustrie 1966/67 kam es schlussendlich zu keiner Vereinbarung über einen Sauerstoffverbund der Stahlunternehmen und das Vorhaben wurde auch später nicht wieder aufgegriffen.[59]

Bereits Ende 1963 aber existierten drei kleine, voneinander unabhängige Netze. Das erste lag im Raum Dortmund, wo die Betriebe von Hoesch und der Dortmund-Hörder Hüttenunion zusammengeschlossen waren. Im westlichen Ruhrgebiet verband eine Leitung die Werke von Thyssen und Phönix-Rheinruhr in Duisburg und Mülheim an der Ruhr. Und drittens gab es die von der Hüsa betriebene Leitung vom Knapsack Griesheimer Sauerstoffwerk im Duisburger Norden zum Mannesmann'schen Stahlwerk in Huckingen und zur Krupp'schen Hütte in Rheinhausen. Nach längeren Verhandlungen wurde die Rohrleitung von Thyssen dann 1968 an das westliche Hüsa-Netz angeschlossen, da der Duisburger Stahlkonzern, der 1965 mit Phönix-Rheinrohr fusioniert hatte, an einer größeren Versorgungssicherheit in Notfällen interessiert war.[60]

1965 hatten sich auch die Gesellschafterverhältnisse beim Gemeinschaftsunternehmen Hüsa geändert, nachdem Hoechst die Industriegasaktivitäten seiner Tochter Knapsack Griesheim mit dem kleineren Konkurrenten Messer verschmolzen hatte. Mit dieser Fusion wurden auch zwei komplementäre Aspekte im Industriegasgeschäft vereint: Bis zum Zusammenschluss hatte Knapsack Griesheim über keinerlei Kapazitäten im Anlagenbau verfügt, während Messer in der Herstellung und Distribution von Gasen praktisch nicht am Markt vertreten war. Die aus der Fusion hervorgegangene Firma Messer Griesheim (MG) war auf dem Markt für Industriegase also eine Macht, die es eher als ihre beiden Vorgänger mit Firmen wie Linde, Air Liquide, Air Products oder UCC aufnehmen konnte. Nicht ganz überraschend fand man bei Linde, dass bei der Fusionsentscheidung die eigenen Interessen nicht beachtet worden waren. So meinte der Linde-Vorstand, dass die Grundlage des Kooperationsvertrags entfallen sei und die frühere Vereinbarung, nach der alle Luftzerleger von Knapsack Griesheim und der Hüsa von Linde gebaut würden, keinen Bestand mehr habe.[61] Damit entfiel auch ein wesentlicher Grund für die Beteiligung an der Hüsa, weshalb sich Linde 1965 aus dem Gemeinschaftsunternehmen zurückzog.

Diese Entwicklung war nicht die einzige, die sich in den 1960er-Jahren auf die Pläne für ein Rohrleitungsverbundnetz zum Sauerstofftransport auswirkte. Ein Jahr vor der Gründung von Messer Griesheim und dem Rückzug von Linde aus der Hüsa begann der lang befürchtete Vorstoß der amerikanischen Air Products auf den deutschen Markt.[62] Wie erwartet, nutzte Air Products die große Sauerstoffnachfrage der Stahlindustrie an der Ruhr, um mit eigenen Luftzerlegern in den westdeutschen Markt einzusteigen. Die Amerikaner, die 1964 für den belgischen Stahlerzeuger Sidmar in der Nähe von Gent eine Onsite-Anlage gebaut hatten, stachen im selben Jahr mit einem Angebot für einen Luftzerleger im Hattinger Werk der Rheinstahl AG ihre deutsche Konkurrenz aus. Zwar bot auch die Hüsa Rheinstahl sehr günstige Konditionen, doch schließlich war der extrem niedrige Sauerstoffpreis von Air Products für den Zuschlag entscheidend.[63]

1965 errichtete das US-Unternehmen eine vorläufige Anlage in Hattingen und begann dann mit dem Bau eines großen Luftzerlegers auf dem Werksgelände, der Anfang 1967 in Betrieb ging. Doch wegen der Wirtschaftskrise 1966/67 und veränderter Produktionspläne reduzierte sich der Sauerstoffbedarf von Rheinstahl erheblich und lag weit unter der geplanten und vereinbarten Sauerstoffmenge, die die Großanlage produzieren konnte. Um Schadensersatzforderungen des amerikanischen Unternehmens abzuwenden, brachte Rheinstahl Air Products Mitte der 1960er-Jahre dazu, in gemeinsamen Verhandlungen mit MG einen Abnehmer für den überschüssigen Hattinger Sauerstoff zu suchen.[64]

Selbstverständlich hatte MG wenig Interesse, dem neuen Konkurrenten aus den USA dabei zu helfen, den Sauerstoffüberschuss abzusetzen. Doch aus Furcht vor Air Products nahm MG an den Gesprächen teil, da sich die Amerikaner mit aller Macht in Westdeutschland festsetzen wollten und für dieses Ziel ihren Sauerstoff auch zu Dumpingpreisen auf den

Markt werfen und einen Preiskrieg auslösen würden.[65] Allerdings lagen anfangs die Verhandlungspositionen der beiden Gasfirmen sehr weit auseinander. Air Products wollte weder auf ein Kaufangebot von MG für die Hattinger Anlage eingehen noch eine 51-prozentige Beteiligung des Frankfurter Unternehmens akzeptieren. Außerdem ließen es die Amerikaner nicht zu, dass MG die Vermarktung des Hattinger Sauerstoffs an Dritte allein übernahm. MG seinerseits verweigerte Air Products die Einspeisung des überschüssigen Sauerstoffs in das Leitungsnetz im Ruhrgebiet.[66]

Es gelang Rheinstahl jedoch, beiden Seiten Zugeständnisse abzuringen und zu vermitteln. In der Folge durfte Air Products über Rheinstahl als Mittler jeden Monat 2–3 Millionen Kubikmeter gasförmigen Sauerstoff zum Preis von 5,5 Pfennig pro Kubikmeter ins Netz einspeisen. Dazu wurde eine zusätzliche Rohrleitung von Dortmund nach Hattingen verlegt. MG würde den Sauerstoff verkaufen, ihn jedoch nur an die eigenen Bestandskunden mit langfristigen Verträgen liefern.[67] Dieser Kompromiss stellte allerdings keinen der beiden Konkurrenten wirklich zufrieden. Die Amerikaner wussten, dass MG in einem schnell wachsenden Markt seinen Sauerstoff an langjährige Kunden lieferte, um dadurch mit Flüssigsauerstoff aus eigener Produktion neue Kunden bedienen zu können. MG wiederum sah nur zu deutlich, dass sich Air Products nicht länger vom deutschen Markt fernhalten ließ und man wohl oder übel mit der amerikanischen Konkurrenz leben musste.

Letztlich erreichten beide Unternehmen nur ihre Minimalziele. Die MG konnte einen stärkeren Preiswettbewerb abwenden und mit der Zweigleitung nach Hattingen ihr Sauerstoffnetz im Ruhrgebiet ausbauen. Das würde sich später in Verhandlungen mit Rheinstahl als strategischer Vorteil erweisen. Air Products konnte die neuen Luftzerleger kontinuierlich betreiben und so mit Grundlast kostendeckend arbeiten sowie westdeutsche Kunden kostengünstig mit Sauerstoff, Stickstoff und Argon beliefern. Im Gegensatz zu den beiden Anbietern zog Rheinstahl als Abnehmer der Industriegase nichts als Vorteile aus dem Abkommen: Nun hatte der Stahlkonzern nicht nur einen Zugang zu billigem Sauerstoff, sondern genoss auch eine hohe Versorgungssicherheit, falls die Anlage in Hattingen ausfiel. Und darüber hinaus hatte er drohende Schadensersatzforderungen in beträchtlicher Höhe abgewendet.[68]

Trotz des Markteintritts von Air Products und des Rückzugs von Linde baute die Hüsa nach 1965 ihr Sauerstoffleitungsnetz im Ruhrgebiet zügig aus und errichtete immer größere Luftzerleger.[69] 1967 verlegte die MG-Tochter eine zweite Leitung nach Huckingen und eine neue zwischen Dortmund und Hattingen. Wie bereits ausgeführt, schloss man im folgenden Jahr zudem einen Sauerstoffverbund mit Thyssen, der die beiden Leitungsnetze im westlichen Ruhrgebiet vereinte. 1969 folgte eine Leitung von Hattingen zum Hochofen des Bochumer Vereins (Krupp Hüttenwerke AG). Und 1971 konnte MG/Hüsa die bislang getrennten Netze im östlichen und westlichen Ruhrgebiet zusammenschließen und so einen aus dem Jahr 1965 stammenden Plan vollenden.[70] Damit erstreckte sich das Sauerstoffnetz der Hüsa Ende 1971 auf eine Gesamtlänge von über 170 Kilometer, und die Kapazität der einspeisenden Sauerstoffanlagen betrug etwa 120.000 Norm-Kubikmeter pro Stunde.[71] Nur drei Jahre später lag die Netzeinspeisung von 15 Luftzerlegern fast drei Mal so hoch (ca. 350.000 Norm-Kubikmeter gasförmiger Sauerstoff pro Stunde).[72]

Wichtiger als die technischen Details des Sauerstoff-Verbundnetzes an der Ruhr waren jedoch dessen wirtschaftliche Implikationen. Für MG war das Netz nicht nur Schutz vor der existierenden Konkurrenz. Vielmehr hielt es auch andere davon ab, in den lukrativen Wachstumsmarkt des Ruhrgebiets einzudringen. Schließlich konnte MG durch die Kombination von eigenem Leitungsnetz und Luftzerlegern preisgünstig Großverbraucher versorgen und dank niedriger Produktionskosten zugleich Kleinabnehmer in der Nähe der Anlagen zu billigen Preisen mit Tankwagen und Gasflaschen bedienen.

Für Knapsack bzw. MG war das eine sehr profitable Entwicklung.[73] Denn es gelang keinem ausländischen Wettbewerber außer Air Products mit einer großen Anlage in Hattingen im Ruhrgebiet, nennenswert Fuß zu fassen, obwohl mit der Verbreitung des LD-Verfahrens Ende der 1950er-Jahre dafür nahezu ideale Bedingungen herrschten. Der Preis, den

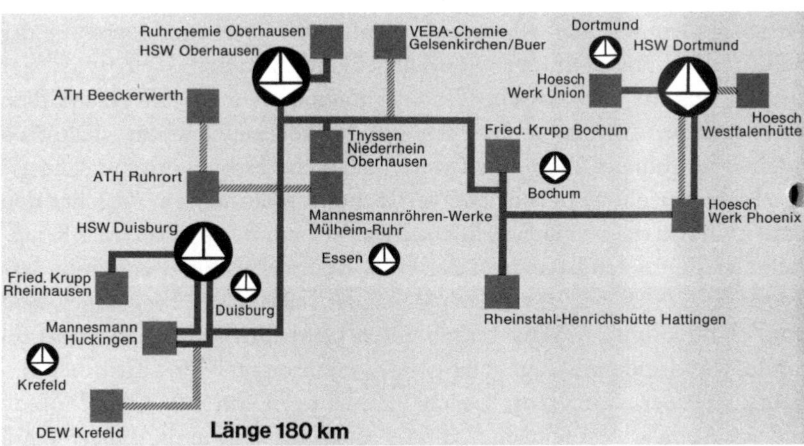

Abb. 32 Das Sauerstoffnetz von Messer Griesheim im Ruhrgebiet der 1970er-Jahre

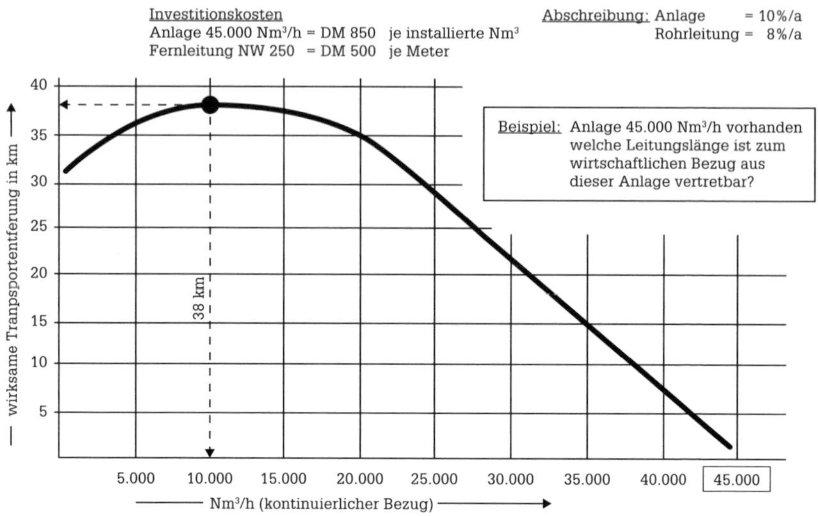

Abb. 33 Kostenvergleich von Gaslieferung per Rohrleitung und Eigenproduktion in kleinen Luftzerlegern, 1974

MG dafür zu zahlen hatte, war jedoch eine starke Abhängigkeit von Sauerstofflieferungen an die Stahlindustrie, die ihrerseits sehr konjunkturabhängig war. Folglich geriet die Hoechst-Tochter dann auch selbst in den Strudel der Stahlkrise.[74]

Mehr als Rohrleitungen: Geschäftsverbindungen, Konkurrenz und Kooperation in der westdeutschen Industriegasbranche

Zu jener Zeit war der Aufbau des Rohrleitungsverbundnetzes in der industriellen Herzkammer Westdeutschlands zweifellos ein wichtiger Grund, warum ausländische Unternehmen sich nur schwer auf dem westdeutschen Markt etablieren konnten. Doch auch andere Faktoren spielten mit hinein. Zum einen waren deutsche Firmen durch gegenseitige Lieferbeziehungen sehr eng verflochten, was anderen seit jeher den Eintritt in den deutschen Markt erschwerte. Zum Beispiel vertrieb Knapsack Griesheim den Sauerstoff der Hüls AG in Marl unter anderem deswegen, weil Hüls genau wie Knapsack einst Teil der I. G. Farben gewesen war.[75] Und Blohm + Voss vergab einen Großauftrag für Sauerstoff an Linde, weil Linde im Gegenzug bei der Hamburger Werft Turbinen bestellte.[76] Ferner meinten die Geschäftsführungen von BOC, Air Liquide und AGA, dass westdeutsche Unternehmen bis weit in die 1960er-Jahre ihre Industriegase lieber von einer heimischen statt von einer ausländischen Firma beziehen würden.[77]

Ein weiterer, vielleicht noch bedeutenderer Faktor war, dass die Gasunternehmen in Deutschland seit den 1930er-Jahren eng mit der Chemieindustrie zusammenarbeiteten und viele wichtige Chemiefirmen mit Luftzerlegern ausgerüstet hatten. Daher hatten Air Products und andere Unternehmen aus dem Ausland auch in der Chemiebranche schlechte Erfolgsaussichten – ganz anders als in Großbritannien. Denn dort hatte sich die BOC auf Sauerstoffanlagen für die Stahlindustrie konzentriert und ließ Air Products die Möglichkeit, Onsite-Anlagen z.B. für Shell, Esso und ICI zu errichten. Zudem war Stickstoff in Deutschland weit weniger wichtig als in Großbritannien, und gerade Herstellung und Distribution dieses Gases verhalfen Air Products zu bedeutenden Marktanteilen. Anders als in Großbritannien gab es Anfang der 1960er-Jahre in Westdeutschland nämlich keine Nachfrage nach Stickstoff seitens des Militärs oder der weniger stark entwickelten Lebensmittelindustrie.[78] Weitere Faktoren, die Air Products und anderen den Eintritt in den westdeutschen Markt erschwerten, waren der stärkere Wettbewerb unter den heimischen Herstellern, die Erfahrung und der gute Ruf von Linde und Messer beim Bau und Export großer Luftzerleger. Von großer Bedeutung war natürlich auch die Tatsache, dass die Deutschen das Vorgehen von Air Products beobachten konnten, als das Unternehmen seinen überaus erfolgreichen Vorstoß auf den britischen Markt unternahm, und so vier Jahre Zeit hatten, um sich auf den Angriff auf ihr Terrain vorzubereiten.

Auf den Markteintritt von Air Products – und in Erwartung weiterer ausländischer Konzerne[79] – antworteten Linde, Messer und Knapsack Griesheim deshalb zudem mit Maßnahmen zur Steigerung ihrer Wettbewerbsfähigkeit. So übernahmen sowohl Linde als auch Knapsack Griesheim die Finanzierungsmethoden von Air Products. Das heißt, sie finanzierten ihre immer größeren Luftzerleger und das Rohrleitungsnetz über den Kapitalmarkt; dabei dienten langfristige Lieferverträge und die Anlagen selbst als Sicherheiten für die Anleihen, was wiederum relativ niedrige Zinsen zur Folge hatte.[80] Die beiden deutschen Marktführer folgten dem Beispiel von Air Products auch dahingehend, dass sie ihre Distribution grundlegend modernisierten. So wurden Lindes größere Kunden meist schon seit den 1950er-Jahren mit Flüssigsauerstoff statt mit Gas beliefert. Im selben Jahrzehnt wurden auch druckbeständigere Stahlflaschen mit größerem Volumen eingeführt und kurz darauf ebenfalls Gasflaschenbündel.

In den 1960er-Jahren wurde dann die Fahrzeugflotte erneuert und 1964 erwarb Linde sogar eine Spedition, um Fahrern und Transportarbeitern nicht den höheren Tariflohn der Chemiebranche zahlen zu müssen.[81]

Abb. 34 Neue Transportmöglichkeiten für flüssige Gase: Linde Tankzug (Maschinenwagen: 6.300 Liter, Anhänger: 8.100 Liter), Mitte der 1960er-Jahre

Trotz dieser und anderer Maßnahmen versuchten der französische Marktführer Air Liquide und andere ausländische Firmen wiederholt, sich auf dem deutschen Markt zu etablieren. So zeigte Air Liquide Anfang der 1960er-Jahre in internen Analysen ein großes Interesse am Familienunternehmen Messer. Mitte des Jahrzehnts sprachen die Franzosen dann mit der Hoechst-Tochter Knapsack/Messer Griesheim intensiv über eine Zusammenarbeit.[82] 1967 versuchte Air Liquide auch, Linde zu einer festeren Zusammenarbeit zu bewegen.[83] Air Liquide war beileibe nicht allein mit derartigen Bemühungen. In der zweiten Hälfte der 1960er-Jahre traten auch Air Products, Hoechst, die Union Carbide Linde Division (UCC) und die BASF mit Fusions- und Kooperationsanfragen an Linde heran.[84] Das Wiesbadener Unternehmen war sowohl wegen seiner starken Marktposition in Westdeutschland als auch wegen seines internationalen Anlagenbaus für ausländische Firmen attraktiv. Linde dachte ebenfalls über Kooperationen nach, da das damals stark diversifizierte Unternehmen wegen seiner zum Teil defizitären Geschäftsbereiche (darunter Traktoren-, Gabelstapler- und Motorenbau sowie die Kältetechnik) über wenig Kapital für die Expansion in den schnell wachsenden Gasmarkt oder den stark konjunkturabhängigen Anlagenbau verfügte. Da man bei einer Kooperation im Bereich Gase und Anlagenbau auch die Kontrolle über diesen ertragsstarken Geschäftsbereich hätte aufgeben müssen und so die Unabhängigkeit des gesamten Linde-Konzerns gefährdet gewesen wäre, lehnten Vorstand und Aufsichtsrat letztlich jedoch alle Avancen ab.

Aufgrund der ablehnenden Haltung Lindes begann Air Liquide Ende der 1960er-Jahre, mit dem größten deutschen Chemiekonzern BASF über den gemeinsamen Vertrieb von Industriegasen in der Bundesrepublik zu verhandeln.[85] Das Ludwigshafener Unternehmen war zu dieser Zeit einer der größten Hersteller von Industriegasen (Sauerstoff, Stickstoff, Acetylen, Argon) in Westdeutschland und sogar weltweit, doch die Produktion diente nur der internen Bedarfsdeckung; lediglich Argon wurde zur weiteren Vermarktung an Linde verkauft.[86] 1971 verlief auch diese Initiative im Sand. Air Liquide verfolgte jedoch weiterhin beharrlich das Ziel eines Markteintritts in Deutschland,[87] nicht zuletzt weil die eigene Vertriebsgesellschaft Deutsche L'Air Liquide Edelgas GmbH seit ihrer Gründung 1955 keine nennenswerten Fortschritte erzielt hatte.[88] Im Zuge dessen dachte man bei Air Liquide auch ernsthaft über eine feindliche Übernahme der Linde AG nach. Aufmerksam beobachteten die Franzosen in der ersten Hälfte der 1970er-Jahre den Kurs der Linde-Aktie und sondierten die Möglichkeiten einer Übernahme, die die Commerzbank mit bewerkstelligen sollte; diese Gedankenspiele zerschlugen sich jedoch 1975 endgültig.[89]

Die schwedische AGA, die seit den 1920er-Jahren in Deutschland mehrere Acetylenfabriken betrieb, war auf dem deutschen Markt erfolgreicher, jedenfalls was das Acetylengeschäft betraf. Bis Ende der 1960er-Jahre hatte sich die AGA-Tochter Hanseatische Azetylen Gasindustrie ausschließlich auf Produktion und Vertrieb dieses Gases konzentriert und dabei sowohl mit Linde als auch mit Knapsack/Messer Griesheim eng zusammengearbeitet. Anfang der 1970er-Jahre aber, mit veränderten Produktionsverfahren für Acetylen und zunehmend begrenztem Wachstumspotenzial, kündigten die Schweden die langjährigen Verträge mit anderen Acetylenherstellern, insbesondere Linde, um weitere Industriegase in das Portfolio ihrer Tochter aufzunehmen. Letztlich entsprach dies dem Internationalisierungskurs der Schweden, die vom kräftigen Wachstum bei den Industriegasen in der Bundesrepublik profitieren wollten und das Vertriebsnetz der Hanseatischen Azetylen Gasindustrie als gute Ausgangsbasis dafür betrachteten.

Den ersten Bemühungen von AGA, auf dem westdeutschen Markt für Industriegase stärker Fuß zu fassen, war jedoch kein großer Erfolg beschieden. Als nach langwierigen Gesprächen die Alternativstrategie einer Fusion mit MG oder Linde scheiterte,[90] gingen die Schweden 1971 ein Joint Venture mit Air Liquide ein.[91] Beide Unternehmen wussten, dass sie nur durch großen Kapitaleinsatz mehr Marktanteile in Deutschland erringen würden, weswegen sie ihre deutschen Töchter verschmolzen, nicht zuletzt, um mit dem größeren Distributionsnetz ihre

Marktmacht zu vergrößern. Eine zusätzliche Rolle bei diesem Zusammenschluss spielte, dass die AGA den Markttrend zu Großanlagen verschlafen hatte und anders als der neue Partner Air Liquide über keine Kompetenzen im Bau und Betrieb großer Luftzerleger verfügte. Die Schweden hofften also, dass die Franzosen ihre diesbezüglichen Schwächen wettmachen würden. Doch schon bald kam es aufgrund der sehr unterschiedlichen Unternehmenskulturen zu Reibungen, und obwohl das Gemeinschaftsunternehmen erst 1986 offiziell aufgelöst wurde, blieb sein Erfolg in der ganzen Zeit überschaubar. Nach 1986 versuchten beide Unternehmen erneut, sich aus eigener Kraft besser auf dem deutschen Markt zu etablieren.[92]

Anfang der 1970er-Jahre waren bis auf die BOC und Air Reduction alle großen westlichen Anbieter von Industriegasen in der Bundesrepublik vertreten. Allerdings mussten sie ihr Deutschlandgeschäft von Grund auf neu aufbauen, sodass sie trotz aller Bemühungen nur geringe Marktanteile errangen. Linde und MG blieben Marktführer. Dennoch veränderte sich der westdeutsche Markt für Industriegase zwischen 1964 und 1971 tiefgreifend. Neben die beiden Platzhirsche und die vielen mittelständischen Anbieter waren nun vier finanzstarke ausländische Wettbewerber getreten: Air Liquide, Air Products, AGA und die UCC, die 1968 mit einem Luftzerleger im Saarland in den deutschen Markt eingetreten war. Danach wurden Preis und Serviceangebot immer mehr zu den entscheidenden Wettbewerbsfaktoren und ließen die bislang sehr hohen Renditen der Marktführer abbröckeln. Auf dem Markt für Industriegase hatte der »Naturschutzpark« Bundesrepublik aufgehört zu existieren.[93]

Die Internationalisierung im übrigen Europa

Die Fallstudien zu Großbritannien und Deutschland zeigen, dass Anfang der 1960er-Jahre die alten Gentlemen's Agreements auf europäischer Ebene immer weniger galten. Ein Grund dafür war das Eindringen ausländischer Gasversorger in den britischen und westdeutschen Markt, das alle westeuropäischen Unternehmen dazu veranlasste, Internationalisierungsstrategien zu entwickeln. Manche, wie Linde, waren in dieser Hinsicht schon weit fortgeschritten: Das internationale Engagement ergänzte Lindes Pionierrolle im Geschäft mit Industriegasen seit Beginn des 20. Jahrhunderts, und das Unternehmen hielt Mitte der 1960er-Jahre beträchtliche Marktanteile in Österreich, der Schweiz, Belgien und Italien. Knapsack Griesheim war dagegen ganz auf Westdeutschland konzentriert.[94] Mit der Fusion (1965) von Knapsack Griesheim mit Messer, das keine Sauerstoffaktivitäten im Ausland verfolgte, aber international im Anlagenbau sehr erfahren war, änderte sich dies jedoch, und ab Anfang der 1970er-Jahre expandierte Messer Griesheim wie Linde in andere westeuropäische Länder.

Auch andere westeuropäische Industriegasunternehmen beschlossen Mitte der 1960er-Jahre, ihr internationales Engagement zu verstärken. Nach der Konsolidierung im Wettbewerb gegen Air Products auf dem britischen Markt beschloss beispielsweise die BOC 1964, sich stärker in Kontinentaleuropa zu engagieren, zunächst in Italien. Die AGA verfolgte ab Ende der 1960er-Jahre denselben Plan, während Air Liquide, die bereits vor dem Zweiten Weltkrieg international engagiert war, zur selben Zeit ebenfalls vermehrt auf ausländische Märkte drängte. Den Internationalisierungsbestrebungen aller westeuropäischen Unternehmen entsprach, dass auch zwei große amerikanische Anbieter, UCC und Air Products, in Europa auf den Plan traten. Tatsächlich war, wie gezeigt, der Vorstoß von Air Products ein Auslöser dafür, dass die Westeuropäer von ihren jeweiligen Heimatmärkten aus die Fühler ins Ausland ausstreckten.

Die Internationalisierung der großen Gasanbieter hatte rasch tiefgreifende Folgen für die nationalen Märkte. Besonders umkämpft waren dabei die relativ offenen und lukrativen belgischen und niederländischen Märkte. Neben einigen Mittelständlern waren in Belgien nur Linde, Air Liquide (schon seit 1906) und AGA (seit 1929)[95] vertreten; Linde war nach dem Verlust seiner belgischen Beteiligung infolge des Zweiten Weltkriegs seit 1959 wieder präsent, als das deutsche Unternehmen einen Luftzerleger an die Société Oxhydrique Internationale SA lieferte und dafür einen 9-Prozent-Anteil am Eigenkapital des belgischen Unternehmens erhielt.[96] Die drei ausländischen Gasunternehmen hielten insgesamt etwa 90 Prozent des belgischen Marktes, den sie mittels eines »confidential gentlemen [sic] agreement« kontrollierten – »um eine Zerstörung [sic] der Preise zu verhindern und so den Sauerstoff- und Acetylenpreis auf einem einigermaßen hohen Niveau zu halten«.[97] Den restlichen Markt teilten sich einige kleinere belgische Anbieter.

Doch der belgische Markt sollte bald in Bewegung kommen, und wieder einmal war der Markteintritt von Air Products, das mit einer großen Onsite-Anlage für das Stahlwerk Sidmar beauftragt wurde, Auslöser der Veränderungen. Die Anlage nahm 1968 den Betrieb auf.[98] Unmittelbar nach Vertragsunterzeichnung unterbot Air Liquide die ohnehin niedrigen Preise von Air Products, worauf die Amerikaner mit einer weiteren Preissenkung reagierten, sodass die Preise insbesondere für Edelgase in der zweiten Hälfte der 1960er-Jahre auf den bislang niedrigsten Stand sanken.[99] Der Preiskrieg verschärfte sich noch einmal mit dem Markteintritt von UCC, die in Antwerpen einen großen Luftzerleger errichtete; dort hatten mehrere Chemieunternehmen (darunter BASF, Bayer und Degussa) große Werke gebaut, um von den nahen Ölraffinerien ihr petrochemisches Ausgangsmaterial zu beziehen.[100]

Wie in Großbritannien wollte Air Products in Belgien nicht nur über niedrige Preise und guten Service, sondern auch durch Unternehmenskäufe schnell Fuß fassen. Doch bereits der erste Übernahmeversuch war mehr als ein Fehlschlag. Nicht nur dass das Angebot von 2.400 belgischen Francs pro Aktie zur Übernahme der Mehrheit bei Oxhydrique und damit auch des Besitzes an dem umfassenden Distributionsnetzwerk, 1966 als unzureichend abgelehnt wurde. Was die Sache noch schlimmer machte, war, dass sich Linde mit einem Angebot von 2.600 belgischen Francs pro Aktie in die Bieterschlacht einschaltete – und den Zuschlag erhielt; in der Folge kletterte der Marktanteil des deutschen Unternehmens bis 1972 auf 40,2 Prozent.[101] Und Air Liquide blieb ebenfalls nicht untätig und erschloss sich den belgischen Markt durch den Ausbau seines Rohrleitungsnetzes, was dem amerikanischen Herausforderer einen weiteren Dämpfer versetzte.[102]

Doch trotz der Rückschläge konnte Air Products mit dem Luftzerleger bei Gent nicht nur auf dem belgischen, sondern auch auf dem stark kartellierten niederländischen Markt Fuß fassen. Die Amerikaner profitierten von der Nähe ihrer Anlage und vom gemeinsamen europäischen Markt, die es erlaubten, große Teile der Niederlande mit Gasen aus Gent zu versorgen.[103] Als Reaktion darauf schlossen sich mehrere große niederländische Gasanbieter zusammen: 1966 gründeten sie die Cryoton N. V., die zur Versorgung der Shell-Raffinerie in Rotterdam einen großen Luftzerleger baute und zudem die Anteilseigner mit Flüssiggasen zu konkurrenzfähigen Preisen versorgte.[104] Doch obwohl Cryoton sich als erfolgreiches und profitables Unternehmen erwies, konnte es nicht verhindern, dass Air Products 1968 auch im niederländischen Terneuzen eine Großanlage baute. Dieses neue Werk diente hauptsächlich der Versorgung der nahen Dow-Chemical-Fabrik, aber die Überschussproduktion wurde auch auf dem niederländischen Gesamtmarkt abgesetzt.[105] Auf diese Weise eroberte Air Products bis 1969 ungefähr ein Drittel des niederländischen Gesamtmarkts (vgl. Tabelle 6.3).

Die schnellen Zuwächse von Air Products veränderten die Marktstruktur in den Niederlanden nachhaltig. Beispielsweise führte der Erfolg der Amerikaner 1971 zum Zusammenschluss der beiden wichtigsten niederländischen Anbieter, Hoek und Loos. Er trug auch dazu bei, dass die AGA mehrere kleine niederländische Firmen und das Gasgeschäft der staatlichen Koninklijke Zout Organon (KZO) erwarb.[106] Mit der

Tabelle 6.3 Die Marktstruktur des niederländischen Industriegasmarkts 1969 (in Prozent)

Unternehmen	Luftgase	Acetylen	Schweißgase
AGA Nederland	26	49	7
Hoek	41	29	10
Air Products	30		
Loos	9		20
Gesamt	106	78	37

Anm.: Diese Werte sind Annäherungswerte, deswegen entspricht der Gesamtwert in keiner Spalte 100 Prozent.

Quelle: AGAD, Akte E5 P22; vgl. auch »H'Kr. Intern Notizen usw. 1967II«, in CAL, Fach 38, B 03

Fusion der Benelux-Geschäfte von Air Liquide und AGA 1971 erreichte die Konzentrationswelle einen Höhepunkt. Wie in Deutschland hatte sich die AGA in Belgien und den Niederlanden bislang auf das Acetylengeschäft konzentriert, doch waren die Wachstumschancen hier begrenzt. Nun wollte das schwedische Unternehmen – ebenfalls wie in Deutschland – durch die Kooperation mit Air Liquide seine Produktpalette erweitern und andere Gase mit mehr Wachstumspotenzial anbieten. Air Liquide erhielt durch die Zusammenarbeit mit den Schweden mit einem Mal ein Distributionsnetz in den Niederlanden und Deutschland, wo die Franzosen bislang kaum vertreten waren.[107]

Ein weiteres Joint Venture namens Eurogas war 1971 bereits im Kern vereinbart, mit dem BOC, Linde und MG eine ähnliche Strategie verfolgten wie Air Liquide und AGA. Ziel war auch hier, sich Märkte in Europa und Übersee, wo man bisher kaum präsent war, gemeinsam zu erschließen.[108] Zu den wichtigsten Zielen zählten auch hier die Benelux-Staaten; doch ehe das Joint Venture den Betrieb aufnahm, zog sich die BOC zurück, um sich ganz der neu erworbenen amerikanischen Air Reduction Company zu widmen (vgl. Kapitel 7). Daraufhin gründeten Linde und MG in der Schweiz die Likos AG, die unter anderem in Belgien und den Niederlanden tätig wurde.[109] Linde übertrug seine Beteiligung an der belgischen Oxhydrique auf Likos, die daraufhin die Airgas Nederland gründete, um den niederländischen Markt zu bedienen. 1973 errichtete die Airgas Nederland dann einen Luftzerleger in Ijmuiden zur Versorgung des dortigen Stahlwerks Hoogovens.[110] Im selben Jahr konnte Likos einen 25-prozentigen Anteil am niederländischen Marktführer

Hoek Loos NV erwerben, worum sich alle anderen großen Gasunternehmen zuvor vergeblich bemüht hatten.[111] Nur fünf Jahre später, 1978, stockte Likos seinen Anteil an Hoek Loos auf 45 Prozent auf und wurde im selben Jahr Mehrheitsaktionär bei Oxhydrique.[112]

Ende der 1970er-Jahre endete damit ein Prozess, der etwa ein Jahrzehnt zuvor mit dem Eintritt von Air Products in den belgischen Markt begonnen hatte. In diesen wenigen Jahren hatten sich die Marktstrukturen in Belgien und den Niederlanden völlig verändert; die heimischen Hersteller und nationalen Kartelle waren von den marktbeherrschenden, in Preis und Service konkurrierenden[113] großen westeuropäischen und amerikanischen Herstellern von Industriegasen (mit Ausnahme der BOC) verdrängt worden. Zudem hatten sich Produktion und Distribution in beiden Ländern grundlegend gewandelt: Nun produzierten meist mehrere große Luftzerleger die Industriegase, zum Gasvertrieb gehörten Pipelines, Flüssiggas-Transporte und Gasspeicher vor Ort. Die dafür nötigen großen Investitionen hatten die heimischen belgischen und niederländischen Unternehmen schließlich gezwungen, sich aus der Gasherstellung zurückzuziehen oder ihr Geschäft an die ausländischen Akteure zu verkaufen: Der Kampf gegen große Konzerne mit prall gefüllten Kriegskassen war schlicht aussichtslos. Sobald die Großunternehmen etabliert waren, profitierten sie – genau wie in der Bundesrepublik und in Großbritannien – vom rasanten Anstieg der Nachfrage. Speziell in Belgien und den Niederlanden rührte das Wachstum von dem steigenden Argon- und Stickstoffverbrauch her, wobei die Chemieindustrie und die Ölraffinerien hier besonders starke Abnehmer waren.[114]

Wie in den Benelux-Staaten war der italienische Markt für Industriegase in den 1960er-Jahren von mittelgroßen Anbietern geprägt. Eine Ausnahme war – wie in Belgien – Air Liquide: seit 1909 auf dem italienischen Markt, hatten die Franzosen durch ihre Tochter SIO und andere Beteiligungen in den 1950er-Jahren einen Marktanteil von nahezu 50 Prozent.[115] Sonst war von den westeuropäischen Marktführern nur Linde in Norditalien tätig, nachdem man sich 1959 an zwei italienischen Anbietern (Pantogas und Linde Saldatura) beteiligt hatte.[116] Der übrige Markt wurde von Mittelständlern wie SIAD, Sapio, SOL und Rivoira beherrscht, die alle mit nur einem oder höchstens ein paar Luftzerlegern ihre Regionen versorgten. Daneben gab es 40 bis 50 kleinere lokale Produzenten.[117] Obwohl die Nachfrage nach Industriegasen auch in Italien ab den 1950er-Jahren stark zu steigen begann, wurde das Land erst Mitte der 1960er-Jahre von ausländischen Firmen als interessanter Markt erkannt.

Air Products hatte zwar schon in den späten 1950er-Jahren eine Verkaufsniederlassung in Mailand gegründet, über die auch mehrere Luftzerleger verkauft wurden, beschränkte sich in Italien jedoch auf den Anlagenbau und stieg nicht in das Geschäft mit Industriegasen ein.[118] Die BOC wurde im Zuge der Internationalisierungsstrategie, die man nach dem Markteintritt von Air Products in Großbritannien entwickelte, ab 1964 in Italien aktiv, unter anderem in Form eines Joint Ventures mit dem italienischen Familienunternehmen Rivoira. Doch schon 1969 zog sich die BOC nach Differenzen über die Unternehmensführung daraus zurück. Aus ähnlichen Gründen trennte sich Linde 1968 von Pantogas und verfolgte danach seine Interessen auf dem italienischen Markt allein.[119]

Im Gegensatz zu den belgischen und niederländischen Herstellern profitierten in Italien die einheimischen Unternehmen – und die dort gut etablierte Air Liquide – von ihren engen Kundenbeziehungen und guten Kontakten zu italienischen Staatskonzernen. Daher konnten sie seit Ende der 1950er-Jahre das Onsite-Geschäft gemeinsam mit ihren Großkunden entwickeln. Anfangs lieferten diese Mittelständler, die vor allem Stahl- und Chemiewerke sowie Ölraffinerien versorgten, die Überschussproduktion großer Luftzerleger ausschließlich an kleine Kunden in unmittelbarer Nähe ihrer Anlagen. Doch ab Mitte der 1960er-Jahre expandierten sie auch in andere Regionen Italiens.

Ein gutes Beispiel für diese Entwicklung ist das 1927 gegründete Familienunternehmen SOL, das bis in die 1950er-Jahre technische Gase per Stahlflasche an die norditalienische Industrie lieferte.[120]

Mit dem Bau einer kleinen Onsite-Anlage für ein Siemens-Martin-Stahlwerk im toskanischen Piombino 1958 änderte sich jedoch das Geschäftsmodell der SOL. Kurz darauf übernahm man auch einen kleineren Konkurrenten in Rom. 1964 wurden dann in Ancona eine Acetylenfabrik und ein Luftzerleger in Betrieb genommen; im selben Jahr entstand außerdem eine Stickstoffanlage in Pisa, die vor allem eine große Glashütte von Saint-Gobain versorgen sollte. Darüber hinaus stieg SOL 1967 in das Geschäft mit Flüssiggasen ein.

Zu diesem Zeitpunkt hatte die SOL bei einem Marktanteil von nur zwei Prozent (in Italien) ihren regionalen Schwerpunkt noch immer in der Toskana und den mittelitalienischen Marken. Schon 1968 vertrieb die SOL Argon aber in ganz Italien, und 1970 erweiterte man den Luftzerleger Piombino, als das Stahlwerk auf das LD-Verfahren umrüstete. Den Expansionskurs setzte die SOL in den folgenden Jahren fort, indem neue Luftzerleger gebaut, vorhandene Kapazitäten erweitert, das Produktangebot vergrößert (z. B. auf Sauerstoff und andere Gase) und ein italienweites Distributionsnetz aufgebaut wurden. Damit kletterte SOLs Marktanteil in Italien bis 1975 auf sechs Prozent, und ein Jahrzehnt später konnte das Familienunternehmen schon 13 Prozent für sich reklamie-

Abb. 35 Tankwagen im SOL-Werk Ancona (Italien), 1930er-Jahre

ren, während die ganz in italienischer Hand befindliche SIAD elf Prozent erreichte – ein Indiz dafür, dass die italienischen Firmen mit den neuen Verhältnissen besser zurechtkamen als die belgischen und niederländischen. Dennoch stieg auch in Italien die Bedeutung ausländischer Unternehmen.[121] Über die Tochter SIO hielt Air Liquide 1984 einen Marktanteil von 43 Prozent und kontrollierte über die Anteile an SAPIO weitere 11 Prozent des Markts.[122] Und Rivoira mit 17 Prozent Marktanteil war ebenfalls in ausländischem Besitz: Das Unternehmen übernahm 1980 die UCC.[123]

Anders als auf dem italienischen Markt, wo einheimische Mittelständler bis in die 1980er-Jahre und darüber hinaus stark vertreten waren, dominierten in Spanien die ausländischen Konzerne. Um sich einen Marktzugang zu verschaffen, hatten diese anfangs aber häufig mit spanischen Firmen kooperiert. Das galt auch für Linde. 1958 erwarb das Unternehmen wieder 25 Prozent an der Abello SA seiner früheren, 1948 verstaatlichten Beteiligung.[124] Air Liquide war bereits vor 1914 in Spanien aktiv gewesen und kontrollierte zu Beginn der 1970er-Jahre immer noch etwa die Hälfte des dortigen Markts für Industriegase.[125] Doch mit Air Products trat nun ein aggressiver und ernst zu nehmender Herausforderer auf den Plan. Ab 1956 eroberte das amerikanische Unternehmen immer mehr Marktanteile, indem es mit Chemiefabriken und Stahlwerken große Onsite-Anlagen errichtete. UCC trat ebenfalls 1956 in den spanischen Markt ein – und mit ähnlichem Erfolg.[126] 1984 teilten die großen internationalen Akteure dann den spanischen Markt praktisch unter sich auf, wobei Air Liquide immer noch 30 Prozent kontrollierte. Doch Air Products kam nun bereits auf ein Viertel, UCC auf 22 Prozent. Linde hielt über Abello einen Marktanteil von 10 Prozent und auf die AGA entfielen 3 Prozent.[127]

Der Markt für Industriegase in der Schweiz wies bereits Anfang der 1960er-Jahre eine viel stärkere Konzentration auf als der spanische oder italienische. Hier teilten sich nur drei Firmen den Löwenanteil:[128] Carba in Bern, an der Air Liquide beteiligt war; die Schweizer Tochter von AGA; und die Sauerstoff- und Wasserstoff-Werke Luzern, an deren Aktienkapital Linde 38 Prozent hielt.[129] Da in der Schweiz der 1960er-Jahre Kartelle noch gestattet waren, bestanden zwischen den drei Marktführern weiterhin Absprachen über Produktionsmengen, Liefergebiete und Richtpreise.[130] Damit war der Eintritt in den kleinen Schweizer Markt für ausländische Unternehmen nur schwer zu bewerkstelligen und wenig attraktiv, so dass sich die Marktstrukturen bis in die 1970er-Jahre nur langsam veränderten.[131]

In Skandinavien, wo AGA den Markt fast vollständig beherrschte, war die Lage ähnlich.[132] Air Liquide gründete eine Tochter, Alfax AB, um die AGA-Dominanz zu brechen, doch bis 1974 hatte man erst einen Marktanteil von zehn Prozent erreicht.[133] Grund dafür war aber nicht nur die Stärke der AGA, sondern auch die räumliche Verteilung der schwedischen Stahlwerke in unbewohnten Gegenden, weit entfernt von anderen Industriegasverbrauchern.[134] In anderen skandinavischen Ländern als Schweden, dem Heimatmarkt von AGA, schlugen sich die großen Gashersteller etwas besser. So konnte Linde 26,8 Prozent und Air Liquide 61 Prozent der dänischen Dansk Ilt übernehmen – also praktisch die Kontrolle –, als sich AGA aufgrund von Meinungsverschiedenheiten aus dem Unternehmen zurückzog. Ein ähnlicher Vorfall erlaubte es Linde 1972 in Norwegen, AGAs 10-prozentigen Anteil an Norgas zu übernehmen. Doch trotz kleinerer Erfolge ausländischer Unternehmen und einer gewissen Marktpräsenz von mittelständischen heimischen Anbietern wie Norsk Hydro in Norwegen behielt AGA in den meisten skandinavischen Ländern seine starke Marktposition.[135]

Ähnlich schwer wie in Skandinavien fiel ausländischen Unternehmen der Eintritt in den französischen Markt, wo Air Liquide seine Vormachtstellung verteidigte und noch 1963 etwa 80 Prozent Marktanteil besaß.[136] Der französische Marktführer hatte sein Distributionsnetz schon in den

1950er-Jahren modernisiert. Anstelle von 60 kleineren Luftzerlegern lieferte Air Liquide die Gase nun von zwölf Großanlagen mit einer Flotte von 1.500 Tankwagen als flüssige Industriegase in weite Teile des Landes aus.[137] Mitte der 1960er-Jahre wurden zudem mehrere, meist in Ost- und Nordfrankreich gelegene Industriezentren durch Rohrleitungen mit einer Gesamtlänge von ca. 250 Kilometer verbunden. Bis 1970 war das Leitungsnetz – auch dank üppiger staatlicher Subventionen – auf mehr als 725 Kilometer ausgebaut (einschließlich der belgischen Pipelines von Air Liquide), was der ausländischen Konkurrenz kaum eine Chance auf einen Markteintritt ließ.[138] Zudem brachte Air Liquide 1964 Linde dazu, seine kleine Beteiligung an dem regionalen Wettbewerber Bardot zu verkaufen,[139] und übernahm bald darauf nicht nur Bardot, sondern auch einen weiteren kleinen Rivalen, L'Oxyhydrique française. Air Liquide bemühte sich darüber hinaus, die Messer GmbH am Verkauf von Luftzerlegern in Frankreich zu hindern.[140] Wesentlich bedeutsamer war jedoch, dass Air Liquide 1973 die Carbonique Française erwarb, die 80 Prozent des französischen Kohlendioxidmarkts beherrschte. Damit war ausländischen Unternehmen auch der Weg verschlossen, über diese Spezialfirma in den französischen Gesamtmarkt vorzudringen – ein Weg, für den sich Linde schon 1967 sehr interessiert hatte.[141]

Trotz dieser Maßnahmen zur Verteidigung seiner Marktposition konnte der französische Konzern nicht verhindern, dass Air Products 1968 auch in seinen Heimatmarkt eintrat. Dabei konzentrierten sich die Amerikaner zunächst auf den von Air Liquide vernachlässigten Südosten und Süden Frankreichs. 1973 steigerte Air Products dann seinen Marktanteil durch die Übernahme des zehn Jahre zuvor von Shell aufgekauften französischen Unternehmens Société savoisienne de produits cryogéniques.[142] Auch die AGA wagte Ende der 1960er-Jahre den Schritt auf den französischen Markt, war dabei jedoch weniger erfolgreich als die Amerikaner. Nach langer Überlegung griffen 1973 auch Linde und MG mit ihrem Joint Venture Airgaz die Air Liquide auf deren Heimatmarkt an.[143] 1975 hatte Airgaz bereits einen Marktanteil von 7 Prozent, doch der war nur durch den erheblichen Einsatz von Kapital für den Aufbau eigener Produktionskapazitäten und eines Distributionsnetzes erreicht worden. Wegen dieser Investitionen schrieb Airgaz erst in den 1980er-Jahren schwarze Zahlen.[144] Trotz dieser neuen Wettbewerber – die UCC trat 1980 ebenfalls in den französischen Markt ein – blieb Air Liquide dort der mit Abstand größte Anbieter. Durch seine wirksamen Abwehrmaßnahmen, und weil der Markt für Sauerstoff und andere Industriegase in Frankreich langsamer wuchs als anderswo,[145] behielt der französische Marktführer auf seinem Heimatmarkt die Oberhand.[146]

Zusammenfassung

Es ist offensichtlich, dass sich der Wettbewerb in allen westeuropäischen Märkten mit dem Markteintritt amerikanischer Firmen, insbesondere von Air Products, erheblich verschärfte und die Gentlemen's Agreements der westeuropäischen Gasanbieter hinfällig machte, nicht zuletzt weil die Amerikaner keinen »Respekt [für] die traditionelle Aufteilung nationaler Märkte« zeigten.[147] Die Gesamtentwicklung in Europa zwischen etwa 1955 und 1980 lässt sich in drei Phasen einteilen. Ab Mitte der 1950er-Jahre bis ungefähr 1964/65 wurde allen westeuropäischen Herstellern bewusst, dass der Einbruch ausländischer Wettbewerber in die von ihnen beherrschten Heimatmärkte immer wahrscheinlicher wurde. Dies galt insbesondere für die Zeit ab 1959, nach dem erfolgreichen Vordringen von Air Products nach Großbritannien. Daneben gab es erste Versuche, kleinere Märkte in Drittländern zu erschließen, die bislang von Air Liquide oder AGA beherrscht worden waren (darunter Italien, Spanien, Griechenland und Skandinavien mit Ausnahme von Schweden). Die zweite Phase dauerte dann von etwa 1964/65 bis 1973. Nachdem das Befürchtete eingetreten war und Air Products ab Mitte der 1960er-Jahre nicht nur in Westdeutschland, sondern auch in den Benelux-Staaten aktiv wurde, kam es sowohl zu Gegenmaßnahmen auf den Heimatmärkten der Angegriffenen als auch zu eigenen Internationalisierungsbemühungen, sodass sich die westeuropäischen Marktführer bis 1973 ihrerseits über ihre bisherigen Grenzen hinaus betätigten. In der dritten Phase ab 1973 wurden die Aktivitäten auf den Auslandsmärkten dann intensiviert – entweder durch die verstärkte Bearbeitung bereits vorhandener oder die Expansion in neue Märkte.

Allerdings ist der Eintritt von Air Products in die westeuropäischen Märkte nicht die einzige Erklärung für den Trend zur Internationalisierung und den schärferen Wettbewerb. Schon vor dem Auftauchen des amerikanischen Unternehmens hatten sich die großen westeuropäischen Hersteller von Industriegas – allen voran Air Liquide, Knapsack Griesheim und Linde – gegenseitig zunehmend argwöhnisch beäugt und versucht, sich in Drittmärkten festzusetzen. Ein wichtiger Grund dafür war der steigende Wettbewerb beim Anlagenbau, der zum Teil durch das Erscheinen von Air Products in den frühen 1950er-Jahren verursacht worden war. Dieser neue Wettbewerber erschwerte den führenden Anlagenbauern wie Linde, Air Liquide, BOC und – in geringerem Ausmaß – Messer, die Praxis, Käufern ihrer Anlagen Beschränkungen bei der Produktion von Industriegasen aufzuerlegen: Bislang waren die Kunden vertraglich verpflichtet gewesen, Gase nur für den Eigenbedarf zu produzieren. Als solche Klauseln – zunächst bei Air Products – aus den Verträgen gestrichen wurden, bestand die Gefahr, dass kapitalkräftige Großkonzerne, die bislang nicht im Gasgeschäft tätig gewesen waren – zum Beispiel BASF, Esso, Shell usw. – selbst dort einsteigen würden, zumal die betriebswirtschaftliche Maxime der Zeit Diversifizierung hieß. Und tatsächlich hatten einige dieser Konzerne derartige Pläne in der Schublade.

Zwei weitere, miteinander verbundene Gründe für die wachsende Konkurrenz betrafen einerseits produktionstechnische Fortschritte und andererseits den unerhörten Nachfrageschub bei Industriegasen. Der technische Fortschritt ließ die Produktionskosten sinken und erlaubte zugleich den Bau von immer größeren Luftzerlegern. Diese konnten sowohl die Sauerstoff- und Stickstoff-Nachfrage großer Verbraucher – vor allem aus der Chemie- und Stahlindustrie decken – als auch den steigenden Bedarf an Stickstoff, Argon und anderen Edelgasen seitens einer Vielzahl weiterer Abnehmer.[148] Zudem waren die Großanlagen an neue Distributionstechniken und -strategien (Onsite-Anlagen, Huckepack-Prinzip, Flüssiggas-Transporte, Rohrleitungen u.a.) gekoppelt. Damit wurde auch der Eintritt in neue Märkte leichter, weil die Unternehmen nun nicht sofort ein großes Vertriebs- und Distributionsnetz aufziehen mussten, um kleinere Kunden zu bedienen.[149]

Ein weiterer wettbewerbsfördernder Faktor war die steigende Nachfrage nach Argon, das wegen der dafür erzielbaren hohen Preise auch von wenigen Produktionsstätten aus über ein großes Gebiet vertrieben werden konnte.[150] Es ist daher kein Zufall, dass viele Firmen ihren Angriff auf neue Märkte mit Argon starteten. Linde hatte beispielsweise schon vor 1960 einen Fuß auf dem Argonmarkt in Spanien und Norditalien – also noch ehe man verstärkt in diese Länder expandierte. Auch Air Liquide vertrieb bereits seit 1965 Argon in Westdeutschland, obwohl man dort erst später größer in den Markt einstieg. Andere Unternehmen wie UCC begannen in neuen Märkten ebenfalls mit dem Argonverkauf, ehe sie dort die gängigeren Industriegase anboten.[151]

Neben branchenspezifischen Faktoren wie Technik, Nachfrage und Ähnlichem trieben auch der 1957 geschaffene europäische Markt und Anti-Kartell-Gesetze die Internationalisierung des Gasgeschäfts voran. Vor allem die Schaffung der Europäischen Wirtschaftsgemeinschaft (EWG) brachte die Manager dazu, über die Expansion in westeuropäische Märkte nachzudenken. Sie gingen von einem »Zusammenwachsen der westeuropäischen Märkte« aus und meinten, dass neue Wettbewerber insbesondere aus den USA kommen würden, die »nationale Marktordnungen und Ländergrenzen nicht beachten«.[152] Zugleich sensibilisierte die Schaffung der EWG die westeuropäischen Industriegashersteller für mögliche Angriffe anderer Europäer, was in gewissem Maße auch das Interesse für den Bau von Rohrleitungsnetzen in Frankreich und Westdeutschland erklärt.

Diese Trends beförderten jedoch nicht nur die Internationalisierung, sie sorgten auch für eine Marktkonzentration. Dies geschah manchmal durch Fusionen wie jener zwischen Messer und Knapsack Griesheim 1965. Häufiger aber kam es zu Übernahmen kleinerer Anbieter durch größere Unternehmen. Dabei schluckten manchmal einheimische Marktführer kleinere Wettbewerber, um keine ausländische Konkurrenz zuzulassen. Beispiele hierfür sind die Übernahme der Norddeutschen Acetylen & Sauerstoffwerke AG durch Linde und die von Bardot und Oxhydrique Française durch Air Liquide. Bisweilen war die Übernahme aber auch der Startschuss zu einer internationalen Expansion.

Die Konzentrationsbewegung zeigt sich außerdem beim Blick auf die Produktpaletten der großen Industriegashersteller. So erwarben einheimische Firmen wie ausländische »Eindringlinge« oft Acetylen- oder Sauerstoffhersteller, insbesondere seit den frühen 1970er-Jahren. Die etablierten Märkte für Luftgase (Sauerstoff, Stickstoff und Edelgase) auf der einen Seite und Acetylen, Wasserstoff oder Kohlendioxid auf der anderen, die in Europa zuvor meist voneinander getrennt gewesen waren, wurden nun in den großen Gasunternehmen vereint, die durch ein komplettes Angebot ihre Marktposition verbesserten. Diese Strategie erlaubte es zum einen, das teure Distributionsnetz effektiver zu nutzen. Und zum anderen entsprach es besser einem Markt, der immer mehr Mischgase wie Corgon (CO_2/Argon), Coxogen (CO_2/Argon/O_2) oder Mapp (Ersatzacetylen) nachfragte, insbesondere für Schweißanwendungen, die noch immer ein wichtiger Absatzbereich waren.[153]

Auch erzeugten die genannten Trends – größere Betriebsanlagen, Erschließung neuer Märkte, Diversifikation und Ausweitung des Produktangebots – einen erheblichen Kapitalbedarf und führten damit zu weiterer Konzentration. Dabei waren auch innovative Maßnahmen gefragt. Die meisten Unternehmen gingen dazu über, sich über die Kapitalmärkte zu finanzieren, und sie folgten damit dem Beispiel von Air Products, für große Luftzerleger Bankkredite aufzunehmen.[154]

Eine weitere Folge des Eindringens neuer Wettbewerber in bisher kartellierte Märkte und der zunehmenden Massenproduktion waren fallende Preise – insbesondere bei Spezialgasen. Weil aber zugleich die Nachfrage nach Industriegasen hoch blieb, schadete das den Herstellern nicht und die Branche erzielte jährliche Wachstumsraten von bis zu 8 Prozent und eine durchschnittliche Kapitalrendite um 15 Prozent pro Jahr.[155] Ein wichtiger Grund für diese guten Ergebnisse waren neue

Anwendungen, etwa von Mischgasen zum Schweißen, der Einsatz von Stickstoff für das Schnellfrosten in der Nahrungsmittelindustrie oder als Schutzgas.[156] Zudem begannen die Unternehmen, systematischer nach neuen Verwendungen für Industriegase zu suchen, etwa im Bereich Umwelttechnik.[157] Manche Ideen kamen dabei aus den USA, wo einige Unternehmen seit den 1950er-Jahren viel in die Entwicklung neuer Anwendungen investiert hatten. Die Europäer hinkten jedoch nicht weit hinterher. Hier war Air Liquide ein Pionier in der forschungsgetriebenen Entwicklung der Branche. Die Franzosen gründeten in den 1950er-Jahren ein Anwendungszentrum in Champigny und 1962 ein Technikzentrum in der Nähe von Grenoble.[158] Andere Unternehmen folgten rasch.

Ein letzter wichtiger Punkt zu den Auswirkungen des Markteintritts neuer amerikanischer und westeuropäischer Wettbewerber in Europas Industriegasmärkte betrifft die Veränderungen der Denkgewohnheiten. Die bislang in voneinander abgeschotteten nationalen Märkten tätigen Manager fingen an, über einen Weltmarkt für Industriegase nachzuden-

Tabelle 6.4 Bedeutende Unternehmen in der Schweißtechnik und der Tieftemperaturtechnik und ihre Umsätze im Bereich Industriegase in Westeuropa und den USA 1963 (in Mio. DM)

Unternehmen	Unternehmensumsätze der Sparten Schweißtechnik, Tieftemperaturtechnik und Industriegase
Union Carbide Corporation (UCC)	1.100
Air Liquide (AL)	750
British Oxygen Company (BOC)	600
Air Reduction Company (Airco)	530
AB Gasaccumulator (AGA)	350
Air Products & Chemicals Inc. (AP)	300
Gesellschaft für Linde's Eismaschinen (Linde)	280
Farbwerke Hoechst AG/Messer Griesheim GmbH	267
Chemetron Corporation/National Cylinder Gas	200
Gesamt	4.377

Quelle: Vorstandsprotokoll vom 14. Februar 1977, Protokolle des Vorstands der Linde AG, in LAS

ken. Faktisch gab es diesen Weltmarkt selbst in den frühen 1980er-Jahren noch nicht – und wie wir in den folgenden Kapiteln sehen werden, fand die echte Globalisierung später statt. Dennoch ist es höchst bedeutsam, dass einzelne Unternehmen ab den 1960er-Jahren damit begannen, die weltweiten – damals aber meist nur auf Nordamerika und Westeuropa beschränkten – Branchenumsätze je Firma zusammenzustellen (vgl. Tabelle 6.4). So ließ sich der internationale »Marktanteil« für jedes Unternehmen errechnen, der wiederum zum Management-Instrument wurde, wenn Geschäftsführungen über ihre strategischen Ziele und nächsten Schritte nachdachten. Für die westeuropäischen Unternehmen war das nächste logische Ziel Nordamerika – und diesem Thema widmet sich das folgende Kapitel.

7 Die Internationalisierung der Branche: Der US-Markt und der Wiedereintritt der Europäer in den 1970er-Jahren

Einleitung

Bereits zu Beginn des 20. Jahrhunderts hatten die westeuropäischen Industriegaspioniere die USA als Expansionsziel ins Auge gefasst. Aus mehreren Gründen, die alle mit der allgemeinen »De-Globalisierung« der Wirtschaft zwischen 1914 und 1945 zusammenhängen, war von allen großen nichtamerikanischen Industriegasunternehmen 1945 nur noch die schwedische AGA auf dem US-Markt vertreten. Und nach dem Zweiten Weltkrieg endete auch deren Marktpräsenz in den USA mit dem Verkauf ihrer dortigen Beteiligungen 1949. In den folgenden zwei Jahrzehnten war der US-Markt für Industriegase dann ausschließlich in der Hand einheimischer Unternehmen, von denen wenige den Markt beherrschten. Insgesamt verfügte keiner der großen nichtamerikanischen Branchenvertreter von 1949 bis in die frühen 1970er-Jahre in den USA über eine nennenswerte Präsenz.[1]

In dieser Dekade änderte sich diese Situation jedoch dramatisch, nicht zuletzt als Reaktion der nichtamerikanischen Industriegashersteller auf den Eintritt der US-Firmen – allen voran Air Products – in ihre bis dato faktisch monopolisierten Heimatmärkte Westeuropas.[2] So gingen die meisten westeuropäischen Gasunternehmen in den 1970er-Jahren in den USA auf Einkaufstour und konnten dabei beträchtliche Marktanteile gewinnen. Wenig überraschend machte die international erfahrenste Air Liquide erfolgreich den Anfang und erwarb 1968 ein kleineres Unternehmen. Im folgenden Jahrzehnt verschaffte sich der französische Konzern dann ein stabiles Standbein auf dem US-Markt. Ende der 1970er-Jahre folgte, oder besser überholte die britische BOC dann Air Liquide als wichtigsten Marktteilnehmer. Zudem hatten AGA und Messer Griesheim US-Firmen erworben, um in den USA Fuß zu fassen. In den frühen 1980er-Jahren besaßen diese vier europäischen Unternehmen dort einen Marktanteil von knapp 25 Prozent. Bald darauf stieß das japanische Unternehmen Nippon Sanso dazu, das bis dahin in den USA ein völlig unbeschriebenes Blatt gewesen war. Auch die Japaner verschafften sich über Zukäufe einen Markteingang, auch wenn die Präsenz anfangs gering war. Damit blieb nur die deutsche Linde AG außen vor, die relativ lange – bis in die 1990er-Jahre – keinen richtigen Zugang zum US-Markt fand, obwohl sie es, wie zu sehen sein wird, mehrfach versuchte.[3]

Dieses Kapitel befasst sich zunächst mit der Entwicklung der Industriegasbranche in den USA in den 1960er-Jahren und wendet sich dann den Motiven und Methoden des Markteintritts westeuropäischer Unternehmen zu. Besonderes Augenmerk gilt dabei der Air Liquide, das als erstes Unternehmen in diesen Markt eintrat, sowie der AGA und vor allem der BOC, und zwar nicht nur wegen der Zahl und Größe ihrer Aufkäufe, sondern auch, weil hier besonders gute archivalische Quellen zur Verfügung stehen. Daneben werden kurz die Markteintrittsstrategien von Messer, Nippon Sanso und Linde beleuchtet. Vor allem die beiden Letztgenannten agierten vorsichtig und waren zumindest kurzfristig weniger erfolgreich als die anderen. Abschließend folgt eine kurze Zusammenfassung.

Der US-Markt für Industriegase in den 1960er- und 1970er-Jahren

In den 1960er-Jahren glich der US-Markt für Industriegase demjenigen anderer industrialisierter Länder in zwei wesentlichen Punkten. Erstens wies der amerikanische Markt einen hohen Konzentrationsgrad auf: Er wurde praktisch von der Linde Air Products Division der Union Carbide Corp. (UCC Linde Division oder UCC) beherrscht. Obwohl der UCC-Marktanteil im Laufe der 1960er-Jahre deutlich sank, kontrollierte das Unternehmen nach Schätzungen der Federal Trade Commission (FTC) noch Mitte der 1970er-Jahre ungefähr 26 Prozent des Gesamtmarkts. Mit 18 Prozent an zweiter Stelle lag Air Products, das seinen Marktanteil in den 1960er-Jahren stetig und zum Teil auf Kosten von

UCC ausgebaut hatte, dicht gefolgt von der Nummer 3, der Air Reduction Corp. (Airco), mit etwa 16 Prozent Marktanteil.[4] Der Markt war also im Wesentlichen unter diesen Oligopolisten aufgeteilt und diese Verhältnisse verfestigten sich Ende der 1960er-, Anfang der 1970er-Jahre sogar noch. Zwischen 1967 und 1972 stieg der Umsatzanteil der vier größten Unternehmen in den USA von 67 auf 70 Prozent, der Anteil der größten acht Unternehmen von 84 auf 86,5 Prozent.[5]

Der zweite Punkt, der in den 1960er- und 1970er-Jahren für fast alle Industriestaaten galt, war die Dominanz heimischer Unternehmen im jeweils nationalen Gasgeschäft. Trotz des Vorstoßes von Air Products und anderer Firmen entfiel der Löwenanteil des britischen, französischen und deutschen Markts noch immer auf den nationalen Branchenprimus (im Falle Deutschlands waren es zwei Unternehmen, Griesheim und Linde). Nach Schätzungen der FTC aus der Mitte der 1970er-Jahre war dieser Trend in den USA noch ausgeprägter. So waren bis 1968 überhaupt keine ausländischen Firmen auf dem dortigen Markt vertreten, und nur eine einzige, nämlich die Air-Liquide-Tochter Liquid Air of North America (LANA) erreichte bis 1972 einen nennenswerten Marktanteil, da sie als Nummer 5 auf dem US-Markt einen Anteil von 5 Prozent aufwies.[6]

Doch der US-Markt für Industriegase wies – insbesondere im Vergleich zu Frankreich, Deutschland, Großbritannien und Japan – einige Besonderheiten auf. Erstens war er wesentlich größer als die Märkte anderer Länder. Zweitens war die Branche in den USA – ganz im Gegensatz zu anderen Industrieschwerpunkten und trotz aller Konzentration – bis Mitte der 1970er-Jahre (und teilweise auch darüber hinaus) von vielen Familienbetrieben geprägt, die zwar meist nicht US-weit vertreten waren, aber oft regional eine starke Marktstellung besaßen. In dieser Hinsicht glich der US-Markt eher dem italienischen und hätte sich nicht stärker von jenen seiner hoch industrialisierten Konkurrenten unterscheiden können.

Zu guter Letzt war der US-Markt von den späten 1950er- bis Mitte der 1970er-Jahre aufgrund seines Innovationsgrads einzigartig. Dieser »Innovationsgrad« lässt sich natürlich nur schwer messen, daher sollen dafür einige Beispiele als Beleg dienen. Ab den 1950er-Jahren stieg die Nachfrage nach Industriegasen stark an, insbesondere im Stahlwesen, in der Chemie-, der Chemieverarbeitenden und Nahrungsmittelindustrie sowie in der Landwirtschaft. Auch die Elektroindustrie trug erheblich zu diesem Nachfrageschub bei. Zwischen diesen Industriezweigen bestanden jedoch häufig beträchtliche Unterschiede im Hinblick auf Nachfragemengen und -wachstum, auf das benötigte Know-how sowie auf Tempo und Impulsgeber der Innovationen. Zum Beispiel beruhten neue, oft großindustrielle Anwendungen für die Stahlbranche auf Prozessen, die meist von den Gaskunden selbst entwickelt worden waren, etwa von den Hüttenwerken. In den 1950er-Jahren war das Wachstum in diesem Bereich enorm, doch gab dabei nicht die Gasbranche den Takt vor, sondern folgte anderen Vorreitern. Mitte der 1970er-Jahre bemerkte ein Planungsbericht der AGA, in dem die Situation in den USA in den 1960er-Jahren beleuchtet wurde, der Stahlsektor sei ein Bereich, in dem ausnahmsweise »gerade US-Firmen keine führende Rolle spielen«. In der Chemie-, Chemieverarbeitenden und Nahrungsmittelindustrie sowie in der Landwirtschaft, wo die Nachfrage nach Industriegasen stärker stieg als in der Stahlerzeugung, fuhr der Bericht fort, »haben beinahe alle neuen Anwendungen ihren Ursprung in den USA«. Außerdem hätten »in vielen Fällen die Gasunternehmen die Anwendungen erst entdeckt und in den Markt eingeführt«.[7] Auch die Elektroindustrie war ein Wachstumsbereich, in dem die Gashersteller oft eher Innovationstreiber waren, als dass sie auf neue Entwicklungen reagierten. Bezeichnenderweise spielten hier US-Firmen – neben der japanischen Gaswirtschaft mit Nippon Sanso an der Spitze – wiederum eine wichtige Rolle. Vor allem ab Anfang der 1960er-Jahre hatten amerikanische Gashersteller daher nicht nur den Vorteil, auf Märkten mit größerem Wachstumspotenzial zu agieren, sondern auch größere Entwicklungschancen, weil sie allein oder in Zusammenarbeit mit anderen Unternehmen Prozesse entwickelten, die eine zusätzliche Nachfrage nach ihren Erzeugnissen generierten. Auf diese Weise gestalteten sie ihre Märkte aktiv. Die wichtigsten US-Unternehmen bildeten damit die Speerspitze, als sich die Industriegasbranche von ihrem Fokus auf Produktions- und Distributionstechniken ab- und der Entwicklung eines Portfolios neuer Anwendungstechnologien zuwandte.[8]

Doch wer waren die Akteure auf diesem boomenden Markt? Ein Strategiepapier aus dem Jahr 1973, angefertigt für die geplante Expansion der AGA in die USA, analysierte detailliert auch die Marktstrukturen und wichtigsten Unternehmen. Unangefochten an der Spitze standen die »internationalen Größen«, nämlich die UCC Linde Division und Air Products, wobei die starke Stellung von Air Products erst eine Folge der beträchtlichen Zuwächse der 1960er-Jahre war. Ihnen folgten, schon mit einigem Abstand, die fünf »großen Kleinen«. Bezogen auf Marktanteile waren das Airco, Chemetron, Liquid Air (d.h. LANA), Big Three Industries und die Liquid Carbonic Corp. Bisweilen waren diese »großen Kleinen« eher von regionaler als von nationaler Bedeutung – Big Three Industries beispielsweise konzentrierte sich auf die texanische Öl-

und petrochemische Industrie – oder hatten ihre Stellung vor allem einem einzelnen Geschäftsbereich zu verdanken – so lag die besondere Stärke von Liquid Carbonic zum Beispiel auf den Kohlendioxidmärkten. Nach den »großen Kleinen« folgte dann – so die Bezeichnung der AGA-Analysten – die »Gruppe I – interessanteste kleine Unternehmen«. An deren Spitze stand mit einem beträchtlichen Abstand und einem Umsatz von ungefähr 22 Millionen US-Dollar im Jahr 1972 Burdett Oxygen bzw. Burdox aus Cleveland. Burdox war das achtgrößte Unternehmen im US-Markt für Industriegase. Die anderen »interessantesten kleinen Unternehmen« erzielten jeweils einen Umsatz von ungefähr 5 Millionen US-Dollar. Zu ihnen gehörten National Welders Supply Co., Carbonic Industries Corp., Alabama Oxygen Co., Burdett Oxygen of Norristown, Pennsylvania (»Little Burdett«, die in Bezug auf Eigentumsverhältnisse und Organisation keinerlei Verbindung zu Burdox hatten). Zu den Unternehmen der Gruppe II, deren Umsätze sich 1972 zwischen 1 Million und 3 Millionen US-Dollar bewegten, gehörten mindestens sieben weitere Firmen (die AGA-Analysten meinten, dass es noch mehr von ihnen geben könnte), die sich alle entweder in Familienbesitz befanden oder wenige Anteilseigner hatten und ebenfalls nur von regionaler Bedeutung waren. Daneben gab es zwischen 20 und 30 Unternehmen einer Gruppe III, die meist zehn oder weniger Angestellte hatten und deren Umsätze 1972 1 Million US-Dollar nicht überstiegen. Und schließlich »gab es über 1.000 Händler. Manche davon werden auch in den Gruppen der Hersteller aufgelistet, die meisten jedoch nicht.«[9]

Diese Momentaufnahme des US-Industriegasmarkts und seiner Akteure aus dem Jahr 1972 bietet einen guten Überblick über das Feld, auf das die westeuropäischen und japanischen Industriegaskonzerne expandieren wollten (mit Ausnahme von Air Liquide, das bereits über eine gewisse Präsenz in den USA verfügte). Wir werden uns gleich damit befassen, wie sich dieser Markteintritt in den 1970er-Jahren gestaltete und dabei zahlreichen der eben genannten »kleineren Gasanbieter« als Übernahmeziele der internationalen Unternehmen wiederbegegnen. Ehe wir uns jedoch den Details widmen, soll noch klargestellt werden, dass diese relativ statische Momentaufnahme der Branche von 1972 eine Reihe wichtiger Entwicklungen der 1960er-Jahre verschleiert. Neben der raschen Abfolge von Innovationen bei Anwendungen, die insbesondere auf Initiative der Gasunternehmen selbst zustande kamen, hatte es in den 1960er-Jahren in der Branche bereits drei Konzentrationswellen der Industriegasindustrie gegeben. Einer der aggressivsten Akteure in dieser Hinsicht war Air Products, das mit seiner Strategie einer schnellen nationalen Expansion sowohl UCC Linde Division die dominante Stellung als auch Airco Marktanteile streitig machte, und hierfür seit 1961 unter anderem die Southern Oxygen Company, die Delta Oxygen Company und die Hill Industrial Gas Company erworben hatte. Noch wichtiger als derartige Aufkäufe war wahrscheinlich, dass Air Products zur Steigerung des eigenen Marktanteils eine Reihe kleinerer Hersteller davon überzeugte, kleine und unwirtschaftliche Produktionsstätten zu schließen und stattdessen als nunmehr reine Vertriebsorganisationen kostengünstige Gase von Air Products zu beziehen. Als Folge dieser Bemühungen wuchs Air Products rapide und konnte seine Umsätze zwischen 1967 und 1972 nahezu verdoppeln. Der andere Industriegashersteller, der zu diesem Zeitpunkt in den USA durch Übernahmen kleinerer Konkurrenten maßgeblich zur Marktkonsolidierung und -konzentration beitrug, war selbstverständlich Air Liquide.[10]

Die zweite Veränderung im amerikanischen Industriegasmarkt in den 1960er-Jahren war die starke Expansion einiger regionaler Akteure. So wuchs insbesondere Big Three Industries in Zusammenhang mit den Produktionssteigerungen der erdölverarbeitenden Industrie am Golf von Mexiko, wo etwa 70 Prozent der Hersteller petrochemischer Produkte der USA beheimatet waren. Big Three konzentrierte sich vor allem auf den Aufbau eines weitverzweigten Pipelinenetzes entlang der texanischen Golfküste bis zum Mississippi und konnte seine Umsätze zwischen 1967 und 1972 auf mehr als das Doppelte steigern. Ein weiteres Beispiel für die rasche Expansion war Burdox, das in der zweiten Hälfte der 1960er-Jahre sehr stark in neue Kapazitäten investierte, um den industrialisierten Mittelwesten geografisch besser abzudecken.[11]

Der Eintritt der Europäer in den Industriegasmarkt der USA: Strategien, Vorgehen und Implikationen

Soweit sie finanziell in der Lage waren, zeigten die westeuropäischen Gasunternehmen ein großes Interesse daran, in den lukrativen US-Markt zu expandieren. Aufgrund von Wiederaufbau, Kapitalmangel und Devisenbewirtschaftung vermochten sie jedoch erst Anfang der 1960er-Jahre ernsthaft dieses Vorhaben anzugehen. Eine zusätzliche Motivation für diese Expansionspläne bildete dann schließlich der Vorstoß von Air Products in bis dato voneinander abgeschottete westeuropäische Märkte – ein Unterfangen, dem sich später auch UCC anschloss, wenngleich mit geringerem Erfolg. Doch hielten die Westeuropäer diesen Gegenstoß nicht nur für eine angemessene Antwort, sondern auch für das Gebot der Stunde, um in dem sich rasch vergrößernden und internationalisierenden Gasgeschäft wettbewerbsfähig zu bleiben. In einem Rückblick auf die 1960er-Jahre hieß es 1974 daher bei der BOC: »BOC wurde klar, dass man ohne Präsenz auf dem US-Markt kein wirklich internationales Industriegasunternehmen sein konnte.«[12] Ähnlich dachte man auch bei den anderen großen nichtamerikanischen Unternehmen, weshalb man den US-Markt genau beobachtete.

Anfangs konzentrierte man sich beim Markteintritt allerdings fast ausschließlich auf den Anlagenbau und die Errichtung von Produktionsstätten für amerikanische Unternehmen, weniger jedoch auf die Gasproduktion an sich, da sich Luftzerleger und zugehörige Anlagen ohne größere Probleme exportieren und aufbauen ließen, während jeder Versuch, sich gegen das bestehende und praktisch unangreifbare Gasversorgungs- und Händlernetz zu etablieren, erhebliche Risiken barg. Bestärkt wurden die westeuropäischen Konzerne durch »verschiedene Marktforschungsberichte« der 1960er-Jahre, nachdem »mehr als 50 Prozent des zu erwartenden zukünftigen Anlagenmarkts« in den USA zu finden sein würden.[13]

Linde hatte bereits 1962 mit der Gründung der 100-prozentigen Tochter Lotepro (Low Temperature Processes) Corp. erste Schritte in diese Richtung unternommen, auch wenn diese fürs Erste nur eine – in Delaware registrierte – Vertriebsniederlassung in New York City darstellte. Der Grund für die etwas ungewöhnliche Namensgebung war dabei, dass nach dem Ersten Weltkrieg die Marke Linde in den USA in den Besitz der UCC Linde Division übergegangen war. Kurz nach der Gründung von Lotepro kamen Linde und UCC überein, dass Linde als Name und Markenzeichen in den USA und Kanada allein von UCC benutzt werden durfte, während die deutsche Linde diese Rechte im Rest der Welt innehatte.[14] Es sollte noch Jahre dauern, bis sich diese Situation änderte.

Trotz der Lotepro-Gründung 1962 wollte Linde durchaus auch noch selbst ins Gasgeschäft einsteigen; dies entbehrt nicht einer Ironie, da Linde vermutlich das erste größere nichtamerikanische Gasunternehmen war, das nach 1945 wieder in den US-Markt einzutreten versuchte und dies aber erst als letztem gelang. Der Einstieg sollte 1962 aus Kapitalmangel mittels eines Joint Ventures mit der Allied Chemical Corp. erfolgen: »Diese Gesellschaft kann mit einem großen Kapitaleinsatz in das Gasgeschäft gehen.« Linde sollte dabei seine Erfahrung und sein Know-how in das gemeinsame Projekt einbringen. Das Gemeinschaftsunternehmen kam nicht zustande; anders als beim Bau von Fabrikanlagen kam man im Gasbereich nicht zusammen.[15]

Eine weitere Chance für Linde, ohne Kapitalerhöhung in den US-Markt einzutreten und dort der erste nichtamerikanische Akteur seit dem Zweiten Weltkrieg zu werden, bot sich 1967 an. Im März schlug Dexter Baker, Leiter der britischen Tochter von Air Products, den Linde-Vorstandsmitgliedern Johannes Wucherer (damals Vorsitzender) und Hermann Linde vor, die Gasaktivitäten ihrer Unternehmen zusammenzulegen. Wenngleich die Deutschen völlig überrascht waren, wurde der Vorschlag dennoch kurz verfolgt, obwohl er allmählich zu einer Zusammenlegung der Geschäfte in Deutschland schrumpfte und Ende Juni von Baker ganz fallengelassen wurde.[16]

Vorläufig blieb also der Anlagenbau das einzige Geschäftsfeld, in dem Linde in den USA tätig war. Das deutsche Unternehmen hielt mit Lotepro Kurs, auch wenn die Kosten hoch waren, der Marktanteil klein blieb und der Markenname Linde nicht für Werbezwecke verwendet werden konnte. Der Vorstand war überzeugt, dass sich der Aufwand lohnte, weil man die technische und wirtschaftliche Situation auf dem US-Markt aus erster Hand kennenlernen wollte.[17] Bis 1967 entwickelte sich die Lotepro dabei mit Erfolg von einem reinen Vertriebsunternehmen zu einem vollständigen Anlagenbauer, der Fabrikanlagen für zahlreiche Kunden errichtete. Obwohl man sich dank der Wertschätzung deutscher Ingenieurskunst auf dem nordamerikanischen Markt etablieren konnte, war es für Lotepro schwierig, Lindes in Deutschland und Kontinentaleuropa erfolgreiche Praxis einfach für die USA zu übernehmen – nämlich Anlagen an große Unternehmen wie Stahlwerke zu verkaufen. In den USA war es nämlich üblich, dass die Gashersteller ihre Anlagen selbst behielten und ihren Großkunden die benötigten Gase »über den Zaun« anboten, statt sie an die Kunden für deren Eigenbetrieb zu verkaufen.[18] Ohne einen Einstieg in Gasproduktion und -handel – für den Linde Kapital, Distributionsnetz und Marktkenntnisse fehlten – war es für Lindes US-Tochter Lotepro jedoch unmöglich, dieses Geschäftsmodell zu verfolgen.

Aufgrund des großen Marktpotenzials zeigte auch BOC Interesse am Anlagenbau in den USA, wo man den auf anderen Unternehmensmärkten bemerkbaren Nachfragerückgang kompensieren wollte. Außerdem besaß BOC bereits eine größere im Anlagenbau und Gasgeschäft tätige Niederlassung in Kanada, die man als Brückenkopf nutzen konnte. Obgleich diese »Canada Connection« nicht allein ausschlaggebend war, spielte sie durchaus eine wichtige Rolle: Es war sicherlich kein Zufall, dass sowohl die BOC als auch die Air Liquide als die zwei erfolgreichsten Newcomer im US-Markt dort bereits vor ihrem Einstieg größere Repräsentanzen unterhielten. Die BOC entschied sich jedenfalls für ein Joint Venture mit Airco als Mittel der Wahl, weil sich die Unternehmen gut ergänzten: Airco verfügte über keinerlei Kapazitäten im Anlagenbau, während BOC sich den US-Markt mit geringstmöglichem Risiko erschließen wollte. Zudem gab es auf der Mitarbeiterebene bis in die 1950er-Jahre zurückreichende Kontakte zwischen beiden Firmen.[19] Die BOC gab einem Joint Venture wohl auch deshalb den Vorzug vor der Errichtung einer eigenen Tochtergesellschaft, da man die Ausgaben möglichst gering halten wollte. Ebenso wie später dürfte auch in diesem Fall die Frage der Finanzierung die Entscheidung der BOC maßgeblich beeinflusst haben.

Die Verhandlungen zwischen Leslie Smith von BOC und Richard (Dick) Giordano von Airco begannen im September 1966 und führten ein Jahr später zur Gründung zweier Joint Ventures: Die Airco/BOC Cryogenic Plants Corp. war das in den USA ansässige Gemeinschaftsunternehmen mit Betriebsstätten in Murray Hill, New Jersey; und die formell in London angesiedelte BOC/Airco Cyrogenic Plant Ltd. verfügte im Wesentlichen über Anlagen und Einrichtungen im englischen Edmonton, die zuvor BOC allein gehört hatten. Zusammen wollten die zwei neuen Firmen »weltweit Tieftemperaturanlagen bauen und vertreiben«. Vereinbart wurde außerdem, dass die Mutterunternehmen einander wechselseitig die Nutzung benötigter Patente erlaubten und den Joint Ventures einige Anlagentypen abnahmen.[20]

Es ist nicht ohne Ironie, dass die BOC – genau wie ihr Erzfeind Air Products ein Jahrzehnt zuvor – nicht nur ein Joint Venture mit einer in den USA tätigen Firma einging, um sich als Anlagenbauer Zugang zum dortigen Markt zu verschaffen, sondern dass die Joint Ventures beide Male an technischen Unzulänglichkeiten scheiterten. Zunächst schien die neue US-Tochter jedoch einen glänzenden Start hinzulegen: Noch im Jahr der Gründung konnte sie einen Vertrag über drei Luftzerleger für Big Three abschließen, das keine eigene Ingenieurabteilung unterhielt und seine Anlagen meist von etablierten Ausrüstern wie Air Liquide erwarb. Die erste Anlage des neuen Gemeinschaftsunternehmens hatte jedoch einen Konstruktionsfehler und arbeitete deshalb nicht ordnungsgemäß, sodass Big Three die noch ausstehende Bestellung vertragsgemäß stornierte. Auch das britische Joint Venture lief nicht rund und so wurden beide Joint Ventures 1971 wegen des enormen Imageverlustes in beiderseitigem Einvernehmen aufgelöst. Das Werk in Edmonton wurde wieder BOC eingegliedert und fungierte nun unter dem Namen Cryoplants Ltd.[21]

Unterdessen trat Air Liquide – der am meisten internationalisierte aller großen Gashersteller, der auch in Kanada stark mit BOC konkurrierte – als erstes europäisches Unternehmen nach dem Zweiten Weltkrieg wieder in den US-Markt ein. Genau wie bei der Linde AG hatte es schon früher Vorstöße gegeben, dort Fuß zu fassen, etwa 1966 mit der versuchten Übernahme von Big Three, doch die texanische Firma »gab dem [französischen] Bewerber den Laufpass und der New York Stock Exchange das Ja-Wort«.[22] Ab 1968 waren jedoch echte Fortschritte zu verzeichnen. Zwischen 1968 und 1972 übernahm die Air-Liquide-Tochter LANA mehrere kleine Anbieter wie Dye Oxygen, Industrial Air Products oder Gulf Oxygen, gefolgt vom Kauf der American Cyrogenics von Standard Oil of New Jersey (die seit 1973 unter Exxon firmierte).[23] Diese Firmen besaßen allesamt eine geringe Bedeutung in der US-Gasbranche und hatten nur wenige Marktanteile. Dennoch bildeten sie einen Brückenkopf, von dem aus Air Liquide das US-Geschäft ausbauen konnte: Dieses Vorgehen wurde so auch nicht nur für das französische Unternehmen zum Modell für die Expansion in den nächsten Jahrzehnten, sondern auch für andere ausländische Newcomer auf dem US-Markt wie BOC, AGA, Messer Griesheim, Nippon Sanso und schließlich die Linde AG. Angesichts der starken Vernetzung der Industriegasbranche ist es wenig überraschend, dass alle Unternehmen die Strategie verfolgten, US-Firmen zu übernehmen, wenngleich deren Größe erheblich variierte. Die Konkurrenten begriffen Air Liquides Vorgehensweise sofort. So meinte ein AGA-Manager, der im Hinblick auf die mögliche Übernahme der Burdett Oxygen Co. of Cleveland, Ohio, 1968 in die USA reiste: »Man könnte sagen, dass [durch die Übernahmen von Air Liquide] ein Markt für Unternehmen aus der Gasbranche entstanden ist«.[24] Obwohl man speziell bei der AGA recht eifrig über Übernahmekandidaten spekulierte, geschah zu diesem Zeitpunkt noch recht wenig. Wie wir später zeigen, begann Air Liquide gegen Ende der 1970er-Jahre, auch größere Unternehmen zu schlucken, und erwarb zwischen 1978 und 1980 von der Allegheny Ludlum Corp. das Industriegasgeschäft der Chemetron (bis auf den Kohlendioxidspezialisten Cardox). Die anderen internationalen Akteure auf dem Gasmarkt folgten diesem Beispiel, wenngleich in geringerem Ausmaß. Infolge dieser Übernahmen konnte Air Liquide seinen Marktanteil auf dem US-Gasmarkt bis 1979 auf 6–8 Prozent steigern.[25] Dieser stieg in den 1980er-Jahren weiter stark an, insbesondere nachdem Air Liquide zunächst 1982 Cardox und 1986 dann Big Three aufkaufte.[26]

Die größten Wellen in der US-Gasindustrie schlugen in den 1970er-Jahren aber nicht die schon lange auf dem internationalen Parkett tätigen Air Liquide und AGA, sondern die BOC, die zwar ebenfalls rund um den Globus tätig war, sich dabei jedoch fast ausschließlich auf Großbritannien und das Commonwealth beschränkte. Schon im Frühjahr 1968 sicherte sich BOC die Dienste von Albert Muller, eines auf die Industriegasbranche spezialisierten Beraters, um sich mit seiner Hilfe optimal auf den Eintritt in den US-Markt vorzubereiten. Im »Dezember 1969 informierte der Vorstandsvorsitzende der BOC Dr. Muller, dass man sich eine Repräsentanz in den USA aufbauen wolle: die Frage war nur, was für eine, wie, wann und wo«. Während der nächsten Jahre dachte man bei BOC mehr oder weniger ernsthaft über den Kauf einer Reihe von US-Firmen nach. Kandidaten waren u.a. Chemetron, Burdett of Norristown, National Welders, Selox, Alabama Oxygen, Gulf Oxygen und Burdett of Cleveland.[27]

Doch wie zuvor die vielen Sondierungsgespräche von Linde und Air Liquide mit potenziellen amerikanischen Partnern führten auch diese Initiativen zu keinem greifbaren Ergebnis. Nach der fehlgeschlagenen Zusammenarbeit mit Airco richteten sich die internationalen Expansionsgelüste von BOC seit Herbst 1971 wieder vermehrt auf den europäischen Kontinent, jedenfalls in den kommenden 18 Monaten. So fühlten die Briten im November 1971, unmittelbar nach Auflösung des amerikanischen Joint Ventures, bei Messer Griesheim vor und brachten eine vertiefte Kooperation in den Bereichen Gase und Anlagenausrüstung ins Spiel. Anfang 1972 wurde auch die Linde AG in die Gespräche einbezogen und man spielte mit dem Gedanken, eine Tochterfirma zu gründen, mit der die drei Partner gemeinsame Vorstöße in verschiedene westeuropäische Märkte – darunter die Benelux-Staaten, Skandinavien, Italien und Portugal – unternehmen und dort den Wettbewerb testen wollten.[28]

Die EWG reizte jedoch nur so lange, bis sich etwas Verlockenderes auftat, was die BOC-Chronik wie folgt kommentierte:

> Dies [die enge Zusammenarbeit mit Messer] hätte sich vermutlich weiter entwickelt, wenn nicht plötzlich die Geschichte mit Airco die Interessen und Absichten von BOC in ganz neue Bahnen gelenkt hätte. Als das geschah, wurden die Gespräche mit Messer in gegenseitigem Einvernehmen abgebrochen.[29]

Tatsächlich war »die Geschichte mit Airco« nicht nur für BOC das mit Abstand wichtigste Ereignis der 1970er-Jahre, sie war es auch in Bezug auf die Internationalisierung der Branche. Deswegen wird sie nun etwas genauer betrachtet werden, nicht zuletzt weil darin auch das Zusammenspiel von Managementstrategien, neuen Finanzierungsmethoden, persönlichen Kontakten, Opportunismus und reinem Zufall für die Branchenentwicklung deutlich wird.

Obwohl es schon früher zu Kontakten und einer offiziellen Zusammenarbeit zwischen britischen und amerikanischen Unternehmen gekommen war, begann für BOC »die Geschichte mit Airco« erst richtig, als im Juli 1973 ein Börsenbrief erschien, in dem Airco als Übernahmekandidat genannt wurde. Ungefähr zur selben Zeit deutete Newcourt Securities in einer Mitteilung an die BOC an, dass die Airco-Aktien deutlich unter Wert gehandelt würden. Richard Giordano, Präsident und Chief Executive Officer von Airco, kontaktierte danach den Vorstandsvorsitzenden der BOC, Leslie Smith, und bot ihm Gespräche über den Zusammenschluss der beiden Firmen an – vor allem um die befürchtete Übernahme von Airco durch einen unerwünschten Partner abzuwehren (wer, geht aus den Unterlagen nicht hervor). Smith handelte schnell und energisch. Er ließ die Strategieabteilung der Briten rasch ein Thesenpapier für ein »Project ›Blindfold‹« vorbereiten. Unter diesem Namen und auf den 11. Juli datiert, wurde es bereits bei der BOC-Vorstandssitzung am 17. Juli 1973 diskutiert.[30]

Das Strategiepapier präsentierte dem Vorstand eine Reihe von Möglichkeiten. Obwohl die Unternehmensstrategen sich deutlich für eine 100-prozentige Übernahme der amerikanischen Firma aussprachen, empfahlen sie dem Vorstand, bei Verhandlungen das Ziel zu verfolgen, »bis zu 49 Prozent des Eigenkapitals [von Airco] zu einem Preis von maximal £ 40 Millionen«[31] zu erwerben. Die Empfehlung wurde auf elf eng beschriebenen Schreibmaschinenseiten ausführlich und überzeugend begründet. Die Autoren waren sich erstens darüber klar, dass dies für die BOC eine selten günstige Gelegenheit war, sich auf einen Schlag ein festes Standbein auf dem US-Markt zu verschaffen, statt alternativ viele kleinere Gasanbieter zu übernehmen und integrieren zu müssen – eine Strategie, die BOC seit kurzer Zeit und in geringem Ausmaß in dem lukrativen Nischenmarkt für medizinische Gase und Ausrüstung betrieb.

Unerwähnt in den Überlegungen der BOC war, dass die Strategie der langsamen, stückweisen Übernahmen wie zum damaligen Zeitpunkt auch von Air Liquide betrieben, teuer und zeitraubend war. Wie die Autoren feststellten, war Airco dagegen eines von fünf oder sechs global führenden Unternehmen »bei Industriegasen und Anlagen und in den USA die Nummer 2 oder 3«. Eine Übernahme oder auch nur eine signifikante Minderheitsbeteiligung würde BOC zu einem Schwergewicht auf einem der weltweit wichtigsten Märkte machen, auf dem man bislang fast nicht vertreten war. Ganz offenkundig wollten die BOC-Strategen mit dem Hinweis, dass mit dem Kauf der US-Firma »zweifellos die weltweite Nummer 1 in der Industriegasbranche« entstünde, den Ehrgeiz ihres Vorstands anstacheln. Im Hinblick auf Konzernstrategie und Positionierung brächte die vorgeschlagene Übernahme »uns im Vergleich zu Air Products und Air Liquide mehr Glaubwürdigkeit auf den für sie wichtigen Märkten«.[32] Erstaunlicherweise wurde UCC in diesem Papier nicht einmal erwähnt, was auf die relativ geringe Präsenz des amerikanischen Marktführers außerhalb des US-Markts hinweist. Tatsächlich verhielt sich die UCC in dieser Phase viel weniger aggressiv als Air Products und war gegenüber der nationalen wie der internationalen Konkurrenz geradezu lethargisch. Dem Strategiepapier zufolge waren allein Air Products und Air Liquide die eigentlichen Konkurrenten der BOC.

Mit der teilweisen oder vollständigen Übernahme von Airco konnte sich BOC neben dem lang gehegten Wunsch einer geografischen Expansion zudem auch denjenigen nach einem Ausbau der bestehenden Kapazitäten erfüllen. 1971 waren etwa 57 Prozent des Airco-Umsatzes auf Regionen entfallen, in denen auch die BOC tätig war. Zudem verfügte die Airco über Fähigkeiten, die für die BOC sehr interessant waren. So war die in Ohio beheimatete Aircos Medical Products Division ein wichtiger Akteur im US-Markt für medizinische Gase und Ausrüstung, den die BOC erst vor kurzem als interessantes Zielgebiet für die weitere Entwicklung ausgemacht und dafür kleinere Zukäufe getätigt hatte. Man erkannte zudem: »Aircos starke Position bei CO_2 brächte Know-how, das die BOC Group bei ihrem Vorhaben unterstützen würde, das CO_2-Geschäft mit Blick auf die Lebensmittelindustrie als Hauptkunden auszubauen«.[33]

Abb. 36 Airco Verkaufsstelle in der Nähe von Chicago in den 1970er-Jahren

Allerdings sparte das Papier auch die Probleme einer Übernahme nicht aus und bemerkte unter anderem, dass diese Maßnahme »mit dem bekannten Bestreben, sich in Bereichen mit mehr Wachstumspotenzial als Gase und Anlagen zu etablieren, nur schwer vereinbar ist«. Ebenso schwer vereinbar war sie »mit der ausdrücklichen obersten Priorität von Europa als Zielgebiet der Internationalisierungsbestrebungen des Konzerns«, obwohl die Autoren diesen Einwand gleich darauf selbst entkräfteten, da »dieses Ziel [...] aufgrund mangelnder Möglichkeiten in den USA« ausgegeben worden war – eine Beschränkung, die nun offensichtlich nicht mehr zutraf. Der Tenor war jedenfalls eindeutig: Dass diese Gelegenheit genutzt und gehandelt werden sollte, stand außer Frage, zu klären war nur, wie man am besten vorgehen sollte.[34] Der Opportunismus der Strategieabteilung tritt allerdings auch deutlich zu Tage. Letztlich empfahl sie, schlicht und einfach zwei mit Bedacht und Sorgfalt entwickelte strategische Ziele über Bord zu werfen: die Diversifizierung und die auf Europa gerichtete Internationalisierung.

Das Papier identifizierte zwei Möglichkeiten, um die neue strategische Ausrichtung umzusetzen: die Fusion beider Unternehmen oder die Übernahme von Airco durch BOC. Doch obwohl sich die Airco-Manager für die Fusion einsetzten und sie daher schnell durchzuführen gewesen wäre, schied sie als Option bald aus, weil es für die BOC »zum jetzigen Zeitpunkt kein notwendiger oder auch nur wünschenswerter Schritt ist, Pläne zu verfolgen, die zur Schmälerung oder zum Verlust ihrer Unabhängigkeit führen«. Zudem würde eine Fusion »die Frage aufwerfen, wer den Ton angibt«. Also sollte es eine Übernahme sein, doch dafür gab es wiederum drei Möglichkeiten. Wie erwähnt, wurde die 100-prozentige Übernahme als Ideallösung angesehen, doch angesichts der Kaufsumme wäre das mit einer problematisch hohen Kreditaufnahme verbunden gewesen. Obwohl man das nötige Fremdkapital wohl hätte aufnehmen können und dieser Schritt angesichts der Finanzlage von BOC nicht unverantwortlich gewesen wäre, war es weder mit den Konditionen der Tonnage-Anleihen von BOC noch mit der BOC-Unternehmenssatzung zu vereinbaren, die die Aufnahme von Fremdmitteln auf das Eineinhalbfache der Summe des Grundkapitals und der Rücklagen beschränkten.[35] Die mögliche Airco-Übernahme rückte also auch das schon lange schwelende Thema der Unternehmensfinanzierung in den Fokus, gerade als sich BOC neu zu positionieren begann und Antworten auf die Herausforderungen zu finden versuchte, wie sie dem Internationalisierungskurs von Air Products und anderen Industriegasunternehmen auf dem eigenen Heimat- wie den zukünftigen Auslandsmärkten begegnen sollte.

Die zweite in dem Strategiepapier entfaltete Option bestand im Kauf von 51 Prozent der Airco-Anteile. Dafür sprach, dass die BOC damit eine weitgehende Kontrolle erlangen würde. Ein Problem bestand darin, dass, »wenn Airco eine Tochter der BOC ist, dann fallen Aircos Verbindlichkeiten [die sich auf etwa 80 Millionen Pfund beliefen] der BOC Group zu«, sodass wieder dieselben Kreditbeschränkungen der BOC eine vollständige Übernahme unmöglich machten. Daher, so der Schluss, »ist aktuell die einzig gangbare Alternative der Erwerb eines Minderheitsanteils [von 49 Prozent]«, der dazu führte, dass »49 Prozent der Erlöse von Airco dem Ergebnis von BOC zugute kämen, Aircos Schulden aber nicht in der Bilanz erschienen«. Die 40 Millionen Pfund, die dieser Minderheitsanteil ungefähr kosten würde, gingen mit den bestehenden Regelungen konform. Allerdings barg ein Minderheitsanteil immer noch die Gefahr, dass ein anderes Unternehmen die Pläne der BOC durchkreuzen und ebenfalls einen großen Anteil erwerben konnte. Nach Konsultationen mit einem von Lazard empfohlenen amerikanischen Experten waren die strategischen Planer von BOC in diesem Punkt jedoch zuversichtlich, dass die US-Kartellbehörden die gefährlichsten Kandidaten – nämlich die großen US-Gasunternehmen und/oder Air Liquide – in die Schranken weisen würden. Außerdem war der Experte überzeugt, dass die BOC seitens der Kartellbehörden bei der Übernahme nichts zu befürchten hätte.[36]

Auf seiner Sitzung am 17. Juli 1973 besprach der BOC-Vorstand das Papier »ausführlich« und stimmte mit den Strategen überein, dass der Zeitpunkt für den Kauf günstig war, drückte zugleich jedoch seine Bedenken hinsichtlich der benötigten Kreditsumme aus. Zudem gab es Vorbehalte gegenüber der Managementpraxis bei Airco: Aufgrund von »Erfahrungen in der Vergangenheit« wusste man bei BOC von »Mängeln im Management, die behoben werden müssten«. Alles in allem gab es gedämpfte Begeisterung für den Plan. Im Hinblick darauf, dass sich die BOC-Geschäftsführung und der Leiter der Strategieabteilung in Kürze in New York mit dem Airco-Vorstand treffen würden, stimmte der BOC-Vorstand weiteren Gesprächen zu, »unter der Voraussetzung, dass vor einer erneuten Vorstandssitzung keine Zusagen gemacht werden. Falls nötig, wird im August eine außerordentliche Sitzung einberufen«[37].

Ehe wir uns den eigentlichen Verhandlungen zuwenden, müssen wir uns kurz der Finanzierungsproblematik des Vorhabens widmen sowie der Reaktion seitens BOC, denn zufälligerweise – aber durchaus passend (und vielleicht auch nicht ganz überraschend, wenn man an die Expansions- und Diversifikationspläne von BOC denkt) – beinhaltete der nächste Tagesordnungspunkt bei der Vorstandssitzung am 17. Juli Vorschläge für andere Finanzpraktiken der Firma,[38] die auf lange Sicht den unternehmerischen Gestaltungsspielraum erheblich erweitern sollten.

Zeit ihres Bestehens und bis weit in die 1950er-Jahre hinein handelte die BOC, was die Finanzen betraf, meist äußerst konservativ – was angesichts eines Quasimonopols bei Industriegasen in Großbritannien und den Kolonien bzw. dem Commonwealth wenig erstaunlich war. So belief sich der Verschuldungsgrad (das Verhältnis von Fremdkapital [Darlehen und laufende Verbindlichkeiten] zu Eigenkapital [Gezeichnetes Kapital und Rücklagen]) 1950 nur auf zwei Drittel. Bis Ende des Jahrzehnts fiel er sogar knapp unter 60 Prozent – trotz erheblicher Investitionen, die zum großen Teil durch die Erhöhung des Grundkapitals und/oder der Rücklagen gegenfinanziert worden waren.[39]

Die unmittelbare Ursache, die zu einer Änderung dieser Praxis führte, war das Auftauchen von Air Products als erstem Herausforderer auf dem britischen Markt, der das Quasimonopol von BOC gefährdete. Aufgrund der rasant wachsenden Nachfrage nach Industriegasen in den 1950er- und 1960er-Jahren und des absehbaren weiteren Anstiegs in den kommenden Jahren musste das britische Unternehmen dringend mehr investieren als jemals zuvor. Dies umso dringlicher, da Air Products in jeder Hinsicht – mit Maßnahmen im Bereich Handel, Technik und Finanzen – sehr aggressiv in den britischen Markt drang und die Nachfrage auf Kosten von BOC bediente.[40] BOC musste daher seine bisherige Finanzierungspraxis überdenken. Nach dem Vorbild von Air Products nahm BOC ab 1966 Kapital durch sogenannte Tonnage-Anleihen auf. Das waren im Wesentlichen Schuldverschreibungen, bei denen »Take-or-Pay«-Verträge mit großen und verlässlichen Gasverbrauchern wie British Steel oder ICI als Sicherheit dienten. Die kontinuierlichen Einnahmen aus diesen Verträgen garantierten die Rückzahlung der Anleihe samt Zinsen; zudem waren Vorkehrungen für alle möglichen Widrigkeiten eingebaut. Dennoch galten sie nach der Satzung und den Treuhandurkunden als Schulden, und diese neue Kreditaufnahme drohte die satzungsmäßige Schuldengrenze zu sprengen. Daher wurde der Wortlaut geändert; ab 1969 waren der BOC Gesamtschulden bis zum Eineinhalbfachen ihres Grundkapitals zuzüglich Rücklagen erlaubt (also ein Verschuldungsgrad von 1,5).[41]

In der zweiten Hälfte der 1960er-Jahre war die Kreditaufnahme von BOC explosionsartig angewachsen. Die enormen Investitionen des Plans 70 waren dabei die Antwort auf die Herausforderung durch Air Products in Großbritannien.[42] Zudem sollten so auch die Expansion ins

Ausland und die Erweiterung der Geschäfts- und Produktionsbereiche finanziert werden, weshalb sich der Verschuldungsgrad bis 1970 bereits auf 1,1 erhöhte und bis zum Ende des Jahrzehnts weiter anstieg.[43] In vielerlei Hinsicht führten die neuen Finanzierungsmethoden (insbesondere die Tonnage-Anleihen) immer weiter weg von der traditionellen Finanzierungspraxis der BOC, obwohl manche darin gar keine wirkliche Veränderung der Unternehmenskultur erkannten. In einem von Lazard für BOC aufgesetzten Schreiben an das British Insurance Association Investment Protection Committee im Spätsommer 1973 wurde beispielsweise betont, die Strukturierung der Tonnage-Anleihen bedeute, dass »der Gläubigerschutz, welchen die Inhaber [der Anleihe] genießen, nahezu vollkommen ist und es nahezu undenkbar ist, dass die Anleihetreuhänder auf die Sicherheiten zurückgreifen müssten«. Diese Anleihen stellten zwar Darlehen dar, aber sie bildeten eine Darlehensart, die sich praktisch kaum vom Grundkapital oder den Rücklagen unterschied.[44]

Mit diesen Bemerkungen empfahl Lazard Brothers der BOC nicht nur eine »größere Handlungsfreiheit, indem es die durch Tonnage-Anleihen und Satzung auferlegten Beschränkungen bei der Gesamtschuldenaufnahme lockerte«, sondern ging sogar noch weiter: »Wir sind der Ansicht, dass vorzugsweise die vollständige Aufhebung der Gesamtschuldengrenze anzustreben ist.«[45]

Dieser Rat erfolgte etwa einen Monat, nachdem die Strategieabteilung der BOC im Juli 1973 dem Vorstand ihr Papier vorgelegt hatte, aber weder aus dem Papier noch aus der Vorstandssitzung am 17. Juli 1973 lässt sich schließen, dass man ernsthaft über die völlige Aufgabe der Deckelung zu diesem Zeitpunkt nachdachte. Dennoch war man sich einig, dass die Schuldenobergrenze dringend um ein gutes Stück angehoben werden musste, »indem man entweder den Multiplikator erhöhte oder die Definition von Grundkapital und Rücklagen änderte«. Die Unternehmensstrategen merkten an, dass die Satzungen vieler britischer Großunternehmen wie Unilever, Marks & Spencer und Imperial Tobacco höhere Verschuldungsgrade erlaubten als das Eineinhalbfache von Grundkapital plus Rücklagen, und ergänzten, »dass J. Lyons & Co Ltd. gerade das Limit von 1,5 auf zwei erhöhen will«. Ihre Empfehlung lautete, »BOC sollte versuchen, die Satzung zu ändern, um mindestens das Zweieinhalbfache von Grundkapital plus Rücklagen als maximalen Verschuldungsgrad zu verankern. Eine Obergrenze von 2,5 entspricht einer Fremdkapitalaufnahme von 71 Prozent nach der Definition der gegenwärtigen Satzung.«[46] Nach Beratung dieses Papiers beschloss der Vorstand, eine Satzungsänderung und die Änderung von zwei der drei Treuhandurkunden vorzuschlagen, um als neue Obergrenze das Zweieinhalbfache des Grundkapitals plus Rücklagen einzuführen und bei der Gelegenheit auch die Behandlung der Rücklagen zu überarbeiten (was die Verschuldungsgrenze noch weiter nach oben treiben würde, auch wenn dies nicht explizit gesagt wurde). Der Vorstand »kam überein, dass diese Maßnahmen unabhängig vom Ergebnis der Gespräche mit Airco durchgeführt werden sollten«.[47] Während des internen Diskussions- und Abstimmungsprozesses kam es noch zu kleinen Abstrichen, und das Investment Protection Committee (IPC) der British Insurance Association erklärte sich einverstanden, einige Änderungen bei der Behandlung der Rücklagen und der Schulden von Tochterunternehmen zu empfehlen bzw. eine weitere Klausel zu den Treuhandurkunden hinzuzufügen, nach denen Schulden in Höhe des Zweifachen von Konzerngrundkapital und Rücklagen erlaubt waren. Außerdem bestand das IPC auf einem Aufschlag von 0,5 Prozent auf die Coupons jedes Anleihescheins. Wie das Strategy Office in einer Aktennotiz im Juli vermerkte:

> Mit der neuen Formel erhöht sich die Schuldenobergrenze von gegenwärtig £188 Millionen auf £280 Millionen, und die bestehenden Verbindlichkeiten sinken gegenüber der Grenze von £175 Millionen auf gut £165 Millionen, was den Kreditrahmen um insgesamt £102 Millionen ausweitet.[48]

Dies also war die Grundlage für eine Reihe offizieller Angebote, die den BOC-Aktionären bei einer Aktionärsversammlung im Februar 1974 und den Aktionären und Anleihetreuhändern bei mehreren Treffen am 10. September 1974 vorgelegt wurden. Dem Vorstand wurde eine Summe von 10 Millionen Pfund in noch nicht ausgegebenen Aktien zur Verfügung gestellt, um gegebenenfalls Handlungsspielräume zu haben, die Kreditaufnahme wurde erhöht und die Treuhandurkunden wurden entsprechend angepasst.[49]

Ehe wir fortfahren, lohnt ein kurzer Blick auf die Bedeutung dieser neuen Einstellung zu Schulden bei einem britischen Großkonzern. Nicht zuletzt als Reaktion auf die Bedrohung durch einen aggressiven US-Wettbewerber mit dezidiert anderer Auffassung von Risiko und Schulden, änderte BOC zwangsläufig seine langjährige Praxis eines nahezu schuldenfreien Wirtschaftens. Auch andere Faktoren waren hierfür wirksam, und genau wie das Eindringen eines amerikanischen Wettbewerbers galten sie nicht nur für die BOC, sondern auch für andere europäische Unternehmen. Steigende Inflationsraten ließen Schulden als eine attraktive Finanzierungsmöglichkeit erscheinen, und die wachsende Neigung der Banken, diese Art der Unternehmensfinanzierung zu übernehmen, spielte ebenfalls mit hinein. Schließlich förderten auch finanzielle Neuerungen wie die Herausbildung von Eurodollar-Märkten diesen Trend.[50]

Eine Implikation dieser Entwicklung soll hier herausgestrichen werden. Die Verfechter der »Varieties of Capitalism« klassifizieren Großbritannien ebenso wie die USA als liberale Marktwirtschaft und stellen dieses Modell dem einer koordinierten Marktwirtschaft wie der deutschen gegenüber.[51] Die hier geschilderten Vorkommnisse legen jedoch nahe, dass wir diese Behauptung kritisch zu hinterfragen haben. Wenn Großbritannien tatsächlich zu den liberalen Marktwirtschaften zählt, dann ist es jedenfalls erst in der Nachkriegszeit, insbesondere in den 1960er- und 1970er-Jahren zu einer geworden. In gewisser Weise hat die BOC (wie andere britische Unternehmen) ihre Haltung zur Schuldenfinanzierung – in Ermangelung eines besseren Begriffs dafür – »amerikanisiert«, da es in Reaktion auf die reale amerikanische Bedrohung vor allem in Gestalt von Air Products (vgl. Kapitel 6) deren Methoden übernahm, aber auch weil die für notwendig erachtete Expansion in Auslandsmärkte und die Diversifikation erheblicher Finanzmittel bedurften.[52] Jedenfalls machten sich die Schuldenbeschränkungen der BOC, die man 1974 lockerte, im Sommer 1973 noch unangenehm bemerkbar, insbesondere als im Juli die Verhandlungen mit Airco zum Kauf eines Minderheitsanteils begannen. Diese Restriktionen führten letztlich dazu, dass das britische Unternehmen etwas mehr als ein Drittel des amerikanischen übernahm und sich bei beiden einiges in den Führungsetagen änderte. Die Verhandlungen über einen möglichen Zusammenschluss begannen wie geplant mit einem Treffen der Vorstände von BOC und Airco Ende Juli in New York. Die Strategieabteilung von BOC meinte, dass die ursprüngliche Motivation von Airco »im Wesentlichen die Suche nach ›einem sicheren Hafen‹ war. Die Option einer Fusion soll nur im Fall eines feindlichen Übernahmeangebots für Airco verfolgt werden«, doch dies galt nicht für lange, und als sich der Airco-Chef George Dillon und der Vorstandsvorsitzende von BOC, Leslie Smith, in London trafen, standen bei »den Überlegungen von Airco nicht mehr der ›sichere Hafen‹, sondern die Vorteile einer Fusion« im Vordergrund. Doch weil das amerikanische Management dafür keinen befriedigenden Weg fand, »war es wieder auf die Möglichkeit verfallen, dass die BOC ein öffentliches Angebot abgeben würde«. In den Verhandlungen schien sich jedoch herauszukristallisieren, dass es auf eine Mischung aus dem Erwerb größerer Airco-Anteile und den fusionsähnlichen Austausch von Führungskräften hinauslaufen würde. Für die BOC war im September 1973 »die zentrale Frage nicht der Preis, sondern die Einbindung der Airco-Führungsspitze (einschließlich Dillon) in das ›fusionierte‹ Unternehmen.« Jedenfalls war allen Beteiligten klar,

> … dass der Deal zustande kommt, wenn wir ihn wollen. Über das Finanzielle wird man sich ohne allzu große Schwierigkeiten einigen können. Die größte Aufgabe besteht darin, das Management so zu gestalten, dass die Airco-Führung den – teilweise auch berechtigten – Eindruck erhält, dass sie gleichberechtigt ist, ohne dass wir die Kontrolle aus der Hand geben.

Die Diskussionen über die Führungsstrukturen setzten sich bis in den Oktober fort, nur um Anfang November noch komplizierter zu werden, als die Curtiss-Wright Corp., die auf den Gebieten der Luftfahrt, Industrieausrüstung und Atomtechnik tätig war, ein Angebot für den Kauf von 20 bis 30 Prozent der Airco-Aktien abgab. Die Airco-Führung reagierte mit der Aufforderung an die BOC, ein Gegenangebot abzugeben, und so fing man dort wieder an sich Gedanken zu machen, ob man das amerikanische Unternehmen nicht gleich ganz übernehmen sollte, obwohl klar war, dass dies ein beträchtliches Risiko darstellte. Man bevorzugte weiterhin einen Minderheitsanteil, da »ein Kauf von 40 Prozent […] genau im Rahmen unserer [derzeitigen] Möglichkeiten liegt; 30 Prozent zu £ 30 Millionen wären ein noch entspannterer Anteil«[53].

Finanziell und als Unternehmen war Curtiss-Wright schlechter aufgestellt als die BOC, und diese Tatsache sowie ein persönlicher Auftritt von Leslie Smith bei einer Airco-Vorstandssitzung überzeugte die Chefetage des amerikanischen Gasunternehmens, das Angebot der Briten vorzuziehen. Daraufhin nahm Curtiss-Wright das Angebot zurück, obwohl man gegenüber Lazard Brothers zu verstehen gab, man stünde bereit, falls BOC abspringen würde. Und der Luftfahrtkonzern behielt dafür auch einige Airco-Anteile. Ende November, Anfang Dezember kam es dann zu hektischen Verhandlungen zwischen der BOC und Airco, bei denen es zunehmend um finanzielle Details und die Ausgestaltung der Führungsspitzen der »verschmolzenen« Firmen ging. Am 7. Dezember war es schließlich soweit, dass der BOC-Vorstand erklärte, zum Preis von 20 US-Dollar je Aktie 25 Prozent der Airco kaufen zu wollen, sofern kein anderer Aktionär mehr als 30 Prozent am Airco-Kapital hielte. Kurz darauf bot BOC an, bis auf 35 Prozent der Airco-Aktien aufzustocken. Als die Amerikaner dieses Angebot annahmen, warf Curtiss-Wright das Handtuch und veräußerte auch die verbliebenen Aktien. Mit den Worten von Leslie Smith »hatte man die erste Schlacht um Airco gewonnen«. Zwei Airco-Vorstände traten in den Vorstand von BOC ein, während im Gegenzug vier BOC-Vorstände dem (erweiterten) Airco-Vorstand angehören sollten.[54]

Zuletzt mussten die Vereinbarungen von den Aktionären beider Firmen abgesegnet werden, doch war dies nur eine Formalität, und so war der Vertrag im März 1974 unter Dach und Fach. Das Produktportfolio der nun eng verflochtenen, aber nicht ganz fusionierten Unternehmen überschnitt sich bei etwa 75 Prozent des BOC-Umsatzes und 65 Prozent des Airco-Umsatzes; weil die beiden Unternehmen diese Umsätze aber auf praktisch völlig unterschiedlichen Märkten erzielten, konnten sie ihre internationale Marktdurchdringung enorm ausweiten. Zugleich bemerkten die BOC-Strategen kurz vor Vertragsunterzeichnung:

> Das zusammengelegte Industriegasgeschäft wäre das mit Abstand größte der Welt und würde den Fortbestand von BOC in den 1980er-Jahren als eines der drei oder vier größten Gasunternehmen neben LAL [L'Air Liquide] und UCC sichern. Unsere Wettbewerbsposition gegenüber LAL und UCC würde sich langfristig verbessern und böte Schutz für unser bestehendes […] Geschäft in Großbritannien und im Ausland.[55]

Bemerkenswert an dieser Aussage ist, dass nun die UCC als ein Hauptkonkurrent genannt wurde, während Air Products aus der Liste verschwunden war. Dies mag eine Folge der neuen starken Position der Briten auf dem US-Markt sein; es hat aber auf alle Fälle damit zu tun, dass die BOC der Ansicht war, ihren Traum erfüllt und mit Aplomb die internationale Bühne betreten zu haben.

Zunächst blieb es aber noch beim Traum. Trotz der Meinung des oben erwähnten amerikanischen Beraters, dass die BOC beim Kauf eines großen Airco-Aktienpaketes von den US-Kartellbehörden nichts zu befürchten hätte, stürzte sich die amerikanische Federal Trade Commission (FTC) sofort auf den Fall, womit alle weiteren Schritte zur Integration auf Eis gelegt werden mussten. Im Sommer gab es dann eine Anhörung vor einem Verwaltungsrichter der FTC. Die BOC-Anwälte waren von einem guten Ausgang überzeugt, doch das Urteil vom 29. Oktober traf das britische Unternehmen wie ein Schlag ins Gesicht, da es den sofortigen Verkauf aller Airco-Anteile verfügte. Die BOC ließ sich nicht abschrecken und legte Berufung ein, von der die Anwälte glaubten, sie würde im Endeffekt Erfolg haben. Sie sollten Recht behalten, allerdings dauerte es bis dahin Monate und sogar Jahre; zudem mussten dazu von der FTC unabhängige Gerichte angerufen werden.[56]

Die FTC stützte sich in ihrer Haltung auf eine These, die – mit den Worten eines nicht der FTC angehörenden Richters aus dem Jahr 1977 – »am Grenzgebiet der Anti-Trust-Gesetze« angesiedelt war. Als Theorie des »tatsächlichen möglichen Marktteilnehmers« bekannt, war sie speziell in oligopolistischen Branchen von Bedeutung. Damit bestimmte diese theoretische Debatte und seine endgültige gerichtliche Klärung, ob und wie nichtamerikanische Gasfirmen in den US-Markt eintreten konnten. Im Wesentlichen ging es beim »tatsächlichen möglichen Marktteilnehmer« darum, dass

> die Übernahme eines Großunternehmens in einem oligopolistischen Markt durch ein anderes Unternehmen [die Bestimmungen des Clayton Antitrust Act verletzen würde,] wenn davon ausgegangen werden kann, dass der Erwerber zukünftig selbst oder unter dem »Deckmantel« des Erwerbs eines Unternehmens ohne signifikanten Marktanteil in ebendiesen Markt eintritt.[57]

Mit anderen Worten lautete das Argument also, dass allein dadurch, dass die BOC auf eine Gelegenheit wartete, in den US-Markt einzutreten, sich der Wettbewerbsdruck dort erhöhte, genauso wie wenn die BOC allmählich eine Reihe kleinerer Unternehmen erworben (vielleicht in der Art, wie es sich Air Liquide zu tun anschickte) oder sich eine eigene Präsenz von Grund auf neu aufgebaut hätte. Dagegen würde die Übernahme eines großen Marktteilnehmers, der Logik der FTC zufolge, Wettbewerb verhindern und nur das bestehende Oligopol stützen. Die BOC-Spitze war insbesondere darüber verärgert, wie erfolgreich der Vizepräsident von Air Products, Dexter Baker, mit seiner Aussage Richter Ernest Barnes auf seine Seite hatte ziehen können. Baker »behauptete beispielsweise, dass der Markteintritt von Air Products in den von BOC monopolisierten britischen Markt 1956 mit der Fähigkeit von BOC vergleichbar wäre, sich 1973 eine eigene Präsenz auf dem US-Markt aufzubauen.« Offenbar hielt die Rivalität aus den 1950er-Jahren unverändert an. Ganz anders dagegen die Manager von UCC Linde Division, die sich laut BOC-Chef Leslie Smith bei ihren Aussagen »allergrößte Mühe gaben, unvoreingenommen zu sein«.[58]

Mit Berufung und Anschlussberufung zog sich der Fall über geraume Zeit hin, doch schließlich wurde er, wie von BOC erwartet, außerhalb des Kompetenzbereichs der FTC von einem US-Appelationsgericht rechtskräftig entschieden. Der Richter dort verfügte im Mai 1977, »die Entscheidung der Kommission auszusetzen und […] jene Theorie [des ›tatsächlichen möglichen Marktteilnehmers‹] ›zu einem späteren Zeitpunkt‹ auf ihre Richtigkeit hin zu überprüfen.« Die FTC hatte 90 Tage Zeit, gegen dieses Urteil Berufung einzulegen, doch Ende September beschloss sie, darauf zu verzichten. In einer internen Verlautbarung vom 22. September teilte Leslie Smith dem BOC-Management mit triumphierendem Unterton mit: »Nun haben wir die letzte Hürde genommen und können mit unseren Partnern über die Zukunft unserer Zusammenarbeit sprechen, ohne dass uns weiter juristische Knüppel zwischen die Füße geworfen werden.«[59]

Von da an ging alles ganz schnell, nicht zuletzt weil es zwischen dem dreieinhalb Jahre zurückliegenden Kauf von etwa 35 Prozent an Airco im März 1974 und dem Verzicht der FTC auf eine Berufung im September 1977 ein paar nicht unerhebliche Entwicklungen gegeben hatte. Zum einen hatte die BOC nun ihr neues Schuldenlimit auf das Zweieinhalbfache von Grundkapital plus Reserven erhöht und verfügte damit sowie durch »Fortschritte [...] bei der Rückzahlung eines Kredits über $80 Millionen für den Airco-Kauf in Sterling« über eine prall gefüllte Kriegskasse. Und zum anderen war man bei BOC überzeugt, dass »das Airco-Investment positive Auswirkungen auf den gesamten Konzern hatte«, wie in einer Vorstandssitzung am 25. August 1976 explizit vermerkt wurde.[60] Implizit hieß das, dass sich mit weiteren Investitionen womöglich noch größere Vorteile erzielen ließen.

Darüber hinaus wurden die persönlichen Kontakte auf den Führungsebenen beider Unternehmen enger. Für die BOC war mit Peter Laister bereits 1974 ein Vorstandsmitglied nach New York gekommen, um die britischen Interessen zu vertreten. Als er sich im November 1975 – zum Teil auch, weil die FTC die engere Zusammenarbeit mit Airco torpedierte – zum Rücktritt entschloss, folgte ihm mit Dick Taverne ein weiterer Topmanager, der sich schwerpunktmäßig um den in Großbritannien wie den USA mit Arbeit verbundenen Streit mit der FTC kümmern sollte. Entgegen der Anordnung der FTC trafen sich im September 1975 die Vorstände beider Unternehmen auch »informell« im schottischen Gleneagles, um sich kennenzulernen und die gemeinsame Arbeit zu beginnen,[61] und im Mai 1976 fand ein offizielles Treffen in Hot Springs, Virginia, statt, bei dem der Airco-Vorstand an einem Teil einer Vorstandssitzung von BOC International teilnahm.[62] Bedeutsamer war aber noch, dass Richard Giordano und George Dillon, der zweite in die BOC-Führungsetage entsandte Airco-Vorstand, ihre Posten behielten und auch in der Zeit des Verfahrens vor der FTC an einigen BOC-Vorstandssitzungen teilnahmen.[63] Infolge dieser über drei Jahre kontinuierlichen und teilweise engen Kontakte kannte sich das Topmanagement beider Unternehmen also recht gut.

Obwohl sich die persönlichen Kontakte zwischen den zwei Führungsriegen stark verbessert hatten und die Geschäftsbeziehung auch sonst auf festen Füßen zu stehen schien, lauerte am Horizont noch ein weiterer Streitpunkt: Die fünf Jahre, für die eine Ober- und Untergrenze des BOC-Anteils an Airco festgelegt waren, gingen zu Ende und neue Verhandlungen standen an. Diese Kombination aus Vertrautheit und latentem Konflikt bildete den Hintergrund für die Vorstandssitzung im Oktober in Washington. D.C. Richard Giordano, zugleich Präsident und CEO von Airco sowie Mitglied des BOC-Vorstands, hatte sie auf der BOC-Vorstandssitzung vom 25. Mai 1977 vorgeschlagen, als man das Gerichtsurteil gegen die FTC besprochen hatte. Giordano deutete an, dass »der Besuch in Washington [...] eine Gelegenheit ist, Mitglieder der neuen demokratischen Regierung zu treffen.« Sie »sollte wie die vorangegangene Sitzung in Virginia ablaufen, doch noch mehr Mitgliedern des oberen Managements von Airco die Teilnahme erlauben.«[64] Und obwohl Giordano es nicht erwähnte, war es kaum ein Zufall, dass die Sitzung nur kurz nach der erwarteten Entscheidung der FTC, ob sie das Verfahren gegen BOC noch vor den Supreme Court tragen wollte, stattfinden sollte.

Als die Sitzung dann stattfand, stand die Entscheidung fest, weswegen man einen Tagesordnungspunkt »Airco Langfristplanung« eingeplant hatte. Dazu trafen sich die Airco-Vorstände mit ihren BOC-Kollegen für einen Nachmittag in einem Hotel an der L'Enfant Plaza.[65] Aus BOC-Sicht war es mittlerweile offenkundig, dass man für diese langfristige Planung den eigenen Anteil an der amerikanischen Firma erhöhen musste. Deshalb wurde den Amerikanern sogleich der Vorschlag unterbreitet, dass die BOC insgesamt 49 Prozent der Stammaktien erwerben sollte und der Airco-Vorstand stimmte zu. Der BOC-Vorstand seinerseits ermächtigte den Vorstandsvorsitzenden am 8. November 1977, die Verhandlungen über die Aufstockung auch bis zu einem Anteil von 100 Prozent zu führen.[66]

Obgleich miteinander verbunden, sind hier zwei Beschlüsse zu unterscheiden. Der ursprüngliche Beschluss, den Anteil an Airco zu erhöhen, hatte seine Ursache offenbar darin, dass die BOC-Spitze einerseits mit ihrer Investition zufrieden war, andererseits aber auch über die nach dem erfolgreichen Abschluss des Verfahrens gegen die FTC einsetzenden Spekulationen mit der Airco-Aktie beunruhigt war.[67] Das Aufstocken des Minderheitsanteils auf etwa 49 Prozent sollte die Investition absichern, da man so den Anteilsbesitz jedes anderen Investors leicht überbieten konnte. Der zweite, fast unmittelbar darauf gefällte Beschluss (nämlich einen Aufkauf von bis zu 100 Prozent zu überlegen) hatte, wie wir gesehen haben, schon lange das Denken des BOC-Managements bestimmt, doch stellte die Maßnahme einen deutlich größeren Strategiewechsel der BOC gegenüber Airco und der Öffentlichkeit dar.

1977 stimmte der Airco-Vorstand erst einmal der geringeren Anteilserhöhung zu. Die beiden Unternehmen kamen überein, dass die Briten ein Angebot über den Kauf von 1,8 Millionen zusätzlicher Aktien zum Stückpreis von $43 abgeben sollte. In einem Aktionärsbrief vom 27. Dezember informierten Dillon und Giordano als Präsident bzw. Vorstandsvorsitzender darüber, dass die Zustimmung des Vorstands zu diesem Angebot »keine Empfehlung für die Aktionäre darstellt, ihre Aktien abzugeben oder zu behalten«. Die beiden wiesen auch darauf hin, eine formelle Übereinkunft der Unternehmen beinhalte, »dass die BOC ihren Anteil an Airco-Aktien während der kommenden fünf Jahre auf 49 Prozent beschränken wird, es sei denn, es gibt einen ›zwingenden Grund‹ für einen höheren Zukauf«. In diesem Fall hatte die BOC das vertraglich vereinbarte Recht – vorbehaltlich der Zustimmung des Airco-Vorstands – insgesamt maximal 55 Prozent der Anteile zu übernehmen, »falls BOC kein Angebot abgeben möchte, alle von der Öffentlichkeit gehaltenen Aktien von Airco zu kaufen.«[68] Ab diesem Zeitpunkt war also klar, dass zumindest auf Seiten von Airco die Erwartung bestand, dass sich der BOC-Anteil am Unternehmen auf knapp weniger als die Hälfte beschränken würde.

Am 3. Januar 1978 erging das Angebot an die Airco-Aktionäre.[71] Als knapp drei Wochen später, nämlich am 23. Januar, die Annahmefrist endete, war das Angebot massiv überzeichnet worden: Statt der erhofften 1,8 Millionen boten die Eigner BOC mehr als sechs Millionen Aktien zum Kauf. In einer Pressemitteilung am Tag nach Angebotsende ließ die BOC verlautbaren, dass »sich das Unternehmen angesichts der Reaktion entschlossen hat, vorbehaltlich der Zustimmung des Airco-Vorstands ein weiteres Angebot über die ausstehenden Aktien gegen Zahlung einer Geldleistung von $43 je Aktie abzugeben.« Die Mitteilung fuhr fort mit dem Hinweis, welchen Gewinn dies für die Aktionäre bedeutete, nachdem die Airco-Aktie am 23. Januar 1978 mit einem Kurs von $32,625 geschlossen hatte. Ferner wurde bekannt gegeben, dass die Finanzierung des Kaufs durch einen Kreditrahmen von bis zu 400 Millionen US-Dollar gesichert sei, den die BOC von einem Bankenkonsortium erhalten habe.[72]

Der Euphorie bei der BOC über die Reaktion auf die erste Offerte stand auf der anderen Seite aber der Ärger des Airco-Vorstands über das folgende Übernahmeangebot der Briten gegenüber. Die Antwort auf die BOC-Pressemitteilung vom 24. Januar erfolgte noch am selben Tag und war unmissverständlich:

> Airco, Inc., gab mit dem heutigen Datum bekannt, dass es den Erwerb von Airco-Aktien durch BOC zum Preis von $43 je Aktie ablehnt, da aus seiner Sicht dieser Preis für ein vollständiges Übernahmeangebot

ganz und gar unzureichend ist und auch der Erlaubnis von Airco zuwiderläuft, dass BOC ein Angebot für 1,8 Millionen Aktien abgibt.[73]

Obwohl man bei Airco eine außerordentliche Vorstandssitzung einberief, um das Vorgehen von BOC zu besprechen, gab es zu keiner Zeit ernsthafte Zweifel am Ergebnis der Diskussion. Trotz der Gegenbehauptung der BOC, dass man gemäß den Vereinbarungen mit Airco handelte und »besorgt war, dass die massive Zustimmungsrate durchaus einen gegenteiligen Effekt auf den Marktwert der Airco-Aktie haben könnte«,[74] lehnte der Airco-Vorstand die vollständige Übernahme nicht nur rundheraus ab, sondern drohte sogar mit rechtlichen Schritten. Zudem ließ er öffentlich verlautbaren, dass »die Überlegung besteht, die Übertragung der 1.800.000 Aktien an die BOC zu verweigern«, um die es im ursprünglichen Angebot vom 3. Januar ging und mit denen der Anteil auf 49 Prozent aufgestockt werden sollte. Zuletzt sprach der Vorstand die Warnung aus, er werde, »alle möglichen Schritte in Betracht ziehen, einschließlich des Bemühens um ein Angebot von dritter Seite, das über den $ 43 je Aktie für die ausstehenden Airco-Aktien liegt«. Er fügte außerdem noch an, von unabhängiger Seite sei bestätigt worden, »dass ein angemessener Preis je Aktie erheblich über dem BOC-Angebot« liege.[75]

Damit war es mit dem Frieden zwischen den beiden Unternehmensleitungen vorbei. Das lange freundliche Werben, das langsam, aber sicher zur Heirat führen sollte, war plötzlich in einen Rosenkrieg umgeschlagen. Die erste Reaktion auf Seiten von BOC war, das Übernahmeangebot aufgrund der »offenkundigen Ablehnung durch Airco« ganz zurückzunehmen, obwohl sich der Vorstandsvorsitzende Leslie Smith »von der von Airco an den Tag gelegten Feindseligkeit enttäuscht und in Anbetracht der Tatsache, dass das jüngste Angebot von BOC vom Airco-Vorstand auf den Rat seiner Investmentbanken hin genehmigt worden war, von diesem Sinneswandel überrascht« zeigte.[76] Nichtsdestoweniger wurde am 2. Februar die Klage eingereicht, von der sich Airco erhoffte, sie würde zu dem Ergebnis führen, »dass das jüngst abgegebene Angebot von BOC über 1,8 Millionen Stammaktien von Airco zu $ 43 je Anteil ungültig war«.[77] Die Sitzung des BOC-Vorstands später im Monat befasste sich mit den Rücktritten von Giordano und Dillon aus dem Gremium, die »mit Bedauern« angenommen wurden.[78]

Ehe wir uns dem Schlussakt dieses Dramas zuwenden, in dem in einem Einvernehmen erworbene Minderheitsbeteiligung zu einer feindlichen Übernahme werden sollte, lohnt sich ein kritischer Blick auf die Positionen beider Unternehmen. Es besteht kein Zweifel, dass die Argumentation von BOC, es habe sich bei seinem Angebot vorschriftsmäßig verhalten, hieb- und stichfest war und dass die BOC das in dem Brief an den Airco-Vorstand vom Dezember 1977 und in anderen Dokumenten (darunter der Brief des Airco-Vorstands an die Aktionäre im Dezember) angeführte Recht hatte, 100 Prozent des amerikanischen Unternehmens zu erwerben.[79] In dieser Hinsicht konnte die BOC-Führung zu Recht zuversichtlich sein, den von Airco angestrengten Prozess für sich zu entscheiden. Nicht ganz so sicher konnte man sich aber im Hinblick auf die Entscheidung sein, statt des Erwerbs eines Minderheitsanteils eine vollständige Übernahme zu forcieren. Nach allen Vereinbarungen der beiden Unternehmen war hierfür nämlich nicht nur die Zustimmung des Airco-Vorstands, sondern auch ein unabhängiges Gutachten erforderlich, um den angemessenen Preis für die ausstehenden Aktien zu bestimmen. Dies hatte Leslie Smith unmittelbar nach dem überzeichneten Angebot den Aktionären nicht angeboten: Der Preis war einseitig von BOC auf 43 US-Dollar je Aktie festgelegt worden.

Die Entscheidung der BOC lässt sich durchaus nachvollziehen, schien die große Akzeptanz des Angebots doch eine Verkaufsbereitschaft der Aktionäre anzuzeigen, die auch andere Unternehmen hätten nutzen und so die Interessen von BOC gefährden können. Doch da das vereinbarte Verfahren nicht eingehalten wurde, ist die Verärgerung, die diese Volte am Airco-Hauptsitz in New Jersey auslöste, ebenfalls verständlich. Was sich nicht so leicht erklären lässt, ist die Reaktion der amerikanischen Unternehmensführung. Wäre das Übernahmeangebot völlig überraschend gekommen, hätte man diese harsche Antwort verstehen können. Die Amerikaner hätten durchaus auf ein vollständiges Übernahmeangebot vorbereitet sein können, nicht zuletzt weil Giordano und Dillon dem Vorstand der BOC angehörten und – auch wenn sie an den Vorstandssitzungen im November nicht teilgenommen hatten – doch aus den Protokollen hätten ersehen können, dass man dabei auch über den Kauf von bis zu 100 Prozent der Airco-Aktien gesprochen hatte.[80]

Die heftige Reaktion des Airco-Vorstands und vor allem das gerichtliche Vorgehen gegen die Rechtmäßigkeit der Erhöhung der Beteiligung von 35 Prozent auf 49 Prozent sowie die Ankündigung, nach einem Weißen Ritter zu suchen, der 100 Prozent der Anteile erwerben würde, zwangen nun auch die BOC zum Handeln. Der erste Schachzug war die Berufung auf den Passus über den »zwingenden Grund« für die Erhöhung des Anteils von 49 Prozent auf 55 Prozent des Grundkapitals aus der Vereinbarung mit Airco vom Dezember 1977. Theoretisch war hierfür eine Übereinstimmung mit dem Airco-Vorstand nötig, doch das interpretierte die BOC nun anders. Gemäß einer »Absprache [mit Airco] in London am 28. und 29. März [1978] bleibt die BOC der Ansicht, dass das jüngste Verhalten von Airco ein zwingender Grund ist, die Airco-Beteiligung zu erhöhen. Folglich fühlt sich die BOC berechtigt, ihren Besitz an Airco-Aktien so weit aufzustocken, dass sich der Gesamtanteil auf 55 Prozent beläuft.«[81]

Damit war das Endspiel eröffnet, allerdings nicht ohne dass es eine weitere Finte gegeben hätte. Nur einen Tag nach der Ankündigung der BOC, dass man zusätzliche Anteile kaufen und Mehrheitsaktionär bei Airco werden wolle, fand Airco in der Martin Marietta Corporation einen Weißen Ritter, der sich erbot, sämtliche Airco-Aktien zu je 50 US-Dollar zu kaufen. Kurz darauf erließ der Chef der Wertpapieraufsicht des Staates New Jersey eine Unterlassungsaufforderung, die der BOC der Stimmrechte aller nach dem 4. Januar erworbenen Aktien enthob und weitere Zukäufe verbot. Der Airco-Vorstand nahm das Angebot von Martin Marietta mit einem 10:3-Votum an, wobei die drei Nein-Stimmen von den BOC-Vertretern abgegeben wurden. Daraufhin beschied die BOC als Mehrheitsaktionär Airco, dass die Unternehmenssatzung verletzt worden sei, weil im Fall eines Übernahmeangebots ein einstimmiges Votum notwendig und deswegen der Vorstandsbeschluss hinfällig sei.[82] Mit anderen Worten, es sah nach lukrativen Aufträgen für viele Rechtsanwälte aus.

Die BOC streckte dann doch noch einen Olivenzweig aus. Die Briten schrieben an den Airco-Vorstand und boten dasselbe wie Martin Marietta am 7. April. Offensichtlich bestrebt, die Scharte auszuwetzen, bat BOC, »dass der Preis [für die Aktien] von öffentlichen Vorständen festgelegt wird [...], nachdem eine Investmentbank zu Rate gezogen worden ist, die diese über den Preis aller Aktien des Airco-Grundkapitals informiert«. In dem Brief wurden auch verschiedene Zugeständnisse und Versicherungen gemacht, darunter Einzelheiten, wie mit dem Vorstand George Dillon in der Zeit nach der Übernahme umgegangen werden sollte. Zusätzlich erklärte sich die BOC bereit, weitere sieben US-Dollar je Aktie an all jene zu zahlen, die ihre Anteile nach dem 3. Januar veräußert hatten, sodass für alle Airco-Aktien ein Preis von 50 US-Dollar garantiert wäre; ausgenommen wären lediglich jene Anteile, die BOC ursprünglich 1974 erworben hatte. Und zuletzt bat BOC um die Einstellung des Prozesses. Der Airco-Vorstand akzeptierte umgehend, informierte die Aktionäre noch in derselben Woche schriftlich von diesem Angebot und empfahl die Annahme des »fairen« Preises.[83]

Noch vor Ablauf des Angebots am 5. Mai, nämlich am 2. Mai, gab die BOC dann bekannt, es hätten sich so viele Aktionäre bereit erklärt, ihre Aktien abzugeben, dass man ungefähr 93 Prozent des Grundkapitals erworben hatte und bis zum Ende der Annahmefrist war die Quote sogar auf knapp 95 Prozent gestiegen. Am Monatsende schrieb Leslie Smith mit Blick auf die historische Bedeutung an die BOC-Aktionäre, dass »die Eingliederung von Airco, Inc., in den Konzern der wahrscheinlich bedeutendste Schritt seit Gründung des Unternehmens ist« – kein geringer Anspruch für ein fast hundertjähriges Unternehmen. Er deutete auch die Schwierigkeiten bei den »extrem komplexen« Verhandlungen an, die zu diesem Ergebnis geführt hatten, und verwies auf die »Unterschiede des Umfelds, bei den Gepflogenheiten, im Alltag und in den Einstellungen [...] die alle eine Rolle spielten. Doch diese Schwierigkeiten liegen nun hinter uns und auf beiden Seiten herrscht das Gefühl vor, dass Ehre und Verantwortung Genüge getan wurde.«[84] Dies hatte insbesondere für Richard Giordano eine große Bedeutung, der für kurze Zeit weiter an der Spitze von Airco blieb und Ende Januar 1979 wieder in den Vorstand der BOC International eintrat. Anfang Oktober wurde er dann sogar als Nachfolger von Leslie Smith zum Managing Director und CEO der BOC International Group ernannt.[85]

Obwohl die Übernahme der Airco durch BOC für die Branche sicher das wichtigste Ereignis des Jahrzehnts war, blieben die anderen nichtamerikanischen Unternehmen nicht untätig, gerade wegen der Erfolge des britischen Industriegaskonzerns. Über ihre Tochter Liquid Air of North America warf Air Liquide begehrliche Blicke auf die Chemetron, einer der »großen Kleinen« in der US-Industriegaswirtschaft. Air Liquide war jedoch nicht der einzige Bewerber. Nach reiflicher Überlegung kam auch die Strategieabteilung von AGA im November 1973 zu dem Schluss. Erstens: »AGA sollte in den US-Gasmarkt eintreten.« Und zweitens: »Der beste Weg ist der Erwerb einer Mehrheit bei Chemetron.«[86] Doch über die AGA und Air Liquide hinaus war auch die Linde AG interessiert, obwohl man diese amerikanische Übernahme aufgrund der erwarteten Kosten zusammen mit Messer Griesheim bewerkstelligen wollte. Der Linde-Vorstand entschied dann jedoch, dieses Vorhaben nicht weiter zu verfolgen, da »schon heute erkennbar ist, dass für die Linde dieses Projekt eine Nummer zu groß ist, bzw. dass die erforderliche Kapitalrendite nicht erwirtschaftet werden kann.«[87]

Noch während Air Liquide und AGA Mitte der 1970er-Jahre um Chemetron warben, wurde schnell klar, dass sich nicht nur Gasunternehmen dafür interessierten. Um einer feindlichen Übernahme durch die Crane Corp. zu entgehen, schlüpfte die Chemetron Ende 1977 unter die Fittiche der Allegheny Ludlum Corp., die sich aus einem Ende des 19. Jahrhunderts gegründeten Stahlunternehmen zu einem diversifizierten Konzern entwickelt hatte. Doch Allegheny Ludlum beschloss bald darauf, das Gasgeschäft von Chemetron abzuspalten und wandte sich dazu an

Liquid Air of North America (LANA). Die 1978 begonnenen und 1980 abgeschlossenen Verhandlungen endeten damit, dass sich der Anteil von Air Liquide an LANA von 78 Prozent auf 54 Prozent verringerte und Allegheny Ludlum für die Abgabe des Chemetron-Gasgeschäfts einen 32-prozentigen Anteil an LANA erhielt. Daraufhin stieg die weiterhin mehrheitlich von Air Liquide gehaltene nordamerikanische Tochter vom achtgrößten zum viertgrößten Industriegashersteller in den USA auf, übertroffen nur noch von der UCC Linde Division, Air Products und BOC/Airco.[88]

Beim Kauf von Chemetron lief jedoch auch nicht alles glatt. Wie die BOC wurde auch die LANA von der FTC genau unter die Lupe genommen. LANA-CEO Mike Breber hielt »die Untersuchung und die von der FTC gefahrene harte Linie [...] sogar für eine Folge dessen, dass die Regierungsbehörde das Kartellverfahren gegen BOC verloren hatte.« Dennoch wurde schließlich eine Genehmigung erteilt. Allerdings erlaubte die FTC die Fusion nur unter der Bedingung, dass sich die LANA von einem Teil des Besitzes trennte, der dann an die Burdett Oxygen of Norristown veräußert wurde. Bedeutender war aber, dass es der Air Liquide-Tochter verboten wurde, in der Zukunft weitere Industriegasanbieter zu übernehmen.[89] Später setzten sich Air Liquide und LANA gegen diese Auflagen zur Wehr und konnten deshalb 1986 Big Three Industries erwerben, doch davon wird im neunten Kapitel die Rede sein.

Wie erwähnt, spielte die AGA, die neben Air Liquide als einziger Industriegaskonzern von Anfang an erfolgreich in Skandinavien, Deutschland und Südamerika international aufgestellt war, schon seit 1967 mit dem Gedanken, die amerikanische Liquid Carbonic Corp. von dem gerichtlich zum Verkauf gezwungenen General-Dynamics-Konzern zu erwerben. Die Schweden gaben auch ein Angebot ab, wurden von der Houston Natural Gas Corp. überboten, die die Liquid Carbonic 1969 zu 100 Prozent übernahm.[90] Danach identifizierte die AGA wie Air Liquide zuvor (1968/1969) das Familienunternehmen Burdett Oxygen of Cleveland, Ohio, als einen lohnenden Übernahmekandidaten. Dessen Profitabilität war nicht besonders hoch, doch lag dies vor allem an den in den späten 1960er-Jahren getätigten Investitionen. Diese dienten dazu, die Burdox »von einem auf den Mittelwesten beschränkten, regionalen Hersteller von Luftgasen und dazugehöriger Ausrüstung zu einem für die Industrie des Mittelwestens wichtigen unabhängigen Unternehmen« zu machen und versprachen, sich in absehbarer Zeit auch finanziell auszuzahlen.[91] Als auch diesem Plan fürs Erste kein Erfolg beschieden war, streckte die AGA ihre Fühler weiter aus und gab z. B. im Februar 1970 einen Analystenbericht über Airco in Auftrag.[92]

Zweifellos haben die 1973 beginnenden Vorbereitungen der BOC, einen Anteil an Airco zu erwerben, bei dem schwedischen Gasunternehmen die Anstrengungen verstärkt, ebenfalls ein Standbein in den USA zu etablieren. Tatsächlich brachte man bei AGA praktisch dieselben strategischen Argumente wie die BOC im Papier zum »Project Blindfold« vom Juli 1973 vor. Dies war vermutlich alles andere als ein Zufall, da in der AGA-Konzernplanungsabteilung spätestens im März 1974 eine Abschrift dieses Papiers kursierte, während der erste Vertrag zwischen BOC und Airco gerade ausgearbeitet wurde.[93] Jedenfalls hatten umfangreiche interne Recherchen im Herbst 1973 Airco als ideales Übernahmeziel ausgemacht, obwohl man einräumte, dass dies finanziell ein wohl nur schwer zu bewältigender Brocken wäre, woraufhin die Schweden stattdessen eine Chemetron-Übernahme ins Auge fassten.[94] Zu diesem Zweck beauftragte die AGA Arthur D. Little mit einer Chemetron-Evaluierung. Der Bericht, »An evaluation of Chemetron«, listete einige Schwächen des Gasgeschäfts des Übernahmekandidaten auf. Hiernach erlaubte es der kleine, überwiegend regionale Marktanteil nicht, sich an landesweiten Ausschreibungen zu beteiligen, ohne Gase von einem der Mitwettbewerber zu beziehen, was für die Rentabilität äußerst unbefriedigend war. Zudem besaß Chemetron keinen eigenen Anlagenbau, was für die AGA, die ebenfalls nur kleine Anlagen bauen konnte, ein besonderes Hindernis darstellte.[95] Möglicherweise waren diese Schwächen der Chemetron der Grund, warum die AGA diesen Plan nicht weiterverfolgte. Stattdessen analysierte man Liquid Carbonic und Big Three Industries und kam in beiden Fällen zu dem Schluss, dass die Synergiepotenziale zwar interessante Perspektiven eröffnen würden, jedoch noch viele Fragen bestünden und es gibt keine Hinweise für weitere Übernahmeaktivitäten.[96]

AGAs Versuche, in den US-Markt einzutreten, scheiterten also entweder am Problem, dass die Unternehmen nicht wirklich zueinanderpassten, oder dass es an Finanzmitteln und Informationen fehlte. In anderen Fällen wiederum schnappten sich andere Gashersteller oder branchenfremde US-Industrieunternehmen, denen keine Hindernisse durch Kartellverfahren im Wege standen, die Übernahmekandidaten weg. Zu guter Letzt wandte sich AGA deshalb wieder Burdox zu. Auch hier musste sich die AGA gegen mehrere Konkurrenten durchsetzen – u.a. Air Liquide, Linde, Messer und drei US-Unternehmen, darunter Ashland Oil. Mit einem Angebot über 25 US-Dollar je Aktie und einem erheblichen Hofieren der Besitzerfamilie setzte sich AGA schließlich durch, sodass auch die schwedische Firma im Frühjahr 1978 endlich einen Fuß auf dem amerikanischen Markt hatte.[97] Der Vorstand der Linde AG hatte nur etwa zwei Drittel dessen geboten, was AGA zu geben bereit war, und war fest davon überzeugt, dass sich die Schweden über den Tisch hatten ziehen lassen.[98]

Schließlich konnte sich noch ein weiteres nichtamerikanisches Gasunternehmen in der zweiten Hälfte der 1970er-Jahre auf dem US-Markt etablieren. Im Zuge seiner allgemeinen Internationalisierungsstrategie erwarb Messer Griesheim 1975 eines der »kleinen interessanten Unternehmen«, Burdett of Norristown. Dies war aber nun wirklich der von der FTC so genannte »Deckmantel«, der im Verfahren gegen BOC ins Feld geführt worden war. Mit anderen Worten, es war von einer völlig anderen Größenordnung als die Übernahmen von Air Liquide, BOC und selbst der AGA: Das kleine Unternehmen Burdett hatte 1972 nur ungefähr drei Millionen US-Dollar Umsatz gemacht, während er bei Burdox bei immerhin 22 Millionen Dollar gelegen hatte. Obwohl Burdett of Norristown unter den Top 8 des amerikanischen Gasmarkts also kurz nach Burdox kam, erzielte es doch nur 15 Prozent des Burdox-Umsatzes. Der Marktanteil der Messer-Tochter stieg später dann etwas an, nachdem Air Liquide aufgrund der Auflagen der FTC sich von Teilen der erworbenen Chemetron trennen musste.[99]

Damit waren Ende der 1970er-Jahre von den größeren Gaseanbietern nur noch die Linde AG und Nippon Sanso nicht auf dem US-Markt präsent. Wie erwähnt, war Linde bereits in den 1960er-Jahren in den USA in den Anlagenbau eingestiegen, hatte sich bald auch um ein Joint Venture im Gasgeschäft bemüht und 1967 über einen Zusammenschluss mit Air Products nachgedacht, der aber letztlich nicht zustande kam. Als alle nichtamerikanischen Gasunternehmen in kleinerem Stil die erfolgreichen Markteintritte von Air Liquide und BOC Mitte der 1970er-Jahre zu wiederholen versuchten, war es Linde dann doch gelungen, eine sehr kleine Firma in Wisconsin zu übernehmen. Diese sollte als erster Schritt auf dem Weg zu weiteren Akquisitionen dienen, doch auch dieser Plan scheiterte in letzter Minute.[100] Bald darauf war Linde dann einer der erfolglosen Bewerber im Kampf um Burdett Oxygen of Cleveland, das 1978 an die AGA ging.

Das Unternehmen hatte also eifrig versucht, im US-Markt Fuß zu fassen, was aus verschiedenen Gründen ausgerechnet im Gasgeschäft nicht, jedenfalls nicht in angemessener Weise, gelang. Ausschlaggebend war dabei nicht nur die Finanzierung, sondern auch die Haltung des Vorstandes gegenüber einer größeren Verschuldung. Lindes Versuche sich in den USA zu etablieren, zeigen auch, dass das deutsche Unternehmen deutlich vorsichtiger vorging als mancher seiner Wettbewerber. Zur Finanzierung von Übernahmen griff man weniger gern auf Kredite zurück, sondern stützte sich lieber auf eine konservativ geschätzte Kapitalrendite – im Gegensatz zu der sich erstaunlich schnell wandelnden Einstellung der Briten, wie sie sich an der Airco-Übernahme durch BOC ablesen lässt. Auf jeden Fall verstärkte Linde die Bemühungen in den 1980er-Jahren, als man sich mit Air Liquide und anderen ein Kopf-an-Kopf-Rennen um weitere »große Kleine« und »interessante kleine Unternehmen« lieferte. Dem widmen wir uns in späteren Kapiteln.

Auch das japanische Großunternehmen Nippon Sanso, das in den 1970er-Jahren nur auf seinem Heimatmarkt eine starke Marktposition besaß, sprang auf den Zug der Internationalisierung auf. Neben einem Büro in Singapur gründete Nippon Sanso 1980 die Japan Oxygen, Inc., als kleine US-Vertretung. Etwas später, nämlich 1982 und 1983, drang Nippon Sanso dann verstärkt in den US-Markt ein, zunächst in Form eines Joint Ventures mit AmeriGas und dann durch den Kauf von Matheson Gas Products, Inc., Ausgangspunkt für die Expansion in den kommenden Jahrzehnten.[101] Auch davon in späteren Kapiteln mehr.

Zusammenfassung

Nach 1945 waren die USA der weltweit wichtigste Markt für Industriegase – sowohl hinsichtlich der Größe als auch hinsichtlich der Innovations- und Wachstumsdynamik. Bis in die 1970er-Jahre war es aber auch ein isolierter Markt. Daher war der Markteintritt für nichtamerikanische Gasunternehmen verlockend, zumal US-Firmen, angeführt von Air Products, aggressiv in Märkte drängten, in denen die westeuropäischen Pioniere bislang Quasimonopole besessen hatten. Die Eintrittsbarrieren waren jedoch hoch, nicht zuletzt weil vor dem Hintergrund der starken Vernetzung in der Gasbranche eine nur auf den Aufbau von Produktionsstätten zielende Strategie denkbar ungeeignet gewesen wäre. Doch ein Markteintritt über Akquisitionen – die Strategie, für die sich letztlich alle nichtamerikanischen Firmen entschieden – erforderte nicht nur erhebliche Investitionen und damit neue Finanzierungsmethoden, sondern zog auch einen intensiven Wettbewerb nach sich. Sobald eine Firma in dieser von einem Oligopol geprägten Branche einen Schritt in eine Richtung tat, zogen die anderen bald nach. Auch die Wettbewerbsgesetze und ihre Interpretation und Umsetzung in den USA stellten eine Eintrittsbarriere dar: Denn obwohl sie die großen amerikanischen Gasfirmen am Aufkauf ihrer kleineren Konkurrenten gehindert hatten, beschränkten sie gleichzeitig den Wettbewerb um Übernahmekandidaten für die nichtamerikanischen Akteure.

Die beiden Unternehmen, die diese Barrieren am erfolgreichsten meisterten und eine beachtliche Präsenz auf dem US-Markt erreichten, waren die BOC und Air Liquide. Sie wiesen mancherlei Unterschiede, aber auch einige Gemeinsamkeiten auf. Erstens waren beide finanzkräftig und verfügten über reichlich Branchenerfahrung. Zweitens waren beide aufgrund des direkten Konkurrenzkampfs mit international tätigen amerikanischen Unternehmen auf anderen Märkten – im Fall der BOC auf deren britischem Heimatmarkt, bei Air Liquide auf verschiedenen Auslandsmärkten – in besonderem Maße motiviert, in den US-Markt einzutreten. Und drittens begannen beide Unternehmen ihr US-Abenteuer von ihren kanadischen Tochtergesellschaften aus und besaßen deshalb eine feste Ausgangsbasis als Vorposten zur Marktbeobachtung, technischen Unterstützung und Produktionsbasis für Lieferungen in die benachbarten Regionen der USA.

Die in den 1970er-Jahren einsetzende Internationalisierung des US-Markts, die sich in hohem Tempo bis in die 1980er-Jahre fortsetzte, war dabei ein wichtiger Schritt hin zur weiteren Internationalisierung, Konsolidierung und letztlichen Globalisierung der »unsichtbaren Industrie«. In den folgenden beiden Kapiteln setzen wir die Untersuchung dieses Internationalisierungsprozesses fort, indem wir zunächst die Entwicklungen in Japan und anschließend in einem Land des Ostblocks, Ostdeutschland, näher betrachten. Zwar internationalisierte sich in keinem dieser Länder der Inlandsmarkt, doch ging die Internationalisierung der Branche auch dort nicht spurlos vorbei.

8 Die Erweiterung der Bühne

Einleitung

Bislang haben wir uns im Wesentlichen auf die Entwicklung des Industriegasgeschäfts in Europa – vor allem Nordwest-Europa – und Nordamerika – vor allem die USA – konzentriert. Dafür gibt es gute Gründe. So waren die Märkte für Industriegase in Asien, Afrika und Südamerika bis zum Ende des Zweiten Weltkriegs sehr klein und wurden weitgehend von Air Liquide, BOC oder AGA beherrscht. Im Fall der französischen und britischen Marktführer lag das am jeweiligen kolonialen Erbe, im Fall der schwedischen Firma an der frühen Internationalisierung, insbesondere in Südamerika. Dort war allerdings auch die UCC Linde Division präsent und beherrschte bis in die 1980er-Jahre durch eine Tochtergesellschaft im Mehrheitsbesitz den Markt, vor allem in Brasilien.[1] Allerdings gab es damals außerhalb Westeuropas und Nordamerikas nur in Japan einen nennenswerten Gasmarkt, weshalb wir schon in den vorhergehenden Kapiteln immer wieder kurz auf das Land zu sprechen kamen und uns ihm jetzt eingehender widmen werden.

Westeuropa, Nordamerika und Japan blieben bis in die frühen 1990er-Jahre das Zentrum des Industriegasgeschäfts und machten zusammen mehr als 80 Prozent der Produktion und des Verbrauchs weltweit aus. Auf das übrige Asien und ganz Südamerika entfielen jeweils sieben Prozent, während der Rest der Welt – der Nahe Osten, Afrika und Ozeanien – gerade einmal vier Prozent innehatten.[2] In diesen großen Regionen – mit Ausnahme des Nahen Ostens – konzentrierten sich darüber hinaus Märkte, so in Brasilien, in denen die meisten großen Gasunternehmen spätestens seit den 1970er-Jahren präsent waren; in Südkorea und Taiwan, die in den 1970er-Jahren in einer Reihe von Absatzbereichen eine bemerkenswerte Größe erreicht hatten; in Südafrika, das 40 Prozent des gesamten Gasgeschäfts auf dem afrikanischen Kontinent ausmachte und schließlich in Australien.[3]

Das enorme Wachstum im Industriegasgeschäft, zu dem es in vielen dieser Regionen und Länder kommen sollte, hatte außer in Südkorea und

Taiwan in den 1980er-Jahren noch nicht eingesetzt, weshalb wir uns ihnen erst in späteren Kapiteln im Zusammenhang mit der weiteren Internationalisierung der Branche zuwenden werden. Dennoch kam es insbesondere nach dem Zweiten Weltkrieg zu wichtigen Entwicklungen außerhalb der traditionellen Gebiete, auf die wir uns bislang konzentriert haben, und das wollen wir beispielhaft an zwei Ländern beschreiben. Zum einen ist das die Deutsche Demokratische Republik, anhand derer wir einen Eindruck über die Entwicklungen in der Gasbranche im Ostblock bis Ende der 1980er-Jahre vermitteln wollen. Das zweite Fallbeispiel ist Japan, das sich seit 1945 darum bemühte, zu den westlichen Industrieländern aufzuschließen und sie dann in den 1980er-Jahren sogar in einigen Bereichen überholte. In Japan finden wir darüber hinaus Beispiele für Branchenneulinge oder Firmen, die sich neu positionierten, um die auf technischem und wirtschaftlichem Gebiet hoch entwickelten westeuropäischen Pioniere und deren amerikanische Nachfolger herauszufordern.

Die DDR und Japan bilden dabei eine etwas seltsame Paarung, stellen sie doch unterschiedliche und alternative Entwicklungsphasen der Branche dar. Trotz aller Unterschiede haben sie auch einiges gemeinsam. Beide waren Industrieländer, die zu Beginn der Nachkriegszeit allerdings Westdeutschland, Frankreich, Großbritannien und den USA etwas hinterher hinkten. Um diesen Rückstand aufzuholen, entwickelten beide Länder Strategien, die eher an Planung und Kooperation als an Wettbewerb orientiert waren. Beide verfügten zudem über Produktions- und Liefersysteme, die die heimischen Produzenten kontrollierten, wodurch sie die Weltmarktführer weitgehend außer Landes halten konnten. Aber wie sich zeigen sollte, nahmen die beiden Länder einen völlig verschiedenen Weg. Die Versuche der DDR, neue technische Fähigkeiten in der Industriegasbranche zu entwickeln und zu etablieren, erwiesen sich als vergeblich (vor 1945 war der Anlagenbau fast ausschließlich auf dem Gebiet der späteren Bundesrepublik verortet), was vor allem an planwirtschaftlichen Defiziten lag und auch andere Bereiche in der industriellen Entwicklung hemmte. Japan dagegen entwickelte entsprechende Kapazitäten, wenn auch die Unterschiede zu den anderen Schlüsselländern z.T. bestehen blieben. Gegen Ende dieses Zeitraums waren führende japanische Unternehmen auf den internationalen Gasmärkten noch immer weniger stark vertreten als die westeuropäischen und US-amerikanischen Weltmarktführer. Erst in den 1980er-Jahren wandten sie sich außerdem vergleichsweise spät neuen Anwendungsbereichen zu. Allerdings drängten einige japanische Firmen im Anlagenbau auf die internationalen Märkte und lieferten ihre Luftzerleger in die ganze Welt.

Angeführt von Nippon Sanso entwickelten sie darüber hinaus weltweit führende Fähigkeiten in einem der zentralen Anwendungsbereiche der internationalen Gasindustrie der Nachkriegszeit: der Elektronik. Das wiederum war eben der Bereich, in dem die DDR so schwer zu kämpfen hatte. Fangen wir mit der Geschichte der Gase in der DDR an.

Dem »Weltstandard« hinterher: Industriegase in der DDR

Als im Frühjahr 1945 amerikanische und sowjetische Truppen das Gebiet der späteren DDR besetzten, waren zahlreiche Industriegasanlagen Mitteldeutschlands durch den alliierten Bombenkrieg kaum beschädigt. Selbst große Produktionsstätten wie die Sauerstofffabrik des I.G. Farbenwerkes in Leuna waren weitgehend verschont geblieben.[4]

Die sowjetischen Demontagen trafen die Branche viel stärker. In Leuna etwa wurde die Kryptongewinnungsanlage 1946 vollständig demontiert und in die UdSSR gebracht.[5] Andernorts demontierte man ganze Werke, beispielsweise in Görlitz, Dresden und Chemnitz, sodass die monatliche Gesamtkapazität dieser Werke von 6.800.000 Kubikmeter Sauerstoff im Jahr 1944 auf rund 900.000 im Jahr 1946 sank.[6]

Trotz der sowjetischen Demontagen war die Lage für den erneuten Start der Industriegasproduktion in der DDR aber keineswegs desaströs.

Abb. 37 VEB Leuna Werke »Walter Ulbricht«, 1958

Zum einen konnten zahlreiche der unversehrten Sauerstoff- und Acetylenanlagen schnell wieder in Betrieb genommen werden, da auch die sowjetischen Besatzer rasch große Mengen an Schweißgasen benötigten, um den Wiederaufbau wichtiger Gebäude, Brücken und anderer Infrastruktur aufzunehmen.[7] Zum anderen war ein großer Teil der Anlagen erst in den 1930er-Jahren errichtet worden und deshalb technologisch und kapazitätsmäßig auf einem neuen Stand. Die Leunaer Sauerstofffabrik etwa hatte noch 1943 einen modernen Luftzerleger von Linde erhalten und auch andere Chemiefabriken Mitteldeutschlands, beispielsweise in Böhlen sowie die ehemalige BRABAG-Niederlassung in Magdeburg, waren mit der neuesten Technik ausgestattet, zu der auch eine große Zahl von Linde-Fränkl-Tonnage-Anlagen aus den 1930er-Jahren gehörte.[8] Zudem waren die industriellen Gebiete im Süden und in der Mitte der künftigen DDR mit Industriegaswerken gut versorgt. Einzig in Mecklenburg fehlten Kapazitäten, was auch daran lag, dass man dort erst nach 1948 größere Schiffsbaukapazitäten aufbaute.[9]

Die relativ gute Versorgung mit Industriegasen in dem Gebiet der künftigen DDR im Jahr 1949 korrelierte jedoch nicht unmittelbar mit der Fähigkeit zum Gasanlagenbau. So befanden sich die Hersteller von Luftzerlegern, Acetylenanlagen und anderem Equipment seit Entstehen dieses Industriezweigs im Westteil Deutschlands oder in anderen westeuropäischen Ländern, beispielsweise in Schweden, Frankreich und Großbritannien. Darüber hinaus verließen viele Ingenieure und Fachkräfte bis zum Mauerbau 1961 Ostdeutschland, ein Aderlass, unter dem auch die Industriegasbranche der DDR noch lange litt.

Ab Ende der 1940er-Jahre begann man deshalb mit der Entwicklung des Anlagenbaus, die sich auf die Maschinenbaukapazitäten im Land stützte. Die Fertigung von Luftzerlegern und anderen Anlagen der Industriegasindustrie, die auf Komponenten aus Westdeutschland, insbesondere von Messer,[10] zurückgriff, war vor allem in Sachsen und Thüringen beheimatet. So begann man in der ehemaligen Maschinenfabrik und Eisengießerei Wurzen und in den Maschinenwerken Rudisleben bei Erfurt, wo man zuvor unter anderem Verdichter oder Vakuumapparate produziert hatte, mit dem Bau kleinerer Luftzerleger, Kohlendioxidanlagen oder Acetylenentwicklern.[11] Zu dieser Zeit etwa bemühte man sich auch mit einigem Erfolg, Kapazitäten zur Produktion von Anlagenkomponenten zu entwickeln. So errichtete man gegen Ende der 1950er-Jahre größere Luftzerleger mit einer Kapazität bis 3.500 Kubikmeter pro Stunde Sauerstoff komplett aus DDR-Produktion. Anfang der 1960er-Jahre war der Maschinen- und Anlagenbau der DDR so weit, dass er Luftzerlegungsanlagen mit einer Kapazität von 5.000 bis 6.000 Kubikmeter pro

Stunde Sauerstoff liefern konnte. Schon 1953 baute man auch Anlagen für die Erzeugung flüssigen Sauerstoffs.[12]

Auch die bombardierten Industriegaswerke wurden rasch wiederaufgebaut. Schon Ende der 1940er-Jahre waren in den meisten Betrieben die größten Kriegsschäden beseitigt und die frühere Produktionskapazität wieder erreicht. So steigerte man beispielsweise die Produktion von Reinstickstoff von 8.000 Tonnen in den Jahren 1945/1946 auf 22.000 Tonnen in den Jahren 1947/1948.[13] Anfang der 1950er-Jahre setzte ein erster Ausbau der bestehenden Werke ein, die mittlerweile alle verstaatlicht waren.[14] 1950 produzierte man insgesamt etwa 22 Millionen Kubikmeter Sauerstoff – das entsprach ungefähr 83 Prozent des Sauerstoffbedarfs in der DDR. Geplant war für die nähere Zukunft, durch einen weiteren Kapazitätsausbau 95 Prozent des zukünftigen Verbrauchs durch Eigenerzeugung zu decken.[15]

Gleichzeitig begann man im Werk Berlin-Niederschöneweide mit Forschungen zur Edelgasproduktion. Schnell konnte man Gewinnungsverfahren für die bis dahin importierten Edelgase Argon, Krypton, Xenon, Neon und Helium entwickeln.[16] Darüber hinaus brachte man in Wurzen neue Methoden zur Gewinnung von Gärungskohlensäure in Melassefabriken und Brauereien zur Produktionsreife. In der Folge baute man die Kohlendioxidproduktion weiter aus, um die Lebensmittelindustrie – insbesondere die Getränkeindustrie – und die Gießereien für die dort angewandten neuen Härteverfahren ausreichend zu versorgen.[17]

Der Ausbau der ersten Werke zu Beginn der 1950er-Jahre ging mit einer Neuorganisation der Industriegasproduktion und -distribution einher, was auch dadurch möglich wurde, dass mehrere bestehende Werke, die seit dem Ende des Zweiten Weltkriegs als Sowjetische Aktiengesellschaften (SAG) betrieben worden waren, bis zum 1. Januar 1954 an die DDR zurückerstattet wurden. So ging nun beispielsweise die Produktion von Sauerstoff, Stickstoff und Argon im neuen VEB (Volkseigener Betrieb) Leuna-Werke »Walter Ulbricht« in die Verfügungsgewalt der DDR-Planer über,[18] auch wenn die Gasproduktionsanlagen unter der Kontrolle der großen Fabrik blieben, was auch bei anderen Chemiewerken der Fall war. Die übrigen Industriegaswerke waren überwiegend als eigenständige VEBs organisiert, die wiederum am 1. April 1954 der Vereinigung Volkseigener Betriebe Technische Gase Coswig (Tega Coswig)[19] zugeordnet wurden, um die Leitung und Verwaltung zu zentralisieren. Die Tega Coswig erhielt jedes Jahr Pläne von den Zentralverwaltungsbehörden und den Industrieministerien, die sie an die ihnen untergeordneten VEBs weitergab. Dazu war sie beauftragt, die Planerfüllung zu überwachen.[20] Anfangs kontrollierte diese VVB insgesamt 13 Sauerstoff-, Kohlensäure- und Acetylenwerke. 1957 wurden der VVB Tega Coswig weitere fünf Anlagen übertragen, sodass sie auf insgesamt 18 Anlagen anwuchs (siehe Abb. 38).[21]

In diesem Zeitraum wurden die Produktionskapazitäten weiter ausgebaut. Laut des zweiten Fünfjahresplans von 1955 bis 1960 sollte die Sauerstoffproduktion um 30 Prozent, die Acetylenerzeugung um 25 Prozent und die Herstellung von Argon sogar um mehr als das Fünffache gesteigert werden. Dafür wurden jedoch nur wenige Werke wie etwa die Sauerstoffwerke in Brandenburg und Magdeburg neu errichtet bzw. einige Tätigkeiten weiter zentralisiert, beispielsweise die Flaschenreparatur im Werk Osternienburg.[22] Die Aufnahme der Gärungskohlensäure-Produktion, insbesondere in den Melassefabriken Magdeburg (VEB Spiritus), Schönebeck (VEB Melasseverwertung) und Dessau (VEB Gärungschemie), erlaubte darüber hinaus nicht nur die Stilllegung veralteter Betriebe auf Koksbasis, sondern auch eine deutliche Steigerung der Produktion bei günstigeren Erzeugungskosten.[23] Ab 1958 nahm man auch die Herstellung von Krypton und Neon in industriellem Maßstab auf und forschte außerdem an der Erzeugung weiterer Edelgase.[24]

Die Produktion erfolgte durch die Tega Coswig und große Chemiefabriken, die Distribution von Sauerstoff und Acetylen lag dagegen weit-

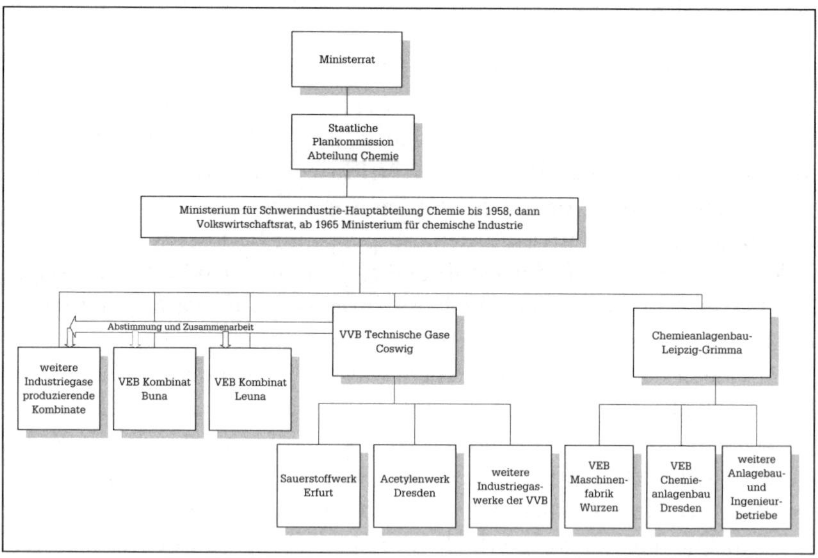

Abb. 38 Die Organisation der DDR-Industriegasindustrie in den 1950er- und 1960er-Jahren

gehend in der Hand der Deutschen Handelszentrale Chemie (DHZ). Die DHZ versorgte vor allem kleine und mittelgroße Anlagen mit Industriegasen, insbesondere mit Schweißgasen, wobei der Schweißgasbedarf von Großverbrauchern direkt durch Onsite-Anlagen oder nahegelegene Luftzerleger gedeckt wurde.[25] Das galt in erster Linie für Stickstoff, der vor allem in den Betrieben der großen Chemiewerke für deren eigenen Bedarf produziert wurde. Besonders in den ersten Jahren ihres Bestehens gab es in der DDR so gut wie keinen direkten Handel zwischen den Chemiewerken mit ihren großen Produktionskapazitäten aus Onsite-Anlagen und weiteren Stickstoffverbrauchern.[26] Das unterschied sie von anderen Industrieländern, wo zu dieser Zeit das Geschäft mit Stickstoff immer mehr an Bedeutung gewann, angefangen in den USA und von dort ausgehend auch in Großbritannien und auf dem europäischen Kontinent.

In einigen Bereichen blieb die DDR – zumindest zu Beginn – allerdings nicht zu weit hinter den Entwicklungen andernorts zurück. 1953 begann man beispielsweise mit ersten Versuchen, Sauerstoff in der Stahlerzeugung einzusetzen. In der Max-Hütte im thüringischen Unterwellenborn gab es Experimente, bei denen man mit Sauerstoff angereicherten Wind in einen umgebauten Thomaskonverter blies, wodurch man erhebliche Produktivitätsfortschritte erzielen konnte. Trotz der positiven Ergebnisse stellte man bis 1972 nur das Thomaswerk in Unterwellenborn vollständig auf die Sauerstoffanreicherung des Windes im Thomaskonverter nach dem sogenannten QEK-Verfahren um.[27] Mehr Erfolg bei der Anwendung von Industriegasen zeitigten die Bemühungen in der Schweißtechnik. So führte man – unter anderem organisiert durch das DDR-zentrale Institut für Schweißtechnik in Halle – ab Mitte der 1950 Jahre das CO_2- und Argon-Schweißen in der DDR ein.[28]

Diese oft positiven Entwicklungen gingen ab Mitte der 1950er-Jahre allerdings mit ersten Problemen einher. Zum einen gelang es nicht, alle Produktionsanlagen ausreichend zu erneuern, sodass die Werke wegen ihres hohen Alters und schleppender Reparaturarbeiten häufig stillstanden. Beispielsweise stammten zwei von drei Linde-Luftzerlegern des Sauerstoffwerks Magdeburg aus den Jahren 1920 bis 1925 und hätten bereits 1939 verschrottet werden sollen.[29] Noch gravierender war jedoch der ständige Mangel an Stahlflaschen, die in der DDR deutlich länger als im Westen die wichtigste Vertriebsart für Industriegase darstellten. Er war unter anderem durch den Verschleiß eines großen Teils der vorhandenen Stahlflaschen bedingt sowie auf die wachsende Gasproduktion und -nachfrage zurückzuführen. Darüber hinaus produzierte die DDR anfangs auch nicht ausreichend Stahlflaschen oder Armaturen. Dieser chronische Mangel an Stahlflaschen hemmte den Absatz der Industriegase.[30] So ließ sich trotz der Stahlflaschenimporte, die die Lage entspannen sollten, beispielsweise die Getränkeindustrie bereits ab Mitte der 1950er-Jahre wegen fehlender Flaschen nicht ausreichend mit Kohlendioxid versorgen. Anders gesagt, obwohl es dank der beträchtlichen Produktionszuwächse im Allgemeinen genug Gas gab,[31] konnte es nicht immer rechtzeitig an die potenziellen Verbraucher geliefert werden (vgl. Abb. 39).

Der schleppende Ausbau des Distributionsnetzes in der DDR, der das Wachstum der Industriegasproduktion hemmte, hatte aber nicht nur mit dem Fehlen an Stahlflaschen zu tun, es gab auch nicht genügend Tankfahrzeuge für Straße und Schiene. Hierauf wies die Leitung der VVB Technische Gase Coswig immer wieder hin, nicht zuletzt weil selbst der vorhandene Fuhrpark der VVB-Werke stark erneuerungsbedürftig war. So hieß es in einem Jahresbericht für 1957:

> »Es ist von uns bereits des Öfteren darauf hingewiesen worden, dass der jetzige Transportraum in ca. ein bis zwei Jahren dermaßen schlecht sein wird, dass die hierfür zuständigen Überwachungsorgane gezwungen sind, diese Schienen- und Straßenfahrzeuge aus dem Verkehr zu ziehen.«

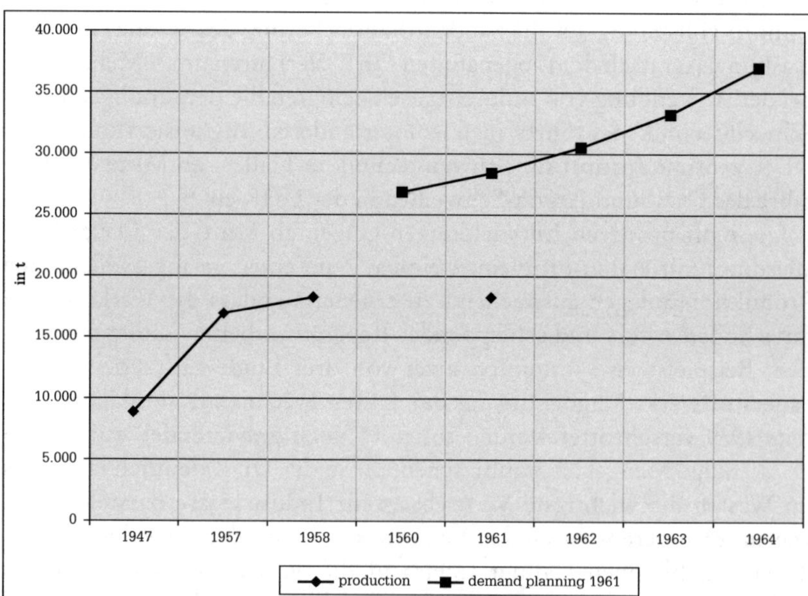

Abb. 39 Kohlendioxidproduktion und -bedarf der DDR 1947–1964

Auch fehlte es bereits 1956 an Großraumtransportfahrzeugen, vor allem für flüssigen Sauerstoff, die der Fahrzeugbau der DDR nicht ausreichend produzierte. So standen in der gesamten DDR für den Absatz von flüssigem Sauerstoff nur 15 Eisenbahnwaggons zur Verfügung und von diesen befanden sich ständig mindestens vier oder fünf Waggons zur technischen Überprüfung oder zur Reparatur außer Betrieb.[32]

Wegen dieser und anderer Probleme wuchs deshalb Ende der 1950er-Jahre die Kluft zwischen Produktion und Bedarf, sodass die Industriegaserzeugung Anfang der 1960er-Jahre nur etwa 70 Prozent des Gesamtbedarfs der DDR an Industriegasen befriedigte.[33] Obwohl die Gesamtproduktion zwar gesteigert wurde, reichte es nicht für die stark wachsende Nachfrage und die ehrgeizigen Wirtschaftspläne verlangten eigentlich einen weitaus stärkeren Ausbau.[34] Diese Kluft zwischen Plan und Realität kennzeichnete natürlich nicht nur die Gasindustrie der DDR. Die zentralisierte Planung setzte für alle Bereiche Ziele, die vor Ort in den Unternehmen nur schwer oder gar nicht zu erfüllen waren, was unter anderem mit Materialmangel, logistischen Problemen und der fehlenden Koordination zwischen den Unternehmen zusammenhing. So kam es, dass die Wirtschaft »von Plan zu Plan« stolperte.[35]

Wie dem auch sei: Ab Ende der 1950er-Jahre verstärkte die DDR im Rahmen des von Walter Ulbricht verkündeten Chemieprogramms und des zweiten Fünfjahrplans den Chemieanlagenbau, zu dem auch derjenige für Industriegase gehörte.[36] Hierfür wurde 1959 die VEB Komplette Chemieanlagen Halle (KCA) eingerichtet und 1963 erweitert, als andere Staatsunternehmen in diesem Bereich unter die Gesamtleitung der VVB Chemieanlagen Halle (CA) gebracht wurden.[37] Die VVB CA organisierte auch den Bau von Tieftemperatur-Luftzerlegern sowie Synthesegastrennungs- und Edelgasgewinnungsanlagen.[38] 1959 baute man zudem mehrere ingenieurtechnische Betriebe und Planungsbüros des Anlagenbaus (Institut für Chemie und Kälteausrüstungen, VEB Chemieanlagenbau Dresden (CAD), VEB Komplette Chemieanlagen Dresden (KCA)) aus, die man in Dresden konzentrierte.[39] Insgesamt begann man dort und in den entsprechenden Produktionsstätten – beispielsweise den Maschinenbaufabriken Wurzen und Erfurt-Rudisleben – mit der Weiterentwicklung von Luftzerlegern unterschiedlich großer Kapazitäten.[40] Allerdings blieben die Leistungen der größten Anlagen deutlich hinter denen der westeuropäischen Luftzerleger zurück, auch wenn man Ende der 1950er-Jahre erklärte, sie entsprächen »Weltstandard«, besonders im Bereich von Kohlendioxid.[41]

Solche Verlautbarungen änderten allerdings nichts daran, dass der Industriegasanlagenbau in der DDR technisch rückständig war, was man in den Unternehmen, die von den Luftzerlegern abhängig waren, nur zu gut wusste. Diese Rückständigkeit dürfte denn auch der Grund gewesen sein, weshalb die DDR-Anlagenbauer für die Errichtung mehrerer Luftzerleger der neuen Sauerstofffabrik in Leuna, wo noch Mitte der 1960er-Jahre die Linde-Luftzerleger aus der Vorkriegszeit liefen, nicht in Betracht gezogen wurden.[42] Stattdessen holte man ab Mitte 1966 Angebote von Messer, BOC, Air Liquide, Kobe Steel Japan, Air Products und Linde ein,[43] auch wenn sie letztlich nur zur genaueren Bestimmung der nötigen Spezifikation der Anlage dienten. Obgleich Leuna den Kauf einer westlichen Anlage favorisierte,[44] ging der Auftrag 1968 schließlich – auch aus politischen Gründen und zwecks Devisenersparnis – an den sowjetischen Anlagebaubetrieb Techmaschexport Moskau. Er sollte bis 1972 vier Luftzerleger mit einer Gesamtkapazität von 90.000 Kubikmeter pro Stunde errichten, um die alten Linde-Anlagen aus den 1930er-Jahren abzulösen.[45]

Auch die Transportkapazitäten der Industriegasbranche waren bis Ende der 1960er- und Anfang der 1970er-Jahre ausgebaut, doch blieben einige Probleme bestehen. Sowohl für den Schienen- als auch für den Straßentransport gab es nun Tankwagen, wobei die schweren LKW-Tankzüge aus dem Westen importiert wurden, da man sie nicht selbst herstellen konnte.[46] Die Planer hatten den Forderungen aus der Industrie nach neuen Transportmitteln schließlich nachgegeben, weil sie einsahen, dass Sauerstoff und Stickstoff zunehmend in flüssiger Form transportiert werden würden und dazu Bahnwaggons und Tankzüge nötig waren. Das Rückgrat der Industriegasdistribution in der DDR blieb jedoch die Stahlflasche, da der Ausbau des Flüssiggastransportes und der dazugehörigen Logistik (Kaltvergaser, Speichertanks etc.) nur langsam voranging; daran änderte auch nichts, dass seit Mitte der 1960er-Jahre zusätzlich Flaschenbatterien eingesetzt wurden.[47] Ansonsten wurden größere Industriegasverbraucher weiterhin mit kleinen Luftzerlegern ausgestattet und mehrere Umfüllwerke in der Fläche errichtet. Anders als im Westen wurden große Onsite-Anlagen für Großverbraucher jedoch kaum installiert,[48] auch weil der DDR-Industrieanlagenbau nicht in der Lage war, derartige große Luftzerleger herzustellen. Einzig in Unterwellenborn und in Brandenburg errichtete man an Standorten der DDR-Stahlindustrie größere Sauerstoffwerke, die auch die nähere Umgebung mit Luftgasen belieferten.[49] Die in den größeren Chemiewerken wie Leuna, Buna oder Böhlen betriebenen Luftzerleger versorgten ebenfalls externe Verbraucher mit Industriegasen.[50]

Im Anlagenbau und bei der Distribution kann man für die 1960er-Jahre zumindest von begrenzten Fortschritten sprechen, was für die Anwendungen nicht galt: Der Einsatz von Industriegasen blieb weitgehend auf die bisherigen Bereiche begrenzt – ganz anders in Westeuropa und den USA, wo man immer neue Anwendungen für Sauerstoff und Stickstoff oder Argon fand, beispielsweise in der Lebensmittelindustrie. In der Chemieproduktion der DDR nutzte man Sauerstoff und Stickstoff weiterhin etwa für die Synthesegas-, Ammoniak- oder Polyethylenproduktion, während in anderen Branchen die Schweißtechnik der wichtigste Anwendungsbereich blieb. Der Hauptgrund hierfür lag darin, dass im Maschinenbau und der Metallverarbeitung, in denen die DDR nach wie vor gut aufgestellt war, die Mechanisierung des Schweißens erheblich vorangetrieben wurde.[51] Dies geschah sowohl durch die Entwicklung eigener Schweißmaschinen als auch durch den Import ausländischer Anlagen, beispielsweise für den Autobau, für den man 1962 erstmals automatische Schweißanlagen aus Frankreich bezog.[52] Ein größerer Einsatz flüssigen Stickstoffs unterblieb in der DDR, obgleich man gegen Ende der 1960er-Jahre durchaus die zahlreichen diesbezüglichen Innovationen im Westen genau verfolgte, beispielsweise den massiven Ausbau der Kühltechnik mit CO_2 und Stickstoff in Großbritannien. Auch wenn dieser Ausbau als eine gute Lösungsmöglichkeit für die Lagerungsprobleme von Lebensmitteln in der DDR erkannt wurde, nutzte man weiterhin nur Trockeneis als Kühlmittel für den Transport leicht verderblicher Waren, wie es bereits seit der Mitte der 1950er-Jahre gebräuchlich war (vgl. Tabelle 8.1).[53]

Die Industriegasproduktion und -distribution in der DDR wies daher bereits am Ende der 1960er-Jahre einen deutlichen Rückstand gegenüber dem Westen auf, was insofern bemerkenswert ist, als seit dem Linde-Fränkl-Verfahren Anfang der 1930er-Jahre – sieht man einmal von dem

Tabelle 8.1 Die Verwendung von Kohlendioxid in der DDR um 1961

Kohlensäurebedarf (flüssig und fest in Tonnen)					
Getränkeindustrie	Gießereien	Sonstige	Kohlensäureschweißen	Feuerlöschwesen	Gesamt
15.200	4.700	1.520	1.000	480	23.020
67 %	20 %	7 %	4 %	2 %	
Kohlendioxid in Form von Trockeneis (in Tonnen)					
Trockeneis in Blöcken	Sonstige	Fisch	Fleisch	Margarine	Gesamt
1.200	1.200	920	610	120	4.050
30 %	30 %	23 %	15 %	2 %	

Quelle: Eigene Darstellung nach Zahlen aus BArch, Akte DL 100, Nr. 19/3

speziellen Bereich der Edelgaserzeugung ab – allgemein keine wesentlichen Fortschritte mehr erzielt worden waren. Die führenden Unternehmen in der Branche verzeichneten nur inkrementelle Fortschritte durch den Bau größerer Luftzerleger, die Verbesserung der Distributionstechniken und neue Anwendungsmöglichkeiten. In der DDR konnte man nicht einmal mit einer dieser Entwicklungen mithalten.[54]

Von großer Bedeutung war auch, dass die Industriegasproduktion in der DDR stark an die Großchemie gekoppelt war und diese Verflechtung in den 1970er-Jahren durch eine Neuorganisation der Branche weiter verstärkt wurde. 1968 wurde die VVB Tega Coswig aufgelöst und durch die VEB Technische Gase Leipzig (Tega Leipzig) ersetzt, in der nun alle Industriewerke außerhalb der großen Chemiekombinate vereinigt waren, was eine noch stärkere Zentralisierung der Entscheidungsbefugnisse und Rationalisierung der Produktionsabläufe bedeutete.[55] Nur zehn Jahre später wurden diese Strukturen abermals neu ausgerichtet und die VEB Tega Leipzig wurde dem Kombinat Leuna zugeordnet.

An den grundsätzlichen Strukturen der Branche änderte sich dadurch nur wenig. Nach wie vor erfolgte die Produktionssteigerung weitgehend in den bestehenden Werken, und der Bau neuer Produktionsstätten unterblieb von wenigen Ausnahmen abgesehen. Zudem setzte man weiterhin auf den eigenen Anlagenbau sowie sowjetische Technik, was größere Probleme mit sich brachte. So wurden die vier Luftzerleger aus der UdSSR in Leuna statt 1972 erst mit erheblicher Verspätung zwischen Ende 1973 und 1977 in Betrieb genommen.[56] Das allerdings lag weniger an dem Anlagenbauer Techmaschexport Moskau als an den Verzögerungen beim Bau der Leunaer Chemiewerke, in denen die Luftzerleger eingesetzt werden sollten.[57] Während die Bauarbeiten vor sich hin dümpelten, kam es bei den veralteten Linde-Anlagen zu vielen Ausfallzeiten und daher zu unzureichenden Produktionsmengen. Das stellte Leuna vor ein großes Problem, da es auch Buna und andere Betriebe im Chemiedreieck Leuna-Buna-Bitterfeld per Pipeline mit Kohlendioxid und Stickstoff belieferte.[58] Zudem sollte das Sauerstoffwerk in Leuna große Teile der Region mit Sauerstoff und Stickstoff versorgen, wozu es nicht in der Lage war, auch wenn es der größte Produzent von Argon und flüssigem Stickstoff der DDR war (vgl. Abb. 40).[59]

Auffällig blieb auch die nach 1970 geringe Bedeutung des Sauerstoffeinsatzes in der Stahlindustrie, da man in der DDR trotz mehrfacher Planungen für ein Linz-Donawitz-(LD)-Stahlwerk an der QEK-Technik festhielt.[60] Erst Ende der 1970er-Jahre konkretisierten sich Pläne für den Bau eines LD-Stahlwerks in Eisenhüttenstadt, der 1984 von der österreichischen Voest abgeschlossen wurde.[61] Der dafür nötige Sauer-

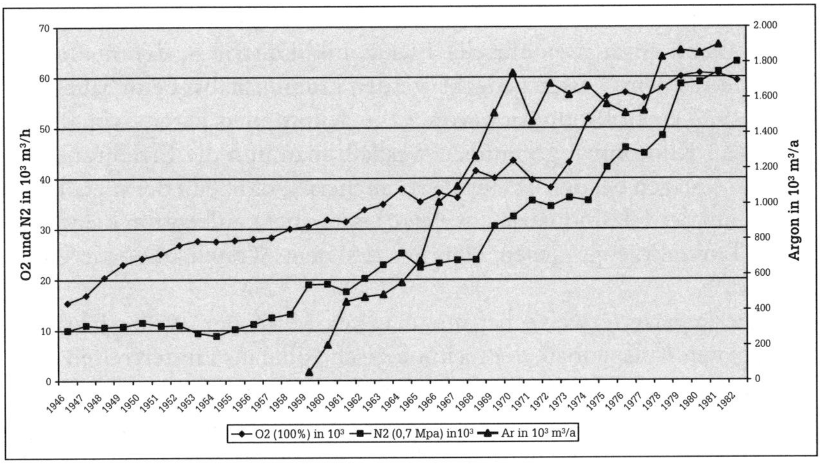

Abb. 40 Die Sauerstoff-, Stickstoff- und Argon-Produktion in Leuna, 1946–1982

stoff wurde von zwei Luftzerlegern mit einer Kapazität von 25.000 Nm^3 (Normkubikmeter) Sauerstoff geliefert, die die mit der Voest zusammenarbeitende Air Liquide errichtete. Das Werk in Eisenhüttenstadt belieferte auch die Umgebung mit Luftgasen, genau wie die Luftzerleger der Stahlwerke in Brandenburg und Unterwellenborn, wo man 1974 sogar eine zwölf Kilometer lange Pipeline für die Belieferung des Chemiefaserkombinats Schwarza baute.[62]

Der große, ständig wachsende technische Rückstand in der Industriegasproduktion und -anwendung in der DDR veranlasste die Verantwortlichen bereits seit Mitte der 1970er-Jahre dazu, sich hinsichtlich der Entwicklungsmöglichkeiten am Westen zu orientieren und auch verstärkt Kooperationen mit den dortigen Branchenführern einzugehen. So versuchte man ab 1974 mit Hilfe westlicher Technik aus russischem Erdgas aus Orenburg am Ural Helium zu gewinnen und dieses nach Westdeutschland zu exportieren, was aber wegen der zu hohen Gestehungskosten und dem geringen Heliumanteil bzw. den niedrigen Weltmarktpreisen schwierig war.[63] Dazu verhandelte man ab Ende der 1970er-Jahre immer wieder über eine Zusammenarbeit mit Linde, unter anderem im Bereich der Edelgase, die man insbesondere für die Produktion von Mikroelektronikbauteilen benötigte und die in erheblichem Umfang mit knappen Devisen gekauft werden mussten.[64] Den Kauf der für die Edelgasproduktion benötigten westlichen Technik wollte man durch die Rücklieferung der in dieser Anlage produzierten Edelgase an Linde finanzieren, was aber scheiterte. So kam es ab Ende der 1970er-Jahre zu einem sich verschärfenden Mangel an Industriegasen – vor allem von Schutz- und Inertgasen für die Elektronikindustrie –, der nur durch Importe aus dem Westen gedeckt werden konnte. Selbst beim Sauerstoff stand 1977 einer Produktion von 131,6 Kilotonnen bereits ein Bedarf von 142,3 Kilotonnen gegenüber, weshalb man nun die Errichtung von Onsite-Anlagen bei den »Hauptverbrauchern«, das heißt der metallurgischen und der Glasindustrie, ins Auge fasste, nicht zuletzt um keine weiteren Tankfahrzeuge gegen Devisen aus dem Westen importieren zu müssen.[65]

Bemerkenswerterweise begann man ab Mitte der 1970er-Jahre für den eigenen Anlagenbau, der technologisch völlig ins Hintertreffen geraten war,[66] mit Sondierungen über eine Zusammenarbeit mit westlichen Firmen für den Export von Luftzerlegern und deren Komponenten. Das war kein besonders realistischer Plan: Zwar hatte der DDR-Anlagenbau bereits seit 1952 eine größere Zahl von kleinen Luftzerlegern ins Ausland verkauft, doch erfolgte der Export mit Ausnahme einiger weniger Entwicklungsländer vorwiegend in den Ostblock, da die DDR-Anlagen auf den westlichen Märkten nicht wettbewerbsfähig waren (vgl. Tabelle 8.2).[67]

Tabelle 8.2 Der Export von Luftzerlegern des VEBs Komplette Chemieanlagen Dresden 1952–1983

Land	Anzahl	Jahre
Bulgarien	2	1983
China	13	1957–1960
CSSR	1	1955
Jugoslawien	5	1966–1977
Kuba	1	1976
Polen	24	1965–1978
Rumänien	8	1953–1979
UdSSR	10	1955–1960
Ungarn	11	1952–1976
Summe Export	75	1952–1983
DDR-Anlagen	51	1956–1982
Endsumme	126	

Quelle: SSA, Akte 20808 Nr. 419; Akte »DDR ab 1984«, in CAL, Fach 38, D 03; Akte »Marktbeobachtung Liste der gebauten Ablagen durch führende Anlagenbauer«, in BOCM, Box 1007

Trotz wiederholter Verhandlungen und einzelner Kooperationsabkommen kam keine größere Zusammenarbeit mit Linde und anderen westlichen Anlagebauern zustande, auch weil Linde nur an einer Kooperation für den eigenen Export in den Ostblock interessiert war.[68] Daher baute das Chemieanlagenbaukombinat Leipzig-Grimma weiterhin überwiegend Anlagen für die DDR und die sozialistischen Bruderstaaten,[69] wobei zahlreiche Überlegungen für den Ausbau der Industriegasproduktion, vor allem von Stickstoff und Argon in Leuna, für die DDR in der Planungsphase steckenblieben.[70] Diese ausbleibenden Innovationen und Investitionen in der Industriegasproduktion trugen zu der allgemeinen Technologieschwäche der DDR bei, die ab den 1960er-Jahren besonders in den neuen Industriezweigen zu beobachten war und zur großen technologischen Rückständigkeit des Landes in den 1980er-Jahren beitrug.[71]

In den letzten Jahren der DDR lavierte man sich in der Industriegasbranche wie in vielen anderen Industriezweigen nur noch irgendwie durch. So wurde Linde von den Chemieanlagenbauern um Hilfe gebeten, als es in dem von Air Liquide gelieferten Sauerstoffwerk in Eisenhüttenstadt technische Probleme gab. Wie die Linde-Techniker feststellten, war die wenige Jahre alte Anlage schlecht gewartet und in keinem guten Zustand: Die Linde-Experten hielten bei einem Besuch in Eisenhüttenstadt bezüglich der Schwierigkeiten in der Sauerstoffproduktion fest:

> »Der Wunsch nach einer dritten Anlage wird lediglich mit den für uns unerklärlich hohen Stillstandszeiten [bei den zwei bestehenden Anlagen] begründet, die jedoch weniger mit offensichtlichen Mängeln der Air Liquide-Anlagen zusammenzuhängen scheinen als mit einer für uns unverständlichen Wartungsphilosophie.«[72]

Von größerer Bedeutung war die allgemeine Knappheit an Industriegasen, die auch die Produktion in anderen Industriebereichen behinderte. Seit 1978 reichte die DDR-Produktion an flüssigem Stickstoff nicht mehr, sodass man ihn aus dem Westen importieren musste. Die Produktionslücke wuchs von 0,2 Kilotonnen Stickstoff im Jahr 1978 auf 6,6 im Jahr 1982 – bei einem Gesamtverbrauch von knapp 25 Kilotonnen.[73] Neben größeren Mengen Flüssigstickstoff mussten auch andere Schutzgase für die Produktion von Computerchips importiert werden. Auch in der Entwicklung der Anwendungstechnik blieb man weit hinter westlichen Standards zurück, beispielsweise bei der Herstellung von Schweißrobotern.[74] Ein strukturelles Problem blieb bis Ende der 1980er-Jahre der Flaschenmangel, weshalb man 1984 seitens einer Arbeitsgruppe beim

Ministerrat die für Bauvorhaben in der Hauptstadt Berlin nötigen Stahlflaschen aus anderen Landesteilen abzog.[75] Aus allen diesen Gründen, vornehmlich aber, weil die Industriegasproduktion trotz aller Bemühungen nicht schnell genug erhöht werden konnte, machte sich die Knappheit an allen wichtigen Industriegasen nach 1980 zunehmend bemerkbar: So stieg zwar die Produktion Ende der 1970er-Jahre jährlich immerhin um drei bis vier Prozent, der Bedarf nahm jedoch deutlich schneller zu, nämlich um jährlich etwa acht Prozent. Deshalb wies die Industriegasproduktion der DDR um 1980 bei flüssigem Sauerstoff nur eine Bedarfsdeckung von 78,5 Prozent auf, während sie bei gasförmigem Sauerstoff bei etwa 94 Prozent, bei Acetylen bei etwa 78 Prozent, bei Argon (flüssig und gasförmig) bei ca. 70 Prozent und bei gasförmigem Kohlendioxid bei nicht einmal zwei Drittel lag.[76]

Anders als im Westen wurden Industriegase auch kaum in den neuen Bereichen der Konsumgüterproduktion eingesetzt, wie zum Beispiel Stickstoff für das Schockgefrieren. Das war zweifelsohne ein Grund, warum in der DDR – wie Messer Griesheim 1991 schätzte – nur halb so viel Industriegase pro Kopf im Vergleich zu Westdeutschland verbraucht wurden.[77] Einer der wenigen Einsatzbereiche in der Konsumgüterindustrie waren Gase (Krypton) für Lampen. Von ungleich größerer Bedeutung war der Einsatz der Industriegase für die chemische Industrie und die Metallurgie. So wurden 1970 etwa 30 Prozent des produzierten flüssigen Sauerstoffs in der Metallurgie, zur Stahlerzeugung oder zur thermischen Metallverarbeitung eingesetzt, 40 Prozent in der chemischen Industrie und im Maschinenbau sowie elf Prozent für thermische Trenn- und Fügeverfahren.[78] Branchenschwerpunkt in der DDR blieb damit im Wesentlichen der Sauerstoff. Im Westen wurde ab den 1980er-Jahren hingegen eine größere Bandbreite an Industriegasen verwendet und der Trend ging immer mehr zu Stickstoff und Edelgasen. Hauptmärkte waren hier neben der Stahl- und Chemieindustrie die Lebensmittel- und Elektronikindustrie und der Umweltschutz (vgl. Kapitel 9).

Insgesamt lässt sich feststellen, dass die Industriegasproduktion der DDR in der zweiten Hälfte des 20. Jahrhunderts beträchtlich wuchs, wenngleich in deutlich geringerem Maße als in den westlichen Ländern. Obgleich die DDR bezüglich der Industriegasproduktion aufgrund des eigenen Anlagenbaus neben der UdSSR technologisch zur Spitze im Ostblock zählte, wies sie jedoch spätestens seit Ende der 1950er-Jahre einen erheblichen technischen Rückstand zu den Weltmarktführern im Westen auf. Das war einer der Gründe, warum die DDR bestrebt war, westliche Technik zu kaufen – zunehmend in den 1980er-Jahren –, ohne dass ihr das immer gelang.[79]

Wenngleich diese Technologielücke darauf zurückzuführen ist, dass sich 1945 kein deutscher Anlagenbauer auf dem Gebiet der DDR befand und bis zum Mauerbau zahlreiche Techniker und Ingenieure die DDR verließen, lassen sich dadurch jedoch nicht die großen Schwierigkeiten ab den 1960er-Jahren erklären. Dies wird vor allem im Vergleich zu der Entwicklung in Japan augenfällig, das im selben Zeitraum beim Bau von Luftzerlegern und anderen Tieftemperaturanlagen zu den führenden Anbietern der Welt aufschloss. Anders als in der DDR entwickelten japanische Gasfirmen auch Produktionskapazitäten im Bereich von Spezialgasen und hochreinen Gasen für die Elektronikindustrie. Die japanische Gasbranche bildet also einen starken Gegensatz zu jener der DDR mit ihrer chronischen Minderleistung.

Vom »gehorsamen Eheweib« und Lizenznehmer zum weltweit führenden Spezialgasproduzenten: Die Entwicklung der japanischen Industriegasbranche, 1945–1990

Das Kriegsende 1945 bedeutete nicht nur für das Gebiet der späteren DDR einen Neuanfang, sondern auch für die japanische Industriegasbranche. Das hatte weniger mit Kriegsschäden zu tun, die sich in Japan erstaunlicherweise in Grenzen hielten, wenngleich das Werk von Air Liquides Tochter Teikoku durch den Atombombenangriff in Nagasaki vollständig zerstört wurde.[80] Auch die Marktstrukturen änderten sich gegenüber denen der Zwischenkriegszeit nur wenig. So waren weiterhin vor allem sechs größere Anbieter auf dem nach wie vor stark fragmentierten Industriegasmarkt tätig. Neben dem 1910 gegründeten Marktführer Nippon Sanso, der den Bau eigener Anlagen mit – vornehmlich – Linde-Technologie betrieb, war dies der zweitgrößte Anbieter Teikoku K. K., den die Air Liquide 1910 gegründet hatte. Während diese beiden Unternehmen in ganz Japan Luftzerleger betrieben, belieferten die vier kleineren Konkurrenten Toyo Sanso (gegründet 1918), Daido Sanso (1933), Osaka Sanso (1934) und Taiyo Sanso (1946) dagegen zunächst nur eine oder zwei Regionen mit Sauerstoff und Stickstoff. Darüber hinaus gab es zahlreiche kleinere regionale Anbieter von Luftgasen. Andere Unternehmen waren wiederum auf den Märkten für Kohlendioxid oder Acetylen aktiv, auf denen jedoch auch Nippon Sanso und Teikoku mit allerdings kleineren Marktanteilen mitmischten.[81] Sieht man davon ab, dass Air Liquide die Kontrolle über seine 1939 nationalisierte Beteiligung Teikoku Sanso (87,5 Prozent) erst 1949 zurückbekam[82] – 12,5 Prozent hielt seit 1930 der Zaibatsu Sumitomo –, veränderte sich die Marktstruktur bis weit in die 1950er-Jahre nur unwesentlich.

In technologischer Hinsicht stellte die Nachkriegszeit, besonders die Jahre ab 1950, jedoch einen Neuanfang dar. Da die japanischen Unternehmen seit spätestens Mitte der 1930er-Jahre aufgrund des damals herrschenden Devisenmangels und der zunehmenden internationalen Spannungen von den neuen Entwicklungen in Europa und den USA abgeschnitten waren, hinkten sie nach 1945 technisch erheblich hinterher.[83] Das erkannte auch der Präsident von Nippon Sanso, Naoyuki Takahashi, auf einer sechswöchigen Erkundungsreise durch die USA und Europa Ende 1951 und Anfang 1952. Er stellte beispielsweise erstaunt fest, dass dort der Einsatz von Flüssigsauerstoff (LOX) – anders als in Japan – weit verbreitet war, und beschloss, eine LOX-Anlage im Ausland zu erwerben. 1954 tat es Daido Sanso, ein Wettbewerber, Nippon Sanso nach und kaufte bei Air Products eine LOX-Großanlage.[84] Bald darauf wurden auch große Luftzerleger und die dazugehörigen Komponenten (Kompressoren, Verflüssiger, Tankwagen, Speicher u. a.) in Japan eingeführt. Anders als in der DDR wandten sich die japanischen Firmen der neuen Technik zu, aber sie waren zu dieser Zeit so wenig wie die Ostdeutschen in der Lage, sie selbst zu bauen. Es sollte allerdings nicht lange dauern, bis die Japaner die Fähigkeit erlangten, viele dieser Teile nicht nur zu benutzen, sondern auch zu produzieren – sei es mit oder ohne Lizenz.[85] Nippon Sanso und Teikoku konnten dabei auf ihre Erfahrung im Bau von Luftzerlegern und der dazugehörigen Komponenten zurückgreifen, wofür sie sich seit 1934 beziehungsweise 1940 auf Entwürfe von Linde und Air Liquide stützten.

Zudem nahmen mehrere gasbranchenfremde Anlagenbauer die Herstellung von Luftzerlegungsanlagen auf, unter anderem Hitachi oder Kobe Seiko.[86] Dass Firmen außerhalb der Industriegasbranche so präsent auf dem Luftzerlegermarkt waren, zeichnete Japan gegenüber anderen Ländern aus und hatte womöglich mit der langen Tradition im Schwermaschinenbau zu tun und der Neigung japanischer Großunternehmen, ihr Angebot möglichst breit aufzustellen.

Die Fähigkeit zum Bau großer Luftzerleger, die sich all diese Firmen in den 1950er-Jahren aneigneten, kam auch bald in der Versorgung der japanischen Stahlindustrie zum Einsatz, deren enormes Wachstum in erster Linie für die Expansion der Industriegasbranche verantwortlich war.[87] Eine der Hauptursachen dafür war auch der in Japan ab 1956 erfolgte Umstieg auf das LD-Verfahren, doch sorgte bereits der Sauerstoffeinsatz in den Stahlwerken zu einer erheblichen Steigerung der Nachfrage seit 1948. Neben der Stahlindustrie sorgten das Wachstum der Chemiebran-

Abb. 41 Erster von Nippon Sanso gebauter Luftzerleger, 1935

che und der florierende Schiffsbau in Japan für einen steigenden Bedarf an Sauerstoff und anderen Industriegasen. In der Folge verzehnfachte sich zwischen 1952 und 1965 die Sauerstoffproduktion Japans.[88] Das folgende Diagramm (Abb. 42), das bei einem Besuch von Linde-Mitarbeitern in Japan in den 1970er-Jahren entstand, verweist auf die besondere Bedeutung, die der japanischen Stahlindustrie in dieser Entwicklung zukam. Die senkrechten Zahlen oberhalb des Diagramms zeigen die extrem starken Zuwächse in der Produktionskapazität. Wie man aus den Trendlinien erkennen kann, nahm der Bedarf der Stahlindustrie (»Metallurgie«) so rapide zu, dass diese schon 1966 zwei Drittel der gesamten Sauerstoffproduktion verschlang, während es zu einem »relativen Rückgang« in der Nachfrage der chemischen Industrie (»Chemie«) und noch mehr bei anderen Verwendungszwecken gab (»Verkauf«); allerdings war auch in der chemischen Industrie das Wachstum absolut gesehen noch groß. Die Produktionskapazität wuchs in dieser Zeit so rasch, dass die prozentuale Abnahme des Gesamtsauerstoffabsatzes in der Chemieindustrie von 30 auf acht Prozent einem tatsächlichen Anstieg des Verbrauchs von 4.500 Kubikmeter pro Stunde im Jahr 1952 auf 54.000 Ku-

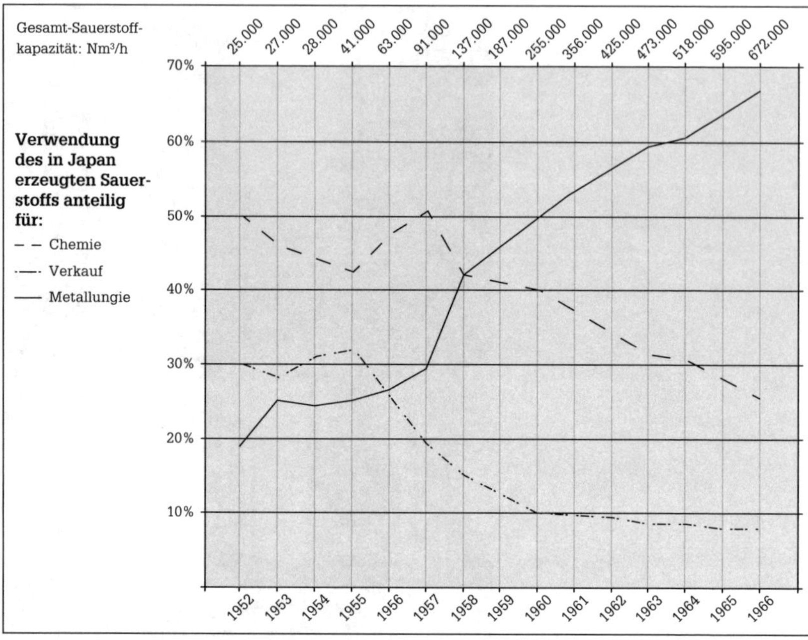

Abb. 42 Die Nutzung des in Japan produzierten Sauerstoffs, 1952–1966 (in Prozent der Kapazität der industriellen Verbraucher)
Detaillierte Informationen zur Nutzung von Stickstoff und Argon in Japan finden sich bei H.R. Miller: »Report to the visit to Nippon Sanso KK Tokyo, Japan 12.12.1975«, 9. Januar 1976, und »Industrial Gases Market in Japan and Nippon Sanso, Nippon Sanso Planning Sept.«, September 1976 [Ms.], beide in BOCM, Box 737

bikmeter pro Stunde im Jahr 1966 entsprach, d.h. einer jährlichen Wachstumsrate von 20 Prozent!

Trotz dieser beeindruckenden Produktionsfähigkeiten wies die japanische Industriegasbranche bis weit in die 1960er-Jahre unverkennbare Schwächen auf. So waren die japanischen Luftzerleger um 1960 deutlich kleiner als die Anlagen westeuropäischer und amerikanischer Firmen.[89] Darüber hinaus blieb die Abhängigkeit von ausländischer Technologie bestehen. Wie Linde Anfang der 1960er-Jahre feststellte, kopierten die japanischen Hersteller hemmungslos westeuropäische und amerikanische Anlagen und Apparate. Aus diesem Grund schloss der deutsche Anlagenbauer 1963 einen allgemeinen Lizenzvertrag mit Nippon Sanso ab: Wenigstens ließen sich so die durchaus beachtlichen Lizenzgebühren einstreichen.

Nippon Sanso wiederum kam auf diesem Weg exklusiv an die neueste

Technik, wenn auch nur für die Nutzung auf dem japanischen Markt. So konnte der japanische Marktführer 1963 mit dem Bau neuer großer Onsite-Anlagen beginnen.[90] Währenddessen arbeiteten die japanischen Anlagenbauer weiter unter Hochdruck an der Entwicklung eigener technischer Fähigkeiten. Sicher auch dank der Zollschranken für den Import von Waren nichtjapanischer Firmen konnten sie in der zweiten Hälfte der 1960er-Jahre den technischen Rückstand aufholen und die ausländischen Anbieter fast vollständig vom japanischen Markt verdrängen.[91]

Vom weiter anhaltenden großen Wachstum der japanischen Wirtschaft in den 1960er-Jahren profitierte auch die Industriegasbranche. So begann man in den 1960er-Jahren, vor allem Stickstoff für das Schockgefrieren insbesondere von Nahrungsmitteln zu nutzen, allerdings fanden diese Anwendungen bis Mitte der 1970er-Jahre eine vergleichsweise geringe Verbreitung, sofern sie nicht großtechnische Nutzungen betrafen.[92] Die Nachfrage großer Unternehmen, vor allem der Stahl- und Chemiewerke sowie der Werften blieb in den 1970er-Jahren für die großen japanischen Gasproduzenten bestimmend. Für die Abnehmer wurden immer weitere und größere Luftzerleger errichtet. Noch 1973 gingen dabei drei Viertel der Sauerstoffherstellung allein in die Stahlproduktion Japans, was die Zahlen von Mitte der 1960er-Jahre bei weitem übertraf (vgl. Abb. 44).[93]

Abb. 43 Firmenlogo der Nippon Sanso Corporation, 1955–1990

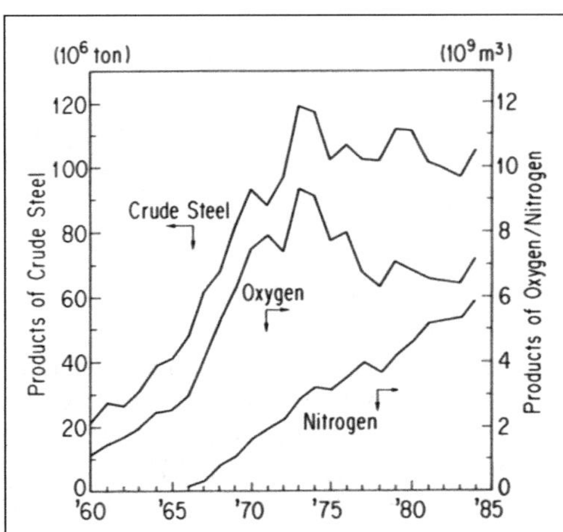

Abb. 44 Die japanische Rohstahl-, Sauerstoff- und Stickstoffproduktion, 1960–1985

Wie Abbildung 44 deutlich zeigt, wurde das Wachstum der Sauerstoffproduktion bis zur Mitte der 1970er-Jahre, als auch Japan von der internationalen Stahlkrise erfasst wurde, vor allem von der Entwicklung der Stahlproduktion bestimmt, während die Erzeugung von Stickstoff erst seit Mitte der 1960er-Jahre deutlich anstieg. Die Tendenz zu einem höheren Stickstoffverbrauch im Vergleich zum Sauerstoffverbrauch war in dieser Zeit nicht nur in Japan, sondern in allen hoch industrialisierten Ländern zu verfolgen.[94] Interessanterweise stiegen seit dem Ende des Sauerstoffbooms ab Mitte der 1970er-Jahre auch die Gewinne der Industriegashersteller in geringerem Umfang oder blieben auf ihrem Niveau, obwohl der Umsatz wie bei Nippon Sanso zunahm (siehe Abb. 45). Das lässt sich bei allen japanischen Gasproduzenten erkennen und hatte damit zu tun, dass die mühelosen Gewinne aus einer rasant steigenden Stahlproduktion wegfielen und in dem weniger schnell wachsenden Markt die Konkurrenz härter wurde.

Ein besonderes Kennzeichen der japanischen Gasindustrie war allerdings, dass nur wenige Anlagen von den Industriegasunternehmen alleine betrieben wurden; in anderen Industrieländern dagegen ging der Trend dahin, dass Industriegasunternehmen zunehmend im Besitz von Onsite-Anlagen waren. Warum Japan in dieser Hinsicht eine Ausnahme bildete, ist nicht ganz klar; es mag mit der Finanzierung des Anlagenbaus zu tun

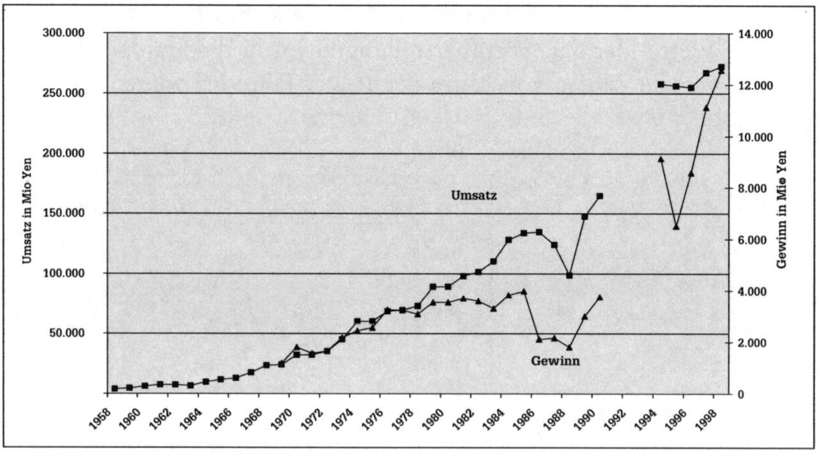

Abb. 45 Die Umsatz- und Gewinnentwicklung von Nippon Sanso, 1958–1998
Vgl. auch die Gewinnausschüttungen der wichtigsten Industriegaslieferanten Mitte der 1970er-Jahre: H.R. Miller, »Report to the visit to Nippon Sanso KK Tokyo, Japan 12.12.1975«, 9. Januar 1976, und »Industrial Gases Market in Japan and Nippon Sanso, Nippon Sanso Planning Sept.«, September 1976 [Ms.], beide in BOCM, Box 737

haben oder auch mit dem eigentümlichen System von Firmenverflechtungen. Jedenfalls befanden sich zahlreiche Luftzerleger im Besitz der Großverbraucher bzw. wurden als gemeinsames Joint Venture zwischen den Industriegasanbietern und den Großverbrauchern betrieben. Entsprechend kontrollierten die Industriegasunternehmen in den späten 1950er-Jahren nur ca. 15 Prozent der Sauerstoffnachfrage alleine.[95]

Diese Besitzstruktur der Produktionsanlagen hatte verschiedene Folgen für die japanischen Sauerstoffanbieter. Obgleich der japanische Markt sehr groß war und stark expandierte – bis in die 1980er-Jahre wuchs er zum zweitgrößten der westlichen Welt nach den USA heran[96] –, erzielten die Industriegashersteller zum einen bei den Massengasen Sauerstoff und Stickstoff nur geringe Renditen, da sie eben nur über einen kleinen Teil der Luftzerleger die alleinige Kontrolle besaßen. Die Großverbraucher in der Stahl- und Chemieindustrie waren nämlich an hohen Sauerstoffpreisen wenig interessiert und konnten sich aufgrund der vielen Joint Ventures und dem Mitbesitz an zahlreichen Luftzerlegern mit ihren Forderungen nach günstigen Gaspreisen durchsetzen, wohl auch, weil sie durch den Mitbesitz genaue Kenntnisse über die Kosten- und Erlösstrukturen der Industriegasherstellung besaßen.[97] Zum anderen hatten die Industriegasanbieter ständig Angst, dass die großen Stahlkonzerne, die zahlreiche Luftzerleger besaßen, ins Industriegasgeschäft einsteigen könnten, insbesondere seit sie ab Mitte der 1970er-Jahre in strukturelle Schwierigkeiten auf den Stahlmärkten gerieten.[98]

Hinzu kam drittens, dass alle großen Industriegasanbieter in eine der typischen japanischen Unternehmensgruppen, den Zaibatsus (bis 1945), beziehungsweise Keiretsus (seither), Sogo Shoshas (Handelshäuser) oder Großbanken eingebunden waren. Diese waren nicht nur für die Finanzierung der Luftzerleger, sondern auch für die zahlreichen Geschäftsverbindungen von großer Bedeutung.[99] So stand beispielsweise hinter Nippon Sanso die Fuji Bank, die erhebliche Anteile an dem Marktführer besaß. Taiyo Sanso wiederum wurde von der Mitsubishi Chemical Industries Ltd. kontrolliert, während bei Osaka Sanso die Mitsubishi Bank und bei Daido die Sumitomo Bank wichtige Anteilseigner waren.[100] Selbst Air Liquide hatte 1930 einen 12,5-prozentigen Anteil von Teikoku an die Sumitomo-Gruppe, einer der wichtigsten japanischen Zaibatsus, abgegeben und war damit – auch nach 1948 – mit der japanischen Geschäftswelt verflochten.[101] Die starke Verflechtung innerhalb der japanischen Wirtschaft erklärt zudem die zahlreichen Allianzen in der japanischen Industriegasindustrie. So wies Nippon Sanso 1981 Joint Ventures mit nicht weniger als 21 japanischen Produzenten von Industriegasen – zumeist zum Betrieb von Onsite-Anlagen – auf.[102]

Viertens prägte die Einordnung der japanischen Industriegasanbieter in die japanische Unternehmenswelt ihre Unternehmensstrategie bis weit in die 1970er-Jahre. So war der Präsident von Nippon Sanso, Kibio Kido, 1960 auf einer Erkundungstour in den USA völlig verwundert darüber, dass die US-amerikanischen Stahlhersteller die großen Onsite-Anlagen nicht selbst betrieben und dies auch nicht vorhatten, sondern das den Industriegasunternehmen überließen. Es sollte sich als problematisch für die japanischen Firmen erweisen, dass sie sich nicht in diese Richtung bewegten bzw. bewegen konnten. Nicht einmal der Marktführer Nippon Sanso war deshalb in der Lage, die in Europa und den USA ab Ende der 1940er-Jahre immer häufiger praktizierte – und für die Industriegasproduzenten enorm lukrative – Unternehmensstrategie des »Take-or-Pay« in Japan durchzusetzen. Bis Mitte der 1950er-Jahre herrschte unter den japanischen Gasproduzenten die Überzeugung vor, sie hätten gegenüber den Großverbrauchern eine dienende Funktion. Das brachte Nippon Sansos Präsident Kibio Kido auf einer Tagung des japanischen Sauerstoff-Verbandes überaus deutlich zum Ausdruck: »Die Sauerstoffbranche gleicht einem gehorsamen Eheweib.«[103]

Diese defensive Haltung wurde noch durch den Umstand verstärkt, dass die Industriegasproduzenten nur einen kleinen Teil des Handelsmarktes direkt belieferten. Stattdessen bedienten sie sich hierfür der zahlreichen unabhängigen Vertriebsgesellschaften und Händler wie Tomoe Shokai, Suzuki Shokan oder Showa Denko als wichtigste Unternehmen in diesem Geschäftsfeld. Auf deren Unternehmenspolitik besaßen die Produzenten jedoch nur bedingt Einfluss (vgl. Abb. 46).[104]

Die Unternehmensstrategie eines dienenden Zulieferers vorwiegend für Großverbraucher führte jedoch dazu, dass die japanischen Industriegasunternehmen noch bis in die 1980er-Jahre nur wenig anwendungsorientiert waren. Stattdessen hatten sie sich allein auf die Versorgung der Großindustrie und deren boomende Nachfrage mit immer größeren und zahlreicheren Luftzerlegern konzentriert und besaßen gegenüber den amerikanischen und westeuropäischen Anbietern in zahlreichen Anwendungsbereichen einen deutlichen technologischen Rückstand, den man erst ab Anfang der 1980er-Jahre in einer gemeinsamen Anstrengung aufzuholen begann.[105]

Auch beim Bau von Luftzerlegern und den dazu notwendigen Komponenten waren bis Ende der 1970er-Jahre Anbieter wie Linde, Air Liquide und Air Products noch führend, jedoch hatte Japan erheblich aufgeholt und war zu einer echten Konkurrenz geworden.[106] Tatsächlich beherrschten die japanischen Hersteller, insbesondere Nippon Sanso, Hitachi und Kobe seit den 1960er-Jahren nicht nur den heimischen

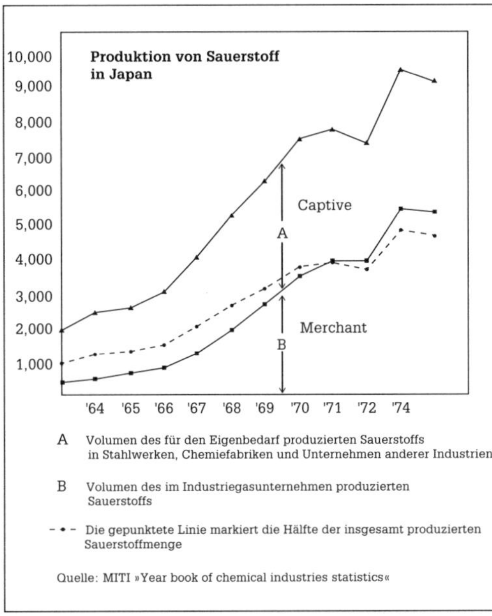

Abb. 46 Die Bedeutung des japanischen Handelsmarktes für Sauerstoff, 1964–1974 (in Millionen Kubikmeter)

Markt, sondern exportierten Luftzerleger, Verflüssiger, Kälteverdampfer und andere Einzelkomponenten, vornehmlich nach Südostasien, Lateinamerika und den Nahen Osten.[107] Wie man aus Tabelle 8.3 ersehen kann, hatten diese drei japanischen Firmen zwischen 1965 und 1987 zusammen immerhin einen Anteil von 19 Prozent am Luftzerleger-Markt weltweit, der damit ganz leicht über dem von Air Liquide, ungefähr auf gleicher Höhe mit dem von Linde und weit über dem anderer Großunternehmen der Branche lag. Der Vorteil der Japaner lag dabei sowohl in den günstigen Fertigungskosten als auch dem unterbewerteten Yen. Auch deshalb stellte die Linde AG, die ihren Lizenzvertrag mit Nippon Sanso 1973 nicht weiter verlängerte,[108] um 1974 fest, dass der japanische Marktführer Nippon Sanso seine Luftzerlegungsanlagen in Asien mit dem Argument anbot, »Linde-Qualität zu japanischen Preisen« zu liefern. Tatsächlich lagen die Preise von Nippon Sanso 1973/1974 etwa 30 Prozent unter denen der Linde AG (vgl. Tabelle 8.3).[109]

Eine Spezialität der Anlagenbauer und der großen Industriegasanbieter Japans bildete die erstmals 1971 begonnene Nutzung der künstlichen Kälte, gewonnen bei der LNG-Vergasung. Das vor allem an fossiler Energie rohstoffarme Japan setzte seit den 1970er-Jahren verstärkt auf den Import von flüssigem Erdgas (LNG) zur Energieversorgung des Landes. Das Erdgas wurde in speziellen Tankschiffen transportiert und

Tabelle 8.3 Die Marktanteile der Anlagenbauer von Luftzerlegern auf dem Weltmarkt 1965–1987 (in Prozent)

Linde	BOC	Air Products	Air Liquide	UCC	Kobe	Hitachi	Nippon Sanso	andere	Summe
262	119	154	281	126	77	93	94	174	1.380
19,0	8,6	11,2	20,4	9,1	5,6	6,7	6,8	12,6	100,0

Quelle: BOC, Marktstudie, Akte »Nippon Sanso«, in BOCM, Box 1007

zumeist noch im japanischen Importhafen wieder in Gas umgewandelt. Die dabei entstehende Kälte nutzte man gleichzeitig für die direkt neben den Vergasern aufgestellten Luftzerleger zum Herunterkühlen der Luft, sodass man in der Luftgasproduktion erheblich Kosten einsparte. Diese Technik exportierten die Japaner später in andere Länder, wobei der Erfolg allerdings aufgrund der in den 1980er-Jahren stark sinkenden Energiepreise begrenzt blieb.[110]

Trotz des enormen Wachstums der japanischen Industriegasindustrie bis Ende der 1970er-Jahre – die Branche blieb von der Ölkrise und dem Wachstumseinbruch der japanischen Wirtschaft in diesem Jahrzehnt weitgehend verschont[111] –, änderten sich die Marktstrukturen nur wenig. Bis auf Air Liquide war um 1980 weiterhin kein ausländischer Anbieter in Japan aktiv und auch die japanischen Unternehmen beschränkten ihr Engagement aufs Inland, sieht man einmal vom Export von Luftzerlegern und anderen Apparaturen ab.[112] Allerdings zeichneten sich einige Veränderungen ab. Nach 1970 verstärkten die japanischen Unternehmen die Zusammenarbeit mit ausländischen Konzernen, zumeist um Zugang zu neuen Technologien zu gewinnen.

Marktführer war weiterhin uneingeschränkt Nippon Sanso, das in den meisten Einzelbereichen den größten Marktanteil besaß und im ganzen Land aktiv war. Auch Teikoku, die 1980 in Teisan K.K. umbenannte Tochter von Air Liquide, bot landesweit Gase an und war insgesamt der zweitgrößte Anbieter, allerdings mit großem Abstand zu Nippon Sanso.[113] Zudem hatten kleinere Konkurrenten, nachdem sie sich seit den 1970er-Jahren verstärkt bemühten, regional zu expandieren und nach Möglichkeit auch landesweit präsent zu sein, Teisan in einigen Marktsegmenten vom zweiten Platz verdrängt und auf den dritten und sogar vierten Rang verwiesen. Diese Marktstruktur beschrieb ein Beobachter in den 1980er-Jahren als das Geschäft eines eindeutigen Marktführers, flankiert von fünf schwachen Anbietern (vgl. Tabelle 8.4).[114]

Tabelle 8.4 Die Marktanteile der sechs großen Industriegasanbieter Japans 1974 (in Prozent)

	Sauerstoff gesamt	Flüssig-sauerstoff allein	Stickstoff allein	Flüssig-stickstoff allein	Argon gesamt
Nippon Sanso	8,3	17	23,1	29,5	29,9
Teisan	6,7	17,4	5,6	15	17,5
Osaka Sanso	2,7	10,3	3,3	13,5	7,8
Taiyo Sanso	2,2	9,2	2,8	7,8	18,1
Daido Sanso	3,8	20,6	3,1	7,9	14,4
Toyo Sanso	1,1	5,2	1,6	5,2	4,7
Onsite Supply & andere	75,2	20,3	60,5	21,1	7,6
Gesamt	100	100	100	100	100

Quelle: H.R. Miller, »Report to the visit to Nippon Sanso KK Tokyo, Japan 12.12.1975«, 9. Januar 1976, und »Industrial Gases Market in Japan and Nippon Sanso, Nippon Sanso Planning Sept.«, September 1976 [Ms.], beide in BOCM, Box 737

Im Vergleich zum westeuropäischen Markt stellte sich der japanische Markt für Industriegase um 1980 extrem fragmentiert dar. 1989 kamen dort die sechs großen Anbieter zusammen nur auf einen Marktanteil von 70 Prozent, während sich die restlichen Anteile auf zahlreiche kleine Industriegashersteller oder Stahlkonzerne, die ihre überschüssige Produktion auch auf dem freien Markt veräußerten, verteilten.[115] Zudem waren die Märkte für Luftgase, Acetylen und Kohlendioxid nur wenig miteinander verflochten, was bei den westeuropäischen und amerikanischen Herstellern ganz anders aussah. Selbst Nippon Sanso, das landesweit tätig war und darüber hinaus die ganze Bandbreite der Industriegase anzubieten versuchte, besaß bei Acetylen und Kohlendioxid nur geringe Marktanteile. Hier dominierten noch bis Ende der 1970er-Jahre Unternehmen wie Showa Tansan (Kohlendioxid), Koatsu Gas Kogyo (Acetylen) oder Iwatini (Wasserstoff), die aber wiederum bei den Luftgasen keine größere Rolle spielten.[116]

In den 1980er-Jahren gerieten die lange bestehenden Marktstrukturen immer mehr in Bewegung. Hierfür war weniger die Internationalisierung der japanischen Industriegasunternehmen verantwortlich als das Eindringen der großen internationalen Anbieter auf dem japanischen Markt, die dort zahlreiche Wachstumschancen ausgemacht hatten, insbesondere bei Spezialanwendungen (unter anderem Papierbleichen, Umweltschutz und Lebensmittelherstellung). Dies waren Geschäftsbereiche, die die japanischen Firmen lange vernachlässigt hatten.[117] Dabei hatten die ausländischen Unternehmen sicher auch den Zugang zu japanischer Technologie und Know-how im Elektonikgasebereich im Blick. So erwarb die britische BOC als erster großer Industriegaskonzern im Jahr 1982 einen Anteil von 50 Prozent an Osaka Sanso,[118] während Air Products 1983 einen kleinen Anteil von etwa zehn Prozent an Daido Sanso kaufte.[119] UCC verfuhr vorsichtiger und ging nur eine Reihe von Allianzen und Lizenzverträgen mit mehreren Anbietern ein, wovon die Allianz mit der Iwatani Corporation sicherlich die wichtigste war.[120] Messer wiederum gründete 1989 eine japanische Gastochter,[121] wobei die Firma bereits seit 1979 mit der Schweißtechnik in Japan aktiv war. Linde verzichtete auf ein Engagement im japanischen Gasgeschäft und konzentrierte sich stattdessen – noch vor dem Auslaufen des Lizenzvertrages mit Nippon Sanso – über ihr japanisches Büro in Tokio auf den Verkauf von Gasanlagen in Asien.[122]

Anders als die Europäer während der späten 1960er- und 1970er-Jahre (siehe Kapitel 6) verzichteten die meisten japanischen Gasanbieter als Reaktion auf das Eindringen der internationalen Großkonzerne und den sich dadurch verstärkenden Wettbewerb auf eine Expansion ins Ausland.[123] Einzig Nippon Sanso – und Teisan als Teil der Air-Liquide-Gruppe in Asien – verfolgten eine stärkere Internationalisierungsstrategie. Nippon Sanso expandierte zum einen nach Südostasien und erwarb zum anderen in den USA zwei Industriegasfirmen. Nippon Sansos Internationalisierungsstrategie war jedoch nicht nur eine Antwort auf das Eindringen ausländischer Konkurrenten in den heimischen Markt, sondern hatte auch mit der starken Position der Firma im Spezialgasgeschäft für die Halbleiterproduktion zu tun, die sie international ausbauen wollte.[124] Bereits Mitte der 1970er-Jahre hatten die japanischen Hersteller den Vorsprung der US-Amerikaner in der Halbleiterproduktion fast aufgeholt und waren nach 1980 international zum Marktführer in der Produktion von Speicherchips aufgestiegen.[125]

Bis Ende der 1980er-Jahre hatten die japanischen Anbieter bereits einen Anteil von ca. 42 Prozent am Weltmarkt erobert, der in etwa dem der US-amerikanischen Elektronikindustrie entsprach. Im Geschäft mit

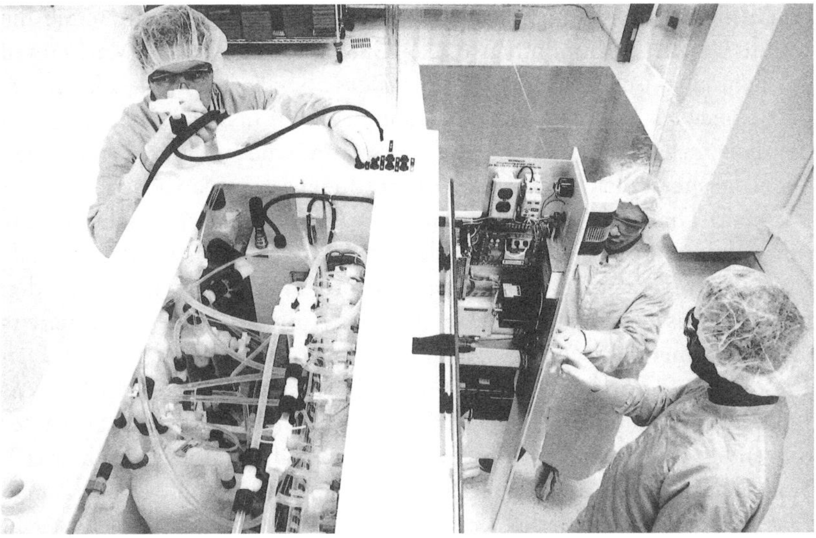

Abb. 47 BOC-Abfüllstation von Gasen für die Halbleiterfertigung unter Reinraumbedingungen, Ende der 1990er-Jahre

preisgünstigen standardisierten Massenchips hatten sie die USA sogar bereits überholt.[126]

Mit dem Aufstieg der Halbleiterfabrikanten wie Sony, Toshiba und NEC und deren umfangreichen Kenntnissen in der Halbleiterfertigung nahmen bei den japanischen Gasanbietern die Fähigkeiten in der Herstellung der dafür nötigen Spezialgase mit allergrößten Reinheiten zu.[127] Vor allem aber erwarben sie Kenntnisse, wie die Gase am besten an die hochreinen Produktionsstätten für die Halbleiter herangeführt wurden. Dieses Wissen über die Mischung der Gase am Verbrauchsort, über den für die Chipproduktion wichtigen Service und über die absolut sichere Versorgung mit den nötigen Spezialgasen und Stickstoff brachte den Japanern in den 1980er-Jahren erhebliche Wettbewerbsvorteile gegenüber der westeuropäischen und US-amerikanischen Konkurrenz. Die japanischen Industriegasanbieter lieferten der Chipindustrie also nicht nur Gase, sondern komplette ultrareine Gassysteme, die sie vielfach auch für die Halbleiterunternehmen betrieben. Es sollte noch einmal betont werden, dass diese hoch spezialisierten Fähigkeiten von einigen führenden japanischen Gasproduzenten mit ein Grund waren, warum ausländische Gasfirmen Anfang der 1980er-Jahre begannen, japanische Unternehmen zu kaufen.

Nippon Sansos Kenntnisse waren auch nützlich, als die japanischen Halbleiterhersteller im Lauf der 1980er-Jahre neue Produktionsstätten im Ausland, vor allem in Asien, aber auch in Europa, aufbauten. Sie alle wandten sich an Nippon Sanso, das 1986 50 bis 60 Prozent Marktanteil auf dem japanischen Markt für Spezialgase besaß.[128] Um die Nachfrage befriedigen zu können, baute Nippon Sanso in den 1980er-Jahren – in deutlich geringerem Maße auch Teisan und die anderen japanischen Spezialgashersteller – bei Halbleiterproduzenten im japanischen Besitz Werke in Thailand, Taiwan und Südkorea auf.[129] Der japanische Marktführer konzentrierte sich im Ausland jedoch vor allem auf das Spezialgasgeschäft, sieht man einmal vom Export im Anlagenbau ab, für den man, im Zusammenhang mit der starken Aufwertung des Yen, bereits 1980 den amerikanischen Anlagenbauer Ansutech erworben hatte. Den wichtigsten Schritt ins Ausland unternahm Nippon Sanso jedoch, als es 1983 die amerikanische Firma Matheson Gas Products kaufte, einen der führenden US-Hersteller von Spezialgasen für die Halbleiterindustrie.[130] Komplettiert wurde der Internationalisierungskurs von Nippon Sanso 1985 durch den Kauf des Gasschweiß- und -schneideausrüsters KN Aronson von BOC und des zweitgrößten Industriegasherstellers in Malaysia 1989. Dennoch blieb es für die weitere Internationalisierung Nippon Sansos auch in der Folgezeit bis in die 1990er-Jahre hinein ein Problem, dass das Unternehmen nur geringe internationale Erfahrungen und auch nicht das dafür nötige Personal besaß.[131]

Neben dem Eindringen der ausländischen Wettbewerber, das Nippon Sanso zu einer Änderung seiner Strategien brachte, trieben noch andere Faktoren den Wandel der Marktstrukturen voran.[132] Zum einen wiesen einzelne Geschäftsbereiche deutliche Schwächen im Wachstum und im Wachstumspotenzial auf, vor allem im Bereich der Bulkgase (d. h. das Flüssiggasgeschäft per Tankwagen), nachdem die Expansion der japanischen Stahlindustrie und anderer industrieller Großverbraucher aufgrund steigender Energiepreise und der Yen-Aufwertung zu einem Ende gekommen war.[133] Das galt auch für den japanischen Schiffsbau, dessen wirtschaftliche Schwierigkeiten sich in den 1980er-Jahren im Acetylenabsatz deutlich niederschlugen. So sank das Volumen des Schiffsbaus von 1980 bis 1988 von 9,3 Millionen auf vier Millionen Tonnen und damit sank auch die Acetylenerzeugung von 39.900 Tonnen im Jahr 1981 auf ca. 29.000 Tonnen im Jahr 1986 um mehr als ein Drittel.[134]

Statt Sauerstoff und anderer Bulkgase trieb nun jedoch die Nachfrage nach Spezialgasen und Stickstoff das Wachstum der Industriegashersteller weiter an und sorgte entgegen dem volkswirtschaftlichen Trend in Japan bis Mitte der 1980er-Jahre für satte Gesamtgewinne, trotz der geringen Renditen in traditionelleren Geschäftsbereichen wie etwa den Massengasen.[135] Um 1980 setzten die Unternehmen denn auch erstmals mehr Stickstoff als Sauerstoff ab. Zu der großen Nachfrage der Elektronikindustrie kam ein zunehmender Stickstoffeinsatz in anderen Anwendungsbereichen, wie der Nahrungsmittelindustrie. Nicht zufällig begannen auch mehrere Industriegasunternehmen – unter anderem Nippon Sanso – mit der Herstellung von Stickstoff für die Tiefkühlkostproduktion. Darüber hinaus fingen Gasunternehmen damals auch an, Gefriertunnel und anderes Equipment für die Industriegasnutzung in der Lebensmittelindustrie zu produzieren.[136]

Auch den anderen Anwendungsbereichen von Industriegasen wandten sich die japanischen Industriegasanbieter in den 1980er-Jahren verstärkt zu und versuchten ihre vergleichsweise geringe Anwendungsorientierung durch Lizenzen, Allianzen und Joint Ventures mit ausländischen Großkonzernen zu verbessern. Besonders die japanischen Tochterunternehmen der ausländischen Großkonzerne wuchsen auf diesen Gebieten des heimischen Marktes schnell, konnten sie doch auf das ausländische Know-how zurückgreifen. In der Schweißtechnik, mehr aber noch in der Umwelttechnik schloss beispielsweise UCC Verträge mit mehreren japanischen Gasproduzenten im Bereich der Wasseraufbereitung ab.[137]

Von noch größerer Bedeutung für die Entwicklung der Industriegasbranche erwiesen sich jedoch Strukturveränderungen bei der Produktion der Industriegase. Die japanischen Industriegasunternehmen betrieben seit Mitte der 1960er-Jahre vor allem große Onsite-Anlagen in der Nähe von Großverbrauchern oder größeren Industrieparks – beispielsweise den Chiba Seaside Petrochemical Complex, wo zwei Luftzerleger 26 Großverbraucher über eine 48 km lange Pipeline versorgten.[138] Nach 1980 setzten sie stärker auf den Bau und Betrieb von Mini-Onsite-Anlagen und die PSA-Technik (Pressure Swing Adsorption). Die ersten unterschieden sich von den bisherigen Onsite-Anlagen nur in der Größe. Bei den PSA-Anlagen strömt die Luft unter wechselnden Drücken und Temperaturen durch spezielle poröse Materialien wie Zeolithe oder durch Kohlenstoff-Molekularsiebe und wird so aufgrund ihrer unterschiedlichen Eigenschaften siebartig voneinander getrennt. Das PSA-Verfahren verbraucht viel weniger Energie, weil es nicht kryogenisch und daher kostengünstiger als das der klassischen Luftzerleger arbeitet, es erreicht aber weniger große Reinheiten. Die mit PSA erreichte Stickstoffreinheit liegt beispielsweise unter 99,9 Prozent, die von Sauerstoff unter 97 Prozent. Für einige Verbraucher genügte das allerdings.[139] Die PSA-Technik wurde im Laufe der 1980er-Jahre nicht nur in Japan wichtig, sondern auch andernorts; darauf kommen wir im Einzelnen noch in Kapitel 9 zu sprechen.

Die schnelle Verbreitung dieser Anlagen in Japan hatte zum einen damit zu tun, dass die industriellen Verbraucher – beispielsweise die Betreiber von Elektroöfen in der Stahlindustrie – einen vergleichsweise geringen Sauerstoffbedarf hatten und der Sauerstoff gleichzeitig weniger rein sein musste. Normale Luftzerleger waren daher oft zu groß, während kleinere Anlagen sich nicht rechneten. Darüber hinaus produzierten beide Sauerstoff in höherer als der erforderlichen Reinheit. Vor der Verbreitung der PSA-Technik wurden derartige Verbraucher daher mit Flüssiggasen versorgt, die mit Hilfe der von den Produzenten beim Verbraucher aufgestellten Verdampfer umgewandelt wurden.[140] Die PSA-Anlagen waren im Vergleich dazu jedoch günstiger in der Anschaffung und im Betrieb. Sie boten zudem eine sichere Versorgung, da die Anlieferung flüssiger Gase mit Tankwagen aufgrund der häufig verstopften Straßen in Japan nicht immer gewährleistet war. Zudem verteuerte die Begrenzung des Höchstgewichts für Lkw auf 13,5 Tonnen den Straßentransport erheblich, sodass die neue PSA-Technik und auch konventionelle Mini-Onsite-Anlagen sich in Japan nach 1980 schneller rechneten als anderswo.[141]

Die Folge dieser Entwicklungen für den japanischen Industriegasmarkt war, dass Nippon Sanso als Marktführer bei großen Onsite-Anlagen und der Versorgung per Pipeline an Vorteilen einbüßte.[142] Auch der Absatz von Flüssiggasen ging stark zurück, was durch Handelsgase nicht ausgeglichen werden konnte, da dieser Markt nur 5 Prozent der Umsätze der japanischen Gasunternehmen ausmachte, wesentlich weniger als bei den Firmen in Europa und den USA.[143] Die japanischen Anlagenbauer wandten sich daher schnell dem expandierenden Markt für PSA- und Mini-Onsite-Anlagen zu. Der PSA-Anlagenmarkt war heiß umkämpft, und vor allem Teisan und Osaka als Töchter ausländischer Konzerne besaßen hier beachtliche Marktanteile. Ab 1984 reagierte der Marktführer Nippon Sanso mit einem speziellen Distributionskonzept, den Total Gas Centers.[144] Dazu gehörten kleine Stickstoffanlagen, die nah bei den Kunden aus der Elektronikindustrie gebaut wurden, während die Center gleichzeitig größere Speicherkapazitäten für Spezialgase und das damit verbundene Equipment vorhielten, wie beispielsweise Gasdetektoren, Alarmequipment etc. Zusätzlich übernahm Nippon Sanso auch das gesamte Management rund um die Gase, unter anderem das Wechseln der Flaschen, die Wartung der Gesamtanlagen, die Reinigung der Rohrleitungen sowie die Überwachung auf Lecks und andere Sicherheitskontrollen. Die Kunden konnten damit schnell, verlässlich, bequem und sicher mit allen erforderlichen Spezialgasen versorgt werden. Mit den Total Gas Centers, von denen es 1990 jeweils eines in Aizu, Mihu und Mie gab, gelang es Nippon Sanso, nicht nur auf dem Markt für Spezialgase für die Elektronikindustrie die Marktführerschaft zu erringen, sondern auch bei deren Management. Allerdings ließ sich dieses Vertriebs- und Service-Konzept nicht so einfach auf den bis Ende der 1980er-Jahre weiterhin fragmentierten Handelsmarkt und auf andere Anwendungen übertragen, sodass die japanischen Industriegasanbieter nach wie vor auf die zahlreichen Vertriebsgesellschaften und Handelsnetze angewiesen waren.[145]

Entscheidend für eine Änderung der Gesamtstruktur der Industriegasbranche waren letztlich sogar weniger die neuen Distributions- und Service-Konzepte als vielmehr die Halbleiterkrise in den Jahren 1985–1987, als die Nachfrage nach Halbleitern deutlich sank und damit auch die Nachfrage nach Industriegasen.[146] Schon vor der Krise hatte es ein Überangebot für Stickstoff gegeben, was nicht zuletzt an den zahlreichen neuen Produktionsanlagen lag. Doch nun kamen heftige Preiskämpfe zwischen den Industriegasunternehmen auf, die zu stark sinkenden Gewinnen führten.[147] Erst 1987/88 kam man dieser ungewöhnlichen und unbefriedigenden Situation bei, als die großen Anbieter sich unter Mitwirkung des MITI verständigten.[148] So vereinbarte man unter anderem die Zusammenlegung von zwei kleineren Anbietern, Sagaihara und Sanyo Sanso, zu Shin Sagami Sanso. Zudem wurden sechs meist ältere Sauerstoffanlagen stillgelegt, um Überkapazitäten in Höhe von 10.200 Kubikmeter pro Stunde vom Markt zu nehmen. Gelöst wurde die Krise aber weniger durch diese Maßnahmen, als vielmehr durch die wieder angestiegene Nachfrage, insbesondere der erneut boomenden Halbleiterbranche. Das führte schon bis 1989 zur Inbetriebnahme zahlreicher neuer Kleinanlagen mit einem Produktionsvolumen von 9.600 Kubikmeter pro Stunde.[149] Ungeachtet dessen führte die Krise Mitte der 1980er-Jahre dazu, dass Nippon Sanso neben den anderen japanischen Spezialgasherstellern begann, das eigene Know-how über die Spezialgase und das dazu nötige Equipment auf Basis von Lizenzverträgen im Ausland zu vermarkten. Grund für die 1986 mit der schwedischen AGA und 1988 mit der deutschen Linde abgeschlossenen Lizenzverträge war jedoch nicht nur die Absicht, Lizenzgebühren zu kassieren. Hinzu kam die Erkenntnis, dass die eigene Kapitalbasis, die Auslandskompetenz und das firmeneigene Vertriebsnetz nicht ausreichten, um neben der Expansion in Asien und den USA – und zusätzlich zur Diversifikation in japanische Nichtgasgeschäfte – auch noch den westeuropäischen Markt abzudecken (vgl. Abb. 48).[150]

Trotz der verbesserten Konjunktur in Japan hielt die »Bereinigung« des fragmentierten Industriegasmarktes (vgl. Tabelle 8.5) auch nach 1990 an.[151] So fusionierte 1993 Daido Sanso mit der LNG-Vertriebsgesellschaft

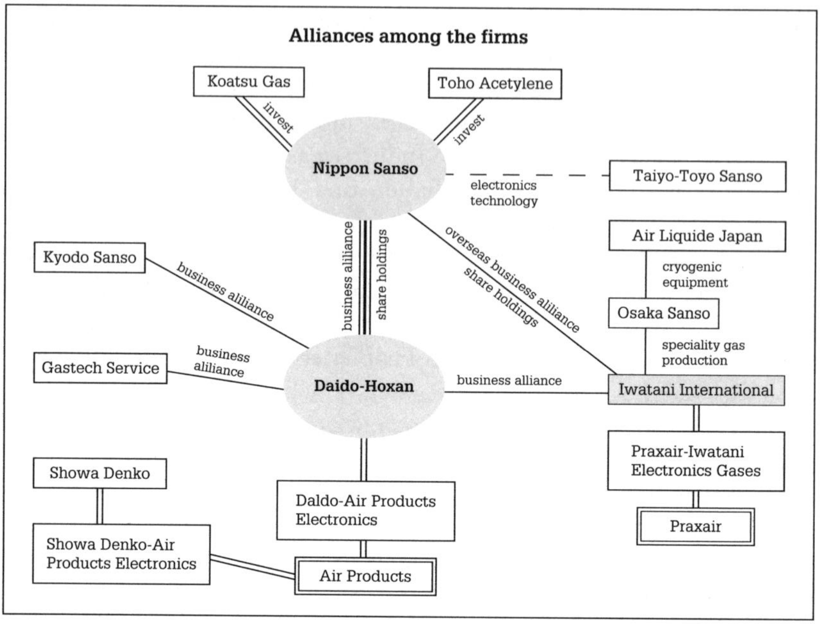

Abb. 48 Die Allianzen japanischer Industriegasunternehmen, um 1998

Hoxan Corporation, die auch Tiefkühlkost und Badezimmernasszellen herstellte.[152] 1995 schlossen sich neben weiteren Fusionen[153] auch Toyo und Taiyo Sanso zusammen. 2004 ging das neue Unternehmen Taiyo Toyo Sanso dann mit dem langjährigen Marktführer Nippon Sanso zusammen und agiert seitdem als Taiyo Nippon Sanso weltweit.[154] Zusammenfassend lässt sich festhalten, dass sich die japanische Industriegasbranche erst seit 1987 stärker konzentrierte (wie die Tabelle und die Fusionswelle verdeutlicht) und den Marktstrukturen der anderen Industriegasmärkte in Westeuropa und den USA annäherte, ohne dass die führenden japanischen Anbieter in Japan ähnlich große Marktanteile wie die westeuropäischen und amerikanischen Firmen auf ihren jeweiligen Heimatmärkten besaßen.

Zusammenfassung

Die Industriegasbranche in der DDR und in Japan startete in der Nachkriegszeit aus einer schwachen Position, wenn diese auch besser war als in anderen Ländern des Ostblocks beziehungsweise Ostasiens. Beide Länder waren im Vergleich zum großen Rest der Welt hoch industriali-

Tabelle 8.5 Die Marktanteile der Industriegasanbieter in Japan 1990 (in Prozent)[155]

	Sauer-stoff	Stick-stoff	Argon	Kohlen-dioxid	Wasser-stoff	Ace-tylene
Nippon Sanso	36	41	48	16		8
Teisan	18	14	13			6
Daido Sanso	11	13	13			
Osaka Sanso	10	13	11			
Taiyo Sanso	6	9	6			4
Toyo Sanso	3	3				
Showa Tansan				21	25	
Ekika Carbon Dioxide				15		
Iwatani Inter-national Corp.				15	40	10
Nippon Tansan				14		
Suzuki Shokan					8	
Tomoe Shokai					6	
Sumisho Fine Gas					5	
Koatsu Gas Kogyo						20
Nichigo Acetylene						5
Andere	16	7	9	19	16	47

Quelle: »Gas Overview in Japan«, S. 20 und 23. Zur Verteilung der Marktanteile in den 1980er-Jahren vgl. auch: Jemain, Les conquérants de l'invisible, S. 212–213; »BOC Group Planning April 1989: Forging a Global Gases Strategy«, in BOCW, Box 1017; »Drexel Burnham Lambert, Marketreport«, 30. Mai 1989, in BOCM, Box 732, und »Vickers da Costa, Japanese Investment service: Nippon Sanso«, Oktober 1984, in BOCM, Box 737; »The Structure of the Industrial Gas Market«, S. 2–7

siert und verfügten über Anlagen und Ausrüstung für die Luft- und Gaszerlegung sowie zur Lagerung und Distribution, was nicht zuletzt daran lag, dass ihre Produkte überhaupt nachgefragt wurden, in erster Linie von großen Fabriken. Aber in beiden Ländern besaß man nur begrenzte Kapazitäten im Anlagen- und Apparatebau. So standen 1945 alle erforderlichen Werke in Westdeutschland, sodass die Ostdeutschen in den 1950er-Jahren erst eigene Kapazitäten aufbauen mussten.

Die Japaner konnten zwar schon vor 1945 kleine Luftzerleger bauen, aber sie hingen dabei von westlicher Technik ab, die insbesondere von Linde und Air Liquide kam. So wenig sie in der Lage waren, große Luftzerleger zu bauen, die bei der Versorgung der Stahl- und Chemieindustrie zum Standard wurden, so wenig hatten sie Erfahrung mit Flüssiggasen und den entsprechenden Anlagen.

Von den Gemeinsamkeiten der Gasindustrien in den beiden Ländern Anfang der 1950er-Jahre war Ende der 1980er-Jahre nicht mehr viel zu sehen. Die Planwirtschaft nach Sowjetmuster war einer der Hauptgründe für das Scheitern der DDR-Industrie. Man versäumte es in den 1950er-Jahren, eigene Kapazitäten im Luftzerlegerbau zu entwickeln, und so fiel die Anlagen- und Gastechnik in der DDR im Vergleich zu den Weltstandards immer weiter zurück. Die japanischen Anlagenbauer dagegen eroberten sich mit ihren standardisierten Luftzerlegern und dem dazugehörigen Equipment nach und nach eine Position auf dem Weltmarkt und traten in Konkurrenz zu den westlichen Anbietern. Wichtiger noch waren die japanischen Erfolge im Bereich der Spezialgase. Sie rührten insbesondere von technischen Neuerungen auch im Anwendungsbereich her, die die Gasindustrie für bzw. gemeinsam mit der entstehenden japanischen Elektronikindustrie entwickelte. Schon bald machte sich die japanische Elektronikindustrie von den US-Lizenzen unabhängig und brachte, unterstützt von der Gasindustrie, eigene Innovationen zuwege, was wiederum auch bei den Gasanbietern neue Innovationen auslöste.

Darüber hinaus lassen sich anhand dieser beiden Gasindustrien zwei Punkte veranschaulichen. Zum einen kann an beiden Ländern die wachsende Bedeutung von Gasen und Unternehmen, in deren Hand die Produktion und Distribution lag, für die industrielle Entwicklung besonders im Hightech-Bereich aufgezeigt werden. Japan profitierte davon ungeheuer, für die DDR schlug es dagegen zum Nachteil aus.

Beide Fälle erlauben zum anderen Rückschlüsse darüber, wie weit sich die Industriegasbranche bis in die 1980er-Jahre internationalisiert hatte. Was Technologie und Nachfrage anging, wurde sie zwar nach wie vor von Westeuropa und den USA beherrscht, aber andere Regionen gewannen besonders seit den 1990er-Jahren immer mehr an Bedeutung. Die

Länder Ostasiens und des ehemaligen Ostblocks waren von den wichtigsten Vertretern der Branche hart umkämpft, auch wenn die Ostblockländer wegen ihrer technologischen und wirtschaftlichen Rückständigkeit keine nationalen Champions entwickelten. Darauf kommen wir im Zusammenhang mit dem zunächst internationalisierten und dann globalisierten Wettbewerb in den Kapiteln 9 und 10 zu sprechen.

9
Der Kampf um die Märkte und neue Herausforderungen der Branche in den 1980er-Jahren

Einleitung

Obwohl die internationale Expansion in den 1960er- und 1970er-Jahren für die Industriegasbranche zunehmend an Bedeutung gewann, hatten gegen Ende dieses Zeitraums selbst die großen Anbieter keineswegs in allen wichtigen westlichen Industrieländern nennenswerte Marktanteile erringen können. Den großen amerikanischen und westeuropäischen Unternehmen war zwar der Einstieg in die Märkte auf der jeweils anderen Seite des Atlantiks gelungen, aber in der Regel blieb ihr Marktanteil weit unter 10 Prozent. Einzig Air Products, das früher als andere Unternehmen ins Ausland expandiert hatte, konnte sich in einigen westeuropäischen Ländern wie Großbritannien und den Benelux-Staaten eine etwas bessere Position verschaffen, auf den übrigen nationalen Märkten kam es jedoch ebenfalls nicht über 10 Prozent hinaus. Mit anderen Worten, trotz der Auflösung seit langem bestehender Gentlemen's Agreements und der Vorstöße in die nationalen Einflusssphären ausländischer Konzerne blieben die heimischen Märkte auch in den 1980er-Jahren die zentrale Basis für ein erfolgreiches Geschäft der großen Gasunternehmen.

Das hielt sie jedoch nicht davon ab, die Internationalisierung in den 1980er-Jahren weiterzuverfolgen oder sogar zu intensivieren. Auch mehrere asiatische Länder, darunter Japan, Taiwan und Südkorea, wurden nun stärker in den Blick genommen. In einigen Ländern, insbesondere in den USA, konnten die westeuropäischen Großunternehmen ihre Marktanteile durch Übernahmen und Fusionen erhöhen; sie sahen sich mit dem Eintritt von Nippon Sanso in den wichtigen amerikanischen Markt allerdings einem weiteren starken Mitbewerber gegenüber. Die Übernahme kleiner und mittelständischer Konkurrenten und der Rückzug zahlreicher Mischkonzerne aus dem Gasmarkt führten bis 1990 außerdem zu einer deutlichen Unternehmenskonzentration, die sich aufgrund der technischen Fortschritte bei Produktion, Anwendung und Distribution in diesem Sektor noch beschleunigte. In den ersten drei Abschnitten dieses Kapitels geht es daher zunächst um die zunehmende Internationalisierung der großen Gasunternehmen in den 1980er-Jahren. Im vierten Abschnitt wenden wir uns dann den technischen Entwicklungen in diesem Jahrzehnt zu. Sowohl Internationalisierung wie Innovationen erforderten strategische Entscheidungen. Im letzten Abschnitt werfen wir deshalb einen Blick auf einige der wichtigen Entscheidungen, die Unternehmen in dieser Zeit auch in Bezug auf ihre Schwerpunkte und ihr Selbstbild treffen mussten, um die nötigen Mittel zur Umsetzung dieser Strategien aufzutreiben. Im Endergebnis führten diese Entwicklungen dazu, dass um 1990 acht Industriegaskonzerne 81 Prozent des Weltmarktes außerhalb des kommunistischen Ostblocks unter sich aufteilten.

Die Internationalisierungswelle und der US-Markt

Wie in Kapitel 7 gezeigt, gelang in den 1970er-Jahren allen großen westeuropäischen Akteuren außer Linde der Eintritt in den amerikanischen Markt, wobei die gewagte Übernahme von Airco durch BOC zwischen 1974 und 1978 zweifellos am bedeutsamsten war, auch weil der Marktanteil des britischen Unternehmens bis 1978 damit von praktisch null auf 13 Prozent stieg. Die Marktanteile anderer europäischer Gasunternehmen waren Ende der 1970er-Jahre wesentlich geringer und schwankten zwischen einem und 3,5 Prozent. Ihren Höhepunkt fand diese Internationalisierungswelle in den 1980er-Jahren. Die BOC schaffte es, ihren Marktanteil bis 1990 auf 17 Prozent zu erhöhen. Auf den gleichen Zeitraum gerechnet, konnte Air Liquide einen noch beachtlicheren Anstieg von 3,5 (1979) auf 17 Prozent (1990) verzeichnen. Im Vergleich dazu nahm sich der Anstieg von 1 auf 4 Prozent bei AGA geradezu bescheiden aus, während der Marktanteil von Messer Griesheim unverändert bei 2 Prozent lag. Zu den in den USA tätigen westeuropäischen Unternehmen gesellten sich schließlich auch Nippon Sanso und die deutsche Linde AG, deren Umsätze sich in den 1990er-Jahren allerdings durchgängig auf einem sehr niedrigen Niveau bewegten. Interessant ist, dass die Gewinne ausländischer Unternehmen nicht zu Lasten der beiden führenden amerikanischen Unternehmen gingen, der Union Carbide

Linde Division (UCC) und Air Products, deren Marktanteile von den späten 1970er- bis in die 1990er-Jahre relativ stabil blieben. Vielmehr beruhten diese Gewinne in erster Linie auf den Übernahmen kleinerer amerikanischer Unternehmen, durch die deren Anteil am US-Markt erheblich geschmälert wurde (vgl. Tabelle 9.1).[1]

Doch wie kam es dazu? Was Air Liquide betraf, begann der Kampf um höhere Marktanteile so richtig erst 1978 – in dem Jahr, in dem BOC die Übernahme von Airco abschloss –, als sich die Tochter des französischen Unternehmens, Liquid Air of North America (LANA), mit dem Stahlhersteller Allegheny Ludlum Corporation auf die Übernahme von dessen Mehrheitsbeteiligung an dem Tochterunternehmen Chemetron einigte. Der Abschluss verzögerte sich allerdings, weil die Federal Trade Commission (FTC) ein Wettbewerbsverfahren einleitete. Erst 1980 gelangte LANA zu einer Einigung mit der Federal Trade Commission, die ihr die Übernahme von 70 Prozent der Chemetron erlaubte.

Tabelle 9.1 Durchschnittliche Marktanteile auf dem US-Industriegasmarkt 1979–1990

	1979–1984	1985–1990	1990
Union Carbide Linde Division	29	28	27
Air Products	19	21	20
Airco (BOC)	13	14	17
Liquid Air North America (AL)	8	15	17
AGA	1	3	4
MG Burdett	2	2	2
Andere	28	17	13
Davon:			
Big Three	9	*	*
Liquid Carbonic	3	3	4
AmeriGas	1	1	**

* 1986 von Liquid Air North America/Air Liquide erworben.
** Zog sich 1987 durch den Verkauf seiner Gastochter aus der Industriegasbranche zurück.

Quelle: BOC, »Entering the US Market« [o.J., ca. 1990], in BOCM, Box 939. Weitere Daten für Big Three, Liquid Carbonics und AmeriGas aus: Merrill Lynch International Research, »Industrial Gas Industry. Part I. US Company«, 29. September 1981, in BOCM, Box 730; Merrill Lynch International Research, »Industrial Gas Industry«, 6. November 1981, in BOCM, Box 701

Von der damit verbundenen Auflage zur Deinvestition von sechs Luftzerlegern mitsamt des dazugehörigen Distributionsnetzes und Kundenstamms profitierte wiederum die Messer-Griesheim-Tochter MG Burdett Gas Products, die darin eine letzte große »Chance« auf dem US-Markt sah und die abgestoßenen Anlagen umgehend erwarb.[2] Außerdem verbot die Federal Trade Commission LANA für einen Zeitraum von zehn Jahren weitere Übernahmen im Luftgasbereich, was die Franzosen aber nicht daran hinderte, 1983/84 Cardox, den zweitgrößten Kohlendioxiderzeuger in den USA, aufzukaufen.[3]

Selbst nach diesen Übernahmen waren die europäischen Unternehmen – mit Ausnahme von BOC natürlich – in den USA zumeist nur auf regionalen Märkten präsent und verfügten dort über einen geringen Anteil: Bei der LANA betrug er nach der Beteiligung an Chemetron gerade mal 8 Prozent.[4] In Verbindung mit den früher erworbenen Beteiligungen des Unternehmens bedeutete die Übernahme jedoch, dass LANA mit Anlagen im Süden, Westen, Mittleren Westen und in den Mittelatlantikstaaten jetzt praktisch flächendeckend vertreten war, während sich die Marktpräsenz von Messer Griesheim auf den Rust Belt, den Mittleren Westen und Texas beschränkte und diejenige von AGA vorwiegend auf die Mittelatlantikstaaten bzw. den Nordosten der USA. Dennoch führte der Eintritt der westeuropäischen Unternehmen in den amerikanischen Markt zu einer Wettbewerbsintensivierung, zu der auch die Aktivitäten der alten Marktführer UCC und Air Products beitrugen, die eine Anzahl von Luftzerlegern in bislang außerhalb ihres Aktionsradius' liegenden Regionen errichteten. Eine noch wichtigere Rolle spielte jedoch die konjunkturelle Entwicklung, insbesondere weil die 1979 beginnende zweite Ölkrise mit der Strukturkrise der amerikanischen Stahlindustrie zusammenfiel. Durch die Stilllegung zahlreicher Stahlwerke und anderer Großfabriken, wie die Teilschließung von Ford River Rouge, verloren die Onsite-Luftzerleger ihre Hauptabnehmer und mussten häufig ebenfalls stillgelegt werden, da sie wegen zu geringer Auslastung nicht mehr rentabel waren.[5] Infolgedessen kam es in etlichen Regionen auch zu einem Überangebot an Industriegasen, das einen erheblichen Preisverfall und Gewinneinbußen nach sich zog. So sank der Gewinn eines – in den Quellen ungenannt bleibenden – Gasanbieters von durchschnittlich zwischen 16 und 20 Prozent in den 1970er-Jahren auf 8 Prozent im Jahr 1982 (er erreichte dann allerdings wenig später wieder das vorherige Niveau).[6] Die Situation in den frühen 1980er-Jahren wurde zusätzlich verschärft durch einen beträchtlichen Anstieg der Energiekosten, der in der Gasbranche zahlreiche Rationalisierungsmaßnahmen nach sich zog.

Es dauerte bis Mitte der 1980er-Jahre, bis sich die Ertragslage wieder verbesserte, mit der Folge, dass sofort eine erneute Übernahmewelle einsetzte. Die größte Bedeutung hatte hierbei die Übernahme von Big Three durch die LANA 1986 (trotz der von der FTC erlassenen Restriktionen). Obgleich Big Three ausschließlich in Texas und Louisiana aktiv war, war der Erwerb des Unternehmens für die Franzosen ein wichtiger Schritt, um sich auf dem amerikanischen Markt weiter zu etablieren: Die LANA verdoppelte ihren Marktanteil damit nahezu auf 15 Prozent. Hinzu kam, dass sie dank des ausgedehnten Rohrleitungsnetzes von Big Three nun über eine starke Stellung am Golf von Mexiko verfügte.[7]

Die zweite wichtige Entwicklung bei der Internationalisierung der amerikanischen Industriegasbranche in den frühen 1980er-Jahren war 1983 Nippon Sansos Erwerb einer 50-prozentigen Beteiligung an Matheson Special Gas und zwar nicht zuletzt deshalb, weil Nippon Sanso das Unternehmen sechs Jahre später nach dem Ausstieg des zweiten Teilhabers AmeriGas vollständig übernehmen konnte. Die Übernahme von Matheson verhalf dem japanischen Marktführer nicht nur zu einer guten Position auf dem lukrativen US-Markt für Spezialgase für die Elektronikbranche, ebenso wichtig war der damit verbundene Zugriff auf das technische Know-how von Matheson. Auf dieser Grundlage war es Nippon Sanso möglich, seine weltweit führende Stellung bei Spezialgasen und Zubehör für die Halbleiterindustrie zu konsolidieren. Größere Anteile am amerikanischen Gasemarkt errang das Unternehmen jedoch erst 1992 mit der vollständigen Übernahme des vor allem in Texas, New Mexiko und Florida aktiven Gasanbieters TriStar. 1999 konnte Nippon Sanso schließlich alle seine amerikanischen Beteiligungen – zu denen nicht nur Matheson und TriStar gehörten, sondern auch eine 1983 erworbene Beteiligung an dem amerikanischen Anlagenbauer Ansutech – durch die Gründung von Matheson TriStar unter einen Hut bringen.[8]

Neben diesen geglückten Beteiligungskäufen gab es in den 1980er-Jahren allerdings auch einige Übernahmeversuche, die fehlschlugen. So hatten Mitte dieses Jahrzehnts alle größeren Industriegasanbieter den Blick auf die Liquid Carbonics Industries Corporation gerichtet, den amerikanischen Marktführer für Kohlendioxid, der – wie bereits gezeigt – inzwischen eine wichtige Rolle in der Industriegasbranche spielte, da sich die Märkte für Kohlendioxid immer mehr mit denen für andere Industriegase, einschließlich der Anwendungen beim Schweißen, Kühlen und Einfrieren, überschnitten.

Zu guter Letzt wurde das Gasunternehmen vom amerikanischen Anlagenbauer und Tankhersteller CBI Industries Inc. ausgestochen, der Liquid Carbonics 1984 von der Houston Natural Gas Corporation übernahm und anschließend den Expansionskurs seiner neuen Tochter in Kanada, Japan und Europa unterstützte.[9]

Eine weitere gescheiterte Übernahme in den 1980er-Jahren – oder genauer gesagt eine, die gar nicht erst in Angriff genommen wurde – betraf die UCC Linde Division. Bereits zu Beginn des Jahrzehnts war die Muttergesellschaft UCC in Schieflage geraten, unter anderem deshalb, weil die Gewinne in der Industriegassparte infolge der amerikanischen Konjunktur- und Strukturkrisen drastisch gefallen waren und die Ergebnisse anderer Unternehmenssparten damit nicht mehr subventioniert werden konnten. Aber es sollte noch schlimmer kommen: Zur gleichen Zeit, als UCC nach dem Chemieunglück im indischen Bhopal im Dezember 1984 unter den Druck der Weltöffentlichkeit geriet, musste das Unternehmen mit erheblichem finanziellen Aufwand eine feindliche Übernahme durch die GAF Materials Corporation abwehren, wodurch seine Eigenkapitalquote auf 10–15 Prozent sank. Statt der Industriegassparte veräußerte UCC jedoch als Erstes sein Chemiegeschäft an Rhône Poulenc und schlug alle Übernahmeangebote anderer Industriegasanbieter für Linde Air Products, unter anderem von AGA und der deutschen Linde AG, aus.[10] Der aus der Übernahmeschlacht mit der GAF stammende Schuldenberg führte schließlich 1989 zu einer rechtlichen Ausgliederung der Linde Division, als UCC seine Industriegassparte unter dem Namen Praxair an die Börse brachte, um sich Kapital für eine Fortführung als eigenständiges Unternehmen zu beschaffen.[11]

Zusätzlich zu diesen Übernahmen und Fusionen bekamen die etablierten US-Gaseanbieter in den 1980er-Jahren Konkurrenz durch eine Neugründung. 1982 übernahm Peter McCausland – ehemals bei Messer – zusammen mit anderen Investoren die Connecticut Oxygen Corporation, die sehr gute Gewinne mit ihrem Bulkgasgeschäft erzielte.[12] Kurze Zeit später gründete er mit einem Kapital von 5,5 Millionen US-Dollar die Airgas Incorporated, die mit einer neuen Distributionsstrategie antrat, zu der unter anderem die aggressive, kreditfinanzierte Übernahme zahlreicher kleiner regionaler Distributoren gehörte. Durch zwölf solcher Übernahmen in rascher Folge schoss der Jahresumsatz von Airgas auf 37 Millionen US-Dollar. Im Gegensatz zu anderen Unternehmen der Branche setzte Airgas nicht auf die Eigenproduktion von Industriegasen in kapitalintensiven Luftzerlegern, sondern konzentrierte sich auf den Ausbau eines möglichst großen und dichten Distributionsnetzes. Zu diesem Zweck folgte man dem Beispiel der übernommenen unabhängigen Firmen und erwarb die Industriegase bei den großen Erzeugern. Der Unterschied bestand darin, dass Airgas dank eines erheblich größeren Marktanteils in der Lage war, offensiv und unnachgiebig mit Zulieferern zu verhandeln. Peter McCausland fasste diese Strategie 2007 rückblickend wie folgt zusammen:

> In den Anfangsjahren konzentrierten wir uns stärker darauf, uns auf lokaler Ebene durchzusetzen und ein dichtes Netz aufzubauen. Unserer Meinung nach ist kein riesiger Marktanteil auf lokaler Ebene nötig, um ein Geschäft erfolgreich zu betreiben, man muss vielmehr über eine genügend starke Präsenz verfügen, um sein Geschäft zu verteidigen.[13]

Airgas gelang mehr als das. Durch die Fusion mit Werco Inc., einem Zulieferer von Industriegasequipment, stieg der Umsatz des Unternehmens bis 1990 auf etwa 100 Millionen US-Dollar, was wiederum die Inanspruchnahme der Kapitalmärkte zur Finanzierung weiterer Übernahmen erleichterte. Bis 1992 schluckte der Branchenneuling 129 Firmen, in erster Linie Distributoren. Mithilfe dieses neuen Geschäftsmodells – dem mit Ausnahme von AGA keines der anderen Gasunternehmen folgte – sicherte sich Airgas auch ohne eine nennenswerte Eigenproduktion nicht nur eine bedeutende Marktmacht, es trug auch zu einer erhöhten Konzentration in der US-Industriegasbranche bei.[14] Das Unternehmen war zwar noch immer zu klein, um in der obigen Statistik (vgl. Tab. 9.1) zu erscheinen, doch dank der aggressiven Verfolgung seiner Strategie gelang es ihm, bis 1997 einen Marktanteil von 7 Prozent zu erringen, der bis 2007 auf 13 Prozent anstieg.[15]

Die Konzentration auf die Distribution statt der Produktion mochte ungewöhnlich sein; die Strategie, eher die regionalen Märkte für sich zu gewinnen statt der nationalen, war dagegen typisch für kleinere Gasanbieter in den USA. Zweifellos wurden die meisten Regionen von den großen Akteuren beherrscht, wie Tabelle 9.2 für das Jahr 1992 zeigt. Dennoch besaßen die kleineren Firmen in bestimmten Regionen beträchtliche Marktanteile, und zwar vor allem wegen der großen geografischen Entfernungen zwischen den einzelnen Industriezentren in den USA. Infolgedessen richteten die größeren Anbieter ihr Augenmerk darauf, in angrenzende Regionen statt in weiter entfernte zu expandieren. Die AGA-Tochter Burdox ist ein gutes Beispiel dafür. Sie verfügte 1979 in den USA über einen Marktanteil von insgesamt etwas mehr als 1 Prozent; in einzelnen Regionen betrug er dagegen über 5 Prozent, was ein rentables Geschäft ermöglichte. Wie es Ake Nyborg von AGA 1982 in einem Interview ausdrückte: »Es ist mir im Grunde nicht besonders wichtig, ob wir national tätig sind oder nicht. […] Viel wichtiger ist es, dort stark zu sein, wo man tätig ist. […] Ich will lokaler Marktführer sein, weil das ein Geschäft mit lokalen Märkten ist.«[16]

Tabelle 9.2 Ranking der Marktanteile der großen Gasanbieter in verschiedenen US-Regionen 1982

Region	Anteil an der US-Produktionskapazität in Prozent	UCC	Air Products	Airco	Big Three	Liquid Air
Nordost	26	1	3	2	-	4
Südost	9	1	2	4	5	3
Mittelwesten	24	1	2	3	-	4
South Central	21	1	3	4	2	5
West Central	5	1	-	-	3	2
Südwest	12	1	2	4	3	5
Nordwest*	3	1	-	3	4	2
Gesamt	100	1	2	3	4	5

* Einschließlich Hawaii und Alaska

Quelle: Kidder, Peabody & Co Incorporated, Research Department, »Air Products Chemicals Inc. Europe«, 15. September 1982, in BOCM, Box 874

Die Marktentwicklung in Westeuropa

In Westeuropa vollzog sich der Konzentrationsprozess deutlich langsamer als in den USA, was darauf zurückzuführen ist, dass die nationalen Märkte trotz der Integrationsbemühungen der EU eher zögerlich zusammenwuchsen. Auf den einzelnen Märkten selbst war die Konzentration dagegen sehr viel höher als in den USA, da der weitaus größte Teil der Nachfrage nach Industriegasen von ein oder zwei großen Unternehmen bedient wurde. 1980 teilten sich beispielsweise die BOC und Air Products den britischen Markt für die meisten Gase mit Marktanteilen von 70 Prozent und 30 Prozent praktisch allein unter sich auf. Das Duopol bekam Konkurrenz, als Air Liquide 1981 damit begann, Großbritannien mit Argon zu beliefern. Als Nächstes folgte Mitte der 1980er-Jahre die AGA und belieferte von einem Luftzerleger seiner norwegischen Tochter Norgas aus per Schiff zunächst eine Abfüllstation in Aberdeen, zu der 1989 dann eine weitere Abfüllstation in Great Yarmouth dazukam. Messer Griesheim wiederum gelang 1987 der Einstieg ins britische Geschäft, als das Unternehmen die BOC bei der Übernahme des Kohlendioxidgeschäfts der Distillers Ltd. ausstach. Ebenfalls in den 1980er-Jahren erfolgte der Markteintritt von Linde, auch wenn das Unternehmen keine größeren Marktanteile gewann. Doch trotz all der neuen Konkurrenten beherrschten BOC mit einem Anteil von 68,8 Prozent und Air Products mit 28,1 Prozent den britischen Markt für Luftgase auch am Ende des Jahrzehnts mit zusammen 96,9 Prozent.[17]

In Skandinavien konnte sich die AGA mit einem Marktanteil von 80 Prozent ebenfalls gut gegen neue Konkurrenten behaupten. Von den größeren westeuropäischen Industriegasunternehmen konnte 1981 nur Air Liquide mit 5–10 Prozent einen nennenswerten Marktanteil in den skandinavischen Ländern vorweisen.[18] Allerdings sah sich die AGA ab 1982 durch den offensiven Markteintritt des norwegischen Chemiekonzerns Norsk Hydro einem potenziell gefährlichen neuen Konkurrenten gegenüber.[19] Auf Norsk Hydros Expansionsstrategie antwortete AGA mit der Übernahme der Norgas AS und drastischen Preissenkungen. Damit war zwar nicht zu verhindern, dass sich Norsk Hydro nach seinem Markteintritt relevante Marktanteile sicherte,[20] die Preiskämpfe führten letztlich jedoch dazu, dass Norsk Hydro das Industriegasgeschäft wegen der zu geringen Rentabilität wieder aufgab und 1987 sein Flüssiggas- und Kohlendioxidgeschäft in Schweden und Finnland an die AGA verkaufte. Auf diese Weise konnte der schwedische Riese seine Stellung als dominierender Marktführer in fast ganz Skandinavien zurückgewinnen.[21] Ähnlich sah die Situation bei den etablierten Großanbietern in Österreich (Linde und AGA) und in der Schweiz (Linde, AGA und Air Liquide) aus: Sie stärkten ihre Position ebenfalls durch die Übernahme kleinerer Konkurrenten.[22]

Auch in Frankreich verhielt es sich ähnlich, wo Air Liquide seine Marktstellung weitgehend verteidigen konnte, obwohl die ausländische Konkurrenz in den 1980er-Jahren erhebliche Anstrengungen zum Gewinn weiterer Marktanteile unternahm. Air Liquide reagierte darauf mit verschiedenen Strategien wie Preiskämpfen, dem Bau von Rohrleitungsnetzen und dem Einstieg in ein umfangreiches Homecare-Geschäft. Tatsächlich gelang es nur der AGA, durch den Kauf von Duffour & Igor einen Marktanteil von zehn Prozent zu erringen. Die Übernahme kam das schwedische Unternehmen in diesem Fall teuer zu stehen, da es die Aktien in einem Bieterkrieg zum Vierfachen des eigentlichen Börsenwertes erwerben musste.[23] (siehe Tabelle 9.3)

Die weiterhin bestehende Dominanz von Air Liquide bedeutete allerdings nicht, dass die Neueinsteiger in einzelnen Regionen und Absatzmärkten nicht profitabel arbeiteten. So sicherte sich beispielsweise Air Products 30 Prozent des französischen Wasserstoffmarktes, der sich mit

Tabelle 9.3 Marktanteile der Gasunternehmen in Frankreich 1991 (in Prozent)

	Tonnage	Bulk	Druckgase	Spezialgase	Medizin	CO_2	H_2	Gesamt
Air Liquide	95	62	76	90	90	70	70	75
AGA	0	12,5	13	2,5	10	10	0	10
Air Products	2,5	15	5	5	0	0	30	8
Messer Griesheim	0	0	4	0	0	20	0	3
Linde	0	5	2	0	0	0	0	2
UCC	2,5	5	0	2,5	0	0	0	2

Quelle: BOC, »Entering the US Market« [o. J., ca. 1990], Bericht zur Expansion von AGA in den USA, in BOCM, Box 939. Etwas davon abweichende Zahlen, aber eine vergleichbare Marktstruktur finden sich in AGA »Compressed Gases market share 1991« in BOCM, Box 1007

Beginn der 1970er-Jahre entwickelt hatte. Die Likos AG, ein Joint Venture von Linde und Messer Griesheim, konnte durch den Erwerb des zweitgrößten französischen Kohlendioxidproduzenten, der Société Industrielle de l'Anhydride Carbonique (SIAC), einen relevanten Anteil am Kohlendioxidmarkt erringen.[24] Die Auflösung von Likos Ende der 1980er-Jahre aufgrund einer Entscheidung der Europäischen Kommission wirkte sich wiederum günstig auf die beherrschende Stellung von Air Liquide auf den französischen Gasmärkten aus. Die Aufgabe der Beteiligungen von Likos in Frankreich hatte zur Folge, dass Messer Griesheim und Linde 1991 jeweils nur noch einen Marktanteil von drei Prozent bzw. zwei Prozent besaßen. Die Entscheidung der Europäischen Kommission hatte darüber hinaus auch Auswirkungen auf die belgischen und niederländischen Beteiligungen von Likos, Oxhydrique Internationale S. A. und Hoek Loos. Nach langwierigen Verhandlungen einigten sich die beiden deutschen Partner schließlich darauf, dass Linde zukünftig die alleinige Kontrolle über Hoek Loos ausüben sollte, während Messer Griesheim Oxhydrique Internationale S. A. als 100-prozentige Tochter übernahm.[25]

Auf ihrem Heimatmarkt konnten sich Linde und Messer Griesheim mit jeweils etwa 35 Prozent Marktanteil besser behaupten, allerdings unterschieden sich die Verhältnisse in der BRD grundlegend von denen auf den bisher betrachteten westeuropäischen Märkten, insofern keine der beiden Firmen ein so großes Stück vom Kuchen besaß wie die Marktführer in Großbritannien, Skandinavien und Frankreich. Dies führte in Verbindung mit den erneuten Vorstößen der anderen großen Anbieter und dem ungewöhnlich hohen Marktanteil unabhängiger Erzeuger in den 1980er-Jahren dazu, dass der westdeutsche Markt heiß umkämpft war.[26] Wie aus Tabelle 9.4 ersichtlich ist, hielten in einigen Gassparten – insbesondere den neueren – die ausländischen Unternehmen eine starke Stellung: Air Products kontrollierte beispielsweise ungefähr ein Drittel des lukrativen Wasserstoffmarktes, während Air Liquide und AGA nach der Übernahme von Agefko bzw. Rommenhöller jeweils ein Drittel des zunehmend an Bedeutung gewinnenden Kohlendioxidmarktes für sich in Anspruch nahmen. Ein noch weiteres Vordringen ausländischer Firmen auf die deutschen Märkte für Kohlendioxid und andere Gase konnten Linde und Messer Griesheim durch eigene Zukäufe verhindern. So erwarb Linde 1985 sämtliche noch freien Anteile des Acetylenproduzenten Industriegas GmbH & Co KG und Messer Griesheim übernahm 1992 den Kohlendioxidproduzenten Buse.[27] Dennoch kann kein Zweifel daran

Tabelle 9.4 Marktanteile der Industriegasunternehmen in Deutschland 1991 (in Prozent)

	Tonnage	Bulk	Druckgas	Spezialgas	Medizin	CO_2	H_2	Gesamt
Messer Griesheim	70	34	30	30	40	25	40	36
Linde	15	34	35	30	40	5	25	35
AGA	6	8	15	5	10	30	0	9
Air Products	3	13	4	10	0	0	30	7
Air Liquide	6	4	4	10	0	30	5	4
UCC	0	4	0	0	0	0	0	1
BOC	0	0	0	5	0	0	0	1
Andere	0	3	12	10	10	10	0	7

Quelle: BOC »Entering the US Market« [o. J., ca. 1990] in BOCM, Box 939. 1981 sah die Verteilung der Marktanteile ganz ähnlich aus: vgl. Merrill Lynch International Research, »Industrial Gas Industry«, 6. November 1981, in BOCM, Box 701

bestehen, dass der deutsche Markt in den 1980er-Jahren heftiger umkämpft war als die Märkte in Großbritannien, Frankreich oder Skandinavien.

Der westdeutsche Markt stellte in dieser Hinsicht allerdings keine Ausnahme dar: Auf den Märkten der Beneluxstaaten herrschte ein ähnlicher Konkurrenzkampf, da auch hier keiner der Akteure über einen Marktanteil von mehr als 50 Prozent verfügte. Vor allem in den Niederlanden, in einem gewissen Maß aber auch in Belgien, hielten jeweils drei Unternehmen insgesamt sehr bedeutende Marktanteile, während einige andere Firmen wiederum größere Anteile in einzelnen – neuen – Marktsegmenten wie Kohlendioxid und Spezialgasen besaßen (vgl. Tabelle 9.5).[28]

Die Märkte in Italien und Spanien wurden ebenfalls von zwei oder drei Champions beherrscht, aber auch hier erreichte keiner auch nur annähernd 50 Prozent (vgl. Tabelle 9.5). Der italienische Markt unterschied sich allerdings insofern von allen anderen bisher betrachteten Märkten, als die Konzentration hier wesentlich geringer war, wie der beachtliche Marktanteil überwiegend unabhängiger italienischer Firmen (»Andere«) zeigt. Die Zahlen für Air Liquide und UCC sind darüber hinaus etwas trügerisch, da sie sich in einem nicht unerheblichen Umfang auf die Beteiligungen – oftmals Minderheitsbeteiligungen – der beiden Unternehmen an italienischen Zulieferern stützen. Der amerikanische Riese

Tabelle 9.5 Marktanteile der Industriegasunternehmen in den Niederlanden, Belgien, Italien und Spanien, 1989–1991 (in Prozent)

	Niederlande 1991	Belgien 1990	Italien 1991	Spanien 1989
AGA	24,8	0	0	< 5
Air Liquide	5,8	48,2	41	30
Air Products	25,5	19,4	9	35
BOC	1,9	0,7	0	k. A.
Linde	31,9	0	0	10
Messer Griesheim	0,3	15,8	1	0
UCC	7,3	8,5	31	23
Andere	2,5	7,5	18	k. A.
Gesamt	100	100,1	100	98

Quelle: BOC, »Entering the US Market« [o. J., ca. 1990], in BOCM, Box 939. Vergleichbare Daten finden sich in: »Korrespondenz mit Aufsichtsrat 1973–1994 Linde Satzung«, in CAL, Fach 38, C 05 und BOCM Box 939

Abb. 49 VIVISOL Austria liefert Patienten flüssigen Sauerstoff nach Hause, 2012

Abb. 50 SOL-Luftzerlegeranlage in Feluy (Belgien), ca. 1998

UCC beispielsweise kam nur durch die Kooperation mit SIAD auf einen Marktanteil von 31 Prozent. Trotz der Minderheitsbeteiligung von UCC blieb SIAD jedoch weiterhin ein italienisches Familienunternehmen.[29] Im Gegensatz zu allen anderen westeuropäischen Ländern spielten in Italien die kleinen und mittelständischen heimischen Firmen bis Anfang der 1990er-Jahre eine wichtige Rolle. Besonders bemerkenswert war in dieser Hinsicht das Familienunternehmen SOL, das ein beeindruckendes Wachstum und kontinuierlich zunehmende Marktanteile verzeichnen konnte, unter anderem durch die Übernahme kleinerer italienischer Gasproduzenten wie der Società Lombarda Ossigeno, aber auch infolge verstärkter Aktivitäten im Wasserstoff- und Flüssigheliumgeschäft. Zudem stieg das in Monza ansässige Unternehmen 1984 mit der Sauerstoffversorgung von Privatkunden ins Homecare-Geschäft ein, das bis heute einen wesentlichen Bereich des Unternehmens darstellt.

Als erster italienischer Anbieter wagte SOL auch den Sprung ins Ausland und gründete 1985 im holländischen Tilburg eine Tochter sowie Vertriebsgesellschaften in Belgien und Nordfrankreich.[30] In den 1990er-Jahren kam mit dem Werk in Feluy (Belgien) die erste SOL-Luftzerlegeranlage außerhalb Italiens hinzu.

Im Unterschied zum fragmentierten italienischen Markt wurde der Gasemarkt in Spanien ganz und gar von den Branchengiganten beherrscht, nicht zuletzt weil sie in den 1980er-Jahren vielfach den Mehrheitsbesitz an denjenigen Firmen übernahmen, an denen sie vorher kleinere Beteiligungen gehalten hatten (vgl. Tabelle 9.5 oben). So erhöhte Linde beispielsweise 1989 die Beteiligung an Abelló auf 59,2 Prozent und Air Products baute seine Anteile an der Sociedad Española de Carburos Metalicos S. A., dem zweitgrößten Gasproduzenten des Landes, weiter aus. Air Liquide und Air Products operierten in Spanien weiterhin als Marktführer und UCC bediente mit 23 Prozent ebenfalls einen erheblichen Teil der Nachfrage. Zusammen mit Linde und AGA mit ihren geringeren Anteilen dominierten Air Products, Air Liquide und UCC damit den spanischen Markt.

Wenngleich sich die westeuropäischen Märkte in den 1980er-Jahren weiterhin stark bewegten, blieben die Marktanteile der großen Anbieter zwischen 1979 und 1990 trotz des intensivierten Wettbewerbs erstaunlich stabil, wie Tabelle 9.6 zeigt. Den deutlichsten Hinweis auf ein rasches Voranschreiten der Konzentration liefern die Zahlen in der letzten Zeile: Die Verminderung des Marktanteils unabhängiger Anbieter um fast ein Drittel in diesem Zeitraum spricht für sich. Von den großen Unternehmen büßten nur UCC und BOC Marktanteile ein, während Air Liquide, AGA, Linde und Air Products Gewinne verzeichneten. Eine wichtige

Rolle spielte dabei die Übernahme einer Reihe kleinerer CO_2- und Acetylenproduzenten, durch die die Konzentration weiter vorangetrieben wurde.

Zudem blieben die Wachstumsraten der unabhängigen Anbieter zwischen 1979 und 1989 generell hinter denen der großen Unternehmen zurück (vgl. Tabelle 9.7). Zwar konnten sie in diesem Zeitraum ebenfalls ein

Tabelle 9.6 Marktanteile der Industriegasunternehmen auf dem westeuropäischen Markt 1979–1990 (in Prozent)

	1979–1984	1985–1990	1990
Air Liquide	27	29	29
BOC	14	12	12
Messer Griesheim	13	13	13
AGA	11	14	14
Linde	9	10	10
Air Products	7	8	8
UCC	4	4	3
Andere	15	10	11

Quelle: Tabelle European Gas Market Shares, 1979–1990, BOC Gases planning estimates o. D., in BOCM, Box 939

Tabelle 9.7 Wachstum der Industriegasproduzenten in Westeuropa, 1979–1989 (in Mio. £)

	1979	1981	1983	1985	1987	1989	Wachstum in Prozent
Air Liquide	332	410	549	591	828	904	272
BOC	231	223	239	284	302	346	150
UCC	61	65	81	110	105	110	180
Air Products	83	114	158	178	218	280	337
AGA	166	173	200	269	374	464	280
Messer Griesheim	185	203	250	398	366	422	228
Linde	119	131	182	206	289	316	266
Andere	208	215	248	364	307	316	152
Gesamt	1.384	1.535	1.908	2.199	2.789	3.157	228

Quelle: »Air Products builds assets base«, in: Chemical Week (11. April 1990), S. 46

beachtliches Wachstum von 152 Prozent verzeichnen; gegenüber dem Wachstum von 228 Prozent bei den großen Akteuren im gleichen Zeitraum fiel es jedoch deutlich ab. Auch lassen sich einige bemerkenswerte Abweichungen feststellen: BOC und UCC blieben erheblich unter dem Durchschnitt, während Air Liquide und vor allem Air Products deutlich darüber lagen.

Neue Märkte in Asien

Wie der obige Überblick über die Marktentwicklung in den 1980er-Jahren in den Vereinigten Staaten und Westeuropa zeigt, hatten die großen Industriegasunternehmen generell Schwierigkeiten, außerhalb ihrer Heimatmärkte Fuß zu fassen. Infolgedessen entwickelten sie ab Ende der 1970er-Jahre Strategien für Investitionen in Schwellenländern. Am vielversprechendsten erschienen hier die asiatischen Märkte, wobei sich das Hauptinteresse auf Japan, Hongkong, Taiwan und Südkorea richtete. Zwar gab es auch einige Vorstöße nach Malaysia, Thailand, China und auf andere Märkte in Asien, größere Investitionen in diesen Ländern erfolgten jedoch erst nach 1990.

Die BOC war ab Beginn der 1980er-Jahre besonders intensiv damit beschäftigt, Investitionsmöglichkeiten in Asien zu suchen. Sie nutzte hierfür die Gewinne aus dem amerikanischen und dem britischen Geschäft, vor allem nach den gescheiterten Versuchen eines Markteintritts in Westeuropa. Die BOC konzentrierte sich auf Korea, Japan und Taiwan und konnte sofort Erfolge verbuchen. Wie der BOC-Manager Bob Lienhard 1987 in Hinblick auf den für Rentabilität erforderlichen Marktanteil erklärte: »Es bringt nichts, überall die Fahne zu hissen.«[31] Im Gegensatz zu Westeuropa war Asien demnach der richtige Ort für BOC, um die »Fahne zu hissen«.

Ein Grund für den frühen Einstieg in die asiatischen Märkte war sicher auch die jahrzehntelange Präsenz der BOC in den Commonwealth-Ländern der Pazifikregion wie Australien, Neuseeland, Hongkong etc. Hinzu trat jedoch die Erkenntnis, dass die Schwellenländer über ein erhebliches Wachstumspotenzial verfügten, während sich die Konkurrenz durch einheimische Gasfirmen in Grenzen hielt. Wie Richard Giordano, der in Amerika gebürtige Vorstandschef von BOC, es 1990 ausdrückte:

> Die Märkte in Asien waren aufgespalten. Konkurrenz gab es meist nur auf lokaler Ebene und sie hinkte in der Technik hinterher, und die Wachstumsraten des Bruttoinlandsprodukts lagen wesentlich höher.[32]

Die BOC entwickelte hierfür einen simplen Indikator ähnlich der marxistischen Auffassung, dass die unterentwickelten Länder dem von den Industriestaaten gewiesenen Weg folgen würden. Auf Vorschlag der Firmenanalysten teilte man die Länder anhand des Verhältnisses zwischen Sauerstoff- und Stickstoffverbrauch in drei Kategorien ein. Während sich in den 1980er-Jahren das Verhältnis zwischen den beiden wichtigsten Luftgasen in den »Industrieländern« auf 70 zu 30 zugunsten von Stickstoff verschoben hatte, verhielt es sich in »Schwellenländern« wie Bangladesh genau andersherum, hier war der Sauerstoffverbrauch entsprechend höher. In »smokestack economies« wie Indien betrug das Verhältnis dagegen 50 zu 50.[33]

Allerdings erkannte die BOC auch, dass man dieses Prinzip nicht einfach auf die Situation der sich wirtschaftlich rasch entwickelnden Tigerstaaten Ostasiens, wie Taiwan übertragen konnte. Dort lag das Sauerstoff-Stickstoff-Verhältnis wegen der Bedeutung der Elektronikindustrie bereits Mitte der 1980er-Jahre bei 20 zu 80. Aus diesem Grund bezeichnete einer der Teilnehmer am Meeting des BOC International Board für die Pazifikregion diese Länder bereits 1980 als »leap-frog economies«.[34]

Der Eintritt in diese Märkte erfolgte häufig über Joint Ventures mit einheimischen Firmen, in einigen Ländern, darunter Malaysia, Hongkong und Singapur, sogar über eine direkte Kooperation zwischen der BOC und Air Liquide.[35] Beim Eintritt in die Märkte der beiden wichtigsten Tigerstaaten, Südkorea und Taiwan, erwiesen sich die Joint Ventures mit einheimischen Anbietern als erfolgreiche Strategie, auch weil hier die persönlichen Beziehungen zwischen Geschäftsleuten in verschiedenen Branchen eine wichtige Rolle spielten und wirtschaftspolitisch ein ausgeprägter Protektionismus vorherrschte.[36] Für die heimischen Anbieter, in vielen Fällen Familienkonzerne, brachte diese Zusammenarbeit ebenfalls beträchtliche Vorteile mit sich. Schließlich erforderten die umfangreichen Investitionen in neue Anlagen und Distributionssysteme große Kapitalmengen, die kleinere Unternehmen allein meist nicht aufbringen konnten oder wollten. Außerdem bot ein Joint Venture die Möglichkeit, an das Know-how der Großen zu kommen, was Produktion, Distribution und Anwendungen betraf. David Craig von BOC fasste diese Entwicklung 1987 wie folgt zusammen:

> Im Allgemeinen werden keine Gase exportiert, sondern Wissen – zusammen mit den richtigen Systemen und der richtigen Einstellung … Die große Bedeutung, die wir dem Wissenstransfer beimessen, ist zweifellos einer der wichtigsten Faktoren für den Erfolg unserer

jüngsten internationalen Projekte und es hat außerdem den Vorteil, dass auf diese Weise die Eingliederung der neuen Firmen in die BOC-Familie gefördert wird.[37]

Bei der Umsetzung dieser Strategie war Südkorea neben Japan das Hauptziel der international agierenden Industriegasunternehmen. Anfang der 1980er-Jahre entbrannte ein regelrechter Bieterkrieg um eine 48-prozentige Beteiligung an der Korea Industrial Gas, einem der beiden Marktführer des Landes, den Air Products 1981 gewann und sich auf diese Weise einen größeren Marktanteil in Südkorea sicherte.[38] Die BOC ging 1989 ein Joint Venture mit der Haedong Industrial Company Ltd. ein.[39] Dies bedeutete, dass der südkoreanische Markt von diesen beiden Unternehmen zusammen mit Tochterfirmen von Air Liquide und UCC dominiert wurde. Er erwies sich in den 1980er-Jahren als sehr lukrativ, da neben der Stahlindustrie auch die steigende Nachfrage aus der Elektronikbranche das Wachstum der Gasbranche beförderte. Gegen Ende des Jahrzehnts erweiterten die Gasunternehmen ihren Kundenstamm und begannen auch Nahrungsmittelhersteller sowie die Pharma- und die Autoindustrie zu beliefern.[40]

Auch in Taiwan entschied man sich meistens für Joint Ventures. Die BOC trat 1984 durch eine 50-prozentige Beteiligung an der Lien Hwa Industrial Corporation, dem größten heimischen Anbieter, in den Markt ein, der in der Folge zum unangefochtenen Marktführer aufstieg – wobei er vor allem von der großen Nachfrage nach Spezialgasen aus der Elektronikindustrie profitierte. Auch Air Products gelang ein erfolgreicher Markteintritt, während Linde auf den Einstieg in diese Gasmärkte verzichtete und stattdessen einen Großteil der dort eingesetzten Luftzerleger mitsamt den zugehörigen Anlagen und Apparaten lieferte.[41]

Alles in allem brachte der Markteintritt in Korea und in Taiwan den großen Gasanbietern wichtige Erfahrungen, die sie bei Investitionen und Geschäftstätigkeiten in Hongkong, Thailand, Malaysia und Singapur nutzen konnten. Auch wenn die Märkte natürlich kleiner waren und nicht alle großen Gasunternehmen Ende des Jahrzehnts in diesen Ländern vertreten waren, war zu diesem Zeitpunkt der asiatische Markt insgesamt bereits zu einem sehr wichtigen Geschäftsfeld geworden, das den dort agierenden Gasanbietern hervorragende Wachstumsmöglichkeiten bot.[42] Hinzu kam, dass sich die Volksrepublik China in diesem Jahrzehnt allmählich dem Westen zu öffnen begann, auch wenn von ein paar wenigen und relativ kleinen Joint Ventures abgesehen der Run der internationalen Gasunternehmen auf den chinesischen Binnenmarkt erst in den 1990er-Jahren einsetzte. Darauf werden wir in Kapitel 10 zurückkommen.

Tabelle 9.8 Marktanteile der Gasunternehmen auf dem nordpazifischen Gasmarkt 1979–1990 (in Prozent)

	1979–1984	1985–1990	1990
Nippon Sanso	23	24	24
Air Products	11	12	16
UCC	1	1	1
BOC	14	28	24
Air Liquide	13	14	16
Andere	38	21	19

Quelle: Tabelle European Gas Market Shares, 1979–1990, BOC Gases planning estimates o. D., in BOCM, Box 939

Es ist nicht verwunderlich, dass sich – verglichen mit 1979 – die Anteile an den Märkten in Ostasien infolge der oben beschriebenen Entwicklungen Ende der 1980er-Jahre – teilweise dramatisch – verschoben hatten (vgl. Tabelle 9.8). Den Anteil von Nippon Sanso einmal außer Acht gelassen, der im Wesentlichen auf dessen marktbeherrschende Stellung in Japan zurückzuführen war, konnten in diesem Jahrzehnt vor allem die BOC und Air Products beträchtliche Marktanteile dazugewinnen. Auch Air Liquide war – in erster Linie dank ihrer japanischen Tochter Teisan – gut in der Region vertreten. Wie aus der Tabelle hervorgeht, verloren demgegenüber kleinere Anbieter, ähnlich wie in Europa und den USA, erheblich an Bedeutung, was wiederum zum Teil auf die Übernahmestrategien der großen Unternehmen zurückzuführen war.

Entwicklungen in Produktion, Anwendung und Distribution

Die in den 1980er-Jahren stattfindende Internationalisierung und zunehmende Konzentration der internationalen Industriegasbranche wurde von wichtigen technischen Entwicklungen begleitet und zum Teil auch überhaupt erst dadurch in Gang gesetzt. Sie betrafen technische Veränderungen und Verfahren in der Produktion, bei Anwendungen und in der Distribution, die im Folgenden etwas genauer untersucht werden.

Fortschritte in der klassischen kryogenen Luftzerlegung

Die klassische kryogene Luftzerlegung war in den 1980er-Jahren zwar weiterhin das wichtigste Verfahren in der Gasindustrie, sie erfuhr jedoch erhebliche Veränderungen. Dank umfassender Computersteuerung und der Nutzung neuer Materialien, insbesondere Aluminium, konnte man bei Luftzerlegern nicht nur zunehmend auf teure Werkstoffe wie Kupfer verzichten, sondern auch die zu ihrem Bau und Betrieb erforderliche Zahl an Arbeitskräften reduzieren.[43] Die Errichtung immer größerer Anlagen führte darüber hinaus zu einer erhöhten Produktivität (vgl. Tabelle 9.9), aber noch wichtiger war eine kontinuierliche Steigerung der Energieeffizienz. Vielfach war es deshalb rentabler, alte Anlagen durch neue zu ersetzen, statt sie umzurüsten.[44]

Ermöglicht wurde diese Steigerung der Produktionskapazitäten auch durch neue Distributionskonzepte (auf deren Entwicklung noch genauer eingegangen wird), die den Bau zentraler Großanlagen für eine weitflächige Versorgung zuließen. Diese Anlagen errichtete man in Regionen, in denen die Energiekosten relativ niedrig lagen, was in Anbetracht dessen, dass die Stromkosten bei Luftgasen ca. 70 Prozent der reinen Produktionskosten ausmachten, zu den wichtigsten Faktoren zählte. Linde beispielsweise errichtete aus diesem Grund 1982 eine Großanlage bei Augsburg zur Versorgung von Süddeutschland und eine im nördlichen Ruhrgebiet bei Herne, nachdem man sich durch langfristige Verträge mit den dortigen Energieversorgern günstigen Strom gesichert hatte. Neben den um ein Drittel niedrigeren Energiekosten bei der Gaserzeugung brachten solche Zentralanlagen aufgrund von Größenvorteilen weitere Einsparungen, was erklärt, weshalb die Unternehmen trotz des Kapitaldienstes für die hohen Investitionen bereits im ersten Produktionsjahr deutliche Kostenvorteile erzielen konnten.[45]

Bedingt durch den flächendeckenden Bau von Großanlagen in Westeuropa und Nordamerika ab Mitte der 1970er-Jahre und infolge von Krisen in der Stahlbranche und anderen älteren Industriezweigen wie Petro-

Tabelle 9.9 Wachsende Produktionskapazität einer Standard-Sauerstoffanlage 1960–1997

Jahr	Tonnen pro Tag
1960	500
1970	1.350
1980	2.250
1989	2.500
1997	3.000

Quelle: Almqvist, History of Industrial Gases, S. 338, eigene Übersetzung

chemie und Ölraffinerien[46] – ging die Zahl neuer Luftzerleger pro Jahr nach 1980 wieder deutlich zurück: Wurden zwischen 1976 und 1979 noch zwölf bis 40 Anlagen jährlich fertiggestellt, waren es zwischen 1980 und 1986 weltweit nur fünf bis 22 Anlagen. Die meisten dieser Luftzerleger stammten nach wie vor von Linde und Air Liquide, die von 1976 bis 1986 131 bzw. 129 Anlagen planten und errichteten.[47] Air Products konnte mit 81 Luftzerlegern noch einigermaßen mithalten, während UCC und BOC mit 58 bzw. 56 Anlagen hinter die anderen großen Anbieter zurückfielen, was unter anderem daran lag, dass sie die Luftzerleger vornehmlich für den Eigenbedarf bauten. Von den übrigen Anbietern in der westlichen Welt spielten nur noch die drei japanischen Firmen Kobe (22), Hitachi (29) und Nippon Sanso (21) eine Rolle, während mehrere kleinere Anbieter wie Rivoira, Nuovo Pignione, Boschi und SIAD in diesem Zeitraum zusammen lediglich ein Zehntel des Gesamtmarktes bedienten.[48] Hinzu kam, dass die großen Anlagenbauer – und hier insbesondere Linde und Air Liquide – zahlreiche technische Neuerungen einführten, und zwar nicht zuletzt deshalb, um die Luftzerleger an spezielle Kundenwünsche anzupassen. Air Products setzte dagegen mehr auf billiger zu produzierende Standardanlagen und günstige Finanzierungsmöglichkeiten.[49] UCC und BOC wiederum gerieten bereits in den 1980er-Jahren in Schwierigkeiten, da sie Luftzerleger fast ausschließlich für die eigene Industriegasproduktion errichteten, deren Bedarf aber so gering war, dass ihr Anlagenbau trotz wiederholter Rationalisierungsmaßnahmen nicht rentabel war.[50] Um solche Probleme zu vermeiden, verzichtete die AGA konsequenterweise auf den Bau eigener Anlagen und erwarb sie stattdessen von der Konkurrenz, vor allem von Linde.[51]

Neue Produktionsverfahren für Luftgase

Die technischen Weiterentwicklungen in der kryogenen Luftzerlegung waren in den 1980er-Jahren zwar von großer Bedeutung für die Industriegasbranche, wesentlich stärker als durch diese inkrementellen Fortschritte wurde die Branche – jedenfalls kurzfristig – durch zwei völlig neue Produktionstechniken für Luftgase durcheinandergewirbelt, nämlich die Pressure Swing Adsorption (PSA) und das Membranverfahren.

Mit der Entwicklung dieser Technologien hatte man bereits in den 1940er- bzw. 1960er-Jahren begonnen, doch anwendungsreif und konkurrenzfähig wurden beide erst in den 1980er-Jahren; die PSA-Technik Anfang des Jahrzehnts und die Membransysteme gegen dessen Ende.[52] In einem gewissen Sinn schloss sich mit diesen beiden Verfahren – insbesondere mit PSA – ein Kreis: Immerhin hatte die Gründung der Branche 1886 auf einem chemischen (Bariumoxid-)Verfahren beruht (siehe Kapi-

Abb. 51 PSA-Anlage der Linde AG, Lloydminster, Kanada, 2008

tel 1), das Anfang des 20. Jahrhunderts durch ein physikalisches (kryogene Verflüssigung und Rektifikation) ersetzt worden war. Nun drohten wiederum chemische Verfahren oder besser gesagt, ursprünglich in der chemischen Industrie entwickelte Verfahren, das vorherrschende physikalische Verfahren zu verdrängen.

Das PSA-Verfahren beruhte dabei allerdings auf dem physikalischen Prinzip, dass einzelne Bestandteile der Luft mittels poröser, adsorbierender Materialien wie Zeolithe oder Aktivkohle durch Druckwechsel, d.h. erhöhten bzw. reduzierten Druck, angereichert und/oder getrennt werden konnten.[53] Dieses Verfahren wurde dann weiterentwickelt zur Vacuum Pressure Swing Adsorption (VPSA), bei der mit Unterdruck gearbeitet wurde.[54] Die Membrantechnologie beruhte dagegen auf einem anderen Prinzip, nach dem die Luftgase mithilfe semipermeabler Membrane, die immer nur für einen der Luftbestandteile durchlässig waren, stufenweise getrennt wurden. Membranverfahren wurden nicht nur bei der Produktion von Luftgasen eingesetzt, sondern auch zur Trennung und Reinigung von Wasserstoff und Kohlenstoffdioxid,[55] und waren damit eine Alternative zu anderen nichtkryogenen Verfahren in diesen speziellen Bereichen.

Keines der beiden Verfahren konnte jedoch die klassischen kryogenen Verfahren zur Luftzerlegung vollständig ersetzen. Zwar konnte man damit Sauerstoff und Stickstoff unter bestimmten Umständen günstiger als in Luftzerlegern herstellen, da die Baukosten für die Anlagen niedriger waren und die Gase nicht mit hohem Energieaufwand verflüssigt werden mussten.[56] Jedoch ließen sich mit diesen Verfahren keine hochreinen Gase erzeugen, und selbst nachdem es durch eine rasche Weiterentwicklung der PSA-Systeme möglich war, Stickstoff mit einer Reinheit von 99,5 Prozent und zu 93 bis 95 Prozent reinen Sauerstoff zu erzeugen, blieb das Problem der Menge. Bis heute sind VPSA-Systeme jenseits einer Menge von 100 Tonnen pro Tag und PSA-Systeme jenseits einer Menge von 40 Tonnen nicht wirtschaftlich. Mit anderen Worten, für die Massenproduktion von Gasen und/oder hohe Reinheitsgrade benötigt man nach wie vor Luftzerleger.[57] Die klassischen kryogenen Zerleger boten zudem den Vorteil, dass man damit Sauerstoff und Stickstoff in flüssiger Form produzieren und gleichzeitig wertvolles Argon und andere Edelgase gewinnen konnte.

Dennoch stellten die beiden neuen Verfahren eine große strategische Herausforderung für die großen Industriegasunternehmen dar. Unter anderem war das darauf zurückzuführen, dass die meisten Varianten von branchenfremden Firmen entwickelt worden waren und die Gasanbieter nun die unmittelbare Konkurrenz durch Unternehmen wie Monsanto, Dow Chemical und andere (Chemie-)Großkonzerne fürchteten.[58] Aus diesem Grund und um außerdem die neuen Verfahren möglichst schnell nutzen zu können, erwarben die großen Industriegaserzeuger Lizenzen von den Inhabern der Verfahrenspatente oder gingen mit diesen Joint Ventures ein (vgl. Tabelle 9.10). Mitunter erwarben die Industriegasunternehmen auch einzelne Membranhersteller, wie Air Products die Separax Corporation.[59] In der Folge übernahm Air Products zusammen mit UCC die Führung bei der Weiterentwicklung der neuen Techniken,[60] und auch BOC, Air Liquide und Linde sprangen auf den Zug auf, während AGA und Messer Griesheim sich zurückhielten. Auch einige kleinere Anbieter wie Nitrotec, Calgon Carbon oder A/G Technologies beteiligten sich an der Weiterentwicklung und Kommerzialisierung der neuen Verfahren,[61] die bis Ende der 1980er-Jahre noch an verschiedenen Kinderkrankheiten litten und daher häufig unzuverlässig waren.

Abgesehen von den seitens der branchenfremden Patentinhaber drohenden Gefahren stellte der Einsatz der PSA- und Membranverfahren auch deshalb eine Herausforderung für die etablierten Gasunternehmen dar, weil dadurch neue Distributionskonzepte nötig wurden, die vermutlich negative Auswirkungen auf die altbewährten Methoden der Flüssig-

Tabelle 9.10 Zusammenarbeit der großen Industriegasanbieter mit den Entwicklern von PSA- und Membranverfahren in den 1980er-Jahren

Industriegas-anbieter	Entwickler von PSA- und/oder Membranverfahren
Air Products	Akzo
BOC	Dow Chemicals/Generon
Air Liquide	DuPont/Medal
UCC	NitroGen Membrane systems/UCC
Linde	UCC
MG	Dow Chemicals, Carbotech/DMT-Gruppe
AGA	Dow Chemicals, AGT Bosten

Quelle: S. Robbins, S. Petridis, BOC Group Gases Planning, »Non-Cryogenic Review: A market survey«, April 1992, in BOCW, Box 232; BOC Vorstandsprotokoll vom 8. Dezember 1988, in BOCW, Box SEC00463; Akte »Unternehmensplanung 1981 für 1983–1987, Werksgruppe TVT«, in CAL, Fach 38, F 04; Gwen Jones, Mark Andrews, »AGA Gases – A Competitive Analysis«, Januar 1992, in BOCM, Box 608; David Hunter, Debbie Jackson, Marjorie Coeyman, »Industrial Gases Preparing for the Next Round«, in: Chemical Week (7. April 1993), S. 20–26; John Baker, »MG/AGA Take on UK Gases Market«, in: European Chemical News (28. März 1994), S. 20; David Hunter, »Industrial Gases: Focus on Costs, Mix and Geography«, in: Chemical Week (23. Februar 1994), S. 25–27; David Hunter, Debbie Jackson und Andrew Kagan, »Technology Keeps on Getting More Cost-effective«, in: Chemical Week (20. November 1991), S. 54; Jemain, Les conquérants de l'invisible, S. 259–273; Butrica, Out of Thin Air, S. 252–253; C.R. Baker und T.F. Fisher, »Industrial cryogenic engineering in the USA«, in: Ralph G. Scurlock (Hg.), History and Origins of Cryogenics (New York 1992), S. 217–254 und S. 235; Almqvist, History of Industrial Gases, S. 182, 239–241, 338–342; BOC, Geschäftsbericht 1989, S. 20

gasproduktion haben würden.[62] Und zwar vor allem dann, wenn ein Industriegaskunde keine besonderen Ansprüche an die Reinheit stellte und/oder Stickstoff und Sauerstoff nur in gasförmigem Zustand benötigte, wie es in der Chemieindustrie häufig der Fall war. Benötigte ein Kunde vor der Einführung der neuen Verfahren Gasmengen, die den Bau eines Luftzerlegers nicht rechtfertigten, wurden Sauerstoff und Stickstoff in flüssiger Form geliefert, was ein sehr lukratives Geschäft war. Es stand zu befürchten, dass die PSA- und Membranverfahren das Flüssiggasgeschäft »kannibalisieren« würden.[63] Auf die neuen Verfahren wollten die Gasunternehmen allerdings auch nicht verzichten. »Wir können es uns nicht leisten, uns abhängen zu lassen«, hieß es bei BOC.[64] Diese Einstellung, die in den 1980er-Jahren von allen großen Gaserzeugern geteilt wurde, rührte daher, dass keiner der Konkurrenz zu einem Vorteil verhelfen wollte, was trotz der möglicherweise damit verbundenen Nachteile für das Flüssiggasgeschäft wiederum die Entwicklung neuer und besserer PSA- und Membransysteme vorantrieb.[65] Unklar blieb zunächst, wie schnell man die neuen Verfahren auf breiter Basis einsetzen sollte, damit das Flüssiggasgeschäft möglichst wenig Schaden nahm. Bald schon stellte man jedoch fest – vor allem bei BOC und UCC –, dass direkt beim Kunden installierte PSA- und Membrananlagen allenfalls 25 Prozent bis maximal 50 Prozent des Flüssiggasgeschäfts ersetzen würden.[66] Darüber hinaus gewann man mit der neuen Technik neue Abnehmer, die bisher eigene Luftzerleger betrieben hatten, oder mittelgroße Verbraucher in der Pharma-, Chemie- und Kunststoffindustrie bzw. in Branchen zur Weiterverarbeitung und Veredelung landwirtschaftlicher Rohstoffe oder Betriebe in der Müllverarbeitung und der Wasseraufbereitung.[67]

Vor allem dank dieser neuen Kunden wurde das »PSA-Dilemma« – wie es die BOC Anfang der 1980er-Jahre nannte – letztlich zu keiner Gefahr für die bestehenden Produktions- und Distributionssysteme. Vielmehr ergänzten die neuen Verfahren die älteren und halfen dabei, neue Marktsegmente zu erschließen. Da die neuen Techniken immer noch relativ anfällig waren und die klassischen kryogenen Luftzerleger deshalb nicht in absehbarer Zeit ersetzen konnten, erlosch schließlich auch das Interesse branchenfremder Firmen an einem Einstieg. Stattdessen begannen diese, sich Ende der 1980er-Jahre aus den Joint Ventures und der damit verbundenen Industriegasproduktion zurückzuziehen.[68]

Die wachsende Bedeutung der Anwendungstechnik

Neben den kontinuierlichen Fortschritten in der Produktionstechnik der 1980er-Jahren zeichnete sich mit der systematischen Entwicklung neuer Anwendungen ein neuer Trend in der Industriegasbranche ab. Ein Grund hierfür waren die allgemeinen technischen Weiterentwicklungen in anderen Industriezweigen, bei denen immer häufiger Industriegase eingesetzt wurden. Ein zweiter Grund war der Strukturwandel und insbesondere der Niedergang »alter« Industriezweige in den Industrieländern. Die Krise der Stahlindustrie führte in den USA und in Westeuropa zur Schließung zahlreicher Stahlwerke und im Schiffsbau kämpfte man ebenfalls mit Problemen. All das führte nicht selten dazu, dass auch Onsite-Luftzerleger stillgelegt wurden, weil sie wegen fehlender Großabnehmer nicht mehr rentabel betrieben werden konnten.[69] Sinkende Umsätze waren die unausweichliche Folge, gleichzeitig erkannte man jedoch die Notwendigkeit der Umstrukturierung bestehender Distributionsnetze und des Baus neuer Luftzerleger an anderen Standorten. Unternehmen wie UCC – das aus historischen Gründen eine starke Position als Sauerstoffzulieferer für die Stahlindustrie innehatte – wurden von diesen Entwicklungen besonders hart getroffen. Aber alle großen Anbieter mussten sich auf die Suche nach neuen Märkten begeben, um den Verlust der bisherigen – oftmals sehr lukrativen – Märkte auszugleichen. Viele von ihnen verfolgten darüber hinaus Diversifizierungsstrategien, um die Auswirkungen konjunktureller Abschwünge abzumildern.[70]

Die großen Industriegaserzeuger hatten schon länger beobachtet, dass der Sauerstoffverbrauch der Stahlindustrie stagnierte, während die Nachfrage nach anderen Industriegasen geradezu explodierte, es kam für sie also nicht völlig überraschend, dass Sauerstoff an Bedeutung verlor.[71] In den USA und einigen westeuropäischen Ländern hatte die Stickstoffproduktion um 1980 herum mit der Sauerstoffproduktion gleichgezogen und Mitte des Jahrzehnts verkaufte BOC bereits doppelt so viel Stickstoff wie Sauerstoff.[72] Gleichzeitig wuchs auch die Bedeutung anderer Industriegase. Mengenmäßig blieben Gase wie Wasserstoff und Argon zwar deutlich hinter den klassischen Luftgasen zurück, aufgrund der höheren Preise trugen die »neuen« Gase jedoch überproportional zu den Gesamtumsätzen und Gewinnen bei. Es war dann auch exakt dieser innersektorale Strukturwandel, der bei den Anbietern die Erwartung auslöste, dass weniger hoch industrialisierte Staaten wie Italien oder rasch expandierende Schwellenländer mit einer bislang relativ geringen Stickstoffnachfrage erhebliche Wachstumschancen bieten würden, was wiederum Einfluss auf die Internationalisierung der Branche hatte.[73]

Um den Bedürfnissen neuer Kunden, sei es international oder in weiteren Branchen, gerecht zu werden, war es erforderlich, neue Anwendungen zu erforschen. Wie wir bereits gesehen haben, richteten alle großen Gasunternehmen zu diesem Zweck in den 1950er- und 1960er-Jahren eigene Anwendungszentren ein. In den 1980er-Jahren wurde die Anwendungssuche jedoch wesentlich systematischer und intensiver betrieben als jemals zuvor. Tatsächlich war sie zu diesem Zeitpunkt für die großen Industriegaskonzerne zu einem der wichtigsten Bestandteile ihrer Unternehmensstrategien geworden.[74] Die Entwicklung neuer Anwendungen erfolgte jedoch nicht nur in unternehmenseigenen Forschungszentren, sondern oftmals auch in Kooperation mit wissenschaftlichen Institutionen und in Joint Ventures mit branchenfremden Unternehmen.[75] Solche Joint Ventures waren Teil eines allgemeinen Trends, der Innovationen in der Branche vorantrieb: Die Gasunternehmen gingen dazu über, immer systematischer die Erwartungen und Erfahrungen ihrer Kunden zu nutzen, sei es durch intensive Betreuung und/oder enge technische Zusammenarbeit. Wie es Karl-Olov Gaunitz von AGA 1988 knapp zusammenfasste: »Auf die besten Ideen bringen uns oft unsere Kunden.«[76] Die verstärkte Kundeneinbindung als wichtiger Strategiebestandteil führte zwangsläufig zu organisatorischen Veränderungen: So begannen die großen Gasunternehmen – allen voran Air Liquide – sich ihrem neuen »marktorientierten Ansatz« entsprechend umzustrukturieren, wofür man auf einzelne Kundensegmente ausgerichtete Sparten gründete.[77] Der neue Fokus auf Anwendungen in den 1980er-Jahren hatte außerdem zur Folge, dass sie systematisch ihr Know-how und bewährte Verfahren auf andere Bereiche zu übertragen versuchten. Die BOC beispielsweise nutzte das bei der Entwicklung von Controlled Atmospheres (CA) für die Wärmebehandlung in der Metallurgie gewonnene Wissen, um CA-Anwendungen auch für die Elektronik-, Keramik- und Verpackungsindustrie zu entwickeln.[78]

Insgesamt stieg die Zahl der Industriegasanwendungen und der belieferten Sektoren in den 1980er-Jahren enorm an. Bei der Produktion von Halbleitern und Glasfaserkabeln, aber auch in der Optoelektronik wurden verschiedene Spezialgase zur Schaffung von Reinräumen eingesetzt, d. h. zur Inertisierung von Arbeitsbereichen und Reinigung von Oberflächen sowie zum Kühlen von Supraleitern, was wiederum die Herstellung immer leistungsfähigerer Mikrochips ermöglichte.[79] Ähnlich breit gefächert war das Anwendungsspektrum in der Lebensmittelindustrie. Neben den klassischen Anwendungen beim Kühlen und Gefrieren entwickelte sich hier das Verpacken von Lebensmitteln unter modifizierter Atmosphäre zur Verlängerung der Haltbarkeit zu einem wichtigen Wachstumsfeld. Weitere Anwendungsbereiche waren die Entkoffeinierung von Kaffee und die Herstellung nikotinarmer Zigaretten.[80] Und auch in anderen Industriezweigen wurden in zunehmendem Maß Industriegase genutzt. In der Erdölindustrie beispielsweise verwendete man Kohlendioxid und Stickstoff zur Förderung des Restöls aus allmählich erschöpften Ölfeldern (Enhanced Oil Recovery, kurz EOR). In Raffinerien dagegen wurde Wasserstoff zur Herstellung hochqualitativer Treibstoffe aus relativ geringwertigem Rohöl und Stickstoff für die Inertisierung wie zur Stabilisation des Raffinierungsprozesses eingesetzt. Darüber hinaus wurden Industriegase zur Oberflächenbehandlung, bei der Herstellung von Solarzellen und zum Entgraten von Gummi verwendet und selbst in der Baubranche kam immer häufiger flüssiger Stickstoff zum Einsatz, z. B. zum Kühlen von Beton während des Transports oder zum Einfrieren von Böden im Tunnel- und Tiefbau sowie für stärker spezialisierte, aber äußerst wichtige Anwendungen nach den Reaktorunfällen in Tschernobyl und Fukushima, wo Flüssigstickstoff zum Feuerlöschen und zur Eindämmung der Kontamination verwendet wurde. Die Umwelttechnik bot ein weiteres Wachstumsfeld für Sauerstoff, insbesondere bei der Wasseraufbereitung, aber auch bei der Bodensanierung, und in der Papierindustrie ersetzte Sauerstoff in erheblichem Umfang umweltschädigende Chloride.[81]

Schließlich fanden Industriegase auch in der Medizin eine immer größere Verwendung. Zur Belieferung von Kliniken mit Sauerstoff und spezielleren Anästhesiegasen kamen eine Reihe neuer Anwendungen hinzu: So verwendete man unter anderem Stickstoff zum Einfrieren von Blut, Sperma und Körperteilen oder zur Behandlung von Hautkrankheiten. Insbesondere die Kühlung von Supraleitern in Magnetresonanztomographen mit flüssigem Helium und Stickstoff entwickelte sich für die Gasunternehmen zu einem lukrativen Geschäft. Zum wichtigsten Bereich von allen wurde jedoch das Homecare-Geschäft. Hier bauten die Industriegasanbieter ein eigenes Distributionsnetz auf, über das sie kleine Sauerstoffbehälter und andere technische Geräte mitsamt den erforderlichen Industriegasen und dem entsprechenden Service an private Endkunden verkauften.[82]

Wenn auch die großen Anbieter gleichermaßen in allen diesen Bereichen Forschung betrieben und neue Anwendungen entwickelten, so waren doch Schwerpunkte und Stärken unterschiedlich verteilt.[83]

So war die UCC beispielsweise führend bei Anwendungen für Abwasserreinigung, Sauerstoffbrenner, Adsorptionsverfahren und Metallurgie, während Air Products über bessere Technologien für die Elektronik- und die lebensmittelverarbeitende Industrie verfügte. Die AGA zeigte besondere Stärken in der Schweiß- und Gefriertechnik, letzteres vor allem für Lkw-Transporte. Dafür schwächelte das schwedische Unternehmen bei Elektronikgasen und dem dazugehörigen Equipment, eine Sparte, in der sich – neben der Lebensmittelverarbeitung – wiederum die BOC hervortat.[84] Dabei spielte es keine besondere Rolle, ob die großen Unternehmen bei der Entwicklung einzelner Anwendungsverfahren Pionierarbeit leisteten, wie es Air Products, UCC und BOC getan hatten. Vielmehr waren es die bereits belieferten Industriezweige, von denen die Entwicklungsschwerpunkte und Stärken der Unternehmen bestimmt wurden. Darüber hinaus lief oft die regionale Expansion über Anwendungsverfahren. Dass Air Products und BOC Anfang der 1980er-Jahre in den japanischen Markt einstiegen, hatte auch damit zu tun, dass die japanischen Gasunternehmen – abgesehen von Air Liquides Tochter Teisan – noch kaum Anwendungen entwickelt hatten, insbesondere, was Stickstoff betraf.[85] Viele Gasanbieter zogen eine andere Strategie vor und verzichteten auf die Vermarktung neuer Verfahren in Ländern, in denen sie noch nicht aktiv waren, sondern vergaben stattdessen lieber Lizenzen an die auf den dortigen Märkten vertretenen Wettbewerber. Aus diesem Grund entschloss sich z.B. Nippon Sanso, seine hochreinen Spezialgase und die dazugehörigen Anlagen und Geräte nicht in Westeuropa zu vertreiben. Stattdessen vergab das japanische Unternehmen, das diese Produkte auf seinem Heimatmarkt und über seine Tochter Matheson in den USA vertrieb, in Europa dafür Lizenzen an AGA und Linde. Die beiden Unternehmen profitierten in zweifacher Hinsicht davon: Zum einen konnten sie sich eine mit beträchtlichen Kosten verbundene eigene Entwicklung sparen und zum anderen konnten sie in diesen Bereichen, in denen sie selbst bislang schwach gewesen waren, sofort auf den Markt gehen.[86]

All diese Strategien und neu entwickelten Anwendungstechniken führten bis Ende der 1980er-Jahre zu einer sehr viel stärker diversifizierten Nutzung von Industriegasen. In dieser Hinsicht war es von besonderer Bedeutung, dass sich mithilfe der neuen Anwendungsverfahren nicht nur neue Industriegasmärkte erschließen, sondern auch die Erschütterungen durch den Rückgang der Schwerindustrie mehr als kompensieren ließen. Und schließlich sicherten sie ein weiteres Wachstum der Branche. Wie ein Mitarbeiter von BOC 1987 zufrieden feststellte: »Da kann man mal sehen, wie weit wir uns aus unserer früheren Abhängigkeit von der Stahlindustrie befreit haben.« Ein anderer ergänzte: »Wachstum durch neue Anwendungen – so lautet die Devise in der Gasbranche. (Es ist äußerst unwahrscheinlich, dass ein wichtiges neues Gasprodukt auftaucht. Immerhin besteht unser Verkaufskatalog im Wesentlichen aus dem Periodensystem!)«[87]

In gesättigten Märkten boten neue Anwendungstechnologien zudem die einzige Möglichkeit für Wachstum.[88] Nichtsdestoweniger erlaubten die neuen Absatzmärkte höhere Gewinnmargen, unter anderem wegen der Aufpreise, die man für Produkt plus Technologie verlangen konnte. Damit nicht genug, sie erlaubten außerdem eine bessere Auslastung der Luftzerleger, die nicht nur zu einem günstigeren Absatzverhältnis zwischen Stickstoff und Sauerstoff, sondern auch zu einer erhöhten Produktion von Argon und den anderen Luftgasen führte. Das wiederum verhalf den Gaserzeugern zu höheren Gewinnen, weil sie nun einen Großteil des teuer aus der Luft extrahierten Stickstoffs vermarkten konnten, statt ihn einfach zurück in die Atmosphäre zu blasen.[89] Mit den Worten eines Mitarbeiters von BOC im Jahr 1987: »Jetzt verkaufen wir die ganze Kuh, nicht nur die Steaks und die Filetstücke.«[90]

Neuerungen in der Distributionstechnik

In den 1980er-Jahren machte schließlich auch die Distributionstechnik Fortschritte, was sich zusammen mit den beschriebenen Innovationen in der Produktions- und Anwendungstechnik ausgesprochen positiv auf die Leistungsfähigkeit der großen Industriegaserzeuger auswirkte. Eine zentrale Bedeutung kam dabei der Rationalisierung des Gastransports zu. Dank neuer Materialien, insbesondere Chrom-Molybdän-Stahl und Aluminium, und anderer technischer Verbesserungen, die seit den 1960er-Jahren eingeführt worden waren und in den 1980er-Jahren zunehmend Verbreitung fanden, war es möglich, den Flaschendruck auf 400 bar zu erhöhen, wodurch in jeder Flasche bis zu 30 Prozent mehr Inhalt transportiert werden konnten (vgl. Abb. 51).

Darüber hinaus wurde der Transport organisatorisch optimiert und schließlich führte die zunehmende Computerisierung zu einer effizienteren Verwaltung des Flaschengeschäfts, sodass die Unternehmen häufig allein schon durch den Verleih der Flaschen Geld verdienten, unabhängig vom Inhalt, was sich in einem Bericht aus dem Jahr 1988 folgendermaßen liest: »Das Leihgeschäft mit Flaschen ist äußerst profitabel, selbst wenn der Kunde die Flaschen mit dem Gas eines anderen Anbieters befüllt.«[91]

Auch das expandierende Geschäft mit Flüssiggastransporten wurde weiter rationalisiert, etwa durch eine bessere Abdichtung der Tanks, zentrale Computersteuerungssysteme und schnellere Betankungstechniken. All diese Neuerungen machten es auch möglich, Gase über größere Entfernungen zu transportieren.[92] Um die Vorteile solcher Neuerungen nut-

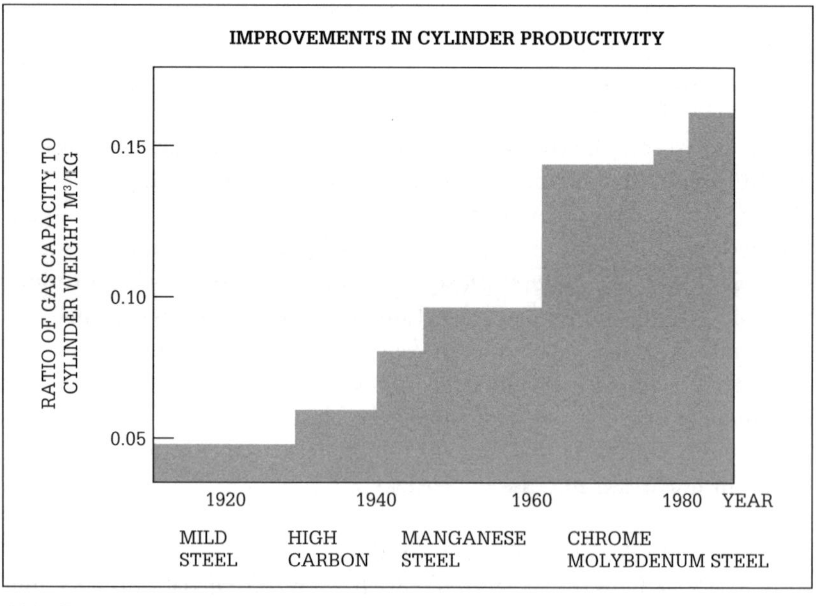

Abb. 52 Verbesserung der Flaschengaskapazitäten, 1920–1980

zen und bei dem harten Wettbewerb auf dem schwierigen amerikanischen Handelsmarkt mithalten zu können – und Gewinne zu erzielen –, erneuerte die AGA ab 1978 beispielsweise die gesamte Tanklasterflotte ihrer US-Tochter Burdox.[93]

Die Verbesserungen in der Distributionstechnik brachten den Gasunternehmen zudem erhebliche Einsparungen an Personal- und sonstigen Kosten. Tatsächlich überstiegen die Einsparungen in dieser Zeit die Ausgaben für Equipment, einschließlich der Kosten für den Transport von Gasen in jedweder Form sowie für den Bau und Betrieb der Luftzerleger, um mehr als das Doppelte.[94] Aufgrund der verlängerten Transportwege, die durch die Verbesserungen in der Distribution möglich wurden, konnten die Luftzerleger ihre Versorgungsbereiche ausdehnen, was sich wiederum positiv auf Auslastung und Gewinne auswirkte.[95] Da Spezialgase wie Argon, die aufgrund ihrer geringeren Volumina und ihres höheren Wertes im Vergleich zu Sauerstoff und Stickstoff sowieso rentabel über weitere Entfernungen transportiert werden konnten, an Bedeutung zunahmen, wurden immer größere Luftzerleger eingesetzt. Zusätzlich vorangetrieben wurde diese Entwicklung durch die steigenden Stromkosten: Da die Ausgaben für Strom teilweise bis zu 70 Prozent der Produktionskosten ausmachten, wurden die neuen Zentralanlagen meist an Standorten errichtet, an denen die Gasunternehmen mit den dortigen Energieerzeugern langfristige Verträge für günstige Stromlieferungen abschließen konnten.[96]

Dieser Zentralisierungstrategie waren allerdings Grenzen gesetzt, unter anderem weil Distribution und Logistik einer vollständigen Zentralisierung der Produktion im Weg standen. Dennoch schrumpfte die Zahl der Luftzerleger in den 1980er-Jahren beträchtlich und in Westeuropa verzichteten Unternehmen vielfach auf die Errichtung neuer Anlagen im benachbarten Ausland. Stattdessen zogen sie es vor, die Internationalisierung durch die Nutzung bestehender grenznaher Luftzerleger voranzutreiben. So belieferte BOC vom niederländischen Terneuzen aus Deutschland und Belgien, und Air Liquide nutzte Produktionsstätten in Belgien für Lieferungen nach Deutschland und Holland. Linde und Messer Griesheim versorgten ihrerseits von mehreren deutschen Anlagen aus die französischen Märkte.[97] Außerdem boten Argon und andere Spezialgase wegen ihres hohen Werts pro Volumeneinheit ein Sprungbrett für die Expansion in neue Märkte.[98]

Zur Distributionspolitik der Gasunternehmen gehörte auch der Ausbau der Rohrleitungsnetze, der oftmals dazu führte, dass potenzielle Konkurrenten von der Versorgung in den betreffenden Regionen ausgeschlossen wurden. In Ergänzung zu den bestehenden Sauerstoffpipelines für die Stahlindustrie bauten die großen Gasanbieter seit den 1980er-Jahren daher auch zahlreiche Stickstoffpipelines. Auf diese Weise entstanden kleinere Versorgungsnetze für Industrieparks in Japan, Taiwan, Korea und im kalifornischen Silicon Valley zur Belieferung der Elektronikindustrie. Weltweit wurden jedoch auch größere Rohrleitungsnetze errichtet. Big Three beispielsweise baute zur Versorgung großer Chemiewerke und Ölraffinerien am Golf von Mexiko ein Netz mit einer Länge von mehr als 2.200 Kilometer. In diesem Gebiet entstanden sogar parallele Netze. Da es den Mitbewerbern nicht gelang, in das Stickstoffgeschäft von Big Three (bzw. Air Liquide nach dessen Übernahme) vorzudringen, bauten Air Products und UCC dort Rohrleitungen, um dieselben Kunden, die aus dem Netz von Big Three Stickstoff bezogen, mit Wasserstoff und Kohlendioxid zu beliefern. Darüber hinaus begannen die großen Industriegasanbieter auch mit Multipipelines zu experimentieren.[99]

Der Strategiefaktor

In den 1980er-Jahren verfolgten alle großen Unternehmen der internationalen Industriegasbranche Strategien der Internationalisierung und technischen Weiterentwicklung, vor allem was die systematische Erforschung neuer Anwendungen betraf. Wie wir gezeigt haben, gab es dabei jedoch Unterschiede hinsichtlich der geografischen und produktbezogenen Schwerpunkte einerseits sowie der erzielten Erfolge andererseits. Eine unerlässliche Voraussetzung zur Umsetzung der Unternehmensstrategien war, dass die entsprechenden hohen Kapitalsummen für Investitionen zur Verfügung standen. Damit sahen sich die Geschäftsleitungen vor eine weitere, besonders dringliche strategische Aufgabe gestellt: Die Beschaffung der nötigen Mittel erforderte sorgfältige und manchmal schwierige Entscheidungen darüber, welche Schwerpunkte sie für ihre Unternehmen setzen sollten. Solche Entscheidungen wirkten sich auf lange Sicht außerdem auf die Wettbewerbsfähigkeit der beteiligten Unternehmen aus. Natürlich galt das für viele Bereiche, zwei davon waren jedoch besonders wichtig. Der erste betraf die Zusammensetzung des Kundenstamms und die eng damit verbundene Form der Distribution, beim zweiten drehte es sich um die Frage, wie stark sich ein Unternehmen auf Gase konzentrieren sollte, mit anderen Worten, in welchem Ausmaß und in welche Sparten es diversifizieren sollte. Wir wollen diese beiden Bereiche nachfolgend etwas ausführlicher betrachten.

Zusammensetzung des Kundenstamms und Formen der Distribution
Trotz einer verbesserten Distributionstechnik und des allgemeinen Trends weg von Flaschenlieferungen hin zur Bulk- und Onsite-Versorgung[100] war eine flächendeckende Marktpräsenz einschließlich des Betriebs von Umfüllstationen und Distributionszentren weiterhin von zentraler Bedeutung für den Erfolg im Packaged Business, d.h. dem Flaschengeschäft, auch wenn die Märkte im Lauf der Zeit immer größer (und zugleich zahlenmäßig immer weniger) wurden. So betrieb die Linde AG 1988 ihr Deutschlandgeschäft nur noch mit sechs Gasproduktionszentren, 28 Füllstationen und 26 Acetylenwerken.[101] In einigen Fällen gab es sogar Bestrebungen, größere regionale Märkte von einigen wenigen Füllstationen aus zu beliefern, so versorgte die BOC ihre Kunden in Deutschland von drei Zentren in Antwerpen, Ingolstadt und Hamburg.[102]

Ungeachtet dieser Rationalisierungs- und Zentralisierungsversuche blieb jedoch die Tatsache bestehen, dass alle Gasunternehmen eine breit gefächerte Kundschaft und die unterschiedlichsten Kunden beliefern mussten, was mitunter eine echte Herausforderung darstellte. Die BOC beispielsweise teilte ihren Kundenstamm 1987 in vier große Kategorien ein. Wie aus Tabelle 9.11 ersichtlich ist – und mit diesem Problem stand die BOC nicht allein, Linde befand sich in einer ähnlichen Situation – bestand ein sehr ungünstiges Verhältnis zwischen Kundenzahl und Umsatzwert, insofern 85 Prozent des Umsatzes mit knapp 6 Prozent der Kunden erzielt wurden, während eine überwältigende Mehrheit von 94 Prozent der Kunden lediglich zu 15 Prozent des Umsatzes beitrug. Dennoch war das Handelsgeschäft aufgrund der großen Zahl von Kleinkunden, die im Vergleich zu den Großabnehmern drei- bis viermal so hohe Gaspreise zahlten, sehr lukrativ, vorausgesetzt, man hatte die Vertriebskosten im Griff.[103]

Wie an anderer Stelle bereits ausführlicher dargestellt, ließ sich die Bedeutung der Distribution auch am Erfolg von Airgas in den USA ablesen. Der Branchenneuling verfolgte eine völlig andere Strategie, basierend auf einem Geschäftsmodell, das sich von denen der großen Unternehmen der Branche grundlegend unterschied: Er setzte auf Wachstum durch die Übernahme zahlreicher unabhängiger Distributoren und konnte so ohne größere eigene Produktionskapazitäten einen beachtlichen Marktanteil erringen.[104] Auch die etablierten Industriegaserzeuger, allen voran die AGA, kauften in den USA etliche selbstständige Distributoren auf, sodass sich deren Zahl dort drastisch verringerte.[105] Dieselbe Strategie verfolgte die AGA in Europa.[106] Mit der Übernahme von Kohlendioxidherstellern erweiterten die etablierten Gasunternehmen nicht

Tabelle 9.11 Kunden- und Umsatzstruktur von BOC 1987

	Zahl der Kunden	Zahl der separat dokumentierten Verträge	Umsatz in Millionen £ pro Jahr	Prozentualer Anteil an Gesamtzahl der Kunden	Prozentualer Anteil am Gesamtumsatz
Versorgungsplan Kunden (Onsite + Pipeline)	19	42	80	0,1	31
Handelsmarkt Kunden mit Verträgen für Flüssiggaslieferungen	1.270	1.600	60	0,9	23
Handelsmarkt Kunden	9.000	10.000	80	5	31
Verbleibendes Flaschengas	175.000	–	39	94	15
Gesamt	185.289	1.642	259	100	100

Quelle: H. J. Gough, BOC, »A legal confidential document prepared for van Baelt and Bellis background to the industrial gas business in United Kingdom and Eire«, 21. Januar 1987, in BOCW, Box 335. Ganz ähnlich sah die Situation bei Linde aus, vgl. unbetiteltes Dokument, in CAL, Fach 38, F 05, Akte: »Üblicher Renditebereich einer Gasefirma 1978–1987, Ziele und Gesamtstrategien 1989/93 Inland«

einfach nur die eigene Produktpalette, sondern sie erwarben damit gleichzeitig auch deren Kundennetz und konnten auf dieser Grundlage den Absatz weiterer Gase in den jeweiligen Regionen oder Ländern ausbauen.[107] Auf der anderen Seite gab es Unternehmen, die genau die entgegengesetzte Strategie verfolgten, so trennten sich Air Products, Nippon Sanso und Liquid Carbonic in den 1980er-Jahren von ihrem Packaged Business, um sich stärker auf die schnell wachsenden Segmente Onsite und Bulk sowie das Flüssiggasgeschäft zu konzentrieren.[108]

Die Konzentration auf Gase

Wie bereits an anderer Stelle ausgeführt, gehörte die systematische Entwicklung neuer Anwendungen in den 1980er-Jahren zu den wichtigsten strategischen Veränderungen in der Gasbranche. Damit war nicht nur ein gewisses Risiko verbunden, es erforderte auch erhebliche Kapitalinvestitionen. Infolgedessen waren meist nur die großen Anbieter in der Lage, einerseits das Risiko zu streuen und andererseits die Entwicklung neuer Anwendungen für ein breites Spektrum von Industriezweigen voranzutreiben.[109] Doch selbst sie mussten irgendwie die Mittel zur Finanzierung dieser Projekte auftreiben und es überrascht daher nicht, dass einige von ihnen sich stärker auf das Gasgeschäft konzentrierten und sich im Gegenzug von Nichtgassparten trennten, die zudem auch oft weniger profitabel waren. Dass der Weg in diese Richtung ging – gefördert durch den Umstand, dass die Diversifizierung als Strategie allmählich aus der Mode kam und dafür zunehmend Kernkompetenzen in den Mittelpunkt rückten –, war in den 1980er-Jahren unverkennbar, und das betraf nicht nur die AGA, sondern auch Air Liquide, BOC und UCC. AGA stieß beispielsweise die Sparten Heiztechnik und Elektronik ab und zog sich zudem aus der Produktion von Ventilatoren, Batterien, Beleuchtungssystemen für Leuchttürme und zu guter Letzt auch aus der Stahl- und Energieerzeugung zurück. Die Air Liquide wiederum veräußerte ihre Chemietochter Grand Paroisse und ihr Schweißtechnikgeschäft in den USA. Auch die AGA, BOC und UCC trennten sich von ihren Schweißtechniksparten, die vielfach tief in die Verlustzone gerutscht waren.[110]

Demgegenüber wurde in der Produktion und bei Dienstleistungen sowie anderen eng mit Gas verbundenen Sparten allgemein kräftig expandiert. In Zusammenhang mit dem für Japan entwickelten Konzept der Total Gas Centers zur Versorgung von Abnehmern in der Elektronikbranche wurden ständig neue Spezialgase auf den Markt gebracht. Nippon Sanso, der Vorreiter auf diesem Gebiet, überwachte nicht nur die Lieferung bis an den Standort der Chipproduktion, sondern produzierte auch spezielle Rohrleitungs-, Lager- und Messsysteme, um sicherzustellen, dass die Kunden zuverlässig mit Gasen versorgt wurden, die die erforderlichen Reinheitsgrade von 99,999 Prozent bis in den Milliardenbereich hinein aufwiesen.[111] Ein Mitarbeiter von Linde stellte 1987 dazu fest, »dass der Gaselieferant in Zukunft von der Elektronikindustrie weit über die bisherigen traditionellen Grenzen hinaus gefordert ist«.[112] Zu den produktions- und verkaufsfördernden Maßnahmen in den 1980er-Jahren gehörte auch, dass die führenden Unternehmen dazu übergingen, ihre Position zu verteidigen, indem sie sich zum einen ihre Verfahren patentieren ließen und zum anderen Branding-Strategien verfolgten, um Markenartikel zu platzieren und sich damit einen größeren Anteil an der Wertschöpfungskette von Gasen zu sichern.[113] Air Products beispielsweise nannte sein Gummientgratungsverfahren »Cryotrim« und sein Gasgemisch zum Verpacken von Lebensmitteln bekam den Namen »Freshpack«.[114]

Die Wahrheit war, dass Herstellung, Vertrieb und Dienstleistungen in der Gassparte und allem, was damit zu tun hatte, zumal mit Spezialgasen, immer lukrativer wurden. Wie Pelle Nodberg von AGA 1984 lakonisch feststellte, waren »Spezialgase nicht besonders preissensibel«.[115] Die Entscheidung vieler großer Gasanbieter, sich verstärkt auf dieses Marktsegment zu konzentrieren, ist daher nicht weiter verwunderlich. Was viel mehr erstaunt, ist, wie sehr einige Unternehmen dieser Entwicklung hinterherhinkten. Am langsamsten war die deutsche Linde: Obwohl das Unternehmen die ersten Schritte zum Ausbau seines Gasgeschäfts bereits 1986 unternahm,[116] blieb es bis in die 1990er-Jahre hinein hoch diversifiziert und war in allen möglichen Maschinenbausparten vertreten, darunter einige, die überhaupt nichts mit Produktionsanlagen für Gas (Gabelstapler, Kühltheken, etc.) zu tun hatten. Mit anderen Worten: Linde war weiterhin ein Anlagenbauer, der zufällig auch Gase verkaufte. Im Gegensatz dazu rückten bei Air Liquide in den 1980er-Jahren wieder Gase und die Herstellung des dazugehörigen Equipments in den Mittelpunkt, auch wenn gesagt werden muss, dass sich das Unternehmen nie sehr weit von seinem althergebrachten und soliden Selbstverständnis als Gasanbieter mit Anlagenbau entfernt hatte. Wir werden in Kapitel 10 darauf zurückkommen.

Zusammenfassung

Die Geschichte der Industriegasbranche in Westeuropa, den USA und Asien wurde in den 1980er-Jahren von verschiedenen Entwicklungen geprägt. Die bereits vor 1980 begonnene Internationalisierung setzte sich fort, wenngleich Brancheninsider immer wieder betonten, dass das eigentliche Gasgeschäft vor Ort getätigt werde. Wie es ein AGA-Manager 1985 ausdrückte, »ganz gleich, wie global der Markt ist, letztlich ist er immer noch in höchstem Maße ein lokaler Markt. In der Praxis macht die Abhängigkeit von Distributionssystemen wie Rohrleitungen, Lastwagen und Flaschen den Weltmarkt zu einem Konglomerat aus lokal begrenzten Monopolen«[117]. Nichtsdestoweniger expandierten alle großen Anbieter in neue Märkte einschließlich der rasch wachsenden Tigerstaaten und Japan. Die anhaltende Internationalisierung änderte jedoch nichts an der zentralen Bedeutung der heimischen Märkte für die Branchenriesen, von denen im Ausland keiner eine auch nur annähernd gute Marktstellung wie zu Hause erringen konnte. Der Grund dafür war, dass der Gewinn größerer ausländischer Marktanteile trotz niedrigerer Marktbarrieren stets mit erheblichen Kapitalinvestitionen verbunden war, unabhängig davon, ob man einheimische Anbieter übernahm, Joint Ventures gründete oder auf sich allein gestellt eine langsame und mühsame Marktdurchdringung in Angriff nahm. Am einfachsten war das auf den Märkten der weniger stark entwickelten Schwellenländer, wo man nicht gegen einen nationalen Champion antreten musste, sowie in den USA, wo die Größe des Landes und die stark fragmentierte Struktur der Branche ausländischen Unternehmen den Markteintritt erleichterten.

Ein zweiter Trend, der die Branche in den 1980er-Jahren kennzeichnete, war das Zusammenwachsen der Produktmärkte. Am deutlichsten zeigte sich das an der immer breiter werdenden Produktpalette der großen Anbieter infolge der Übernahme des Acetylen- und Kohlendioxidgeschäfts mittelständischer Produzenten. Es spiegelte sich auch in der Auflösung des europäischen Fachverbands für Kohlendioxid, der European Dry Ice Association, wider, die 1989 mit der Übernahme durch den Fachverband für andere Industriegase, das International Standing Committee, erfolgte (der zwei Jahre später in European Industrial Gases Association umbenannt wurde). Obwohl zwischen den großen Unternehmen weiterhin deutliche Unterschiede bestanden, was geografische Präsenz und Stärke, Distributions- und Produktionstechnik sowie das Engagement im Anlagenbau anging, wurde die Branche damit faktisch 1990 von acht Global Playern beherrscht, die zusammen 81 Prozent des Weltmarktes außerhalb der kommunistisch regierten Länder kontrollierten. Andrew Butrica schrieb dazu in seinem 1990 veröffentlichten Buch über die Geschichte von Air Products: »Industriegase waren wirklich zu einem Teil des Weltmarkts geworden.«[118]

Die zunehmende Konzentration wurde im Übrigen von den nationalen Kartellbehörden nicht nennenswert gestört, da ein gegen einen der acht Branchenriesen verhängtes Übernahmeverbot für gewöhnlich lediglich zur Folge hatte, dass das Objekt der Begierde von einem der anderen Großunternehmen, das in dem betreffenden Land geringe Marktanteile besaß, übernommen wurde und sich auf diese Weise die internationale Konzentration erhöhte. Eine ähnliche Wirkung hatte die Auflage von Deinvestitionen im Fall einer erlaubten Übernahme. In der Regel befanden sich langfristig nur die großen Unternehmen in einer Lage, die es ihnen erlaubte, Firmen und Beteiligungen, die ihre Konkurrenten bei einer größeren Übernahme abgeben mussten, zu kaufen und fortzuführen.

Das dritte und letzte Merkmal der Entwicklung in den 1980er-Jahren war ein anhaltendes Wachstum der Branche. Zwar machte es sich zu Beginn des Jahrzehnts noch nicht sehr stark bemerkbar und es gab zwischendurch Gewinneinbrüche (durch die keines der Unternehmen in die roten Zahlen geriet), dennoch überstanden alle großen Gasunternehmen den vorübergehenden Abschwung weitgehend unbeschadet, und zwar hauptsächlich dank Rationalisierungsmaßnahmen, neuer Produktionstechniken, wie PSA- und Membranverfahren und der Erschließung neuer Märkte. Langfristig wurde vor allem die Akquisition neuer Kunden durch innovative Anwendungen zu einem wichtigen Teil der Geschäftsstrategie aller großen Gasunternehmen: Diese erwies sich als besonders positiv, weil sie nicht nur die infolge des allgemeinen Strukturwandels in den westlichen Industriestaaten sinkende Nachfrage seitens der großen traditionellen Abnehmer kompensierte, sondern auch ein anhaltendes Wachstum und eine gesteigerte Wertschöpfung weit über die 1980er-Jahre hinaus sicherte.

Trotz einiger Fehlschläge – z.B. bei der Kohlevergasung, die nicht über das erwartete Wachstumspotenzial verfügte – führte die Erschließung neuer Märkte unter anderem in den Bereichen Elektronik, Enhanced Oil Recovery und Homecare zu höheren sektoralen Wachstumsraten und einer größeren volkswirtschaftlichen Bedeutung der Branche. Für bestimmte zentrale Produktionsbereiche der modernen Industriegesellschaft, wie die Halbleiterfertigung war die Spezialgaserzeugung geradezu eine Schlüsseltechnologie.

Die neuen Wachstumsmöglichkeiten, die sich aus all diesen Entwicklungen ergaben, blieben natürlich nicht ohne Einfluss auf die Strategien der großen Gasunternehmen. Obgleich es im Tagesgeschäft weiterhin darauf ankam, flexibel auf konkrete Herausforderungen zu reagieren, ließ man sich bei grundlegenden Entscheidungen zunehmend von einer Denkweise leiten, die die Branche aus der Perspektive eines Weltmarktes betrachtete. Das Denken in Weltmarktmaßstäben heizte wiederum den Wettbewerb unter den Großanbietern an, der sich hauptsächlich im Kampf um die Erschließung neuer Märkte, sowohl regional wie auch sektoral, äußerte. Der Kapitalaufwand und die Forschungsanstrengungen, die hierfür seitens der großen Gasunternehmen erforderlich waren, bedingten eine noch stärkere Konzentration der Branche. Summa summarum hatten all diese Entwicklungen zur Folge, dass die großen Gasanbieter sich am Ende des Jahrzehnts in einer optimalen Position befanden, um Nutzen aus der sich in den 1990er-Jahren beschleunigenden Globalisierung zu ziehen.

10 Globalisierung und Wachstum an der Wende zum 21. Jahrhundert

Einleitung

In den 1990er-Jahren und am Anfang des 21. Jahrhunderts setzten sich in der Industriegasbranche viele Entwicklungen aus den 1980er-Jahren fort. Die Unternehmen trieben Rationalisierung und Produktivitätssteigerung weiter voran, entwickelten neue Anwendungen für Industriegase und schufen sich dadurch neue Märkte. Und wie in den Jahren zuvor wurde geografisch expandiert, doch nun in einer Größenordnung, die zu Diskontinuität führte und Neues erzeugte. In den 1990er-Jahren eröffneten sich riesige Märkte, die lange Zeit von den großen Branchenentwicklungen abgeschnitten gewesen waren. Hier sind vor allem die einschneidenden Veränderungen in Mittel- und Osteuropa zu nennen, die auf den Fall des Eisernen Vorhangs im Jahr 1989 folgten. Auf lange Sicht ermöglichte außerdem die wirtschaftliche und politische Öffnung des kommunistischen Chinas und anderer südostasiatischer Länder seit den 1990er-Jahren den Industriegasfirmen die Erschließung großer neuer Märkte mit enormem Potenzial. Ferner wurden Lateinamerika und andere Schwellenländer wie Südafrika durch die Globalisierung zu wichtigen Wachstumsfeldern. Überall dort tätigten die großen Industriegasanbieter erhebliche Investitionen und fochten um die beste Ausgangsposition, um möglichst große Marktanteile zu erobern, nicht zuletzt weil die Wachstumsaussichten in den hoch industrialisierten Ländern Westeuropas und Nordamerikas mittlerweile begrenzt waren. Für Diskontinuität gegenüber den vorangegangenen Jahrzehnten sorgten aber nicht nur die überraschenden Gelegenheiten zur geografischen Expansion – auch die Konzentrationen in der Branche nahmen gerade von 2000 bis 2006 in unvorhersehbarem Maße zu, sodass am Ende von acht weltweit operierenden Großunternehmen nur noch fünf übrig blieben.

Das folgende Kapitel behandelt in erster Linie das Wachstum in den neuen Märkten und die fortschreitende Konsolidierung. Wir beginnen mit einem Überblick über die Entwicklungen in den traditionellen Gasmärkten in den USA, Westeuropa und Japan der 1990er-Jahre und wenden uns dann der Expansion der Gasunternehmen in den neuen Weltregionen zu. Danach beschreiben wir die Entwicklung der Industriestruktur und -technologie bis zum Jahr 2000, bevor wir uns den Strategien widmen, die die großen Gashersteller in Zusammenhang mit den neuen Möglichkeiten in den Folgejahren entwickelten, und die Konzentrationswelle zwischen 2000 und 2006 analysieren. Das Kapitel schließt mit einer Beschreibung der globalen Strukturen und Entwicklungstendenzen zu Beginn der 2010er-Jahre.

Kontinuität und Wandel in den bestehenden Industriegasmärkten

Wachstum, Konsolidierung und allmähliche Veränderung: Die US-amerikanische Industriegasbranche in den 1990er-Jahren

Der Industriegasmarkt der USA, der auch gegen Ende der 1990er-Jahre der größte und wichtigste weltweit war, verzeichnete auch in diesem Jahrzehnt ein beachtliches Wachstum und wuchs sogar deutlich schneller als das Bruttosozialprodukt der USA.[1] Sehr gut waren auch die Wachstumsaussichten für die Linde Division von Union Carbide Corporation (UCC), seit Anfang des 20. Jahrhunderts einer der Hauptakteure der Branche und das größte und wichtigste US-Gasunternehmen. Da der Mutterkonzern wegen der Katastrophe von Bhopal und der Abwehr einer feindlichen Übernahme durch GAF Materials Corporation mit enormen Schulden zu kämpfen hatte, unternahm man radikale Schritte zur Neuorganisation der Linde Division, was in erster Linie zu Fusionsverhandlungen unter anderem mit der deutschen Linde führte.[2] Doch dieser Weg erwies sich als nicht gangbar, und so entschied sich die UCC für einen vollständigen Rückzug aus dem Gasgeschäft. 1992 brachte sie ihre Linde Division als selbstständiges Unternehmen unter dem Namen Praxair an die Börse und trennte sich anschließend von der Beteiligung.

Ohne die Vorgaben des stark diversifizierten Mutterkonzerns und vor allem von der Gewinnabführung zur Begleichung von dessen Schulden befreit, konnte die Praxair ihr Industriegasgeschäft sehr viel besser vorantreiben.[3] So erkundete das neue »alte« Unternehmen – trotz der anfangs erheblichen eigenen Schuldenlast – neuartige Anwendungstechnologien und wandte sich wieder stärker dem Package-Geschäft mit kleineren Kunden zu, das die Firma zuvor vernachlässigt hatte. Dazu übernahm Praxair in den Folgejahren viele regional tätige, unabhängige US-Distributoren, mit deren Hilfe man das Flaschengeschäft flächendeckend organisieren und rentabler machen wollte.[4]

Darüber hinaus drang Praxair schnell und entschlossen in neue Bereiche vor. So erwarb man 1996 nach längerem Bemühen Liquid Carbonic, den größten Kohlendioxidhersteller der USA, an dem auch andere Industriegasunternehmen, insbesondere die deutsche Linde, interessiert waren.[5] Durch die feindliche Übernahme des Mutterkonzerns der Liquid Carbonic, der Chicago Bridge Inc. (CBI), konnte Praxair die eigene Position in zweierlei Hinsicht ausbauen. Zum einen konsolidierte sie durch die Erweiterung der Produktpalette ihre Marktführerschaft in der amerikanischen Industriegasbranche. Und zum zweiten verbesserte sich dadurch Praxairs internationale Stellung signifikant, da Liquid Carbonics ein riesiges Imperium mit Produktions- und Vertriebsstätten in Südamerika, Kanada, Mexiko, Thailand, Spanien, Polen, der Türkei und der Karibik beherrschte.[6]

Da als Übernahmeziele danach nur noch zwei kleine regionale Anbieter in Frage kamen, blieb dies die einzige große Übernahme auf dem US-Markt der 1990er-Jahre. Für die Linde AG stellte das ein Problem dar. Sie war Anfang der 1990er-Jahre der einzige große Akteur in der Branche, der auf dem starken US-Markt nicht vertreten war. Erst 1992, als sie 60 Prozent von Hoek Loes erwarb, bekam sie auch die Kontrolle über deren Tochtergesellschaft Holox in Atlanta.[7] Damit hatte Linde wenigstens einen Fuß in der Tür zum US-Markt, die sie in der Folge durch kleinere Zukäufe weiter aufstieß. Im November kaufte Linde außerdem von Praxair das 1917 abgetretene Recht zurück, den eigenen Namen in den USA zu führen: Nach zwei Abschlagszahlungen über insgesamt 60 Millionen US-Dollar war es am 1. Januar 1999 soweit. Von der Linde-Geschäftsführung wurde »begrüßt, dass dieses jahrzehntealte Problem in dieser Weise bereinigt wurde«.[8] Trotz dieses Fortschritts war man in der Fachwelt – genau wie im Linde-Management – der einhelligen Meinung, dass das deutsche Unternehmen kaum jemals einen größeren Marktanteil in den USA gewinnen könnte, ganz zu schweigen von einer Abdeckung des gesamten amerikanischen Markts.[9]

Trotz dieser schlechten Aussichten unternahm die Linde AG weitere kleine Schritte, um ihr US-Gasgeschäft zu erweitern. Darin war die Firma nicht allein. 1992 kaufte Nippon Sanso, ein anderer Nachzügler auf dem US-Markt, von Amerigas die restlichen Aktien einer bislang gemeinsam gehaltenen Tochtergesellschaft und schloss alle eigenen Unternehmungen in den USA zur Matheson-Tristar zusammen.[10] Im folgenden Jahr übernahm Messer Griesheim den Kohlendioxidhersteller American Cryogas, und die AGA schluckte den regionalen Anbieter Jones Oxygen Company Inc. in Ohio.[11] Da diese Übernahmen häufig mit Auflagen der Federal Trade Commission verbunden waren, warteten weitere Umstrukturierungen. So war Praxair gezwungen, sich von mehreren Luftzerlegern – vormals im Besitz von Liquid Carbonic – zu trennen, die die AGA und Messer Griesheim erwarben und damit ihre US-Präsenz weiter ausbauten. Auf ähnliche Weise hatten sie schon ihren Bestand an Luftzerlegern in den USA ergänzt, als BOC/Airco 1989 Amerigas übernahmen.[12]

Im Übrigen wechselten vor allem regionale Distributoren den Besitzer. Praxair, AGA, Messer und der Newcomer Airgas kauften Jahr für Jahr mehrere unabhängige Firmen auf.[13] Airgas, das seine Angebotspalette erweiterte und standardisierte,[14] übernahm große Teile des Distributionsnetzes von Air Products und Teile des Flaschengeschäfts von Air Liquide und BOC, die sich aus diesem Geschäftsfeld in den USA zurückzogen.[15] Im Gegensatz zu anderen Übernahmen hatte die Wettbewerbsbehörde Federal Trade Commission dagegen nichts einzuwenden, da sie das Package-Geschäft als regionales Geschäft betrachtete, solange es den Wettbewerb über einen Radius von 50 Meilen hinaus nicht beeinträchtigte. Obgleich sich die Anzahl der unabhängigen Distributoren durch diese Aufkäufe auf 1.000 bis 1.500 massiv reduzierte, besaßen sie immer noch einen Marktanteil von etwa einem Drittel des US-Flaschenmarktes.[16] Ein dichteres Niederlassungsnetz und erhebliche Rationalisierungsmaßnahmen erlaubten es den Großunternehmen, besonders Airgas, das Package-Geschäft in den 1990er-Jahren endlich rentabler betreiben zu können.[17]

Zur Konzentration in den USA trug in diesem Jahrzehnt auch bei, dass große Industriegasanbieter viele kleine und mittlere Unternehmen kauften und mit deren Spezialausrüstungen und Anwendungstechniken das eigene Angebot erweiterten. So erwarb Linde 1996 die Pro-Quirp Corporation in Tulsa, den Marktführer von Wasserstoffanlagen und Anlagen in Modulbauweise, während Air Liquide 1995 den Hersteller von Schneid- und Schweißgeräten SAF erwarb.[18] Trotz der Branchenkonsolidierung der 1990er-Jahre blieben die Marktstrukturen in den USA weitgehend gleich, was sich erst nach 2000 ändern sollte. 80 Prozent des Marktes teilten sich Air Products, BOC/Airco, Air Liquide/LANA und UCC/Praxair, wobei Letztere den größten Anteil besaß. Einzig die unaufhörliche, rasche Zunahme des Marktanteils von Airgas sorgte in den 1990er-Jahren für eine größere Veränderung: Der relative Neuling hielt 1997 schon 7 Prozent des US-Marktes und dieser Anteil wuchs bis 2008 auf 13 Prozent.[19]

Europäischer Binnenmarkt, regionale Kartelle und harter Wettbewerb: Westeuropa zwischen 1990 und 2000

So wenig wie in den USA verschoben sich in den 1990er-Jahren die Strukturen des westeuropäischen Gasmarkts signifikant – weder in den einzelnen Ländern noch in Westeuropa insgesamt. Die Einführung des Europäischen Binnenmarkts 1992 war jedoch für die Konzerne ein starker Expansionsanreiz und bot ihnen dafür auch die Möglichkeit, sodass alle nach einer günstigen Ausgangsposition suchten.[20]

Genau wie in den USA hatten die Großunternehmen in erster Linie zwei Möglichkeiten zu expandieren. Zum einen war das die Übernahme von kleineren Wettbewerbern: So erwarb Air Products 1990 49 Prozent der italienischen Sapio, während Linde 1992 ihre Minderheitenbeteiligung an dem niederländischen Hersteller Hoek Loos auf mehr als 60 Prozent erhöhte und ihn dann 2000 vollständig übernahm.[21] Auch Air Liquide stockte seine Beteiligung an der spanischen SEO von 54 auf 92 Prozent auf und erwarb außerdem die italienische SIO.[22] Air Products wiederum erhöhte seinen Anteil an der spanischen Carburos Metallicos.[23]

Zum anderen konnten die großen Gasfirmen Käufe tätigen, wenn Firmen sich aus dem Industriegasmarkt zurückzogen, um sich auf andere Branchen zu konzentrieren, oder wenn andere Gasunternehmen ihre Strategien änderten. Die BOC übernahm 1990 beispielsweise das Kohlendioxidgeschäft von ICI und 1993 das gesamte Wasserstoffgeschäft der Hüls AG mitsamt deren riesigem Wasserstoffleitungsnetz, mit dem sie das hoch industrialisierte Nordrhein-Westfalen versorgte.[24] Dieser Kauf war ein wichtiger Meilenstein in der damaligen BOC-Strategie, die eine feste Etablierung auf dem westeuropäischen Markt vorsah. Die entsprechenden Versuche wurden jedoch nach einigen Jahren aufgegeben, da BOC keinen ausreichend großen Marktanteil in dem hart umkämpften Markt Westdeutschlands und der Beneluxländer erobern konnte; stattdessen setzte man das freigewordene Kapital in anderen, gewinnversprechenderen Regionen ein. Daher verkaufte das britische Unternehmen 1999 die Beteiligungen im holländischen und belgischen Industriegasmarkt, die es seit den 1980er-Jahren aufgebaut hatte, an Air Liquide[25] und das äußerst profitable deutsche Wasserstoffgeschäft an Air Products.[26] Andere Gasunternehmen profitierten, als die AGA angesichts der schwierigen Marktlage ihre Europastrategie neu ausrichtete. Das schwedische Unternehmen hatte 1990 ein Joint Venture mit Messer Griesheim gebildet, um in den britischen Markt einzusteigen, doch war ihr dort nur wenig Erfolg beschieden, weshalb man beschloss, Teile der britischen Beteiligungen an Air Products und Messer Griesheim zu veräußern.[27]

Dass in den 1990er-Jahren einige große Marktteilnehmer ihre Geschäftstätigkeit in Westeuropa ausweiten konnten, war also dem Schrumpfen anderer geschuldet, die sich aus den hart umkämpften Märkten zurückzogen. Wie es ein Praxair-Manager mit Blick auf die Expansionspläne seines Unternehmens nach Südeuropa 1993 in der *Chemical Week* formulierte: »In Nordeuropa sind schon ziemlich viele unterwegs. Dort mehr Marktanteile zu erobern, macht nicht besonders viel Spaß.«[28]

Interessanterweise gelang jedoch zu der Zeit, als sich BOC, AGA und Praxair aus Nordeuropa zurückzogen, der italienischen SOL – einem ehrgeizigen Mittelständler, der sich wie die großen Unternehmen der Branche durch den Aufkauf kleinerer Anbieter eine stärkere Position in seinem Heimatmarkt verschaffen wollte – der Markteintritt in Nordwestfrankreich, den Benelux-Staaten und Westdeutschland. Ein Grund dafür war, dass SOL sein Homecare-Geschäft mit Medizingasen geschickt nutzte, um sich auch in anderen Marktsegmenten durchzusetzen.[29]

Allerdings war das erfolgreiche Vordringen von SOL in diese heftig umkämpften Märkte, in denen die Gewinnmargen oft sehr niedrig lagen, eher die Ausnahme als die Regel. Trotz Positionskämpfen, Marktkonsolidierung und hoher Zuwächse insbesondere infolge der sprunghaft ansteigenden Nachfrage nach Wasserstoff und Kohlendioxid seitens der Chemieindustrie[30] blieben die relativen Marktanteile der Großen in den 1990er-Jahren in Westeuropa – genau wie in Nordamerika – ziemlich konstant; bemerkenswert ist jedoch, dass der Marktanteil der »Anderen« in dieser Zeit zulegte (siehe Tabelle 10.1).

Tabelle 10.1 Die Marktstruktur der westeuropäischen Industriegasbranche 1990 und 1998

	1990	1998
Air Liquide	29	26
Praxair	3	5
BOC	12	10
Air Products	8	10
AGA	14	11
Linde	10	13
Messer Griesheim	13	11
Andere	11	14

Quelle: Die Zahlen beruhen auf der Tabelle: European Gas Market Shares, 1979–1990, BOC Gases planning estimates o. D., in BOCM, Box 939; Dienel, Linde, S. 327–329

Wachstumsschwäche und Fusionen: Die japanische Industriegasbranche seit 1990

Ende des 20. Jahrhunderts zählte Japan neben Nordamerika und Westeuropa zu den am stärksten industrialisierten Regionen der Welt, was sich selbstverständlich auch in einem hoch entwickelten Markt für Industriegase widerspiegelte. Doch wie wir in den vorangehenden Kapiteln gesehen haben, unterschied sich die Marktentwicklung in Japan deutlich von der in anderen Industriestaaten. Dieser Unterschied hielt sich auch in den 1990er-Jahren. Am signifikantesten zeigt sich die Spezifik der japanischen Situation in den geringen Wachstumsraten im Vergleich zu den anderen großen Märkten, von den ostasiatischen Wachstumsländern mit China an der Spitze ganz zu schweigen.[31] In dieser schwierigen Lage suchten die japanischen Unternehmen Auswege aus der Krise. Dazu zählten vorzugsweise Fusionen.[32] So schlossen sich die Air-Products-Beteiligungsgesellschaft Daido Sanso und Hoxan 1993 zu Daido Hoxan zusammen, und 1995 fusionierten Toyo Sanso und Taiyo Sanso zu Taiyo Toyo Sanso. Fünf Jahre danach war wieder Daido Hoxan am Zug und bildete mit Kyodo Sanso das neue Unternehmen Air Water Inc., mit dem man an Größe fast zum Marktführer Nippon Sanso aufschloss. Um nicht ins Hintertreffen zu geraten, legten 2003 die BOC und Air Liquide ihre japanischen Töchter Osaka Sanso und Teisan zusammen und führten sie als Japan Air Gases weiter. Der Marktführer blieb nun nicht länger untätig und fusionierte 2004 mit Toyo Taiyo Sanso zur Taiyo Nippon Sanso; dieses neue Unternehmen hielt 40 Prozent am japanischen Markt. Eine zweite Reaktion auf die niedrigen Wachstumsraten waren Joint Ventures, mit denen sich dann auch die Branchenstruktur änderte.[33] Im Zusammenhang mit dieser Marktkonsolidierung und den Strukturveränderungen ist auch von Bedeutung, dass Iwatini International durch Aufkäufe und eine interne Expansion vom regional vertretenen Spezialgashersteller (hauptsächlich LPG und Wasserstoff) zum japanweit tätigen Produzenten der gesamten Palette an Industriegasen wurde.[34]

Trotz dieser starken Konzentrationsbewegungen blieb der japanische Markt im internationalen Vergleich sehr fragmentiert: 2007 gab es noch immer 350 Industriegasfirmen und 1.700 Distributoren, die den großen Herstellern eine vollständige Beherrschung des Marktes sehr erschwerten.[35] Anders als in Nordamerika und Westeuropa, wo Großverbraucher die Produktion benötigter Industriegase oft an Gasunternehmen »ausgelagert« hatten, betrieben die japanischen Großabnehmer (etwa aus der Stahl- und Chemieindustrie) eine große Anzahl der Luftzerlegungsanlagen selbst.[36]

Eine weitere Reaktion auf das schwache Wachstum des Gasmarkts war die Expansion ins Ausland, speziell in die asiatischen Nachbarländer. Sowohl Nippon Sanso als auch Iwatini tätigten beträchtliche Investitionen in China und anderen Wachstumsstaaten. Insofern glichen die japanischen Konzerne den westeuropäischen und amerikanischen, die sich in den 1990er-Jahren und darüber hinaus ebenfalls verstärkt in den aufstrebenden Volkswirtschaften engagierten. Der Unterschied bestand jedoch darin, dass hinter ihrem Auslandsengagement zumeist keine strategische Entscheidung für Investitionen und Expansion stand, sondern dass sie den Investitionen ihrer japanischen Kunden, insbesondere aus der Elektroindustrie, folgten. Zudem beschränkte sich ihr über Asien hinausgehendes Engagement allein auf die USA, wo speziell Nippon Sanso sehr aktiv war, während die internationalen Gasunternehmen praktisch in allen Märkten von Belang Marktanteile zu erringen suchten.[37]

Doch selbst das internationale Engagement von Nippon Sanso war in den 1990er-Jahren verhältnismäßig bescheiden, sodass dessen Anteil am Weltmarkt von 8 Prozent 1994 auf nunmehr 6 Prozent 2000 fiel.[38] Die Kombination von schrumpfendem Weltmarktanteil und geringem Wachstum des Inlandsmarkts führte dazu, dass Japans Status als zweitgrößter Markt für Industriegase gefährdet war. Tatsächlich trug die Stagnation im wichtigsten ostasiatischen Markt erheblich dazu bei, dass der Anteil der Region am weltweiten Umsatz von Industriegasen zwischen 1997 und 2008 so gut wie unverändert bei etwa 19 Prozent lag. Dieser scheinbare Stillstand verdeckte jedoch das rasante Wachstum in anderen Teilen Ostasiens. Diesen Entwicklungen wenden wir uns in Kürze zu.[39]

Aufbruch in neue Märkte. Die 1990er-Jahre: Osteuropa und China

Weil die traditionellen Märkte in den 1990er-Jahren kaum reale Wachstumschancen boten, richteten die großen, aber auch einige kleinere und mittlere Gasunternehmen ihren Blick zunehmend auf neue und weniger entwickelte Regionen. Besonders interessant waren dabei die ehemaligen Ostblockstaaten in Mittel- und Osteuropa auf der einen Seite und China auf der anderen, obwohl auch noch weitere Regionen aussichtsreich erschienen. Diesen werden wir uns nachfolgend im Einzelnen widmen.

»There's a lot of jockeying for position in markets where companies previously had no share.« Die Neustrukturierung der osteuropäischen Industriegasmärkte

Mit Ausnahme weniger Lieferungen von Maschinen und Ausrüstungsgütern waren die Märkte im sowjetisch beherrschten Mittel- und Osteuropa bis 1989 für die großen westlichen Gasunternehmen weitgehend *terra incognita*. Dies änderte sich mit dem Zusammenbruch der kommunistischen Herrschaft. Bereits 1989 begannen westliche Gasanbieter – und allen voran die deutschen Unternehmen Messer Griesheim und Linde, die stets gute Beziehungen in den Ostblock gepflegt hatten – mit der Expansion in die osteuropäischen Länder[40] und nahmen Kontakt mit Industriegasunternehmen in Ungarn, der Tschechoslowakei und der DDR auf.[41] Andere Unternehmen folgten rasch, insbesondere BOC, AGA und Air Liquide; die beiden großen amerikanischen Konzerne, Praxair und Air Products, verhielten sich dagegen noch abwartend, und Nippon Sanso blieb diesen Märkten ganz fern. Erstes Expansionsziel waren vor allem stärker industrialisierte Länder wie die ehemalige DDR, Ungarn, Tschechien, die Slowakei und die baltischen Staaten. In der Ukraine und Russland hielt man sich wegen der politischen Instabilität und mangelnder Rechtssicherheit vorerst zurück,[42] und auch Südosteuropa ließen die Großen zunächst außen vor, was kleinere italienische Anbieter wie SOL oder SIAD für sich zu nutzen wussten. Durch ihr frühes Engagement verschafften sie sich in Kroatien, Slowenien, Rumänien und Mazedonien, die auf längere Sicht vielversprechende Wachstumsaussichten boten, eine gute Ausgangsposition.[43]

Ob groß oder klein, für alle Gasunternehmen waren die ehemaligen Ostblockstaaten deswegen attraktiv, weil sie wesentlich mehr Sauerstoff als Stickstoff verbrauchten. Aus diesem Grund ging man davon aus, dass Erneuerung und Wiederaufbau der Industrie sowie das Entstehen von Massenkonsumgesellschaften nach westlichem Muster auch zu einer steigenden Nachfrage nach Stickstoff und anderen Gasen wie Argon, Wasserstoff etc. führen würde.[44] Weitere Wachstumsmöglichkeiten ergaben sich daraus, dass die Produktion von Industriegasen in den postkommunistischen Staaten Anfang der 1990er-Jahre zumeist von den Großverbrauchern selbst übernommen wurde, anstatt an Gashersteller ausgelagert zu werden; das war ein eklatanter Unterschied zu den Strukturen, die sich seit den 1950er-Jahren im Westen herausgebildet hatten. Das Wachstumspotenzial lässt sich aus Tabelle 10.2 ersehen.

Eine BOC-Marktstudie von 1990 betonte diesen Aspekt und strich einige weitere Implikationen für den Gasmarkt in den postkommunisti-

Tabelle 10.2 Geschätzte Sauerstoffproduktion in Osteuropa im Vergleich zu Großbritannien 1989 (in Tonnen pro Tag)

	Erzeugung durch Verbraucher	Erzeugung durch Gas-unternehmen	Sauerstoff-kapaziät der Gas-unternehmen in Prozent
Ungarn	2.250	50	0,02
Tschechoslowakei	7.289	111	0,2
Polen	10.650	350	0,03
Großbritannien	0	14.000	100

Quelle: »BOC Eastern Europe Steering Committee Meeting«, 23. Oktober 1990, in BOCM, Box 798

schen Staaten heraus. Anhand des Beispiels des ehemals ostdeutschen VEB Tega Leipzig stellten die BOC-Analysten fest:

> In jedem Land kontrollieren die Endverbraucher den größten Teil der Gasproduktion; so betreibt ein Stahlwerk einen eigenen Luftzerleger, statt einen Liefervertrag mit einem Gasunternehmen abzuschließen. In der Planwirtschaft belieferte die staatliche Gasfirma kleine Kunden, sowohl aus den eigenen Anlagen als auch durch den Aufkauf der Überschussproduktion von großen Herstellern und Verbrauchern. Diese staatlichen Unternehmen hatten keine Konkurrenz. Die Marketing- und Vertriebskompetenz war begrenzt, da die Kunden von der staatlichen Planungsbehörde zugewiesen wurden. Der Handelsmarkt beinhaltete im Wesentlichen komprimierte Gase; Flüssiggas wurde kaum vertrieben. Große Hersteller wie Stahl- und Chemiewerke beliefern auch Verbraucher direkt mit Gasen. Ein Verkauf von Anwendungen findet nicht statt.[45]

Nicht nur die BOC dachte so: Alle großen Gasunternehmen, die begehrliche Blicke auf die neuen Regionen warfen, kamen zu ähnlichen Schlussfolgerungen und investierten daraufhin in Produktion, Anwendungen und Marketing, um vor allem in die großen Märkte Polens und der ehemaligen DDR zu expandieren. Diese beiden Märkte wurden von den großen Industriegaskonzernen besonders heiß umkämpft. Als 1993 in Polen das staatliche Industriegaskombinat Polgaz aufgespalten und verkauft wurde, konnten sich BOC, Linde, Liquid Carbonic, AGA und Hydro Gas jeweils beträchtliche – regionale – Teilfirmen sichern. Auf dieser Grundlage bauten sie ihr polnisches Gasgeschäft durch zusätzliche Übernahmen und Neuerrichtungen weiter aus.[46] Dank ihrer langjährigen Geschäftsverbindungen nach Polen konnte sich die BOC zudem die polnische Heliumquelle in Odalonow sichern.[47]

Im Gegensatz dazu zogen sich wegen der turbulenten Verhandlungen, mit denen die Privatisierung verbunden war, einige Unternehmen – darunter Air Liquide, Air Products, Messer Griesheim und die italienische SOL – aus dem Bieterverfahren zurück.[48] Stattdessen versuchten sie über die Zusammenarbeit mit Großverbrauchern in den Markt einzusteigen: Messer Griesheim beispielsweise arbeitete mit dem polnischen Chemiekonzern Zakłlady Azotowe W Chorzowie zusammen. Andere bauten ihr Geschäft in Polen von Grund auf neu auf.[49] Diese Versuche führten jedoch zu keinem nennenswerten Erfolg. Der Vorsprung, den sich Linde, BOC, AGA und andere durch die Übernahme der regionalen Polgaz-Gesellschaften gesichert hatten, war nicht einzuholen, zumal sich Airgas ganz aus dem polnischen Markt zurückzog und seine Beteiligung 1999 an Linde verkaufte. Damit wurden die Deutschen mit einem Marktanteil von 35 Prozent die Nummer 1 in Polen.[50]

Auch in der ehemaligen DDR – den sogenannten neuen Bundesländern des wiedervereinten Deutschland – entbrannte unter den internationalen Gasanbietern ein Kampf um den VEB Tega Leipzig und die großen Gasproduktionsstätten anderer Betriebe. Zu letzteren zählten die Chemiewerke in Leuna und die Stahlwerke in Eisenhüttenstadt. Der Grund für die Heftigkeit dieser Auseinandersetzungen waren die allzu optimistischen Prognosen, die 1990/91 über die weitere Entwicklung abgegeben wurden: Beispielsweise ging Gunnar Eggendorfer 1991 in einem internen Bericht für Linde davon aus, dass sich die Umsätze in den fünf neuen Bundesländern bald mehr als verdoppeln und damit von etwa 330 Millionen DM 1989/90 auf 780 Millionen DM 1995 steigen würden.[51]

Zu Beginn der Privatisierung und Restrukturierung der ostdeutschen Industrie sah es so aus, als ob Linde und Messer Griesheim die Industriegaskapazitäten der ehemaligen DDR unter sich aufteilen würden. Doch dann bekam Air Liquide – dank der Unterstützung durch die französische Regierung und der Weigerung des Bundeskartellamts, die Tega einfach zwischen den beiden großen deutschen Gasfirmen zu teilen – von der Treuhand mehr als ein Drittel des ehemaligen VEB Tega Leipzig zugesprochen. Messer Griesheim erwarb 35 Prozent des ehemaligen Staatsunternehmens und Linde erhielt einen 25-Prozent-Anteil. Darüber hinaus sicherten sich die Franzosen die Belieferung der Produktionsstätten, die im Besitz von Elf Aquitaine und seiner auf dem Gelände der ehemaligen Leuna-Werke angesiedelten Töchter waren, sowie die der Olefinwerke in Böhlen, wo – wie bei fast allen anderen ehemaligen DDR-Werken – erhebliche Investitionen zur Modernisierung der Anlagen erforderlich waren.[52]

Linde erwarb neben mehreren Werken des früheren VEB Tega Leipzig auch den Gasebereich der EKO-Stahlwerke in Eisenhüttenstadt und beträchtliche Kapazitäten am Chemiestandort Leuna, die zu einem wichtigen Gasproduktions- und -distributionszentrum in den neuen Bundesländern ausgebaut wurden. Außerdem übernahm Linde den staatseigenen Chemieanlagenbau KZA Dresden und führte ihn als Linde KCA Dresden GmbH weiter.[53] Auch Messer Griesheim nutzte bei der Errichtung seines Produktions- und Vertriebsnetzes in der ehemaligen DDR als Ausgangsbasis die 14 Luftzerleger, die vom alten VEB Tega Leipzig übernommen worden waren. Die dafür nötigen Investitionen summierten sich bis Mitte der 1990er-Jahre auf über 250 Millionen US-Dollar.[54] Außerdem baute Messer Griesheim neue Luftzerleger auf dem Gelände der Buna-Werke und der Stickstofffabrik in Priesternitz. Damit gingen Air Liquide, Linde und Messer Griesheim aus dem Privatisierungs- und Restrukturierungsprozess als die führenden Gasanbieter in den neuen Bundesländern hervor, auch wenn sich die AGA ebenfalls einige Werke sichern konnte.[55] Air Products expandierte dagegen nur in viel geringerem Umfang in die ehemalige DDR, und die BOC verzichtete wegen des erwarteten scharfen Wettbewerbs ganz darauf.[56]

In den anderen ehemals unter kommunistischer Herrschaft stehenden Ländern Osteuropas gelang den westlichen Unternehmen der Markteinstieg zumeist über Joint Ventures mit heimischen Industriegasanbietern oder Kohlendioxidproduzenten. Man arbeitete aber auch mit branchenfremden Betreibern von Luftzerlegern zusammen, zum Beispiel mit Stahlwerken, Chemiebetrieben oder Ölraffinerien.[57] So wie es auf den größeren Märkten in der DDR und in Polen der Fall war, zog auch der Markteintritt im übrigen Osteuropa fast immer beträchtliche Neuinvestitionen nach sich. Meistens mussten neue Luftzerleger gebaut werden, da die Anlagen aus kommunistischer Zeit technisch veraltet und wenig effizient waren. Obwohl die meisten westlichen Gasunternehmen ihren Markteintritt über die Errichtung von Luftzerlegern in den Werken großer Verbraucher in Angriff nahmen, gingen manche – etwa AGA, aber auch SOL oder SIAD – zur Vermeidung der damit verbundenen hohen Kosten den Weg über das Flaschengeschäft oder konzentrierten sich auf Marktnischen.[58]

Nachdem die Industriegasunternehmen bis 1994 erhebliche Investitionen getätigt hatten, um sich in den ehemaligen Ostblockstaaten gute

Marktpositionen zu sichern, mussten sie feststellen, dass die Bäume nicht wie erhofft sofort in den Himmel wuchsen. Das lag daran, dass die osteuropäischen Volkswirtschaften durch den Wegfall ihrer bisherigen Märkte und den sich über die gesamten 1990er-Jahre hinziehenden Strukturwandel vielfach in Schwierigkeiten gerieten.[59] Erst nach der Jahrtausendwende, als sich die Wirtschaftslage auch infolge der Verlagerung wesentlicher Teile der westlichen Industrieproduktion in den Osten allgemein verbesserte, erzielte die Industriegasbranche bessere Ergebnisse. Mit einem durchschnittlichen Wachstum von 7–10 Prozent jährlich sah die Zukunft wieder sehr viel rosiger aus. Deshalb rückte nun auch Russland stärker in den Fokus der großen Konzerne.[60] Ab 2008 konnten die Gasunternehmen, die offensiv in die Märkte des früheren Ostblocks vorgestoßen waren und diesen Kurs zielstrebig verfolgt hatten, ihre Ernte einfahren. Und in den im Wandel befindlichen Ländern festigten sich allmählich auch die Marktstrukturen. Wichtigster Akteur und Marktführer in den meisten nationalen Märkten war Linde, gefolgt von Messer, obwohl dazu anzumerken ist, dass kleinere Anbieter wie SOL und SIAD durchaus beachtliche Marktanteile gewinnen konnten (vgl. Tabelle 10.3).

»China is like the last frontier.« Der chinesische Markt 1990 bis 2010

2007 beschrieb Wibur Mok, der Präsident von Air Products Asia, den chinesischen Markt mit folgenden Worten:

> China ist gewissermaßen die letzte Eroberung! Es bietet beste Wachstumschancen, deswegen will jeder in den Markt und sich eine gute

Tabelle 10.3 Die Struktur der osteuropäischen Märkte 2008

Marktanteile der großen Industriegasanbieter in %									
Linde	Messer	BOC	Air Products	Air Liquide	SOL	Praxair/ SIAD	Andere		
30,4	15,2	5,9	5,3	4,9	3	2,3			
Umsatz in Osteuropa je Land in %									
Russland	Polen	Tschechien	Ungarn	Balkan	Rumänien	Slowakei	GUS	Baltikum	Bulgarien
21,2	19,6	16,4	11,3	9,9	6,9	4,3	6,4	2,5	2,1

Quelle: David, »Growing markets in Central and Eastern Europe«, S. 24–26; »Eastern Europe Analyses: Exploring Eastern Opportunities: Still Room for Improvement«, in Gasworld (März 2008), S. 36–38; Helen Carmichael, »Eastern Europe growth in every direction«, S. 32–34, eigene Übersetzung

> Position sichern. Das sorgt natürlich für einen intensiven Wettbewerb in China, nicht nur bei Industriegasen, sondern in allen Branchen, und damit müssen wir fertig werden. Was den Wettbewerb betrifft, so müssen wir bei unseren Investitionsvorhaben sehr diszipliniert sein und dürfen uns nicht überstürzt auf Projekte einlassen, nur dass wir damit im Markt vertreten sind und sozusagen das Territorium markieren. Wir müssen nach den guten Gelegenheiten Ausschau halten, mit denen wir auch etwas verdienen und uns eine strategisch günstige Position verschaffen.[61]

Auf die Entwicklung des chinesischen Marktes zwischen 1990 und 2007 traf Moks Aussage aus dem Jahr 2007 sogar in noch höherem Maße zu. Immerhin hatte China bis in die 1980er-Jahre nur sehr wenig Industriegase produziert und verbraucht. Danach war es zum wichtigsten Wachstumsmarkt nicht nur in Ostasien, sondern weltweit geworden, seit die Regierung unter der Führung von Deng Xiaoping begonnen hatte, eine Politik der wirtschaftlichen Öffnung zu verfolgen. Die erste Phase dieser »sozialistischen Marktwirtschaft« fand 2001 ihren Höhepunkt, als China der Welthandelsorganisation beitrat. Die wirtschaftliche Liberalisierung und die schnell voranschreitende Entwicklung zogen verständlicherweise die Aufmerksamkeit aller westlichen Industriegashersteller auf sich, was in den 1990er-Jahren zu einer regelrechten Fixierung auf den chinesischen Markt führte.

Vor dem Markteintritt der großen internationalen Konzerne hatte China versucht, durch den Import von Ausrüstung und Know-how eine eigene Industriegasproduktion und den dafür nötigen Anlagenbau auf die Beine zu stellen. Seit den 1950er-Jahren bauten Staatsunternehmen wie Huangzhou Hangyang mithilfe sowjetischer und ostdeutscher Technik zunächst Komponenten und später auch komplette Luftzerleger, die aber meist nur geringe Produktionskapazitäten aufwiesen. In den 1960er-Jahren begann man daher, komplette Anlagen aus dem Westen – unter anderem von Linde – zu importieren, insbesondere, wenn hochmoderne Technik, größere Effizienz und höhere Produktionskapazitäten benötigt wurden. Ab 1978 verstärkte man die Zusammenarbeit mit den westlichen Industriegasanbietern, und zwar zunächst im Anlagenbau. So wurde beispielsweise ein Kooperationsvertrag mit Linde geschlossen, der die chinesischen Anlagenbauer in die Lage versetzte, größere Luftzerleger zu errichten.[62]

Erste Joint Ventures mit chinesischen Firmen konnten die westlichen Gasunternehmen dann ab Mitte der 1980er-Jahre eingehen und auf dieser Grundlage eine Industriegasproduktion in China aufbauen. Air Products schloss sich mit Chun Wang Industrial Gases in Shekou zusammen und Air Liquide kooperierte mit der Hangzhou Oxygen Plant Group Company in der Distribution. Auch die BOC, die über Taiwan und Hongkong Investitionen in China tätigte, sowie UCC/Praxair und die großen japanischen Konzerne (Nippon Sanso, Iwatini etc.) waren an Joint Ventures beteiligt (vgl. Abb. 53).[63]

Ab 1992 konnten westliche Unternehmen dann auch ohne chinesischen Partner in China tätig werden, und Air Liquide, bei der Internationalisierung immer einer der Ersten am Start, gründete als Trendsetter bereits 1991 eine 100-prozentige Tochterfirma.[64] Trotzdem blieben Joint Ventures weiterhin der Königsweg für den Einstieg in die regionalen Märkte Chinas.[65] So traf Air Liquide 1995 Kooperationsvereinbarungen mit den Anlagenbauunternehmen Sichuan Oxygen Plant Manufactury und Hangyang, wobei letzteres auch eng mit anderen Westfirmen (u. a. Linde, Messer Griesheim) zusammenarbeitete.[66] Ebenfalls ein beliebtes Mittel der Wahl waren Allianzen mit Stahlwerken, Chemiefirmen und

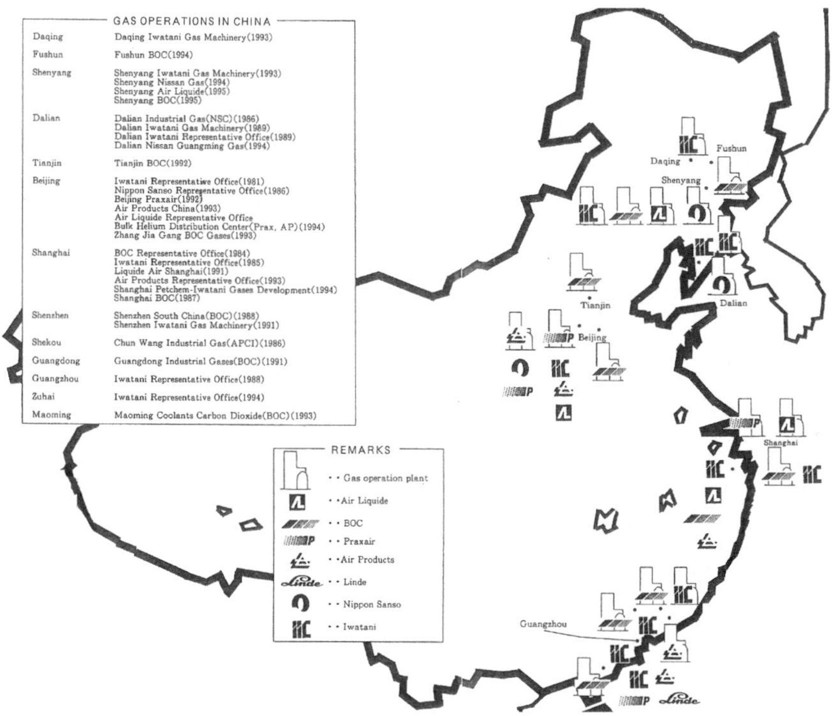

Abb. 53 Das Engagement internationaler Industriegaskonzerne in China, 1995

anderen Großverbrauchern, die einen Großteil der wachsenden Produktionsmengen abnahmen. In anderen Fällen investierten die Industriegasunternehmen gemeinsam mit bestehenden Kunden aus anderen Branchen, die im Begriff waren, ihre Geschäftstätigkeit auf China auszuweiten, in neue Produktions- und Distributionsanlagen.[67]

Ungeachtet all dieser Aktivitäten Anfang der 1990er-Jahre legten die westlichen Investitionen in China 1995/96 noch einmal deutlich zu. In dieser Zeit bauten auch Praxair, Linde und Messer Griesheim ihre Präsenz stark aus,[68] und selbst kleinere Unternehmen aus dem Westen investierten mit Erfolg in die aufstrebende Wirtschaft.[69] Dennoch spielte die Eigenproduktion von Fabriken, die Industriegase benötigten, bis in die 2000er-Jahre eine wichtige Rolle. Dies galt besonders für Unternehmen mit einem geringen Bedarf an diesen Gasen: Sie erwarben herkömmliche Luftzerleger und Ausrüstung häufig von einem der chinesischen Anlagenbauer wie Hangyang.[70] Zudem war der chinesische Markt weiterhin von einer großen Anzahl kleiner regionaler Gasproduzenten und unzähligen Distributoren geprägt, weshalb die großen westlichen Firmen noch 2010 nur 40 bis 45 Prozent des Sauerstoffmarkts kontrollierten.[71] Zudem entwickelte sich Yingde zum ersten chinesischen Großanbieter, der zahlreiche Luftzerleger allein oder mit Partnern betrieb.[72] Nach der Jahrtausendwende, als der Markt der besonders schnell gewachsenen Küstenregionen mit genügend Luftzerlegern versorgt war, richteten die westlichen Anbieter daher den Blick auf das chinesische Binnenland, wobei auch hier das Geschäft mit Kleinmengen und Flaschenlieferung weiter von den vielen chinesischen Anbietern und Distributoren beherrscht wurde.[73]

Dennoch blieb für die Tochterunternehmen der Westfirmen noch genug Raum, da die Wachstumsraten dauerhaft hoch waren: Zwischen 1999 und 2005 stieg der Umsatz der chinesischen Industriegasbranche jährlich um durchschnittlich 12,5 Prozent, wodurch China bis 2007 zum drittgrößten Industriegasmarkt der Welt wurde.[74] Zu diesem Zeitpunkt waren fast alle großen und einige mittelgroße westliche Gasproduzenten mit etlichen Repräsentanzen in China aktiv, um von dem dynamischen Wachstum der chinesischen Wirtschaft zu profitieren und sich eine gute Marktposition zu sichern (vgl. Tabelle 10.4).[75]

Wachstum in anderen Erdteilen in den 1990er-Jahren und zu Beginn des 21. Jahrhunderts

Nicht nur in China und den Transformationsstaaten Osteuropas, auch in vielen anderen Teilen der Welt stieg die Nachfrage nach Industriegasen zwischen 1990 und 2010 beträchtlich an, und auch hier war dies zumin-

Tabelle 10.4 Die Struktur des chinesischen Marktes (ohne Eigenproduktion) 2010 (Marktanteil in Prozent)

	Air Liquide	Yingde	Praxair	Air Products	Linde/ BOC	Messer	Nippon	Andere	Gesamt
Ohne Joint Ventures	8	8	7	6	6	6	2	57	100
Mit Joint Ventures	10	8	9	7	12	6	3	45	99

Quelle: Cockerill, »Gases in China. What's Really Happening?«, S. 26–27, eigene Übersetzung

dest zum Teil ein Resultat der Strategien, mit denen die großen Gasunternehmen die Möglichkeiten der Globalisierung für sich zu nutzen suchten. Wenngleich in kleinerem Rahmen, so wiesen doch viele andere ostasiatische Wachstumsländer – von Indonesien bis Korea – trotz der Währungskrise 1996/97 ähnlich hohe jährliche Wachstumsraten auf wie China. Auch dort stießen die westlichen Unternehmen oft über Joint Ventures mit lokalen Partnern in die Märkte vor und in vielen Fällen folgten sie ihren Kunden, die in Produktionsstätten und andere Einrichtungen in diesen Ländern investiert hatten. Anders als in China übernahmen sie die einheimischen Hersteller aber häufig vollständig oder gründeten 100-prozentige Tochterunternehmen. Außerdem unterschied sich die Nachfrage in den anderen asiatischen Staaten strukturell deutlich von der in China: In diesen aufstrebenden Volkswirtschaften spielte die Stahlindustrie eine viel geringere Rolle, während die Elektro- und die Chemieindustrie wesentlich stärkere Positionen einnahmen.[76]

Auch Südasien wies spektakuläre Wachstumsraten auf – insbesondere als sich Indien, das beim Industriegasverbrauch in dieser Region mit mehr als 75 Prozent zu Buche schlug, Anfang der 1990er-Jahre wirtschaftlich öffnete und damit auch wieder für die internationalen Gasunternehmen interessant wurde. Speziell die Privatisierung großer Stahlwerke erlaubte ihnen, im großen Stil in den indischen Markt einzusteigen. Doch auch in anderen Industriezweigen bestand eine erhebliche Nachfrage nach Gasen, etwa in der Glasindustrie, bei Kupferhütten und in der Petrochemie. Zu den Unternehmen, die diese Gelegenheit beim Schopf ergriffen, zählte auch die BOC, die Ende der 1970er-Jahre die Mehrheit an ihrer indischen Tochter Indian Oxygen Ltd. an die Regierung hatte abgeben müssen. Von 1993 an erhöhte sie ihren Anteil an Indian Oxygen Ltd. kontinuierlich und hielt 1997 mit 55 Prozent erneut die Mehrheit.

Dadurch kam die BOC in Indien auf einen Marktanteil von 18 Prozent und war hinter dem Marktführer Praxair mit 23 Prozent die Nummer zwei.[77]

Ein weiteres Investitionsziel der Industriegaskonzerne in den 1990er-Jahren und danach waren die ölfördernden Staaten im Nahen Osten. Infolgedessen errichteten sie Produktionsstätten in Saudi-Arabien, Kuwait, Dubai und Katar, primär um Ölraffinerien und Chemiefabriken zu bedienen, aber auch für Gas-to-Liquids-Projekte wie die LPG-Flüssiggas-Erzeugung. Neben BOC, Air Products und Air Liquide waren hier auch einheimische Unternehmen aktiv: In Saudi Arabien, dem größten Markt der Region, waren das neben dem Staatsunternehmen National Industrial Gases als wichtigstem Akteur die privaten Anbieter Abdullah Hashim Gases, Sigas und Riyadh.[78]

Neben der Ölindustrie waren in anderen Erdteilen auch die Stahl- und Automobilindustrie wichtige Wachstumsmotoren für die Gasbranche. Dies galt beispielsweise für Mexiko, wo die US-Anbieter Praxair und Air Products – letzterer über seine Beteiligung CryoInfra – den Markt faktisch unter sich aufteilten.[79] In Lateinamerika war Brasilien der größte Markt für Industriegase und bot wegen seiner guten Konjunktur, zu der unter anderem die von der Regierung angestoßenen Privatisierungen in der Stahl-, Öl- und Chemieindustrie beitrugen, seit Mitte der 1990er-Jahre auch die größten Wachstumschancen.[80] Dominiert wurde der brasilianische Markt von der Praxair-Tochter White Martin, die außerdem als Sprungbrett für die Expansion in andere südamerikanische Länder genutzt wurde.

Neben Praxair, das mit ca. 17 Prozent Marktanteil überdies die Gesamtmarktführerschaft in Südamerika innehatte, hatte sich auch die AGA ein großes Stück vom Kuchen gesichert, zu dem durch die Übernahme der Lateinamerika-Geschäfte von Linde 1992 noch weitere Stücke hinzukamen. In Venezuela waren die Schweden sogar Marktführer. Im Übrigen hatten sich Air Products, BOC und Air Liquide, das 40 Prozent des argentinischen Markts bediente, durch zahlreiche Übernahmen nach 1990 gute Marktpositionen in einzelnen Ländern Lateinamerikas geschaffen; obwohl hier auch mittelständische einheimische Anbieter nach wie vor eine wichtige Rolle spielten. So beherrschten unabhängige Anbieter noch 2006 etwa 50 Prozent des chilenischen Markts; in Peru kamen sie auf 27 Prozent, in Bolivien auf elf Prozent und in Zentralamerika auf 33 Prozent. Über ganz Lateinamerika gesehen, hatten die Unabhängigen damals einen Marktanteil von neun Prozent.[81]

Wesentlich stärker konzentriert waren im Vergleich dazu die Märkte Neuseelands und Australiens. Letzteren hatten BOC (75 Prozent), Air

Liquide (11 Prozent) und Linde (14 Prozent) mehr oder weniger unter sich aufgeteilt. Hier stellte die Bereitstellung von Gasen für die Rohstoffgewinnung und -aufbereitung ein für die Gasunternehmen ungewöhnliches, aber sehr lukratives Geschäftsfeld dar.[82]

Der Markt in Südafrika, von wo aus die meisten großen Gasunternehmen weitere Länder im südlichen Afrika belieferten, war hingegen stärker umkämpft. Dort tummelten sich fast alle großen Anbieter, obgleich BOC mit einem Marktanteil von 60 Prozent deutlich dominierte. Dennoch konnten auch Air Products mit 13 Prozent, Air Liquide mit 15 Prozent und Messer Griesheim mit zwölf Prozent eine größere Präsenz auf dem südafrikanischen Markt vorweisen, auf den 2007 etwa 59 Prozent des gesamtafrikanischen Gasumsatzes entfielen. Im übrigen Afrika war – trotz erhöhter Wachstumsraten – der Markt für Industriegase eher klein. Lediglich einzelne Regionen waren für die großen Unternehmen von Relevanz, etwa Nordafrika mit der Versorgung der dortigen Ölfelder und der Ausbeutung der Heliumquellen. Alles in allem wurden die Märkte auf dem afrikanischen Kontinent weiterhin von den ehemaligen »kolonialen« Platzhirschen BOC und Air Liquide beherrscht.[83]

Die weltweite Industriegasbranche um 2000

Bislang haben wir uns primär mit den meist voneinander getrennt ablaufenden Entwicklungen einzelner Staaten und Regionen befasst. Wie in Kapitel 9 angerissen, hatte man in der Industriegasbranche aber bereits in den 1980er-Jahren die Idee eines weltweiten Markts antizipiert, die ab den 1990er-Jahren immer mehr an Virulenz gewann. Wie also war die weltweite Industriegasbranche um die Jahrtausendwende beschaffen?

Nach den bisherigen Ausführungen dürfte es kaum überraschen, dass der Anteil Lateinamerikas, Afrikas, Ozeaniens und größerer Teile Asiens an der Weltindustriegasproduktion sehr gering war. Die Gase wurden noch immer vorwiegend in den traditionellen Zentren erzeugt und vertrieben. 1997 entfielen fast zwei Drittel des weltweiten Umsatzes auf Nordamerika (32 Prozent) und Westeuropa (30 Prozent); dazu steuerten die Anrainerstaaten des Nordpazifik weitere 19 Prozent bei. Die Marktanteile der anderen Gebiete variierten, bewegten sich mit 3–6 Prozent jedoch allesamt in einem bescheidenen Rahmen. Dabei dominierten überall auf der Welt die großen Anbieter. Um 2000 kontrollierten die führenden acht Industriegasunternehmen 78 Prozent des Weltmarkts. Air Liquide, BOC und Praxair wiesen mit jeweils 15 bis 17 Prozent deutlich größere Anteile auf als die anderen Anbieter, die jeweils lediglich auf einen Weltmarktanteil zwischen 5–9 Prozent kamen (vgl. Tabelle 10.5).

Obwohl der Marktanteil der Branchenriesen in den westlichen Industriestaaten deutlich höher war als in den aufstrebenden Volkswirtschaften, hatte Ebbe Almqvist durchaus recht, als er 2003 folgende Feststellung traf: »Durch ihre Internationalisierung wurde die ›Welt der Industriegase‹ in den 1990er-Jahren zur wirklichen Welt.«[84] Nichtsdestoweniger hatte auch jedes »Weltunternehmen« erkennbare regionale Schwerpunkte, die sich vielfach aus der individuellen Unternehmensgeschichte ergaben. So war die BOC nur schwach auf dem europäischen Festland vertreten, Air Products und Praxair wiederum hatten in Osteuropa nur kleine Marktanteile.[85] Andererseits waren die Champions in diesen Transformationsländern, vor allem Linde und Messer Griesheim, nur schwach auf den asiatischen Märkten vertreten und auf dem US-amerikanischen Markt war Linde bis Ende der 1990er-Jahre praktisch überhaupt nicht präsent.[86]

Grund dieser regionalen Schwerpunktsetzungen war, dass selbst den Großunternehmen nur begrenzte Ressourcen und Kapital zur Verfügung standen. So konnten sie – wie es Linde-Vorstand Gunnar Eggendorfer 1992 formulierte – »aufgrund der hohen Investitionskosten, die für den Aufbau des Gasegeschäfts nötig sind«, nicht überall im gleichen Maß aktiv werden, als sich in den 1990er-Jahren mit Osteuropa und

Tabelle 10.5 Weltmarktanteil der großen Industriegaskonzerne 1999 (in Prozent)

Unternehmen	Anteil
Air Liquide	17
BOC	15
Praxair	15
Air Products	9
Nippon Sanso	6
Linde	5
Messer Griesheim	5
AGA	6
Andere	22

Quelle: Tabelle nach: BHF-Report über Linde, 4. Juni 1999, in CAL, Fach 39, A 01–02, Akte »BHF Bank«. Ähnliche Zahlen finden sich in Joseph Chang, »Industrial Gases Industry is Poised for a Major M & A Move«, in Chemical Market Reporter 255/26 (28. Juni 1999), S. 9–10; Dienel, Linde, S. 327–329

China zwei neue Märkte mit großem Wachstumspotenzial auftaten.[87] Auch mussten die Expansionsstrategien an die neuen Märkte angepasst werden: So war in China das Onsite-Geschäft der Schlüssel zum Erfolg, während das Flaschengeschäft wegen fehlender Pfandsysteme und vor allem wegen der Dominanz lokaler Distributoren schwierig war. In Osteuropa dagegen war die Situation genau andersherum, da es dort sinnvoller war, zunächst über den Gasflaschenabsatz in den Markt einzusteigen und allmählich zum Bulk- und Onsite-Geschäft überzugehen.[88]

Aufgrund der Investitionen in die neuen Wachstumsmärkte blieben die Gaskonzerne außerdem von ihrem Erfolg in den Märkten abhängig, auf denen sie eine starke Marktposition hatten. So erwirtschaftete BOC 42 Prozent seiner Erlöse in Europa, obwohl der Konzern dort nur ein Drittel seiner Gesamtumsätze im Gasgeschäft tätigte. Die starke finanzielle Beanspruchung, die mit der Entwicklung einer weltweiten Geschäftstätigkeit einherging, führte bei einigen Unternehmen in den 1990er-Jahren denn auch zur weitgehenden Konzentration auf das Gasgeschäft. BOC zog sich beispielsweise aus dem Anlagenbau zurück und spaltete andere Geschäftsbereiche wie die Schädlingsbekämpfung und die Medizintechnik ab.

Solche Maßnahmen führten bei den großen Gasanbietern zu erheblichen Unterschieden im Verhältnis von Gas- zu Gesamtumsatz.[89] Bei Linde etwa trug der Bereich Gase 1999 nur 26 Prozent zum Gesamtumsatz bei, während AGA – nach der Trennung von Frigoscandia 1994 und dem Verkauf seiner Beteiligungen an Elektrizitätsunternehmen 1996 – nun mit einem Gasanteil von fast 100 Prozent am Umsatz zum reinen Gasunternehmen geworden war.[90] Linde und AGA waren in dieser Hinsicht zwar Extreme, aber in den späten 1990er-Jahren tendierten die meisten Firmen zum AGA-Modell. So machte der Verkauf von Gasen bei Praxair 91 Prozent der Erlöse aus, bei Messer Griesheim waren es 83 Prozent, bei BOC 81 Prozent und bei Air Liquide 78 Prozent. Mit einem Beitrag von 59 Prozent zum Gesamtumsatz war das Gasgeschäft bei Air Products zwar weniger bedeutend, der Anteil fiel aber immer noch deutlich höher aus als bei Linde.[91] Grund dafür waren bei Air Products der stärker ausgeprägte Anlagenbau und die Chemieproduktion.

Wie in Kürze gezeigt wird, bemühten sich sowohl Linde als auch Air Products Ende der 1990er-, Anfang der 2000er-Jahre wie die anderen Gaskonzerne um eine stärkere Konzentration auf das Gasgeschäft. Eine treibende Kraft hinter diesen Bemühungen war die stärkere Ausrichtung auf die Produktions- und Anwendungstechnologien nach 1999. Im Gegensatz zu den vorangegangenen Jahrzehnten war der technische Fortschritt zwischen 1990 und 2010 weniger durch das Aufkommen neuer Verfahren denn durch die Weiterentwicklung der Produktions- und Distributionstechniken geprägt. Sämtliche Technologien der Gaserzeugung (Luftzerleger, PSA- und Membrananlagen) wurden je nach Bedarf und Einsatzzweck weiterhin von allen Firmen verwendet. Dabei führten technische Verbesserungen zu einer Reduzierung des Stromverbrauchs der Luftzerleger, höherer Reinheit der Gase und größeren Kapazitäten bei allen Anlagentypen.[92] Zudem kamen vermehrt Minianlagen zum Einsatz. Ferner wurden in Algerien und Katar neue Heliumquellen erschlossen und Kohlendioxid in immer größeren Mengen als Nebenprodukt aus der Benzinproduktion gewonnen.[93]

Auch die Distributionstechnik wurde weiter optimiert. So konnten verbesserte Stahlflaschen mit Drücken bis zu 400 bar befüllt werden und deshalb auch mehr Gasinhalt aufnehmen. Außerdem gelang es, durch neue Prüftechniken und verbesserten Korrosionsschutz die Lebensdauer der Gasflaschen zu verlängern. Daneben wurden immer mehr Kunden per Rohrleitung versorgt, obgleich das Flaschengeschäft in allen Märkten weiterhin das Gros der Umsätze generierte.[94] Schließlich gewann auch der Kundenservice immer mehr an Bedeutung, unter anderem durch die Zuleitung der Industriegase zum »point of consumption«, also direkt an den Industriebetrieb, wo ein Kunde die Gase benötigte.[95]

Die meisten Neuerungen gab es jedoch bei den Anwendungen, weshalb die Organisationsstrukturen großer Unternehmen sich nun nicht mehr an geografischen Einheiten, sondern an Anwendungsfeldern orientierten.[96] Diese Neuerungen waren beileibe nicht nur Weiterentwicklungen von bestehenden Techniken – etwa die Reduzierung des Heliumeinsatzes in MRT-Geräten durch geschlossene Kreisläufe. Oft wurden auch neue Anwendungsbereiche und Technologien entdeckt.[97] Ein Beispiel ist die Verwendung von Kohlendioxid zu verschiedenen neuen Zwecken, darunter zur Desinfektion von Waren, zur Reinigung von Kleidung, zur Haltbarmachung von Gewürzen oder zur Herstellung von Diätprodukten in der Lebensmittelbranche. Mithilfe von Kohlendioxid und Stickstoff wurde für das Frosten von Lebensmitteln außerdem ein gleichmäßigerer Gefrierprozess entwickelt,[98] und in der Kühltechnik ersetzte Stickstoff die umweltschädlichen, die Ozonschicht angreifenden Halogenkohlenwasserstoffe (HFC und HCFC).[99] Auch für Edelgase fand man neue Einsatzbereiche: Dabei reichte die Palette von Xenon für Autoscheinwerfer und Ionenantriebe von Satelliten bis hin zu Krypton für Hochleistungs-Krypton-Ionen-Laser.[100] Schließlich gab es auch im Homecare-Bereich zahlreiche technische Fortschritte, was dort auch zu starkem Wachstum führte und selbst kleineren Anbietern wie der italienischen SOL erlaubte, in die westeuropäischen Stammmärkte der Großkonzerne einzudringen.[101] Wie vor 1990 entwickelten die großen Gasanbieter die meisten neuen Produktions- und Anwendungstechniken entweder selbst in ihren Forschungszentren oder gemeinsam mit den Kunden. Darüber hinaus arbeitete man aber auch mit externen Forschungseinrichtungen zusammen und erwarb neue Technik durch die Übernahme innovativer Firmen oder über Lizenzen.[102]

Infolge dieser Fortschritte änderte sich in den 1990er- und 2000er-Jahren die Gasnutzung auch strukturell. Wenngleich die Stahl- und metallverarbeitende Industrie weiterhin große Mengen an Sauerstoff und anderen Industriegasen abnahm – die Herstellung immer besserer Qualitätsstähle erforderte pro Tonne auch mehr Sauerstoff –,[103] so stieg der Absatz an die Chemieindustrie und Ölraffinerien nach 1990 in einem Ausmaß, dass diese Sektoren zum größten Abnehmer von Industriegasen wurden.[104] Wie aus Tabelle 10.6 hervorgeht, glichen der Nachfrageschub seitens der Chemie- und Ölverarbeitung sowie der in der Elektronik den prozentualen Rückgang im Stahl- und Hüttenwesen nahezu aus, und die sinkende Nachfrage aus der Lebensmittelindustrie wurde von einer steigenden Abnahme aus dem Medizin- und Gesundheitsbereich wettgemacht.

Aus der Tabelle geht allerdings nicht hervor, dass sich überdies die Produktpalette erheblich veränderte. So umfasste das Angebot der Industriegasbranche nicht nur einzelne Gase, sondern auch mehr als 20.000 Mischungen. Neben der wachsenden Bedeutung von Stickstoff stieg vor allem der Absatz von Wasserstoff, Kohlendioxid[105] und Helium[106] über-

Tabelle 10.6 Industriegasverbrauch nach Branchen in den Jahren 1990 bis 2010 (in Prozent)

	1990	2006	2010
Chemieindustrie & Mineralölindustrie	23	34	35
Stahlherstellung & Metallverarbeitung	45	27	27
Elektronik	9	16	16
Medizin & Gesundheitswesen	8	11	12
Nahrungsmittel	10	7	6
Papier und Zellstoff	0	2	1
Andere	5	3	2

Quelle: Zahlen aus »Weltmarkt Industriegase nach Anwendung«, 1990, in: CAL, Fach 38, B 01, Akte: »GE2 Fotostelle Linde Gas«; Tony Wheatley, »Emerging Applications Meeting the Demand«, in Gasworld (Juni 2011), S. 36–38 (für 2006 und 2010)

durchschnittlich stark. Dies führte unter anderem dazu, dass alle großen Gasanbieter ihren Kunden in jeder Region eine vollständige Produktpalette anbieten wollten.[107] Allerdings unterschieden sich die Vertriebsstrukturen je nach wirtschaftlichem Entwicklungsstand der Absatzländer: Je entwickelter ein Land, desto höher waren die Anteile von Stickstoff und Spezialgasen am Gesamtgasumsatz.

Firmenstrategien in den 1990er-Jahren und ihre Auswirkungen

Die geografische Ausbreitung und die immer größere Bandbreite der Produkte und Anwendungen bedeuteten während der 1990er-Jahre eine schwere finanzielle Belastung für die Gasfirmen, aber dies waren nicht die einzigen Sorgen der großen Unternehmen in diesem Jahrzehnt. Durch das enorme weltweite Wachstum der Branche waren besonders in den heiß umkämpften Märkten Westeuropas und der USA enorme Überkapazitäten entstanden, die auf die Preise und Gewinnmargen drückten. Dies galt besonders im Bulkgeschäft mit Standardgasen sowie im Packagegeschäft und wirkte sich auf die großen Gaslieferanten je nach ihrer Produktpalette aus. Daher wiesen die Betriebsgewinne der Großunternehmen deutliche Unterschiede auf und reichten von 11,7 Prozent (AGA) bis zu 19,7 Prozent (Air Products). Noch größer war die Bandbreite beim Verhältnis von Investitionen zu Erträgen: die schwedische AGA erreichte nur 13,3 Prozent (was sowohl Ursache als auch Auswirkung der geringen Wirtschaftlichkeit sein konnte); Messer Griesheim dagegen investierte am meisten und erreichte eine Investitionsquote von 42,3 Prozent.[108]

Sinkende Gewinnspannen und gleichzeitig steigende finanzielle Lasten, die teilweise in Überinvestitionen während der Wachstumsperiode begründet waren, brachten einige besser aufgestellte Industriegasunternehmen sogar schon vor der Mitte der 1990er-Jahre auf die Idee, Konkurrenten zu übernehmen.[109] So behielt die BOC beispielsweise die AGA schon seit den 1980er-Jahren im Auge, weil sich die britische und die schwedische Firma in ihrer regionalen Präsenz optimal ergänzten. Die AGA verfügte in Nord-, West- und Teilen von Südeuropa, in Südamerika sowie überall dort, wo BOC nicht oder kaum vertreten war, über ordentliche Marktanteile. Die BOC war dafür in England und im Commonwealth sehr viel stärker präsent als die AGA; nur in den Vereinigten Staaten hatten beide Unternehmen eine vergleichbare Marktposition inne. Eine Fusion musste daher nicht nur beträchtliche globale Synergieeffekte freisetzen, es war auch mit vergleichsweise geringen Einschränkungen durch die nationalen Kartellbehörden zu rechnen, was bei den Fusionen (und Fusionsversuchen) in den 2000er-Jahren noch eine gewichtige Rolle spielen sollte.[110]

AGAs Unternehmensprofil passte aber nicht nur zur BOC, sondern auch zu Linde, die – ebenso wie Messer Griesheim[111] – den schwedischen Wettbewerber ebenfalls spätestens seit Mitte der 1990er-Jahre im Visier hatte. Die AGA und Linde passten nicht nur durch ihre geografischen Schwerpunkte, sondern auch durch ihre Produktlinien fast perfekt zusammen: Die AGA konzentrierte sich praktisch ausschließlich auf den Verkauf und Vertrieb von Gasen, während Linde auf Anlagen und Geräte spezialisiert war. Durch den Erwerb der AGA würde Linde seinem strategischen Ziel einer stärkeren Präsenz auf dem Gasmarkt sehr viel näher kommen.[112] Aber Linde war nicht allein in diesem Bestreben, da AGA wegen seiner Konzentration auf das Gasgeschäft und seiner eingeschränkten Kapitalausstattung auch für alle anderen weltweit aktiven Unternehmen der Branche ein geeignetes Übernahmeziel war.

Neben AGA stellte Ende der 1990er-Jahre auch Messer Griesheim ein attraktives Übernahmeobjekt dar, seit die Hoechst AG (und ihre Nachfolgerin Aventis) als größter Anteilseigner erklärt hatte, sich aus dem Geschäft mit Industriegasen ganz zurückziehen zu wollen, um ein reines Pharmaunternehmen zu werden. Vor dem Verkauf des langjährigen Ablegers für Industriegase sollte dieser aber noch herausgeputzt werden, was die enorme und überwiegend kreditfinanzierte Expansion von Messer Griesheim in den 1990er-Jahren erklärt. Die einfache Abtrennung von Hoechst wurde von der Familie Messer verhindert, die noch ein Drittel des Ablegers besaß und schon die unsolide Expansion mit Sorge betrachtet hatte. Grund für den wachsenden Widerstand gegen die Pläne von Hoechst war nicht nur die durch sie verursachte wachsende Schuldenlast, sondern auch die beträchtlichen Betriebsverluste.[113]

Die große Fusionswelle von 2000–2006

Die meisten während der 1990er-Jahre angedachten Fusionen und Übernahmen in der Industriegasbranche kamen zwar nicht zustande, sie bereiteten aber den Weg für eine längst erwartete Konsolidierung, die sich dann zwischen 2000 und 2006 in aufsehenerregender Weise abspielte.[114] Der erste Übernahmekandidat war allerdings nicht der von Brancheninsidern erwartete, sondern die vergleichsweise erfolgreiche und gut aufgestellte BOC. Den Ball brachten Air Liquide und Air Products 1999 mit ihrem gemeinsamen Übernahmeangebot für BOC ins Rollen, das sie unter sich aufteilen wollten. Nach diesem Plan sollte das französische Unternehmen die Gasgeschäfte von BOC in England, Irland und Thailand und dazu Teile der amerikanischen Airco übernehmen; für Air Products waren die BOC-Teile in Australien, Neuseeland und Asien (mit Ausnahme des Aktienanteils an der Air Japan) sowie die übrigen Teile des US-Geschäfts vorgesehen. Die BOC-Führung war einer Übernahme nach einigem Hin und Her nicht mehr völlig abgeneigt und auch die Europäische Kommission hatte grundsätzlich nichts einzuwenden, aber die amerikanische FTC knüpfte ihre Zustimmung an die Bedingung, dass der gesamte BOC-Besitz in den USA zum Kauf ausgeschrieben wurde, was natürlich bedeutete, dass der Erzrivale Praxair den Zuschlag bekommen würde. Daher überlegten es sich Air Liquide und Air Products anders und zogen ihr Angebot im Mai 2000 zurück.[115]

Der kurz darauf folgende Übernahmeversuch sollte aber gelingen. Die deutsche Linde hatte seit langem gute Beziehungen zur schwedischen AGA gepflegt, und deren Vorstandsvorsitzender war während der 1980er- und 1990er-Jahre häufig bei den Vorstandssitzungen von Linde zugegen gewesen.[116] Während dieser Zeit verfolgte Linde immer vehementer das Ziel, im Gasgeschäft stärker Fuß zu fassen und strebte daher eine noch engere Verbindung mit AGA an. Als die AGA beispielsweise 1996 in den Vereinigten Staaten von Praxair für eine beträchtliche Summe mehrere Luftzerleger kaufte, schrieb Linde-Manager Hans Kistenmacher an den für seine Abteilung verantwortlichen Vorstand Gunnar Eggendorfer: »Lieber Herr Eggendorfer, ich hoffe, dass wir durch dieses Geschäft in wenigen Jahren in der Lage sein werden, AGA zu übernehmen.«[117] Aus der Zusammenarbeit wurde jedoch schon ein Jahr später ein offizielles Bündnis zur technischen Kooperation, bei dem sich AGA zusätzlich verpflichtete, seine Luftzerleger künftig ausschließlich bei Linde zu kaufen.[118] Dieses Bündnis kam natürlich nicht nur auf Lindes, sondern auch auf AGAs Betreiben hin zustande. AGA willigte in das Bündnis vor allem deswegen ein, weil sich abzeichnete, dass sich das schwedische Unternehmen mit seiner Konzentration auf Gase nicht in einem immer mehr globalisierten Markt behaupten konnte, auf dem auch Anlagenbau auf Top-Niveau gefragt war. Es war daher abzusehen, dass das Unternehmen früher oder später von einem der Marktführer übernommen würde. AGA-Chef Lennart Selander kam immer mehr zu der Überzeugung, dass eine Übereinkunft mit Linde, wo man eine ähnliche Unternehmenskultur pflegte und mit der man auf eine lange, herzliche und erfolgreiche Zusammenarbeit zurückblickte, die beste Lösung sein würde.[119]

Das Abkommen wurde 2000 geschlossen und scheint im Nachhinein in vielerlei Hinsicht unausweichlich, aber wie viele andere Fusionen in der Branche hätte es ebenso gut scheitern können. Nicht zuletzt spielte auch Glück eine Rolle, denn als man sich Mitte 1999 gerade in den Verhandlungen befand, erfuhr Linde in letzter Minute, dass ein großer Anteilseigner der AGA sein Aktienpaket verkaufen wollte. Linde packte die Gelegenheit beim Schopf und kaufte, legte dann ein Angebot für die restlichen Anteile am schwedischen Unternehmen auf den Tisch und konnte auch diese erwerben.[120] Linde trennte sich in der Folge von Unternehmenszweigen, die nichts mit Gas zu tun hatten (den Anlagenbau natürlich ausgenommen), und ging deutlich gestärkt aus der Übernahme der AGA hervor. Dies gilt nicht nur für Europa, denn nun verfügte Linde zum ersten Mal über einen nennenswerten Anteil am so wichtigen US-Markt. Durch die verschiedenen geografischen Schwerpunkte der beiden Firmen musste die gewachsene Linde nur wenige kleine Firmenanteile abstoßen, um die Auflagen der Kartellbehörden zu erfüllen – das Flaschengeschäft in den Niederlanden und Österreich beispielsweise. Letztlich profitierte man auch noch von den langjährigen guten Geschäftsbeziehungen zwischen der schwedischen und der deutschen Firma – Linde war für die AGA beispielsweise immer der Hauptlieferant für Luftzerleger und andere Ausrüstung gewesen –, denn so ließ sich die Übernahme und folgende Integration der AGA ohne Schwierigkeiten bewerkstelligen.[121] In diesem Sinne erfolgte auch die Berufung von Lennart Selander in den Linde-Vorstand.

Weit weniger glatt verlief der Abverkauf des Ablegers Messer Griesheim bei der Hoechst/Aventis um die Jahrtausendwende. Schon 1999 eskalierten die Auseinandersetzungen zwischen der Familie Messer mit der Unternehmensleitung von Messer Griesheim einerseits und dem Management von Aventis andererseits. Dass sich Linde dann aus den Verhandlungen mit Aventis um eine Übernahme der Gastochter zurückzog und stattdessen die Einigung mit AGA vorantrieb, machte alles noch schlimmer. In der Folge unternahm Stefan Messer als Vertreter des Teils der Familie, die im Gasgeschäft aktiv bleiben wollte, den Versuch, alle Anteile von Messer Griesheim zu übernehmen. Dies gelang 2001 mit der Unterstützung von Goldman Sachs und Allianz Capital Partners. Es folgte eine massive Umstrukturierung des Unternehmens, in deren

Abb. 54 Das neue AGA-Firmenlogo, seit 2000

Verlauf zahlreiche defizitäre Tochterunternehmen weltweit abgestoßen wurden. So veräußerten die neuen »alten« Eigentümer von Messer 2003 insgesamt 57 Unternehmen in 27 Ländern und erlösten dabei 400 Millionen Euro, wodurch es gelang, das Unternehmen zu stabilisieren. In der Folge zogen sich Goldman Sachs und Allianz Capital Partners, die aufgrund ihrer Investitionen über zwei Drittel der Anteile verfügten, zurück; Stefan Messer konnte sie abfinden und die Kontrolle über die Firma übernehmen, die nun Messer Group hieß. Für diesen Rückkauf musste die Familie Messer nicht nur wenig ertragreiche, sondern auch profitable Teile des Kerngeschäfts veräußern. Air Liquide machte sich diese Situation zunutze und erwarb für 2,6 Milliarden Euro nicht nur Messers Vertretung in England und den Vereinigten Staaten, sondern auch das deutsche Zweigunternehmen Messer Griesheim GmbH. Dieses betrieb in Nordrhein-Westfalen das große und einträgliche Pipelinenetz, das dem französischen Unternehmen nach Jahrzehnten endlich Zutritt zu Europas größtem Markt für Industriegase verschaffte. Der Messer Group blieb das Gasgeschäft in West-, Süd- und Osteuropa sowie in Peru, China und Südostasien.[122]

Das große Finale der Fusionswelle fand 2006 statt, als die Linde AG überraschend anbot, die BOC zu übernehmen, und der BOC-Vorstand das Angebot wenige Monate später annahm.

Linde-Chef Wolfgang Reitzle hatte das Geschäft in die Wege geleitet und konnte es rasch und ohne größere Schwierigkeiten zum Abschluss bringen. Finanziert wurde die Übernahme überwiegend durch Kredite, doch auch nach Abschluss des Deals waren noch erhebliche Mittel für die Eingliederung der BOC nötig, was über den Verkauf einiger Aktivposten und eine zusätzliche Schuldenaufnahme erreicht wurde. Bei den Verkäufen ging die Linde strategisch vor: Mit Blick auf höhere Gewinnmargen durch Konzentration auf das Gasgeschäft trennte man sich vom Gabelstaplerbereich und von der BOC-Edwards Vacuum Technology.[123]

Bei der Finanzierung des Geschäfts nutzte das deutsche Unternehmen die günstigen Rückfinanzierungsbedingungen auf den globalen Kapitalmärkten aus. Nach Abschluss der Übernahme konnten die Kredite nicht zuletzt aufgrund rasch wirksamer Synergieeffekte der Fusion zügig abgelöst werden. Dabei half die relativ geringe Überlappung der Anlagen und Aktivitäten der beiden Unternehmen, was nur wenige Auflagen der Kartellaufsicht der verschiedenen Länder mit sich brachte. So verkaufte Linde sein eigenes US-Massengeschäft – das sehr viel kleiner war als das von BOC, welches man behielt – an Airgas, und die polnischen Teile von BOC gingen an Air Products. Lindes ehemaliges Gasgeschäft in England wurde von Air Liquide übernommen, die auf diese Weise ihren kleinen Marktanteil dort verdoppeln konnte.[124] Die Erlöse dieser Verkäufe erlaubten es der Linde, die Schulden bis zum Ausbruch der globalen Finanzkrise von 2008 noch weiter zu reduzieren.

Wie die Übernahme der AGA verlief auch die Integration von BOC ins Unternehmen aufgrund der langen und vertrauensvollen Beziehung der beiden Partner relativ problemlos. Schon 1991 hatte BOC-Manager J. C. Failie das Verhältnis so beschrieben: »Linde hat alle Alternativen geprüft und sieht BOC als seinen logischen (und wahrscheinlich einzig möglichen) Partner an.«[125] Das gute Verhältnis zeigte sich am häufigen Austausch über die Lage der Branche, aber mehr noch durch die Tatsache, dass die BOC den eigenen Anlagenbau 1995 komplett aufgab und zu einem großen Teil in die Hände von Linde legte. Luftzerleger und andere Ausrüstung bezog man fortan vom deutschen Unternehmen.[126] Auch hier sind die Parallelen zum Verhältnis zwischen Linde und AGA auffällig.

Der Kauf der BOC katapultierte Linde an die Spitze der Industriegasbranche weltweit. Seither streitet man sich mit Air Liquide darum, wer von beiden sich nun Weltmarktführer nennen darf. Das erstaunt umso mehr, als Experten der Branche noch 1998/99 einen derartigen Aufstieg von Linde für nicht besonders wahrscheinlich hielten. Wie konnte das also gelingen? Glück spielte dabei ebenso eine Rolle wie die eine oder andere mutige Entscheidung von Linde-Chef Gerhard Full und seinem Nachfolger Wolfgang Reitzle. Bei beiden Übernahmen griffen die Vorstandsvorsitzenden entschlossen zu, und das genau im richtigen Moment. Eine noch größere Bedeutung hatten aber Verschiebungen im Geschäftssektor, und dabei besonders die verbreitete Internationalisierung durch Expansion der Unternehmen in den weltweiten Markt. Wichtig war ebenfalls der Einfluss der Kartellbehörden, denn durch die Blockade der versuchten Übernahme der BOC durch Air Products und Air Liquide wurde deutlich, dass Fusionen zwischen den vier großen und gleichzeitig in den USA und Westeuropa tätigen Unternehmen (Air Liquide, Praxair, Air Products und BOC) ausgeschlossen waren. Auch eine Aufteilung eines Unternehmens unter den anderen war nicht genehmigungsfähig. Linde war zwar ebenfalls groß, hatte aber wegen seiner vergleichsweise geringen Bedeutung im Gasgeschäft Ende der 1990er-Jahre gerade auf

BOC
A Member of The Linde Group

Abb. 55 Das neue BOC-Firmenlogo, seit 2006

den wichtigsten US-Märkten wahrscheinlich als einziges der Großunternehmen hier etwas Bewegungsspielraum.

Für Lindes Erfolg nicht nur bei der Angliederung anderer Unternehmen, sondern auch bei der Vermeidung der eigenen Übernahme waren allerdings auch andere strukturelle Faktoren verantwortlich. Gegen überraschende Übernahmen schützte Linde beispielsweise bis 2002 die »Deutschland AG«, da sowohl die damalige Allianz AG sowie die Dresdner Bank zu ihren wichtigen Anteilseignern zählten. In Deutschland wurde eine »freundliche« Übernahme längst nicht so positiv gesehen, wie es beispielsweise bei Angestellten, Aktionären und der Öffentlichkeit in Schweden oder Großbritannien der Fall war. Und nicht zuletzt waren es Lindes ausgezeichnete Beziehungen zur AGA und BOC, die eine Übereinkunft mit deren Vorständen zur Übernahme und reibungslosen Eingliederung ins vergrößerte Unternehmen ermöglichten.

Zuletzt muss betont werden, dass es kein Zufall war, dass mit Linde und Air Liquide letztlich die Unternehmen den Markt mit Industriegasen beherrschen sollten, die schon zuvor beim Anlagenbau weltweit führend waren. Durch diese Diversifizierung konnten sie auf dem lukrativen Gasmarkt Gewinne erzielen und gleichzeitig von den Synergien aus der Entwicklung neuer Anwendungen und dem Anlagenbau profitieren. Dies war aber nur möglich, weil die relativ geringe Abhängigkeit vom Kapitalmarkt ein langfristig strategisches Vorgehen zuließ.[127] AGA und BOC dagegen verfolgten vor allem kurzfristigere Ziele wie die Gewinnmaximierung und, besonders im Fall der BOC, des Shareholder Value, weshalb man sich dort ab Ende der 1990er-Jahre ausschließlich auf den Verkauf von Gasen konzentrierte. Daher waren beide Unternehmen anders als die noch bis 2005 sehr viel breiter aufgestellte Linde AG für eine Übernahme sehr viel anfälliger. Dabei ist interessant, dass Linde während der 1990er-Jahre insbesondere aufgrund seiner Position auf dem großen deutschen Binnenmarkt und in Osteuropa relativ hohe Gewinne erzielte, während bei AGA die Erträge schwanden.[128]

Zusammenfassung

Zwischen 2000 und 2006 erfolgte Übernahmen und Fusionen führten zu Veränderungen der weltweiten Struktur der Industriegasbranche. Statt von acht Großunternehmen wurde der Weltmarkt ab 2009 von nur fünf Firmen dominiert, die 83 Prozent der Verkäufe an Industriegasen, Ausrüstung und Dienstleistungen des Sektors auf sich vereinten (vgl. Tabelle 10.7).

Tabelle 10.7 Die globale Marktstruktur der Industriegasbranche im Jahr 2009 (in Prozent)

Unternehmen	Anteil
Air Liquide	26
Linde	24
Praxair	13
Air Products	12
Taiyo Nippon Sanso	8
Airgas	6
Messer	2
Andere	9

Quelle: Daten aus: Thorsten Winter, »Messer-Industriegase für größte deutsche Raffinerie«, FAZ (15. Mai 2010), S. 47; ähnliche Schätzungen der globalen Marktstruktur bei Gasen am Ende der ersten Dekade des 21. Jh. vgl. »Global Analysis: Decidedly Ahead«, Gasworld (Mai 2008), S. 40–42; Francesca Ross, »Global Analysis: Bullish Global Growth in 2007 and Beyond«, Gasworld (Mai 2007), S. 28–30; Nancy Seewald, »Industrial Gases: Another Year of Optimism«, Chemical Week (3. März 2008), S. 17–19; Rüdiger Köhn, »Flüchtig, aber grundsolide,« FAZ (3. Dezember 2007), S. 25

Nach dieser Aufstellung aus der *Frankfurter Allgemeine Zeitung* führten Air Liquide und Linde die Branche 2009 mit 26 bzw. 24 Prozent Marktanteil mit großem Abstand an. Die US-Firmen Praxair (13 Prozent) und Air Products (12 Prozent) lagen deutlich hinter ihren europäischen Konkurrenten zurück, obwohl auch sie von den großen Fusionen von 2000–2006 profitiert hatten, da sie aufgrund von Kartellauflagen umfangreiche ehemalige Unternehmensteile der AGA und BOC aus dem Besitz von Linde übernehmen konnten. Taiyo Nippon Sanso als Nummer fünf des Sektors für Industriegase hält im Vergleich zu den vier Großen einen deutlich geringeren Marktanteil von acht Prozent, konnte aber im Zuge der Fusionen Teile des US-Geschäfts von Linde übernehmen.

Alle fünf Unternehmen sind heute weltweit tätig, obwohl sich Taiyo Nippon Sanso im internationalen Bereich auf Spezialgase beschränkt und mit Standardgasen nur auf dem US-amerikanischen und dem ostasiatischen Markt vertreten ist. Neben den großen fünf sind auf verschiedenen nationalen Märkten etwa eine Handvoll Unternehmen mittlerer Größe präsent, wie beispielsweise die Messer Group, SOL, SIAD, Iwatini und Airgas. Kleinere Firmen konzentrieren sich meist auf ein einzelnes Land oder eine Region – Unternehmen wie die Westfalen AG oder Yara bilden hier die Ausnahme.[129] Diese kleinen und mittleren Unternehmen sind allerdings häufig über Aktienbesitz oder Vereinbarungen über die technische Zusammenarbeit mit einem der großen Unternehmen verbunden.[130]

Das Ausmaß der über die vergangenen Jahre beobachteten Konzentration in der Branche macht weitere Übernahmen recht unwahrscheinlich. Dies zeigt der Versuch von Air Products zur Übernahme von Airgas im Jahr 2011. Das Vorhaben scheiterte allerdings nicht an einem Veto der FTC, sondern an einer Entscheidung des Delaware Chancery Court, die Airgas beträchtliche Gegenmaßnahmen, sogenannte Poison Pills, zur Abwehr der Übernahme erlaubte.[131] Bei künftigen Vorhaben zur Übernahme mittelgroßer Firmen durch einen der fünf Großen ist jedoch zweifellos mit weitreichenden Auflagen zur Veräußerung von Unternehmensteilen zu rechnen. Für eine weitere Konzentration kommen daher eigentlich nur Übernahmen kleinerer Firmen durch andere Kleinunternehmen in Frage, aber auch diese können nur erfolgreich sein, wenn sich die Aktivitäten der Partner in Westeuropa und Nordamerika nicht nennenswert überlappen.

Die großen fünf Unternehmen versuchen daher offenbar neuerdings, Wachstum vor allem durch regionale Expansion sowie vorwärts wie rückwärts gerichtete Integration und Diversifikation in der Wertschöpfungskette der Industriegase zu erreichen. Im Jahr 2007 übernahm Air Liquide das Unternehmen Lurgi von der Bochumer GEA Group, um seine eigene Kompetenz beim Bau petrochemischer Anlagen und der Erzeugung synthetischer Flüssigbrennstoffe zu stärken. Um nicht ins Hintertreffen zu geraten, übernahm Praxair im Jahr 2009 die Sermatech International, einen Spezialisten für Hochleistungswerkstoffe für den Flugzeugbau, Energieerzeugung und andere industrielle Anwendungen, während Linde 2012 für 3,6 Milliarden Euro einen US-amerikanischen Hersteller von Sauerstoffgeräten übernahm, um Air Liquide an einer weiteren Expansion seines Geschäfts mit Medizingasen und Homecare-Produkten zu hindern.

Ob den fünf Großen der Industriegasbranche nun weitere Übernahmen gelingen werden oder nicht – die Konzentration wird weitergehen, wenn auch absehbar ist, dass selbst die größeren Anbieter in Entwicklungsregionen wie Yingdang künftig international agieren werden. Der Erfolg von SOL in Ost- wie Westeuropa[132] illustriert, dass auch neben den Marktführern auf bestimmten Märkten für Anbieter noch Wachstumschancen bestehen. Gleiches gilt für den Erfolg der Messer Group in Osteuropa und China bzw. für ihren Wiedereintritt in den deutschen

Markt ab 2008.[133] Die asiatischen Märkte glänzen mit besonders hohem Wachstumspotenzial, obwohl ihr globaler Marktanteil noch 2008 deutlich hinter den Traditionsmärkten in Nordamerika und Westeuropa zurücklag (vgl. Tabelle 10.8).

An der zunehmenden Konzentration in dieser Branche, die 1960 langsam einsetzte und besonders ab den 1990er-Jahren mit verstärkter Internationalisierung und anschließender Globalisierung immer mehr Fahrt aufnahm, lässt sich auch ablesen, wie wirkungslos sich die nationalen Kartellbehörden diesem Trend widersetzt haben. So wurden Übernahmen zwar an Bedingungen geknüpft und Firmen mussten hinzugewonnene Unternehmensteile abstoßen. Früher oder später landeten diese aber bei einem der Marktführer, was die Konzentration nur vorantrieb. Immerhin waren für den Kauf und nachfolgend den Betrieb dieser Anlagen beträchtliche Mittel nötig, über die kleinere Anbieter selten verfügten. Außerdem verfügten nur die großen Industriegaskonzerne über das nötige Know-how zur Fortführung der Geschäfte, was den Eintritt von Unternehmen aus anderen Branchen – wie beispielsweise dem Chemiesektor – zusätzlich erschwerte.

Andererseits lässt sich die Meinung vertreten, dass die Bemühungen der Kartellbehörden nicht nutzlos waren, denn auf vielen nationalen Märkten haben sie den Wettbewerb aufrechterhalten. Dadurch ergibt sich hier ein Paradoxon. Die in Westeuropa und den Vereinigten Staaten seit den 1950er-Jahren ausgeübte Kartellaufsicht förderte den Wettbewerb auf nationaler Ebene nicht zuletzt durch die Zerschlagung beste-

Tabelle 10.8 Umsätze der Weltregionen mit Industriegasen 2008 (in Prozent)[134]

Region	Anteil
Nordamerika	32,5
Westeuropa	28,8
Nordpazifik (Japan, Taiwan, Südkorea, China)	18,9
Südamerika	5,2
Südpazifik (incl. Australien und Südostasien)	5,1
Südasien (Indien, Pakistan, Bangladesch etc.)	1,2
Osteuropa	4,2
Afrika	2,2
Naher Osten	1,9

Quelle: »Global Analysis: Decidedly Ahead,« S. 40–42, eigene Übersetzung

hender Monopole oder Duopole. Die dadurch in Gang gesetzte Internationalisierung führte jedoch dann zur heutigen oligopolistischen Marktstruktur.

Die Branche hat den wirtschaftlichen Abschwung seit 2008 relativ unbeschadet überstanden. Hierfür dürfte eine kontinuierlich steigende Nachfrage nach Industriegasen aufgrund immer mehr differenzierter Anwendungen in Landwirtschaft, Warenproduktion und bei den Dienstleistungen verantwortlich sein – verbunden mit weiterhin guten Aussichten für Großunternehmen, in Entwicklungsländern hohe Wachstumsraten zu erzielen. So arbeiten die fünf großen Anbieter trotz der Krise weiterhin äußerst profitabel. Diese relative Unabhängigkeit von den globalen Wirtschaftszyklen lässt vermuten, dass die Industriegasbranche auch künftig auf Wachstumskurs bleiben wird, und zwar durch eine immer effizientere Produktion und den verbesserten Vertrieb der Gase verbunden mit der aktiven Entwicklung neuer Anwendungen.

Schlussbemerkung

Eine in größerem Umfang kommerzielle Produktion von Sauerstoff mit relativ hohem Reinheitsgrad wurde erstmals 1886 in Westminster, London aufgenommen – und zwar durch die Brin's Oxygen Company, die später zur British Oxygen Company bzw. BOC wurde. Auch wenn für einige Jahre tatsächlich nur ein einziges Unternehmen (nämlich Brin's bzw. seine Lizenznehmer) ein einzelnes Produkt herstellte, markiert dieser Zeitpunkt dennoch den Beginn der »Industrie« für atmosphärische Gase. Ebenso wie die Chemie- und Elektroindustrie, die etwa zur gleichen Zeit entstanden, war auch die Sauerstoff-Industrie von Beginn an wissenschaftsbasiert. Sie kann daher neben der besser erforschten chemischen und Elektroindustrie als klassischer Industriezweig der Zweiten Industriellen Revolution gelten. Allerdings waren die Märkte für Sauerstoff – im Gegensatz zu den bekannteren Industrien der Zweiten Industriellen Revolution – zunächst ausgesprochen begrenzt. Die praktischen Anwendungsmöglichkeiten für Sauerstoff blieben bis ins 20. Jahrhundert hinein auf die Verwendung in der Theaterbeleuchtung beschränkt. Die großen Mengen reinen Sauerstoffs, die das neu entstandene Unternehmen produzierte, stellten also ein Produkt dar, für das geeignete Anwendungsbereiche erst noch gefunden werden mussten. Diese Suche nach Anwendungsmöglichkeiten für die hergestellten Produkte ist seitdem eine Hauptaufgabe der führenden Unternehmen der Branche.

Obgleich der Markt für Sauerstoff gesättigt schien und von 1890 bis in die ersten Jahre des 20. Jahrhunderts kein Wachstumspotenzial aufwies, bemühten sich jedoch merkwürdigerweise eine ganze Reihe wissenschaftlicher Erfinderingenieure in verschiedenen Industriestaaten eifrig und schließlich auch erfolgreich, alternative Verfahren für die Gasproduktion in größeren Mengen zu finden. Nicht lange nachdem Erfinder in Deutschland, Großbritannien, den USA und Frankreich verschiedene Techniken für die Verflüssigung von Luft entwickelt hatten, gelang französischen Ingenieuren – und schon bald darauf ihren Kollegen aus anderen Ländern – auch ein Durchbruch in der Anwendungstechnologie für Industriegase. Mit den neuen Apparaten konnte man nun Sauerstoff und Acetylen mischen und so sehr heiße Flammen produzieren, mit denen man Metalle schneiden, formen und schweißen konnte. Deshalb wurden

Schweiß- und Schneideprozesse zum ersten großen Absatzmarkt für Sauerstoff und das Wachstumspotenzial dieser Anwendungen veranlasste die Entwickler recht bald, die Luftverflüssigungstechnologien um die so genannten Rektifikationstechniken zu ergänzen: Damit war die kryogene Luftzerlegung entstanden, die nicht nur die Großproduktion von reinem Sauerstoff, sondern auch von Stickstoff, Argon und anderen Edelgasen in immer höheren Reinheitsgraden möglich machte. Darüber hinaus wurden immer weiter verbesserte Luftzerleger schnell zum zentralen Verfahren der immer noch sehr jungen Industrie, die bald auch den Brins Bariumoxid-Prozess vollständig verdrängten und bis in die heutige Zeit ein grundlegendes Produktionsverfahren der Industriegasindustrie darstellen.

Die Unternehmen begannen noch vor dem Ersten Weltkrieg, die neuen Techniken einzusetzen. Bis 1910 wurden die BOC in Großbritannien, Air Liquide in Frankreich, Linde Air Products (später ein Teil von Union Carbide und dann Praxair) in den USA und Nippon Sanso in Japan regelrecht »auf Luft erbaut«. Seit den 1920er-Jahren entstand zudem eine beträchtliche Zahl kleinerer und mittlerer Unternehmen in der ganzen Welt, die atmosphärische Gase produzierten oder vertrieben.

Die größten Anbieter der Branche wie BOC oder Air Liquide bauten auch noch in anderer Hinsicht auf Luft: Mehr oder weniger schnell gingen sie dazu über, ihre zunehmenden Fähigkeiten in der Konstruktion und dem Bau von Luftzerlegern und den zugehörigen Apparaten sowie in der Produktion, der Lagerung und dem Vertrieb der Luftgase um den Verkauf der Produktions- und Lagerungsanlagen zu erweitern. Zudem begannen sie die Luftgase mit einem anderen Gas, dem Acetylen, zu kombinieren und auch in dieses Geschäft zu expandieren. Außerdem diversifizierten sie zeitgleich oft in angrenzende Produktionen, wie etwa der Konstruktion und der Entwicklung von Schweißgeräten.

Einen anderen Weg nahmen dagegen zwei andere Schlüsselunternehmen der frühen Phase der Industrie. Bis zum Beginn des Ersten Weltkriegs hatten die deutsche Linde und die AGA in Schweden jedoch mit den übrigen wichtigen Akteuren der Branche weitestgehend gleichgezogen. Linde war zunächst im Bereich der Kältetechnik aktiv, verlegte sich dann bis zum Beginn des 20. Jahrhunderts zusätzlich auf die Entwicklung von Luftzerlegern und den Verkauf von Gasen, bevor das Unternehmen dann auch Acetylen und Schweißgeräte in sein Produktionsprogramm aufnahm. Die AGA wiederum war zunächst im Geschäft mit Acetylen sowie den zugehörigen Technologien und Gerätschaften aktiv (zu Beginn vor allem mit der Ausstattung von Leuchttürmen), bevor auch sie mehr und mehr in die Industriegasmärkte vordrang.

Bis etwa 1914 war – im Zuge der Entfaltung der Zweiten Industriellen Revolution und der Ersten Globalisierung – dann eine Reihe von Schlüsselunternehmen entstanden, die sich mit der Produktion, dem Verkauf und dem Vertrieb atmosphärischer Gase und den zugehörigen Apparaten (zumeist die Herstellung von Schweißgeräten) befasste. Diese Unternehmen bedienten florierende Märkte, die wegen der Schneide- und Schweißtechniken ein beträchtliches Wachstumspotenzial besaßen. Mit anderen Worten, seit etwa 1914 gab es eine durchaus erkennbare und klar definierte Industriegasindustrie. Dies ist jedenfalls die allgemein von Wirtschafts- und Unternehmenshistorikern vertretene Ansicht und wir haben den Begriff in diesem Buch ebenfalls verwendet. Wir haben uns aber zusätzlich bemüht, diesen allgegenwärtigen, jedoch nur selten kritisch hinterfragten Begriff historisch einzuordnen. Wie die Geschichte der internationalen Industriegasindustrie auf lange Sicht sehr anschaulich zeigt, ist der übliche Gebrauch des Begriffs »Industrie« unter Historikern, Betriebswirtschaftlern und in der breiten Öffentlichkeit zumeist ahistorisch, was auch das Erkenntnispotenzial in Bezug auf die Entwicklung der Unternehmen und ihrer Marktstrategien stark einengt.

Bevor wir auf diesen Zusammenhang näher eingehen und darüber hinaus einige weitere Ergebnisse dieses Buches zusammenfassen, erscheint es daher sinnvoll, zunächst den Begriff »Industrie« näher zu beleuchten. Dies ist keine Selbstverständlichkeit, nicht einmal für diejenigen, die diesen Begriff regelmäßig verwenden und auch uns wurde dieses Problem erst bewusst, nachdem wir mit der Erforschung der Industriegase begonnen hatten. Im Grunde geht man bei dem Begriff »Industrie« – genau wie bei vielen anderen alltäglich genutzten Worten – davon aus, dass jeder ihn versteht. Als wir allerdings versucht haben herauszufinden, was nun tatsächlich diesen besonderen Industriezweig ausmacht und wie er sich im Zeitverlauf verändert hat, wurde es für uns immer schwieriger, eine präzise Definition für diese Branche zu finden.

Zunächst dachten wir, dass Michael Porters Definition und Einordnung des Begriffs Industrie in seinem viel beachteten Werk *The Competitive Advantage of Nations* ein guter Ausgangspunkt wäre. Porter geht davon aus, dass »eine Industrie (unabhängig davon ob sie Produkte oder Dienstleistungen anbietet) eine Gruppe von Wettbewerbern bezeichnet, deren Produkte oder Dienstleistungen in direktem Wettbewerb zueinander stehen«. Porter fährt dann fort, den Begriff einzuordnen und verweist auf dessen zentrale Bedeutung in seinem Bemühen, Wettbewerbsvorteile zu erklären. Im Grunde sieht Porter in der Industrie »die grundlegende Untersuchungseinheit, um Wettbewerb zu verstehen«. Und schließlich geht er von einer engen Verbindung zwischen Unternehmen und Wettbewerbsfähigkeit aus, indem er darauf hinweist, dass »Unternehmen, nicht Nationen miteinander konkurrierten«.[1] Diese drei Aussagen zusammengenommen deuten wohl darauf hin, dass Porter erstens davon ausgeht, dass Unternehmen innerhalb klar definierbarer Industrien agieren und dass zweitens eine Analyse ihres Agierens uns dazu verhilft, Wettbewerb und Wettbewerbsfähigkeit besser zu verstehen.

Porters klare Formulierungen stellten einen wichtigen konzeptionellen Ausgangspunkt für unsere Forschungen zur Industriegasindustrie dar. Seine Verwendung des Begriffes Industrie erwies sich jedoch als immer weniger befriedigend, je mehr wir diese spezifische Industrie untersuchten, d.h. indem wir uns die Unternehmen genauer anschauten, die diese Industrie ausmachen. Porter hat natürlich vollkommen Recht: Es gibt unzählige verschiedene Industrien und sie alle sind wichtig. Ihre Existenz und ihre Bedeutung zeigen sich dabei weniger in den Nachweisen staatlicher Stellen, durch Handelsstatistiken oder Wirtschaftsverbände, sondern vor allem in den Aktivitäten der jeweiligen Unternehmensleitungen. Deren Vorgehen war unter anderem stark durch regelmäßige Beobachtung und entsprechende Reaktionen auf das tatsächliche oder antizipierte Verhalten ihrer Konkurrenten geprägt. Durch eine Analyse der Unternehmensaktivitäten im Rahmen einer kollektiven Unternehmensgeschichte der Industriegasindustrie zwischen 1886 und heute kann daher Porters Industrie-Begriff erweitert und präzisiert werden, was letztlich zu einem anderen – gleichzeitig dynamischeren und offeneren – Verständnis der Entstehung von Unternehmen und ganzen Industrien im Zeitverlauf nach sich zieht.

In diesem Zusammenhang ist zuerst einmal zu konstatieren, dass, obwohl Unternehmen in Wissenschaft, Verbänden und Statistik häufig kategorisiert und bestimmten Industriebranchen zugeordnet werden, es in der Praxis aber meist schwierig ist, ein konkretes Unternehmen lediglich einer einzelnen Industrie zuzuweisen. Von den in dieser Studie untersuchten Unternehmen war allein die Brin's Oxygen Company ein Unternehmen, das nur ein einziges Produkt, nämlich Sauerstoff, herstellte; mit anderen Worten: Unternehmen und Industrie waren deckungsgleich. Wie allerdings in den Kapiteln 1 und 2 zu sehen war, expandierte schon der Nachfolger BOC schnell auch in andere Geschäftsbereiche, von denen einige eng mit der Produktion und dem Verkauf von Sauerstoff zusammenhingen, andere dagegen weniger. Dies gilt ebenso für Air Liquide, das sich zunächst auf die Produktion von Luftgasen konzentrierte, bevor es in zahlreichen anderen Geschäftsbereichen aktiv wurde. Im Gegensatz dazu nahmen zwei andere Pionierunternehmen der Gasindustrie ihren Anfang in mehr oder weniger verwandten Bereichen. Carl von Lindes Unternehmen begann z.B. als Spezialfirma für Kältetechnik, während die AGA sich zunächst auf Lichttechnik-Anwendungen mit Acetylen konzentrierte, besonders für Leuchttürme. Beide Unternehmen gehörten schon früh der Gasindustrie an, wobei Linde (Deutschland) die technische Entwicklung der Branche seit 1895 entscheidend prägte. Dennoch behielten beide Unternehmen ihre ursprünglichen Geschäftsbereiche für lange Zeit bei. Interessant ist hier, dass Linde hinsichtlich seines Kältetechnik-Geschäfts mit keinem anderen Unternehmen der Industrie in Konkurrenz stand; genauso wenig stieß die AGA in der Konstruktion und der Produktion von Leuchttürmen auf die Konkurrenz anderer Industriegasunternehmen. Die Expansion der großen Gaseanbieter in anderen Geschäftsbereichen verstärkte sich dann noch im Zeitverlauf; besonders von den späten 1950er- bis in die 1980er-Jahre verfolgten die meisten Unternehmen der Branche die damals sehr populären Diversifikationsstrategien.

Doch selbst als die wichtigsten dieser Unternehmen seit den 1980er-Jahren begannen, sich wieder auf ihre »Kernkompetenzen« zu konzentrieren, blieben sie in der Regel dennoch in mehr als einem Geschäftsfeld aktiv, auch wenn diese Bereiche nun stärker mit dem Gasgeschäft zusammenhingen. Mit anderen Worten, Unternehmen – und besonders größere – agieren normalerweise in mehr als einer Industrie. Sollte diese Tatsache dem Forscher aus dem Blick geraten, sind sowohl die Strategien als auch die Geschäftsaktivitäten und die Wettbewerbsfähigkeit eines bestimmten Unternehmens schwerlich zu verstehen.

Zweitens – und in engem Zusammenhang mit dem ersten Punkt: Unternehmen und Industrien sind nicht nur sehr eng miteinander verbunden – wie Porter und andere betonen –, sondern sie sind gleichzeitig auch sehr verschieden. Während unserer Arbeit wurde klar, dass diese Erkenntnis eine allgemeine Gültigkeit hat. Natürlich sind sowohl Unternehmen als auch Industrien Konstrukte, die von Menschen gemacht werden. Dennoch gibt es eindeutige Unterschiede zwischen den verschiedenen Unternehmen, die jeweils anderen Geschäftsbedingungen und Pfadabhängigkeiten mit mehr oder weniger festgefügten Führungsstrukturen unterliegen, während dies für ganze Industriezweige weniger gilt. Letztere sind von Natur aus deutlich weniger festgelegt und leichter veränderbar als erstere, d.h. sie haben weniger klar definierte Begrenzungen. Oder um es in der Terminologie des Soziologen Richard Sennett auszudrücken: Unternehmen unterliegen mehr oder weniger festgelegten Begrenzungen, während Industrien von mehr oder weniger durchlässigen Grenzen umgeben sind.[2] Aus diesem Grund gehören die Akteure innerhalb einer Industrie auch wesentlich vielfältigeren Gruppen und Organisationen an, als dies bei Unternehmen der Fall ist. Gerade das kreative Zusammenspiel verschiedener Akteure führte dabei manchmal zu einer (tief greifenden) Umgestaltung der Branche.[3] Das bedeutet natürlich nicht, dass Unternehmen sich nicht auch verändern und Akteure innerhalb eines Unternehmens nicht auch sehr kreativ sind. Dennoch sind für gewöhnlich die Hindernisse für angestrebte Veränderungen und Beschränkungen, denen man sich bei der Umsetzung kreativer Ideen gegenübersieht, innerhalb eines Unternehmens deutlich ausgeprägter als dies für eine ganze Industrie der Fall ist.

Für eine Geschichte der internationalen Industriegasindustrie gibt es schließlich noch einen dritten Aspekt, unter dem die weit verbreiteten Vorstellungen des Industrie- und des Unternehmensbegriffs zu erweitern und zu präzisieren sind; nämlich die Annahme einer sehr engen und unauflösbaren Verbindung zwischen Wettbewerb und Wettbewerbsfähigkeit, die Porter ja besonders betont. Wie bereits erwähnt, versteht er »eine Industrie (sowohl Produktion als auch Dienstleistung) … als eine Gruppe von Wettbewerbern, die Produkte oder Dienstleistungen herstellen, die in direkter Konkurrenz zueinander stehen«[4]. Wie sich jedoch im Verlauf des Buches gezeigt hat, befanden sich die großen, etablierten und international agierenden Gashersteller lange kaum in direkter Konkurrenz zur großen Zahl der meist regionalen Gaslieferanten, die seit den 1920er-Jahren entstanden. Es war vielmehr häufig so, dass die Gaslieferanten in der Regel Kunden bei einem oder mehreren dieser großen Unternehmen waren. Obwohl also keine direkte Konkurrenz bestand, nahmen sich die einzelnen Akteure dennoch ganz eindeutig als der gleichen Industrie zugehörig wahr. In vielen Fällen waren sogar beide, die großen Produzenten und die Lieferanten (sowie eine Reihe anderer Unternehmen, die zu keiner der beiden Gruppen in direkter Konkurrenz standen), in den gleichen Wirtschaftsverbänden organisiert. Aber selbst wenn wir uns nur auf die großen Unternehmen beschränken, hilft uns Porters Definition hier kaum weiter: Wie wir gesehen haben, gab es lange Zeitspannen, während derer die großen Gasfirmen überhaupt nicht in Konkurrenz zueinander standen. Der Zeitraum von kurz vor dem Ersten Weltkrieg bis in die späten 1950er-Jahre war nämlich aufgrund von Gentlemen's Agreements besonders durch die geografische Aufteilung der größten und lukrativsten Märkte der Welt gekennzeichnet, sodass die Regionen jeweils einem Unternehmen vorbehalten waren. Diese etablierte Strukturen und Praktiken blieben erstaunlicherweise über lange Zeiträume intakt, selbst nachdem der Newcomer Air

Products seit den 1960er-Jahren zunächst in den britischen Markt und dann in die Märkte auf dem westeuropäischen Festland eindrang. Im Grunde kann man erst seit den 1990er-Jahren aufgrund der deutlich fortgeschritteneren Globalisierung, der Öffnung neuer Märkte und sich ändernder Strategien bei den größten Akteuren im internationalen Gasgeschäft vom Entstehen einer Industrie im Porterschen Sinne sprechen, die miteinander »vollständig« in Konkurrenz stand. Spätestens aber seit der enormen Marktkonsolidierung durch Lindes Übernahme von AGA im Jahr 2000 und BOC im Jahr 2006 stehen die vier oder fünf größten Unternehmen der Branche ganz ohne Zweifel untereinander in heftigem Konkurrenzkampf. Mit anderen Worten: Eine Industrie mit gegenseitiger Konkurrenz, die Porters Definition entspricht, ist erst in jüngster Zeit entstanden.

Dies wiederum wirft zwei Fragen auf, deren Beantwortung uns zur vierten Präzisierung des »Industrie«-Konzepts für diese Untersuchung bringt. Die erste lautet: Wenn wir nun also schließlich eine internationale Industriegasindustrie als »grundlegende Untersuchungseinheit zur Erforschung von Wettbewerb«[5] haben, worin genau besteht das Produkt oder die Dienstleistung dieser Industrie? Hier ist es wichtig festzuhalten, dass historisch gesehen der Löwenanteil der Kernprodukte in der Industriegasindustrie – dazu gehören, Sauerstoff, Stickstoff und Wasserstoff – sogar von Unternehmen außerhalb der Branche und anderen für den eigenen internen Verbrauch produziert wurden, so wie im Fall der BASF. Die zweite, damit in Zusammenhang stehende Frage ist: Wenn die Industrie, wie Porter sie versteht, erst in den letzten Jahren entstanden ist, hat es dann vorher gar keine Industriegasindustrie gegeben? Wir wollen jede dieser Fragen zunächst kurz beantworten, bevor wir uns den übergeordneten Schlussfolgerungen aus diesen Antworten zuwenden.

In Bezug auf Produkte und Dienstleistungen der heutigen Industriegasindustrie haben wir argumentiert, dass die vier Unternehmen, die den weitaus größten Anteil am weltweiten Gasmarkt haben und in direkter Konkurrenz zueinander stehen, nicht ausschließlich Gasunternehmen sind. Anders als bei der großen Industriegasproduktion für den Eigenbedarf von Chemiekonzernen bildeten die Industriegase jedoch mengen- und umsatzmäßig immer eines der wichtigsten Geschäftsfelder der eigentlichen Industriegasunternehmen, was auch erklärt, warum es trotzdem schon eine Industriegasindustrie gegeben hat. Zudem zeichneten sich die bedeutendsten Industriegasanbieter immer dadurch aus, dass sie in mehreren unterschiedlichen Geschäftsfeldern und -strängen agierten, die zusammengenommen das Produkt bzw. die Dienstleistung der Branche ergaben. Diese Geschäftsfelder umfassen die Produktion atmosphärischer Gase, die im Laufe der letzten etwa 100 Jahre nach und nach um andere Gasprodukte, wie Acetylen, Kohlendioxid, Helium, Wasserstoff und verschiedene Gasgemische erweitert wurden. Diese Palette an Gasprodukten, die mit stabilen und lukrativen Verkaufszahlen verbunden ist, wird dennoch in den größten Unternehmen unweigerlich um hoch spezialisierte Ingenieurstechnik für die Konzeption und den Bau von Luftzerlegungsanlagen und den zugehörigen Gerätschaften ergänzt. Natürlich war und ist das letztere Geschäft unbeständiger als das der Gase, da der Anlagenbau wie alle Investitionsgüterproduktion deutlich stärker wirtschaftlichen Schwankungen unterworfen ist. Dennoch stellt er eine wichtige Ergänzung für die Gasindustrie dar, weil sich aus der Kombination der beiden Geschäftsfelder ein erhebliches Innovationspotenzial und große Synergieeffekte ergeben.[6] Die Fähigkeiten der wichtigsten Industriegasunternehmen erstrecken sich außerdem auch auf weitere Geschäftsfelder: Sie alle versorgen beispielsweise sehr unterschiedliche Anwender mit spezialisierten Leistungen hinsichtlich Lieferung, Lagerung sowie einer sicheren und kostengünstigen Handhabung der technischen Gase. Und nicht zuletzt bieten sie auch Leistungen an, die auf eine kooperative Entwicklung neuer Anwendungsmöglichkeiten für einen weiten Kundenkreis abzielen. Kurz gesagt ist es das Zusammenspiel aller vier Geschäftsfelder, die die moderne Industriegasindustrie ausmacht (zumindest an ihrer Spitze).

Aber wenn dieses Zusammenwirken komplementärer Geschäftsfelder ein wesentliches Kennzeichen der heutigen Industriegasindustrie ist, so stellt sich nach wie vor die Frage, ob es die Industrie auch schon vorher gegeben hat? Wie wir in den vorangegangenen Kapiteln deutlich gemacht haben, gab es auch in der Vergangenheit eine Industriegasindustrie. Dies zeigt bereits die Einschätzung der handelnden Unternehmen und Manager, die durch eine intensive Marktbeobachtung stets Wettbewerber identifizierten und Strategien für den direkten Konkurrenzkampf entwickelten. Selbst in der Zeit der Gentlemen's Agreements, d.h. als kein nennenswerter Konkurrenzkampf unter den führenden Unternehmen existierte, empfanden sich die Ingenieure und Manager der Gasfirmen wie etwa BOC, Air Liquide oder der deutschen Linde als zur gleichen Industrie zugehörig. Diese Wahrnehmung basierte auch auf der vielfach praktizierten Lizenzvergabe von Schlüsseltechnologien sowie der Tatsache, dass sie ähnliche Produkte verkauften und den gleichen Wirtschaftsverbänden angehörten. Häufig rezipierten sie auch die gleichen Fach- und wissenschaftlichen Zeitschriften bzw. veröffentlichten Artikel in diesen.

Es ist allerdings vielleicht präziser, nicht von einer einzigen Industriegasindustrie von 1886 bis heute zu sprechen. Eigentlich hat es viele gegeben, da sich die Industrie, ihre Produkte und – in wesentlich geringerem Ausmaß – auch ihre Akteure im Zeitverlauf weiterentwickelten. Dies ist in der Tat der vierte Punkt, in dem wir den Begriff Industrie für unseren Gebrauch präzisieren: Er kann nicht, wie dies häufig bei historisch orientierten Sozialwissenschaftlern und sogar bei Historikern geschieht, als ein statisches Konzept verstanden und verwandt werden, sondern gehört vielmehr in den historischen Kontext eingeordnet. Wie wir zum Beispiel in Kapitel 1 gesehen haben, gehörten die Unternehmen, die zwischen 1886 und den ersten Jahren des 20. Jahrhunderts Sauerstoff, Acetylen und Kohlendioxid produzierten und verkauften, zunächst eindeutig verschiedenen Industrien an, unabhängig von der hier zugrunde gelegten Definition: Diese Unternehmen standen nicht nur nicht in direktem Wettbewerb zueinander, sondern sie teilten weder Märkte, noch wissenschaftliche und ingenieurtechnische Affinitäten oder irgendetwas anderes, das eine gemeinsame Identität begründet hätte. Dies änderte sich allerdings grundlegend – wie in den Kapiteln 2 bis 4 dargestellt – mit der Entwicklung von Schweiß- und Schneidetechniken, da die Sauerstoff- und Acetylen-Märkte nun ganz eindeutig ein Stück weit zusammenwuchsen. In der Folge entwickelten oder erwarben z. B. alle großen Sauerstoffproduzenten Acetylen-Kapazitäten. Einige Unternehmen, die mit der Produktion von Acetylen begonnen hatten, expandierten wiederum in die Sauerstoffproduktion. Darüber hinaus weiteten alle Gasunternehmen ihre Produktpalette auch auf andere atmosphärische Gase aus, obwohl Sauerstoff und Acetylen weiterhin für die größten Umsätze sorgten. Anders als das Acetylengeschäft blieb die Kohlendioxidindustrie jedoch bis weit in die Jahrzehnte nach dem Zweiten Weltkrieg eine eigene Industrie, da keiner der großen Industriegasanbieter in diese Branche expandierte. Die immer neuen Anwendungsbereiche im Zuge der High-Tech-Entwicklungen während des Zweiten Weltkriegs und in den darauf folgenden Jahrzehnten (neue Schweißtechniken, LD-Stahl, das Gefrieren und Verarbeiten von Lebensmitteln, Mikrochips) hatten zur Folge, dass sich die Industriegasunternehmen neues Know-how für die Verwendung atmosphärischer und anderer Gase aneigneten. Diese Zusammenhänge wurden im vierten und den darauf folgenden Kapiteln dargestellt. Die Selbstwahrnehmung, die Identifizierung der Konkurrenz und die Unternehmensstrategien unterschieden sich beträchtlich, je nachdem, welche Verwendungszwecke gerade die Nachfrage der jeweiligen Anbieter dominierten: Die großen Industriegasunternehmen boten zwar alle die gesamte Produktionspalette an, unterschieden sich jedoch stark in der Struktur ihres Produktionsprogramms, da sie unterschiedliche Stärken und Schwächen besaßen. Der stetige Wechsel der Nachfragekonjunkturen stellte die Gasanbieter und ihre Führungskräfte vor große Herausforderungen und zwang sie zur Entwicklung neuer Technologien, innovativer Organisationsformen und/oder neuer Handlungsweisen. Die jeweiligen historischen Zusammenhänge spielten dabei für das Zusammenspiel zwischen der Unternehmensstrategie und dem Handeln der Unternehmensführung eine wichtige Rolle.

Dieses Buch verfolgt also den Versuch, den Begriff der »Industrie« und seine Beziehung zu individuellen Unternehmen zu präzisieren und historisch einzuordnen. Dies hat weitreichende Folgen auf die Art und Weise, wie wir über wirtschaftliche Entwicklung dieser Branche im Zeitverlauf denken und sie erforschen. Das Buch ist darüber hinaus vor allem eine Untersuchung einer besonderen – und in mancher Hinsicht auch sonderbaren – Industrie und ihrer Entwicklung über einen sehr langen Zeitraum. Bisher weitestgehend von Wirtschafts-, Industrie- und Technikwissenschaftlern ignoriert, haben die Industriegasindustrie und die Unternehmen über mehr als ein Jahrhundert eine entscheidende Rolle in der Gestaltung von Technologien, Materialien und Verfahren gespielt. Diese Rolle hat sich allerdings im Laufe dieses Zeitraums beträchtlich verändert. Die Veränderungen zeigen sich dabei am besten durch einen Vergleich der Gasindustrie von 1914 mit derjenigen im Jahr 2014.

Der augenfälligste Unterschied zwischen der Branche von 1914 zu der heutigen ist der Wandel, der sich hinsichtlich der Anwendungen von Industriegasen vollzog. 1914 konzentrierte sich die Anwendungspalette für Gase auf ein eng begrenztes Gebiet, während sie heute eine kaum noch zu überblickende und sich ständig ändernde Vielfalt aufweist. Zwar stellte die Industriegasindustrie schon 1914 verschiedene Produkte her, ihr primärer Fokus lag jedoch auf der Bereitstellung von Gasen für Brennprozesse: Schneiden und Schweißen waren bereits zum mit Abstand wichtigsten Anwendungsgebiet für Industriegase geworden und diese Bedeutung sollten diese Nutzungen auch bis in den Zweiten Weltkrieg behalten. Im Jahr 2014 liefern die Unternehmen der Gaseindustrie noch immer Gase für Brennvorgänge, aber die Bandbreite der Verwendungen ist enorm angestiegen. Noch wichtiger ist, dass alle großen Unternehmen inzwischen auch Schutz-, Kühl-, Reinigungs- und Konservierungsgase sowie Gase für eine Vielzahl weiterer industrieller Verfahren und Dienstleistungen produzieren. Die heutigen Gaseunternehmen bieten ihren Kunden mittlerweile das vollständige Spektrum an Industriegasen und nicht nur Sauerstoff und Acetylen an. Sie beliefern heute zudem nicht mehr nur die metallverarbeitenden Industrie, sondern praktisch jeden Produktionszweig sowie viele Dienstleistungsbereiche. Diese Entwicklung hat das unternehmerische Verhalten der Firmen innerhalb der Branche verändert: Von der anfänglichen Bereitstellung einzelner Gase für den Eigenbedarf ihrer Kunden sind sie dazu übergegangen, die Märkte aktiv mitzugestalten und mit Hilfe neuer Anwendungsmöglichkeiten sogar neue Märkte zu schaffen (und eine Kommodifizierung zu vermeiden). Die systematische Entwicklung neuer Anwendungsmöglichkeiten für Gase setzte dabei in den großen Firmen ab den 1950er-Jahren ein – spätestens seit den 1980er-Jahren stellt sie sogar einen zentralen Aspekt ihrer Unternehmensstrategien dar. Dies wiederum hat die technologische Entwicklung in einer Vielzahl anderer Industrien gefördert und führte dazu, dass man heute ohne Industriegase viele Produkte moderner Technik vom Blasstahl über Mikrochips und Tiefkühlkost bis hin zum Kernspintomographe für die Medizin nicht herstellen könnte. Die Rolle der Industriegasindustrie in der modernen technologischen Entwicklung mag für die Öffentlichkeit »unsichtbar« sein, doch war sie in jedem Fall entscheidend für die Technikgeschichte des 20. Jahrhunderts. Diese Tatsache war gleichzeitig eine der Hauptursachen für das nachhaltige Wachstum der Industrie in diesem Zeitraum.

Ein zweiter Bereich, in dem sich zwischen 1914 und heute wesentliche Veränderungen in der Industrie vollzogen, ist die Intensität des Wettbewerbs. Nach einer Flut von Patentrechtsauseinandersetzungen im ersten Jahrzehnt des 20. Jahrhunderts, handelten die wichtigsten der bis dahin entstandenen Gasunternehmen Gentlemen's Agreements aus, anhand derer sie die weltweit lukrativsten Marktregionen unter sich aufteilten. Seitdem wiesen die Industriegasmärkte in den Ländern, in denen die Industrialisierung am weitesten fortgeschritten war, entweder Monopol- oder Duopol-Strukturen auf. Selbst in den Ländern, in denen ein Duopol den Industriegasmarkt bestimmte, wie etwa in Deutschland oder in den USA, konkurrierten die beiden Marktführer nicht miteinander. Sie agierten stattdessen in gegenseitigem Einvernehmen und teilten die unterschiedlichen Regionen des Landes unter sich auf. Heute dagegen sind alle großen Industriegasunternehmen weltweit tätig und stehen untereinander in starker Konkurrenz, besonders in neuen und aufstrebenden Märkten. Daneben existiert eine Reihe kleinerer Firmen mit ausgeprägter regionaler Präsenz, von denen wiederum viele gleichzeitig auch international tätig sind.

Ein dritter Bereich, in dem es zu erheblichen Veränderungen kam, sind die Produktions- und Distributionstechnologien. 1914 wurde der Sauerstoff – das zu dieser Zeit wichtigste atmosphärische Gasprodukt der

Industrie – einzig in Luftzerlegungsanlagen produziert und nahezu ausschließlich in gasförmigem Zustand in Gasflaschen aus Stahl zum Kunden transportiert. Bis heute kommt den Luftzerlegern eine bedeutende Rolle in den Produktionsmöglichkeiten der Industrie zu, aber ihre Kapazitäten und Produktivität sind drastisch gestiegen. Zudem waren sie nun in der Lage, alle Bestandteile der Luft zu extrahieren und an verschiedene Endverbraucher zu verkaufen. Daneben ergänzten neue Produktionstechnologien wie die Membran- oder Druckwechsel-Adsorption die traditionellen kryogenen Verfahren.

Noch größere Veränderungen vollzogen sich allerdings im Bereich der Logistik und Distribution. Gasflaschen aus Stahl, die das gasförmige Produkt enthalten und per Lkw ausgeliefert werden, sind nach wie vor für alle Gasunternehmen ein bedeutender Distributionsweg. Aus diesem Grund waren und sind Industriegasunternehmen bis zum heutigen Tag immer auch Logistikunternehmen. Obwohl die Gasflaschen heute nicht nur stabiler und sicherer geworden sind, sondern auch deutlich größere Mengen fassen, spielen die Transportkosten noch immer eine zentrale Rolle für die Branche. Allerdings sank der Anteil der in Gasflaschen zum Kunden transportierten Gasmengen beständig. Der weitaus größte Teil der produzierten Industriegase wird nun auf anderen Wegen und häufig auch in einem anderen Aggregatzustand zum Kunden transportiert. So kam beispielsweise der Flüssigtransport mit Tanklastwagen oder Eisenbahnkesselwagen in den 1920er-Jahren auf und verbreitete sich nach 1950 so stark, dass er den bis dahin dominierenden Transport in Gasform ablöste. Aber auch die Lieferung gasförmiger Produkte hat sich verändert. Zum einen wurden mehr und mehr Onsite-Luftzerleger auf dem Betriebsgelände der Großkunden errichtet und stellen deshalb bis heute ein bedeutendes Distributionsmittel für Gase dar. Zum anderen wurden mehrere industrielle Großabnehmer in wachsendem Ausmaß per Pipeline beliefert, weshalb in großen Industrieregionen sogar Rohrleitungsnetze von 100 Kilometern und mehr entstanden. Die Transportkosten je Volumeneinheit geliefertes Gas sind auf allen diesen alternativen Wegen günstiger als die Lieferung per Stahlflasche, doch bleibt dieser Absatzweg wegen hoher Gewinnmargen weiter von großer Bedeutung für die Firmen, weshalb Transportkosten weiterhin einen wichtigen Faktor für den Geschäftsbetrieb darstellen. Auch der Absatz von Gas per Stahlflasche an Tausende kleinerer Kunden entscheidet weiterhin über den Unternehmenserfolg, weshalb eine effiziente Logistik von zentraler Bedeutung für die Unternehmen der Industriegasindustrie bleibt.

Schließlich haben alle diese Veränderungen innerhalb der Industrie auch viertens zu einem drastischen Anstieg des Produktionsumfangs geführt. 1914 waren die Verkaufs- und Mitarbeiterzahlen selbst der größten Firmen der Branche noch relativ bescheiden, und im Vergleich zu Unternehmen anderer Industriezweige waren die Gasunternehmen sehr klein. Das rasche Anwachsen von Anwendungsmöglichkeiten für Gase, verstärkt seit den 1950er-Jahren, zusammen mit der Wettbewerbs- und Kartell-Gesetzgebung, deren Umsetzung ab diesem Zeitpunkt immer mehr an Wirksamkeit gewann, waren die Hauptfaktoren, die einen größeren Wettbewerb und eine weitergehende Internationalisierung förderten. Dies wiederum führte zu immer erheblicheren Unternehmenskonzentrationen an der Spitze der Industrie. Im ersten Jahrzehnt des 21. Jahrhunderts erreichten insgesamt sieben »tier 1« Unternehmen einen Jahresumsatz von jeweils über 1 Milliarde US-Dollar. Gemeinsam machen sie jetzt sogar knapp 80 Prozent des weltweiten Absatzmarktes aus.[7] Darüber hinaus kontrollieren die größten dieser Unternehmen, Linde und Air Liquide, zusammen mehr als 40 Prozent der weltweiten Industriegasverkäufe. Bei beiden Unternehmen betrugen die Umsätze 2012 über 15 Milliarden Euro; Linde beschäftigte im selben Jahr beinahe 62.000 Mitarbeiter und Air Liquide besaß etwa 50.000 Beschäftigte.[8]

Trotz dieser erheblichen Veränderungen weist die Branche für die letzten 100 Jahre auch einige beachtliche Kontinuitäten auf. Dies betrifft zum ersten die führenden Unternehmen des Industriezweigs. So führten Linde und Air Liquide, die als erste ein kommerziell nutzbares Verfahren zur kryogenen Luftzerlegung entwickelt hatten, bereits 1914 die Industriegasindustrie in technologischer Hinsicht an. Daneben bildeten beide Unternehmen auch in wirtschaftlicher Hinsicht Hauptakteure der Industrie. Sie sind dies bis heute geblieben, gemeinsam mit Praxair und Air Products (beide mit Hauptsitz in den USA) sowie mit deutlichem Abstand hinsichtlich des Weltmarktanteils Nippon Sanso (Japan). Interessant ist, dass Praxair (damals unter dem Namen Linde Air Products) und Nippon Sanso ebenfalls 1914 schon existierten, während der Neuankömmling Air Products erst 1940 auf den Plan trat. Daneben waren es aber nicht nur die Firmen an der Spitze der Industrie, die sich als überraschend stabil erwiesen, sondern auch deutlich kleinere Firmen – darunter viele Familienunternehmen – die in den 1920er-Jahren gegründet worden waren, wie etwa SOL, Indiana Oxygen und Messer, das allerdings 1898 und damit deutlich früher errichtet wurde. Darüber hinaus zeigte es sich, dass es diesen Unternehmen – ob sie nun »für die Ewigkeit gebaut« waren oder nicht – auf jeden Fall gelang, sich den gravierenden Veränderungen der Branche in den letzten 100 Jahren anzupassen, wenngleich manchmal mit zeitlichen Verzögerungen und unter großen Anstrengungen. Sie haben dies zum großen Teil durch mehr oder weniger effektive

Pionierarbeit in der Entwicklung und Umsetzung neuer Strategien bewerkstelligt, um den größtmöglichen Vorteil aus der Entstehung der Industrie, ihren Produkten und ihren Kunden zu ziehen, häufig auch mit einer guten Portion Glück kombiniert.

Die Langlebigkeit der Spitzenunternehmen der internationalen Industriegasindustrie ist allerdings nicht die einzige wichtige Kontinuitätslinie in der langen Geschichte der Branche. Die größten Gaseanbieter bewahrten sich auch während des gesamten Zeitraums stets eine internationale Orientierung, wenngleich dies um 1914, als gerade die Gentlemen's Agreements ausgehandelt worden waren, in einem etwas beschränkteren Maße als heute der Fall war. Im Laufe der Zeit, und besonders seit den 1950er-Jahren, internationalisierten sich die Unternehmen in der Industriegasindustrie schrittweise mit ihren Geschäftsaktivitäten immer stärker. Zunächst breiteten sie sich in andere westliche Industrienationen und dann, besonders seit den 1990er-Jahren, weltweit aus, indem sie in die Märkte des früheren Ostblocks, Chinas, Südostasiens, Indiens oder Brasiliens vordrangen. Die Globalisierung der Industrie seit den 1990er-Jahren hat also mit anderen Worten eine lange Vorgeschichte, ebenso wie die Strategie einer aktiven Entwicklung neuer Anwendungsmöglichkeiten, die charakteristisch für die größten und erfolgreichsten Unternehmen der Branche ist. Die konstante internationale Ausrichtung der bedeutendsten Gasfirmen geht allerdings gleichzeitig einher mit einer kontinuierlichen lokalen und regionalen Orientierung. Letztere ist zum Teil einigen Produkten zuzuschreiben, die die Unternehmen verkaufen, den Distributionskosten für viele der wichtigsten Gase und der riesigen Zahl der Kunden, an die sie direkt verkaufen, und zwar vor allem in Gasflaschen. Kurzum: Das Industriegasgeschäft war eine hochgradig internationale (und erst in jüngster Vergangenheit globale) Industrie mit ausgesprochen lokaler Orientierung – und wird dies auch bleiben.

Anmerkungen

Vorbemerkung

1 Die Formulierung »invisible industry« (unsichtbare Industrie) entstammt einer Broschüre eines Arbeitgeberverbandes. Siehe IOMA, *The Invisible Industry: The Story of the Industrial Gas Industry,* Cleveland, OH 1997. Es gibt eine umfassende gedruckte Geschichte der Industriegasindustrie von Ebbe Almqvist, *History of Industrial Gases,* New York 2003. Allerdings legt Almqvist anstelle einer umfassenden, auf Archivmaterial basierenden Abhandlung zur Entwicklung der Branche im Zeitverlauf sein Augenmerk vor allem auf technische Aspekte und einzelne Unternehmen. Andere Veröffentlichungen konzentrieren sich auf einzelne Unternehmen, so z. B.: Andrew J. Butrica, *Out of Thin Air: A History of Air Products and Chemicals, Inc., 1940–1990,* New York 1990; Hans-Liudger Dienel, *Linde: History of a Technology Corporation, 1879–2004,* Basingstoke 2004 und Jörg Lesczenski, *100 Percent Messer: The Return of the Family Firm,* München 2007. Hans-Liudger Dienel, *Die Linde AG. Geschichte eines Technologie-Konzerns 1879–2004,* München 2004 und Jörg Lesczenski, *100 Prozent Messer, 1898 bis heute. Die Rückkehr des Familienunternehmens,* München 2007.

2 Vgl. James C. Collins und Jerry I. Porras, *Built to Last: Successful Habits of Visionary Companies,* 3. Aufl., London 2000.

3 David S. Landes, *The Unbound Prometheus: Technological Change and Industrial Development in Western Europe from 1750 to the Present,* Cambridge/NY 1969, 2. Aufl. 2003. Siehe auch: Joel Mokyr, *The Lever of Riches: Technological Creativity and Economic Progress,* New York 1990, besonders Kapitel 6.

4 Siehe z. B. Ernst Homburg, »The Emergence of Research Laboratories in the Dyestuffs Industry, 1870–1900«, in *British Journal for the History of Science* 25 (1992), S. 91–111; David Noble, *America by Design,* Oxford/NY 1977.

5 Vaclav Smil, *Transforming the Twentieth Century: Technical Innovations and their Consequences,* Oxford 2006.

6 I. O'Sullivan und J. Benger, »Nitrous Oxide in Emergency Medicine,« in *Emergency Medicine Journal* 20 (2003), S. 214.

7 Zur wissenschaftlichen, technologischen, wirtschaftlichen und sozialen Entwicklung der Elektroindustrie am Ende des 19. und zu Beginn des 20. Jahrhunderts siehe Thomas Parke Hughes, *Networks of Power: Electrification in Western Society, 1880–1930,* Baltimore, MD 1983.

8 Deutsche Patentnummer 88824, 5. Juni 1895.

9 Für einen Überblick siehe Linde Engineering, »Cryogenic air separation: History and technological progress« (2008), verfügbar unter URL: http://www.linde-engineering.com/process_plants/air_separation_plants/documents/L_History_e_100dpi_08.pdf [aufgerufen am 14. Oktober 2013].

10 Dr. Peter Vocke, Linde AG, »The world market for industrial gases,« Präsentation in München, 8. Oktober 2007; Interview mit Aldo Fumagalli Romario, SOL spa, Monza, 10. Juni 2009.

11 Für das USA-Ranking im Jahr 2013 siehe: http://money.cnn.com/magazines/fortune/fortune500/ [aufgerufen am 1. November 2013].

12 Corgon und Varigon sind Markennamen der Linde Group. Siehe http://www.linde-gas.com/en/products_and_supply/shielding_gases/index.html [aufgerufen am 1. November 2013].

13 Notiz/Transkript aus *Nachrichten aus Chemie und Technik,* 7. März 1962, S. 67, in Corporate Archives of BASF AG, Ludwigshafen [im Folgenden CAB], G1101–1105.

14 Unveröffentlichter, von BOC in Auftrag gegebener Bericht von Stirling, Gadsby & Chown, »Growth potential set against the background of its markets« (August 1968), in BOC Dokumentensammlung München [im Folgenden BOCM], in Corporate Archives of Linde AG [im Folgenden CAL], Box 535.

15 AGA, Geschäftsbericht 1982, S. 8–9.

16 Siehe hierzu das Unternehmensmagazin von Air Products Ltd., *CryoGen,* besonders die Ausgabe *CryoGen Looks at 25 Years of Air Products,* Walton-on-Thames, 1982; Butrica, *Out of Thin Air,* besonders S. 74–76, 105, 161–164 und 177–179; Interview mit Dexter Baker, 28. Oktober 2008, Allentown, Pennsylvania. Für eine detaillierte Betrachtung des Eintritts von Air Products in den britischen Markt siehe Ralf Banken und Raymond G. Stokes, »›The Trauma of Competition‹: The Entry of Air Products Inc. into the Industrial Gases Business in Britain and Continental Europe, 1947–1970«, in *Business History* 52 (2010), S. 1047–1064.

Kapitel 1: Vom Sauerstoff zur Industrie

1 Zitiert von Dr. D'Arsonval, Vorwort, S. 1, in Georges Claude, *Air liquide, oxygène, azote, gaz rares,* 2. überarbeitete Auflage, Paris 1926.

2 BOC, The birth and development of an industry: The history of the British Oxygen Company, 1886–1946 [unveröffentlichtes Manuskript, 1946], S. 3, in BOCM, Box 425; Almqvist, *History of industrial gases,* S. 1–4.

3 BOC, The birth and development of an industry, S. 2–7, Zitat S. 7; Almqvist, *History of industrial gases,* S. 65–66.

4 Almqvist, *History of industrial gases,* S. 66–67. Die folgende Schilderung beruht auf dieser Quelle. Zum Thema Kalklicht siehe Brian Bowers, *Lengthening the day: A history of lighting technology,* Oxford 1998, S. 57–60.

5 BOC, The birth and development of an industry, S. 12–15. Von drei Firmen, die bei Brin's Lizenzen zur Sauerstoffproduktion erwarben, mussten zwei von Brin's übernommen werden, da sie die technischen Probleme nicht in den Griff bekamen. Siehe ebenda, S. 25–26. Siehe auch Kapitel 2 dieses Buches.

6 BOC, The birth and development of an industry, S. 12–15; Almqvist, *History of industrial gases,* S. 66–68.

7 Almqvist, *History of industrial gases,* S. 71–75.

8 BOC, The birth and development of an industry, S. 18–26; Zitat von S. 18. Über den eingeschränkten Absatzmarkt zu Beginn und die zentrale Bedeutung des

Kalklichts siehe auch John Gardner, »One hundred years of commercial oxygen production«, in *BOC Technology Magazine* (1986), 5, S. 3–15, S. 3.
9 BOC, The birth and development of an industry, S. 19–27.
10 Horst A. Wessel, *Kontinuität im Wandel: 100 Jahre Mannesmann 1890–1990,* Düsseldorf 1990.
11 Robert Kipker, »Sauerstoffspeicherung und -transport«, in *Stahl und Eisen* (1973), 3, S. 110–114; R. Wolf, »Sauerstoffspeicherung und -transport«, in Max Seidel und W. Wunsch (Hg.), *Technische Gase,* Essen 1965, S. 23–35, S. 24.
12 Almqvist, *History of industrial gases,* S. 1, 94–101; Priestleys Zitat steht auf S. 1. Über die ersten Anwendungen von Kohlendioxid siehe auch Erich Kahl, *Die deutsche Kohlensäureindustrie vom Standpunkt der Standortslehre,* Tübingen 1921, S. 1.
13 Kahl, *Die deutsche Kohlensäureindustrie,* S. 1–2, 22–23, 30.
14 Almqvist, *History of industrial gases,* S. 96–101.
15 Almqvist, *History of industrial gases,* S. 100, 172; Kahl, *Die deutsche Kohlensäureindustrie,* S. 11–12.
16 Kahl, *Die deutsche Kohlensäureindustrie,* S. 12–13.
17 UK Monopolies and Restrictive Practices Commission, *Report on the Supply of Certain Industrial and Medical Gases,* London 1956, S. 6–7; Ron Weir, The history of the Distillers Company, Bd. 2, November 2008, Arbeitsfassung der Kapitel über Kohlendioxid [unveröffentlichtes Manuskript]. Wir danken Dr. Weirs Witwe Alison Weir für den Einblick in das fast fertiggestellte Manuskript.
18 Almqvist, *History of industrial gases,* S. 108, 117. S. 108.
19 Edward Renouf, »The Use of Acetylene«, in *Popular Science Monthly* (1899), S. 335–347, Zitat S. 339; Almqvist, *History of industrial gases,* S. 110–11.
20 Dieser und der folgende Absatz schöpfen hauptsächlich aus Jörg Lesczenski, *100 Per Cent Messer: The return of the family firm. 1898 to the present day,* Kapitel 2, München 2007.
21 Dieser und der folgende Absatz schöpfen hauptsächlich aus Ebbe Almqvist, *Technological changes in a company: AGA, the first 80 years,* Lidingö 1992.
22 Almqvist, *Technological changes,* Zitat von S. 7.
23 Ebenda, Zitat von S. 12.
24 Zitat (im Originial kursiv) siehe: »The Nobel Prize in Physics 1912«. Nobelprize.org. http://www.nobelprize.org/nobel_prizes/physics/laureates/1912/ [Stand 14.10.2011].
25 Almqvist, *History of industrial gases,* S. 108–109, 111.
26 Almqvist, *History of industrial gases,* S. 112–113; Renouf, »The Use of Acetylene«, S. 341.
27 Almqvist, *Technological changes,* S. 3–4, 8, Zitat S. 8.
28 Carl Linde, *Aus meinem Leben und von meiner Arbeit,* München 1979; Hans-Liudger Dienel, *Die Linde AG: Geschichte eines Technologiekonzerns 1879–2004,* München 2004. Falls nicht anders vermerkt beruht die Schilderung von Lindes Berufsweg größtenteils auf Dienel.
29 Alan Beyerchen, »On the Stimulation of Excellence in Wilhelminian Science«, in: Jack R. Dukes and Joachim Remak (Hg.), *Another Germany: A Reconsideration of the Imperial Era,* Boulder, CO 1988, S. 139–168, S. 155.
30 Als »außerordentlicher Professor« besaß er nicht ganz den Rang eines Vollprofes-

sors oder Ordinarius, war aber einem amerikanischen associate professor oder einem englischen personal professor etwa gleichzustellen. Er war in Vollzeit und fest angestellt und verfügte über beträchtliche akademische Rechte und Verantwortung.

31 Dienel, *Linde,* S. 24–27; Johannes Bähr, Ralf Banken und Thomas Flemming, *Die MAN. Eine deutsche Industriegeschichte,* München 2008, S. 151–155.

32 Dienel, *Linde,* S. 35–37.

33 Dienel, *Linde,* S. 13, 35–51, Zitat S. 41.

34 John Gardner, »One hundred years of commercial oxygen production«, in *BOC Technology Magazine* (1986), 5, S. 3–15, Zitat S. 4.

35 Almqvist, *History of industrial gases,* S. 143; Thomas O'Conor Sloane, *Liquid air and the liquefaction of gases,* 3., überarb. u. deutlich erweiterte Aufl., London 1920; Londoner Erstausgabe durch Sampson, Low, Marston, 1899), S. 307–319.

36 Mansel Davies, »William Hampson (1854–1925): A note«, in *British Journal of the History of Science* 22 (1989), S. 63–73, Zitat S. 64; Almqvist, *History of industrial gases,* S. 143.

37 Tom Shachtman, *Absolute Zero and the Conquest of Cold,* New York 2000, S. 163–164; Almqvist, *History of industrial gases,* S. 149–150.

38 »The commercial production of oxygen (From a correspondent)«, in *The Times Supplement* (14. April 1909), S. 13; Ausgabe 38933.

39 »The commercial production of oxygen (From a correspondent)«, in *The Times Supplement* (14. April 1909), S. 13; Ausgabe 38933.

40 Shachtman, *Absolute Zero,* S. 163; Almqvist, *History of industrial gases,* S. 149–150.

41 Dienel, *Linde,* S. 66–67; Almqvist, *History of industrial gases,* S. 198–199; Zitat aus »The commercial production of oxygen (From a correspondent)«, in *The Times Supplement* (14. April 1909), S. 13, Ausgabe 38933.

42 Gardner, »One hundred years«, S. 5; Dienel, *Linde,* S. 67; Almqvist, *History of industrial gases,* S. 69, 200.

43 Shachtman, *Absolute Zero,* S. 163; BOC, The birth and development of an industry, S. 31; UK Monopolies Commission, Report on the Supply of Certain Industrial and Medical Gases, S. 9.

44 Almqvist, *History of industrial gases,* S. 241–243; Georges Claude, *Ma vie et mes inventions,* Paris 1957, S. 5–32, 41–65.

45 Shachtman, *Absolute Zero,* S. 164–166 (das Zitat von Claude stammt aus Shachtman, S. 165); Almqvist, *History of industrial gases,* S. 68, 144, 243; Claude, *Air liquide,* S. 141–150.

46 Ralph G. Scurlock, »A matter of degrees: A brief history of cryogenics«, in *Cryogenics* (1990), S. 483–500, S. 488.

47 Almqvist, *History of industrial gases,* S. 230–233; Michael S. Smith, »Product Innovation and the growth of the large firm: The case of Air Liquide, 1902–1930«, in *Essays in Economic and Business History* (1999), S. 49–61; Alain Jemain, *Les conquérants de l'invisible. Air Liquide. 100 ans d'histoire,* Paris 2002, S. 27–54.

48 Muriel Petit-Konczyk, »Le financement d'une start-up: L'Air Liquide 1898–1913«, in *Finance Contrôle Stratégie* (2003), 6, S. 25–58, insbes. S. 31–33; Jemain, *Les conquérants de l'invisible,* S. 39–46.

49 Darauf weist Almqvist in seiner *History of industrial gases,* S. 201–202, hin.

Kapitel 2: Wettbewerb und Kooperation in einem Wachstumsmarkt bis 1914

1 BOC, The birth and development of an industry: The history of the British Oxygen Company, 1886–1946 [unveröffentlichtes Manuskript, 1946], S. 26 und 29, in BOCM, Box 425; UK Monopolies and Restrictive Practices Commission, *Report on the Supply of Certain Industrial and Medical Gases,* London 1956, S. 9.

2 Protokoll der ersten Vorstandssitzung der Brin's Oxygen Company Limited, 4. Februar 1886, in BOCW, SEC 00458.

3 Eine Karte der genauen räumlichen Verteilung der Absatzregionen der verschiedenen Unternehmen im Vereinigten Königreich um etwa 1890 findet sich in BOCM, Box 493.

4 Scotch & Irish Oxygen Company Limited, Vorstandsbericht für das am 30. September 1888 endende Geschäftsjahr vom 13. Dezember 1888, in BOCM, Box 359.

5 BOC, The birth and development of an industry, S. 25–26 und 29; UK Monopolies Commission, *Report on the Supply of Certain Industrial and Medical Gases,* S. 9.

6 Verschiedene Produktkataloge der chemischen und technischen Abteilungen der Scotch & Irish Oxygen Co. Limited finden sich in BOCM, Box 359.

7 BOC, 24. Jahresbericht des Vorstands für das am 31. März 1910 endende Geschäftsjahr zur Vorlage auf der jährlichen Jahreshauptversammlung am 28. Juni 1910, in BOCM, nicht katalogisierte gelbe Archivbox mit Unternehmensberichten und Geschäftsbüchern, 1908–1980.

8 BOC, The birth and development of an industry, S. 19–27.

9 UK Monopolies Commission, *Report on the Supply of Certain Industrial and Medical Gases,* S. 9.

10 Mansel Davies, »William Hampson (1854–1925): A note«, in *British Journal of the History of Science* 22 (1989), S. 63–73, Zitat S. 64; Almqvist, *History of industrial gases,* S. 143.

11 Hans-Liudger Dienel, *Die Linde AG: Geschichte eines Technologiekonzerns 1879–2004,* München 2004. Im Folgenden wird die Person Carl von Linde als »von Linde«, das von ihm aufgebaute Unternehmen als »Linde« bezeichnet.

12 BOC, The birth and development of an industry, S. 31; UK Monopolies Commission, *Report on the Supply of Certain Industrial and Medical Gases,* S. 9.

13 BOC, The birth and development of an industry, S. 31–34; UK Monopolies Commission, *Report on the Supply of Certain Industrial and Medical Gases,* S. 9.

14 British Oxygen Company Limited (BOC), 24.–28. Jahresbericht des Vorstands für das am 31. März 1910 endende Geschäftsjahr zur Vorlage auf der jährlichen Jahreshauptversammlung im Juni, in BOCM, nicht katalogisierte gelbe Archivbox mit Unternehmensberichten und Geschäftsbüchern, 1908–1980.

15 Ebenda.

16 Viktor Engelhardt, *The electrolysis of water: processes and applications,* Easton/PA 1904, S. 11–19; BOC, The birth and development of an industry, S. 35; UK Monopolies Commission, *Report on the Supply of Certain Industrial and Medical Gases,* S. 10–11; BOC, 27. Jahresbericht des Vorstands vom 17. Juni 1913, in

BOCM, nicht katalogisierte gelbe Archivbox mit Unternehmensberichten und Geschäftsbüchern, 1908–1980.

17 Redeentwurf, »Sauerstoffwerke Berlin. 25-jähriges Jubiläum«, 1936, in CAL, Dienel Projektordner TG1; Ebbe Almqvist, *History of industrial gases,* New York 2003, S. 200–201; Hans-Liudger Dienel, *Linde: History of a technology company,* Basingstoke 2004, S. 67.

18 Almqvist, *History of industrial gases,* S. 200–201; Dienel, *Linde,* S. 68; Redeentwurf, »Sauerstoffwerke Berlin. 25-jähriges Jubiläum«, 1936, S. 2–3, in CAL, Dienel Projektordner TG1.

19 Almqvist, *History of industrial gases,* S. 220–221 und 228; Dienel, *Linde,* S. 78.

20 Redemanuskript »Sauerstoffwerke Berlin. 25-jähriges Jubiläum«, 1936, S. 3, in CAL, Dienel Projektordner TG1.

21 Dass Griesheim 1913 nur 44 Prozent des Sauerstoffs in Deutschland herstellte, liegt nicht nur an den bereits erwähnten kleinen Herstellern, sondern auch an einigen im Vertrag vereinbarten Ausnahmen, beispielsweise für Lindes Lieferung an Thyssen in Mülheim/Ruhr.

22 Vertrag zw. Lindes Eismaschinen und Chemische Werke Griesheim Elektron [o.J., ca. Ende 1908], insbes. S. 1–2, 7–8 und 11, in CAL, Dienel Projektordner TG1. Dies ist ein Vertragsentwurf mit einem handgeschriebenen Datum von 1911 für das fragliche Dokument, aber sowohl der Vertragstext (dort steht ausdrücklich, dass das Abkommen erst am 1. Januar 1911 in Kraft treten kann und zunächst einmal bis zum 31. Dezember 1918 Gültigkeit hat, also genau 10 Jahre ab dem 31. Dezember 1908), als auch die Tatsache, dass es 1908 eine beide Firmen betreffende Übereinkunft gab, legt nahe, dass er im Lauf des Jahres 1908 verfasst wurde, vermutlich im Dezember. Siehe auch Dienel, *Linde,* S. 78. Über Griesheim innerhalb der I. G. Farben und die Übertragung zu Hoechst nach dem Zweiten Weltkrieg siehe Hans-Dieter Kreikamp, »Die Entflechtung der I. G. Farbenindustrie AG und die Gründung der Nachfolgegesellschaften«, in *Vierteljahrshefte für Zeitgeschichte* (1977), S. 220–251 und Raymond G. Stokes, *Divide and Prosper: The Heirs of I. G. Farben under Allied Authority,* Berkeley 1988. Messer stellte zu dieser Zeit weiterhin Anlagen und Ausrüstung für die Gasindustrie her, beteiligte sich aber nicht an der Produktion oder dem Vertrieb der Gase. Dies änderte sich erst durch die Fusion zur Messer Griesheim GmbH im Jahr 1965. Vgl. Jörg Lesczenski, *100 Per Cent Messer: The return of the family firm. 1898 to the present day,* München 2007, S. 64 und 68–76.

23 »Internationale Sauerstoff-Gesellschaft AG, Berlin, Gesellschafts-Vertrag 1906«, 4. August 1906, wiedergegeben in Wilhelm Schaffland, Vereinigte Sauerstoffwerke GmbH Berlin. Geschichte eines Unternehmens. Ein Rückblick über 6 Jahrzehnte [unveröffentlichtes Manuskript, 1963], S. 25–32, in CAL, Fach 40, A 05.

24 »Geschäftsbericht des Vorstandes der Internationalen Sauerstoff-Gesellschaft AG Berlin über das Geschäftsjahr 1909, wiedergegeben in Schaffland, Vereinigte Sauerstoffwerke GmbH Berlin, S. 33–40, in CAL, Fach 40, A 05; Almqvist, *History of industrial gases,* S. 201; Manfred Rasch and Gerald D. Feldman (Hg.), *August Thyssen und Hugo Stinnes. Ein Briefwechsel 1898–1922,* München 2003, S. 656.

25 Almqvist, *History of industrial gases,* S. 201–202; Alain Jemain, *Les conquérants de l'invisible. Air Liquide. 100 ans d'histoire,* Paris 2002, S. 42.

26 Jemain, *Les conquérants de l'invisible,* S. 33, 39 und 46.

27 Almqvist, *History of industrial gases,* S. 233–234; Jemain, *Les conquérants de l'invisible,* S. 44–45. Air Liquide war eines der ersten ausländischen Unternehmen, das auf dem japanischen Markt tätig wurde. Das Werk wurde in Kobe angesiedelt, um effektiv am japanischen Schiffbau und der Rüstungsproduktion teilzuhaben.

28 Dienel, *Linde,* S. 82.

29 »Airco: A brief history« [Broschüre ohne Datum], S. 3, in BOCM, Box 12 [Zitat aus dieser Quelle]; Jemain, *Les conquérants de l'invisible,* S. 48; John A. Hill, *»Air Reduction«: Sprung from the faith of men,* New York 1952, S. 9–10; Almqvist, *History of industrial gases,* S. 234. Jemain erwähnt das Treffen von John D. Rockefeller und Delorme im Jahr 1913, Hill jedoch nicht.

30 Diese sowie die folgenden Schilderungen beruhen hauptsächlich auf Dienel, *Linde,* S. 80–84 und Almqvist, *History of industrial gases,* S. 270–273.

31 T.B. Lightfoot erscheint zwischen 1908 und 1914 im Titel der Vorstandsberichte für die Aktionäre von BOC in BOCM, nicht katalogisierte gelbe Archivbox mit Unternehmensberichten und Geschäftsbüchern, 1908–1980. Die Berichte von 1906 und 1907 fehlen im Archiv; es ist aber von ähnlichen Formulierungen auszugehen.

32 Almqvist, *History of industrial gases,* S. 253.

33 »Nippon Sanso's Oxygen breathes progress into your industry« [o.J., circa 1969]; Teil eines von der Linde AG angelegten Dossiers, in CAL, Fach 40, A 05; Jemain, *Les conquérants de l'invisible,* S. 45–46. Jemain gibt an, dass die Firma 1910 gegründet wurde und die Maschinenfabrik 1932 in Betrieb ging. Über die allgemeine industrielle und technische Entwicklung Japans während der Meiji-Zeit vgl. Tessa Morris-Suzuki, *The technological transformation of Japan,* Cambridge/NY 1994, insbes. Einleitung und Kapitel 4.

34 Peter J. T. Morris, »Ambros, Reppe and the Emergence of Heavy Organic Chemicals in Germany, 1925–1945«, S. 89–122, in A.S. Travis u.a. (Hg.), *Determinants in the Evolution of the European Chemical Industry,* 1900–1936, Dordrecht/Boston 1998; Raymond G. Stokes, *Opting for oil: The political economy of technological change in the West German chemical industry, 1945–1961,* Cambridge/NY 1994.

35 Erik Jaeger, »Mathias Fränkl und die Anfänge des Linde-Fränkl-Verfahrens«, Sonderdruck aus der Zeitschrift *Kältetechnik, Klimatisierung: Zeitschrift für das gesamte Gebiet der Kälteerzeugung, Kälteanwendung und Klimatisierung* (1970), 1, S. 3–7, hier S. 3, in CAL, Fach 40, A 05.

36 BOC, The birth and development of an industry, S. 33–34; Jemain, *Les conquérants de l'invisible,* S. 46–47; House of Lords, Urteil im Verfahren British Liquid Air (Beschwerdeführer) und [sic] British Oxygen Company Limited (Beklagter), 29. März 1909, S. 13, UK Parliamentary Archives, London (im Folgenden House of Lords Urteil 1909). Zur Reaktion von BOC vgl. BOC, 22. und 23. Vorstandsbericht vom 31. März 1908 bzw. 1909 zur Vorlage auf der jährlichen Jahreshauptversammlung im Juni, in BOCM, nicht katalogisierte gelbe Archivbox mit Unternehmensberichten und Geschäftsbüchern, 1908–1980.

37 Zitat aus BOC, The birth and development of an industry, S. 34; House of Lords Urteil 1909, insbes. S. 1–6 und 21–34.

38 House of Lords Urteil 1909, S. 21.
39 Ebenda, S. 1–4; Zitat eins in diesem Absatz stammt von S. 2; Zitat zwei von S. 4, Zitat drei von S. 2.
40 Ebenda, S. 4–6; Zitat eins und zwei in diesem Absatz stammen von S. 4; Zitat drei und vier von S. 5; Zitat fünf von S. 5–6.
41 Ebenda, S. 7–12, insbes. S. 8–10; Zitat S. 10.
42 Ebenda, S. 33–34.
43 Jemain, *Les conquérants de l'invisible,* S. 46–47; Vertrag zwischen Lindes Eismaschinen und Chemische Werke Griesheim Elektron [o. J., etwa Ende 1908], insbes. S. 1–2, 7–8 und 11, in CAL, Dienel Projektordner TG1. Zum Datum des Vertrages vgl. Fußnote 22.
44 BOC, 23. Jahresbericht des Vorstands vom 31. März 1909 zur Vorlage auf der Jahreshauptversammlung im Juni, in BOCM, nicht katalogisierte gelbe Archivbox mit Unternehmensberichten und Geschäftsbüchern, 1908–1980.
45 Jemain, *Les conquérants de l'invisible,* S. 47; BOC, 24. Jahresbericht des Vorstands vom 31. März 1909 zur Vorlage auf der Jahreshauptversammlung im Juni 1910, in BOCM, nicht katalogisierte gelbe Archivbox mit Unternehmensberichten und Geschäftsbüchern, 1908–1980; Schaubild der mit BOC assoziierten Unternehmen, Januar 1964, in J. H. Tyson, Entwurf einer Geschichtsakte; beides in BOCM, Box 425.
46 BOC, 24. Jahresbericht des Vorstands vom 31. März 1909 zur Vorlage auf der Jahreshauptversammlung im Juni 1910, in BOCM, nicht katalogisierte gelbe Archivbox mit Unternehmensberichten und Geschäftsbüchern, 1908–1980.
47 BOC, The birth and development of an industry, S. 35; Jahresbericht des Vorstands von 1908 und 1914 in BOCM, nicht katalogisierte gelbe Archivbox mit Unternehmensberichten und Geschäftsbüchern, 1908–1980.

Kapitel 3: Strategie und Struktur: Vom Ersten Weltkrieg bis in die frühen 1930er-Jahre

1 Ernst Koch, *Ein Unternehmen im Wandel der Zeiten. Messer Griesheim,* Frankfurt a. M. 1993, S. 64–67.
2 Steve Sturdy, »From the trenches to the hospital at home: Physiologists, clinicians and oxygen therapy«, in John Pickstone (Hg.), *Medical innovations in historical perspective,* Basingstoke 1992, S. 104–123.
3 Zitat über »Bearbeitung von Metallen [manipulating metals]« und allgemeine Informationen über die Verwendung von Sauerstoff im Ersten Weltkrieg vgl. BOC, Oxygen in war and peace [o. J., ca. 1946], S. 8, in BOCM, Box 1. Andere Informationen in diesem Absatz über bestimmte Anwendungen während und unmittelbar nach dem Krieg, vgl. http://www.weldinghistory.org/whistoryfolder/welding/wh_1900-1950.html [aufgerufen am 17. Februar 2012]. Koch, *Ein Unternehmen im Wandel der Zeiten,* behandelt ebenfalls die Entwicklung des Schweißens von den Anfängen bis Anfang der 1990er-Jahre.
4 http://www.weldinghistory.org/whistoryfolder/welding/wh_1900-1950.html [aufgerufen am 17. Februar 2012]. Zu weiteren Beispielen für derartige Schiffe wie die USS Agamemnon, vormals Schnelldampfer Kaiser Wilhelm II, und die

USS Huron, vormals SMS Friedrich der Große, vgl. Information auf http://www.history.navy.mil/photos/sh-usn/usnsh-a/id3004.htm bzw. http://www.history.navy.mil/photos/sh-usn/usnsh-h/id1408.htm [aufgerufen am 17. Februar 2012].

5 Linde, Abt.-Gasverflüssigung, »Gelieferte Anlagen zur Erzeugung von Sauerstoff und Stickstoff« [o.J., ca. 1962], S. 3–8, in CAL, Fach 39, A 03.

6 BOC, Birth and development of an industry [unveröff. Manuskript 1946], S. 37 und 39, in BOCM, Box 425; Ebbe Almqvist, *Technological changes in a company: AGA, the first 80 years,* Lidingö 1992, S. 13–14; Linde AG, *125 Years of Linde: A Chronicle,* Wiesbaden 2004, S. 32–33 [verfügbar als PDF unter http://www.the-linde-group.com/en/images/chronicle_e %5B1 %5D14-9855.pdf; aufgerufen am 27. Juni 2012].

7 »Airco: A brief history« [Broschüre o.J.], S. 3, in BOCM, Box 12; Alain Jemain, *Les conquérants de l'invisible. Air Liquide. 100 ans d'histoire,* Paris 2002, S. 48; John A. Hill, *»Air Reduction«: Sprung from the faith of men,* New York 1952, S. 9–10; Almqvist, *History of industrial gases,* S. 234 und 270–273; Hans-Liudger Dienel, *Die Linde AG: Geschichte eines Technologiekonzerns 1879–2004,* München 2004, S. 80–84; Wally Brant, Indiana Oxygen Co., »From the President«, unter http://www.indianaoxygen.com/about.html [aufgerufen am 28. Februar 2012].

8 K. Oshima und Y. Aiyama, »The development of cryogenics in Japan«, S. 521–522, in Ralph G. Scurlock (Hg.), *History and origins of cryogenics,* Oxford 1992.

9 Zur Geschichte der Entwicklung des Haber-Bosch-Verfahrens (HBV), dem bis heute bedeutendsten chemischen Verfahren zur Fixierung des Luftstickstoffs, vgl.: Ludwig F. Haber, *The chemical industry, 1900–1930: International growth and technological change,* Oxford 1971, S. 198ff; Jeffrey A. Johnson, »The power of synthesis (1900–1925)«, in Werner Abelshauser u.a., *German industry and global enterprise: BASF: The history of a company,* Cambridge/NY 2004, S. 115–205, hier S. 151–157. Diese Quellen erwähnen bestenfalls nebenbei, woher die Ausgangsstoffe Stickstoff und Wasserstoff stammen. Selbst in Almqvist (History of industrial gases) und Dienel (Linde) fehlen ausführliche Erörterungen des Beitrags der Industriegasbranche zum HBV. Almqvist erwähnt zwar die Verwendung von Wasserstoff aus dem von Linde und anderen entwickelten Linde-Frank-Caro-Verfahren im HBV (S. 54), doch fehlt diese Verwendung bei der Darstellung der Anwendungen für Wasserstoffgas (S. 55ff). Eine Ausnahme in der Missachtung der Bedeutung der Wasserstoffproduktion für die Entwicklung des HBV ist die von der Linde AG herausgegebene Broschüre *125 Years of Linde: A Chronicle,* S. 30.

10 William Crookes, »Presidential Address to the British Association for the Advancement of Science« 1898, veröffentlicht in *Chemical News,* 1898, 78, S. 125, zitiert unter http://www.todayinsci.com/C/Crookes_William/CrookesWilliam-Quotations.htm [aufgerufen am 17. Februar 2012].

11 Die beste Biographie Habers ist Margit Szöllösi-Janze, *Fritz Haber 1868–1934. Eine Biographie,* München 1998.

12 Johnson, »The power of synthesis (1900–1925)«, S. 151–157 und 165–171.

13 Max Appl, »The Haber-Bosch Heritage: The ammonia production technology«, Artikel zum 50. Jahrestag der IFA Technical Conference, Sevilla, Spanien, September 1997, S. 11, verfügbar unter www.fertilizer.org [aufgerufen am 20. Februar

2012]. Appl bezeichnet LFC fälschlicherweise als Linde-Fränkl-Verfahren. Vgl. Almqvist, *History of industrial gases,* S. 54. Informationen über Anlagen und ihre Kapazitäten vgl. Linde, »Gelieferte Gaszerlegungsanlagen« [o.J., ca. 1962], S. 2, in CAL, Fach 39, A 03.

14 British Oxygen Company, »Share ledger« [o.J.], S. 196 und 200, in BOCM, Box 359. Auch Air Liquide war damals als Anteilseigner verzeichnet, allerdings nur mit 250 Anteilen.

15 Almqvist, *History of industrial gases,* S. 270–278; Linde AG, *125 Years of Linde: A Chronicle,* S. 35; C. F. Baker und T. F. Fisher, »Industrial cryogenic engineering in the USA«, in Scurlock (Hg.), *History and origins of cryogenics,* S. 222.

16 BOC, Birth and development of an industry, S. 38–39; Schaubild der mit BOC assoziierten Unternehmen, Januar 1964, in J. H. Tyson, Entwurf einer Geschichtsakte; beides in BOCM, Box 425. Für Informationen über Oxhycarbon Ltd. vgl. Koch, *Ein Unternehmen im Wandel der Zeiten,* S. 69.

17 Vgl. z.B. »British Oxygen's Expansion«, in *Financial Times* (7. Juli 1923). Auch die Londoner *Times* berichtete in den 1920er- und 1930er-Jahren häufig über die anhaltenden Erfolge der BOC.

18 Baker und Fisher, »Industrial cryogenic engineering in the USA«, in Scurlock (Hg.), *History and origins of cryogenics,* S. 223.

19 Anonymous, »Oxygen Industry Merger: Absorption of Allen-Liversidge«, The Times (27. November 1930), S. 23.

20 Almqvist, *History of industrial gases,* S. 168. Claude war die Abtrennung von Argon, Neon, Krypton und Xenon im kleinen Maßstab schon 1908 gelungen; Linde entwickelte das erste kommerzielle Verfahren. S. ebenda, S. 126–127.

21 AGA Group Planning (Projektgruppe: Richard Wathen, Bertil Kusoffsky und Rune Österlund), »U.S. Gas Market: Interim report with an outline of a strategy for AGA's entry on [sic] the U.S. market«, November 1973, S. 49–66, in AGA Depository [im Folgenden AGAD, verwahrt im Zentrum für Wirtschaftsgeschichte (Centrum för Näringslivhistoria, Bromma/Schweden)], Akte E5 SA1.

22 Andrea Reiß, »Die Westfalen AG von 1923 bis 1970. Industriegase – Mineralöle – Flüssiggas«, S. 244–272, in Helene Albers und Ulrich Pfister (Hg.), *Industrie in Münster 1870–1970. Lokale Rahmenbedingungen – Unternehmensstrategien – lokaler Kontext,* Dortmund 2001. Vgl. insbes. S. 244–248.

23 Reiß, »Die Westfalen AG von 1923 bis 1970.« Zur Verbreitung von Kartellen in Deutschland insbes. Anfang des 20. Jahrhunderts vgl. z.B. Ulrich Wengenroth, »Germany: Competition Abroad – Cooperation at Home 1870–1990«, in Alfred D. Chandler, Jr., Franco Amatori und Takashi Hikino (Hg.), *Big Business and the Wealth of Nations,* New York 1997, S. 139–175.

24 Aldo Fumagalli Romario, A brief history of the SOL group (unveröff. Manuskr., Monza, o. J. [ca. 2007]), S. 1–2. Wir danken Herrn Fumagalli, dem derzeitigen Vorstandsvorsitzenden der SOL, für den Einblick in das Manuskript sowie für seine Teilnahme an zwei Gesprächen. Zum Kauf der Anlage von Linde durch Locatelli vgl. Linde AG, »Gelieferte Anlagen zur Erzeugung von Sauerstoff und Stickstoff« [o.J., ca. 1962], S. 3, in CAL, Fach 39, A 03. Woher andere Unternehmen (außer Air Liquides italienischem Ableger) ihre LZA bezogen, lässt sich nicht feststellen. Von Linde wurden sie offenbar nicht erworben.

25 Robert Kipker, »Sauerstoffspeicherung und -transport«, in *Stahl und Eisen*

(1973), 3, S. 110–114; R. Wolf, »Sauerstoffspeicherung und -transport«, in M. Seidel und W. Wunsch (Hg.), *Technische Gase,* Essen 1965, S. 24.

26 Reiß, »Die Westfalen AG von 1923 bis 1970«, insbes. S. 248.

27 BOC, Oxygen in war and peace [o. J., ca. 1946], in BOCM, Box 1; Steve Sturdy, »From the trenches to the hospital at home«; Rachel McAdams, *Learning to Breathe: The History of Newborn Resuscitation, 1929 to 1970* (Doktorarbeit, University of Glasgow, 2008).

28 Lord Burnham, »The Everest Flight: A Photographic Survey«, in *The Times* (15. Februar 1933), S. 13.

29 Haag, Walzwerk Neu-Oberhausen, »Betrifft: Anwendung von sauerstoffgereichertem Gebläsewind beim Windfrischverfahren«, 12. August 1924, in Stiftung Rheinisch-Westfälisches Wirtschaftsarchiv, Köln [im Folgenden RWWA], 130–4032–3. Andere Unterlagen in dieser Akte beschreiben Versuche mit Sauerstoff an der Gutehoffnungshütte von 1919 bis in die 1930er-Jahre.

30 Ebenda.

31 GHH-Direktor Otto Holz, Stenografischer Bericht über Anmerkungen zu einer Rede von Direktor Brüninghaus vor dem Verein deutscher Eisenhüttenleute [o. J., ca. Anfang Dezember 1924], in RWWA, 130–40232–6.

32 Über die Patentstreitigkeiten bei der Einführung dieses Produkts vgl. Gary R. List und Michael A. Jackson, »The battle over hydrogenation, 1903–1920«, in *American Oil Chemists Society (AOCS) Lipids Library,* verfügbar unter http://lipidlibrary.aocs.org/history/hydrogenation/index.htm [aufgerufen am 21. Juni 2012]. Vgl. auch Joseph Wilson, *The History of Unilever: A study in economic growth and social change,* 2 Bde., London 1954, insbes. Bd. I, S. 125–138 und Bd. II, S. 110–118.

33 Raymond G. Stokes, »From the I. G. fusion to BASF AG (1925–1952)«, in Werner Abelshauser u. a., *German industry and global enterprise: BASF: The history of a company,* Cambridge/NY 2004, S. 206–361, insbes. S. 225–229.

34 Baker und Fisher, »Industrial cryogenic engineering in the USA«, S. 221; und F. G. Frickwedde, E. F. Hammel and W. E. Keller, »The history of cryogenics in the USA, Part one: Cryoengineering«, S. 365; beide in Scurlock (Hg.), *History and origins of cryogenics.*

35 Baker and Fisher, »Industrial cryogenic engineering in the USA«, in Scurlock (Hg.), *History and origins of cryogenics,* S. 245–247, Zitat S. 247.

36 Almqvist, *The history of industrial gases,* S. 126–127; »The history of neon lights«, CBS Nachrichtenvideo, 11. Dezember 2011, http://www.cbsnews.com/video/watch/?id=7391691n [aufgerufen am 2. März 2012].

37 Bernhard Fischer, »Kohlendioxid – Kohlensäure – Geschichte eines interessanten Stoffes«, in *KL Luft- und Kältetechnik* (2009), S. 403–406. Über die Bedingungen des Verkaufs von Sauerstoff durch Linde und Griesheim an Kohlendioxidhersteller vgl. verschiedene Unterlagen (v. a. Verträge) von 1926–1945 in der [Corporate Archives of] BASF AG [im Folgenden CAB], I 201, Nr. 316.

38 C. W. Paul Heylandt, »Die Verwertung der Luft«, in *Chemiker-Zeitung,* Nr. 1 (2. Januar 1937), S. 10 f.

39 C. W. Paul Heylandt, »Verwendung des flüssigen Sauerstoffes in der Industrie«, Sonderdruck, *Jahrbuch des VDRI* (1930), in CAL, Fach 39, A 07; zu den relativen Kosten von LOX gegenüber der gasförmigen Sauerstoffproduktion vgl. Baker

und Fisher, »Industrial cryogenic engineering in the USA«, in Scurlock (Hg.), *History and origins of cryogenics,* S. 228.

40 Akira Kudo, *Japanese-German Business Relations: Cooperation and rivalry in the inter-war period,* London 1998.

41 Liste der verkauften Heylandt-Anlagen [o.J.], Bl. 1–6, in CAL, Fach 39, A 07. Aufgrund eines Eintrags für eine Lieferung an »Metal Industries Ltd.« in »Glasgow, England« [sic] auf der letzten Seite des Dokuments lässt sich die Erstellung der Liste auf etwa 1932 datieren. Der Ableger von Metal Industries Ltd. im Gasgeschäft, Oxygen Industries Ltd., fusionierte 1933 mit BOC. Ebenda, Bl. 6, und BOC, Birth and development of an industry, S. 49, in BOCM, Box 425. Über den Kauf von Lizenzen am Heylandt-System durch Metal Industries vgl. ebenda.

42 Baker und Fisher, »Industrial cryogenic engineering in the USA«, in Scurlock (Hg.), *History and origins of cryogenics,* S. 223; Almqvist, *History of industrial gases,* S. 175.

43 Baker und Fisher, »Industrial cryogenic engineering in the USA«, in Scurlock (Hg.), *History and origins of cryogenics,* S. 223–225.

44 Liste der verkauften Heylandt-Anlagen [o.J., ca. 1932], Bl. 1–6, in CAL, Fach 39, A 07; BOC, Birth and development of an industry, S. 49–50, in BOCM, Box 425.

45 Erik Jaeger, »Mathias Fränkl und die Anfänge des Linde-Fränkl-Verfahrens«, Sonderdruck aus *Kältetechnik, Klimatisierung: Zeitschrift für das gesamte Gebiet der Kälteerzeugung, Kälteanwendung und Klimatisierung* (1970), 1, S. 3–7, hier S. 4, in CAL, Fach 40, A 05.

46 Jaeger, »Mathias Fränkl und die Anfänge«, S. 5.

47 Ebenda.

48 Jaeger, »Mathias Fränkl und die Anfänge«, S. 5–6; Vaclav Smil, *Transforming the twentieth century: Technical innovations and their consequences,* Oxford 2006, S. 117.

49 Charles R. Downs, »Impact of tonnage oxygen on American chemical industry«, in *Chemical Engineering* 55 (August 1948), S. 113–117 und 121.

50 Linde, Abt.-Gasverflüssigung, »Gelieferte Groß Sauerstoffanlagen nach dem Linde-Frankl-Verfahren« [o.J., ca. 1962], in CAL, Fach 39 A 03.

Kapitel 4: Die Weltwirtschaftskrise, der Zweite Weltkrieg und die Industriegasbranche

1 Interview mit Dr. Gunnar Eggendorfer, Pullach, 10. September 2008.

2 »The British Oxygen Company«, in *The Times* (11. Juli 1930), S. 24; »British Oxygen Company«, in *The Times* (29. April 1931), S. 23; Zitat aus »British Oxygen Company«, in *The Times* (26. April 1932), S. 26; »Kennziffern« von Linde, 1890–1945, zusammengetragen für das Dienel-Projekt, in BOCM, Ordner Ko1; Linde, Abt. B, »Lieferung von Sauerstoff- und Gaszerlegungsanlagen«, 11. August 1932, S. 1, in CAL, Fach 41, A 03: Richard Linde Dokumente; The development of L'Air Liquide, 1902–1952 [unveröffentlichte Abschrift, 1952], S. 2, in BOCW, Box 406.

3 »British Oxygen Company«, in *The Times* (19. Mai 1933), S. 22; »Kennziffern«

von Linde, 1890–1945, zusammengetragen für das Dienel-Projekt, in BOCM, Ordner Ko1; Linde, Abt. B, »Lieferung von Sauerstoff- und Gaszerlegungsanlagen«, 11. August 1932, S. 1, in CAL, Fach 41, A 03, Richard Linde Dokumente; The development of L'Air Liquide, 1902–1952 [unveröffentlichte Abschrift, 1952], S. 2–3, in BOCW, Box 406.

4 Andrew Butrica, *Out of Thin Air: A History of Air Products and Chemicals, Inc., 1940–1990*, New York 1990, S. 12.

5 Dorothy Parker Pool, The biography of a business: Air Products then and now [unveröffentlichtes Manuskript, o.J., ca. 1952], S. 24–26, Zitat von S. 25, zur Verfügung gestellt von H.-L. Dienel, 2. April 2008.

6 Eine Auflistung einiger Industriekartelle findet sich in Linde AG (Wucherer und R. Linde), »Aufstellung von Kartellen, Syndikaten und ähnlichen Abreden beteiligt seit 1.1.1938« [darin finden sich auch Vereinbarungen, die schon früher getroffen worden waren, aber noch nach Januar 1938 in Kraft blieben], 29. April 1947, in BOCM, Dienel-Projekt, Ordner TG1. Zitat aus Fortune, in Dorothy Parker Pool, The biography of a business: Air Products then and now [unveröffentlichtes Manuskript, o.J., ca. 1952], S. 25. Unser Dank gilt Hans-Liudger Dienel, der uns im April 2008 seine Kopie des Manuskripts von Pool und andere Materialien über die frühen Jahre von Air Products zur Verfügung stellte. Eine Kopie des Beileidsschreibens zum Tod Carl von Lindes vom Vorstandsvorsitzenden von Linde Air Products findet sich in einer Akte mit den Erinnerungen Walter Ruckdeschels, »Mein Lebenslauf, II. Ausschnitt«, 23. Juli 1989, in CAL, Fach 54, E 04.

7 »Oxygen Industry Merger«, in *The Times* (27. November 1930), S. 23; BOC, The birth and development of an industry: The history of the British Oxygen Company, 1886–1946 [unveröffentlichtes Manuskript, 1946], S. 49–50, in BOCM, Box 425; »Notes on history und activities of African Oxygen und Acetylene (Pty) Ltd.« [o.J., ca. Ende 1945], S. 1, in BOCM, Box 510.

8 Linde, Abt. B, »Lieferung von Sauerstoff- und Gaszerlegungsanlagen«, 11. August 1932, S. 1, in CAL, Fach 41, A 03, Richard Linde Dokumente; Linde, Abt.-Gasverflüssigung, »Gelieferte Anlagen zur Erzeugung von Sauerstoff und Stickstoff« [o.J., ca. 1962], S. 16–19; Linde, Abt.-Gasverflüssigung, »Gelieferte Groß Sauerstoffanlagen nach dem Linde-Fränkl-Verfahren« [o.J., ca. 1962], S. 1; Linde, Abt.-Gasverflüssigung, »Gelieferte Gaszerlegungsanlagen« [o.J., ca. 1962], S. 4–5; alle in CAL, Fach 39, A 03.

9 BOC, Oxygen on tap [unveröffentlichtes Manuskript, Oktober 1937], in BOCM, Box 494; BOC, Oxygen in war and peace [o.J., ca. 1946], insbesondere S. 9 und 11–16, in BOCM, Box 1; »Record Nitrogen Consumption«, in *The Economist* (28. Januar 1939), S. 199.

10 BOC, Oxygen on tap [unveröffentlichtes Manuskript, Oktober 1937], in BOCM, Box 494; BOC, Oxygen in war and peace [o.J., ca. 1946], insbesondere S. 9 und 11–16, in BOCM, Box 1; AGA – ein schwedischer Weltkonzern [unveröffentlichtes Manuskript, o.J., ca. 2003], S. 3 [das Manuskript entstand in Zusammenhang mit der Anfertigung der Geschichte der Linde AG durch Hans-Liudger Dienel und eine Kopie des Manuskripts befindet sich in unserem Besitz]; »Airco enters its 50th year«, Zeitungsausschnitt [ohne Quellen- und Datumsangabe, ca. 1965], S. 2, in BOCM, Box 12; Was man vom Trockeneis wissen muss (1934), in CAL, Fach 39, A 05.

11 Butrica, *Out of Thin Air*, S. 32–36 und 41.
12 »Record Nitrogen Consumption«, in *The Economist* (28. Januar 1939), S. 199.
13 Richard Linde, »Erklärung« [o.J., ca. 1946, im Rahmen der Entnazifizierungsverfahren verfasstes Dokument], S. 6, in CAL, Fach 41, B 03.
14 Linde AG (Hg.), *125 Years of Linde: A Chronicle* [Wiesbaden o.J., 2004], S. 36, zu finden auf: http://www.the-linde-group.com/en/images/chronicle_e%5B1%5D14-9855.pdf [aufgerufen am 17. August 2012]; Walter Ruckdeschel, »Mein Lebenslauf, II. Ausschnitt«, 23. Juli 1989, S. 28–32, in CAL, Fach 54, E 04.
15 Richard Overy, *The Nazi Economic Recovery, 1932–1938,* Cambridge/NY 1996; Adam Tooze, *The Wages of Destruction: The Making and Breaking of the Nazi Economy,* London 2006; Jonas Scherner, »›Armament in Depth‹ or ›Armament in Breadth‹? German Investment Pattern und Rearmament during the Nazi Period«, in *Economic History Review* (2013), 66/2, S. 497–517; Peter Hayes, *Industry and Ideology: IG Farben in the Third Reich,* Cambridge/NY 2001, S. 117–120 und 148–151.
16 Timothy Mason, *Nazism, Fascism, and the Working Class,* Cambridge/NY 1995, hier Kapitel 2: »The Primacy of Politics«.
17 Diese und die folgenden Zahlen stammen aus den Jahren 1933–1938, da es unmöglich ist, in den benutzten Hauptquellen für 1939 die Zahlen aus den Friedenszeit von denen der Kriegszeit zu unterscheiden.
18 Die wichtigsten Zahlen stammen aus Linde, Abt.-Gasverflüssigung, »Gelieferte Anlagen zur Erzeugung von Sauerstoff und Stickstoff« [o.J., ca. 1962], S. 16–19, in CAL, Fach 39, A 03. Vgl. auch »Das Wirken der Firma LINDE auf dem Gebiet der Luftzerlegung seit Bestehen des Leuna-Werkes« [unveröffentlichtes Manuskript, o.J., ca. 1990], S. 3, in CAL, Fach 54, E 04; Hans-Liudger Dienel, *Die Linde AG: Geschichte eines Technologiekonzerns. 1879–2004,* München 2004, S. 170–171 und 182.
19 Die Zahlen und andere Informationen stammen aus Linde, Abt.-Gasverflüssigung, »Gelieferte Gaszerlegungsanlagen« [o.J., ca. 1962], S. 4–5, in CAL, Fach 39, A 03.
20 Vgl. beispielsweise Alan S. Milward, *War, Economy, and Society, 1939–1945,* Berkeley 1977, insbesondere Kapitel 6.
21 Linde, Abt.-Gasverflüssigung, »Gelieferte Groß Sauerstoffanlagen nach dem Linde-Fränkl-Verfahren« [o.J., ca. 1962], S. 1, in CAL, Fach 39, A 03.
22 »Bericht über Apparatebau-Anstalt und Lieferungsgeschäft der Abt B für die Aufsichtsratssitzung vom 19. November 1937«, in CAL, Fach 41, A 03; Dr. R. Linde, »Aus dem schriftlich am 26.9.38 erstatteten Bericht über die Geschäftslage an die Mitglieder unseres Aufsichtsrates«, in CAL, Fach 41, A 03.
23 Zu dieser Idee eines hochtechnisierten Japans während des Zweiten Weltkriegs vgl. Tessa Morris-Suzuki, *The Technological Transformation of Japan: From the Seventeenth to the Twenty-First Century,* Cambridge 1994, Kapitel 6.
24 Linde, Abt.-Gasverflüssigung, »Gelieferte Anlagen zur Erzeugung von Sauerstoff und Stickstoff« [o.J., ca. 1962], S. 16–19, in CAL, Fach 39, A 03; Dr. R. Linde, »Aus dem schriftlich am 26.9.38 erstatteten Bericht über die Geschäftslage an die Mitglieder unseres Aufsichtsrates«, in CAL, Fach 41, A 03.
25 Linde AG an Isomura Sangyo Kaisha Ltd., 27. Januar 1953, dazu Vertragskopien in der Anlage, in CAL, Fach 41, B 01.

26 Linde, Abt.-Gasverflüssigung, »Gelieferte Gaszerlegungsanlagen« [o.J., ca. 1962], S. 4–5, in CAL, Fach 39, A 03.

27 Linde, Abt.-Gasverflüssigung, »Gelieferte Groß Sauerstoffanlagen nach dem Linde-Fränkl-Verfahren« [o.J., ca. 1962], S. 1, in CAL, Fach 39, A 03; »Bericht über Apparatebau-Anstalt und Lieferungsgeschäft der Abt B für die Aufsichtsratssitzung vom 19. November 1937«, in CAL, Fach 41, A 03.

28 E-Mail William Lithgow an Michael Moss, 17. Januar 2013.

29 Dr. R. Linde, »Aus dem schriftlich am 26.9.38 erstatteten Bericht über die Geschäftslage an die Mitglieder unseres Aufsichtsrates«, in CAL, Fach 41, A 03, Zitat aus dieser Quelle; »Kennziffern« von Linde, 1890–1945, zusammengetragen für das Dienel-Projekt, in BOCM, Ordner Ko1.

30 Zitat aus Dr. R. Linde, »Aus dem schriftlich am 26.9.38 erstatteten Bericht über die Geschäftslage an die Mitglieder unseres Aufsichtsrates«, in CAL, Fach 41, A 03; »Kennziffern« von Linde, 1890–1945, zusammengetragen für das Dienel-Projekt, in BOCM, Ordner Ko1.

31 Linde, Abt.-Gasverflüssigung, »Gelieferte Anlagen zur Erzeugung von Sauerstoff und Stickstoff« [o.J., ca. 1962], S. 16–19; Linde, Abt.-Gasverflüssigung, »Gelieferte Groß Sauerstoffanlagen nach dem Linde-Fränkl-Verfahren« [o.J., ca. 1962], S. 1; Linde, Abt.-Gasverflüssigung, »Gelieferte Gaszerlegungsanlagen« [o.J., ca. 1962], S. 4–5; alle in CAL, Fach 39, A 03.

32 Dienel, *Linde,* S. 147–188, insbesondere S. 161–165 und 178–182.

33 Vgl. beispielsweise Richard J. Evans, *The Third Reich in Power, 1933–1939,* London 2005, S. 543–610.

34 Vgl. beispielsweise Raymond G. Stokes, »From the IG Farben Fusion to the Establishment of BASF AG (1925–1952)«, in Werner Abelshauser u.a., *German Industry and Global Enterprise: BASF: The History of a Company,* Cambridge 2004, S. 206–361 und S. 291–292.

35 Vgl. beispielsweise Rainer Karlsch und Raymond G. Stokes, *Faktor Öl. Die Mineralölwirtschaft in Deutschland, 1859–1974,* München 2003, S. 160–162.

36 Vgl. Hayes, *Industry and Ideology,* S. 197–199.

37 Peter Hayes, *From Cooperation to Complicity: Degussa in the Third Reich,* Cambridge 2004, Kapitel 3.

38 Dossier der Briefe und Memoranden über Linde und BOC zum Wechsel von Paul Schuftan, datiert von März bis Mai 1938, in CAL, Fach 38, D 03. Der Begriff des »Gentleman's Agreement« kommt explizit in einem dieser Dokumente vor: »Verzeichnis der Schriftstücke zum Gentlemen-Agreement [sic] BOC-Schuftan-Linde (Vertragsdauer 1.5.38–30.4.43)«, datiert vom 6. Mai 1938. Das lange Zitat stammt aus einem Brief des BOC Managing Director C. Dunbar an Linde, 13. April 1938, ebenfalls in dieser Akte. Weitere Informationen in dem Abschnitt stammen aus: »Paul M. Schuftan« [o.J., ca. 1982] im Dossier zu Schuftan in BOCM, Box 510.

39 »Paul M. Schuftan« [o.J., ca. 1982], im Dossier zu Schuftan in BOCM, Box 510; Dienel, *Linde,* S. 163–165.

40 BOC, The birth and development of an industry: The history of the British Oxygen Company, 1886–1946 [unveröffentlichtes Manuskript, 1946], S. 49–50 und 58, in BOCM, Box 12; Zitate aus der Geschichte von BOC während des Krieges, o.T., 30. August 1944, in BOCW, Box 536.

41 Geschichte von BOC während des Krieges, o. T., 30. August 1944, in BOCW, Box 536.

42 Zahlen zu den Umsätzen für einzelne Produkte stammen aus Material, das in Zusammenhang mit Anhörungen der British Monopolies and Restrictive Practices Commission im Jahr 1954 zusammengetragen wurde, in BOCW, Box 482. Die Tabellen mit diesen Zahlen stammen vom 7. April 1954.

43 BOC, The birth and development of an industry: The history of the British Oxygen Company, 1886–1946 [unveröffentlichtes Manuskript, 1946], S. 55–57, Zitat S. 56, in BOCM, Box 12.

44 BOC, The birth and development of an industry: The history of the British Oxygen Company, 1886–1946 [unveröffentlichtes Manuskript, 1946], S. 55–57, in BOCM, Box 12; Zitate aus Peter F. Anson, »Importance of Scottish Electric Scheme«, in *Catholic Herald* (25. März 1937), zu finden auf: http://archive.catholicherald.co.uk/article/25th-march-1937/3/importance-of-scottish-electric-scheme-starvation- [aufgerufen am 21. August 2012].

45 Vgl. Alan Munro und Duncan M. Ross, »Contested Energy: A Long-term Perspective on Opposition to Renewable Power Development in Scotland«, in *Scottish Affairs* (Frühjahr 2011), 75, S. 41–42.

46 BOC, The birth and development of an industry: The history of the British Oxygen Company, 1886–1946 [unveröffentlichtes Manuskript, 1946], S. 55–57, in BOCM, Box 12; Peter F. Anson, »Scottish Letter«, in *Catholic Herald* (14. April 1938), zu finden auf: http://archive.catholicherald.co.uk/article/14th-april-1938/11/scottish-letter [aufgerufen am 21. August 2012]; Zitat aus House of Commons Written Answer on Defence, »Calcium Carbide Factory for South Wales«, 28. Juli 1938, HC Deb 28 July 1938 vol 338 cc3346-7W, zu finden auf: http://hansard.millbanksystems.com/written_answers/1938/jul/28/calcium-carbide-factory-south-wales#S5CV0338 P0_19380728_CWA_170 [aufgerufen am 21. August 2012].

47 BOC, The birth and development of an industry: The history of the British Oxygen Company, 1886–1946 [unveröffentlichtes Manuskript, 1946], S. 65, in BOCM, Box 12; die Kommentare dort weisen darauf hin, dass diejenigen, die den Caledonian Power Bill ablehnten, ihr Tun bereut hätten, hätte die Firma nicht Voraussicht bewiesen, als sie sich Odda gesichert und eine große Menge ihrer Produktion in Großbritannien zwischen 1938 und April 1940 gelagert hätte.

48 BOC, The birth and development of an industry: The history of the British Oxygen Company, 1886–1946 [unveröffentlichtes Manuskript, 1946], S. 55–57 und 65–66, in BOCM, Box 12; BOC-Vorstandsprotokolle, 2. März 1937, BOC Ltd. Protokollbuch 12, S. 14 und BOC-Vorstandsprotokolle, 26. August 1937, BOC Ltd. Protokollbuch 12, S. 41–42. Beide Protokolle befinden sich in BOCW, Box SEC000459. Informationen zur Lage nach der Invasion finden sich in BOC-Vorstandsprotokolle, 8. Mai 1940, BOC Ltd. Protokollbuch 13, S. 91 und 94. Sämtliche Vorstandsprotokolle, auf die hier Bezug genommen wird, finden sich in BOCW, Box SEC000459.

49 Linde, Abt.-Gasverflüssigung, »Gelieferte Anlagen zur Erzeugung von Sauerstoff und Stickstoff« [o. J., ca. 1962], S. 16, in CAL, Fach 39, A 03.

50 »Some Linde [sic] Milestones, 1907–1957«, eine Kopie findet sich in Ruckdeschel, »Mein Lebenslauf, II. Ausschnitt«, S. 27a, in CAL, Fach 54, E 4.

51 Pool, »The biography of a business: Air Products then and now«, S. 25; »Airco enters its 50th year«, Zeitungsausschnitt [ohne Quellen- oder Datumsangabe, ca. 1965], S. 2, in BOCM, Box 12.

52 Ebbe Almqvist, *History of Industrial Gases,* New York 2003, S. 275.

53 Details zu der Geschichte in Butrica, Out of Thin Air, insbesondere S. 26–47. Das Folgende beruht auf Butrica, wenn nicht anders angegeben.

54 Butrica, *Out of Thin Air,* S. 9–22.

55 Ebenda, insbesondere S. 13–15.

56 Ebenda, S. 26–47.

57 Eugene W. Nelson, »Industry Also Breathes Oxygen«, in *Popular Mechanics* (Juni 1947), S. 147–148.

58 Tabelle der British Oxygen Company Ltd., »Sales in Units of 1,000,000 cubic feet, 1919/20 to 1953«, 7. April 1954, in BOCW, Box 482: Dokumente für die Anhörungen der British Monopolies and Restrictive Practices Commission, 1954.

59 Alain Jemain, *Les conquérants de l'invisible. Air Liquide. 100 ans d'histoire,* Paris 2002, S. 61–62; Aufsichtsratssitzung am 17. September 1940 in Wiesbaden, in BOCM, Dienel-Projekt, Ordner TG1; Richard Linde, »Bericht an den Aufsichtsrat für die Sitzung am 17.IX.1940«, S. 1; »Bericht an den Aufsichtsrat in der Sitzung am 3.2.1941«, S. 3; »Bericht über das Liefergeschäft für die Abt. B für die Aufsichtsratssitzung am 12.5.42«, S. 2; alle in CAL, Fach 41, A 03, Richard Linde Dokumente; The development of L'Air Liquide, 1902–1952 [unveröffentlichte Abschrift der Übersetzung, 1952], S. 1–2, in BOCW, Box 406.

60 Jemain, *Les conquérants de l'invisible,* S. 79–80.

61 Linde, Aufsichtsratssitzung am 17. September 1940 in Wiesbaden, in BOCM, Dienel-Projekt, Ordner TG1; Chronologie zu »A History of British Oxygen Company, Ltd« [o.J., 1946], in BOCM, Box 535; Tabellen zum Gasumsatz (7. April 1954) in den Dokumenten für die Anhörungen der British Monopolies and Restrictive Practices Commission 1954, in BOCW, Box 482.

62 Zitat und Kapazitätszahlen aus der Geschichte der BOC während des Krieges, o.T., 30. August 1944, BOCW, Box 536; Umsatzzahlen je Produkt stammen aus Materialien für die Anhörungen der British Monopolies and Restrictive Practices Commission 1954, in BOCW, Box 482. Die Tabellen mit diesen Informationen stammen vom 7. April 1954.

63 Die Zahlen finden sich in Lizzie Collingham, *The Taste of War: World War Two and the Battle for Food,* London 2011, S. 159. Zu den Planungen für die Stickstoffproduktion in Deutschland während des Zweiten Weltkriegs siehe US Strategic Bombing Survey, *Oil Division Final Report,* Washington, D.C., 25. August 1945, insbesondere S. 41–46.

64 Linde, Abt.-Gasverflüssigung, »Gelieferte Anlagen zur Erzeugung von Sauerstoff und Stickstoff« [o.J., ca. 1962], S. 20–22, in CAL, Fach 39, A 03; »Bericht über das Liefergeschäft für die Abt. B für die Aufsichtsratssitzung am 12.5.42«, S. 1, in CAL, Fach 41, A 03, Richard Linde Dokumente.

65 Linde, Abt.-Gasverflüssigung, »Gelieferte Gaszerlegungsanlagen« [o.J., ca. 1962], S. 5–7, in CAL, Fach 39, A 03; »Paul M. Schuftan« [o.J., ca. 1982] im Dossier zu Schuftan, in BOCM, Box 510.

66 BOC, Oxygen in war and peace [o.J., ca. 1946], S. 61, 71–72, in BOCM, Box 1; Almqvist, *History of Industrial Gases,* S. 127–131; American Chemical Society,

»Helium production in the United States«, zu finden auf http://acswebcontent.acs.org/landmarks/landmarks/helium/production.html [aufgerufen am 27. März 2013].

67 Chronologische Bemerkungen in »A History of British Oxygen Company, Ltd« [o.J., 1946], leicht differierende Fassungen in BOCM, Box 535 und BOCW, Box Misc 2. Zitate aus der Fassung in BOCM, Box 535.

68 BOC, Oxygen in war and peace [o.J., ca. 1946], S. 53–61, in BOCM, Box 1; Nelson, »Industry also breathes oxygen«, S. 147–148.

69 Die Zahlen stammen aus Tabellen, die für die Anhörungen der British Monopolies and Restrictive Practices Commission 1954 zusammengestellt wurden (7. April 1954), in BOCW, Box 482.

70 BOC, Oxygen in war and peace, S. 11–16, in BOCM, Box 1.

71 Die Zahlen stammen aus Tabellen, die für die Anhörungen der British Monopolies and Restrictive Practices Commission 1954 zusammengestellt wurden (7. April 1954), in BOCW, Box 482.

72 Errechnet auf Grundlage von Zahlen aus Tabellen, die für die Anhörungen der British Monopolies and Restrictive Practices Commission 1954 zusammengestellt wurden (7. April 1954), in BOCW, Box 482.

73 Linde, »Aufsichtsratssitzung am 17. September 1940 in Wiesbaden«, in BOCM, Dienel-Projekt, Ordner TG1; Zitate aus Ruckdeschel, »Mein Lebenslauf, II. Ausschnitt«, 23. Juli 1989, S. 30, in CAL, Fach 54, E 04.

74 Jemain, *Les conquérants de l'invisible,* S. 63.

75 Butrica, *Out of Thin Air,* S. 32–44.

76 Vgl. zum Beispiel Alan S. Milward, *War, Economy and Society 1939–1945,* Berkeley 1979, insbesondere S. 192–199; Guy Hartcup, *The Effect of Science on the Second World War,* London/New York 2000, Kapitel 9 und 10. Der Begriff der »macro-inventions« stammt aus Joel Mokyr, *The Lever of Riches: Technological Creativity and Economic Progress,* Oxford/New York 1990, passim; seine Definition findet sich auf S. 13.

77 Almqvist, *History of Industrial Gases,* S. 131.

78 Vgl. im Einzelnen Michael Neufeld, *The Rocket and the Reich: Peenemünde and the Coming of the Ballistic Missile Era,* New York 1995.

79 Zitat aus Ruckdeschel, »Mein Lebenslauf, II. Ausschnitt«, 23. Juli 1989, S. 31, in CAL, Fach 54, E 04. Vgl. auch Dienel, *Linde,* insbesondere S. 174–176.

80 Ernst Koch, *Ein Unternehmen im Wandel der Zeiten. Messer Griesheim,* Frankfurt a.M. 1993, S. 103.

81 »AGA – ein schwedischer Weltkonzern« [unveröffentlichtes Manuskript, o.J., ca. 2003], S. 3. Das Manuskript entstand in Verbindung mit Dienel, *Linde,* und befindet sich in unserem Besitz.

82 »AGA – The early days – the emergence of an international industry«, zu finden auf http://www.aga.com/web/web2000/com/wppcom.nsf/pages/History_EarlyDays [aufgerufen am 28. März 2013]. Auf der Website wird AGAs Tätigkeit in Deutschland während des Krieges nicht erwähnt, aber die hier gegebenen Informationen werden alle indirekt bestätigt.

83 Dienel, *Linde,* S. 186. Zur deutschen Besetzung von Teilen Polens vgl. Tooze, *The Wages of Destruction,* insbesondere S. 362–366 und 544–555.

84 Zitat aus Ruckdeschel, »Geschichte der Beteiligungs-Gesellschaften II. Abschnitt

1919–1945, September 1987«, S. 22, in CAL, Fach 54, E 04. Zu den deutschen Gasfirmen während des Krieges vgl. Dienel, *Linde,* S. 173–182, insbesondere S. 177; Jörg Lesczenski, *100 Per Cent Messer: The Return of the Family Firm,* München 2007, S. 37–47; Koch, *Ein Unternehmen im Wandel der Zeiten,* S. 102–107. Zur IG-Auschwitz vgl. Hayes, *Industry and Ideology,* S. 347–368.

85 USSBS, *Oil Division Final Report,* S. 103.

86 Zitat aus Linde, »Bericht über die Sauerstoff- und Acetylenwerke«, 28. Dezember 1944, in CAL, Fach 41, D 01; Dienel, *Linde,* S. 183–186.

87 Dienel, *Linde,* S. 186.

Kapitel 5: Die Umstrukturierung der Branche in den 1950er-Jahren

1 Ebbe Almqvist, *History of Industrial Gases,* New York 2003, S. 284–285; »Nippon Sanso's Oxygen breathes progress into your industry« [o. J., ca. 1969], Teil eines von der Linde AG erstellten Dossiers, in CAL, Fach 39, A 05; »Running through the Japanese Market as a Market Leader«, in *Gas Review Nippon* (Sommer 1997), S. 16.

2 Almqvist, *History of Industrial Gases,* S. 283–290 und 321–325; Alain Jemain, *Les conquérants de l'invisible: Air liquide, 100 ans d'histoire,* Paris 2002, S. 121; »Running through the Japanese Market as a Market Leader«, S. 16–17; »A Slice of Postwar History«, in *Gas Review Nippon* (Winter 1990), S. 7.

3 United States Strategic Bombing Survey, *Summary Report (Pacific War),* Washington D.C. 1946, S. 15–17, http://www.anesi.com/ussbs01.htm [aufgerufen am 6. August 2013].

4 Hans-Liudger Dienel, *Die Linde AG: Geschichte eines Technologiekonzerns, 1879–2004,* München 2004, S. 183–186; Linde, »Bericht über die Sauerstoff- und Acetylenwerke«, 28. Dezember 1944, in CAL, Fach 41, D 01; Ernst Koch, *Ein Unternehmen im Wandel der Zeiten. Messer Griesheim,* Frankfurt a. M. 1993.

5 Vgl. Werner Abelshauser, »Neuanfang oder Wiederaufbau? Zu den wirtschaftlichen und sozialen Ausgangsbedingungen der westlichen Industrie nach dem Zweiten Weltkrieg«, in *Technikgeschichte* 53 (1986), S. 261–276, insbesondere S. 263–264.

6 USSBS, *Oil Division Final Report,* Washington D.C. 1945, S. 103.

7 Walter Ruckdeschel stellt in seiner »Geschichte der Beteiligungsgesellschaften« [unveröffentlichtes Manuskript, o. J., ca. 1981], fest, »die wenigen Beteiligungsgesellschaften, welche Ges. Linde nach dem 1. Weltkrieg geblieben waren, sind während und nach dem 2. Weltkrieg restlos verlorengegangen«. S. 28, in CAL, Fach 54, E 04.

8 Vorstandsprotokoll vom 27. April 1972, Protokolle des Vorstands der Linde AG, Linde AG, Aufsichtsratssekretariat [im Folgenden LAS, nicht öffentlich zugänglich]; »4b Linde Protokolle Versammlung der Namensaktionäre 1953–1961«, Protokoll vom 24. Mai 1956, in CAL, Fach 53, B 05; Walter Ruckdeschel, »Lebenserinnerungen« [unveröffentlichtes Manuskript, o. J., ca. 1982], Anhang, Kap. M, und Band 3, S. 244, in Familienarchiv Ruckdeschel, München [im Folgenden RFA, nicht öffentlich zugänglich].

9 Dieses unterschiedlich ausgeprägte Interesse betraf alle Aspekte der technischen Untersuchungen bei den ehemaligen Achsenmächten. Zum Vorgehen der Alliierten in Deutschland vgl. John Gimbel, *Science, Technology, and Reparations: Exploitation and Plunder in Postwar Germany,* Stanford 1990. Es liegt keine entsprechende Untersuchung zu den vergleichsweise begrenzten Anstrengungen der Alliierten in Japan vor. Zur allgemeinen technischen und industriellen Entwicklung in den ersten Nachkriegsjahren in Japan, einschließlich der amerikanischen Besatzung vgl. Tessa Morris-Suzuki, *The Technological Transformation of Japan: From the Seventeenth to the Twenty-First Century,* Cambridge/NY 1994, insbesondere S. 161–172.

10 Zugrunde liegt hier die Analyse sämtlicher von den Alliierten veröffentlichten technischen Berichte über Deutschland und Japan: Technical Reports Section, Science and Technology Division, Library of Congress, Classified List of OTS Printed Reports, Washington D.C. 1947, http://lcweb2.loc.gov/service/gdc/scd0001/2009/2009022001cl/20090227001cl.pdf [aufgerufen am 15. Juli 2013].

11 Gimbel, *Science, Technology, and Reparations,* S. 183–184; Raymond G. Stokes, »Assessing the Damages: Forced Technology Transfer and the Chemical Industry«, in Matthias Judt und Burghard Ciesla (Hg.), *Technology Transfer out of Germany after 1945,* Amsterdam 1996, S. 83–91.

12 Vgl. hierzu z. B. Raymond G. Stokes, *Divide and Prosper: The Heirs of I. G. Farben under Allied Authority, 1945–1951,* Berkeley 1988; Taschenbuchausgabe mit neuem Vorwort, Huddersfield 2009, passim.

13 Linde AG (Wucherer und R. Linde), »Aufstellung von Kartellen, Syndikaten und ähnlichen Abreden beteiligt seit 1. 1. 1938«, 29. April 1947, in CAL, Dienel-Projekt, Ordner TG1. Vgl. auch John Owen Haley, *Antitrust in Germany and Japan: The First Fifty Years, 1947–1998,* Seattle 2001, insbesondere S. 14–42.

14 Zitiert nach Ruckdeschel, »Geschichte der Beteiligungsgesellschaften«, Abschnitt B, S. 1, in CAL, Fach 54, E 04. Vgl. auch das von Wilhelm Schaffland zusammengestellte Material anlässlich des 40-jährigen Dienstjubiläums von Walter Ruckdeschel bei Linde [unveröffentlichtes Manuskript, 17. August 1966], S. 249–258. Unser Dank geht an die Familie Ruckdeschel, die uns dieses Manuskript und weitere unveröffentlichte Dokumente zur Verfügung gestellt hat, einschließlich Ruckdeschels Memoiren, in denen er auch über seine Laufbahn bei Linde bis 1982 berichtet.

15 Vgl. Stokes, *Divide and Prosper;* Hans-Dieter Kreikamp, »Die Entflechtung der I. G. Farbenindustrie AG und die Gründung der Nachfolgegesellschaften«, in *Vierteljahrshefte für Zeitgeschichte* 25 (1977), S. 220–251.

16 Almqvist, *History of Industrial Gases,* S. 283–290 und 321–325; »Running through the Japanese Market as a Market Leader«, S. 16–17; »A Slice of Postwar History«, in *Gas Review Nippon* (Winter 1990), S. 7–8.

17 Von Wilhelm Schaffland zusammengestelltes Material anlässlich des 40-jährigen Dienstjubiläums von Walter Ruckdeschel bei Linde [unveröffentlichtes Manuskript, 17. August 1966], S. 254–255.

18 UK Monopolies and Restrictive Practices Commission, Report on the Supply of Certain Industrial and Medical Gases, London 1956, S. 7; BOC International Ltd, »Air Products and Chemicals Incorporated – review« (1979), in BOCW, Box 20.

19 »International gas man«, in *Industrial Management & Data Systems* 72, Nr. 2 (1972), S. 38–42, hier S. 39.

20 Zur Entwicklung von Oxygenstahl allgemein vgl. David S. Landes, *The Unbound Prometheus: Technological Change and Economic Development in Western Europe from 1750 to the Present,* Cambridge/NY 2003, S. 517; allerdings lässt Landes hier die Rolle der Industriegasbranche unberücksichtigt. Zur Entwicklung in Europa vgl. auch Matthias Kipping, Ruggero Ranieri und Joost Dankers, »The Emergence of New Competitor Nations in the European Steel Industry: Italy and the Netherlands, 1945–65«, in *Business History* 43 (2001), S. 69–96, hier S. 87, wenngleich Industriegase auch hier keine Erwähnung finden. Zum Einstieg der BOC ins Tonnage-Geschäft: Notizen zu Interviews mit Vorständen und leitenden Angestellten, hier Interview mit R. C. Hesketh-Jones vom 5. und vom 24. Januar 1983 sowie die Übersicht in »BOC History 1945–1975«. Weitere Einzelheiten finden sich in den Interviews mit John B. Gardner vom 14. Dezember 1982, mit David R. Harris vom 15. Februar 1983 und mit Sir Leslie Smith vom 21. und 26. Juli 1983. Alle Quellen in BOCM, Box 488.

21 Record Group 2002 044 (persönliche Unterlagen von Simon Lazard, Akte 09, in den Archives Nationales du Monde du Travail [im Folgenden ANMT], Roubaix.

22 Linde AG, Process Engineering and Contracting Division, »Linde Air Separation Plants for AGA«, 2. Juni 1997, in CAL, Fach 54, E 04. In diesem Dokument sind sämtliche Anlagen aufgeführt, die Linde zwischen 1950 und 1996 an AGA lieferte.

23 »Marktforschung 1964, 1969«, in CAL, Fach 38, C 05.

24 Jemain, *Les conquérants de l' invisible,* S. 121.

25 Almqvist, *History of Industrial Gases,* S. 234–235.

26 Jemain, *Les conquérants de l' invisible,* S. 79–80.

27 Dorothy Parker Pool, The biography of a business: Air Products then and now [unveröffentlichtes Manuskript, o.J., ca. 1952], S. 24–26, Zitat S. 25, Abschrift zur Verfügung gestellt von Hans-Liudger Dienel, 2. April 2008.

28 Laurent Warlouzet, »The Rise of European Competition Policy, 1950–1991: A Cross-disciplinary Survey of a Contested Policy Sphere«, EUI Arbeitspapier, Robert Schuman Centre for Advanced Studies RSCAS 2010/80, San Dominico di Fiesole 2010, S. 7–9, Zitat S. 8, http://cadmus.eui.eu/bitstream/handle/1814/14694/RSCAS_2010_80.pdf [aufgerufen am 7. August 2013].

29 Vgl. hierzu z. B. Peter Hall und David Soskice (Hg.), *Varieties of Capitalism: The Institutional Foundations of Comparative Advantage,* Oxford 2001; Bob Hancké, Martin Rhodes und Mark Thatcher (Hg.), *Beyond Varieties of Capitalism: Conflict, Contradictions, and Complementarities in the European Economy,* Oxford 2007.

30 »BOC History 1945–1975«, in BOCM, Box 488. Zur öffentlichen Debatte um die Monopolkommission und den Fall BOC vgl. auch: Joan Robinson, »The Control of Monopoly in British Industry«, in *The Listener* LVII (21. März 1957), S. 459–460 und S. 475; Paul Herbert Guénault und Joseph M. Jackson, *The Control of Monopoly in the United Kingdom,* London 1974, S. 75–76, 81–84, 110 und 132; John Jewkes, »British Monopoly Policy, 1944–1956«, in *The Journal of Law and Economics* 1 (Oktober 1958), S. 1–19, insbesondere S. 14 und S. 16–18; Stephen N. Broadberry und Nicholas F. R. Crafts, »Competition and Innovation in 1950s Britain«, in *Business History* 43 (2001), S. 97–118.

31 Alan K. McAdams, »Big Steel, Invention, and Innovation, Reconsidered«, in *The Quarterly Journal of Economics* (August 1967), S. 457–474, insbesondere S. 464 und 461 (Zitat). McAdams' Beitrag ist eine Erwiderung auf die Behauptung, die USA seien bei der Nutzung dieser Technologie Europa und Japan hinterhergehinkt, vgl. Walter Adams und Joel B. Dirlam, »Big Steel, Invention, and Innovation«, in *The Quarterly Journal of Economics* 80 (Mai 1966), S. 167–189.

32 AGA Group Planning, »Innovation in Gas Applications«, Februar 1974, in AGAD, Akte E5 SA1.

33 Zur späteren Einführung von Petrochemikalien in Westdeutschland vgl. Raymond G. Stokes, *Opting for Oil: The Political Economy of Technological Change in the West German Chemical Industry, 1945–1951,* Cambridge/NY 1994. Für einen Überblick über Umfang und Auswirkungen des entstehenden Massenkonsums in Westdeutschland und Großbritannien vgl. Raymond G. Stokes, Roman Köster und Stephen Sambrook, *The Business of Waste: Great Britain and Germany, 1945 to the Present,* Cambridge/NY 2013, insbesondere S. 130–145.

34 Andrew J. Butrica, *Out of Thin Air: A History of Air Products and Chemicals, Inc., 1940–1990,* New York 1990, S. 155–157; Interview mit Dexter Baker, Allentown, PA, 28. Oktober 2008.

35 Almqvist, *History of Industrial Gases,* S. 297–298 und 419–426.

36 Zur Konzentration der USA auf die Hightech-Entwicklung ab 1940 vgl. David C. Mowery und Nathan Rosenberg, *Technology and the Pursuit of Economic Growth,* Cambridge/NY 1989.

37 AGA Group Planning, »Innovation in Gas Applications«, Februar 1974, in AGAD, Akte E5 SA1.

38 Butrica, *Out of Thin Air,* S. 58.

39 Walter Ruckdeschel, »Bericht an den Aufsichtsrat für die Sitzung am 23.1.57 in Sürth«, S. 1–2, in RFA.

40 Ebenda.

41 The Monopolies and Restrictive Practices Commission, Report on the Supply of Certain Industrial and Medical Gases, London 1956, Anhang 13, S. 129–130.

42 The Monopolies and Restrictive Practices Commission, Report on the Supply of Certain Industrial and Medical Gases, London 1956, S. 48–49; »Butterley and Oxygen« [Anzeige], in *The Times* (20. Mai 1954), S. 4; »Butterley Company Limited«, in *The Times* (1. Juli 1954), S. 14; »The Butterley Company Limited«, in *The Times* (8. Juli 1957), S. 15.

43 BOC, »Report on Air Products for staff college«, 1964, insbesondere S. 1–4, in BOCW, Box 536.

44 Ruckdeschel, »Lebenserinnerungen«, Band 3, S. 227, in RFA.

45 Ruckdeschel, »Lebenserinnerungen«, Band 3, S. 235; Ruckdeschel, »Beteiligung am Gasegeschäft in Amerika«, 3. November 1959; Ruckdeschel, »Bericht an die Namensaktionäre für die Sitzung am 10. Oktober 1960 in München«, alle Dokumente in RFA. Vgl. auch Peter Müller-Holtz, »Lotepro Corporation – Unsere Tochtergesellschaft in New York«, 27. Juli 1971, S. 1, in CAL, Fach 39, A 07: Verschiedene Aufsätze II: K-R.

46 BOC, *Around the Group in 100 Years: The BOC Group Celebrating our First Century,* London 1986, S. 22–23. Wie hier dargelegt wird, betrug zu diesem Zeitpunkt das Verhältnis zwischen Sauerstoff- und Stickstoffverbrauch in den Indus-

trieländern etwa 70:30, in »Schwellenländern« wie Bangladesch dagegen war es genau umgekehrt, und in Ländern mit einer »veralteten Schwerindustrie« wie Indien betrug es 50:50.

47 Peter J. Manno, Stanford Research Institute, Marktstudie 1969, in AGAD, Akte W5 P34.

48 Butrica, *Out of Thin Air,* insbesondere S. 13–15.

49 Butrica, *Out of Thin Air,* S. 32–44.

50 Air Products and Chemicals, Inc., »Net sales, net income from APCI Geschäftsberichte« [o.J., ca. 1988], Archivmaterial, freundlicherweise von Hans-Liudger Dienel am 2. April 2008 zur Verfügung gestellt.

51 Butrica, *Out of Thin Air,* S. 59.

52 »Chronology of Air Products, Inc. – 1940 to 1945 [sic]«, S. 9–10 [Bericht basierend auf Primärquellen aus dem Archiv von Air Products], Archivmaterial von Hans-Liudger Dienel am 2. April 2008 zur Verfügung gestellt.

53 Carl Anderson, »Notes on the early history of APCI« [maschinenschriftliches Manuskript, 31. Januar 1976], Archivmaterial, von Hans-Liudger Dienel am 2. April 2008 zur Verfügung gestellt.

54 Anderson, »Notes«, S. 28, und C. Norman Stabler, »Huge Oxygen Production Plant to be Built for Weirton Steel«, in *NY Herald Tribune* (28. Juli 1947), S. 29; Butrica, *Out of Thin Air,* S. 67–70.

55 Interview mit Dexter Baker, Allentown, PA, 28. Oktober 2008.

56 Ebenda.

57 Interview mit Aldo Fumagalli Romario, SOL S.p.A, Monza, 10. Juni 2009.

58 Ruckdeschel, »Lebenserinnerungen«, Band 3, S. 255, in RFA.

59 Ein hervorragender Überblick über die Literatur zur Ökonomie von Kohlenwasserstoffpipelines mit ausführlichen historischen Beispielen und Vergleichen findet sich bei Jeff D. Makholm, *The Political Economy of Pipelines: A Century of Comparative Institutional Development,* Chicago 2012.

60 Almqvist, *History of Industrial Gases,* S. 176–177.

61 Bernhard Lorentz und Paul Erker, *Chemie und Politik. Die Geschichte der Chemischen Werke Hüls 1938 bis 1979,* München 2003; Armin Kaupper und Klaus Gorzny, »Verbund in der chemischen Industrie am Beispiel von Hüls«, in *Chemiker Zeitung* 98 (1974), S. 423–431; »Hüls AG, Ihr Partner für Wasserstoff« (Broschüre der Hüls AG, Marl 1986), in Corporate Archives of Evonik Industries AG [im Folgenden CAEI] Marl, Akte B06/VL-15–4-W-6/1.

62 Werner Klug, »Der Ost-Westverbund in der Sauerstoffversorgung des Ruhrgebietes. Referat auf der Sitzung des Unterausschusses Energiewirtschaft gemischter Hüttenwerke v. 30.11.1971«, Protokoll vom 13.12.1971, in Archiv des Vereins Deutscher Eisenhüttenleute [im Folgenden AVDEh], Akte Qd24; Bericht des Linde-Mitarbeiters Barth beim Eisenhüttentag 1965, 30. November 1965, in Verschiedene Notizen Briefe Mitteilungen etc. zur Werkshistorie 1965–1971, in CAL, Fach 40, A 01–03.

63 AGAD, Akte W5 P34; Almqvist, *History of Industrial Gases,* S. 245; Jemain, *Les conquérants de l'invisible,* S. 161.

Kapitel 6: Die Internationalisierung der Branche in den 1960er- und 1970er-Jahren

1 Aktennotiz Hans Messer, 24. Juni 1965, in Corporate Archives der Sanofi Gruppe [im Folgenden CAS], Akte »Win 629 Messer Griesheim GmbH«. Ähnliche Einschätzungen finden sich für Linde, Air Liquide und AGA, z.B. in den Vorstandsprotokollen vom 5. Juli 1962 und 14. Januar 1966, Protokolle des Vorstands der Linde AG, aufbewahrt im Aufsichtssekretariat der Linde AG [im Folgenden LAS, nicht öffentlich zugänglich]; Aktennotiz über Gespräche mit Messer Griesheim vom 20. Januar 1965 und 28. Juni 1966, in ANMT, 2002 044, Akten 08 und 09; Marktstudie von Peter J. Manno, Stanford Research Institute, 1969, in AGAD, Akte W5 P34.

2 Zur Entwicklung von Sauerstoffblasstahl vgl. David S. Landes, *The Unbound Prometheus: Technological Change and Economic Development in Western Europe from 1750 to the Present,* Cambridge 2003, S. 517, auch wenn er die Bedeutung der Industriegasbranche für diese Innovation nicht betrachtet. Vgl. auch Matthias Kipping, Ruggero Ranieri und Joost Dankers, »The Emergence of New Competitor Nations in the European Steel Industry: Italy and the Netherlands, 1945–65«, in *Business History* 43 (2001), S. 69–96, hier S. 87, zu den Entwicklungen in Kontinentaleuropa, auch wenn hier ebenfalls die Industriegase nicht erwähnt werden. Zum Einstieg von BOC in das Großanlagengeschäft: Notizen zu Interviews mit mehreren Vorständen und leitenden Angestellten, hier Interviews mit R.C. Hesketh-Jones vom 5. und 24. Januar 1983 sowie der Überblick »BOC History 1945–1975«. Weitere Einzelheiten bieten die Interviews mit John B. Gardner vom 14. Dezember 1982, David R. Harris vom 15. Februar 1983 und Sir Leslie Smith vom 21. und 26. Juli 1983. Alle Dokumente in BOCM, Box 488: »BOC History 1945–1975«.

3 Stirling, Gadsby & Chown, »Growth potential set against the background of its markets«, August 1968, in BOCM, Box 535; »Tonnage Oxygen Steel Plant for Italy«, in *The Times* (10. Dezember 1962), S. 18. Zu den Verträgen von 1957 bis 1960 vgl. Air Products Ltd. (Hg.), *CryoGen Looks at 25 Years of Air Products,* 1982, S. 4; E-Mail von Dexter Baker, 9. Oktober 2009.

4 Die Zahlen zu Air Products stammen aus Andrew J. Butrica, *Out of Thin Air: A History of Air Products and Chemicals Inc., 1940–1990,* New York 1990, S. 50; die zum BOC-Erlös aus »The British Oxygen Company Ltd.«, Nachdruck aus *The Financial Times* (26. April 1958), in BOCM, Box 425; und zum Umsatz aus einem Bericht in einer Box mit der Bezeichnung »Reports and Accounts 1908–80«, in BOCM. Der Wechselkurs 1957 belief sich im Durchschnitt auf £ 1 zu $ 2,8. Vgl. Pacific Exchange Rate Service, »Foreign currency units per one British pound, 1948–2007«, verfügbar unter http://fx.sauder.ubc.ca/etc/GBPpages.pdf [aufgerufen am 9. Februar 2010].

5 Butrica, *Out of Thin Air,* S. 161–164.

6 BOC, »Air Products and Chemicals Incorporated – A Review«, 1979, S. 5, in BOCW, Box 20.

7 Stirling, Gadsby & Chown, »Growth potential set against the background of its markets«, August 1968, in BOCM, Box 535, und BOC, »Report on Air Products for staff college«, 1964, S. 1–6, BOCW, Box 536.

8 »BOC History 1945–1975«, in BOCM, Box 488. Zur öffentlichen Diskussion über die Monopolkommission und den Fall BOC vgl. auch: Joan Robinson, »The Control of Monopoly in British Industry«, in *The Listener* LVII (21. März 1957), S. 459–460 und 475; Paul Herbert Guénault und Joseph M. Jackson, *The Control of Monopoly in the United Kingdom,* London 1974, S. 75–76, 81–84, 110 und 132; John Jewkes, »British Monopoly Policy, 1944–1956«, in *The Journal of Law and Economics* 1 (Oktober 1958), S. 1–19, speziell S. 14 und 16–18; Stephen N. Broadberry und Nicholas F. R. Crafts, »Competition and Innovation in 1950s Britain«, in *Business History* 43 (2001), S. 97–118.

9 Intern wies BOC wiederholt auf die Vorteile hin, die Air Products aufgrund dieser Beschränkungen genoss. Vgl. die Interviews mit Sir Leslie Smith, 2. und 26. Juli 1983, Mitschriften von Interviews mit mehreren Vorständen und leitenden Angestellten, in BOCM, Box 488: »BOC History 1945–1975«.

10 BOC, »Report on Air Products for staff college«, 1964, BOCW, Box 536.

11 Brief von BOC an Board of Trade, 4. Juni 1962, in BOCM, Box 488: »BOC History 1886–1979«. 1966 wurden alle verbliebenen Beschränkungen aufgehoben. Vgl. »British Oxygen Freed«, in *The Times* (14. Juni 1966), S. 19.

12 Von BOC in Auftrag gegebene und von William Blair & Company durchgeführte Marktstudie zu »The Industrial Gases Industry«, September 1976, in BOCW, Box 1143.

13 BOC, »Report on Air Products for staff college«, 1964, in BOCW, Box 536. Zur Innovation und zum neuen Markt für Kühl- und Gefrierprodukte vgl. z. B. Howard Cox, Simon Mowatt und Martha Prevezer, »New Product Development and Product Supply within a Network Setting: The Chilled Ready-meal Industry in the UK«, in *Industry and Innovation* 10 (2003), S. 197–217, und Paul R. Josephson, »The Ocean's Hot Dog: The Development of the Fish Stick«, in *Technology and Culture* 49 (2008), S. 41–61.

14 Die Stickstoffnachfrage der Lebensmittelindustrie hatte für Gasanbieter den zusätzlichen Vorteil, dass sie kaum zyklischen Schwankungen unterlag und damit die Stickstoffnachfrage weniger von der Wirtschaftslage abhing als z. B. die nach flüssigem Sauerstoff durch die Stahlindustrie. William Blair & Company, »The Industrial Gases Industry«, September 1976, in BOCW, Box 1143.

15 BOC, »Report on Air Products for staff college«, 1964, A. 1–7, in BOCW, Box 536; Stirling, Gadsby & Chown, »Growth potential set against the background of its markets«, August 1968, S. 31, in BOCM, Box 535; Interview mit Dexter Baker, 28. Oktober 2008, Allentown, Pennsylvania; BOC, »Air Products and Chemicals Incorporated – A review«, 1979, S. 7, in BOCW, Box 20; William Blair & Company, »The Industrial Gases Industry«, September 1976, in BOCW, Box 1143; »BOC History 1945–1975«, in BOCM, Box 488.

16 BOC-Aide Memoire Air Products, 1963, in BOCM, Box 535.

17 Stirling, Gadsby & Chown, »Growth potential set against the background of its markets«, August 1968, S. 30, BOCM, Box 535.

18 Interviews mit R. C. Hesketh-Jones, 5. und 24. Januar 1983, und Interviews mit Sir Leslie Smith, 21. und 26. Juli 1983, Mitschriften von Interviews mit mehreren Vorständen und leitenden Angestellten, in BOCM, Box 488: »BOC History 1945–1975«.

19 Aktennotiz von F. Lewin-Harris und R. C. Hesketh-Jones, »Competition, BOC

Advertising and P.R.«, 4. Januar 1963, in BOCM, Box 488: »BOC History 1945–1975«. Bestätigung fand diese Aussage später in der von Stirling, Gadsby & Chown im August 1968 für BOC durchgeführten Marktstudie »Growth potential set against the background of its markets«: »... die Einstellung [von BOC] zum Geschäft glich der vieler staatlicher Monopolunternehmen; wenig innovativ, selbstzufrieden und altmodisch.« In BOCM, Box 535. Zitat S. 26.

20 Interviews mit T. E. Potts am 30. November, 7. Dezember 1982 und 19. Januar 1983 sowie mit Sir Leslie Smith am 21. und 26. Juli 1983, Mitschriften von Interviews mit mehreren Vorständen und leitenden Angestellten, in BOCM, Box 488: »BOC History 1945–1975«.

21 Stirling, Gadsby & Chown, »Growth potential set against the background of its markets«, August 1968, S. 26–27, in BOCM, Box 535.

22 Aktennotiz v. F. Lewin-Harris u. R.C. Hesketh-Jones, »Competition, BOC Advertising and P.R.«, 4. Jan. 1963, in BOCM, Box 488: »BOC History 1945–1975«.

23 Wortmitschriften Vorstandssitzung 23. September 1958, in BOCW, Box 478: »Verbal Notes Board meetings 1958«.

24 BOC, »Air Products and Chemicals Incorporated – A review«, 1979, S. 3–4, in BOCW, Box 20.

25 »BOC History 1886–1979«, in BOCM, Box 488.

26 BOC ergriff nicht nur Rationalisierungsmaßnahmen, die zunächst Air Products in sein Distributionssystem eingeführt hatte, sondern versuchte ebenso wie Air Products, anwendungsbezogene Forschung zu betreiben, um potentielle Kunden für Stickstoff zu interessieren. In BOCM, Box 488: »BOC History 1886–1979«; BOC, »Report on Air Products for staff college«, 1964, in BOCW, Box 536.

27 »BOC History 1945–1975«, in BOCM, Box 488; Stirling, Gadsby & Chown, »Growth potential set against the background of its markets«, August 1968, S. 30, in BOCM, Box 535.

28 Zur Entwicklung des »tonnage debenture concept« bei BOC vgl. die Interviews mit Sir Leslie Smith am 21. und 26. Juli 1983, Mitschriften von Interviews mit mehreren Vorständen und leitenden Angestellten, in BOCM, Box 488: »BOC History 1945–1975«.

29 BOC, »Air Products and Chemicals Incorporated – A review«, 1979, S. 4, in BOCW, Box 20; »BOC History 1945–1975«, in BOCM, Box 488.

30 Interviews mit R.C. Hesketh-Jones am 5. und 24. Januar 1983, Mitschriften von Interviews mit mehreren Vorständen und leitenden Angestellten, in BOCM, Box 488: »BOC History 1945–1975«.

31 Das vollständige Zitat lautet: »Das Trauma des Wettbewerbs wurde abgearbeitet. Das Unternehmen hat erkannt, dass alles in allem die Auswirkungen des Wettbewerbs durch APL positiv waren. Nun ist es vermutlich einfacher für BOC, in den Markt von APL einzudringen, als dass APL die Position von BOC weiter untergraben kann.« Stirling, Gadsby & Chown, »Growth potential set against the background of its markets«, August 1968, S. 27, in BOCM, Box 535.

32 BOC, »Air Products and Chemicals Incorporated – A review«, 1979, S. 7, in BOCW, Box 20.

33 Air Products Ltd., *CryoGen looks at 25 years of Air Products,* S. 9; »Air Products £2.5 M. Belgian Plant«, in *The Times* (5. November 1964), S. 19; BOC, »Market observation of Air Products 1980–1988«, in BOCW, Box 874.

34 Die Information stammt aus dem Unternehmensarchiv der Thyssen-Krupp AG, Duisburg [im Folgenden CATK]. Knapsack Griesheim und Messer fusionierten 1965 zu Messer Griesheim als Tochterunternehmen der Hoechst AG. Damit verfügte das neue Unternehmen sowohl über Kompetenzen bei Gasen als auch im Anlagenbau, so dass es sich auf dem westdeutschen und anderen Märkten eher neben Linde behaupten konnte.

35 Linde hatte bereits 1952 erfahren, dass Air Products mit deutschen Kältetechnik-Experten zusammenarbeiten wollte, und beobachtete seitdem die Aktivitäten der Amerikaner auf dem Weltmarkt für Luftzerleger und andere Anlagen sehr genau. Schreiben Prof. Helmuth Hausen (Universität Hannover) vom 29. Juli 1952 an Linde in CAL, Fach 41, D 01: »Dr. R. Linde Privatakten 1952–53 1 + 2«. Bereits 1960 teilte Leonhard Pool von Air Products Air Liquide mit, dass er auf den deutschen Markt für Anlagenbau einsteigen wollte, was von Air Liquide sofort an die deutschen Konzerne weitergeleitet wurde. Aktennotiz von 28. Dezember 1960, in ANMT, 2002 044, Nr. 012.

36 Zur gleichen Zeit stiegen einige Produzenten aus dem Industriegasgeschäft aus, darunter Bayer im Jahr 1960. Unternehmensarchiv der Bayer AG, Leverkusen [im Folgenden CABY], Dokumentengruppe 329, Nr. 1132/11.

37 Schreiben von Ruckdeschel an Bruneton (Air Liquide), 27. Juli 1960, in ANMT, 2002 044, Akte 08.

38 Ruckdeschel, »Lebenserinnerungen«, Anhang Kap. O. Vgl. auch die Aktennotiz der Linde-Mitarbeiter Dr. Köhler und H. Seidel vom 27. August 1962 in »H'kreuth intern Aktennotizen Reiseberichte, Protokolle von Tagungen, interne Berichte 1962«, in CAL, 38/B/3, sowie Aktennotiz von Rudolf Wucherer vom 3. Mai 1960, in CAL, Fach 41, D 01: »Dir. i.R. Linde AG 1956–1960«.

39 Durch diese Beteiligung wollte Linde Messer zunächst nicht in die Hände von Knapsack Griesheim fallen lassen, später auch den Einstieg ausländischer Konkurrenten verhindern. Vgl.: »Nr. 7 Korrespondenz 7e Führungsspitze 1925–1969«, in UA Linde, Fach 53, B 05; Vorstandsprotokolle der Linde AG vom 5. und 29. April 1962, 18. Juni 1963 sowie 2. Juli und 3. September 1964, Protokolle des Vorstands der Linde AG in LAS.

40 Ursache hierfür war, dass man außerhalb der Heimatmärkte (z.B. in Italien, Belgien, Spanien etc.) und speziell im Argongeschäft immer häufiger direkt in Konkurrenz trat. Vgl. Schreiben von Ruckdeschel an Bruneton (Air Liquide), 27. Juli 1960, in ANMT, 2002 044, Akte 08. Vgl. auch: Vorstandsprotokolle der Linde AG vom 1. März 1962, 30. August und 17. November 1966 sowie vom 28. Juni 1967, Protokolle des Vorstands der Linde AG, in LAS.

41 ANMT, 2002 044, Akten 08 und 012; CAS, Akte »Win 629 Messer Griesheim GmbH«; Michel Dumoulin (Hg.) *Réseaux économiques et construction européenne. Economic Networks and European Integration,* Brüssel 2004, S. 226.

42 Inge Weiss, Linde und die Stahlindustrie [unveröffentlichtes Manuskript, 2008], S. 34–36, in CAL, Fach 39, A 05; Ernst Koch, *Ein Unternehmen im Wandel der Zeiten: Messer Griesheim,* Frankfurt a.M. 1993, S. 129.

43 Nicht betiteltes Dokument, in CAL, Fach 41, D 01: »Report to the Aufsichtsrat for its Meeting on 26 October 1954«; Robert Kipker, »Sauerstoffspeicherung und -transport«, in *Stahl und Eisen* (1973), 3, S. 110–114, hier S. 110–111.

44 Weiss, Linde und die Stahlindustrie, S. 31–35; »Sauerstoff bei der Erzeugung von

Eisen und Stahl«, in *Werkszeitschrift für die Betriebe der Gesellschaft für Lindes Eismaschinen AG* 1/2 (1952), S. 6–9; Rudolf Voit, »Aufbau und Bedeutung der Sauerstoff-Industrie in Deutschland«, in Gesellschaft für Linde's Eismaschinen Aktiengesellschaft (Hg.), *50 Jahre Sauerstoff-Anlagen,* Höllriegelskreuth bei München ca. 1952, S. 71–72; Ernst Karwat, »Großtechnische Sauerstoff-Anwendung«, in Gesellschaft für Linde's Eismaschinen Aktiengesellschaft (Hg.), *50 Jahre Sauerstoff-Anlagen,* Höllriegelskreuth bei München ca. 1952, S. 21–27, hier S. 24ff.; Erik Jaeger, Aus der Geschichte der Werksgruppe TVT [unveröffentlichtes Manuskript, München, 1979], S. 134, in CAL, Fach 39, C 05; Max Seidel, »Einführung«, in Max Seidel und W. Wunsch (Hg.), *Technische Gase,* Essen 1965, S. 5–8.

45 Hans-Liudger Dienel, Linde, S. 114–115 und 125–126; Hans Jörg Köstler, »Der Weg zur Stahlerzeugung nach dem Sauerstoffaufblas-(LD-)Verfahren«, in *Blätter für Technikgeschichte* 59 (1997), S. 9–54, hier S. 20ff.; »Vorträge und Aufsätze«, in CAL, Fach 39, A 07; Jaeger, Werksgruppe TVT, S. 202–205; H. Zeller, »Die Produkte und Verfahren der Linde AG, ihre Anwendung, ihre Zukunftssicherung«, Ausbildungsvortrag Werksgruppe München, Abt. TVT, vom 29. Juli 1971, in CAL, Fach 39, A 05: »Verschiedene Aufsätze III S-Z Marktforschung«. Vgl. auch die Diskussionen bei Thyssen und Phönix 1954 über die frühe Einführung des LD-Verfahrens und die Rolle des Sauerstoffpreises in CATK, Dokumentenbestände August-Thyssen-Hütte AG und Phönix-Rheinrohr AG, Akten A31849 und A43916; Seidel, »Einführung«, S. 5–8; nicht betiteltes Dokument, in CAL, Fach 41, D 01: »Report to the Aufsichtsrat for its meeting on 23 Januar 1957«.

46 Windfrischverfahren, 1.8.1956–31.12.1960, in Archiv des Vereins Deutscher Eisenhüttenleute [im Folgenden AVDEh], Akte BA31. Vgl. auch: Friedrich Krupp, »Der Sauerstoff in der Eisenhüttenindustrie, insbesondere seine Verwendung bei der Stahlherstellung nach dem LD-Verfahren«, in *Linde Berichte aus Technik und Wissenschaft* (8/1960), S. 9–28, hier S. 9–12; Werner Heischkeil, »Die hüttenmännische Energiewirtschaft im technischen Fortschritt«, in *Stahl und Eisen* (1971), 5, S. 250–256.

47 Weiss, Linde und die Stahlindustrie, S. 35–36; Jaeger, Werksgruppe TVT, S. 205.

48 CATK, Dokumentenbestände August Thyssen-Hütte AG und Phönix-Rheinrohr AG, Akten A32066, A34432, A41378, und A043959 sowie die Akte »Vorläufige Nr. 6120 Sauerstoffanlage Sekr. Brandi 1962–1970«.

49 Bericht von Walter Ruckdeschel an die Inhaber von Namensaktien, 19. Januar 1960, in CAL, Fach 41, D 01: »Protokoll Sitzung Erweiterter Vorstand Linde«.

50 Bericht eines Linde-Mitarbeiters über die National Open Hearth and Basic Oxygen Steel Conference, 9. Mai 1963, in CAL, Fach 38, B 03: »H'kreuth interne Aktennotizen interne Berichte 1963«.

51 Jaeger, Werksgruppe TVT, S. 202–205; internes Linde-Memorandum, »Eine Sauerstoffversorgung der Blasstahlwerke in der Welt nach dem Stande von Ende 1965«, 22. März 1966, in CAL, Fach 38, B 03: »Presseauswertungen«.

52 Werner Klug, »Der Ost-Westverbund in der Sauerstoffversorgung des Ruhrgebietes«. Referat auf der Sitzung des Unterausschusses Energiewirtschaft gemischter Hüttenwerke vom 30. November 1971, Protokoll vom 13. Dezember 1971, in AVDEh, Akte Qd24; Bericht des Linde-Mitarbeiters Barth über den Eisenhütten-

tag 1965, 30. November 1965, in CAL, Fach 40, A 01–03: »Verschiedene Notizen Briefe Mitteilungen etc. zur Werkshistorie 1965–1971«.

53 Klug, »Der Ost-Westverbund«; Max Seidel, »Sauerstoffversorgung von Stahlwerken. Eigene Erzeugung, Speicherung und Reservehaltung oder Verbundlieferung über Fernleitungen. Bericht Nr. 332 des Maschinenausschusses«, in *Stahl und Eisen* (1962), 5, S. 261–268; H. Czepuck, »Fernleitungen für Sauerstoff«, in *3R international* 16, Ausgabe 1 (Januar 1977), S. 21–31, hier S. 21–22; Klaus Baumgärtner, »Sauerstoff-Bereitstellung für Großverbraucher in Chemie und Stahlindustrie«, in *Chemie Ingenieur Technik* 46 (1974), S. 887–893.

54 Ruckdeschel, »Lebenserinnerungen«, Anhang, Kap. O, in RFA.

55 Vorstandsprotokoll vom 5. April 1962, Protokolle des Vorstands der Linde AG, in LAS.

56 CATK, Dokumentenbestände August Thyssen-Hütte AG und Phönix-Rheinrohr AG, Akten A 043959, TLi 4429 und TLi 4430 und Akte »Vorläufige Nr. 6120 Sauerstoffanlage Sekr. Brandi 1962–1970«.

57 CATK, Dokumentenbestand Rheinstahl Hüttenwerke AG, Akte RSW 5889 und Akte »Vorläufige Nr. 6120 Sauerstoffanlage Sekr. Brandi 1962–1970«.

58 CAS, Akte »Win 628 Messer Griesheim GmbH 1962–1964«; CATK, Akte »Vorläufige Nr. 6120 Sauerstoffanlage Sekr. Brandi 1962–1970«.

59 Koch, *Ein Unternehmen im Wandel der Zeiten*, S. 178. Zum geplanten Sauerstoffverbund, an dem sich nach Vorstellungen der Stahlindustrie auch Linde und Messer Griesheim beteiligen sollten, für die Jahre 1965 bis 1966 siehe auch: CATK, Akte »Vorläufige Nr. 6120 Sauerstoffanlage Sekr. Brandi 1962–1970«, und CATK, Dokumentenbestand August-Thyssen-Hütte AG, Akte A31542; CAS, Messer Griesheim; »Protokoll Sitzung erweiterter Vorstand Ruckdeschel«, in CAL, Fach 41, D 01, und »Verschiedene Notizen Briefe Mitteilungen etc. zur Werkshistorie 1965–1971«, in CAL, Fach 40, A 01–03.

60 CATK, Akte »Vorläufige Nr. 6120 Sauerstoffanlage Sekr. Brandi 1962–1970«; »Protokoll Sitzung erweiterter Vorstand Ruckdeschel«, in CAL, Fach 41, D 01.

61 Ruckdeschel, »Lebenserinnerungen«, Anhang, Kap. O, in RFA; Vorstandsprotokolle vom 11. und 13. Januar, 2. Juli, 3. September und 8. Dezember 1964 sowie vom 16. und 17. Februar, 20. Juli und 27. September 1965, Protokolle des Vorstands der Linde AG, in LAS; sowie Protokolle der Sitzungen des erweiterten Vorstandes, Protokoll vom 19. Oktober 1964, in CAL, Fach 41, D 01.

62 Vorstandsprotokolle vom 20. Juli 1965 und 14. Januar 1966, Protokolle des Vorstands der Linde AG, in LAS.

63 CATK, Dokumentenbestand Rheinstahl Hüttenwerke AG, Akten RSW2665, RSW5826-5830, RSW5832, RSW5840-5841, RSW5844-5845, und RSW7022-7023; CATK, Dokumentenbestand Thyssen Industrie AG Büro Alfred Wewers, Akte 2519; Protokolle des Vorstands der Linde AG 1965–1967, in LAS; und »Konferenz zu Verfahren mit Sauerstoff in der Stahlindustrie USA 1963«, in CAL, Fach 38, B 03: »H'kreuth interne Aktennotizen interne Berichte 1963«.

64 CATK, Dokumentenbestand Rheinstahl Hüttenwerke AG, Akten RSW2665, RSW5826-5830, RSW5832, RSW5840-5841, RSW5844-5845 und RSW7022-7023; CATK, Dokumentenbestand Thyssen Industrie AG Büro Alfred Wewers, Akte 2519; »Presseauswertungen 1966–1968«, in CAL, Fach 38, B 03.

65 Akten »Messer Griesheim1 Messer I und »Win 629 Messer Griesheim GmbH« in

CAS; vgl. auch die Vorstandsprotokolle vom 14. Januar, 30. August und 25. Oktober 1966 sowie vom 11. September 1968, Protokolle des Vorstands der Linde AG, in LAS.

66 CATK, Dokumentenbestand Rheinstahl Hüttenwerke AG, Akten RSW2665, RSW5826-5830, RSW5832, RSW5840-5841, RSW5844-5845 und RSW7022-7023; CATK, Dokumentenbestand Thyssen Industrie AG Büro Alfred Wewers, Akte 2519; »Presseauswertungen 1966–1968«, in CAL, Fach 38, B 03.

67 CATK, Dokumentenbestand Rheinstahl Hüttenwerke AG, Akte RSW5832.

68 CATK, Dokumentenbestand Rheinstahl Hüttenwerke AG, Akten RSW2665, RSW5826-5830, RSW5832, RSW5840-5841, RSW5844-5845 und RSW7022-7023; CATK, Dokumentenbestand Thyssen Industrie AG Büro Alfred Wewers, Akte 2519; »Presseauswertungen 1966–1968«, in CAL, Fach 38, B 03.

69 Baumgärtner, »Sauerstoff-Bereitstellung«, S. 887–893.

70 Messer Griesheim, Geschäftsberichte 1969–1971; Aktennotiz vom 14. Oktober 1965, in CATK, Akte »Vorläufige Nr. 6120 Sauerstoffanlage Sekr. Brandi 1962–1970«.

71 Klug, »Der Ost-Westverbund«. Vgl. auch die Beschreibungen des Ruhrnetzes von Messer Griesheim, 14. Januar 1971, in ANMT, 2002 044, Akte 09.

72 Klug, »Der Ost-Westverbund«; Czepuck, »Fernleitungen«, S. 22–31; Krupp, »Der Sauerstoff«, S. 14–28; Kipker, »Sauerstoffspeicherung und -transport«, S. 113–115; Rudolf Dreissig, »Auslegung von Sauerstoffleitungen aus Stahlrohr«, in *Stahl und Eisen* (1966), 7, S. 411–412; R. Wolf, »Sauerstoffspeicherung und -transport«, in Max Seidel und W. Wunsch, (Hg.), *Technische Gase,* Essen 1965, S. 23–35; Baumgärtner, »Sauerstoff-Bereitstellung«, S. 887–893; CATK, Dokumentenbestand August-Thyssen-Hütte AG, Akte TLi4438.

73 Vorstandsprotokoll vom 18. Oktober 1971, Protokolle des Vorstands der Linde AG, in LAS; Referat von Dr. Janning bei der Sitzung des Aufsichtsrats am 30. Januar 1965, in CAS, Akte »Teil II Messer Griesheim GmbH«.

74 Vorstandsprotokoll vom 13. Oktober 1969, Protokolle des Vorstands der Linde AG, in LAS.

75 CAEI, Marl, Akten A IV-1–37/1 und A IV 1–122/1.

76 Vorstandsprotokoll vom 6. Dezember 1966, Protokolle des Vorstands der Linde AG, in LAS.

77 Vgl. zu Air Liquide: Aktennotiz zu einer Besprechung mit Knapsack Griesheim, 20. April 1964, in ANMT, 20020 44, Akte 08. Vgl. dagegen zu AGA: AGAD, Akte E5 JB36. Und zu BOC: Market study on Air Products and Chemicals Incoporated (1979), in BOCW, Box 20.

78 Peter J. Manno vom Stanford Research Institute strich diesen Punkt in seiner 1969 von AGA beauftragten Studie über den europäischen Markt für Industriegase hervor: AGAD, Akte W5 P34. In anderen europäischen Staaten bis auf Großbritannien war die Nachfrage nach Stickstoff, und speziell nach flüssigem Stickstoff für das Frosten, noch weniger ausgeprägt als in der Bundesrepublik.

79 Vorstandsprotokoll vom 2. April 1964, Protokolle des Vorstands der Linde AG, in LAS, sowie die Akte »H'Kr. Intern Notizen usw. 1965«, in CAL, Fach 38, B 03.

80 Aktennotiz vom 3. Mai 1960, in CAL, Fach 41, D 01: »Rudolf Wucherer Linde AG 1956–1960«; sowie die Akte »Dir. Wucherer Aktennotiz und Berichte 1953–54 A-P [1]«, in CAL, Fach 41, D 01. Referat von Dr. Janning bei der Sit-

zung des Aufsichtsrats am 30. Januar 1965, in CAS, Akte »Teil II Messer Griesheim GmbH«.

81 Vorstandsprotokoll vom 2. Juli 1964, Protokolle des Vorstands der Linde AG, in LAS; Ruckdeschel, »Lebenserinnerungen«, Anhang, Kap. S, in RFA.

82 CAS, Akte »Win 629 Messer Griesheim GmbH«; ANMT, 2002 044, Akten 09, 010 und 012. Allein zwischen dem 14. April 1964 und dem 17. September 1965 traf man sich mindestens 13 Mal.

83 ANMT, 2002 044, Akten 08, 09 und 012.

84 Vgl. z. B.: Vorstandsprotokolle vom 22. Juni und 17. August 1970, Protokolle des Vorstands der Linde AG, in LAS; und zu Air Products: Vorstandsprotokolle vom 16. März, 16. Mai und 28. Juni 1967, Protokolle des Vorstands der Linde AG, in LAS, sowie die Akten »7 Korresp. 7e Führungsspitze 1925–1969«, und »7 Korresp. 7e Führungsspitze 1920–1967«, in CAL, Fach 53, B 05. Hinweise auf Gespräche mit BASF, das über eine Beteiligung an Linde nachdachte, finden sich in Vorstandsprotokollen vom 26. bis 27. September und 19. Oktober 1967, 25. Juni, 11. September und 13. Oktober 1968 sowie 13. Oktober 1969, Protokolle des Vorstands der Linde AG, in LAS. Berichte über das Interesse von UCC finden sich in den Vorstandsprotokollen vom 19. Dezember 1977, 14. März und 26. April 1978 sowie vom 17. Juli und 18. September 1979, Protokolle des Vorstands der Linde AG, in LAS.

85 ANMT, 2002 044, Akten 09 und 015; Akte »H'Kreuth intern Notizen usw. 1968/11«, in CAL, Fach 38, B 03; AGAD, Akte E5 RB5.

86 Corporate Archives der BASF AG [im Folgenden CAB], Akte G13; Vorstandsprotokoll vom 29. Oktober 1968, Protokolle des Vorstands der Linde AG, in LAS. Zur Kooperation von Linde und BASF in der Argon-Vermarktung ab 1965: Vorstandsprotokolle vom 20. Juli 1965, 4. Januar 1967, 17. bis 18. Dezember 1968 und 11. und 24. Juli 1969, Protokolle des Vorstands der Linde AG, in LAS.

87 Bereits 1961 hatte man zu überlegen begonnen, wie Air Liquide auf dem deutschen Markt tätig werden könnte, doch aufgrund begrenzter Finanzmittel strebte man kurzfristig nach einem »accord« mit Knapsack Griesheim. Es wurde auch in den folgenden Jahren weiter darüber diskutiert, doch ohne Erfolg. ANMT, 2002 044, Akte 08.

88 Die Umsätze der Deutschen l'Air Liquide Edelgas GmbH stiegen von 183.000 DM 1962 auf 1,1 Mio. DM 1967, die deutsche Tochter der Air Liquide verzeichnete dagegen 2,6 Mio. DM Verlust in diesen Jahren. ANMT, 2002 044, Akte 09.

89 ANMT, 2002 044, Akten 08, 09 und 015.

90 AGAD, Akten E5 P27, E5 JB31, E5 RC13, E5 JB36, E5 RB5 und E5 P23; Akten »Akte Messer Griesheim 1 Messer I« und »alte Akte Messer Griesheim 1 Messer I«, in CAS; Vorstandsprotokoll vom 4. November 1974, Protokolle des Vorstands der Linde AG, in LAS; ANMT, 2002 044, Akte 012.

91 ANMT, 2002 044, Akten 09, 017 und 018; AGA, Geschäftsbericht 1971. Vgl. Lindes Einschätzung der Fusion zweier ausländischer Wettbewerber und dem daraus resultierenden verschärften Preiswettbewerb: Aktennotiz Plötz, 7. April 1975, in CAL, Fach 38, B 03, Akte »H'Kr. Intern Notizen usw. 1966I«.

92 Jemain, *Les conquérants de l'invisible,* S. 165.

93 Zur Einschätzung des »Naturschutzparks Bundesrepublik Deutschland und

Westberlin«, in dem nach Meinung der AGA Air Products in Zukunft »mitgrasen« wollte, vgl.: AGAD, Akte E5 JB36. Zum schärferen Wettbewerb vgl. z.B. die Einschätzungen von Linde und Peter J. Manno vom Stanford Research Institute: Vorstandsprotokolle vom 14. Januar 1966, 11. September 1968, 27. Oktober 1970 sowie vom 30. Juni und 21. Juli 1975, Protokolle des Vorstands der Linde AG, in LAS; AGAD, Akte W5 P34.

94 Vorstandsprotokoll vom 5. Juli 1962, Protokolle des Vorstands der Linde AG, in LAS.

95 AGAD, Akte E5 RB11.

96 Ruckdeschel, »Lebenserinnerungen«, Anhang, Kap. N, und Ruckdeschel, »Lebenserinnerungen«, Bd. 3, S. 261, in RFA; ANMT, 2002 044, Akten 08 und 012.

97 AGAD, Akte E5 RB11.

98 Vorstandsprotokolle vom 25. März 1966 sowie vom 1. Oktober und 1. November 1968, Protokolle des Vorstands der Linde AG, in LAS.

99 AGAD, Akten E5 P23 und E5 JB31.

100 ANMT, 2002 044, Akte 09; Ruckdeschel, »Lebenserinnerungen«, Anhang, Kap. N, in RFA.

101 Vorstandsprotokolle vom 20. Juni, 30. August und 25. Oktober 1966, vom 11. September 1968, 28. Mai 1969 sowie vom 27. April und 9. Mai 1972, Protokolle des Vorstands der Linde AG, in LAS; Ruckdeschel, »Lebenserinnerungen«, Anhang, Kap. N, in RFA.

102 Jemain, *Les conquérants de l'invisible,* S. 161; ANMT, 2002 044, Akte 09; AGAD, Akten W5 P34 und E5 P23. Zur Einschätzung von Linde 1978, dass die Leitungen möglichen Konkurrenten den Markteintritt besonders schwer machten, »da potentielle Kunden die angebotene Sicherheit der Gaslieferung durch das Pipeline-Verbundsystem nicht außer Acht lassen können«, vgl. Akte »Unternehmensplanung 1978 für 1977–1981«, in CAL, Fach 38, F 04.

103 AGAD, Akte E5 RC6; Akte »H'Kr. Intern Notizen usw. 1967II«, in CAL, Fach 38, B 03.

104 Akte »H'Kr. Intern Notizen usw. 1967II«, in CAL, Fach 38, B 03; Ruckdeschel, »Lebenserinnerungen«, Anhang, Kap. N, in RFA; AGAD, Akte E 5 RC6.

105 Vorstandsprotokoll vom 1. Januar 1969, Protokolle des Vorstands der Linde AG, in LAS; Marktstudie von Peter J. Manno, Stanford Research Institute, 1969, in AGAD, Akte W5 P34.

106 AGAD, Akte E5 RC6.

107 AGAD, Akten E5 RC6 und E5 P22 und AGA NL, Geschäftsbericht 1972; Vorstandsprotokoll vom 16. September 1971, Protokolle des Vorstands der Linde AG, in LAS, und Akte »H'Kr. Intern Notizen usw. 1966I«, in CAL, Fach 38, B 03.

108 Vorstandsprotokolle vom 22. bis 23. November 1971 sowie vom 2., 10. und 21./22. Februar 1972, Protokolle des Vorstands der Linde AG, in LAS. Zu BOC und Eurogas, vgl. Kapitel 7.

109 Vorstandsprotokolle vom 9. und 29. Mai 1972 und vom 2. Juli 1974, Protokolle des Vorstands der Linde AG, in LAS.

110 Vorstandsprotokolle vom 9. März, 3. April, 13. Mai und 13. Juli 1970 sowie vom 24. August 1971, Protokolle des Vorstands der Linde AG, in LAS.

111 Vorstandsprotokolle vom 31. Juli 1972, 9. April, 7. Mai, 25. Juni, 3. Juli und 29. Oktober 1973 sowie vom 7. Januar, 29. Mai und 4. November 1974, Protokolle des Vorstands der Linde AG, in LAS. Zuvor hatten auch Air Products und Air Liquide Interesse an Hoek Loos gezeigt: AGAD, Akte E5 RC6.

112 Vorstandsprotokolle vom 28. Juni und 26. Juli 1976, 14. Februar und 25. Juli 1977 sowie vom 12. bis 13. Januar und 20. Juli 1978, Protokolle des Vorstands der Linde AG, in LAS; Akte »H'Kr. Intern Notizen usw. 1966I«, in CAL, Fach 38, B 03; Brief des Vorstandsvorsitzenden Meinhardt an den Aufsichtsrat, 20. Juli 1989, in CAL, Fach 36, B 05: »Korrespondenz mit Aufsichtsrat 1973–1994 Linde Satzung«; Ruckdeschel, »Lebenserinnerungen«, Anhang, Kap. N, in RFA.

113 Darauf wies Peter J. Manno 1969 in seiner Marktstudie hin. AGAD, Akte W5 P34.

114 AGA-Marktanalyse von 1967/1968: AGAD, Akten E5 RC6 und E5 P21.

115 ANMT, 2002 044, Akte 018.

116 Ruckdeschel, »Lebenserinnerungen«, Anhang, Kap. I 40 (Pantogas für Industriegase) und E 1 (Linde Saldatura SpA, Milan, speziell für Schweißtechnik und Schutzgase), in RFA. Vorstandsprotokolle vom 1. März 1962 und 2. Juli 1964, Protokolle des Vorstands der Linde AG, in LAS; Akte »4b Linde Protokolle Versammlung der Namensaktionäre 1953–1961«, in CAL, Fach 53, B 05; ANMT, 2002 044, Akten 08 und 012.

117 Marktstudie von Peter J. Manno, Stanford Research Institute, 1969, in AGAD, Akte W5 P34. SOL, »A Brief History of the SOL Group« [unveröffentlichtes Manuskript, Monza, o. J., freundlicherweise von Aldo Fumagalli Romario während eines Interviews im Juni 2009 zur Verfügung gestellt].

118 CAEI, Hanau, Akten VER 01/74 und For 02/28; AGAD, Akte E5 JB36.

119 Vorstandsprotokolle vom 25. Juni und 24. Juli 1968, Protokolle des Vorstands der Linde AG, in LAS; Ruckdeschel, »Lebenserinnerungen«, Bd. 3, S. 259 und Anhang, Kap. E, in RFA.

120 Katri Iivonen, »SOL Group: Aldo Fumagalli Romario Talks of its Beginnings, Health Care and the Future«, in *Gasworld* (August 2006), S. 14–15; »SOL Company Profile Corner«, in *Gasworld* (Mai 2005), S. 21; SOL, »A Brief History of the SOL Group« [unveröffentlichtes Manuskript, Monza, o. J., freundlicherweise von Aldo Fumagalli Romario während eines Interviews im Juni 2009 zur Verfügung gestellt].

121 Akte »Graphik Beteiligungsverflechtung Italien 5/1983«, in CAL, Fach 38, C 02.

122 Vorstandsprotokoll vom 27. April 1972, Protokolle des Vorstands der Linde AG, in LAS; Protokolle vom 24. Mai 1956, in CAL, Fach 53, B 05: Akte »4b Linde Protokolle Versammlung der Namensaktionäre 1953–1961«; Ruckdeschel, »Lebenserinnerungen«, Anhang, Kap. M, und Bd. 3, S. 244, in RFA.

123 ANMT, 2002 044, Akte 018.

124 Vorstandsprotokoll vom 27. April 1972, Protokolle des Vorstands der Linde AG, in LAS; Protokoll vom 24. Mai 1956, in CAL, Fach 53, B 05: Akte »4b Linde Protokolle Versammlung der Namensaktionäre 1953–1961«; Ruckdeschel, »Lebenserinnerungen«, Anhang, Kap. M, und Bd. 3, S. 244, in RFA.

125 ANMT, 2002 044, Akte 018.

126 Aktennotiz Plötz, 7. April 1975, in CAL, Fach 38, B 03: Akte »H'Kr. Intern Notizen usw. 1967II«.
127 AGAD, Akten E5 JB31 und W5 P34.
128 Ruckdeschel, »Lebenserinnerungen«, Anhang, Kap. H, in RFA; Marktstudie von Peter J. Manno, Stanford Research Institute, 1969, in AGAD, Akte W5 P34.
129 Vorstandsprotokolle vom 22. bis 23. Oktober 1962, Protokolle des Vorstands der Linde AG, in LAS; Akte »AG für Kältetechnik Luzern, Hist. Akten der Rechtsabteilung«, in CAL, Fach 39, D 01; ANMT, 2002 044, Akte 08.
130 AGAD, Akte E5 JB31; Ruckdeschel, »Lebenserinnerungen«, Anhang, Kap. H, in RFA.
131 Ruckdeschel, »Lebenserinnerungen«, Anhang, Kap. H, in RFA.
132 ANMT, 2002 044, Akte 09.
133 ANMT, 2002 044, Akte 018; AGAD, Akten E5 JB31 und W5 P34.
134 Marktstudie von Peter J. Manno, Stanford Research Institute, 1969, in AGAD, Akte W5 P34.
135 AGAD, Akte W5 P34; AGA, Geschäftsberichte 1972–1977; Vorstandsprotokolle vom 13. Juli und 17. August 1970, Protokolle des Vorstands der Linde AG, in LAS; Ruckdeschel, »Lebenserinnerungen«, Bd. 3, S. 264, 282 und Anhang, Kap. P und X, in RFA; ANMT, 2002 044, Akte 018.
136 Akte »Marktforschung 1964, 1969«, in CAL, Fach 38, C 05.
137 Marktstudie von Peter J. Manno, Stanford Research Institute, 1969, in AGAD, Akte W5 P34; Almqvist, History of Industrial Gases, S. 238–239.
138 AGAD, Akte W5 P34; Almqvist, *History of Industrial Gases,* S. 245; Jemain, *Les conquérants de l'invisible,* S. 161. Zu den Subventionen vgl. Lindes »Beschwerden« im Vorstandsprotokoll vom 18. Oktober 1971, Protokolle des Vorstands der Linde AG, in LAS.
139 Zu Lindes Aufgabe der Beteiligung an Bardot 1964 und die folgende Übernahme durch Air Liquide: ANMT, 2002 044, Akten 08 und 12; Vorstandsprotokoll vom 26. April 1963, Protokolle des Vorstands der Linde AG, in LAS; »Briefe Vorstand A-Dr 1973 R v Linde«, in CAL, Fach: 36, B 05; Ruckdeschel, »Lebenserinnerungen«, Anhang, Kap. J, in RFA; Jemain, *Les conquérants de l'invisible,* S. 156–159.
140 ANMT, 2002 044, Akte 012.
141 Jemain, *Les conquérants de l'invisible,* S. 155–159; Vorstandsprotokolle vom 28. Juni, 25. Juli und 28. bis 29. November 1967, Protokolle des Vorstands der Linde AG, in LAS.
142 Butrica, *Out of Thin Air,* S. 167; Jemain, *Les conquérants de l'invisible,* S. 155.
143 Vorstandsprotokoll vom 30. August 1976, Protokolle des Vorstands der Linde AG, in LAS; Memorandum Plötz, 7. April 1975, in CAL, Fach 38, B 03: Akte »H'Kr. Intern Notizen usw. 1967II«.
144 Vorstandsprotokolle vom 14. Februar und 21. Juni 1977 sowie vom 20. Juli und 5. September 1978 und vom 14. April 1980, Protokolle des Vorstands der Linde AG, in LAS. vgl. auch Akte »V/G Fotostelle Linde Gas«, in CAL, Fach 41, D 01.
145 Marktstudie von Peter J. Manno, Stanford Research Institute, 1969, in AGAD, Akte W5 P34.
146 ANMT, 2002 044, Akte 018.

147 Marktstudie von Peter J. Manno, Stanford Research Institute, 1969, in AGAD, Akte W5 P34.

148 Zwischen 1963 und 1968 stieg die Argonproduktion in der Bundesrepublik jährlich um 37,5 Prozent; im ersten Quartal 1970 lag sie bei atemberaubenden 61 Prozent. Vorstandsprotokolle vom 14. Januar 1966 und 13. Mai 1970, Protokolle des Vorstands der Linde AG, in LAS; und Akte »Marktforschung 1964, 1969«, in CAL, Fach 38, C 05.

149 Marktstudie von Peter J. Manno, Stanford Research Institute, 1969, in AGAD, Akte W5 P34.

150 Ebd.; Akte »4b Linde Protokolle Versammlung der Namensaktionäre 1953–1961«, in CAL, Fach 53, B 05; Protokoll vom 3. November 1959, in CAL, Fach 53, B 05: Akte »Protokoll über die Versammlung der Namensaktionäre«; Vorstandsprotokolle vom 1. März 1962, 2. April 1964, 20. Juli 1965 und 28. Juni 1967, Protokolle des Vorstands der Linde AG, in LAS; Notizen von Lazard zu einem Treffen mit Linde am 3. Oktober 1960 und mit Knapsack Griesheim am 20. April 1964, in ANMT, 2002 044, Akte 08 und Aktennotizen vom 23. Januar 1956, 9. März 1959 und 19. Dezember 1962, in ANMT, 2002 044, Akte 012.

151 Linde kalkulierte 1961 und auch 1968, dass 90 Prozent des gesamten Sauerstoffverbrauchs auf die Stahl- und Chemieindustrie entfiel. H. Zeller, »Die Produkte und Verfahren der Linde AG, ihre Anwendung, ihre Zukunftssicherung«, Ausbildungsvortrag Werksgruppe München, Abt. TVT, vom 29. Juli 1971, in CAL, Fach 39, A 05: »Verschiedene Aufsätze III S-Z Marktforschung«.

152 Aktennotiz Hans Messer, 24. Juni 1965, über die Entwicklung der europäischen Märkte für Industriegase in CAS, Akte »Win 629 Messer Griesheim GmbH«. Zur ähnlichen Einschätzung bei Linde: Aktennotiz über die Entwicklung der Linde AG, 27. Dezember 1961, von Friedrich Oetken, in CAL, Fach 53, B 05: Akte »7 Korresp 7e Führungsspitze 1920–1967«.

153 Vorstandsprotokolle vom 11. Oktober 1963, 2. April 1964, 20. Juli und 27. September 1965 und 4. Januar 1967, Protokolle des Vorstands der Linde AG, in LAS. Die Bedeutung der Schweißgase zeigt sich auch darin, dass UCC seine Technologieführerschaft im Schweißgeschäft für seinen Eintritt in den deutschen Markt nutzte: Akte »H'Kreuth intern Notizen usw. 1968/II«, in CAL, Fach 38, B 03.

154 Marktstudie von Peter J. Manno, Stanford Research Institute, 1969, in AGAD, Akte W5 P34; Akte »4b Linde Protokolle Versammlung der Namensaktionäre 1953–1961«, in CAL, Fach 53, B 05; Protokoll vom 3. November 1959, in CAL, Fach 53, B 05, Akte »Protokoll über die Versammlung der Namensaktionäre«; Vorstandsprotokolle vom 1. März 1962, 2. April 1964, 20. Juli 1965 und 28. Juni 1967, Protokolle des Vorstands der Linde AG, in LAS; Notizen von Lazard zu einem Treffen mit Linde am 3. Oktober 1960 und mit Knapsack Griesheim am 20. April 1964, in ANMT, 2002 044, Akte 08 und Aktennotizen vom 23. Januar 1956, 9. März 1959 und 19. Dezember 1962, in ANMT, 2002 044, Akte 012.

155 Vorstandsprotokolle vom 12. Februar 1970 und 9. bis 10. November 1971, Protokolle des Vorstands der Linde AG, in LAS. Vgl. auch die Marktstudie von Peter J. Manno, Stanford Research Institute, 1969, in AGAD, Akte W5 P34.

156 Vorstandsprotokolle vom 5. Juli, 22. bis 23. Oktober und 10. bis 11. Dezember 1962; 11. Oktober 1963; 2. Juli und 8. Dezember 1964; 14. Januar, 4. Februar,

30. August und 6. Dezember 1966; 4. Januar und 28. Juni 1967; 11. September 1968; 16. Dezember 1970; und 27. September 1971, Protokolle des Vorstands der Linde AG, in LAS.

157 Linde erwarb z. B. die UCC-Lizenz für das Unox-Verfahren zur Abwasserreinigung. Vorstandsprotokolle vom 15. Juli, 22. Juli und 16. September 1980, Protokolle des Vorstands der Linde AG, in LAS; und Akte »Marktforschung ZV + VVM + PP 2., Teil 1970«, in CAL, Fach 38, D 07.

158 Jemain, *Les conquérants de l'invisible,* S. 151. Auch Linde gründete in den 1960er-Jahren in München-Lohhof ein Forschungszentrum für neue Anwendungsmöglichkeiten von Industriegasen.

Kapitel 7: Die Internationalisierung der Branche: Der US-Markt und der Wiedereintritt der Europäer in den 1970er-Jahren

1 Urteil des US Court of Appeals zu BOC vs. FTC, 577 F.2d 24, 1977–1 Trade Cases 61, 446, verfügbar unter: http://openjurist.org/557/f2d/24/boc-international-ltd-boc-boc-v-federal-trade-commission-airco-inc [aufgerufen am 27. April 2011]; C. R. Baker und T. F. Fisher, »Industrial cryogenic engineering in the USA«, in Ralph G. Scurlock (Hg.), *History and origins of cryogenics,* New York 1992, S. 217–254, S. 226.

2 Vgl. Kapitel 6 sowie Ralf Banken und Raymond G. Stokes, »›The trauma of competition‹: The entry of Air Products Inc. into the industrial gases business in Britain and continental Europe, 1947–1970«, in *Business History* (2010), 7, S. 1068–1085.

3 Ebbe Almqvist, *History of industrial gases,* New York 2003, S. 235–236; Peter V. Anania, »Decades of Deals: The history of mergers & acquisitions in the US industrial gas industry«, I, in *CryoGas International* (2006), 8, S. 68–72, S. 69–70. Die Zahlen zu den Marktanteilen der vier neuen europäischen Wettbewerber in den frühen 1980er-Jahren stammen aus einer Graphik mit dem Titel »US Gas market shares, 1979–90«. Die Graphik ist nicht datiert, stammt aber vermutlich aus dem Jahr 1991 und findet sich in BOCM, Box 939.

4 Urteil des US Court of Appeals in der Sache BOC vs. FTC, 577 F.2d 24, 1977–1 Trade Cases 61, 446, verfügbar unter: http://openjurist.org/557/f2d/24/boc-international-ltd-boc-boc-v-federal-trade-commission-airco-inc [aufgerufen am 27. April 2011]; Baker und Fisher, »Industrial cryogenic engineering in the USA«, S. 226; Anania, »Decades of Deals«, I, S. 68–69.

5 Ernest G. Barnes, Verwaltungsrichter, FTC, »Initial decision in the matter of BOC and Airco«, Aktenzeichen 8955, 15. Oktober 1974, S. 30–31, in AGAD, Akte E5 SA1. Eine etwas längere Version dieses Dokuments wurde unter http://www.ftc.gov/os/decisions/docs/vol86/FTC_VOLUME_DECISION_86_(JULY_-_DECEMBER_1975)PAGES_1241-1382.pdf veröffentlicht [aufgerufen am 20. Mai 2011].

6 Ernest G. Barnes, Verwaltungsrichter, FTC, »Initial decision in the matter of BOC and Airco«, Aktenzeichen 8955, 15. Oktober 1974, S. 29–31, in AGAD, Akte E5 SA1. Der Marktanteil der LANA beruht auf einer Schätzung anhand in

diesem Dokument enthaltener Zahlen zum Industriegas-Gesamtumsatz von primär in dieser Branche tätigen Firmen in den USA sowie der Umsätze der Firmen, die LANA im Laufe des Jahres 1972 erwarb.

7 AGA Group Planning, »Innovation in Gas Applications«, Februar 1974, in AGAD, Akte E5 SA1.

8 Die verwendete Terminologie stützt sich auf diejenige, die Jörg-Michael Willke im Beisein von Raymond G. Stokes während einer Präsentation und im Gespräch im Linde AG Applications Center am 22. November 2010 in München benutzte. Die Autoren danken den Herren Willke, Michael Graf, Henning Tomforde, Wilfried-Henning Reese und Dr. Dirk Hüpperich von der Linde AG für die fruchtbare Diskussion an jenem Tag sowie Klaus Schönfeld, dem damaligen Leiter von Corporate Heritage der Linde AG, für die Veranstaltung und für seine aktive Teilnahme an dem Treffen und der Diskussion.

9 AGA Konzernplanung (Projektgruppe: Richard Wathen, Bertil Kusoffsky und Rune Österlund), »U.S. Gas Market: Interim report with an outline of a strategy for AGA's entry on [sic] the U.S. market«, November 1973, S. 49–66, in AGAD, Akte E5 SA1. Die Reihenfolge der Top-8-Unternehmen 1972 basiert auf der Liste in Ernest G. Barnes, Verwaltungsrichter, FTC, »Initial decision in the matter of BOC and Airco«, Aktenzeichen 8955, 15. Oktober 1974, S. 30, in AGAD, Akte E5 SA1.

10 Zu den Erwerbungen von Air Products und Air Liquide in den 1960er- und Anfang der 1970er-Jahre vgl. Ernest G. Barnes, Verwaltungsrichter, FTC, »Initial decision in the matter of BOC and Airco«, Aktenzeichen 8955, 15. Oktober 1974, S. 31, in AGAD, Akte E5 SA1. Zur Strategie von Air Products, kleine und mittlere Gasehersteller zur Einstellung ihrer Produktion zu überreden vgl. Anania, »Decades of Deals«, I, S. 68. Für detailliertere Informationen zum Eintritt von Air Products in den Handelsmarkt gegen Ende der 1950er-Jahre vgl. Andrew Butrica, *Out of Thin Air: A History of Air Products and Chemicals, Inc., 1940–1990,* New York 1990, S. 147–155. Zum Wachstum von Air Products zwischen 1967 und 1972 vgl. AGA Group Planning, »Profile: Big Three Industries, Inc.«, 17. Januar 1974, in AGAD, Akte E5 SA1.

11 AGA Group Planning, »Profile: Big Three Industries, Inc.«, 17.1.1974, in AGAD, Akte E5 SA1; Air Liquide, *100 Years of Inspiration: The Air Liquide Adventure,* Paris 2002, S. 104; Aktenvermerk von William A. Washburn, »Burdett Oxygen Co. of Cleveland, Ohio«, 4. August 1969, in AGAD, Akte E5 RC7.

12 Ernest G. Barnes, Verwaltungsrichter, FTC, »Initial decision in the matter of BOC and Airco«, Aktenzeichen 8955, 15. Oktober 1974, S. 36–38, in AGAD, Akte E5 SA1. Das Zitat stammt von S. 38 und bezieht sich auf Aussagen von Leslie Smith und Peter Laister.

13 »Notes of an interview with Sir Leslie Smith, Hammersmith House, 21 July and 26 July 1983«, S. 16, in BOCM, Box 488, Akte 8.

14 Peter Müller-Holtz, »Lotepro Corporation – Unsere Tochtergesellschaft in New York«, 27.7.1971, S. 1, in CAL, Fach 39 A07: Verschiedene Aufsätze II: K-R.

15 Protokolle des Vorstands der Linde AG, 1.3.1962, TOP 5, und 22.5.1962, TOP 1, in Protokolle des Vorstandes 1962–1964, in LAS. Das Zitat stammt aus dem Protokoll vom 1.3.1962.

16 Protokolle des Vorstands der Linde AG, 16. März und 28. Juni 1967, in LAS. Dort heißt es zwar nicht explizit, dass Baker die Zusammenlegung aller Aktivitäten von Air Products und Linde vorschlug, aber der von ihm gegenüber Wucherer und Linde genannte Airco-Jahresumsatz, $150 Millionen, entspricht dem für 1966 in Butrica, *Out of Thin Air,* Tabelle 6, S. 138. Auch der Briefentwurf von »Dr. S« [vermutlich Johann Simon, der 1954–1971 dem Linde-Vorstand angehörte] an Baker vom 24. April 1967 (»streng vertraulich«) spricht eine vollständige Fusion des amerikanischen und des deutschen Unternehmens an: CAL, Fach 53 E02. Zu den damaligen Vorstandsmitgliedern der Linde AG vgl. Hans-Liudger Dienel, *Die Linde AG. Geschichte eines Technologiekonzerns 1879–2004,* München 2004, S. 465.

17 Protokolle des Vorstands der Linde AG, 11. und 13. Januar 1964, TOP 20, in Protokolle des Vorstandes 1962–1964, in LAS.

18 Peter Müller-Holtz, »Lotepro Corporation – Unsere Tochtergesellschaft in New York«, 27. Juli 1971, S. 3, in CAL, Fach 39 A07: Verschiedene Aufsätze II: K-R.

19 »Notes of an interview with Sir Leslie Smith, Hammersmith House, 21 July and 26 July 1983«, S. 16, in BOCM, Box 488, Akte 8.

20 Ebd.; BOC Legal Department, Agreement summary, 29. September 1967 (vertraulich), in BOCM, Box 488, Akte 3. Zitat aus Airco: A Brief History [o. J., ca. 1968], S. 7, in BOCM, Box 12.

21 »Notes of an interview with Sir Leslie Smith, Hammersmith House, 21 July and 26 July 1983«, S. 16, in BOCM, Box 488, Akte 8; Thesenpapier für die BOC-Vorstandssitzung am 21. 9. 1971, in BOCM, Box 488, Akte 4; Notizen von Protokollen der Muttergesellschaft für das Jahr 1971 [o. J.], S. 1, in BOCM, Box 488, Akte 7. Über den Kauf von Air-Liquide-Anlagen und solchen von UCC Linde Division oder Lotepro [der Text nennt nur »Linde« ohne nähere Angaben] durch Big Three vgl. Air Liquide, *100 Years of Inspiration,* S. 104.

22 Air Liquide, *100 Years of Inspiration,* S. 104.

23 Almqvist, *History of industrial gases,* S. 235–236; Anania, »Decades of Deals«, I, S. 69; AGA (Christer Danielsson), Memo: Burdett Oxygen of Cleveland, Ohio [o. J., ca. Juli 1968], in AGAD, Akte E5 RC7. Danielsson deutet an, dass die drei Air-Liquide-Übernahmen 1968 über die kanadische Tochter Liquid Air erfolgt waren und American Cryogenics, Industrial Air Products und Dye Oxygen umfassten. Laut eines Gerichtsurteils von 1974 kaufte Liquid Air 1972 Gulf Oxygen. Ernest G. Barnes, Verwaltungsrichter, FTC, »Initial decision in the matter of BOC and Airco«, Aktenzeichen 8955, 15. Oktober 1974, S. 43, in AGAD, Akte E5 SA1.

24 AGA (Christer Danielsson), Memo: Burdett Oxygen of Cleveland, Ohio [o. J., ca. Juli 1968], in AGAD, Akte E5 RC7.

25 »Allegheny Ludlum sells Chemetron gas division«, in *Chemical and Engineering News* (1978), 19, S. 5–6. Eigentlich wurde die Übernahme durch Liquid Air of North America getätigt, einer 78-prozentigen Air-Liquide-Tochter. Im Gegenzug erhielt Allegheny Ludlum einen 30-prozentigen Anteil an Liquid Air of North America, womit der Anteil von Air Liquide auf etwa 54 Prozent sank. Vgl. auch William J. Storck, »Liquid Air: The firm that acquisitions built«, in *Chemical and Engineering News* (1980), 12, S. 11–13. Zum Marktanteil vgl. »US Gas market shares, 1979–90« [o. J., ca. 1991], in BOCM, Box 939.

26 Air Liquide, *100 Years of Inspiration,* S. 104.

27 Ernest G. Barnes, Verwaltungsrichter, FTC, »Initial decision in the matter of BOC and Airco«, Aktenzeichen 8955, 15. Oktober 1974, S. 36–38, in AGAD, Akte E5 SA1.

28 Entwurf, Grundsatzerklärung, 1. Februar 1972; Protokoll des Treffens zwischen BOC und Messer Griesheim in Frankfurt a.M. am 8. Februar 1972; Kooperationskonzept zwischen BOC, Messer Griesheim, und Linde, 21. Februar 1972; Eurogas (Vanguard) Vorstandsprotokoll, Frankfurt a.M., 1. März 1972; Entwurf, Vereinbarung zwischen BOC, Linde und Messer Griesheim, 10. April 1972; P. Laister, »Visit to Messer Griesheim on 23/24 May 1972«; alle in BOCM, Box 488, Akte 4. Mitschriften von Protokollen des Mutterunternehmens 1971 [o.J.], S. 1, in BOCM, Box 488, Akte 7. Vgl. auch Kapitel 6.

29 Mitschriften von Protokollen des Mutterunternehmens 1972 [o.J.], S. 1; Mitschriften von Protokollen des Mutterunternehmens 1973 [o.J.], S. 1, beide in BOCM, Box 488, Akte 7. Zitat aus der zweiten Quelle.

30 »Notes of an interview with Sir Leslie Smith, Hammersmith House, 21 July and 26 July 1983«, S. 23, BOCM, Box 488, Akte 8; BOC Group Strategy Office, »Project ›Blindfold‹«, 11.7.1973 (zugangsbeschränkt), in BOCM, Box 488, Akte 4; BOC, Benachrichtigung der BOC-Aktionäre über den Erwerb von ca. 35 Prozent der Airco-Aktien, 14. März 1974, S. 3, in BOCM, Box 488, Akte 4.

31 BOC Group Strategy Office, »Project ›Blindfold‹«, 11.7.1973 (zugangsbeschränkt), in BOCM, Box 488, Akte 4, Zitat S. 1.

32 Ebd., S. 1 und S. 4.

33 Ebd., S. 4.

34 Ebd., S. 5.

35 Ebd., S. 8; BOC Group Strategy Office, »Group Borrowing Limits«, 10.7.1973, in BOCM, Box 488, Akte 4.

36 BOC Group Strategy Office, »Project ›Blindfold‹«, 11.7.1973 (zugangsbeschränkt), in BOCM, Box 488, Akte 4, Zitat S. 9.

37 BOC, Vorstandsprotokoll, 17. Juli 1973, S. 1–2, Protokollbuch 28, in BOCW, SEC 00461.

38 Ebd., S. 2.

39 Errechnet auf Grundlage der Zahlen in der Graphik »Capital structure development as given in reports and accounts 1950 to 1970« [o.J., ca. 1982], in BOCM, Box 485.

40 Vgl. Banken und Stokes, »›The trauma of competition‹«.

41 »Notes of an interview with Sir Leslie Smith, Hammersmith House, 21 July and 26 July 1983«, S. 7, BOCM, Box 488, Akte 8; Lazard Brothers & Co., Limited, »The British Oxygen Company Limited: Alteration in Borrowing Limits«, 9.8.1973, v.a. S. 1 des beigefügten Entwurfs zu einem Schreiben an B.G. Labram vom British Insurance Association Investment Protection Committee, in BOCM, Box 488, Akte 4.

42 BOC, »Air Products and Chemicals Incorporated – A review«, 1979, S. 4, in BOCW, Box 20; BOC History 1945–1975; Interviews mit R. C. Hesketh-Jones am 5. und 24.1.1983, in Notizen zu Interviews mit mehreren Vorständen und leitenden Angestellten, BOC History 1945–1975. Beide Dokumente in BOCM, Box 488.

43 Errechnet auf der Grundlage der Zahlen in der Graphik »Capital structure development as given in reports and accounts 1950 to 1970« [oJ., ca. 1982], in BOCM, Box 485. Zum folgenden Jahrzehnt vgl. »Capital structure development as given in reports and accounts 1969 to 1981« [o.J., ca. 1982], in ebendieser Box.
44 Entwurf eines Schreibens von Lazard für BOC an B. G. Labram vom British Insurance Association Investment Protection Committee [o.J., August 1973], S. 4, in BOCM, Box 488, Akte 4.
45 Ebd.
46 BOC Group Strategy Office, »BOC Borrowing Limits«, 10.7.1972, S. 1–2, in BOCM, Box 488, Akte 4.
47 BOC, Vorstandsprotokoll, 17.7.1973, S. 2, Protokollbuch 28, in BOCW, SEC 00461.
48 Group Strategy Office, »Tonnage Debenture«, 22.7.1973, in BOCM, Box 488, Akte 4.
49 Notizen von Protokollen des Mutterunternehmens aus dem Jahr 1974 [o.J.], S. 1, in BOCM, Box 488, Akte 7.
50 Zu den Herausforderungen für internationale Unternehmen ab den 1960er-Jahren vgl. Neil Rollings, »Multinational enterprise and government controls on outward foreign investment in the United States and the United Kingdom in the 1960s«, in *Enterprise and Society* (2011), S. 398–434. Zu den finanziellen Neuerungen jener Zeit und insbesondere den Anfängen des Eurodollar-Markts vgl. Catherine R. Schenk, »Exchange controls and multinational enterprise: The Sterling-Dollar oil controversy in the 1950s«, in *Business History* (1996), 4, S. 21–40. Die Autoren danken Neil Rollings und Duncan Ross für die sehr hilfreichen Gespräche über einige dieser Fragen 2011.
51 Vgl. z.B. Peter Hall und David Soskice (Hg.), *Varieties of capitalism: The institutional foundations of comparative advantage,* Oxford 2001; Bob Hancké, Martin Rhodes und Mark Thatcher (Hg.), *Beyond Varieties of Capitalism: Conflict, Contradictions, and Complementarities in the European Economy,* Oxford 2007.
52 Der Begriff »Amerikanisierung« wurde bereits ausführlich diskutiert. Vgl. z.B. das Buch, das die Debatte ausgelöst hat, Volker Berghahn, *The Americanisation of West German Industry,* 1945–1973, Cambridge 1986; einen Überblick über diese Debatte im folgenden Jahrzehnt bieten Jonathan Zeitlin und Gary Herrigel (Hg.), *Americanization and its limits: Reworking US technology and management in post-war Europe and Japan,* Oxford 2000. Hier ist der Begriff mit Bedacht gewählt, aber unserer Meinung nach auch zu Recht, wenn man bedenkt, wie sich in der britischen Industrie die Einstellung gegenüber einer Schuldenfinanzierung änderte, die in diesem Fall eine unmittelbare Reaktion auf die Praxis eines amerikanischen Unternehmens war.
53 BOC Group Strategy Office, »AIRCO: Progress on Merger Discussions«, 10.9.1973, S. 1–2, in BOCM, Box 488, Akte 4.
54 BOC Group Strategy Office, Aktennotiz, 7.11.1973 (Zitat S. 4) in BOCM, Box 488, Akte 4; »Notes of an interview with Sir Leslie Smith, Hammersmith House, 21 July and 26 July 1983«, S. 24–25, Zitat S. 25, in BOCM, Box 488, Akte 8.
55 »AIRCO«, 14. 11. 1973, in BOCM, Box 488, Akte 4; »Notes of an interview with Sir Leslie Smith, Hammersmith House, 21 July and 26 July 1983«, S. 24, in BOCM, Box 488, Akte 8.

56 »AIRCO«, 14. 11.1973, S. 1, in BOCM, Box 488, Akte 4.

57 P. Laister, »America – FTC Hearing«, 15. November 1974, in BOCM, Box 488, Akte 5; »Notes of an interview with Sir Leslie Smith, Hammersmith House, 21 July and 26 July 1983«, S. 25–29, in BOCM, Box 488, Akte 8.

58 Urteil des US Court of Appeals zu BOC vs. FTC, 577 F.2d 24, 1977–1 Trade Cases 61, 446, verfügbar unter: http://openjurist.org/557/f2d/24/boc-international-ltd boc-boc-v-federal-trade-commission-airco-inc [aufgerufen am 27.4. 2011].

59 P. Laister, »America – FTC Hearing«, 15.11.1974, in BOCM, Box 488, Akte 5, Zitat S. 1; »Notes of an interview with Sir Leslie Smith, Hammersmith House, 21 July and 26 July 1983«, Zitat S. 28, in BOCM, Box 488, Akte 8. Ausführlich zum Fall samt Zusammenfassungen der Aussagen vgl. Ernest G. Barnes, Verwaltungsrichter, FTC, »Initial decision in the matter of BOC and Airco«, Aktenzeichen 8955, 15.10.1974, S. 36–38, in AGAD, Akte E5 SA1.

60 Urteil des US Court of Appeals zu BOC vs. FTC, 577 F.2d 24, 1977–1 Trade Cases 61, 446, verfügbar unter: http://openjurist.org/557/f2d/24/boc-international-ltd-boc-boc-v-federal-trade-commission-airco-inc [aufgerufen am 27.4.2011]; BOC Management Bulletin Nr. 32, »FTC Concedes in Airco Case«, 22.9.1977, S. 1, in BOCM, Box 488, Akte 5.

61 BOCI Vorstandsprotokoll, 25.5.1977, Protokollbuch 32, Zitat S. 1115, in BOCW, SEC 00462.

62 BOCI Vorstandsprotokoll, 25.8.1976, Vorstandsbuch 31, Zitat S. 1004, in BOCW, SEC 00462.

63 »Notes of an interview with Sir Leslie Smith, Hammersmith House, 21 July and 26 July 1983«, Zitat S. 29–30, in BOCM, Box 488, Akte 8.

64 BOCI Vorstandssitzung vom Mai, Vorläufiges Programm, 18.3.1976, in BOCM, Box 488, Akte 5.

65 So nahm Giordano in seiner Funktion als Airco-Vorstand an der Vorstandssitzung von BOC International am 17.12.1975 teil und referierte über die wirtschaftliche Lage in den USA. BOCI Vorstandsprotokoll, 17.12.1975, Protokollbuch 30, in BOCW, SEC 00461. Die Anwesenheit von Giordano und George Dillon bei BOC-Vorstandssitzungen [oder ihre Entschuldigung] ist zwischen 1975 und 1977 durchgängig in den Vorstandsbüchern 30–32 vermerkt, in BOCW, SEC 00461 and SEC 00462. Das legt die Vermutung nahe, dass die in den Airco-Vorstand entsandten BOC-Vorstände ebenfalls als vollwertige Vorstandsmitglieder an den Sitzungen teilnahmen, obwohl wir bislang keine Airco-Vorstandsprotokolle ausfindig machen konnten.

66 BOCI Vorstandsprotokolle, 29. 5. 1977, Vorstandsbuch 32, S. 1117, in BOCW, SEC 00462.

67 »Notes of an interview with Sir Leslie Smith, Hammersmith House, 21 July and 26 July 1983«, Zitat S. 31, BOCM, Box 488, Akte 8; »BOCI Board Meeting Agenda«, 27.10.1977, 15.30, »Airco Long Range Planning«, in BOCM, Box 488, Akte 5.

68 BOCI Vorstandsprotokoll, 8.11.1977, Vorstandsbuch 32, S. 1189, in BOCW, SEC 00462.

69 BOCI Vorstandsprotokoll, 28.9.1977, Vorstandsbuch 32, S. 1170, in BOCW, SEC 00462.

70 Giordano und Dillon an die Airco-Aktionäre, 27.12.1977, in BOCM, Box 488, Akte 6.
71 Dillon an die Airco-Aktionäre, 3.1.1978, BOCM, Box 488, Akte 6.
72 BOC Management Bulletin Nr. 37, 25.1.1978: »Overwhelming success of tender offer«, BOCM, Box 488, Akte 6.
73 Walter Goerg jun., »Airco news«, 24.11.1978, BOCM, Box 488, Akte 6.
74 BOC Pressemitteilung »issued in New York only S.m. 25.1.78«, in BOCM, Box 488, Akte 6.
75 Telex Walter Goerg jun. an George Metcalf, 26.1.1978, in BOCM, Box 488, Akte 6.
76 BOC Management Bulletin No. 38, 30. Januar 1978, »BOC withdraws offer«, in BOCM, Box 488, Akte 6.
77 Airco News, 2.2.1978, in BOCM, Box 488, Akte 6.
78 BOCI Vorstandsprotokolle, 22.2.1978, Vorstandsbuch 33, S. 1210, in BOCW, SEC 00462.
79 BOCI an Airco, Inc., 9.12.1977; Giordano und Dillon an die Airco-Aktionäre, 27.12.1977; beide in BOCM, Box 488, Akte 6.
80 BOCI Vorstandsprotokolle, 8. November 1977, Vorstandsbuch 32, S. 1189, in BOCW, SEC 00462.
81 BOCI Pressenotiz Nr. 3, BOC und Airco, 30.3.1978, in BOCM, Box 488, Akte 6.
82 »Airco take over becomes more clouded«, in Chemical and Engineering News (1978), 15, S. 7.
83 BOC an den Airco-Vorstand, 7.4.1978; John Ogilvie & Associates, Pressenotiz, »BOC and Airco reach agreement«, 7.4.1978; BOC Limited Management Bulletin Nr. 260, »BOC and Airco«, 10.4.1978; Airco, Inc., an Aktionäre, 14.4.1978; alle in BOCM, Box 488, Akte 6.
84 BOC Management Bulletin No 46, »BOC and Airco«, 2.5.1978; BOC Management Bulletin Nr. 47, »BOC International and Airco«, 8.5.1978; BOC International Ltd., »Special report for shareholders«, 24.5.1978; alle in BOCM, Box 488, Akte 6.
85 »Airco history« [o.J., ca. 1983], in BOCW, Box 536.
86 AGA Konzernplanung (Projektgruppe: Richard Wathen, Bertil Kusoffsky und Rune Österlund), »U.S. Gas Market: Interim report with an outline of a strategy for AGA's entry on [sic] the U.S. market«, November 1973, Einleitung, in AGAD, Akte E5 SA1.
87 Linde Vorstandsprotokolle, 14. und 29. bis 30.3.1978, in LAS.
88 »Allegheny Ludlum sells Chemetron gases division«, in *Chemical and Engineering News* (1978), 19, S. 5–6; William J. Storck, »Liquid Air: The firm that acquisitions built«, in *Chemical and Engineering News* (1980), 12, S. 11–13.
89 »Allegheny Ludlum sells Chemetron gases division«, S. 5–6; Storck, »Liquid Air: The firm that acquisitions built«, S. 11–13. Das Zitat stammt von S. 12 der letztgenannten Quelle.
90 Unterlagen zum Übernahmeangebot finden sich in AGAD, Akte E5 P346; AGA Konzernplanung, »Profile: Houston Natural Gas Corp. and its subsidiary Liquid Carbonic Corp«, 17.1.1974, in AGAD, Akte E5 SA1.
91 Aktennotiz von William A. Washburn, »Burdett Oxygen Co. of Cleveland,

Ohio«, 4.8.1969, in AGAD, Akte E5 RC7. Vgl. auch Christer Danielsson, Aktennotiz, »Burdett Oxygen of Cleveland, Ohio« [o.J., ca. Juli 1968], in AGAD, Akte E5 RC7.

92 Argus Basic Analysis, »Air Reduction«, 5.2.1970, in AGAD, Akte E5 P34.

93 BOC Group Planning, »Operation [sic] Blindfold«, 8.3.1974, [in schwedischer Sprache] und beigefügtes Transkript von »Project Blindfold«-Aktennotiz [in englischer Sprache], das eine wörtliche Abschrift ist, BOC Group Strategy Office, »Project ›Blindfold‹«, 11.7.1973 (zugangsbeschränkt), in BOCM, Box 488, Akte 4.

94 AGA Konzernplanung (Projektgruppe: Richard Wathen, Bertil Kusoffsky und Rune Österlund), »U.S. Gas Market: Interim report with an outline of a strategy for AGA's entry on [sic] the U.S. market«, November 1973, Einleitung, S. 55–56, in AGAD, Akte E5 SA1.

95 Arthur D. Little, »An evaluation of Chemetron« [o.J., ca. Ende 1973], in AGAD, Akte E5 SA1.

96 AGA Group Planning, »Profile. Houston Natural Gas Corp. and its subsidiary Liquid Carbonic Corp.«, 17.1.1974; AGA Group Planning, »Profile: Big Three Industries, Inc.«, 17.1.1974; beide in AGAD, Akte E5 SA1.

97 Bernard Wysocki jun., »Seeking a suitor. How an Ohio concern increased stock value, found Swedish buyer«, in Wall Street Journal (13. April 1978), in AGAD, Akte E5 RB19.

98 Vorstandsprotokolle der Linde AG, 28.11 und 19.12.1977, in LAS.

99 Jörg Lesczenski, *100 Per Cent Messer: The return of the family firm. 1898 to the present day,* München 2007, S. 84; AGA Konzernplanung (Projektgruppe: Richard Wathen, Bertil Kusoffsky und Rune Österlund), »U.S. Gas Market: Interim report with an outline of a strategy for AGA's entry on [sic] the U.S. market«, November 1973, Einleitung, S. 60, 63, in AGAD, Akte E5 SA1. Zu Chemetron und der von der FTC geforderten Teilentflechtung vgl. William J. Storck, »Liquid Air: The firm that acquisitions built«, in Chemical and Engineering News (1980), 12, S. 11–13.

100 Linde AG Vorstandsprotokolle, 14.6., 15.9., 21.10. und 8.11.1976, in LAS. Das Unternehmen, um das es ging, Manitowoc Gases, war eine Tochter von Northern Gases, und nach dieser ersten Erwerbung hätte Lindes Marktanteil lediglich 0,4 Prozent vom gesamten US-Markt betragen. Selbst wenn man das als Brückenkopf für weitere Zukäufe genutzt hätte, was auch explizit geplant war, hätte man nur einen Anteil von 3 bis 4 Prozent erreicht; das war in den Augen des Vorstands ohnedies ein Nachteil dieser Übernahme, doch nach Beratungen entschied man sich dennoch dafür. [Protokoll vom 21.10.1976] Die Gespräche wurden fortgesetzt, dann aber abgebrochen, als sich die Verkäufer entschieden, für den Augenblick »aus steuerlichen Gründen« an ihrem Eigentum festzuhalten. Man würde Linde »eine gewisse Option« einräumen, falls man in ein paar Jahren wieder Verkaufsabsichten hegte [Protokoll vom 8.11.1976].

101 Almqvist, *History of industrial gases,* S. 289–290; Anania, »Decades of Deals«, I, S. 70.

Kapitel 8: Die Erweiterung der Bühne

1 Union Carbide Corp. (UCC), Geschäftsbericht 1980, S. 54 und 1990, S. 14; und J. R. MacLean, Präsident der UCC Linde Division, Protokoll des Finanzanalystentreffens, 15. September 1983, S. 60; alle in BOCM, Box 752.

2 David Hunter, Debbie Jackson und Marjorie Coeyman, »Industrial Gases: Preparing for the Next Round«, in *Chemical Week* (7. April 1993), S. 20–26, in BOCM, Box 608.

3 Die Informationen zum Markteintritt stammen aus den Tabellen in Ebbe Almqvist, *History of Industrial Gases* (New York 2003), passim. Südafrikas Anteil am afrikanischen Markt blieb bis 2007 in dieser Höhe, trotz der industriellen und wirtschaftlichen Entwicklungen in anderen Ländern des Kontinents, und dürfte vorher noch höher gewesen sein. Vgl. »Africa: Opportunity Hindered by Shortages of Utilities and Some Gases«, in *Gasworld* (Februar 2007), S. 24–27.

4 Zu Leuna vgl. Akte »Ausarbeitung über Linde und Leuna«, in CAL, Fach 54, E 04.

5 Stadtarchiv Leuna [im Folgenden SAL], Berichtsgruppe Deutsches Chemiemuseum Merseburg [im Folgenden DCM], Akte SCI VII Nr. 56; Akte »Ausarbeitung über Linde und Leuna«, in CAL, Fach 54 E 04.

6 Bundesministerium für gesamtdeutsche Fragen (Hg.), *Die chemische Industrie in der sowjetischen Besatzungszone* (Bonn: Bundesministerium für gesamtdeutsche Fragen, 1952), S. 43.

7 Das galt beispielsweise für die Sauerstoffwerke der Deutschen Solvay Werke Osternienburg, die gleich nach Kriegsende anfingen, für die sachsen-anhaltinische Regierung zu produzieren. SAL, DCM, Akte SCI S5 Nr. 374.

8 SAL, DCM, Akte SCI VII Nr. 56; Akte »Ausarbeitung über Linde und Leuna«, in CAL, Fach 54, E 04. O. Zur Installation von Tonnage-Anlagen, die das Linde-Fränkl-Verfahren benutzten, während der 1930er-Jahre auf dem Gebiet der späteren DDR siehe: Linde, Abt.-Gasverflüssigung, »Gelieferte Groß Sauerstoffanlagen nach dem Linde-Fränkl-Verfahren« [o.J., ca. 1962], S. 1, in CAL, Fach 39, A 03.

9 Bundesarchiv Berlin [im Folgenden BArch], Akte DE1 Nr. 23295.

10 So benutzte beispielsweise Wurzen einen Messer-OFNG-Generator, als sie 1956/1957 in Berlin-Adlershof eine neue Acetylenanlage errichtete. BArch, Akte DG2 Nr. 19.870.

11 Sächsisches Staatsarchiv, Leipzig [im Folgenden SSA], Akten VEB 20808 Nr. 745 und 20836 Nr. 252.

12 SSA, Akten VEB 20808 Nr. 745 und 20836 Nr. 252.

13 Eduard Kinzel und Herbert Steinberg, *Die chemische Industrie in der sowjetischen Besatzungszone,* Bonn 1955, S. 20. Als Fallstudien siehe zum Beispiel Investitionen in die Acetylenanlage Erfurt oder die Sauerstoffwerke Brandenburg: BArch, Akten DG2 Nr. 19970 und 19966.

14 Vgl. z. B:. Landeshauptarchiv Sachsen-Anhalt, Merseburg [im Folgenden LHA-SA], Akte I510 Nr. 145.

15 Bundesministerium für gesamtdeutsche Fragen, *Chemische Industrie,* S. 43–44.

16 BArch, Akten DG2 Nr. 19747, 19791, 19728, 19789, 19790 und 20122; Gün-

ther Kobelt, Wolfgang Otto, »Über die Gewinnung von Edelgasen«, in *Chemische Technik* (1967), S. 449–459.

17 Kinzel und Steinberg, *Chemische Industrie,* S. 57, 62, und 68; BArch, Akte DE1 Nr. 23295.

18 Bundesministerium für gesamtdeutsche Fragen, *Chemische Industrie,* S. 43.

19 BArch, Akte DG20 Nr. 20122.

20 Kinzel und Steinberg, *Chemische Industrie,* S. 9 und 38.

21 LHASA, Akten I510 Nr. 142 und 92; Kinzel und Steinberg, *Chemische Industrie,* S. 9 und 38.

22 BArch, Akte DG2 Nr. 19814; SAL, DCM Akte SCI S5 Nr. 374; LHASA, Akten I510 Nr. 143, 86, 41 und 9; LHASA, Akte I510 Nr. 143. SAL, Akte SCIS5 Nr. 374.

23 Landesarchiv Berlin [im Folgenden LAB], Akten C Rep 904–152 Nr. 1 und 9.

24 LHASA, Akte I510 Nr. 143; LAB, Akte C Rep 904–152 Nr. 8.

25 BArch, Akte DL100 Nr. 16; Akte »Dir. Wucherer Aktennotiz und Berichte 1953–1954 A-P [1]«, in CAL, Fach 41, B 03; Kurt Rochler, »Die Schweißtechnik und der staatliche Großhandel«, Schweißtechnik 11 (1961), S. 177–181; BArch, Akte DG 20 Nr. 20122.

26 BArch, Akte DG20 Nr. 20122.

27 BArch, Akten DE1 Nr. 23295 und Nr. 61527/VSII-11747 sowie DY Nr. 30-IVAII-607/166. Eine detaillierte Beschreibung der Entwicklung des Sauerstoffverbrauchs in den Stahlwerken findet sich bei Helmut Kinne, *Geschichte der Stahlindustrie der Deutschen Demokratischen Republik,* Düsseldorf 2002), S. 77, 92–93, 103, 108, 136, 175, 178, 180–183, 265, 281, 322–323, 410, 419 und 499. Der Begriff »QEK«-Verfahren geht auf den VEB Qualitäts- und Edelstahlkombinat zurück, die Firmengruppe, die für die Entwicklung des Verfahrens verantwortlich zeichnete.

28 BArch, Akten DE1 Nr. 23295 und 47884/VA-35008 sowie DC Nr. 20/2487 und DG802 Nr. 2006.

29 BArch, Akten DE1 Nr. 23295 und 47884/VA-35008 sowie DC Nr. 20/2487 und DG802 Nr. 2006.

30 BArch, Akten DG2 Nr. 19871, 19814 und 20115 sowie DE1 Nr. 50071/VA-43191; LAB, Akte C Rep 904–152 Nr. 9; LHASA, Akte I510 Nr. 41, 142, 143 und 81.

31 LHASA, Akten I510 Nr. 3 und 28; LAB, Akte C Rep 904–152 Nr. 4; BArch, Akten DE1 Nr. 23295, DL100 Nr. 19/3, 16/3, 17/1, 15/1 und 16 sowie DY 30/IV 2/6.03/73.

32 Zitat aus: »Jahresanalyse zum Kontrollbericht per 31. 12. 1956 und 31. 12. 1957 für VVB – Technische Gase Coswig/Anhalt«, in LHASA, Akten I510 Nr. 142 und 143. Vgl. hierzu auch: BArch, Akten DG2 Nr. 19867 und 19965.

33 Werner Bollerey, Helmut Sabisch und Siegfried Tannhäuser (Hg.), *Ökonomie der sozialistischen chemischen Industrie der DDR,* Leipzig 1963, S. 424.

34 »Perspektivbericht der VVB Allgemeine Chemie Technische Gase an den Hauptdirektor der VVB Allgemeine Chemie Halle über die Industriegasversorgung in der DDR«, 23. Juli 1958, sowie »Protokoll über die Sitzung des Kohlensäure-Fachausschusses im Ministerium für chemische Industrie, Zentrale für Produktionsabteilung«, 4. Juli 1957, beide in BArch, Akte DE1 Nr. 23295.

35 André Steiner, *Von Plan zu Plan,* München 2004.

36 Robert Kunze, »Die Stellung der chemischen Industrie der DDR zur Verfahrenstechnik«, in Wolfgang Fratzscher und Klaus-Peter Meinicke (Hg.), *Verfahrenstechnik und Wiedervereinigung,* Berlin 1997, S. 113–126, hier S. 123–124; Rainer Karlsch, »›Wie Phönix aus der Asche?‹ Rekonstruktion und Strukturwandel in der chemischen Industrie in beiden deutschen Staaten bis Mitte der sechziger Jahre«, in Lothar Baar und Dietmar Petzina (Hg.), *Deutsch-deutsche Wirtschaft 1945 bis 1990,* St. Katharinen 1999, S. 262–303, hier S. 298; Fritz Welsch, *Geschichte der chemischen Industrie,* Berlin 1981, S. 178.

37 Pressestelle VEB CMK Leipzig, »Zur historischen Entwicklung des Chemieanlagenbaus in der DDR«, in *Chemische Technik* (1975), S. 680–681.

38 Kunze, »Stellung der chemischen Industrie«, S. 123–124; SSA, Akte 20808 Nr. 745; BArch, Akte DE1 Nr. 61527/VSII-11747. Zu den weiteren Entwicklungen im Bau von Chemieanlagen in der DDR vgl. BArch, Akten DE1 Nr. 52101/VA-47121, 61676/VS-12165 sowie BArch, Akte DY 30/IVA/6.03/ 112; SSA, Akte 20808 Nr. 1180; Stadtarchiv Dresden [im Folgenden SAD], Akte 18/2008.104.

39 Barch, Akte DY 30/IV 2/6.03/6.

40 SAL, Akte DCM Nr. SCI VII Nr. 56.

41 Wurzen war tatsächlich »alleiniger Herstellerlieferant« von ganzen Kohlendioxidanlagen im sozialistischen Wirtschaftssystem. »Variantenvorschlag des VEB Wurzen für den Perspektivplan des VEB Mafa Wurzen 1965–1970«, 14. Januar 1965, in SSA, Akte 20836 Nr. 115. Allgemein zu den Entwicklungen in den 1960er-Jahren: BArch, Akte DY IV/2/603/41; SSA, Akten 20836 Nr. 252 und 302.

42 SAL, DCM, Akte Nr. SCI VII Nr. 56; LHASA, Akte I525 Nr. 20036. Karlsch, »Phönix«, S. 301.

43 LHASA, Akte I525 Nr. 20009.

44 1966 besuchten Vertreter der Leuna Werke die Linde AG und stellten fest, »dass man entweder mit Linde einen Lizenzvertrag über den Bau solcher Sauerstoffanlagen abschließen möchte, um danach selbst Anlagen zu bauen, oder die wesentlichen Teile dafür bei uns in München bestellen zu wollen«. Brief Hermann Linde an Professor Dr. Matthias Schmitt, Mitglied der Geschäftsführung der AEG Berlin, 7. Mai 1968, in CAL, Fach 38, D 05, Akte »DDR 1990«. Informationen zu Zitaten von westlichen Anlagenbauern finden sich in: LHASA, Akte I525 Nr. 20009.

45 BArch, Akten DE1 Nr. 50528 und DY 30/IV A2/6.03/133, Bd. 2; SAL, DCM, Akte Nr. SCI VII Nr. 56.

46 »Schreiben an den Hauptdirektor der VVB Allgemeine Chemiehalle durch den VVB Allgemeine Chemie Technische Gase betreffend Situationen Perspektivbericht über die Sauerstoffversorgung in der DDR«, 23. Juli 1958, in BArch, Akte DE1 Nr. 23295. Vgl. auch: BArch, Akten DE1 Nr. 23295 und DL 100 Nr. 16; LAB, Akte C Rep 904–152 Nr. 8.

47 Heinz Rothe, »Wirtschaftliche Sauerstoff- und Brenngasversorgung in Klein- und Mittelbetrieben«, in *Schweißtechnik* 21 (1971), S. 297–299; Uwe Tatter, »Brenngas und Sauerstoffversorgung durch Flaschenbatterieanhänger«, in *Schweißtechnik* 21 (1971), S. 300–303; Dietmar Klubscheidt und Karl-Heinz Funk, »Rationalisierung des Transports von technischen Gasen«, in *Schweißtechnik* 14 (1964),

S. 417–418; Georg Kersting und Egon Schlebeck, »Wirtschaftliche Sauerstoffversorgung«, in *Schweißtechnik* 20 (1970), S. 553–556.

48 BArch, Akte DE1 Nr. 23295. Vgl. auch: Andreas Lueken, »Westliche Technik. Industriegase für den Umweltschutz«, in *FAZ* (28. Mai 1990), S. B20.

49 BArch, Akte DY 30/IV 2/6.03/73 Bd. 5.

50 SAL, DCM, Akte Nr. SCI VII Nr. 56; LHASA, Akte I525 Nr. 20029; BArch, Akte DE4 Nr. 21665. Vgl. allgemein BArch, Akten DY 30/IV 2/6.03/74 Bd. 6 und DG 11 Nr. 315; Rainer Karlsch und Raymond G. Stokes, *The Chemistry Must Be Right: The Privatization of Buna Sow Leuna, 1990–2000,* Leipzig 2001, S. 28–33.

51 BArch, Akten DC20 Nr. 20374 und 19198. Vgl. auch Kurt Rochler, »Die Schweißtechnik und der VEB Chemiehandel«, in *Schweißtechnik* 19 (1969), S. 452.

52 Reinhold Bauer, *PKW-Bau in der DDR. Zur Innovationsschwäche von Zentralverwaltungswirtschaften,* Frankfurt a. M. u. a. 1999, S. 110, 273. Vgl. auch BArch, Akte DC20 Nr. 20374.

53 LHASA, Akte I525 Nr. 20044; BArch, Akten DL100 Nr. 16 und DE1 Nr. 61225/VSII-10652 und 61345/VSII-11110.

54 LAB, Akte C Rep 904–152 Nr. 8. Vgl. allgemeiner: André Steiner, *Die DDR-Wirtschaftsreform der sechziger Jahre: Konflikt zwischen Effizienz- und Machtkalkül,* Berlin 1999, S. 346–502.

55 BArch, Akte DY 30/IVA/6.03/112; SSA, Akte 20237 Nr. 28667; BArch, Akte DL100 Nr. 19/2.

56 C. Büttner, »Neue Sauerstoffanlage im Dauerbetrieb«, in *Chemische Technik* (1974), S. 182.

57 LHASA, Akte I525 Nr. 20009 und 17352; BArch, Akte DY 30 Nr. IVA2/603/133; Akte »DDR 1990«, in CAL, Fach 38, D 05, und Akte »DDR«, in CAL, Fach: 54, E 04.

58 Welsch, *Geschichte der chemischen Industrie,* S. 192.

59 LHASA, Akten I525 Nr. 20044 und SGE Nr. 17351; Karlsch und Stokes, *The Chemistry Must Be Right,* insbesondere S. 34–43.

60 Kinne, *Geschichte der Stahlindustrie,* S. 77, 92–93, 103, 108, 136, 175, 178, 180–183, 265, 281, 322–323, 410, 419 und 499. Vgl. auch Stefan Unger, *Eisen und Stahl für den Sozialismus,* Berlin 2000, S. 157, 223–223, 245, 265, 305 und 320; Stefan Unger, »Technische Innovation einer alten Branche: Die Einführung der Sauerstofftechnologie in der Stahlindustrie der Bundesrepublik und der DDR«, in Johannes Bähr und Dietmar Petzina (Hg.), *Innovationsverhalten und Entscheidungsstrukturen. Vergleichende Studien zur wirtschaftlichen Entwicklung im geteilten Deutschland 1945 bis 1990,* Berlin 1996, S. 49–78, hier S. 54–57, 59 und 67.

61 Dagmara Jajeśniak-Quast, *Stahlgiganten in der sozialistischen Transformation. Nowa Huta in Krakau, EKO in Eisenhüttenstadt und Kuncice in Ostrava,* Wiesbaden 2010, S. 253 und 282; Kinne, *Geschichte der Stahlindustrie,* S. 184, 222 und 225–226. Vgl. auch Vorstandsprotokoll vom 19. Dezember 1989, Protokolle des Vorstands der Linde AG, in LAS.

62 BArch, Akte DG11 Nr. 2313; Welsch, *Geschichte der chemischen Industrie,* S. 192.

63 BArch, Akte DG11 Nr. 1408; LAB, Akte C Rep 904–152 Nr. 17; Akte »Zusam-

menarbeit Verträge Linde Konzern TG bis 2000«, in CAL, Fach 38, C 02; J. Rafalowicz, »History of Cryogenics in Poland«, in Ralph G. Scurlock (Hg.), *History and Origins of Cryogenics,* New York 1992, S. 101–121, hier S. 118; Ebbe Almqvist, »The Major Gas Companies in Europe«, in *CryoGas International* (Januar 2007), S. 36–41. Die Sowjetunion stellte in Odenburg und Dubna auch Helium aus natürlichen Gasen her. Almqvist, *History of Industrial Gases,* S 130.

64 BArch, Akte DG11 Nr. 4170.

65 BArch, Akte DC20 Nr. 21376.

66 Harm G. Schröter, »Handlungspfadverengung bis zur Selbstzerstörung? Oder: Warum die chemische Industrie der DDR im Vergleich zu der der Bundesrepublik zwischen 1965 und 1990 so hoffnungslos veraltete«, in Baar und Petzina (Hg.), *Deutsch-deutsche Wirtschaft,* S. 304–325, hier S. 308.

67 SSA, Akte 20.808 Nr. 419.

68 Grimma 1986: Akte »DDR«, in CAL, Fach 38, D 05 und Akte »Chemieanlagen Leipzig Grimma«, in CAL, Fach 39, D 04; Pressestelle VEB CMK Leipzig, »Zur historischen Entwicklung des Chemieanlagenbaus in der DDR«, S. 680–681.

69 SSA, Akte 20808 Nr. 481.

70 LHASA, Akte I525 Nr. 20041.

71 Steiner, *Von Plan zu Plan,* S. 208–215.

72 »Besuchsbericht DDR Reise-Eisenhüttenstadt/CLG«, 28. April 1987, in CAL, Fach 38, D 05, Akte »DDR«.

73 BArch, Akte DG11 Nr. 2747 sowie DC20 Nr. 10740. Vgl. auch: Ulrich Adolphs, »Investitionen nicht zu Lasten heimischer Betriebe. Messer Griesheim will in den neuen Ländern Industriegase erzeugen«, in *FAZ* (14. April 1991), S. 6.

74 »Arbeitsgruppe für Organisation und Inspektion beim Ministerrat – Kontrollabteilung, Bericht über erforderliche Maßnahmen zur beschleunigten Entwicklung und Produktion von Sonderschweißanlagen« [o.J. ca. 1988], in BArch, Akte DC20 Nr. 20289. Vgl. auch BArch, Akten DC20 Nr. 20374, 10175, 11104, 19714 und 19948.

75 BArch, Akten DC20 Nr. 20255 und DC20 Nr. 20289. Schon 1972 gab es Klagen über einen Engpass bei Stahlflaschen und besonders Spezialflaschen. BArch, Akte C Rep 904–152 Nr. 17.

76 BArch, Akte DC20 Nr. 20289.

77 Adolphs, »Investitionen nicht zu Lasten heimischer Betriebe. Messer Griesheim will in den neuen Ländern Industriegase erzeugen«, in *FAZ* (14. April 1991), S. 6.

78 BArch, Akten DC20 Nr. 20255 und DG11 Nr. 2747; Technisch und ökonomisch zweckmäßige Versorgungsvarianten für ausgewählte technische Gase in Maschinenbaubetrieben (Diss. TH Magdeburg, 1983).

79 Vgl. beispielsweise die Verhandlungen der Linde AG in den 1980ern: Akte »DDR ab 1984«, in CAL, Fach 38, D 03, und Akte »DDR«, in CAL, Fach 38, D 05.

80 Almqvist, *History of Industrial Gases,* S. 283–290 und 321–325; Alain Jemain, *Les conquérants de l' invisible: Air liquide, 100 ans d'histoire,* Paris 2002, S. 121; »Running through the Japanese Market as a Market Leader«, in *Gas Review Nippon* (Sommer 1997), S. 16–17; »Japan Nippon Sanso 1959–1964«, in CAL, Fach 39, D 07.

81 Jemain, *Les conquérants de l'invisible,* S. 121; Almqvist, *History of Industrial Gases,* S. 283–290 und 321–325; »A Slice of Postwar History«, in *Gas Review*

Nippon (Winter 1990), S. 7–8; »Osaka Sanso Kogyo to Be a 100 % Subsidiary of BOC Takeover«, in *The Gas Review* 184 (21. März 2001), S. 1; »Running through the Japanese Market«, S. 16–17; K. Oshima und Y. Aiyama, »The Development of Cryogenics in Japan«, in Ralph G. Scurlock (Hg.), *History and Origins of Cryogenics,* Oxford 1992, S. 520–546, hier 520–521 und 524–525; L'Air Liquide, *L'Air Liquide. Cinq années d'expansion 1952–1956,* Paris 1957, S. 16; »Jaeger, Materialien zur Geschichte der Werksgruppe TVT«, in CAL, Fach 40, A 05.

82 Jemain, *Les conquérants de l'invisible,* S. 121.

83 »Box Richard Linde«, in CAL, Fach 41, B 02–07. Vgl. auch Dokument o.T. [Lieferliste von Linde LZAs], in CAL, Fach 40, A 03.

84 »Slice of Postwar History«, S. 7–8.

85 Almqvist, *History of Industrial Gases,* S. 283–290; Oshima und Aiyama, »The Development of Cryogenics in Japan«, S. 528–529 und 540–541.

86 Almqvist, *History of Industrial Gases,* S. 283–290; »Nippon Sanso Acquires the Air Separation Plant Business of Hitachi«, in *The Gas Review* 209 (17. Januar 2003), S. 1–2; »Japan Nippon Sanso 1959–1964«, in CAL, Fach 39, D 07; »Unternehmensplanung 1981 für 1982–1986«, in CAL, Fach 39, E 04; »Unternehmensplanung 1982 für 1982–1987«, in CAL, Fach 39, E 04; »Unternehmensplanung Unterlagen 1980«, in CAL, Fach 39, E 04 a. »Japan Verträge«, in CAL, Fach 41, B 01; SSA, Akte 20807: VEB Chemieanlagenbau Leipzig CMK Leipzig Nr. 1702.

87 »Industrial Gases Market in Japan and Nippon Sanso, Nippon Sanso Planning Sept«, September 1976 [Ms.], und H.R. Miller, »Report to the visit to Nippon Sanso KK Tokyo, Japan 12.12.1975«, 9. Januar 1976, beide in BOCM, Box 737; »H'Kr. Intern Notizen usw. 1966II«, in CAL, Fach 39, B 03; Almqvist, *History of Industrial Gases,* S. 283–290. Allgemein zur Entwicklung in der japanischen Stahlindustrie: Erich Pauer, »Der Technologietransfer nach Japan. Strukturen und Strategien«, in Pauer (Hg.), *Technologietransfer Deutschland-Japan von 1850 bis zur Gegenwart,* München 1992, S. 48–69; Jun'chi Kokado, »Technologietransfer zwischen Deutschland und Japan auf dem Gebiet der Stahlindustrie nach dem Zweiten Weltkrieg«, in Erich Pauer (Hg.), *Technologietransfer Deutschland-Japan von 1850 bis zur Gegenwart,* München 1992, S. 224–250.

88 »H'Kr. Intern Notizen usw. 1966II«, in CAL, Fach 39, B 03.

89 Oshima und Aiyama, »The Development of Cryogenics in Japan«, S. 530–531.

90 »Slice of Postwar History«, S. 7–8. Zu den Lizenzvereinbarungen zwischen Linde und Nippon Sanso vgl. auch: Vorstandsprotokolle vom 5. Juli 1962, 22.–23. Oktober 1962 und 11. Oktober 1963, Protokolle des Vorstands der Linde AG, in LAS; »Dir. i.R. Wucherer Gesellschaft Linde (AR-EVS) 1961–1966«, in CAL, Fach 41, D 01–07, sowie »Japan Nippon Sanso 1959–1964«, in CAL, Fach 39 D 07.

91 »Geschichte Heliumverflüssigung«, in CAL, Fach 40 A 05; »Unternehmensplanung 1981 für 1982–1986«, in CAL, Fach 39 E 05; »Marktforschung ZV + VVM PP 2 Teil 1970«, in CAL, Fach 39 C 05; »H'Kr. Intern Notizen usw. 1967II«, in CAL, Fach 39, B 02; »H'Kr. Intern Notizen usw. 1966 II«, in CAL, Fach 39, B 03 und »H … Kr. Intern Notizen usw. 1965«, in CAL, Fach 39, B 03.

92 »The Structure of the Industrial Gas Market and the Technological Propositions

of the Future«, in *Gas Review Nippon* (Herbst 1986), S. 2–7; Jemain, *Les conquérants de l'invisible,* S. 212–213; Oshima und Aiyama, »The Development of Cryogenics in Japan«, S. 530–531 und 540–541; Nippon Sanso, Geschäftsbericht 1979/1980, S. 3–4; H.R. Miller, »Report to the visit to Nippon Sanso KK Tokyo, Japan 12.12.1975«, 9. Januar 1976 und »Industrial Gases Market in Japan and Nippon Sanso, Nippon Sanso Planning Sept.«, September 1976 [Ms.], beide in BOCM, Box 737.

93 Oshima, Aiyama, »The Development of Cryogenics in Japan«, S. 530–531.

94 BOC (Hg.), *Around the Group in 100 Years The BOC Group Celebrating Our First Century,* London 1986, S. 22–23.

95 »Slice of Postwar History«, S. 7–8. Zu einzelnen Joint Ventures und den Anlagen, die ausschließlich von Nippon oder Teisan betrieben wurden, vgl. Nippon Sanso, Geschäftsbericht 1978, S. 3–5 und 10 sowie 1980/81, S. 4–6; »H'Kr. Intern Notizen usw. 1967 II«, in CAL, Fach 39, B 02.

96 Vorstandsprotokoll vom 14. Februar 1977, Protokolle des Vorstands der Linde AG, in LAS. Zur Sauerstoffproduktion: Merrill Lynch International Research, »Industrial Gas Industry Part II: International Companies«, in BOCM, Box 747; »Marktforschung ZV/VVm + PP 2 Teil 1970«, in CAL, Fach 39 C 05. Zu den beachtlichen Wachstumsraten auf dem japanischen Markt für Industriegase (10 Prozent in den 1960er-Jahren, 5 Prozent in den 1970er-Jahren und 4 Prozent in den 1980er-Jahren): Maura D. Garvey und Toby L. Marshall, »The Industrial Gas Industry: Enduring the Economic Slump in the Pacific Rim«, in *CryoGas International* (Mai 1998), S. 15–24.

97 »The Structure of the Industrial Gas Market and the Technological Propositions of the Future«, in *Gas Review Nippon* (Herbst 1986), S. 2–7.

98 Ebd.

99 Volker Hentschel, *Wirtschaftsgeschichte des modernen Japan,* Bd. 2: Japans Weg zur wirtschaftlichen Weltmacht (1930–1983), Stuttgart 1986, S. 99– 102; Sei Yonekura und Sara McKinney, »Innovative Multinational Forms Japan as a Case Study«, in Alfred D. Chandler und Bruce Mazlish (Hg.), *Leviathans. Multinational Corporations and the New Global History,* Cambridge/NY 2005, S. 105–131.

100 H.R. Miller, »Report to the visit to Nippon Sanso KK Tokyo, Japan 12.12.1975«, 9. Januar 1976, und »Industrial Gases Market in Japan and Nippon Sanso, Nippon Sanso Planning Sept.«, September 1976 [Ms.], beide in BOCM, Box 737; BOC, Marktstudie, 1990, Akte »Nippon Sanso«, in BOCM, Box 1007; Howard Gough, »Memorandum«, 5. Januar 1990, in BOCM, Box 608.

101 Jemain, *Les conquérants de l'invisible,* S. 121.

102 Nippon Sanso, Geschäftsberichte 1980/81, S. 4. Zum »Japan Helium Center«, Nippon Sansos Joint Venture mit Airco im Jahr 1970: Almqvist, *History of Industrial Gases,* S. 283–290.

103 »Slice of Postwar History«, S. 7.

104 Nippon Sanso, Geschäftsberichte 1980/81, S. 4. Vgl. dazu auch: Garvey, Marshall, »The Industrial Gas Industry«, S. 15–24; BOC, Marktstudie, 1990, Akte »Nippon Sanso«, in BOCM, Box 1007; Howard Gough, »Memorandum«, 5. Januar 1990, in BOCM, Box 608; Bericht »BOC Group Planning April 1989: Forging a Global Gases Strategy«, in BOCW, Box 1017.

105 H. R. Miller, »Report to the visit to Nippon Sanso KK Tokyo, Japan 12/12/1975«, 9. Januar 1976, und »Industrial Gases Market in Japan and Nippon Sanso, Nippon Sanso Planning Sept.«, September 1976 [Ms.], beide in BOCM, Box 737; »Market Trend: Gas business has become Main Stream of Separate Gas«, in *The Gas Review* 203 (1990), in BOCM, Box 602; »Japanese Venture for BOC«, in *The Financial Times* (2. Juni 1976), S. 6.

106 »Marktforschung ZV/VVm + PP 2 Teil 1970«, in CAL, Fach 39, C 05.

107 »Nippon Sanso Acquires the Air Separation Plant Business of Hitachi«, in *The Gas Review* 209 (17. Januar 2003), S. 1–2; »Unternehmensplanung 1976 für 1977– 1981«, in CAL, Fach 39 E 04 sowie »Marktforschung 1964, 1969«, in CAL, Fach 39 C 01.

108 »Japan Nippon Sanso 1959–1964«, in CAL, Fach 39 D 07; »Japan Linde4 Nippon Isomura 1974-«, in CAL, Fach 39 D 07; »H'kreuth intern Aktennotizen interne Berichte 1963«, in CAL, Fach 39 B 03; BOC Marktstudie, 1990, Akte »Nippon Sanso«, in BOCM, Box 1007; SSA; Akte 20807: VEB Chemieanlagenbau Leipzig CMK Leipzig Nr. 1702; »Linde-Beteiligungsgesellschaft in Japan«, in *Linde heute* (3/1973), S. 1; »Linde-TVT-Stützpunkte in aller Welt. Linde Tokio berichtet«, in *Linde heute* (6/1976), S. 11.

109 BOC, Marktstudie, 1990, Akte »Nippon Sanso«, in BOCM, Box 1007.

110 Nippon Sanso, Geschäftsbericht 1980, S. 12; »Slice of Postwar History«, S. 7–8; »Power to the People. An Interview with Iwatani International Corporation«, in *Gasworld* (Juni 2008), S. 34–36. »H'Kr. Intern Notizen usw. 1971/II«, in CAL, Fach 39, B 02; Oshima und Aiyama, »The Development of Cryogenics in Japan«, S. 530–531.

111 »Slice of Postwar History«, S. 7–8.

112 Nippon Sanso, Geschäftsbericht 1985, S. 12–14, 17, und 1988, S. 15; BOC, Marktstudie, 1990, Akte »Nippon Sanso«, in BOCM, Box 1007; »The Pains of Internationalization in Japan. Mr. Natsuro Ishizawa, President of Nippon Sanso K. K.«, in *Gas Review Nippon* (Frühjahr 1986), S. 16.

113 »Running through the Japanese Market«, S. 16–17.

114 »History of Reorganization in the Japanese Gas Industry, Looked Back the Last 20 Years«, in *Gas Review Nippon* (Sommer 2002), S. 4–7.

115 »BOC Group Planning April 1989: Forging a Global Gases Strategy«, in BOCW, Box 1017.

116 Zu Iwatani International vgl.: »Power to the People«, S. 34–36.

117 »The Pains of Internationalization in Japan«, S. 16. Vgl. auch: Hentschel, *Wirtschaftsgeschichte des modernen Japan,* Bd. 2, S. 94.

118 »Japan Nippon Sanso 1959–1964«, in CAL, Fach 39, D 07; Almqvist, *History of Industrial Gases,* S. 283–290; »Drexel Burnham Lambert, Market report«, 30. Mai 1989, in BOCM, Box 732; »Slice of Postwar History«, S. 7–8; »History of Reorganization in the Japanese Gas Industry«, in *Gas Review Nippon* (Sommer 2002), S. 4–7; »Osaka Sanso Kogyo to Be a 100 % Subsidiary of BOC«, in *The Gas Review* 184 (21. März 2001), S. 1–2; Garvey, Marshall, »The Industrial Gas Industry«, S. 15–24; »BOC I December 1971« und »BOC, Note on market situation in Japan«, 20. Mai 1971, beide in BOCW, Box 483; »Summary of Proceedings BOC International 4. 3. 1969« (Sammlung wichtiger Dokumente für BOC Geschichte von 1945–1979, Ordner 4 1969–1973), in BOCM, Box 488,

und »BOC Management Bulletin«, 29. April 1980, in BOCM, Box 249; BOC, Geschäftsbericht 1981, S. 21, und 1984, S. 12; »Japanese Industry Slow Thaw in Resistance to Foreign Takeovers«, in *The Financial Times* (12. Dezember 1983), S. IV.

119 »Slice of Postwar History«, S. 7–8; »The Morton Research Corporation Merrick, The Merger and Acquisition Manual on the Industrial Gas Industry«, Februar 1991, in BOCW, Box 232; »BOC International IX, Strategy Meeting«, 1.–3. Dezember 1971, in BOCW, Box 483; Butrica, *Out of Thin Air,* S. 180, 210, 245, 271 und 273.

120 BOC, Marktstudie, 1990, Akte »Nippon Sanso«, in BOCM, Box 1007; »Special Supplement: A Chronogical Table for Asia Gas Market: Alliances, Tie-Ups, Joint Ventures etc.«, in *Gas Review Nippon* (Winter 1995), S. 16–17.

121 »Mit profitablen Spezialitäten weiter voran. Messer Griesheim: Konjunkturbelebung im Inland unübersehbar«, in *FAZ* (4. April 1979), S. 16; »Mit vollen Kassen in die neunziger Jahre. Messer Griesheim«, in *FAZ* (19. April 1990), S. 18; »Forschung ist der Motor des Wachstums. Messer Griesheim treibt die Spezialisierung in der Schweiß- und Schneidtechnik weiter voran«, in *FAZ* (30. April 1980), S. 17; »Messer Griesheim verstärkt das Auslandsgeschäft«, in *FAZ* (18. April 1989), S. 15; Jörg Lesczenski, *100 Prozent Messer. Die Rückkehr des Familienunternehmens, 1898 bis heute,* München 2007, S. 84; Hans Messer, *Messer Griesheim Weltgeschehen 1942–1982,* Frankfurt a. M. 1982.

122 »Japan Linde Far East Engineering Ltd«, »Japan«, »Linde Far East Rechnungswesen«, »Japan Linde Far East« und »Berichte über Auslandsgesellschaften für den Aufsichtsrat«, alle in CAL, Fach 39, E 07 sowie »Unternehmensplanung 1980 für 1981–1985«, in CAL, Fach 39, E 04 und »Historische Unterlagen«, in CAL, Fach 40, A 01–02.

123 »Market Trend: Gas Business has become Main Stream of Separate Gas«, in *The Gas Review* 203 (1990), in BOCM, Box 602.

124 »Slice of Postwar History«, S. 7–8; H. R. Miller, »Report to the visit to Nippon Sanso KK Tokyo, Japan 12.12.1975«, 9. Januar 1976, und »Industrial Gases Market in Japan and Nippon Sanso, Nippon Sanso Planning Sept.«, September 1976 [Ms.], beide in BOCM, Box 737.

125 Thomas Bagger, *»Strategische Technologien«, internationale Wirtschaftskonkurrenz und staatliche Intervention. Eine Analyse der Entwicklungen und Widersprüche am Beispiel der Halbleiterindustrie,* Baden-Baden 1993, S. 76–87, 92–99, 135–140, 188 und 194–198; Oshima und Aiyama, »The Development of Cryogenics in Japan«, S. 530–531, 538–539 und 542–543.

126 Giovanni Dosi, *Technical Change and Industrial Transformation,* New York 1984, S. 61–66; Bagger, *Strategische Technologien,* S. 76–87, 92–99, 135–140, 188 und 194–198. Vgl. auch BOCs Studie über die weltweite Halbleiterproduktion im Jahr 1989 und ihre Bedeutung für die Industriegasherstellung: Dr. D. C. Lamb (Managing Director BOC), »Overview of the BOC Group«, März 1989, in BOCM, Box 764.

127 Interview mit Seigo Ishi, Hauptgeschäftsführer von Nippon Sanso in AGAs Firmenzeitschrift *Innovation 2* (1991), S. 33–35. Vgl. auch: Nippon Sanso, Geschäftsbericht 1988, S. 15; Almqvist, *History of Industrial Gases,* S. 283–290, 321–325, 339 und 435; »Strategic Analysis Inc., Brussels, Reading PA Tokyo,

Focused Competetive Assessment of Suppliers of Electronic Gases«, Bd. 1, A Report to The BOC Group, in BOCW, Box 335; »PSA and Mini-Onsite Plants Attack Liquid Field and Gases Profits«, in *Gas & Chemical Reporter* 7 (September 1986), S. 1–4.

128 Bagger, *Strategische Technologien,* S. 135–140, 188 und 194–198.

129 Nippon Sanso, Geschäftsberichte 1983/84, S. 12 und 16; »Market Trend: Gas Business has become Main Stream of Separate Gas«, in *The Gas Review* 203 (1990), in BOCM, Box 602.

130 »We Imagine New Livelihood Business from Gas«, in *Gas Review Nippon* (Sommer 1987), S. 6; BOC, Marktstudie, 1990, Akte »Nippon Sanso«, in BOCM, Box 1007; »Leadership Trust and a Desire to Grow. An Interview with Matheson Tri-Gas's Bill Kroll«, in *Gasworld* (November 2008), S. 32–33; Vgl. auch Mathesons Website: Our History and Events That Shaped It: http://www.mathesongas.com/corporate/mtghistory.aspx [aufgerufen am 12. Dezember 2012].

131 Nippon Sanso, Geschäftsbericht 1985, S. 5, 17, sowie 1989, S. 5, 8 und 18; »Row Flares in US over High-tech Deal with Japan«, in *The Financial Times* (21. April 1990), S. 1; »Hochtechnologie bleibt amerikanisch. Politischer Druck verhindert Unternehmenskauf durch Japaner«, in *FAZ* (27. Februar 1991), S. 24; »Spitzentechnologien in ausländischer Hand. Amerikanische Sorge über die Erosion der Technologiebasis«, in *FAZ* (25. Oktober 1990), S. 22.

132 BOC, Marktstudie, 1990, Akte »Nippon Sanso«, in BOCM, Box 1007.

133 Hentschel, *Wirtschaftsgeschichte des modernen Japan,* Bd. 2, S. 160–161; Nippon Sanso, Geschäftsbericht 1978, S. 3–4; »Gas Overview in Japan«, in *Gas Review Nippon* (Sommer 1990), S. 20–23; Jemain, *Les conquérants de l'invisible,* S. 212–213.

134 »Gas Overview«, in *Gas Review Nippon* (Herbst 1986), S. 23.

135 BOC, Marktstudie, 1990, Akte »Nippon Sanso«, in BOCM, Box 1007, und »Drexel Burnham Lambert, Market report«, 30. Mai 1989, in BOCM, Box 732; »The Structure of the Industrial Gas Market«, in *Gas Review Nippon* (Herbst 1986), S. 2–7; »History of Reorganization in the Japanese Gas Industry«, in *Gas Review Nippon* (Sommer 2002), S. 4–7; »Sales & Profits Trend of 10 Major Industrial Gas Producers«, in *Gas Review Nippon* (Winter 1988), S. 8.

136 H.R. Miller, »Report to the visit to Nippon Sanso KK Tokyo, Japan 12.12.1975«, 9. Januar 1976, und »Industrial Gases Market in Japan and Nippon Sanso, Nippon Sanso Planning Sept.«, September 1976 [Ms.], beide in BOCM, Box 737; BOC, Marktstudie, 1990, Akte »Nippon Sanso«, in BOCM, Box 1007; »A Demand for N2 for Use with Food. Stability for Both Freezing and Insertion«, in *The Gas Review* 317 (21. Januar 2010), S. 5.

137 »Special Supplement«, in *Gas Review Nippon* (Winter 1995), S. 16–17; BOC, Geschäftsberichte 1987, S. 11, 1988, S. 20–21, und 1989, S. 24–25; H.R. Miller, »Report to the visit to Nippon Sanso KK Tokyo, Japan 12.12.1975«, 9. Januar 1976, und »Industrial Gases Market in Japan and Nippon Sanso, Nippon Sanso Planning Sept.«, September 1976 [Ms.], beide in BOCM, Box 737.

138 Nippon Sanso, Geschäftsbericht 1980, S. 7; H.R. Miller, »Report to the visit to Nippon Sanso KK Tokyo, Japan 12.12.1975«, 9. Januar 1976, und »Industrial

Gases Market in Japan and Nippon Sanso, Nippon Sanso Planning Sept.«, September 1976 [Ms.], beide in BOCM, Box 737.

139 BOC, Vorstandsprotokolle vom 19. März 1979 und 27. Juni 1979, in BOCW, Box SEC00462; »Luftzerlegungsanlagen 4. Arbeitstagung der Linde AG«, 15.–17. Oktober 1980, in CAL, Fach 38, F 05; »Technological Discontinuity – The PSA Dilemma, a Brief for Group Discussion«, Oktober 1987, in BOCM, Box 608; »S. Robbins, S. Petridis, The BOC Group Gases Planing, Non Crygenic Review. A Market survey«, April 1992, in BOCW, Box 232; C.R. Baker und T.F. Fisher, »Industrial cryogenic engineering in the USA«, in Ralph G. Scurlock (Hg.), *History and Origins of Cryogenics,* New York 1992, S. 217–254, hier. S. 235; Almqvist, *History of Industrial Gases,* S. 182–186; Katri Iivonen, »Money out of Thin Air«, in *Gasworld* (Dezember 2005), S. 22–23. Vgl. auch Kapitel 9.

140 »Slice of Postwar History«, S. 7–8.

141 »Market Trend: Gas Business Has Become Main Stream of Seperate Gas«, in *The Gas Review* 203 (1990), in BOCM, Box 602; »The Structure of the Industrial Gas Market«, S. 2–7; Howard Gough, »Aktennotiz«, 5. Januar 1990, in BOCM, Box 608.

142 BOC, Marktstudie, 1990, Akte »Nippon Sanso«, in BOCM, Box 1007; »The Pains of Internationalization in Japan«, S. 16.

143 »Market Trend: Gas Business Has Become Main Stream of Separate Gas«, in *The Gas Review* 203 (1990), in BOCM, Box 602.

144 »Market Trend: Gas Business Has Become Main Stream of Separate Gas«, in *The Gas Review* 203 (1990), in BOCM, Box 602; BOC, Marktstudie, 1990, Akte »Nippon Sanso«, in BOCM, Box 1007; Nippon Sanso, Geschäftsberichte 1983/1984, S. 10–11 und 1985, S. 10–11; BOC, Marktstudie, 1990, Akte »Nippon Sanso«, in BOCM, Box 1007; »Interview Seigo Ishi, Senior Managing Director Nippon Sanso«, in *Innovation* 2 (1991), S. 33–35, in BOCM, Box 939.

145 »BOC Group Planing April 1989: Forging a Global Gases Strategy«, in BOCW, Box 1017.

146 »First Boston Equity Research, Basic Report L'Air Liquide«, 29. April 1986, in BOCM, Box 732; Bagger, *Strategische Technologien,* S. 76–87.

147 »PSA and Mini-Onsite Plants«, S. 1–4.

148 »Gas Overview in Japan«, S. 20–23; »The Pains of Internationalization in Japan«, S. 16; Jemain, *Les conquérants de l'invisible,* S. 212–213; Nippon Sanso, Geschäftsbericht 1988, S. 6; BOC, Marktstudie, 1990, Akte »Nippon Sanso«, in BOCM, Box 1007. Zu MITIs Krisenpolitik allgemein: Hentschel, *Wirtschaftsgeschichte des modernen Japan,* Bd. 2, S. 111–113.

149 Nippon Sanso, Geschäftsbericht 1988, S. 4–5; »Drexel Burnham Lambert, Market report«, 30. Mai 1989, in BOCM, Box 732; »Gas Overview in Japan«, S. 20–23.

150 Nippon Sanso, Geschäftsbericht 1988, S. 5; BOC, Marktstudie, 1990, Akte »Nippon Sanso«, in BOCM, Box 1007, und »Interview Seigo Ishi, Senior Managing Director Nippon Sanso«, in *Innovation* 2 (1991), S. 33–35, in BOCM, Box 939; Nippon Sanso, Geschäftsbericht 1978, S. 4, 1979, S. 17, 1983/84, S. 14–15, und 1988, S. 9, 12–14; BOC, Marktstudie, 1990, Akte »Nippon Sanso«, in BOCM, Box 1007 und Howard Gough, »Aktennotiz«, 5. Januar 1990, in

BOCM, Box 608; »The Morton Research Corporation Merrick, The Merger and Acquisition Manual on the Industrial Gas Industry«, Februar 1991, in BOCW, Box 232; Almqvist, in *History of Industrial Gases,* S. 283–290; »Market Trend: Gas Business has become Main Stream of Seperate Gas«, in *The Gas Review* 203 (1990), in BOCM, Box 602; BOC, Marktstudie, 1990, Akte »Nippon Sanso«, in BOCM, Box 1007, und »Drexel Burnham Lambert, Marketreport«, 30. Mai 1989, in BOCM, Box 732; »Market Trend: Gas Business Has Become Main Stream of Separate Gas«, in *The Gas Review* 203 (1990), in BOCM, Box 602; »Special Supplement«, in *Gas Review Nippo*n (Winter 1995), S. 16–17; »Nippon Sanso and Messer Group. German-Japanese Alliance Formed in Semiconductor Field«, in *The Gas Review* 155 (13. November 1998), S. 1–2.

151 »History of Reorganiszation in the Japanese Gas Industry«, S. 4–7; »PSA and Mini-Onsite Plants«, S. 1–4; Jemain, *Les conquérants de l'invisible,* S. 212–213; »The Japan Industrial Gases Association«, in *Gasworld* (Januar 2007), S. 28–29.

152 Zur Fusion von Daido Sanso und Hoxan Corporation und ihrer weiteren Entwicklung in Air Water Inc. im Jahr 2000: http://www.awi.co.jp/english/company/history.html [aufgerufen am 12. Juli 2012].

153 »History of Reorganization in the Japanese Gas Industry«, S. 4–7; »Nippon Sanso Acquires the Air Separation Plant Business of Hitachi«, S. 1–2.

154 »Nippon Sanso to Merge with Taiyo Toyo Sanso«, in *Welding Design and Fabrication* (März 2004), S. 8.

155 »Gas Overview in Japan«, S. 20 und 23. Zur Verteilung der Marktanteile in den 1980er-Jahren vgl. auch: Jemain, *Les conquérants de l'invisible,* S. 212–213; »BOC Group Planing April 1989: Forging a Global Gases Strategy«, in BOCW, Box 1017; »Drexel Burnham Lambert, Market report«, 30. Mai 1989, in BOCM, Box 732, und »Vickers da Costa, Japanese Investment service: Nippon Sanso«, Oktober 1984, in BOCM, Box 737; »The Structure of the Industrial Gas Market«, S. 2–7.

Kapitel 9: Der Kampf um die Märkte und neue Herausforderungen der Branche in den 1980er-Jahren

1 Ebbe Almqvist, »The Major Gas Companies in Europe«, in *CryoGas International* (Januar 2007), S. 36–41. Die Zahlen zu den Marktanteilen stammen aus »US Gas Market Shares, 1979–90« [o.J., ca. 1991], in BOCM, Box 939.

2 Messer sah im Kauf der fünf Air-Liquide-Anlagen »the last opportunity to enter the US market«. Bericht über den Besuch von BOC bei Messer Griesheim, 14. März 1980, in BOCM, Box 737.14.3.1980.

3 Almqvist, *History of Industrial Gases,* S. 239–241; Alain Jemain, *Les conquérants de l'invisible,* S. 202–205; Linda Carstens und Katharine L. Plourde, Drexel Burnham Lambert, Marktforschungsbericht zu Air Liquide, 30. Mai 1989, in BOCM, Box 732.

4 Jemain, *Les conquérants de l'invisible,* S. 202–205; »Entering the US Market« [o.J., ca. 1990], in BOCM, Box 939; Merrill Lynch International Research, »Industrial Gas Industry. Part I. US Company«, 29. September 1981, in BOCM,

Box 730; Merrill Lynch International Research, »Industrial Gas Industry«, 6. November 1981, in BOCM, Box 701.

5 UCC, Geschäftsbericht 1990, S. 14, 17, in BOCM, Box 752; J.R. MacLean, J.R. MacLean (Präsident der Linde Division) »UCC Investor Insight Security Analyst Meeting Transcript«, 15. September 1983, in BOCM, Box 752.

6 Unbetiteltes Dokument in CAL, Fach 38, F 05, Akte: »Üblicher Renditebereich einer Gasefirma 1978–1987, Ziele und Gesamtstrategien 1989/93 Inland«.

7 Peter V. Anania, »Decades of Deals: The History of Mergers & Acquisitions in the US Gas Industry«, II, in *CryoGas International* (November 2006), S. 46–49. vgl. auch Almqvist, *History of Industrial Gases,* S. 229.

8 Anania, »Decades of Deals«, II, S. 46–49.

9 Almqvist, *History of Industrial Gases,* S. 187, 194.

10 Linde, Vorstandsprotokolle vom 24. Juli 1984, 24. September 1985, 14. Januar 1986, 13. Juli 1989 und 27. September 1989 in LAS. Zu AGA vgl. auch BOC, Memo vom 21. April 1987, in BOCM, Box 752.

11 »From Cash Cow to Bull: Praxair Produces in Tough Times«, in *Chemical Week* (17. März 1999), S. 21.

12 Helen Carmichael, »Airgas. The first 25 years«, in *Gasworld* (Oktober 2007), S. 30–32.

13 Ebd., S. 31.

14 Ebd., S. 30–32.

15 »The 2008 US Industrial Gas Market Update«, in *CryoGas International (*März 2009), S. 22–34.

16 »Burdox Grows under Swedish Guidance«, in *Chemical Week* (16. Juni 1982), S. 37.

17 Dagegen kamen AGA mit 0,2 Prozent, Linde mit 1 Prozent, Air Liquide mit 0,3 Prozent und Messer Griesheim mit 0,4 Prozent zusammen nicht einmal auf einen Marktanteil von 2 Prozent. Vgl. »Air Products builts assets base«, in *Chemical Week* (11. April 1990), S. 46.

18 Merrill Lynch International Research, »Industrial Gas Industry« (6. November 1981), in BOCM, Box 701.

19 Olle Appelberg, »AGA Takeover under Challenge«, in *AGA Management Report* (März 1984), S. 4–5, in AGAD, Akte B6 N1.

20 Ebd.

21 BOC-Unterlagen zu AGA, 1990, in BOCM, Box 608.

22 So erwarb z.B. Messer Griesheim den österreichischen Kohlendioxidhersteller C. Franzl & Söhne KG. Ernst Koch, *Ein Unternehmen im Wandel der Zeiten. Messer Griesheim,* Frankfurt a.M. 1993, S. 188. Linde kaufte 1986 in der Schweiz die Huber Gas AG. Vgl. »Pangas«, in *AGA Management Report* (1986), S. 15, [in AGAD, Akte B6 N2].

23 Thomas Kamm, »Multinationals Clamor to Take Control of an Obscure Gas Company in France. (Duffour & Igon S.A.)«, in *Wall Street Journal* (16. April 1987); »AGA AB. Gains Control of Duffour & Igon S. A.«, in Wall Street Journal (15. Juni 1987), S. 23.

24 Zusätzlich erwarb Likos den Schweißtechnikhersteller Soudures Nevax S. A. Vgl. Almqvist, »Major Gas Companies in Europe«, S. 36–41; Koch, *Ein Unternehmen im Wandel der Zeiten,* S. 199.

25 Hans Meinhardt vor den Mitgliedern des Linde-Aufsichtsrats, 20. Juli 1989, in CAL, Fach 38, C 05, Akte: »Korrespondenz mit Aufsichtsrat 1973–1994 Linde Satzung«. Vgl. auch Almqvist, »Major Gas Companies in Europe«, S. 36–41.
26 Linda Carstens und Katharine L. Plourde, Drexel Burnham Lambert, Marktforschungsbericht zu Air Liquide, 30. Mai 1989, in BOCM, Box 732.
27 Koch, *Ein Unternehmen im Wandel der Zeiten,* S. 219–220; Hans-Liudger Dienel, *Die Linde AG: Geschichte eines Technologiekonzerns, 1879–2004, München 2004,* S. 210–312. Vgl. auch Vorstandsprotokoll vom 2. Mai 1988, in LAS.
28 BOC, »Entering the US Market« [o.J., ca. 1990], in BOCM, Box 939.
29 Zur Beteiligung der UCC und der Entwicklung von SIAD in den 1980er-Jahren vgl. Peter V. Anania, »Decades of Deals, II«, S. 46–49; »SIAD – Two different worlds«, in *Gasworld* (April 2010), S. 28–30; Katri Iivonen, »Interview The SIAD Group«, in *Gasworld* (Juli 2005), S. 10–13; UCC, Geschäftsbericht 1988, S. 23; BOC Group Group Planning, »European Manoeuvres: Learning from Air Products, Union Carbide and AGA«, März 1990, in BOCM, Box 939.
30 Katri Iivonen, »Interview: SOL Group: Aldo Fumagalli Romario Talks of its Beginnings, Health Care, and the Future«, in *Gasworld* (August 2006), S. 14–15; SOL, »A Brief History of the SOL Group« [unveröffentlichtes Manuskript, Monza, o.J., freundlicherweise von Aldo Fumagalli Romario während eines Interviews im Juni 2009 zur Verfügung gestellt].
31 Bob Lienhard, Präsentation für BOC-Gaseseminar am 4. Dezember 1987; Deb Chatterji, Präsentation für BOC-Gaseseminar am 2. Dezember 1987; beide in BOM Box 927.
32 Richard V. Giordano, »Strategy as a tool for renewal«, The Stockton Lectures, London School of Economics 1990, 8. Februar 1990, in BOCM, Box 1007.
33 BOC, *Around the Group in 100 Years: The BOC Group Celebrating Our First Century,* London 1986, S. 22–23.
34 Er war für Australien, Neuseeland, Singapur, Hongkong, Malaysia, Indonesien, Thailand, Korea, Phillipinen, Taiwan und China zuständig. BOC Management Bulletin International, 1. Juli 1980, in BOCM Box 249.
35 BOC Group Group Planning, »Understanding our competitors: L'Air Liquide, Air Products, Union Carbide, Nippon Sanso«, Mai 1990, in BOCM, Box 1007; BOC, Marktbericht zu Nippon Sanso, 1997, in BOCM, Box 1007; Almqvist, History of Industrial Gases, S. 269; BOC, Vorstandsprotokolle vom 8. und 9. April 1981, in BOCW, Box SEC00462.
36 Bericht Korea Expertise International Inc. Kexion, »Industrial gas markets in the Republic of Korea: Strategic Business Opportunities for the BOC Group«, Januar 1990, in BOCW, Box 335.
37 David Craig, Präsentation für BOC-Gaseseminar am 9. Dezember 1987.
38 Sue Pandit, Marktbericht zu Air Products, 27. Mai 1983, in BOCM, Box 874.
39 BOC Group Group Planning, »Understanding our competitors: L'Air Liquide, Air Products, Union Carbide, Nippon Sanso«, Mai 1990, in BOCM, Box 1007.
40 Bericht Korea Expertise International Inc. Kexion, »Industrial gas markets in the Republic of Korea: Strategic Business Opportunities for the BOC Group«, Januar 1990, in BOCW, Box 335.
41 1981 betrug Lindes Marktanteil bei Luftzerlegern in Taiwan 90 Prozent und in

Indonesien 50 Prozent. In anderen asiatischen Ländern lag der Marktanteil deutlich niedriger. Vgl. Unternehmensplanung 1981 for 1982–1986, Werksgruppe TVT München. Bd. 2, in CAL, Fach 38, C05.

42 Bereits 1982 entfielen 37 Prozent des weltweiten Gasumsatzes auf Asien. Vgl. BOC, Geschäftsbericht 1982, S. 12.

43 Andrew J. Butrica, *Out of Thin Air: A History of Air Products and Chemicals, Inc., 1940–1990,* New York 1990, S. 238; J. R. MacLean (Präsident der Linde Division), »UCC Investor Insight Security Analyst Meeting Transcript«, 15. September 1983, in BOCM, Box 752; Mark Massee, »Pipeline Pro Positioned for Growth: Big Three«, in *AGA Management Report* (Januar 1985), S. 6–7 [in AGAD, Akte B6 N1]; Akte Unternehmensplanung 1981 für 1983–1987, Werksgruppe TVT, in CAL, Fach 38, F 04; C. R. Baker und T. F. Fisher, »Industrial Cryogenic Engineering in the USA«, in Ralph G. Scurlock (Hg.), *History and Origins of Cryogenics,* New York 1992, S. 217–254 und 238; Hans Quack, »Entwicklung der Kryotechnik in den letzten 50 Jahren«, in *KL Luft und Kältetechnik* 2 (1999), S. 112; Agnes H. Baker, Maura D. Garvey, »Bulk Products Supply Chain«, in *CryoGas International* (März 2004), S. 20–35.

44 Einer der Gründe hierfür war, dass der Stromverbrauch pro Kubikmeter produziertem Luftgas seit 1975 um 17 Prozent gesunken war. Merrill Lynch International Research, »The Industrial Gas Industry«. 6. November 1981, in BOCM Box 701. Außerdem konnten die neuen Luftzerleger jetzt mit 15 bis 20 Mann Personal statt mit 60 gefahren werden. »Management Forum, Union Carbide talks to investors«, 1. Januar 1984, in BOCM, Box 752.

45 »Sitzung Unternehmensplanung in Wiesbaden«, 1. bis 2. Februar 1982, in CAL, Fach 38, C 02.

46 »Planung 1981 für 1983–1987«, in CAL, Fach 38, F 04.

47 Dienel, *Linde,* S. 295.

48 »Marktanalyse TVT 1981 für 1982–1986«, in CAL, Fach 38, C 05; »Sitzung Unternehmensplanung in Wiesbaden«, 1. bis 2. Februar 1982, in CAL, Fach 38, C 02; »Nippon Sanso Acquires the Air Separation Business of Hitachi«, in *The Gas Review* 209 (14. Januar 2003), S. 1–2.

49 Kleinere Sauerstoffanlagen wurden häufig in Entwicklungsländern errichtet, weil die dortigen Transportverhältnisse eine Flüssigversorgung unrentabel machten. Akte »Planung 1981 für 1983–1987«, in CAL, Fach 38, F 04.

50 Zu UCC: Vorstandsprotokoll vom 3. Mai 1979, TOP 2 US-Ingenieurunternehmen, Anhang Notiz J. Müller, Protokolle des Vorstands der Linde AG, in LAS.

51 David Carr, Aktennotiz zum »Meeting with AGA Industrial GAS Engineering (IGE) Stockholm and AGA«, Helsinki, 30. März 1983, in BOCM, Box 747; Mary Berg, Swiss Bank Corporation Investment Banking Group, Marktbericht für AGA, 26. April 1988, in BOCM, Box 747.

52 Zur Entwicklungsphase der PSA- und Membrantechnologien vor den 1980er-Jahren vgl. BOC, Vorstandsprotokolle vom 19. März 1979 und 27. Juni 1979, in BOCW, Box SEC00462; »Luftzerlegungsanlagen 4. Arbeitstagung der Linde AG vom 15. bis 17. Oktober 1980«, in CAL, Fach 38, F 05; »Technological Discontinuity – The PSA Dilemma, a Brief for Group discussion«, Oktober 1987, in BOCM, Box 608; Robbins, S. Petridis, BOC Group Gases Planning, »Non-Cryogenic Review: A Market survey«, April 1992, in BOCW, Box 232; Baker,

Fisher, »Industrial Cryogenic Engineering«, S. 235; Almqvist, *History of Industrial Gases,* S. 182–186; Katri Iivonen, »Money out of Thin Air«, in *Gasworld* (Dezember 2005), S. 22–23.

53 Almqvist, *History of Industrial Gases,* S. 236.

54 Ebd., S. 182–186.

55 Ebd., S. 182–186; »Gases in energy production enhancing resource development«, in *Gasworld* (September 2008), S. 48–51; Gwen Jones, Mark Andrews, »AGA Gases – A Competitive Analysis«, Januar 1992, in BOCM, Box 608; Ted Wett, »Technology Galore«, in *Chemical Market Reporter* 24 (1991), S. 13–14.

56 Deb Chatterji, Präsentation für BOC-Gaseseminar am 2. Dezember 1987, in BOCM, Box 927.

57 Der Vorteil des PSA-Verfahrens, dass man damit die Kosten für die Kühlung der Luft einsparte, wandelte sich natürlich zum Nachteil, wenn Flüssiggase das Produktionsziel waren. Ein weiterer Nachteil war, dass eine kontinuierliche Abnahme seitens des Verbrauchers erforderlich war. Vgl. Baker, Fisher, »Industrial Cryogenic Engineering«, S. 235–237.

58 Neben Monsanto und Dow Chemical, die tatsächlich einen Einstieg ins Industriegasgeschäft ins Auge fassten, arbeiteten auch BP, DuPont, ICI und Esso an der Entwicklung von Membrantechnologien. Vgl. Katri Iivonen, »Money out of Thin Air«, S. 22–23; Almqvist, *History of Industrial Gases,* S. 182, 239–241 und 297; »Technological Discontinuity – The PSA Dilemma, a Brief for Group Discussion«, Oktober 1987, in BOCM Box 608.

59 S. Robbins, S. Petridis, BOC Group Gases Planning, »Non-Cryogenic Review: A market survey«, April 1992, in BOCW, Box 232; Anania, »Decades of Deals«, II, S. 46–49.

60 »Technological Discontinuity – The PSA Dilemma, a Brief for Group Discussion«, Oktober 1987, in BOCM, Box 608.

61 S. Robbins, S. Petridis, BOC Group Gases Planning, »Non-Cryogenic Review: A market survey«, April 1992, in BOCW, Box 232; »Technological Discontinuity – The PSA Dilemma, a Brief for Group Discussion«, Oktober 1987, in BOCM, Box 608.

62 David Hunter, Debbie Jackson, Marjorie Cayman, »Industrial Gases Preparing for the Next Round«, in *Chemical Week* (7. April 1993), S. 20–26.

63 Dies führte einem BOC-Bericht zufolge dazu, dass die Industriegasanbieter Mitte der 1980er-Jahre trotz der Vorteile der PSA-Technologie auf eine aggressive Vermarktung verzichteten, da sie »ihr Flüssiggasgeschäft nicht kannibalisieren« wollten. »Technological Discontinuity – The PSA Dilemma, a Brief for Group discussion«, Oktober 1987, in BOCM, Box 608.

64 Deb Chatterji, Präsentation für BOC-Gaseseminar am 2. Dezember 1987, in BOCM, Box 927.

65 Ebd., vgl. auch S. Robbins, S. Petridis, BOC Group Gases Planning, »Non-Cryogenic Review. A market survey«, April 1992, in BOCW, Box 232.

66 »Sitzung Unternehmensplanung, Wiesbaden«, 1. bis 2. Februar 1982, in CAL, Fach 38, C 02; Hunter, Jackson, Coeyman, »Industrial Gases Preparing for the Next Round«; »Technological Discontinuity – The PSA Dilemma, a Brief for Group Discussion«, Oktober 1987, in BOCM, Box 608; UCC, Geschäftsbericht 1990, S. 14.

67 S. Robbins, S. Petridis, BOC Group Gases Planning, »Non-Cryogenic Review. A Market survey«, April 1992, in BOCW, Box 232; »Technological Discontinuity – The PSA Dilemma, a Brief for Group Discussion«, Oktober 1987, in BOCM, Box 608; Hunter, Jackson, Coeyman, »Industrial Gases Preparing for the Next Round«, S. 20–26; David Hunter, Debbie Jackson, Andrew Kagan, »Technology Keeps on Getting More Cost-effective«, in *Chemical Week* (20. November 1991), S. 54.

68 Merrill Lynch International Research, »Industrial Gas Industry«, 6. November 1981, in BOCM, Box 701; BOC, Vorstandsprotokoll vom 10. Oktober 1990, in BOCW, Box SEC00463; Almqvist, *History of Industrial Gases*, S. 338–342; Iivonen, »Money out of Thin Air«, S. 22–23.

69 Langfristig gesehen behielt der Sauerstoffabsatz allerdings seine Bedeutung und stieg später auch wieder an. So wuchs der Sauerstoffverbrauch pro Tonne Stahl aufgrund der immer hochwertigeren Stahlsorten zwischen 1970 und 1980 von 15 auf 25 Kubikmeter. 1990 lag er bei 35 Kubikmeter und heute beträgt er bei einigen Verfahren zur Stahlerzeugung bis zu 100 Kubikmeter. BOC, Vorstandsprotokoll vom 8. bis 10. Juni 1982, in BOCW, Box SEC00462; »Oxygen's Future in a World with a Shifting Manufacturing Base«, in *Gasworld* (Februar 2007), S. 22–23; J. R. MacLean (Präsident der Linde Division), »UCC Investor Insight Security Analyst Meeting Transcript«, 15. September 1983, in BOCM, Box 752; »Management Forum, Union Carbide talks to investors«, 1. Januar 1984, in BOCM, Box 752; Vorstandsprotokoll vom 22. Juli 1986, Protokolle des Vorstands der Linde AG, in LAS; Merrill Lynch International Research, »Industrial Gas Industry. Part I: US Company«, 29. September 1981, in BOCM, Box 730; »Industrial Gases Heat up in Europe«, in *Chemical Week* (21. März 1984), S. 66–68; Bertrand Facon, First Boston Equity Research, »Basic Report L'Air Liquide«, 29. April 1986, in BOCM, Box 732.

70 So sank bei UCC der Anteil der Gaslieferungen an die Stahlindustrie am Gesamtumsatz zwischen 1977 und 1982 von 74 Prozent auf 56 Prozent und fiel danach noch weiter auf unter 50 Prozent. Bei Messer Griesheim war die Stahlindustrie Anfang der 1990er-Jahre mit einem Anteil von 22 Prozent am Gesamtumsatz noch immer der größte Abnehmer. J. R. MacLean (Präsident der Linde Division), »UCC Investor Insight Security Analyst Meeting Transcript«, 15. September 1983, in BOCM, Box 752; Koch, *Ein Unternehmen im Wandel der Zeiten*, S. 280; unbetiteltes Dokument, in CAL, Fach 38, F 05, Akte: »Üblicher Renditebereich einer Gasefirma 1978–1987, Ziele und Gesamtstrategien 1989/93 Inland«.

71 BOC verzeichnete zwischen 1972 und 1987 jährliche Steigerungen in Höhe von 13 Prozent bei Stickstoff und 10 Prozent bei Argon. John F. O'Connell, Präsentation für BOC-Gaseseminar am 26. November 1987, in BOCM, Box 927. Vgl. auch Agnes H. Baker, Maura D. Garvey, »Nitrogen: Big Markets, Volumes and Value«, in *CryoGas International* (April 2003), S. 18–26.

72 Ähnlich verlief die Entwicklung bei den anderen großen Anbietern. Bei UCC z. B. betrug 1978 das Verhältnis von Stickstoff zu Sauerstoff 1,05 : 1, bis 1984 verschob es sich infolge der steigenden Nachfrage auf 2 : 1 und das Unternehmen ging davon aus, dass es Ende der 1980er-Jahre 3 : 1 betragen würde. »Management Forum, Union Carbide talks to investors«, 1. Januar 1984, in BOCM, Box 752. Vgl. auch Eric D. Knabe, Dean Witter Reynolds Inc., »Basic Industries Group

Industry Analysis«, 23. Juni 1981, in BOCM, Box 874; Deb Chatterji, Präsentation für BOC-Gaseseminar am 2. Dezember 1987, in BOCM, Box 927; Qiang Xue, BOCL Business Development Department und BOC Group Planning, »Making Money by right pricing: A decision framework«, November 1989, in BOCW, Box 1017.

73 Bericht Korea Expertise International Inc. Kexion, »Industrial gas markets in the Republic of Korea: Strategic Business Opportunities for the BOC Group«, Januar 1990, in BOCW, Box 335.

74 Gwen Jones, Mark Andrews, Gases Planning, »AGA Gases – A Competitive Analysis«, Januar 1992, in BOCM, Box 608; Eric D. Knabe, Dean Witter Reynolds Inc., »Basic Industries Group Industry Analysis«, 23. Juni 1981, in BOCM, Box 874.

75 Selbst kleinere Anbieter wie die italienische SOL richteten in den 1980er-Jahren Entwicklungsabteilungen für Anwendungstechnik ein; Air Liquide gab 1986 3 Prozent seines Jahresumsatzes für die Forschung und Entwicklung in fünf Forschungszentren in Frankreich, Japan und den USA aus. »A Brief History of the SOL Group« [unveröffentlichtes Manuskript, Monza, o.J., freundlicherweise von Aldo Fumagalli Romario während eines Interviews im Juni 2009 zur Verfügung gestellt]; »Quand les gaz industriels ont des idées«, in *Informations Chimie* 282 (April 1987), S. 191–197; BOC Group Group Planning, »Understanding our competitors: L'Air Liquide, Air Products, Union Carbide, Nippon Sanso«, Mai 1990, in BOCM, Box 1007; Butrica, *Out of Thin Air,* S. 149, 252–257; Dienel, *Linde,* S. 310–312.

76 Jan U. Segerfeldt, »The Move from the Backyard to Guaranteed Quality at Point of Use«, in *innova. magazine for innovative gas technology* 2 (1988), S. 9.

77 H. J. Gough, BOC, »A legal confidential document prepared for van Baelt and Bellis background to the industrial gas business in United Kingdom and Eire«, 21. Januar 1987, in BOCW, Box 335; Deb Chatterji, Präsentation für BOC-Gaseseminar am 2. Dezember 1987, in BOCM, Box 927; UCC, Geschäftsbericht 1989, S. 4–10; Katri Iivonen, »Customer Relationships Driving Growth for Nordic AGA«, in *Gasworld* (Dezember 2006), S. 20–24; Aldo Belloni, Lennart Selander, »Industrial Gases: Growth by Continued Self-Renewal«, in Florian Budde, Utz-Hellmuth Felcht, Heiner Frankemölle (Hg.), *Value Creation: Strategies for the Chemical Industry,* Weinheim 2006, S. 137–148.

78 Bob Lienhard, Präsentation für BOC-Gaseseminar am 4. Dezember 1987, in BOCM, Box 927; Deb Chatterji, Präsentation für BOC-Gaseseminar am 2. Dezember 1987, in BOCM, Box 927.

79 Almqvist, *History of Industrial Gases,* S. 159, 435, 437; Strategic Analysis, Inc., »Focused competitive assessment of suppliers of electronic gases. Vol. 1, Report to the BOC Group« [o.J.], in BOCW, Box 335; J.R. MacLean (Präsident der Linde Division), »UCC Investor Insight Security Analyst Meeting Transcript«, 15. September 1983, in BOCM, Box 752; UCC, Geschäftsbericht 1984, S. 8–10; R.G. Scurlock, »A Matter of Degrees: A Brief History of Cryogenics«, in *Cryogenics* 30 (Juni 1990), S. 483–500; Segerfeldt, »The Move from the Backyard«, S. 8–9; Per-Arne Jöngren, »Chips are Born in Gases«, in *innova. magazine for innovative gas technology* 2 (1988), S. 10; Shiro Fujisawa, »Meeting the Demand of the World's Most Active Semicon Market«, in *ebd.,* S. 24–25.

80 Almqvist, *History of Industrial Gases,* S. 104, 194 und 246; Maura D. Garvey, Aggie Baker, »Food for Thought: Frozen Food's Impact on the Gas Industry«, in *CryoGas International* (Juni 2002), S. 32–44; J. P. Miller, »The Use of Liquid N in Food Freezing«, in W.B. Bald (Hg.), *Food Freezing: Today and Tomorrow,* London 1991, S. 157–170; Dan Sheridan, »Nitrogen and Frozen Foods: Providing the Chill in a Hot Market«, in *CryoGas International* (April 2003), S. 28–33; Brian Salvage, »Fifty Years of Frozen Foods«, in *Frozen Food Report* 1/2 (1992), S. 30–32, 49–65 und 75.

81 Almqvist, *History of Industrial Gases,* S. 240, 259, 267, 397, 399 und 421; Ingrid Engman, »Rommenhöller – A Major Step into the CO2 World«, in *AGA Management Report* (Januar 1987), S. 4–6 [in AGAD, Akte B6 N2]; Mike Berdan, »Pulp Mills Booming Marketplace for Oxygen«, in *AGA Management Report* (Januar 1985), S. 8–9 [in AGAD, Akte B6 N1]; Eric D. Knabe, Dean Witter Reynolds Inc., »Basic Industries Group Industry Analysis«, 23. Juni 1981, in BOCM, Box 874; Katri Iivonen, »The Increasing Market for Rare Gases«, in *Gasworld* (Mai 2006), S. 20–21; Belloni, Selander, »Industrial Gases«, S. 137–148; Richard Reider, »History of Application Technologies«, in International Oxygen Manufacturers Association (Hg.), *The Story of the Industrial Gas Industry,* Cleveland 1997, S. 17–27; »The World's Biggest Oxygen Producers Battle for Synfuels Business«, in *Chemical Week* (3. September 1980), S. 24–28.

82 Almqvist, *History of Industrial Gases,* S. 351–352; SOL, »A Brief History of the SOL Group« [unveröffentlichtes Manuskript, o.J., Monza, freundlicherweise von Aldo Fumagalli Romario während eines Interviews im Juni 2009 zur Verfügung gestellt]; BOC, Geschäftsbericht 1982, S. 16–21; UCC, Geschäftsbericht 1989, S. 5; Iivonen, »Interview: SOL Group«, S. 14–15.

83 Wie ein unabhängiges Marktforschungsinstitut 1981 feststellte, hat »bislang […] kein Einzelunternehmen herausragende Fähigkeiten im Bereich Gerätetechnik gezeigt«. Eric D. Knabe, Dean Witter Reynolds Inc., »Basic Industries Group Industry Analysis«, 23. Juni 1981, in BOCM, Box 874. Vgl. auch Matthew Miau, Präsentation für BOC-Gaseseminar am 26. November 1987, in BOCM, Box 927.

84 BOC, »Entering the US Market« [o.J., ca. 1990], in BOCM, Box 939; Merrill Lynch International Research, »Basic Report Union Carbide«, Juni 1981, in BOCM, Box 752; »Marktanalyse 1978 für 1979–1983, Linde TVT München«, in *CAL, Fach 38, C 05; »Industrial Gases Heat up in Europe«,* in *Chemical Week* (21. März 1984), S. 66–68.

85 Merrill Lynch International Research, »Industrial Gas Industry, Part I: US Company«, 29. September 1981, in BOCM, Box 730; William Blair & Comp., »Industrial Gas Report: Industry Report«, 6. Juni 1984, in BOCM, Box 874; BOC, »Market analysis of Nippon Sanso«, 1997, in BOCM, Box 1007; Belloni, Selander, »Industrial Gases«, S. 137–148; John Baker, »MG/AGA take on UK Gases Market«, in *European Chemical News* (28. März 1994), S. 20; Robert Cottrell, »Slow Thaw in Resistance to Foreign Takeover«, in *The Financial Times* (12. Dezember 1983).

86 Merrill Lynch International Research, »Industrial Gas Industry, Part I: US Company«, 29. September 1981, in BOCM, Box 730; William Blair & Comp., »Industrial Gas Report: Industry Report«, 6. Juni 1984, in BOCM, Box 874; BOC, »Market analysis of Nippon Sanso«, 1997, in BOCM, Box 1007; Almqvist, *His-*

tory of Industrial Gases, S. 199; »Japan Gas Company in Deal with AGA«, in *The Financial Times* (21. April 1990); Fujisawa, »Meeting the Demand«, S. 24–25.

87 Deb Chatterji, Präsentation für BOC-Gaseseminar am 2. Dezember 1987, in BOCM, Box 927 [erstes Zitat]; Bob Lienhard, Präsentation für BOC-Gaseseminar am 4. Dezember 1987, in BOCM, Box 927 [zweites Zitat]. Zu ähnlichen Schlussfolgerungen bei UCC vgl. J.R. MacLean (Präsident der Linde Division), »UCC Investor Insight Security Analyst Meeting Transcript«, 15. September 1983, in BOCM, Box 752.

88 In zahlreichen Berichten von und für Unternehmen findet sich die Auffassung, dass das Wachstum der Industriegasanbieter vornehmlich von der Einführung neuer Anwendungsverfahren bzw. der Erschließung neuer Märkte abhängen würde und nicht von Preiswettbewerben und dem Abwerben von Kunden der Konkurrenz, vgl. z.B. Mary Berg, SBCI Swiss Bank Corporation Investment Banking Group, »Market research report on AGA«, 26. April 1988, in BOCM, Box 747; Gordon Scott, Präsentation für BOC-Gaseseminar am 3. Dezember 1987, in BOCM, Box 927; Gwen Jones, Mark Andrews, BOC Group Group Planning, »AGA Gases – A Competitive Analysis«, Januar 1992, in BOCM, Box 608.

89 Merrill Lynch International Research, »Industrial Gas Industry, Part I: US Company«, 29. September 1981, in BOCM, Box 730; Baker, Garvey, »Bulk Products«, S. 20–35.

90 Bob Lienhard, Präsentation für BOC-Gaseseminar am 4. Dezember 1987, in BOCM, Box 927.

91 Zitiert nach Mary Berg, SBCI Swiss Bank Corporation Investment Banking Group, »Market research report on AGA«, 26. April 1988, in BOCM, Box 747; UCC, Geschäftsbericht 1990, S. 23; K. Windgassen, »Transport und Versorgungssysteme für flüssige tiefkalte Gase«, in *Technische Mitteilungen* 64/12 (Dezember 1974), S. 555–562; Robert Hall, »100 Years of Progress in Distributing Industrial Gases«, in *BOC Technology Magazine* (Juni 1987), S. 10–16.

92 Hall, »100 Years of Progress«, S. 10–16; Bob Lienhard, Präsentation für BOC-Gaseseminar am 4. Dezember 1987, in BOCM, Box 927; Deb Chatterji, Präsentation für BOC-Gaseseminar am 2. Dezember 1987, in BOCM, Box 927; H.J. Gough, BOC, »A legal confidential document prepared for van Baelt and Bellis background to the industrial gas business in United Kingdom and Eire«, 21. Januar 1987, in BOCW, Box 335; »Dramatic Improvements in Cost Efficiency by Acetylene Upgrading«, in *AGA Management Report* (Juli 1984), S. 13 [in AGAD, Akte B6 N1]; Dean Witter Reynolds Inc., »Research Note: Air Products«, 1984, in BOCM, Box 874; UCC, Geschäftsbericht 1989, S. 6–7; Roger Thévenot, *History of Refrigeration throughout the World,* Paris 1979, S. 269.

93 Savory Milln International, »AGA B (Free Shares)«, Dezember 1984, in BOCM, Box 747; BOC, »Entering the US Market«, 1990, in BOCM, Box 939; »Time Out Cowboys«, in *AGA Management Report* (Juni 1986), S. 22–23 [in AGAD, Akte B6 N2]; Olle Appelberg, »The Cost-Efficient U.S.Truck Fleet«, in *AGA Management Report* (April 1986), S. 3–4 [in AGAD, Akte B6 N2]; »Burdox Grows«, S. 37.

94 »Während der Lebensdauer einer Anlage gibt ein Unternehmen das Doppelte der Baukosten für zugehöriges Equipment aus (in erster Linie für Transport).« Zitiert

nach Leslie C. Ravitz, Salomon Brothers Inc., »Investor information on Air Products«, 7. November 1986, in BOCM, Box 874. Zur Bedeutung der Transportkosten vgl. auch H.J. Gough, BOC, »A legal confidential document prepared for van Baelt and Bellis background to the industrial gas business in United Kingdom and Eire«, 21. Januar 1987, in BOCW, Box 335; Dean Witter Reynolds Inc., »Research Note: Air Products«, 1984, in BOCM, Box 874.

95 Je nach Gas und Aggregatzustand betrug die Distanz, über die Gase rentabel transportiert werden konnten, von 100 km (gasförmiger Sauerstoff und Stickstoff) über 300 bis 400 km (flüssiger Stickstoff, Sauerstoff und Kohlendioxid) bis zu 600 bis 1000 km (flüssiges Argon und Wasserstoff). Mario Monti, »EC Commission Decision of 24. Juli 2002 relating to a proceeding pursuant to Article 81 of the EC treaty, Case Comp/E-3/36.700 – Industrial and Medical gases notified under document number C(2002)2782«, http://eur-lex.europa.eu/LexUriServ/LexUriServ.do?uri=CELEX:32003D0207:EN:NOT [aufgerufen am 5. Februar 2014]. Vgl. auch Mary Berg, SBCI Swiss Bank Corporation Investment Banking Group, »Market research report on AGA«, 26. April 1988, in BOCM, Box 747; Dean Witter Reynolds Inc., »Research Note: Air Products«, 1984, in BOCM, Box 874.

96 Zum Bau der Linde-Zentralwerke in Herne und Gaiblingen und zur zugehörigen Kostenkalkulation vgl. Zusammenarbeit Verträge Linde Konzern TG bis 2000, »Sitzung Unternehmensplanung in Wiesbaden«, 1. bis 2. Februar 1982, in CAL, Fach 38, C 02; Linde AG, *125 Jahre Linde. Eine Chronik*, München 2004, S. 67.

97 Allerdings behinderten unterschiedliche Flaschenstandards häufig einen grenzüberschreitenden Transport, insbesondere nach Großbritannien. Vgl. Vorstandsprotokoll BOC, 7. Oktober 1990, in BOCW, Box SEC00463; Vorstandsprotokoll vom 6. Juli 1982, Protokolle des Vorstands der Linde AG, in LAS; Air Liquide, Geschäftsbericht 1989, S. 3; Mario Monti, »EC Commission Decision of 24 Juli 2002 relating to a proceeding pursuant to Article 81 of the EC treaty, Case Comp/E-3/36700 – Industrial and Medical gases notified under document number C(2002)2782.«

98 M. R. Neale, UK Industrial Gases, »Review of rationale & strategy for a competitive entry«, August 1985, in BOCW, Box 335.

99 BOC Group Group Planning, »Understanding our competitors: L'Air Liquide, Air Products, Union Carbide, Nippon Sanso«, Mai 1990, in BOCM, Box 1007; Vorstandsprotokoll BOC vom 10. Dezember 1981, in BOCW, Box SEC00462; Merrill Lynch International Research, »Industrial Gas Industry«, 6. November 1981, in BOCM, Box 701; Dean Witter Reynolds Inc., »Research Note: Air Products«, 1984, in BOCM, Box 874; Kidder, Peabody & Co. Incorporated, Research Department, »Market research report: Air Products Chemicals, Inc. Europe«, 15. September 1982, in BOCM, Box 874; Eric D. Knabe, Dean Witter Reynolds Inc., »Basic Industries Group Industry Analysis«, 23. Juni 1981, in BOCM, Box 874; UCC, Geschäftsbericht, 1983, S. 11–12, 1984, S. 8–10, und 1985, S. 10–11; Air Liquide, Geschäftsbericht 1989, S. 3; Jemain, *Les conquérants de l'invisible*, S. 229–237; Massee, »Pipeline Pro Positioned for Growth«, S. 6–7; William J. Glover, »Hydrogen, Carbon Monoxide Supplied Reliably, Efficiently by Pipeline«, in *Pipeline and Gas Journal* 2 (1974), S. 47–53.

100 Iivonen, »Money out of Thin Air«, S. 22–23; Maura D. Garvey, »The On-site and Pipeline Business«, in *CryoGas International* (Dezember 2007), S. 22–26; Baker, Garvey, »Nitrogen: Big Markets«, S. 18–26.

101 Zur Errichtung größerer Distributionszentren durch Linde, Messer Griesheim, Air Liquide, UCC und BOC vgl. UCC, Geschäftsbericht 1990, S. 23; Air Liquide, Geschäftsbericht 1989, S. 3; Bob Lienhard, Präsentation für BOC-Gaseseminar am 4. Dezember 1987, in BOCM, Box 927; Gordon Scott, Präsentation für BOC-Gaseseminar am 3. Dezember 1987, in BOCM, Box 927; Dienel, *Linde,* S. 316; Koch, *Ein Unternehmen im Wandel der Zeiten,* S. 215–217, 226.

102 »BOC Launches Huge Drive to Sell Industrial Gases across Europe«, in *AGA Management Report* (Juni 1988), S. 6 [in AGAD, Akte B6 N2].

103 Merrill Lynch International Research, »Industrial Gas Industry, Part I: US Company«, 29. September 1981, in BOCM, Box 730; Don Lamb, Präsentation für BOC-Gaseseminar am 26. November 1987, in BOCM, Box 927.

104 Carmichael, »Airgas«, S. 30–32; Bob Lienhard, Präsentation für BOC-Gaseseminar am 4. Dezember 1987, in BOCM, Box 927; »The 2008 US Industrial Gas Market Update«, in *CryoGas International* (März 2009), S. 22–34.

105 Neil Springer, »A Changing Face«, in *Chemical Marketing Reporter, Industrial Gases '91. A CMR Report* (9. Dezember 1991), S. 9; BOC Group Group Planning, »US Distribution Study: Presentation to the steering committee«, 26. Juli 1985, in BOCW, Box 1143; BOC, »Notes received from Peter Laing, Quilter Hilter & Goodison on his Visit to AGA«, März 1981, in BOCM, Box 747; AGA, »Acquisition of assets and operations to be divested by Liquid Air«, 23. Oktober 1979, in AGAD, Akte E5 RC18; Protokolle AGA Burdox Corporate Development Committee, 19. Mai 1980, und Corporate Development Committee AGA Burdox Inc., 29. Oktober 1980, beide in AGAD, Akte E5 RC18; Olle Appelberg, »Chicago Surrounded«, in *AGA Management Report* (Juli 1986), S. 12–13 [in AGAD, Akte B6 N2]; Jan U. Segerfeldt, »The Phenomenon and Process of Integration«, in *AGA Management Report* (Juni 1988), S. 1–2, 7 [in AGAD, Akte B6 N2].

106 Gwen Jones, Mark Andrews, »AGA Gases – A Competitive Analysis«, Januar 1992, in BOCM, Box 608.

107 Air Liquide, Geschäftsbericht 1988, S. 3; M. R. Neale, UK Industrial Gases, »Review of rationale & strategy for a competitive entry«, August 1985, in BOCW, Box 335; AGA, »Compressed Gases market share 1991, 16 December 1991«, in BOCM, Box 1007; Baker, »MG/AGA take on UK gases market«, S. 20; Almqvist, *History of Industrial Gases,* S. 219–220, 248–260, 269; Baker, Garvey, »Bulk Products«, S. 20–35.

108 Yasuij Sugimoto, »A Turning Point in Nippon Sanso Management«, in *The Gas Review* 156 (8. Dezember 1998), S. 2; »From cash cow to bull«, S. 21.

109 BOC gab Mitte der 1980er-Jahre nach eigener Schätzung für jedes Pfund, das in Produktions- und Distributionstechnik investiert wurde, ein weiteres Pfund für Anwendungstechnik aus. Der Vizepräsident von Air Products, Bill Scharle, stellte 1985 fest, dass sich die Ausgaben für Forschung und Entwicklung und zur Verkaufsförderung seit 1981 verdoppelt hatten. H. J. Gough, BOC, »A legal confidential document prepared for van Baelt and Bellis background to the industrial gas business in United Kingdom and Eire«, 21. Januar 1987, in BOCW,

Box 335; »AGA Entering an Exciting Phase«, in AGA Management Report (Februar 1985), S. 11–13 [in AGAD, Akte B6 N1]; »Europe and the USA ... How Aga Won Burdox«, in *ECN European Review* (21. Juli 1978), S. 4–6, in BOCM, Box 747; Erik D. Knabe, Drexel Burnham Lambert, »Chemical Industry, Industrial Gas Review: UCC, Air Products, improved Outlook«, Juli 1984, in BOCM, Box 874; BOC, Geschäftsberichte 1986, S. 6–7, und 1989, S. 8–9.

110 BOC, Vorstandsprotokolle 1979–1988, passim, in BOCW, Boxes SEC00462 und SEC00463; Bruce Jones, »Moody's Corporate Credit Report: UCC«, 5. November 1986, in BOCM, Box 738; Penny Swales, Barclays de Zoete Wedd Research, »Air Liquide«, 27. März 1987, in BOCM, Box 732; Leslie C. Ravitz, Salomon Brothers Inc., »Investor information: Air Products«, 7. November 1986, in BOCM, Box 874; Almqvist, *History of Industrial Gases,* S. 239–241, 257–259; Jemain, *Les conquérants de l'invisible,* S. 259–273; »Sorting out what's left at Allegheny Ludlum«, in *Business Week* (1. Dezember 1980), S. 49; Dienel, *Linde,* S. 333–345; UCC, Geschäftsberichte 1984, S. 8–10, und 1985, S. 10–11.

111 D.C. Lamb, »Overview of the BOC Group«, März 1989, in BOCM, Box 764; Deb Chatterji, Präsentation für BOC-Gaseseminar am 2. Dezember 1987, in BOCM, Box 927; Mike Berdan, »Speciality Gases Emerge from the Backroom«, in *AGA Management Report* (Juli 1984), S. 10–11 [in AGAD, Akte B6 N1]; Jemain, *Les conquérants de l'invisible,* S. 247–258; H. Mair, »Entwicklung und Bedeutung technischer Gase in der Schweißtechnik«, in Deutscher Verband für Schweißtechnik (Hg.), *100 Jahre DVS: Berlin 1897–1997,* Berlin 1997, S. 207–223.

112 »Sitzung Unternehmensplanung, Wiesbaden«, 1. bis 2. Februar 1982, in CAL, Fach 38, C 02.

113 UCC, Geschäftsbericht 1986, S. 16–17.

114 BOC Group Group Planning, »Understanding our competitors: L'Air Liquide, Air Products, Union Carbide, Nippon Sanso«, Mai 1990, in BOCM, Box 1007; Air Products Ltd. (Hg.), *CryoGen looks at 25 Years of Air Products* (Walton-on-Thames 1982), S. 18–19.

115 Berdan, »Speciality Gases«, S. 10–11.

116 Vgl. z.B. »Protokoll über die Vorstandssitzung am 22. Juli 1986 in München bei Technische Gase«, TOP 2; »Protokoll über die Vorstandssitzung am 25. September 1986 in München«, TOP 2; »Protokoll über die Vorstandssitzung am 7. Oktober 1986 bei TG in München«, TOP 1; »Protokoll über die Vorstandssitzung am 14. Oktober 1986 in Aschaffenburg«, TOP 5, Protokolle des Vorstands der Linde AG, in LAS.

117 »AGA Entering an Exciting Phase«, S. 11–13.

118 Butrica, *Out of Thin Air,* S. 247.

Kapitel 10: Globalisierung und Wachstum an der Wende zum 21. Jahrhundert

1 Zum Wachstum der Branche trotz schlechter Konjunktur vgl. David Hunter, Debbie Jackson und Marjorie Coeyman, »Industrial Gases Preparing for the Next Round«, in *Chemical Week* (7.4.1993), S. 20–26.

2 Zu den Gesprächen zwischen Linde und UCC vgl. die Vorstandsprotokolle vom 13. Juli, 12. September und 2./3. Oktober 1989 und vom 23. April 1991, Protokolle des Vorstands der Linde AG, in LAS. Zu den Verhandlungen der großen Unternehmen über eine Kooperation vgl. »Materialien zur Entwicklung Nippon Sanso«, 1997, in BOCM, Box 1007; »BHF Report on Linde, 4 June 1999«, in CAL, Fach 39, A 01–02, Akte: »BHF Bank«.

3 Samuel K. Moore, »From Cash Cow to Bull: Praxair Produces in Tough Times«, in *Chemical Week* (17. März 1999), S. 21; Ebbe Almqvist, *History of Industrial Gases,* New York 2003, S. 278–281.

4 Peter V. Anania, »Decades of Deals. The History of Mergers & Acquisitions in the US Gas Industry«, II, in *CryoGas International* (November 2006), S. 46–49; David Hunter, »Industrial Gases: Focus on Costs, Mix and Geography«, in *Chemical Week* (23. Februar 1994), S. 25–27; UCC, Geschäftsbericht 1990, S. 14 und 17.

5 Vorstandsprotokolle vom 31. Januar und 4. April 1989, Protokolle des Vorstands der Linde AG, in LAS.

6 Anania, »Decades of Deals«, I, S. 68–72; Moore, »From Cash Cow to Bull«, S. 18–21; Almqvist, *History of Industrial Gases,* S. 187 und 194–195; »Liquid Carbonics«, in BOCM, Box 716; Toby L. Marshall, »Orchestrating a Successful Merger/Integration«, in *CryoGas International* (Juli 1997), S. 27–30.

7 Hans-Liudger Dienel, *Die Linde AG: Geschichte eines Technologiekonzerns, 1879–2004,* München 2004, S. 315–318; Merrill Lynch International Research, Marktforschungsbericht »Industrial Gases«, 14. 5. 1993, in BOCM, Box 608.

8 Vorstandprotokoll vom 8. November 1995, Wiesbaden, S. 4. Protokolle des Vorstands der Linde AG, in LAS.

9 Zu den Zukäufen vgl. Anania, »Decades of Deals«, I, S. 68–72; Dienel, *Linde,* S. 315–318; Hans-Liudger Dienel, »In den USA ist Linde wieder Linde«, in *Linde heute* (1999/1), S. 4–7. Randall L. Hull (BOC Gases) an Aldo Belloni (Linde), 15. Oktober 1999, in CAL, Fach 38, B 01, Akte »BOC Process Plants, Liquid Carbonic, Praxair«.

10 Robert Thomson, »Nippon Sanso to Acquire Texas Based Gas Maker«, in *Financial Times* (10. Januar 1992), S. 17; »Nippon-Sanso to Buy Tri-Gas to Enter US«, in *IOMA Broadcaster* (Januar/Februar 1992), S. 2; »Materials on the development of Nippon Sanso«, 1997, in BOCM, Box 1007.

11 Anania, »Decades of Deals«, I, S. 68–72.

12 Hunter u. a., »Industrial Gases Preparing for the Next Round«, S. 20–26; Ernst Koch, *Ein Unternehmen im Wandel der Zeiten. Messer Griesheim,* Frankfurt a. M. 1993, S. 230.

13 Boris M. Krantz, »Airgas Celebrates 25 Years With a Very Special Anniversary Present«, in *CryoGas International* (Juni 2002), S. 17–24; Nancy Seewald, »Industrial Gases: Another Year of Optimism«, in *Chemical Week* (3. März 2008), S. 17–19; Moore, »From Cash Cow to Bull«, S. 21; Helen Carmichael, »Airgas: The First 25 Years«, in *Gasworld* (Oktober 2007), S. 30–32; Goldman Sachs, »Analysis, European Chemical Majors: AGA, 1992/1993«, in BOCM, Box 608; Hunter u. a., »Industrial Gases Preparing for the Next Round«, S. 20–26; Debbie Jackson und David Hunter, »AGA Charts its Own Bold Course«, in *Chemical Week* (22. Januar 1992), S. 24; »AGA Acquires Jones

Oxygen«, in *AGA Management News* (18. Januar 1990), in AGAD, Akte B6 N3.

14 Carmichael, »Airgas«, S. 30–32.

15 Anania, »Decades of Deals«, II, S. 46–49; Krantz, »Airgas Celebrates 25 Years«, S. 17–24; »Tier 2 Distributors«, in *Gasworld* (Juni 2006), S. 22–23; David Hunter, »Cylinder Gases Restructuring Continues«, in *Chemical Week* (20. Februar 2002), S. 25; Hunter, »Industrial Gases: Focus on Costs, Mix and Geography«, S. 25–27; David Hunter und Natasha Alperowicz, »Industrial Gases«, in *Chemical Week* (20. Februar 2002), S. 23–26.

16 Moore, »From Cash Cow to Bull«, S. 21; »Chemical Week: Cylinder Gases Restructuring Continues«, in *Chemical Business Newsbase* (20. Februar 2002), o. S.

17 Carmichael, »Airgas«, S. 30–32; BOC Group Group Planning, »Understanding our competitors L'Air Liquide, Air Products, Union Carbide, Nippon Sanso«, Mai 1990, in BOCM Box 1007; Moore, »From Cash Cow to Bull«, S. 21; Merrill Lynch International Research, Marktforschungsbericht »Industrial Gases«, 14. 5. 1993, in BOCM, Box 608.

18 Anania, »Decades of Deals«, I, S. 68–72; Louise Kehoe, »Row Flares in US over High-tech Deal with Japan«, in *Financial Times* (21. April 1990), S. 1; Peter Riddel, »Bush Backs Sale of High-tech supplier to Japanese«, in *Financial Times* (30. Juli 1990), S. 12; Nancy Dunne, »White House May Toughen Stand against Acquisitive Foreigners«, in *Financial Times* (2. Januar 1991), S. 2; Dienel, *Linde*, S. 315–318; Anania, »Decades of Deals«, II, S. 46–49.

19 Für 1990: BOC, »Entering the US Market« [o. J., ca. 1990], in BOCM, Box 939. Für die Jahre 1997 und 2008 vgl. »The 2008 US Industrial Gas Market Update«, in *CryoGas International* (März 2009), S. 22–34.

20 Almqvist, »The Major Gas Companies in Europe«, in *CryoGas International* (Januar 2007), S. 36–41; Almqvist, *History of Industrial Gases*, S. 304; Hunter u. a., »Industrial Gases Preparing for the Next Round«, S. 20–26; Debbie Jackson, »Air Products Builds Assets Base«, in *Chemical Week* (11. April 1990), S. 46; »Divorces Create Difficulties«, in *AGA Management News* (21. März 1989), in AGAD, Akte B6 N3.

21 Almqvist, »The Major Gas Companies in Europe«, S. 36–41; Dienel, *Linde*, S. 92; Linde AG (Hg.), *125 Jahre Linde*, S. 68.

22 Hunter u. a., »Industrial Gases Preparing for the Next Round«, S. 20–26; David Hunter, »L'Air Liquide Steps on the Gas«, in *Chemical Week* (18. April 1990), S. 36.

23 Koch, *Ein Unternehmen im Wandel der Zeiten*, S. 190, 219–220, 226 und 248–260; Almqvist, *History of Industrial Gases*, S. 302; Geschäftsbericht der Linde AG 1995, S. 44–45; Vorstandsprotokoll vom 2./3. Oktober 1989, Protokolle der Geschäftsführung der Linde AG, in LAS.

24 Almqvist, »The Major Gas Companies in Europe«, S. 36–41; Hunter u. a., »Industrial Gases Preparing for the Next Round«, S. 20–26; BOC Geschäftsbericht 1997, S. 23; Vorstandsprotokolle, 7. Oktober 1990, in BOCW, Box SEC00463.

25 Alain Jemain, *Les conquérants de l' invisible: Air liquide, 100 ans d'histoire*, Paris 2002, S. 307–317; BOC, Geschäftsbericht 1999, S. 5.

26 Akte »BOC Process Plants, Liquid Carbonic, Praxair«, in CAL, Fach 38, B 01.

27 Koch, *Ein Unternehmen im Wandel der Zeiten,* S. 262–265; Hunter u. a., »Industrial Gases Preparing for the Next Round«, S. 20–26; »AGA's Strategy January, 1992«, in BOCM, Box 608; Dienel, Linde, S. 333–345; John Baker, »MG/AGA Take on UK Gases Market«, in *European Chemical News* (28. März 1994), S. 20.

28 Zitiert nach Hunter u. a., »Industrial Gases Preparing for the Next Round«, S. 20–26. Vgl. auch UCC, Geschäftsbericht 1990, S. 14 und 17; BOC-Aktennotiz »Industrial Gases in Europe«, in BOCM, Box 752, Akte »BOC Materials Collection on Union Carbide«.

29 »The Italian Job. Parts 1 and 2: Gasworld visits Europe's gas valley«, in *Gasworld* (April 2010), S. 46–48, und Gasworld (Mai 2010), S. 44–46; SOL (Hg.), A Brief History of the SOL Group [unveröffentlichtes Manuskript, Monza, o. J., freundlicherweise zur Verfügung gestellt von Aldo Fumagalli Romario bei einem Interview im Juni 2009], Kapitel 4.

30 Maura D. Garvey, »The On-site and Pipeline Delivery Business«, in *CryoGas International* (Dezember 2007), S. 22–26.

31 »Running through the Japanese Market as a Market Leader«, in *Gas Review Nippon* (Sommer 1997), S. 16–17.

32 »Daido Hoxan und Kyodo Oxygen to be merged«, in *The Gas Review* 169 (6. Dezember 1999), S. 1–2; »Osaka Sanso Kogyo to be a 100 % subsidiary of BOC takeover«, in *The Gas Review* 184 (31. März 2001), S. 1–2; »Air Liquide and BOC to combine their Japanese subsidiaries and to set up ›Japan Air Gases‹«, in *The Gas Review* 204 (20. September 2002), S. 1–3; »Taiyo Toyo Sanso challenging to the 21st century«, in *Gas Review Nippon* (Sommer 2001), S. 13–15; Anania, »Decades of Deals«, I, S. 68–72; »Nippon Sanso to merge with Taiyo Toyo Sanso«, in *Welding Design and Fabrication* (März 2004), S. 8; Izumi Ohe, »Focus on Japan«, in *Gasworld* (Januar 2007), S. 38–40; »Taiyo Nippon Sanso Co aims to join the big league«, in *Gasworld* (Januar 2007), S. 18–20; »History of Reorganisation in the Japanese Gas Industry, looked back the last 20 years«, in *Gas Review Nippon* (Sommer 2002), S. 4–7; Jemain, *Les conquérants de l'invisible,* S. 247–258; Hunter u. a., »Industrial Gases Preparing for the Next Round«, S. 20–26.

33 »Nippon Sanso acquires the air separation business of Hitachi«, in *The Gas Review* 209 (14. Januar 2003), S. 1–2; »Electronic gas market«, in *The Gas Review* 211 (5. März 2003), S. 1–3; »Alliances among the firms«, in *The Gas Review* 147 (8. Mai 1998), S. 5; Maura D. Garvey, Toby L. Marshall, »The Industrial Gas Industry: Enduring the Economic Slump in the Pacific Rim«, in *CryoGas International* (Mai 1998), S. 15–24.

34 »History of reorganisation in the Japanese gas industry, looked back the last 20 years«, in *Gas Review Nippon* (Sommer 2002), S. 4–7.

35 »Decreases 18 Companies from 1997«, in *The Gas Review* 164 (14. Juli 1999), S. 1; »Market structure of the Japanese industrial gas industry«, in *The Gas Review* 158 (1. Februar 1999), S. 2–4; »Japanese distributor power«, in *The Gas Review* 147 (8. Mai 1998), S. 1; »North Pacific analysis«, in *Gasworld* (Dezember 2007), S. 32–34; Izumi Ohe, »Japan analysis: Vigorous investment in electronics«, in *Gasworld* (Februar 2010), S. 46–47; »Japanese industrial gas market now has 5 new producers«, in *Gas Review Nippon* (Winter 2005), S. 11–14.

36 Merrill Lynch International Research, Marktforschungsbericht »Industrial Gases«, 14.5.1993, in BOCM, Box 608.
37 »Taiyo Toyo Sanso challenging to the 21st century«, in *Gas Review Nippon* (Sommer 2001), S. 13–15; Anania, »Decades of Deals«, I, S. 68–72; »Interview: Mr. Collin Kennedy, Chairman & President of Air Liquide Japan«, in *Gas Review Nippon* (Sommer 2004), S. 13–15; Izumi Ohe, »Focus on: Japan«, in *Gasworld* (Januar 2007), S. 38–40; »Taiyo Nippon Sanso to acquire Valley National Gases«, in *The Gas Review* 306 (22. April 2009), S. 6.
38 David Firn, »Restraints Ordered on Gas Giants«, in *The Financial Times* (3. Juli 2000), S. 2.
39 Garvey und Marshall, »The Industrial Gas Industry«, S. 15–24; »Global analysis: decidedly ahead«, in *Gasworld* (Mai 2008), S. 40–42. Vgl. auch Tabelle 10.8.
40 Almqvist, *History of Industrial Gases,* S. 297 und 306; »Vortrag Gunnar Eggendorfer, Tagung der oberen Führungskräfte vom 1.–2.3.1995«, in: CAL, Fach 38, B01, Akte Ko2; Koch, *Ein Unternehmen im Wandel der Zeiten,* S. 91 und 188; Dienel, *Linde,* S. 301–304 und 333–345; Lesczenski, *100 Prozent Messer,* München 2007, S. 89; Linde AG, (Hg.), *125 Jahre Linde,* S. 68; John Racquet (Chem Systems) in Hunter u.a., »Industrial Gases Preparing for the Next Round«, S. 20–26, hier Seite 24.
41 Einen guten Überblick über die Bemühungen aller großen Konzerne bietet der Bericht der Eastern Europe Task Force von BOC, »Competing in the evolving industrial gases markets of Eastern Europe«, September 1990, in BOCM, Box 798.
42 Ebd.; Dienel, *Linde,* S. 333–345; Colin Moore, »Eastern European Task Force Report on Steel Production, ASU's and Gas Markets at the Soviet Steelworks of Orsk (Urals) and Oskol (North of Black Sea)«, 20. Juli 1990, in BOCM, Box 764; Linde-Marktstudie Russland 1994, in CAL, Fach 38, E 03, Akte: »Luftzerleger in der DDR nach 1990«; R. S. Henderson, Swiss Bank Corporation, Marktstudie über »Capital Markets and Treasury Research«, September 1993, in BOCM, Box 608.
43 SOL (Hg.), A Brief History of the SOL Group; »Aktennotiz Gunnar Eggendorfer vom 18. Juli 1991 für den Vorstandsvorsitzenden Hans Meinhardt über die geschätzte Marktentwicklung in den neuen Bundesländern«, in CAL, Fach 38, D 05, Akte: »DDR 1990«; Katri Iivonen, »Interview: The SIAD Group«, in *Gasworld* (Juli 2005), S. 10–13; Katie Hill, Rob Cockerill, »SIAD – Two different worlds«, in *Gasworld* (April 2010), S. 28–30.
44 Das Verhältnis von Sauerstoff zu Stickstoff war in Ungarn 3:1, in Polen 4:1 und der Tschechoslowakei sogar 7:1; in Großbritannien lag es bei 1:3. Vgl. dazu R.H. Whiting, R.W. Watson, »An assessment of the industrial gas potentials in the chemical Industry of Eastern Europe«, 4.7.1990, in BOCM, Box 798, Akte »BOC Eastern Europe Steering Committee Meeting vom 23.10.1990«.
45 Colin Moore, BOC Eastern European Task Force, Steel & Gas markets, »Report on Visits to steelworks in Hungary, Eastern Germany and Poland May 1990«, in BOCM, Box 798.
46 Dienel, *Linde,* S. 301–304; Linde AG (Hg.), *125 Jahre Linde,* S. 68; Jackson und Hunter, »AGA Charts its Own Bold Course«, S. 24; Eastern Europe Task Force, The BOC Group, »Competing in the evolving industrial gases markets of Eastern Europe«, September 1990, in BOCM, Box 798.

47 Eastern Europe Task Force, The BOC Group, »Competing in the evolving industrial gases markets of Eastern Europe«, September 1990, in BOCM, Box 798; BOC, Geschäftsbericht 1997, S. 21.

48 SOL (Hg.), A Brief History of the SOL Group; Jackson und Hunter, »AGA Charts its Own Bold Course«, S. 24; BOC, Geschäftsberichte 1992, S. 23, und 1993, S. 20; Hunter u. a., »Industrial Gases Preparing for the Next Round«, S. 20–26.

49 Koch, *Ein Unternehmen im Wandel der Zeiten,* S. 91 und 188.

50 Linde AG (Hg.), *125 Jahre Linde,* S. 68; Dienel, *Linde,* S. 301–304.

51 »Aktennotiz Gunnar Eggendorfer vom 18.7.1991 für den Vorstandsvorsitzenden Hans Meinhardt über die geschätzte Marktentwicklung in den neuen Bundesländer«, in CAL, Fach 38, D 05, Akte »DDR 1990«. Vgl. auch Gunnar Eggendorfer 1993 in: Hunter u. a., »Industrial Gases Preparing for the Next Round«, S. 24.

52 Jemain, *Les conquérants de l'invisible,* S. 239–246; Rainer Karlsch und Raymond G. Stokes, *The Chemistry Must Be Right: The Privatization of BSL GmbH, 1990–2000,* Leipzig 2001; Hunter u. a., »Industrial Gases Preparing for the Next Round«, S. 20–26; Michael Roberts, »Linde claims first victory in race for Tega«, in *Chemical Week* (1. August 1990), S. 7; Michael Roberts, »Linde tries to block Tega Berlin sale to Air Liquide«, in: *Chemical Week* (29. August 1990), S. 14.

53 Linde AG (Hg.), *125 Jahre Linde,* S. 73; Dienel, *Linde,* S. 301–304; Almqvist, »The Major Gas Companies in Europe«, S. 36–41; Anke Müller, »Mitteldeutsches Chemiedreieck kommt in Schwung«, in *Chemische Rundschau* (6. August 1997); CAL, Fach 38, D 05 Akte »DDR 1990«. Diese Akte enthält auch Dokumente zur Linde-Planung für die neuen Bundesländer, z. B. die Aktennotizen vom 29. August 1991 und 10. März 1992.

54 Hunter u. a., »Industrial Gases Preparing for the Next Round«, S. 20–26; vgl. auch Koch, *Ein Unternehmen im Wandel der Zeiten,* S. 91 und 188; Lesczenski, *100 Prozent Messer,* S. 90–91.

55 »Aktennotiz Gunnar Eggendorfer vom 18.7.1991 für den Vorstandsvorsitzenden Hans Meinhardt über die geschätzte Marktentwicklung in den neuen Bundesländern«, in CAL, Fach 38, D 05, Akte: »DDR 1990«.

56 R. S. Henderson, Swiss Bank Corporation, Marktforschungsbericht »Capital Markets and Treasury Research«, September 1993, in BOCM, Box 608; Colin Moore, »BOC Eastern Europe Steering Committee Meeting« (23. Oktober 1990), in BOCM, Box 798.

57 Koch, *Ein Unternehmen im Wandel der Zeiten,* S. 91 und 188; Dienel, *Linde,* S. 301–304 u. 333–345; Lesczenski, *100 Prozent Messer,* S. 89–90; Linde AG (Hg.), *125 Jahre Linde,* S. 69; Eastern Europe Task Force, The BOC Group, »Competing in the evolving industrial gases markets of Eastern Europe«, September 1990 und Colin Moore, »BOC Eastern Europe Steering Committee Meeting« (23. Oktober 1990), beide in BOCM, Box 798.

58 Josef David, »Growing markets in Central and Eastern Europe«, in *Gasworld* (Juli 2006), S. 24–26; Katri Iivonen, »Interview: The SIAD Group«, S. 10–13; Katri Iivonen, »Interview of the month: Bernhard Guerini«, in *Gasworld* (Dezember 2005), S. 16–18; SOL (Hg.), A Brief History of the SOL Group.

59 David, »Growing markets in Central and Eastern Europe«, S. 24–26; vgl. auch

die ernüchterten Einschätzungen Mitte der 1990er-Jahre: Merrill Lynch International Research, Marktforschungsbericht »Industrial Gases«, 14.5.1993, in BOCM, Box 608; Hunter, »Industrial Gases: Focus on Costs, Mix and Geography«, S. 25–27.

60 David, »Growing markets in Central and Eastern Europe«, S. 24–26; Hill und Cockerill, »SIAD – Two different worlds«, S. 28–30; Helen Carmichael, »Eastern Europe growth in every direction«, in *Gasworld* (Juni 2007), S. 32–34; Iviomen, »Interview of the month: Bernhard Guerini«, S. 16–18; »Eastern Europe Analyses: exploring eastern opportunities still room for improvement«, in *Gasworld* (März 2008), S. 36–38; Rob Cockerill, »Special feature: A positive platform for progression: the European gas market«, in *Gas Review Nippon,* (Sommer 2008), S. 19–20.

61 »Industrial Gases in China. A Market Evolving«, in Gasworld (September 2007), S. 28–30.

62 Auch Iwatini, Hitachi, Nippon Sanso, Air Products und Air Liquide verkauften Anlagen oder Technik an chinesische Anlagenbauer. Jemain, *Les conquérants de l'invisible,* S. 255–258; K. Oshima und Y. Aiyama, »The Development of Cryogenics in Japan«, in Ralph Scurlock (Hg.), *History and Origins of Cryogenics,* Oxford 1992, S. 520–546, hier S. 521–522; Linde AG (Hg.), *125 Jahre Linde,* S. 72 und 87; Almqvist, *History of Industrial Gases,* S. 325–328; »The Hangzhou Hangyang Miracle. Symbol of 10 Years of Growth«, in *The Gas Review* 328 (14. September 2010), S. 2–4.

63 Jemain, *Les conquérants de l'invisible,* S. 255–258; Almqvist, *History of Industrial Gases,* S. 215 und 325–328; »How the major´s seen China? History of Enter into China«, in *Gas Review Nippon* (Winter 1993), S. 6; »North Pacific Analysis« in *Gasworld* (Dezember 2007), S. 32–34; Hunter u.a., »Industrial Gases Preparing for the Next Round«, S. 20–26.

64 »China: More Opportunities, More Investment«, in *Gas Review Nippon* (Sommer 1995), S. 17; Rob Cockerill, »Gases in China. What's Really Happening?«, in *Gasworld* (Dezember 2010), S. 26–27; Hunter u.a., »Industrial Gases Preparing for the Next Round«, S. 20–26.

65 »Vortrag Gunnar Eggendorfer, Tagung der oberen Führungskräfte vom 1.–2.3.1995«, in: CAL, Fach 38, B01, Akte Ko2; »Interview: Steve Angel President and CEO Praxair«, in *Gasworld* (Mai 2007), S. 24–26.

66 Jemain, *Les conquérants de l'invisible,* S. 255–258; »The Hangzhou Hangyang Miracle. Symbol of 10 Years of Growth«, S. 2–4; Aktennotiz Joachim Müller für Herrn Habicht und Herrn Kersten vom 9.2. und 26.2.1993. in CAL, Fach 38, E 03, »VR China JV Hangyang Xiamen«.

67 »Asia Data: China 2002: The Chinese Industrial Gas Market in Focus«, in *Gas Review Nippon* (Sommer 2002), S. 8–9.

68 »China Accelerating Growth and Investment by International Gas Companies«, in *Gasworld* (September/Oktober 2006), S. 26–37; »Asia Special: China«, in *Gas Review Nippon* (Winter 1997), S. 16.

69 Lesczenski, *100 Prozent Messer,* S. 203, 222; »China About to Become the 3rd Largest Gases Market. Is the Growth Sustainable?«, in *Gasworld* (September 2007), S. 33–34; »North Pacific Analysis«, in *Gasworld* (Dezember 2007), S. 32–34.

70 Cockerill, »Gases in China«, S. 26–27; »The Hangzhou Hangyang Miracle. Symbol of 10 Years of Growth«, S. 2–4.

71 Die 40 bis 45 Prozent Marktanteil der westlichen Großanbieter sind aber durchaus als Erfolg zu betrachten, denn noch 1997 wurde die Nachfrage in China zu 90 Prozent durch Eigenproduktion gedeckt. Cockerill, »Gases in China«, S. 26–27.

72 Laut eigenen Angaben betrieb Yingde 2013 fast 50 Luftzerleger: http://www.yingdegas.com/html/about.php [aufgerufen am 2. September 2013].

73 »China About to Become the 3rd Largest Gases market. Is the growth sustainable?«, in *Gasworld* (September 2007), S. 33–34.

74 Cockerill, »Gases in China«, S. 26–27; »China About to Become the 3rd Largest Gases market. Is the growth sustainable?«, S. 33–34.

75 Ebd.

76 Hunter, »Industrial Gases: Focus on Costs, Mix, and Geography«, S. 25–27; »South Pacific Analysis«, in *Gasworld* (November 2007), S. 30–34; Almqvist, *History of Industrial Gases,* S. 290, 297, 321–322, 328–329 und 338–342; Garvey and Marshall, »The Industrial Gas Industry«, S. 15–24; BOC Group Planning, Forging a global gases Strategy, April 1989, in BOCW, Box 1017; Jemain, *Les conquérants de l'invisible,* S. 247–258; Garvey, »The On-site and Pipeline Delivery Business«, S. 22–26; BOC Group Group Planning, »Understanding our competitors L'Air Liquide, Air Products, Union Carbide, Nippon Sanso«, Mai 1990, in BOCM, Box 1007; »South Pacific Analysis«, S. 32–34; Hunter u. a., »Industrial Gases Preparing for the Next Round«, S. 20–26; »Running through the Japanese Market as a Market Leader«, S. 16–17; »Asia Data Book 2006«, in *Gas Review Nippon* (Sommer 2006), S. 18–26; »Linde and Air Liquide Compete Against Each Other Through BOC Acquisition«, in *Gas Review Nippon* (Winter 2007), S. 3–8.

77 BOC, Geschäftsbericht 1997, S. 23; Almqvist, *History of Industrial Gases,* S. 269; Helen Carmichael, »India Leads South Asian Gas Market Growth«, in *Gasworld* (März 2007), S. 28–31; Kelly Cadwell, »The Asian Industrial Gas Business«, in *Gasworld* (März 2006), S. 18–19; Firn, »Restraints Ordered on Gas Giants«, S. 2; »Asia Data Book 2006«, S. 18–26; »Asian Analysts Looming Large in the Advancing Asian Market«, in *Gasworld* (Februar 2008), S. 38–39.

78 Helen Carmichael, »Middle East Analysis«, in *Gasworld* (April 2007), S. 26–28; Katri Iivonen, »Interview of the month: Bernhard Guerini«, S. 16–18; »Interview: Steve Angel President and CEO Praxair«, S. 24–26.

79 Almqvist, *History of Industrial Gases,* S. 297; Hunter u. a., »Industrial Gases Preparing for the Next Round«, S. 20–26; »Interview: Steve Angel President and CEO Praxair«, S. 24–26; Linde AG (Hg.), *125 Jahre Linde,* S. 68; »Hitting New Heights«, in *Gasworld* (August 2007), S. 34–36; Hunter, »Industrial Gases: Focus on Costs, Mix and Geography«, S. 25–27.

80 Hunter u. a., »Industrial Gases Preparing for the Next Round«, S. 20–26; Jemain, *Les conquérants de l'invisible,* S. 307–317; Firn, »Restraints Ordered on Gas Giants«, S. 2; »Interview: Steve Angel President and CEO Praxair«, S. 24–26; Dienel, *Linde,* S. 256–257 und 333–345; Hunter, »Industrial Gases: Focus on Costs, Mix and Geography«, S. 25–27; UCC, Geschäftsbericht 1990, S. 14 und 17; »Hitting New Heights«, S. 34–36.

81 »Hitting New Heights«, S. 34–36; BOC, Geschäftsbericht 1997, S. 37–38; »IBG: ›Thinking Big‹«, in *Gasworld* (August 2007), S. 50; Almqvist, *History of Industrial Gases,* S. 319; Hunter u. a., »Industrial Gases Preparing for the Next Round«, S. 20–26; Jemain, *Les conquérants de l'invisible,* S. 307–317; Moore, »From Cash Cow to Bull«, S. 21; Koch, *Ein Unternehmen im Wandel der Zeiten,* S. 194; »Hitting New Heights«, S. 34–36; Merrill Lynch International Research, Marktforschungsbericht »Industrial Gases«, 14.5.1993 und R.S. Henderson, Swiss Bank Corporation, Marktforschungsbericht »Capital Markets and Treasury Research«, September 1993, beide in BOCM, Box 608.

82 Almqvist, *History of Industrial Gases,* S. 332; BOC, Geschäftsbericht 1996, S. 27; »Coregas. The Australian owned industrial gas company«, in *Gasworld* (November) 2007, S. 36.

83 Almqvist, *History of Industrial Gases,* S. 336–338; »Strong growth expected in South Africa«, in *Gasworld* (Februar 2007), S. 18–21.

84 Almqvist, *History of Industrial Gases,* S. 342.

85 Archivalisch sind die bewussten Entscheidungen der BOC, sich auf bestimmte Regionen zu beschränken, sehr gut überliefert. Der Unternehmensführung war klar, dass die Eroberung des kontinentaleuropäischen Markts viel Geld, Zeit und andere Ressourcen kosten und wahrscheinlich nur einen Marktanteil von 10 Prozent bringen würde. Vgl. R.S. Henderson, Swiss Bank Corporation, Marktforschungsbericht »Capital Markets and Treasury Research«, September 1993, in BOCM, Box 608; BOC Group Planning, »European Manoeuvres. Learning from Air Products, Union Carbide and AGA«, März 1990, in BOCM, Box 939.

86 Vgl. das Schreiben von Randall L. Hull (BOC Gases) an den Linde-Mitarbeiter Aldo Belloni vom 15.10.1999, in CAL, Fach 38, B 01, Akte: »BOC Process Plants, Liquid Carbonic, Praxair«.

87 »Vorträge des Vorstands. Ziele und Strategien im Arbeitsgebiet Technische Gase«, in CAL, Fach 39, C 02, Akte »Tagung oberer Führungskräfte am 26./27.3.1992 in Gravenbruch«. Vgl. auch »Interview mit Gunnar Eggendorfer«, in *Linde heute* (1999/1), S. 16–17.

88 Aldo Belloni, Lennart Selander, »Industrial Gases: Growth by Continued Self-Renewal«, in Florian Budde, Utz-Hellmuth Felcht und Heiner Frankemölle (Hg.), *Value Creation: Strategies for the Chemical Industry,* Weinheim 2006, S. 137–148.

89 BOC, Geschäftsbericht 1994, S. 21; Geschäftsbericht 1997, S. 5–6, 16 und 42; Geschäftsbericht 1998, S. 6–7 und 28; Geschäftsbericht 1999, S. 5, 13 und 15.

90 Dienel, *Linde,* S. 333–345.

91 BHF-Report über Linde, 4. Juni 1999, in CAL, Fach 39, A 01–02, Akte »BHF Bank«.

92 Almqvist, *History of Industrial Gases,* S. 239–241 und 338–342; Andrew Butrica, *Out of Thin Air: A History of Air Products and Chemicals,* Inc., 1940–1990, New York 1990, S. 299–301; Koch, *Ein Unternehmen im Wandel der Zeiten,* S. 294–296; Jemain, *Les conquérants de l'invisible,* S. 259–273; Hunter u. a., »Industrial Gases Preparing for the Next Round«, S. 20–26; Jesus Gonzalez und Ken Miller, »Onsite: The Backbone of the Industrial Gas Business«, in *CryoGas International* (Dezember 2007), S. 18–20; Agnes H. Baker und Maura D. Garvey, »Bulk Products Supply Chain«, in *CryoGas International* (März 2004), S. 20–35;

Maura D. Garvey, »The North American On-site and Pipeline Business«, in *CryoGas International* (Dezember 2008), S. 24–28; Belloni und Selander, »Industrial Gases: Growth by Continued Self-Renewal«, S. 137–148.

93 Zu Helium vgl. Linde AG (Hg.), *125 Jahre Linde,* S. 78; Koch, *Ein Unternehmen im Wandel der Zeiten,* S. 294–296 und 300; Almqvist, *History of Industrial Gases,* S. 130; John Raquet, »Helium: Changing Faces, Technology Shifts and Tight Supply – Challenges Facing Our Industry«, in *Gasworld* (Oktober 2006), S. 22–23. Ein Überblick zur Kohlendioxidgewinnung findet sich in »Carbon Dioxide: A Merchant Gas as Applied Throughout World Markets«, in *Gasworld* (November 2007), S. 38–40.

94 Garvey und Marshall, »The Industrial Gas Industry«, S. 15–24; Dienel, *Linde,* S. 352–356; Garvey, »The On-site and Pipeline Delivery Business«, S. 22–26; Belloni und Selander, »Industrial Gases: Growth by Continued Self-Renewal«, S. 137–148; Jemain, *Les conquérants de l'invisible,* S. 259–273; »Vortrag Gunnar Eggendorfer, Tagung der oberen Führungskräfte vom 1–2. 3. 1995«, in CAL, Fach 38, B 01, Akte: »Ko2«.

95 Almqvist, *History of Industrial Gases,* S. 437; Jemain, *Les conquérants de l'invisible,* S. 259–273; Belloni und Selander, »Industrial Gases: Growth by Continued Self-Renewal«, S. 137–148; Clare Goldsberry, »Managing Gases. When Your Supplier Does It For You«, in *Weldingmag.com* (Februar 2008), S. 10–11; BOC, Geschäftsbericht 1995, S. 14–15, Geschäftsbericht 1997, S. 24, Geschäftsbericht 1998, S. 7, und Geschäftsbericht 1999, S. 15; Report »Transition Team Organisation Workshop« (23. 10. 1993), in BOCM, Box 859.

96 Hunter u. a., »Industrial Gases Preparing for the Next Round«, S. 20–26; Almqvist, *History of Industrial Gases,* S. 104, 340 und 421; Butrica, *Out of Thin Air,* S. 276; Jemain, *Les conquérants de l'invisible,* S. 183–185; Agnes H. Baker und Maura D. Garvey, »Nitrogen. Big Markets, Volume, and Value«, in *CryoGas International* (April 2003), S. 18–26; Richard Reider, »History of Application Technologies«, in IOMA, *The Invisible Industry. The Story of the Industrial Gas Industry,* Cleveland 1997, S. 17–27; BOC, Geschäftsbericht 1997, S. 23.

97 Raquet, »Helium«, S. 22–23.

98 Dan Sheridan, »Nitrogen and Frozen Foods. Providing the Chill in a Hot Market«, in *CryoGas International* (April 2003), S. 28–33; Maura D. Garvey, Aggie Baker, »Food for Thought: Frozen Food's Impact on the Gas Industry«, in *CryoGas International* (June 2002), S. 32–44; »What's Latest with Carbon Dioxide Applications?«, in *Gasworld* (Februar 2006), S. 20–21; Til Huber, »Selbst die Konkurrenz verspricht sich frischen Wind«, in *FAZ* (22. 9. 2007), S. 55; »Textilien werden sauber unter Druck«, in *FAZ* (7. 2. 2009), S. T2; Rob Cockerill, »Food for Thought. How Industrial Gases are Putting Food on the Table«, in *Gasworld* (Oktober 2007), S. 40–42; Maura D. Garvey, »Carbon Dioxide. A Market on the Move«, in *CryoGas International* (Mai 2009), S. 28–31.

99 Ralph G. Scurlock, »A Matter of Degrees: a Brief History of Cryogenics«, in *Cryogenics* 30 (Juni 1990), S. 483–500; Nina Morgan, »Nitrogen Cold Inert Useful«, in *Gasworld* (April 2007), S. 32–33.

100 Rob Cockerill, »Gases in Electronics: Crystal-line Clear Potential«, in *Gasworld* (Juli 2008), S. 44–46; Rüdiger Köhn, »Flüchtig, aber grundsolide«, in

FAZ (3.12.2007), S. 25; Andrew Lowe, »The Increasing Market for Rare Gases«, in *Gasworld* (Mai 2006), S. 20–21.

101 Linde AG (Hg.), *125 Jahre Linde*, S. 78; Dienel, Linde, S. 333–345; Jemain, *Les conquérants de l'invisible*, S. 307–317; Marketing Improvements Ltd., »Inhaled Nitric Oxide (INO) Therapy. A survey of business orientation and competence, prepared for BOC Medical Gases, June 1995«, in BOCM, Box 812; »Healthcare. An Industry of Vitality and Potential«, in Gasworld (April 2008), S. 32–34; »The Home Care Market«, in *Gasworld* (Juli 2006), S. 20–21; Belloni und Selander, »Industrial Gases: Growth by Continued Self-Renewal«, S. 137–148; SOL (Hg.), A Brief History of the SOL Group; Hunter und Alperowicz, »Industrial Gases«, S. 23–26.

102 Jörg-Michael Willke, Präsentation im Applications Center der Linde AG in München, 22.11.2010; »Vortrag Gunnar Eggendorfer, Tagung der oberen Führungskräfte vom 1.–2.3.1995«, in: CAL, Fach 38, B01, Akte Ko2; Linde AG (Hg.), *125 Jahre Linde*, S. 77, 78 und 94; Butrica, *Out of Thin Air*, S. 276, 287 und 289; Jemain, *Les conquérants de l'invisible*, S. 259–273 und 307–317; BOC, Geschäftsbericht 1998, S. 7 und 17; »Liste der Zusammenarbeit mit Instituten in Deutschland und Österreich«, in: CAL, Fach 38, B 01, Akte: »GE2 Fotostelle Linde Gas«; Roger Geiger, Creso Sá, Tapping the Riches of Science. Universities and the Promise of Economic Growth, Cambridge 2008, S. 54–58; Tony Wheatley, »Gases in Research. Supporting the Thirst for Knowledge«, in *Gasworld* (Oktober 2008), S. 44–46.

103 »Oxygen's Future in a World with a Shifting Manufacturing Base«, in *Gasworld* (Februar 2007), S. 22–23; Ian Salusbury, »Gases in the Steel Industry. Intensity Continues to Increase«, in *Gasworld* (Februar 2008), S. 36–38.

104 Baker und Garvey, »Nitrogen. Big Markets, Volume, and Value«, S. 18–26; Hunter, »Gas Firms Extend their Reach and Offerings to the CPI«, in *Chemical Week* (23.2.1994), S. 23; Georg Küffner, »Wenig Spielraum zur maximalen Förderleistung«, in *FAZ* (1.3.2011), S. T5; »Interview: Steve Angel President and CEO Praxair«, S. 24–26; »Oxygen's Future in a World with a Shifting Manufacturing Base«, S. 22–23; Tony Wheatley, »Adding Value to Oil Services. Industrial Gas Utilisation«, in *Gasworld* (Mai 2011), S. 40–41; »Gases in the Chemical Industry. A Diverse and Growing Market«, in *Gasworld* (Januar 2008), S. 36–38; Tony Wheatley, »Gases in Energy Production. Enhancing Ressource Development«, in *Gasworld* (September 2008), S. 48–51; BOC, Geschäftsbericht 1999, S. 15.

105 »Carbon Dioxide: A Merchant Gas as Applied Throughout World Markets«, in *Gasworld* (November 2007), S. 38–40.

106 Max Bräutigam, Jürgen Clausen, »From the Pipeline to Storage«, in *Linde technology* (1/2003), S. 31–29; Köhn, »Flüchtig, aber grundsolide«, S. 25; BOC, Geschäftsbericht 1997, S. 21.

107 »Weltmarkt Industriegase nach Anwendung«, 1990, in: CAL, Fach 38, B 01, Akte: »GE2 Fotostelle Linde Gas«; BOC, Geschäftsbericht 1997, S. 19; »Vortrag Gunnar Eggendorfer, Tagung der oberen Führungskräfte vom 1.–2.3.1995«, in: CAL, Fach 38, B01, Akte Ko2; Butrica, *Out of Thin Air*, S. 240; Merrill Lynch International Research, Marktforschungsbericht »Industrial Gases«, 14.5.1993, in BOCM, Box 608; Toni Wheatley, »Emerging Applications: What's New«, in *Gasworld* (Juni 2011), S. 32–34; Emerging Applications Meeting the

Demand«, in *Gasworld* (Juni 2011), S. 36–38; Baker und Garvey, »Nitrogen«, S. 18–26.

108 BHF Bericht über Linde, 4. Juni 1999, in CAL, Fach 39, A 01–02, Akte »BHF Bank«.

109 Belloni, Selander, »Industrial Gases: Growth by Continued Self-Renewal,« S. 137–148.

110 Vgl. z.B. »AGA's Strategy, Januar 1992«, Auszug aus »Corporate Decision-Making at Multinationals Companies«, 1993, in BOCM, Box 608; und Gwen Jones, Mark Andrews, BOC Gases Planning, »AGA Gases: a competition analysis«, Januar 1992, in BOCM, Box 939.

111 Winand von Petersdorff, »Der Gasmann«, in *Frankfurter Allgemeine Sonntagszeitung* (2. März 2008), S. 48.

112 Nach der Berufung von Dr. Gunnar Eggendorfer in den Linde-Vorstand Anfang 1988 rückte eine verstärkte Präsenz auf dem Gasmarkt auf der Liste der Unternehmensziele spürbar noch oben. Eggendorfer war zuvor mit Aufgaben wie der Übernahme von Liquid Carbonic betraut gewesen und wird zum ersten Mal als vollwertiger Teilnehmer einer Vorstandssitzung genannt im Protokoll über die Vorstandssitzung in Wiesbaden, 23. März 1988, Protokolle des Vorstands der Linde AG, in LAS.

113 Lesczenski, *100 Prozent Messer*, S. 142, 144, 154–155 und 164–166; Heide Neukirchen, »Objekt der Begierde: Messer Griesheim: Schwierige Verkaufsverhandlungen«, in *Manager Magazin* 2 (1. Februar 1999), S. 29.

114 Chang, »Industrial Gases Industry is Poised for a Major M & A Move, S. 9–10.

115 Firn, »Restraints Ordered on Gas Giants«, S. 2; BOC, Geschäftsbericht 1999, S. 4 und 7; »EC conditionally approves BOC takeover by Air Products/Air Liquide«, ICIS.com (18. Januar 2000), verfügbar unter http://www.icis.com/Articles/2000/01/18/102 872/ec-conditionally-approves-boc-takeover-by-air-productsair.html [aufgerufen am 19. November 2013]; und »Air Products, Air Liquide takeover bid for BOC collapses«, ICIS.com (11. May 2000), verfügbar unter http://www.icis.com/Articles/2000/05/11/111 801/air-products-air-liquide-takeover-bid-for-boc-collapses.html [aufgerufen am 19. November 2013].

116 Dem ersten Besuch des AGA-Chefs Marcus Storch auf der Vorstandssitzung von Linde am 11. Mai 1981 sollten während der 1980er-Jahre noch viele folgen. Vgl. Protokoll über die Vorstandssitzung in Hoellriegelskreuth, 11. Mai 1981, TOP 5, S. 2–4, Protokolle des Vorstands der Linde AG, in LAS. Sein Nachfolger Lennart Selander führte die Tradition fort. Gespräch mit Lennart Selander, Pullach, 23. November 2010.

117 Kistenmacher, Notiz für Eggendorfer, 23. Juli 1996, in CAL, Fach 38, B 01, Akte »BOC Process Plants, Liquid Carbonic, Praxair«.

118 Linde, Presseerklärung vom 18. Juni 1997: »AGA AB and Linde AG form Alliance«, in CAL, Fach 38, B 01, Akte »Alliances with AGA u. a.«.

119 Gespräch mit Lennart Selander, Pullach, 23. November 2010.

120 Linde AG (Hg.), *125 Jahre Linde*, S. 80; Dienel, *Linde*, S. 327–329 und 333–345.

121 Vorstandsprotokolle vom 17. Mai 1988, 21. & 22. Juni 1988, 6. September 1988, 7. März 1989, Protokolle des Vorstands der Linde AG, in LAS; Dienel, *Linde*, S. 352–356; BHF-Bericht über Linde, 4. Juni 1999, in CAL, Fach 39, A 01–02, Akte »BHF Bank«; Linde, Presseerklärung vom 18. Juni 1997: »AGA AB and

Linde AG form Alliance«, in CAL, Fach 39, B 01, Akte »Alliances with AGA u.a.«; Aktennotiz Hans Kistenmacher, 20. November 1996, und Lotepro an Linde, 20. April 1997, beide in CAL, Fach 38, B 01, Akte »BOC Process Plants, Liquid Carbonic, Praxair«.

122 Lesczenski, *100 Prozent Messer,* S. 174, 180–181, 194, 196, 199, 203 und 226. vgl. auch: Rüdiger Köhn, »Das Unglück erwies sich als Glücksfall«, in *FAZ* (4. Februar 2008), S. 16; von Petersdorff, »Der Gasmann«, S. 48; Anania, »Decades of Deals«, II, S. 46–49; Anania, »Decades of Deals« I, S. 68–72; Rob Cockerill, »Leadership, Trust, and a Desire to Grow«, in *Gasworld* (November 2008), S. 32–36; Gespräch mit Stefan Messer, Bad Soden, 4. Mai 2010.

123 Schon 2004 hatte Linde seine Kältetechnik verkauft. Linde AG (Hg.), *125 Jahre Linde,* S. 82; »BHF-Bericht über Linde , 4. Juni 1999, in CAL, Fach 39, A 01–02, Akte »BHF Bank«; Linde AG, Geschäftsbericht 2006, S. 60–61.

124 »Western Analysis: Building on Solid Foundations«, in *Gasworld* (April 2008) S. 42–44; »Interview: Steve Angel President and CEO Praxair«, S. 24–26.

125 J. C. Failie, Notiz über ein Gespräch mit den Linde-Vertretern Eggendorfer und Weller, 4. März 1991; W. J. McAuley, BOC Process Plants, Memorandum vom 19. September 1994; Pat Rich, »Interoffice Memorandum on cooperation with Linde«, 28. Februar 1991, alle drei Dokumente in BOCM, Box 906; Aktennotiz des Linde-Managers Habicht an die Vorstände Full und Belloni über ein Gespräch zwischen den Abteilungen TG und VA über die Zusammenarbeit im Anlagenbau mit TG-Wettbewerbern, 22. März 1995, in CAL, Fach 38, B 01, Akte »Zusammenarbeit Verträge Linde Konzern TG bis 2000«; Akte »BOC Process Plants, Liquid Carbonic, Praxair«, in CAL, Fach 38, B 01.

126 Umfangreiches Material über die Zusammenarbeit mit Linde findet sich in BOCM, Box 906 und CAL, Fach 38, B 01, Akte »BOC Process Plants Liquid Carbonic Praxair«.

127 Gespräch mit Dr. Gunnar Eggendorfer, Pullach, 10. September 2008.

128 »BHF-Bericht über Linde , 4. Juni 1999, in CAL, Fach 39, A 01–02, Akte »BHF Bank«.

129 Helen Carmichael, »Western Europe: Flagging up Innovation«, in *Gasworld* (Juli 2007), S. 32–34; Armin Benninghaus, Genutzte Chancen. Die 85-jährige Erfolgsgeschichte der Westfalen AG (Münster 2010).

130 Der norwegische Düngemittelhersteller Yara beispielsweise betreibt seit 2007 in Skandinavien gemeinsam mit Praxair eine Industriegasfirma. »Praxair Increases Ownership Stake in Yara Praxair Joint Venture in Scandinavia«, 5. Oktober 2011, http://www.praxair.com/news/2011/praxair-increases-ownership-stake-in-yara-praxair-joint-venture-in-scandinavia [aufgerufen am 6. Oktober 2010].

131 Katie Hill, »The Last Big Deal?«, in *Gasworld* (April 2010), S. 26–27; Ivan Lerner, »Industrial Gases: Steady, Solid«, in *ICIS Chemical Business Americas* 271, Ausg. 15 (16. April 2007), S. 34–35; Steven M. Davidoff, »Air Products Bid Dies as Airgas Poison Pill Lives on«, in *New York Times* (15. Februar 2011).

132 Gespräch mit Aldo Fumagalli Romario, Monza, 10. Juni 2009.

133 Thorsten Winter, »Interview mit Stefan Messer: Das Wachstum wird nicht so stark ausfallen wie zuletzt«, in *FAZ* (29. Januar 2009), S. 44; Thorsten Winter, »Die selbstbewusste Heimkehr des Gasmanns Messer«, in *FAZ* (8. Mai 2008),

S. 55; Köhn, »Flüchtig, aber grundsolide«, S. 25; Winter, »Messer-Industriegase für größte deutsche Raffinerie, S. 47«; Gespräch mit Stefan Messer, Bad Soden, 4. Mai 2010.

134 »Global Analysis: Decidedly Ahead«, S. 40–42.

Schlussbemerkung

1 Alle Zitate aus Michael Porter, *The Competitive Advantage of Nations,* Basingstoke 1998, S. 33.

2 Richard Sennett, »Quant: The Public Realm«, verfügbar unter: http://www.richardsennett.com/site/SENN/Templates/General2.aspx?pageid=16 [aufgerufen am 22. Januar 2014].

3 Gary Herrigel bringt dieses Argument in *Manufacturing Possibilities: Creative Action and Industrial Recomposition in the United States, Germany, and Japan,* Oxford/NY 2010, S. 1–6, obwohl er sich hier nicht im Besonderen mit der Problematik des Begriffs »Industrie« beschäftigt.

4 Porter, *The Competitive Advantage of Nations,* S. 33.

5 Ebd.

6 Interview mit Dr. Gunnar Eggendorfer, Pullach, 10. September 2008.

7 Dr. Peter Vocke, »Tier 2: Marktanteile, lokale Bedeutung und regionale Besonderheiten der Gasefirmen mit Jahresumsatz kleiner 1 Mrd. US$«, Präsentation in München, 25. September 2008.

8 The Linde Group, »Financial overview«, verfügbar unter: http://www.the-linde-group.com/en/about_the_linde_group/fast_facts/index.html; Air Liquide, Geschäftsbericht 2012, S. 13, verfügbar unter: http://www.airliquide.com/file/otherelement/pj/c4/a2/3e/72/al%20ra2012_gb_bd%20finale%20a 14686207515 69122783.pdf [beide zuletzt aufgerufen am 24. Januar 2014].

Danksagung

Das Projekt, aus dem dieses Buch hervorgegangen ist, nahm seinen Anfang im Jahr 2007. Kurz zuvor, nämlich 2006, hatte die Linde AG die britische BOC erworben; eine Übernahme, die das deutsche Unternehmen zu einem der zwei weltweit größten internationalen Industriegasproduzenten machte. Der damalige Leiter der Linde Abteilung Corporate Heritage, Klaus Schönfeld, war an einen der beiden Autoren dieses Buches, Raymond G. Stokes, mit der Idee herangetreten, eine BOC-Unternehmensgeschichte zu verfassen. Die Geschichte eines einzelnen Unternehmens zu schreiben, widerstrebte mir und so schlug ich stattdessen ein weitaus ambitionierteres Projekt vor: eine Unternehmensgeschichte der gesamten internationalen Industriegas-Industrie, angefangen bei der Gründung der BOC im Jahr 1886 bis ins 21. Jahrhundert. Klaus Schönfeld erhielt die Zusage, dass die Linde AG die mit dem Projekt verbundenen Forschungskosten übernehmen würde. Daneben stimmte sie zu, den Wissenschaftler Ralf Banken, der Mitautor des Buches ist, in Vollzeit einzustellen und uns Zugang zu ihren Unternehmensarchiven zu verschaffen, und zwar nicht nur zu den Linde-Beständen, sondern auch zu den Archivalien der BOC und der AGA, einem in Schweden ansässigen, international tätigen Industriegas-Unternehmen, das Linde im Jahr 2000 übernommen hatte. Darüber hinaus vermittelte Linde uns Kontakte zu den Industriegas-Fachverbänden, um uns den Austausch mit Vertretern anderer Unternehmen zu ermöglichen. Eine entscheidende Zusage war zudem, dass Linde sich bereit erklärte, in keiner Weise Einfluss auf die Forschungs- und Schreibprozesse, die schließlich in dieses Buch mündeten, zu nehmen. Wir sind sowohl der Linde AG ausgesprochen dankbar für die großzügige finanzielle Ausstattung dieser Unternehmung, als auch ihren Mitarbeitern, die das Projekt in so vielfältiger Weise unterstützt haben; hierzu gehört auch die Unabhängigkeit, mit der wir dieses Projekt seit 2007 verfolgen konnten.

Am Ende haben die Forschungsarbeiten und das Verfassen des Buches deutlich mehr Zeit in Anspruch genommen, als wir zu Beginn erwartet hatten. Dies lag nicht zuletzt an der außergewöhnlichen Fülle des uns zugänglich gemachten Archivmaterials sowie an dem zeitlichen Umfang, den es benötigte, einige der komplexen Zusammenhänge in der Entstehung der internationalen Industriegasindustrie vom Ende des 19. Jahrhunderts bis zur Gegenwart zu erfassen. Wir hatten das große Glück, in unserem Bemühen von einem Beirat begleitet zu werden, dem die Professoren Walter Kaiser (RWTH Aachen) und Ulrich Wengenroth (TU München) als wissenschaftliche Berater angehörten und in dem Frau Dr. Andrea H. Schneider von der Gesellschaft für Unternehmensgeschichte die Projektleitung übernahm. Auch Klaus Schönfeld, der unsere Arbeit in vielerlei Hinsicht und ausgesprochen hilfreich begleitet und unterstützt hat, gehörte für die ersten Jahre dem Beirat an, während Stefan Metz für die letzte Projektphase unser Ansprechpartner im Unternehmen war. Wir danken ihnen allen für ihre Geduld, die wir in der Tat bisweilen reichlich strapaziert haben, und für ihre hilfreichen Ratschläge und Kommentare.

In der Durchführung des Projektes waren uns daneben zahlreiche andere Menschen und Institutionen in unterschiedlicher Weise behilflich. Ein ganz wesentlicher Aspekt war hier der Zugang zu Archivmaterial und die Vermittlung von Kontakten zu Interviewpartnern in den jeweiligen Unternehmen. Aber auch die Einladungen, die Raymond G. Stokes erhielt, das Projekt 2008 beim Jahrestreffen der International Oxygen Manufacturers' Association (IOMA) in Irland und während der Tagung der European Industrial Gases Association (EIGA) in Brüssel (2010) vorzustellen, waren sehr hilfreich. Unser besonderer Dank gilt David Saunders und Frank Finger, die die Teilnahme an diesen Veranstaltungen möglich gemacht haben. Eine Reihe von Unternehmen, die entweder an den Präsentationen teilgenommen oder von ihnen gehört hatten, stellten uns Datenmaterial und Informationen zur Verfügung. Hier möchten wir ganz besonders Walter Brant (Indiana Oxygen), Diana Buss (Messer), Xavier Dragbo und Adam Cutforth (Air Liquide), Aldo Fumagalli Romario (SOL), Yuujirou Ichihara und Hiro Kobayashi (Taiyo Nippon Sanso Corp.), Betsy Klebe Dziedzic (Air Products), Nigel Muir (Praxair) sowie Christine Scully (Matheson Trigas) danken.

Wesentliche Dokumente und Informationen, die entweder überhaupt nicht oder nur unter großen Schwierigkeiten in Archiven zu beschaffen waren, wurden uns großzügig von den folgenden Personen zur Verfügung gestellt: Hans-Liudger Dienel überließ uns freundlicherweise Kopien einiger wichtiger Unterlagen, die er während der Anfertigung seiner Linde-Unternehmensgeschichte zusammengetragen hatte. Gleiches gilt für Jörg Lesczenski, der uns umfangreiches Material aus seinen Forschungen über das Messersche Unternehmen zukommen ließ. Alison Weir, die Ehefrau des verstorbenen Dr. Ron Weir, gewährte uns Einblick in den im November 2008 entstandenen Entwurf des Kohlendioxidkapitels seines unveröffentlicht gebliebenen Buches »The history of the Distillers Company«, Band 2. Dr.-Ing. Dr. Walter Ruckdeschel stellte uns Kopien aus dem Ruckdeschel Familienarchiv zur Verfügung. Auch das unveröffentlichte Manuskript von Inge Weiss zu Linde und der Stahlindustrie erwies sich als sehr hilfreich. Dies gilt ebenso für die von Andrea Reiß an der Universität Münster angefertigte Magisterarbeit »Die Westfalen AG von 1923 bis 1970«. Professor Ulrich Pfister hat uns diese Arbeit zugänglich gemacht.

Daneben stammt ein großer Teil des Materials, das wir zusammengetragen haben, auch aus bekannteren Unternehmens- und öffentlichen Archiven. Im Verlauf des Projekts haben wir eine ganze Reihe von ihnen besucht, eine vollständige Liste findet sich in der Bibliografie. Wir sind natürlich dankbar, dass man uns zu all diesen Archiven Zugang gewährte und auch für die Unterstützung, die uns dort zuteil wurde; ganz besonders möchten wir jedoch Dr. Werner Jakobsmeier (ehemals Corporate Archives of Linde AG) danken. Vladimir Marek (Evonik Archive, Marl) und die MitarbeiterInnen im Leunaer Stadtarchiv und im Landeshauptarchiv Sachsen-Anhalt, Abteilung Merseburg verdienen ebenfalls ein besonderes Dankeschön für ihre hervorragende Unterstützung. Mechthild Wolf und Wilfried Forstmann haben uns in organisatorischer Hinsicht bzw. durch ihre Sprachkenntnisse bei der Archivarbeit sehr geholfen.

Neben Dokumenten und gedrucktem Material waren uns im Rahmen dieses Projektes auch verschiedene mündliche Quellen von Nutzen. In zwei vorbereitenden Besprechungen zu den Projekt-Beiratssitzungen im Jahr 2008 zu strukturellen Aspekten der modernen Industriegasindustrie gab uns Dr. Peter Vocke (Linde) einen sehr hilfreichen Überblick, der uns die für den Projektbeginn nötige Orientierung bot. Im November 2010 organisierte Klaus Schönfeld Informationsgespräche für Raymond G. Stokes im Linde Anwendungszentrum in der Nähe von München. Dort informierten Henning Tomforde, Michael Graf, Wilfried-Henning Reese und Dr. Dirk Hupperich vor allem über die Zukunft und das Potential des entstehenden Wasserstoff-Geschäfts. Dr. Jörg-Michael Willke ging in seiner Überblicksdarstellung darauf ein, welche Bedeutung im Laufe des 20. Jahrhunderts die Anwendungsmöglichkeiten innerhalb der Industriegasindustrie gewonnen hatten. Diese Präsentation war für uns besonders wertvoll, insofern als dass sie uns sowohl eine Innensicht verschaffte, als auch den größeren Zusammenhang darstellte. Ebenso hilfreich war die im Anschluss an die Besprechungen durchgeführte Werksbesichtigung. Daneben profitierten wir von einer recht langen, ungezwungenen Diskussion über das Projekt mit Andrew Butrica, dem Verfasser der Air Products Monografie. Das Gespräch fand im Rahmen einer wissenschaftlichen Konferenz an der Universität Glasgow im Sommer 2011 statt. Ihnen allen danken wir herzlich.

Wir hatten daneben das Glück, eine Reihe prominenter Führungskräfte aus der Industriegasbranche treffen zu können, die sich sehr viel Zeit für Gespräche mit uns nahmen. Hierzu gehörten: Dexter Baker, Dr. Bernd Rüdiger Conrad, Dr. Gunnar Eggendorfer, Aldo Fumagalli Romario, Joseph Kaminski, Dr. Hans Kistenmacher, Dr. Walter Linde, Stefan Messer, Maris Sedlenieks, Lennart Selander und Mike Wickham. 2008 ermöglichten Dr. John Royal und H. C. (Clem) Demmin von Praxair Raymond G. Stokes die Teilnahme an einem Runden Tisch im Tonawanda Forschungszentrum unweit der Niagara Fälle. Der Teilnehmerkreis dieser Veranstaltung setzte sich aus den Verantwortlichen laufender oder früherer Forschungs- und Entwicklungsprojekte des Unternehmens zusammen. Außerdem erwiesen sich für uns zahlreiche ungezwungene Diskussionen als fruchtbar, die wir mit vielen Verantwortlichen während der IOMA- und EIGA-Veranstaltungen, aber auch beim Besuch der Geschäftsstellen und Produktionsstätten verschiedener Unternehmen im Verlauf des Projekts führen konnten.

Informationen sind unerlässlich für ein Projekt wie dieses, aber ebenso wichtig ist der kritische Austausch mit anderen Wissenschaftlern während sich das Projekt entwickelt. Hier kamen uns konstruktives Feedback und ausgiebige Diskussionen in Seminaren und während Projektpräsentationen an den Universitäten Bochum, Frankfurt, Göttingen, Köln, Newcastle und Strathclyde sowie während der Fuji Conference in Kyoto im September 2013 und verschiedener Tagungen der Association of Business Historians und der Gesellschaft für Unternehmensgeschichte zugute.

Ebenfalls danken möchten wir einigen Menschen, die uns in anderer Hinsicht im Verlauf des Projektes unterstützt haben. Martin Rexroth und Frederik Steinfeld waren für den Projektzeitraum als studentische Hilfskräfte für Ralf Banken tätig. Herr Steinfeld kümmerte sich dabei besonders um die Übersetzung von AGA-Dokumenten aus dem Schwedischen ins Deutsche. Ann Cameron ist kurzfristig eingesprungen, um sämtliche BOC-Vorstandsprotokolle für die Jahre 1886 bis 1990 und einige andere wichtige BOC-Dokumente zu fotografieren, die uns nur für sehr kurze Zeit zur Verfügung standen,.

Besonders dankbar sind wir auch den Menschen, die durch ihre hervorragende Arbeit dazu beigetragen haben, dass wir dieses mehrjährige Projekt zu einem erfolgreichen Abschluss bringen konnten. Hier geht unser Dank zunächst an mehrere kritische Leser des Manuskripts. Neben der Übersetzung von vier Kapiteln ins Englische für die geplante englische Ausgabe des Buches, hat Dr. Anne Stokes das gesamte Manuskript, das Grundlage der vorliegenden deutschen Ausgabe ist, gelesen, kommentiert und korrigiert. Auch Dr. Gunnar Eggendorfer, Professor Walter Kaiser und Professor Ulrich Wengenroth haben das komplette Manuskript gelesen und uns trotz der Kürze der Zeit ausgesprochen hilfreiches Feedback gegeben. Diese kritische Lektüre half uns, aus dem Manuskript ein sachlich richtiges sowie möglichst klar, schlüssig und gut formuliertes Buch zu machen. Selbstverständlich tragen wir die alleinige Verantwortung für eventuell noch vorhandene inhaltliche Fehler oder unglückliche Formulierungen. Wir danken zweitens den Übersetzern dieses Buches; ihnen ist in kürzester Zeit eine ausgesprochen gute Übersetzung eines doch sehr umfangreichen Buches gelungen. Drittens gilt unser besonderer Dank Dr. Tanja Roos. Sie hat – oft kurzfristig – unterschiedliche Aufgaben übernommen und so für die Einheitlichkeit und Richtigkeit von Anmerkungsapparat und Format Sorge getragen. Daneben hat sie das Manuskript kritisch gelesen und dessen Klarheit sichergestellt. Sie war uns ebenfalls bei der Auswahl von Fotografien und Illustrationen sowie der Beschaffung der entsprechenden Druckgenehmigungen behilflich. Last but not least – danken wir Dr. Andrea Schneider, die uns eine außergewöhnlich heitere und zugleich gelassene Projektleiterin war – und das in einem Projekt, dessen erfolgreicher Abschluss wesentlich von zwei Autoren abhing, die gelegentlich nicht ganz einfach sind, besonders im Hinblick auf einzuhaltende Fristen. Dass wir es schließlich geschafft haben, verdanken wir zu einem nicht unerheblichen Teil der Regie und organisatorischen Unterstützung von Frau Dr. Schneider ebenso wie der Hilfe, dem Mitwirken und den guten Ratschlägen aller zuvor genannten Personen.

Ein Teil des 6. Kapitels ist in: Ralf Banken und Raymond G. Stokes, »›The trauma of competition‹: The entry of Air Products Inc. into the industrial gases business in Britain and continental Europe, 1947–70«, *Business History* 52 (December 2010), S. 1068–1085 erschienen. Die Verwendung dieses Auszugs wurde uns freundlicherweise vom Verlag Taylor & Francis Ltd (http://www.tandf.co.uk/journals) genehmigt.

Glasgow und Frankfurt a. M., 30. März 2014

Abbildungsverzeichnis

Umschlagfoto: Corporate Archives of Linde AG;
Umschlaggestaltung: Büro Jorge Schmidt, München

Abb. 1: Corporate Archives of Linde AG
Abb. 2: BOCM/Corporate Archives of Linde AG
Abb. 3: Messer Group GmbH
Abb. 4: Messer Group GmbH
Abb. 5: AGA Gas AB
Abb. 6: AGA-Bestand/Corporate Archives of Linde AG
Abb. 7: Corporate Archives of Linde AG
Abb. 8: Corporate Archives of Linde AG
Abb. 9: Air Liquide, Referenz-Nr. 2007–1605
Abb. 10: BOCW, Box SEC00458, in Corporate Archives of Linde AG
Abb. 11: Corporate Archives of Linde AG
Abb. 12: BOCM/Corporate Archives of Linde AG
Abb. 13: Messer Group GmbH
Abb. 14: Alfred Dudszus, »Das große Buch der Schiffstypen. Schiffe, Boote, Flöße unter Riemen und Segel, Dampfschiffe, Motorschiffe, Meerestechnik«, Stuttgart 2004, S. 139. Unsere Bemühungen, die Bildrechte zu klären, sind leider erfolglos geblieben. Sollten Ansprüche des/der Rechteinhaber/s bestehen, bitten wir um Kontaktaufnahme.
Abb. 15: BOCM/Corporate Archives of Linde AG
Abb. 16: Nach Zahlen aus Charles R. Downs, »Impact of tonnage oxygen on American chemical industry«, in *Chemical Engineering* 55 (August 1948), S. 144
Abb. 17: Gesellschaft für Industriegasverwertung m.b.H., »Anlagen zur Lagerung und Beförderung von flüssigen Gasen. System Heylandt«, Katalog [o.J., ca. 1930], in Corporate Archives of Linde AG
Abb. 18: C.W.P. Heylandt, »Verwendung des flüssigen Sauerstoffes in der Industrie«, Sonderdruck, *Jahrbuch des VDRI* (1930), S. 2
Abb. 19: Corporate Archives of Linde AG
Abb. 20: Corporate Archives of Linde AG
Abb. 21: BOCM/Corporate Archives of Linde AG
Abb. 22: Corporate Archives of Linde AG
Abb. 23: Corporate Archives of Linde AG
Abb. 24: Air Products and Chemicals, Inc.
Abb. 25: Air Products and Chemicals, Inc.
Abb. 26: Praxair, Inc.
Abb. 27: Messer Group GmbH

Abb. 28: Corporate Archives of Linde AG
Abb. 29: Air Products and Chemicals, Inc.
Abb. 30: Air Liquide, Unternehmensbroschüre
Abb. 31: Archives Nationales du Monde du Travail, Roubaix, 2002 044, Nr. 020
Abb. 32: Messer Griesheim, Geschäftsbericht 1972, S. 58
Abb. 33: Klaus Baumgärtner, »Sauerstoff-Bereitstellung für Großverbraucher in Chemie und Stahlindustrie«, in *Chemie Ingenieur Technik* 46 (1974), S. 887–893, hier S. 890
Abb. 34: Corporate Archives of Linde AG
Abb. 35: SOL Group
Abb. 36: BOCM/Corporate Archives of Linde AG
Abb. 37: BArch, Bild 183–57339-0003/Erich Zühlsdorf
Abb. 38: Eduard Kinzel und Herbert Steinberg, *Die chemische Industrie in der sowjetischen Besatzungszone*, Bonn 1955, S. 38
Abb. 39: Eigene Darstellung nach Zahlen aus BArch, Berlin, Akte DL100 Nr. 16/2
Abb. 40: Eigene Darstellung nach Zahlen aus Landeshauptarchiv Sachsen-Anhalt, Merseburg, Akte I525 Nr. 20009 und Stadtarchiv Leuna, Akte DCM Nr. SCI VII Nr. 56
Abb. 41: Taiyo Nippon Sanso Corporation
Abb. 42: H´Kr. Intern Notizen usw. 1966 II, in Corporate Archives of Linde AG, Fach 39, B 03
Abb. 43: Taiyo Nippon Sanso Corporation
Abb. 44: K. Oshima und Y. Aiyama, »The development of cryogenics in Japan«, in Ralph G. Scurlock (Hg.), *History and origins of cryogenics*, Oxford 1992, S. 520–546, hier S. 530–531
Abb. 45: Eigene Darstellung nach Angaben aus Nippon Sanso, Geschäftsberichte 1978–1990 und *Gas Review Nippon* 1986–1998
Abb. 46: Industrial Gases Market in Japan and Nippon Sanso, Nippon Sanso Planning Sept., September 1976 [Ms.], in BOCM, Box 737, in Corporate Archives of Linde AG
Abb. 47: BOC Geschäftsbericht 1998, S. 24
Abb. 48: *The Gas Review* 147 (8. Mai 1998), S. 5
Abb. 49: SOL Group
Abb. 50: SOL Group
Abb. 51: Corporate Archives of Linde AG
Abb. 52: Robert Hall, »100 Years of Progress in Distributing Industrial Gases«, in *BOC Technology Magazine* (Juni 1987), S. 11, in BOCM/Corporate Archives of Linde AG
Abb. 53: »China: More Opportunities, More Investment«, in *Gas Review Nippon* (Sommer 1995), S. 17
Abb. 54: AGA Gas AB
Abb. 55: BOCM/Corporate Archives of Linde AG

Archivverzeichnis

Nationales du Monde du Travail Roubais
Bundesarchiv Berlin-Lichterfelde
Centre for Business History, Stockholm
Familienarchiv Ruckdeschel, München
Konzernarchiv Thyssen-Krupp, Duisburg
Landesarchiv Berlin
Landesarchiv Merseburg
Landesarchiv Nordrhein-Westfalen, Düsseldorf
Landeshauptarchiv Brandenburg, Potsdam
Rheinisch-Westfälisches Wirtschaftsarchiv Köln
Staatsarchiv Dresden
Staatsarchiv Leipzig
Stadtarchiv Leuna
Stadtarchiv Dresden
Stadtarchiv Neunkirchen
Unternehmensarchiv BASF, Ludwigshafen
Unternehmensarchiv BOC, München und Guildford
Unternehmensarchiv Evonik AG, Hüls und Hanau
Unternehmensarchiv Linde, München
Unternehmensarchiv Sanofi-Aventis, Frankfurt am Main
Unternehmensarchiv Diageo, Menstrie
Verein deutscher Eisenhüttenleute, Düsseldorf
Westfälisches Wirtschaftsarchiv Dortmund